KB160405

Military History of Korea

한국군사사 ⑪

강역

기획 · 주간

史 육군군사연구소
ARMY MILITARY HISTORY INSTITUTE

육군본부

"역사를 깨닫지 못하는 자에게
비극의 역사는 필연적으로 되풀이 된다"

인류의 역사에서 전쟁은 한 국가의 명운을 좌우해 왔습니다. 그렇기 때문에 모든 나라들은 전쟁을 대비하는 데 전 국가역량을 집중해 왔습니다. 한 나라의 역사를 이해하기 위해 군사사 분야의 체계적인 연구가 필요한 이유가 여기에 있습니다.

육군에서는 이러한 군사사 연구의 중요성을 인식하고 1960년대부터 지금까지 '한국고전사', '한국의병사', '한국군제사', '한국고대무기체계' 등을 편찬하였습니다. 이는 우리의 군사사 연구 기반 조성에 큰 도움을 주었지만, 단편적인 연구에 국한된 아쉬움이 늘 남아 있었습니다.

이에 육군은 그간의 연구 성과를 바탕으로 군사사 분야를 보다 체계적으로 연구·집대성한 '한국군사사(韓國軍事史)'를 발간하였습니다. 본서는 2008년부터 3년 6개월 동안 비록 짧은 기간이지만, 많은 학계 전문가들이 참여하여 군사, 정치, 외교 등 폭넓은 분야에 걸쳐 역사적 사실을 새롭게 재조명하였습니다. 특히 고대로부터 근·현대에 이르기까지 전쟁사, 군사제도, 강역, 군사사상, 통신, 무기, 성곽 등 군사사 전반이 망라되어 있습니다.

발간사

"역사를 깨닫지 못하는 자에게 비극의 역사는 필연적으로 되풀이 된다"라는 말이 있습니다. 미래에 대한 변화와 발전도 과거에 대한 깊은 이해와 성찰을 통해서 이루어 질 수 있습니다. 이러한 의미에서 우리나라 최초로 군사사 분야를 집대성한 '한국 군사사'가 군과 학계 연구를 촉진시키는 기폭제가 되고, 군사사 발전을 위한 길잡이가 되길 기대합니다.

그동안 어려운 여건속에서도 연구의 성취와 집필을 위해 열과 성을 다해 준 집필진과 관계관 여러분의 노고를 치하합니다.

2012년 10월
육군참모총장 대장 김상기

일러두기

1. 이 책의 집필 원칙은 국난극복사, 민족주의적 서술에서 벗어나 국가와 민족의 생존의 역사로 군사사(전쟁을 포함한 군사 관련 모든 영역의 역사)를 객관적으로 서술하는데 있다.

2. 한글 맞춤법과 표준어 등은 국립국어원이 정한 어문규정을 따르되, 일부 사항은 학계의 관례에 따랐다.

3. 이 책의 목차는 다음의 순서로 구분, 표기했다.
   : 제1장 - 제1절 - 1. - 1) - (1)

4. 이 책에서 사용한 전쟁 명칭은 다음과 같은 원칙에 따라서 표기했다.
   (1) '전쟁'의 명칭은 다음 기준에 부합되는 경우에 사용했다.
       ① 국가 대 국가 간의 무력 충돌에만 부여한다.
       ② 일정 규모 이상의 대규모 군사활동에만 부여한다.
       ③ 무력충돌 외에 외교활동이 수반되었는지를 함께 고려한다. 외교활동이 수반되지 않은 경우는 군사충돌의 상대편을 국가체로 볼 수 있는지를 검토한다.
   (2) 세계적 보편성, 여러 나라가 공유할 수 있는 명칭 등을 고려하여 전쟁 명칭은 국명 조합방식을 기본적으로 채택했다.
   (3) 국명이 변경된 나라의 경우, 전쟁 당시의 국명을 사용하는 것을 원칙으로 했다.
       (예) 고려-요 전쟁   조선-후금 전쟁
   (4) 동일한 주체가 여러 차례 전쟁을 한 경우는 차수를 부여했다.
       (예) 제1차~제7차 고려-몽골 전쟁
   (5) 일반적으로 널리 알려진 전쟁 명칭은 ( ) 안에 일반적인 명칭을 병기했다.
       (예) 제1차 조선-일본 전쟁(임진왜란)   조선-청 전쟁(병자호란)

5. 연대 표기는 다음과 같은 원칙에 따라서 표기했다.
   (1) 주요 전쟁·전투·역사적 사건과 본문 서술에 일자가 드러난 경우는 서기력(양력)과 음력을 병기했다.
       ① 전근대 : '음력(양력)' 형식으로 병기하는 것을 원칙으로 했다.
       ② 근·현대: 정부 차원의 양력 사용 공식 일자를 기준으로 구분하여, 1895년까지는 '음력(양력)' 형식으로, 1896년 이후는 양력(음력) 형식으로 병기했다.
   (2) 병기한 연대는 ( ) 안에 양력, 음력 여부를 (양), (음)으로 표기했다.
       (예) 1555년(명종 10) 5월 11일(양 5월 30일)
   (3) 「연도」, 「연도 월」처럼 일자가 드러나지 않은 경우는 음력(1895년까지) 혹은 양력(1896년 이후)으로만 단독 표기했다.
   (4) 연도 표기는 '서기력(왕력)' 형태를 기본으로 하되, 필자가 필요하다고 판단한 경우에는 왕력(서기력) 형태의 표기도 허용했다.

6. 외국 인명은 다음과 같은 원칙에 따라서 표기했다.
   (1) 외국 인명은 최대한 원어 발음을 기준으로 표기하는 것을 원칙으로 했다. 단, 적절한 원어 발음으로 표기하지 못한 경우에는 한자음으로 표기했다.

(2) 전근대의 외국 인명은 다음과 같은 원칙에 따라서 표기했다.
　① 중국을 제외한 여타 외국 인명은 원어 발음을 기준으로 표기하고 한자를 병기했다.
　　(예) 누르하치[努爾哈赤]　　도요토미 히데요시[豊臣秀吉]
　② 중국 인명은 학계의 관행에 따라서 한자음으로 표기했다.
　　(예) 명나라 장수 척계광戚繼光
(3) 근·현대의 외국 인명은 중국 인명을 포함하여 모든 인명을 원어 발음 기준으로 표기하는 것
　을 원칙으로 했다.
　(예) 위안스카이[袁世凱]　　쑨원[孫文]
7. 지명은 다음과 같은 원칙에 따라서 표기했다.
(1) 옛 지명과 현재의 지명이 다른 경우에는 '옛 지명(현재의 지명)' 형식으로 표기했다. 외국 지
　명도 이 원칙에 따라서 표기했다.
(2) 현재 외국 영토에 있는 지명은 가능한 원어 발음으로 표기했다.
　(예) 대마도 정벌 → 쓰시마 정벌
(3) 전근대의 외국 지명은 '한자음(현재의 지명)' 형식으로 표기했다.
　(예) 대도大都(현재의 베이징[北京])
(4) 근·현대의 외국 지명은 원어 발음으로 표기하는 것을 원칙으로 하되, 학계에서 일반화되어
　고유명사처럼 쓰이는 경우에는 한자음으로 표기했다.
　(예) 상하이[上海]　　상해임시정부上海臨時政府

본문에 사용된 지도와 사진

• 본문에 사용된 지도는 한국미래문제연구원(김준교 중앙대 교수)에서 제작한 것을 기본으로 하여
필자의 의견을 반영해서 재 작성했습니다.
• 사진은 필자와 한국미래문제연구원에서 제공한 것을 1차로 사용했으며, 추가로 장득진 선생이 많은
사진을 제공했습니다. 필자와 한국미래문제연구원, 장득진 제공사진은 ⓒ표시를 하지 않았습니다.
• 이 외에 개인작가와 경기도박물관, 경희대박물관, 고려대박물관, 국립중앙박물관, 국사편찬위원
회, 규장각한국학연구원, 독립기념관, 문화재청, 서울대박물관, 연세대박물관, 영집궁시박물관,
육군박물관, 이화여대박물관, 전쟁기념관, 한국학중앙연구원, 해군사관학교박물관, 화성박물관
외 여러 기관에서 소장자료를 제공했습니다. 이 경우 개인은 ⓒ표시, 소장기관은 기관명을 표시
했습니다. 사진을 제공해 주신 분들께 감사드립니다.
• 이 책에 실린 사진 중에서 소장처를 파악하지 못해 사용허가를 받지 못한 사진이 있습니다. 이
사진에 대해서는 저작권자가 확인되는 대로 게재 허락을 받고 통상의 기준에 따라 사용허가 및
사용료를 지불하도록 하겠습니다.

강역의 개념 및 영토취득에 대한 국제법 이론

제1절

강역의 개념

1. 강역의 의의

강역疆域이란 국경의 안쪽 또는 영토의 구역이란 사전적 의미를 가진다. 이는 강역의 '강疆'과 '역域'이 모두 땅의 가장자리, 즉 지경地境을 뜻하는 것에서 알 수 있다. 역사적으로 강역이란 이름을 사용한 대표적인 책으로 1811년 정약용이 지은『아방강역고我邦疆域考』와 이를 1903년 장지연이 증보한『대한강역고大韓疆域考』라는 지리서를 들 수 있다. 그런데 오늘날 법적 의미로는 강역보다 영역領域이란 말이 사용된다. 영역이란 국가의 주권이 미치는 일정한 범위의 지역을 말하며,[1] 여기에는 육지 영토뿐만 아니라 영해와 영공을 포함한다.[2]

강역과 영역의 의미를 서로 엄격히 구분하기가 어렵다. 다만 영역이란 말은 근대 주권국가적 개념으로 사용되는 반면, 강역이란 말은 그것보다는 역사적 관점에서 보다 많이 사용되는 것으로 보인다. 예컨대 고조선, 고구려, 백제, 신라, 고려, 조선 등 경계가 어디까지인지를 이야기할 때 강역이란 말을 자주 사용하며, 서양에서는 예컨

---

1 Robert Jennings and *Arthur Watts, Oppenheim's International Law : Peace* ninth edition, Longman, 1992, p. 563.
2 1933년 국가의 권리와 의무에 관한 몬테비데오협약은 국민, 정부와 함께 일정한 영토를 국가 성립의 필수적 요소로 규정하였다.

대 17세기 영국의 '강역'이 어디까지라는 것과 같은 말을 좀처럼 사용하지 않는다.

강역 혹은 영역과 유사한 말로 '영토'가 있다. 영토란 문자 그대로 국가의 땅을 의미한다. 그러므로 '회령은 조선의 영토이다.' 또는 '회령은 조선의 강역이다.'라는 말, 그리고 '세종의 강역 인식'과 '세종의 영토 인식'이란 말이 모두 성립한다. 다만 그 정의에서 나타나듯이 영토와는 달리 강역이란 말은 경계 혹은 국경, 즉 영토의 한계를 내포한다는 점에서 구별된다.

강역, 영역 및 영토는 약간의 차이는 있으나 매우 유사한 용어들이다. 실제로 국내 역사학자들의 많은 글들은 특별한 구별을 하지 않은 채 세 용어를 혼용해서 사용하고 있으며, 일부는 강역이란 용어를 더 많이 사용하거나 혹은 전혀 사용하지 않기도 한다.[3]

강역에 관한 이 글은 역사적 관점뿐만 아니라 근대 국제법적 관점에서도 다룬다. 즉 고조선부터 조선시대까지의 영토 혹은 그 범위를 다룰 뿐만 아니라 독도와 배타적경제수역, 대륙붕 등 오늘날 한국의 영토와 관할권 문제까지도 다룬다. 그런데 후자까지 모두 강역이란 말로 표현하는 것은 어색할 뿐만 아니라 정확하지도 않다. 따라서 이 글에서는 앞서 언급한 약간의 차이점을 인식하면서도 불가피하게 강역, 영역 및 영토란 용어를 적절히 혼용해서 사용하고자 한다.

강역 또는 영역은 한정된 공간이라는 물리적·지리적 개념과 국가의 배타적 권한 행사라는 정치적·법적 개념이 혼합되어 있다. 이러한 영역 개념은 나라를 의미하는 한자어 '국國'과 영토를 의미하는 영어 'territory'의 자원字源과 사전적 의미에서도 그 특징을 찾을 수 있다. 나라 '국'자는 口+戈+口+一의 합자이다. 口은 國자의 옛 글자인 동시에 둘러싸일 위圍 또는 지킬 위衛자의 옛글자이다. 과戈는 창과 갑옷, 칼과 같은 무기를 뜻한다. 구口는 입구자이기도 하지만 여기서는 백성, 국민의 뜻을 가

---

3 강석화, 「조선후기의 북방영토의식」『韓國史硏究』129, 한국사연구회, 2005 ; 강석화, 「19세기 북방 강역에 대한 인식」『역사와 경계』65, 2007 ; 서영수, 「古朝鮮의 對外關係와 疆域의 變動」『東洋學』29, 1999 ; 박현모, 「세종의 변경관과 북방영토경영 연구」『정치사상연구』13-1, 2007 ; 윤훈표, 「朝鮮前期 北方開拓과 領土意識」『韓國史硏究』129, 2005 ; 이왕무, 「19세기 말 조선의 疆域인식 변화 - 二重夏의 『勘界事謄錄』을 중심으로」『역사와 실학』37, 2008 ; 최재석, 「任那의 위치·강역과 인접 5國과의 關係」『亞細亞硏究』89, 1993. 특히 강석화 교수는 위 두 논문의 제목에서 알 수 있듯 강역과 영토를 모두 사용하고 있으며, 윤훈표 교수의 경우 의도적인지는 알 수 없으나 위 논문에서 강역이란 말을 사용하지 않고 있다.

진다. 그리고 일一자는 땅·흙·토지를 상징한다. 이를 합하여 보면 국口은 나라의 사방을 둘러싼 경계를 상징하며, 이를 무기戈를 들고 백성들이 지킨다는 뜻이 함축되어 있다.[4] 또한, 영어의 'territory'는 라틴어 'territorium'에서 기원하는데, territorium은 땅을 의미하는 'terra'와 '속한다' 또는 '둘러싸다'란 뜻을 가진 접미어 'torium'이 합쳐진 말이다.[5] 그래서 territory는 "어떤 도시나 마을 둘레에 위치하고 그의 관할하에 있는 토지 또는 지역"이란 의미와 "통치자 또는 국가의 지배하에 있는 토지 또는 지역"의 의미를 가진다.[6]

아래에서는 동아시아와 서양의 이러한 강역에 대한 관념에 대해 살펴보도록 한다.

2. 강역관의 내용과 변화

1) 동아시아의 강역관

동아시아의 대표적 강역관으로 중화문명권적 강역관을 들 수 있다. 이에 따를 때 중화적 천하사상에 기초한 것으로 영토의 확대는 곧 중화질서의 확대를 의미한다. 중국은 조공체제를 바탕으로 주변국들에 대한 실질적인 영향력을 행사하고 중화문명권의 유지를 도모하였다. 중화사상, 화이질서 등에 기초한 이러한 강역관에서 영토의 범위는 뚜렷한 국경선으로 구체적으로 획정된 것이 아니라 다분히 막연하고도 관념적 형태로 이해된다.[7]

그런데 중화문명권의 강역관은 19세기 이후 근대 서양의 영토관이 전해지면서 충

---

4 김홍철, 『국경론』, 민음사, 1997, 21쪽. 또한 國은 口(국)과 或(혹)의 합자로도 볼 수 있다. 무기를 들고 경계를 서는 자에게는 적의 침입이 언제라도 있을지 모른다는 의심을 품을 수 있는데, 그리하여 或자는 의혹의 뜻으로 쓰이기도 한다. 그리고 或에 土(흙 토)변을 붙이면 域(지경 역)이 되는데, 이는 國자와 동의어로 사용되기도 하며 '경계'의 뜻을 함축하고 있다.
5 Jean Gottmann, *The Significance of Territory*, The University Press of Virginia, 1973, p.16.
6 옥스퍼드 영어사전. http://dictionary.oed.com.
7 김홍철, 앞의 책, 1997, 158쪽 ; 양태진, 『조약으로 본 우리 땅 이야기』, 예나루, 2007, 37쪽.

돌을 겪게 되는데, 이러한 충돌이 오늘날 영토분쟁의 주요 원인 중 하나가 되기도 하다. 예컨대 중국과 일본간 영유권을 다투고 있는 조어도의 경우, 중국은 전통적인 중국의 방식으로 자신의 영유권으로 인정해 왔었다고 주장하는 반면, 일본은 근대 국제법에 따라서 무주지인 섬을 선점했다고 주장한다.

하지만 위와 같은 전통적인 동아시아의 강역관은 중국 중심의 다분히 관념적 차원의 것이며, 실재적 차원에서는 같은 문명권 내에서 치열한 다툼이 있었다고 보는 것이 보다 정확하다. 즉 동아시아에서도 이미 오래 전부터 근대 주권국가적 강역관이 있었음을 유의할 필요가 있다. 오히려 서양의 근대 주권국가가 성립하기 이전부터 동아시아에서는 서양의 근대적 영토주권과 유사한 관념이 있었다. 예컨대 고려는 철령 이북지역에 대한 영유권을 확보하고자 요동원정遼東遠征을 추진하였는데, 비록 이성계의 위화도회군으로 인해 무산되었지만 이 자체가 당시 명나라로서는 충격으로 받아들여졌었다. 철령 이북지역의 영유 문제로 고려와 갈등이 있자 1387년 명 황제는 "고려가 과거에는 압록강으로 경계를 삼았으면서 이제 와서 철령이라 꾸며 말하니 거짓임이 분명하다. 이러한 뜻을 짐의 말로써 효유하여 본분을 지키게 함으로서 쓸데없는 상쟁相爭의 원인을 낳지 않게 하라"는 지시를 내린다.[8] 이는 당시 명이 압록강 이북에 대한 영유권 인식이 있었음을 단적으로 보여주는 사례이다. 12세기 초 고려 윤관의 여진정벌과 동북9성의 축조나 조선 초기 4군 6진의 개척도 그 지역에 대한 고려와 조선 정부의 영유권 행사를 확인해 주는 예라 할 수 있다.

국가가 일정한 지역을 다스린다거나 국가의 권한이 일정한 지역에 미친다는 의미의 근대국가의 주권 내지 통치권imperium 개념은 영토를 왕 또는 황제의 소유권으로 파악하여 왕 또는 황제의 사망과 함께 상속되는 근대 이전 서양의 가산국가家産國家적 영토개념과는 뚜렷이 구별된다. 이런 점에서 볼 때 오히려 한국과 중국을 비롯한 동아시아 국가에서는 이미 오래 전부터 근대 국가적 영토관을 가지고 있었다고 할 수 있다. 왜냐하면 동아시아에서는 왕이나 황제가 사망하였다고 하여 영토가 상속되거나

---

8 국사편찬위원회, 국역 『中國正史朝鮮傳 -明史 朝鮮列傳(洪武 21년 4월)-』, 1986(유재춘, 「15세기 前後 朝鮮의 北邊 兩江地帶 인식과 영토 문제」, 『東 아시아의 領土와 民族問題』, 경인문화사, 2008, 290쪽에서 재인용).

자녀들에게 분할된다는 관념은 없었기 때문이다. 다만, 정확한 국경선의 획정이 유럽에서와 마찬가지로 근대에 와서 이루어졌을 뿐이다.

2) 서양의 영토관

(1) 이론의 변천

영토의 법적 성격은 곧 영토와 국가와의 관계가 어떻게 설정되느냐에 달려있다. 이러한 관계를 설명하기 위한 여러 이론들이 존재하는데, 크게 다음 세 가지로 나누어 볼 수 있다.[9]

첫째는 객체object 이론 또는 재산권property 이론이다. 이 이론에 의하면 영토는 지배자의 객체object 또는 소유물의 하나로 간주된다. 이것은 고대의 가산家産 국가적 개념에서 유래한 것이다. 고대 사람들은 영토를 신의 재산으로 보았으며 중세에는 이를 왕에게 귀속하는 것으로 보았다. 신 또는 왕이 프랑스 시민혁명에서는 인민으로 이후 절대왕정 시대에는 절대군주로 대체되었다. 이 이론에 의하면 영토는 주체(왕 혹은 절대군주)의 소유물로서 마치 사법상의 소유권처럼 사용, 수익, 처분의 대상이 된다. 객체이론에 의할 때 영토는 소유권dominium적 개념임을 알 수 있다.[10] 따라서 국가는 영토의 일부를 분할, 할양, 취득, 대차할 수도 있다. 그러나 이 이론은 주권 내지 통치권과 소유권의 개념을 혼동했다는 점과 영토를 처분 가능한 대상으로 본다면 왜 영토를 전부 처분했을 때 국가가 소멸되는지를 설명하지 못한다는 문제가 있다.[11]

---

9 유병화, 「국제법상 영토의 개념 및 그 권한」『영토문제연구』 창간호, 고려대학교 민족문화연구소, 1983, 74쪽 이하 참조. 유병화 교수는 영토의 법적 성격을 영토주체설, 영토객체설, 영토한계설 및 영토관할권 자격설의 4가지로 구분하였다.

10 영토와 그 영토에 위치한 국가 사이에는 주권적 관계와 소유권적 관계가 상존하는데, 양자를 개념적으로 구분하는 것이 중요하다. 주권은 통치권 또는 명령권으로도 표현되는데, 국가가 그 안에 있는 사람과 사물을 포함한 영토를 규제할 수 있는 최상의 권리를 의미한다. 이러한 주권이 미치는 범위의 지리적 공간이 곧 영역이다. 반면, 소유권이란 사법(私法)상의 소유권 또는 재산권과 같은 개념으로 국가가 영토를 배타적으로 사용, 수익 및 처분할 수 있는 권리를 의미한다. 오늘날에는 토지가 더 이상 국가의 전유물이 아니므로 영토에 대한 국가의 소유권적 관계가 일반적으로 성립하지는 않는다.

11 M.N. Shaw, "Territory in International Law" *Netherlands Yearbook of International Law*

둘째는 주체subject 이론 또는 공간 이론인데, 이는 객체이론의 문제를 극복하기 위해 등장한 것이다. 이 이론에 의하면 영토는 주체인 국가로부터 분리가 불가능한 데 왜냐하면 영토가 국가 자신의 일부로 간주되기 때문이다. 즉, 주체이론은 영토를 국가라는 신성한 몸corpus의 일부로 본다. 그러므로 국가의 영토에 대한 공격행위는 국가의 소유권 또는 재산권에 영향을 미치는 것이 아니라 국가 자신의 인격을 침해하는 것으로 간주된다. 이 이론은 19세기 독일을 중심으로 등장한 국가법인설을 바탕으로 하고 있다. 그러나 주체이론은 많은 이론적 결함들을 갖고 있다. 무엇보다 영토를 인격을 가진 국가의 신체라고 할 때 신체인 영토의 일부를 할양하거나 새롭게 취득하는 등의 국제법상 정당한 영토변경 행위를 설명하지 못한다. 영토의 일부를 다른 국가에 빌려주는 대차도 설명하지 못하며, 연방과 주간에 주권이 나뉘어져 있는 연방국가나 상징적 여왕하에 주권이 독립되어 있는 영연방국가에 대해서도 설명하지 못한다.[12]

셋째는 관할권 이론competence theory, jurisdictional theory으로, 위와 같은 주체이론의 결함들을 극복하기 위해 20세기 초 켈젠Kelsen을 비롯한 비엔나 학파를 중심으로 등장하였다. 이 이론은 영토를 국가가 배타적으로 관할권을 행사하는 공간, 즉 주권이 행사되는 법적 공간으로 파악한다. 관할권 이론은 영토의 변경을 공간에 대한 국가간 관할권의 이전으로 설명함으로써 주체이론의 가장 큰 결함을 시정한다.[13]

영토와 국가간 관계를 설명하는 이론은 역사적으로 객체이론, 주체이론 그리고 관할권이론으로 발전하여 왔다. 영토는 물리적 또는 지리적 실체이면서 동시에 법적 실체로서의 특성을 가진다. 그리고 영토에 대한 국가의 권리는 국내 사법상의 소유권적 특성dominium과 동시에 주권 내지 통치권적 특성imperium도 지님을 유의해야 한다.

Vol.13, 1982, p.76.

12 M.N. Shaw, 앞의 논문, 1982.

13 Santiago Torres Bern rdez, "Territorial Sovereignty" *Encyclopedia of Public International Law* Vol.4, 1987, p.825.

(2) 서양의 영토관 변화

위의 이론적 변천과는 달리 법적·정치적 관점에서 서양의 영토관이 결정적으로 변화한 것은 1648년 웨스트팔리아조약을 전후해서이다. 웨스트팔리아 조약을 계기로 보편적 권위를 상징하는 로마 교황과 신성로마제국 황제의 권위로부터 개별국가들이 대외적 독립과 대내적 최고성을 가진 주권 국가로서 성립한 것이다. 즉, 일정한 영토를 기반으로 그 지역을 배타적으로 지배한다는 영토주권을 기반으로 하였다.

근대 이전 서양은 이른바 보편국가를 기초로 하는 영토관을 가지고 있었다.[14] 정복전쟁을 통해 대제국을 건설했던 로마시대(팍스 로마나) 교황과 로마황제를 중심으로 한 중세에는 구체적으로 국가 영토의 한계가 어디까지인지 하는 것이 크게 문제되지 않았다. 당시에는 국가의 영토에 대한 지배관계보다는 교황 또는 황제로 상징되는 지배자와의 충성관계가 더 중요하였다. 그래서 당시에는 속인주의가 국가 관할권 행사의 가장 중요한 정당화의 근거였으며, 중세 이전에는 영토 또는 그 한계인 국경에 대한 명확한 인식은 가지고 있지 않았다. 그러나 근대 주권국가하에서는 영토에 대한 주권행사가 국가 고유의 권한으로서 국가 상호간 대외적 독립을 보장하는 중요한 요소로 고려되었다.

즉, 국가는 자신의 영토 내에서는 타국의 관여 없이 완전하고 배타적인 관할권을 행사할 수 있었다. 따라서 근대 주권국가하에서는 속인주의가 아닌 속지주의가 국가 관할권의 가장 중요한 정당화 근거로 간주되었다. 즉, 근대 주권국가하에서 국가의 영역은 국가의 주권 또는 통치권이 미치는 범위를 의미하게 된 것이다. 그래서 국가의 영역을 결정함에 있어서 중요한 고려요소는 국가의 주권 또는 통치권이 실질적으로 미치고 있는지 여부였다. 이러한 국가의 주권 또는 통치권의 효력 범위를 기준으로 하는 근대 서양의 영토관이 오늘날에도 국제법상 일반적으로 인정되고 있다.

---

14 김홍철, 앞의 책, 1997, 121쪽 이하 참조.

3) 새로운 강역관들의 등장

서양에서 근대 주권국가가 성립한 이후 영토관은 국가의 주권 또는 통치권이 미치는 범위를 국가의 영토로 보는 영토주권적 관점이다. 이는 법적, 정치적 및 지리적 요소가 혼합된 복합적 개념이라 할 수 있다. 그런데 이러한 강역관에 대해서 새로운 시각들이 등장하였다.

첫 번째로 문화강역론을 들 수 있다. 문화강역론이란 영토라는 개념을 서구적 산물인 국가 주권의 행사 범위로서의 영토, 영공 및 영해뿐만 아니라 역사적 문화적 개념으로 확대한다. 이것은 종래의 영토 개념이 국가간 대결과 분쟁을 야기시켜 왔다고 보고 이에 대한 반성으로서 화합과 타협으로 나아가기 위해 착안한 이론이다.[15] 하지만 문화강역론이 아직까지 이론적으로 체계화되지는 못하였다. 그래서 이 이론에 입각할 때에도 서로 다른 영토 사이의 경계를 어떻게 설정할 것인지, 문화라는 개념을 어떻게 정의할 것인지 그리고 이 이론의 실질적인 의의가 무엇인지 하는 문제들이 남아있다. 또한 이 이론에 의하면 전통적인 강역관과 중복되는 문제가 발생하는 점도 있다.

또 다른 이론으로 민족사적 생활영토론을 들 수 있다.[16] 이는 국가의 영역인지를 판단함에 있어서 인종적 또는 문화적 특성을 지닌 집단이 특정 지역에서 일정한 생활권을 형성하고 있을 때 그것이 역사적으로 보았을 때도 그 집단의 주된 활동무대였는가를 고려해야 한다는 것이다. 민족사적 생활영토론에 의하면 미국 내 한인타운의 형성은 일정한 생활권을 유지하고 있을지라도 역사적 관점에서 볼 때 그 지역을 한국의 영토로 주장할 수 없게 된다. 반면, 이 이론에 의하면 조선인들이 집단 거주하여 전통적 생활방식을 유지하고 있는 만주지역의 경우 한국의 영토로 주장할 수 있는 가능성을 열어두게 된다.[17]

---

15 홍일식, 「開會辭-새로운 文化領土의 槪念과 그 展望」『영토문제연구』창간호, 고려대학교 민족문화연구소, 1983, 141쪽 이하. 문화강역론적 관점의 글로 다음을 참조 권태원, 「고조선의 문화강역문제」『백제연구』20, 1989.
16 유정갑, 『북방영토론』, 법경출판사, 2008, 34쪽.
17 유정갑, 앞의 책, 2003, 35쪽 이하 참조.

위와 같이 새로운 강역관들은 여러 문제점들을 가지고 있기 때문에 영토주권에 기초한 근대적 강역관을 대체하지는 못한다.

3. 강역의 한계

1) 국경관의 변화

국가간 영토분쟁의 상당 부분은 서로간 경계의 획정문제로 인해 발생한다. 국가간 합의에 의한 경계선의 획정은 근대 주권국가가 탄생한 1648년 웨스트팔리아체제가 성립한 이후에야 실질적으로 이루어졌다. 30년 전쟁의 결과 체결된 웨스트팔리아조약을 통해서 비로소 국가들은 자신보다 상위의 권위, 즉 교황과 신성로마제국 황제의 권위로부터 벗어나 주권국가간 평등한 권리를 인정받게 되었다.[18] 이러한 주권국가는 자신의 영토에 대한 배타적 관할권을 인정하는 영토주권을 기반으로 하며 많은 경우 민족단위로 독립을 하였다. 로마의 권위로부터 독립한 국가들이 영토주권을 주장함에 따른 가장 큰 문제는 국가간 영토의 경계를 획정하는 일이었다. 그 이전에는 국가간 경계는 주로 넓이의 개념인 구역zone으로 정해졌다.

근대 영토국가들 사이에서는 가능한 경우 산맥이나 강의 흐름을 따라 획정하였으며 그렇지 않은 경우 여전히 구역으로 정하였다.[19] 따라서 당시 많은 경우 국가간 경계는 불명확한 상태로 유지되었다. 하지만 영토주권이 확립됨에 따라서 국가간 경계를 명확히 하여 국가간 분쟁을 줄여야 한다는 필요성과 함께 점차 측량 등 기술의 발달로 인해 국가간 경계는 상호 합의에 의해 명확한 선을 긋게 되었다. 한국의 역사상 처음으로 명확한 국경선을 획정한 것은 1712년(숙종 38년) 백두산정계비를 세워 청국과의 국경선을 획정한 일이다.[20] 그 이전에는 국경에 대한 인식이 다소 막연하거나

---

18 Jean Gottmann, 앞의 책, 1973, p.45 참조.
19 Jean Gottmann, 앞의 책, 1973, pp.134~135 참조.
20 김홍철, 앞의 책, 1997, 189쪽.

군사적 완충지대라 할 수 있는 공한지대空閑地帶를 양국 사이에 두는 등 선이 아닌 구역 또는 지역의 개념이 강하였다.[21]

2) 현대 국제법상 영역의 범위

국가의 영역이란 영토, 영해 및 영공을 말한다. 여기에는 외국 내에 소재한 자국의 외교공관은 포함되지 않는다. 외교공관은 파견국의 원활한 외교업무 수행을 위해서 소재한 국가의 관할권으로부터 면제를 받지만 소재 국가의 주권 자체는 미치기 때문이다.

국가의 영역이 연안으로부터 어디까지 해당하는지 하는 문제가 있다. 1982년 유엔해양법협약에 의하면 국가는 기선으로부터 최대 12해리까지 영해로 설정할 수 있으며,[22] 연안국은 기선으로부터 24해리 이내에서 관세, 재정, 출입국관리 또는 위생에 관한 사항을 규제할 수 있다.[23] 유엔해양법협약의 당사국인 한국은 이를 근거로 영해 및 접속수역법을 제정하여 영해를 기선으로부터 12해리, 접속수역을 기선으로부터 24해리로 규정하였다.[24] 또한 유엔해양법협약은 연안국이 200해리를 초과하지 않는 범위에서 배타적 경제수역(EEZ)을 설정할 수 있도록 하고 있다.[25]

이 협약에 의하면 연안국은 해저, 하층토 및 상부수역에 분포하는 생물 및 무생물 등의 천연자원의 탐사, 개발, 보존 및 관리를 목적으로 하는 '주권적 권리' 등과 인공도서, 시설, 건조물의 설치와 사용, 해양과학조사, 해양환경의 보호와 보존 등에 대한

---

21 유재춘, 앞의 논문, 2008, 279쪽 참조.
22 1982년 유엔해양법협약 제3조(영해의 폭). "모든 국가는 이 협약에 따라 결정된 기선으로부터 12해리를 초과하지 아니하는 범위에서 영해의 폭을 설정할 권리를 가진다." 기선은 해안선이 완만한 경우 해안의 저조선을 기준으로 하는 통상기선과 해안선의 굴곡이 심하거나 일련이 섬들이 있는 경우 적절한 지점을 연결하는 직선기선이 있다. 이에 대해서는 유엔해양법협약 제5조(통상기선) 및 제7조(직선기선)를 참조.
23 1982년 유엔해양법협약 제33조 참조.
24 영해 및 접속수역법 (1996년 8월 1일 시행) 제1조 및 제3조 참조. 이 법은 일본국과의 거리가 24해리 이내인 대한해협에 대해서는 특별히 대통령령으로 정하도록 하고 있다. 영해및접속수역법시행령 제3조 참조.
25 1982년 유엔해양법협약 제57조 참조.

배타적 권한을 가진다.[26] 이 협약을 기초로 한국은 1996년 배타적 경제수역법을 제정하여 연안으로부터 200해리까지를 한국의 EEZ로 선언하였다.[27] 또한 연안국의 대륙붕은 유엔 대륙붕한계위원회에의 신청과 동 위원회의 권고 결정 등 일정한 조건을 충족하는 경우 200해리를 초과할 수도 있다.[28]

영해 이원의 접속수역, EEZ 및 대륙붕은 엄밀한 의미에서 영역territory에 속하지는 않는다.[29] 왜냐하면 연안국가는 이들 수역에 대해서는 국제법이 인정하는 제한된 범위 내에서만 배타적 관할권을 행사할 수 있기 때문이다. 그러나 오늘날에는 석유와 천연가스를 포함한 천연자원과 해양생물자원의 개발·이용의 확대로 인해 이들 수역들의 중요성은 갈수록 커지고 있다. 그 결과 관련 수역의 경계획정 문제가 국가간 주요 분쟁의 원인이 되기도 한다.

영공은 육지영토뿐만 아니라 내수, 군도수역 및 영해의 상부공간을 의미한다. 영공이 육지영토나 영해의 수직상부공간에 무한히 미치지는 않지만, 아직까지 영공의 상방한계, 즉 우주와의 경계를 어떻게 설정할 것인지에 대해 국제적 합의가 이루어져 있지는 않다. 영공의 상방한계에 대해서 대체로 최소한 항공기가 비행할 수 있는 높이를 기준으로 고도 100마일을 넘지 않는 기준들이 제시되고 있으며 현재 유엔 외기권위원회UN Committee on the Peaceful Uses of Outer Space에서 검토 중에 있다.[30]

3) 국가의 영유권 대상이 아닌 지역

오늘날에는 어느 국가의 영유권에도 속하지 않는 무주지로서 작은 섬들이 일부 남아 있을 가능성이 있지만 그러한 가능성은 갈수록 희박해지고 있다. 그렇다고 해서 지구의 모든 것이 국가들의 영유권에 속하는 것은 아니다. 공해는 내수, 군도수역, 영

---

26 EEZ에서의 연안국의 권리와 의무에 관한 자세한 내용은 1982년 유엔해양법협약 제56조 이하 참조.
27 배타적경제수역법 (1996년 9월 10일 시행) 제2조 이하 참조.
28 자세한 내용은 유엔해양법협약 제76조 이하 참조.
29 M.N. Shaw, 앞의 논문, 1982, p.66.
30 김대순, 『국제법론』(제14판), 삼영사, 2009, 1,040쪽.

해 및 EEZ에 포함되지 않는 바다의 모든 부분을 의미한다.[31] 이러한 공해는 국제공동체의 공공물(公共物, res communis omnium)로서 어느 국가의 주권에도 귀속되지 않는다.[32] 공해는 항행의 자유, 상공비행의 자유, 해저전선 및 관선 부설의 자유, 인공섬과 기타 구조물 설치의 자유, 어업의 자유, 과학조사의 자유를 비롯해 국가들의 자유로운 이용을 위해 개방된다. 국제사회는 공해의 해저지대도 '인류의 공동유산'이란 이름의 제도를 도입하여 개별 국가들의 영유권 대상에서 제외하고 있다. 즉, 유엔해양법협약은 국가의 관할권이 미치지 않는 해저, 해상海床 및 그 하층토를 심해저로 규정하고 심해저와 이곳에서 나오는 광물 등의 천연자원을 인류공동유산으로 지정하여 개별 국가들이 이에 대해 주권이나 주권적 권리를 주장할 수 없도록 하였다.[33] 심해저에서의 천연자원의 탐사, 개발 및 이용은 국제해저기구International Seabed Authority의 규제를 받는다.

우주는 달과 천체 및 우주공간으로 구성되는 외기권을 의미하는데 이 또한 국가 영유권의 대상이 되지 않는다.[34] 모든 국가들은 우주를 공해와 같이 국제법에 따라 자유로이 탐사하고 이용할 수 있다.[35]

남극은 거대한 얼음으로 덮여 있는 대륙으로 많은 국가들의 영토확장을 위한 유혹의 대상이 되어 왔다. 실제 영국, 프랑스를 비롯한 7개국은 현재에도 남극의 일부에 대해 자신의 영유권을 주장하고 있다. 이에 국제사회는 남극에 대한 국가들의 영유권 주장 확대와 무분별한 개발을 막기 위해서 1959년 남극조약을 체결하였다. 그런데 이 조약 제4조는 남극조약의 어떠한 규정도 과거 주장한 바 있는 남극에 대한 체약국의 영토주권이나 청구권을 포기하는 것으로 해석되지는 않으며, 다만 조약의 유효기간 중 행해진 활동은 남극에 대한 영토주권 혹은 청구권 주장의 기초를 이루지 않는다고 규정하고 있다. 따라서 이 조항은 남극에 대한 국가들의 영유권 주장에 대해 어

---

31 1982년 유엔해양법협약 제86조.
32 1982년 유엔해양법협약 제89조.
33 1982년 유엔해양법협약 제136조 이하 참조.
34 1967년 "달과 기타 천체를 포함한 외기권을 탐사하고 이용하는 국가의 활동에 적용되는 제원칙에 관한 조약"(이하 '우주조약') 제2조.
35 우주조약 제1조.

떠한 기준을 제시하는 것이 아니라 잠정적으로 유보한 것에 불과하다. 이는 남극을 국가의 영유권 취득의 대상이 되는 무주지인 동시에 공해와 같은 공유물로도 볼 수 있는 여지를 제공하는 것이다. 한국은 현재 남극에 과학적 목적의 세종과학기지를 건설하여 운영 중에 있지만 영유권을 주장하고 있지는 않다.

제2절

국제법상 영토의 취득

1. 영토 취득의 의의

영토 취득이란 영토에 대한 주권의 취득을 뜻한다. 전통 국제법에서는 이러한 영토 주권의 취득방식으로 크게 선점, 자연작용, 할양, 시효 및 정복의 5가지를 든다.[36] 이 중 선점과 자연작용에 의한 취득은 타국으로부터 영토를 승계하지 않는 시원적 취득 방법original modes of acquisition이며 시효, 할양 및 정복은 타국 영토의 일부 또는 전부를 승계하는 파생적 취득방법derivative modes of acquisition이다. 이 같은 전통 적 영토취득 방식과 관련해서 다음 세 가지 점을 특히 유의할 필요가 있다.[37]

첫째, 전통적 영토취득방식은 이미 성립한 기존의 국가들이 영토를 추가로 취득하는 것에 관한 것이다. 따라서 이러한 방식은 신생독립국, 특히 제국주의의 식민지로부터 독립한 국가들의 영토취득을 설명하지 못한다. 영토는 국가성립을 위한 필수요 건이므로 국가 성립을 위해서는 영토주권의 취득이 전제되거나 동반되어야 한다. 따라서 식민지에서 독립한 신생독립국의 경우 식민지 모국으로부터 영토주권이 이전된

---

36 Robert Jennings and Arthur Watts, Oppenheim's International Law Ninth edition Vol.I. Peace (Longman, 1992), p.679.

37 국제법상 영토취득의 5가지 방식은 하나의 양식으로 이해되고 있다. 이러한 양식론의 의의와 이에 대한 비판에 대해서는 특히 다음 논문을 참조. 허숙연, 「영역분쟁의 해결기준의 변용 -ICJ에 있어서의 effectivités의 용법에 대하여」『서울국제법연구』제11권 1호, 2004, 235~240쪽.

것인지 또는 식민지 독립 이전에 이미 그 영토에 대한 주권이 식민지 인민에게 있다고 보아야 하는지 문제가 있다. 국제법의 전통적인 입장은 국가만이 영토주권의 주체로 본다.[38] 따라서 이에 의하면 신생독립국의 영토주권은 식민지 모국으로부터 이전된 것이다. 그러나 민족자결 원칙의 확립과 함께 이러한 전통적 국제법적 입장에 대해 이견도 등장하였다. 예컨대 1970년 우호관계선언은 "(유엔)헌장 하에서 식민지 영토나 기타 비자치영토는 그것을 다스리는 국가의 영토와는 별개의 지위를 갖는다. 그리고 (유엔)헌장 하에서 그러한 별개의 지위는 식민지나 비자치영토의 인민이 헌장과 특히 그것의 목적과 원칙에 따라 그들의 자결권을 행사할 때까지 존재한다."고 선언하였다.[39] 이러한 견해에 따를 때 비록 한국이 36년간 일본의 식민지이긴 하였지만 한반도에 대한 영토주권은 일본이 아니라 한국 인민에게 있었다는 주장이 가능하다.

둘째, 영토 취득에 관한 문제는 국가간 경계선에 관한 문제와는 구별해야 한다.[40] 영토의 취득이란 그 영토 주권에 대한 정당한 권원의 취득을 의미한다. 그래서 영토 분쟁은 어느 국가가 그러한 권원을 가지는가를 두고 다툰다. 반면, 국가간 경계선에 관한 분쟁은 경계선의 구체적 위치를 둘러싸고 전개되며, 주로 국가간 경계선 획정 조약의 해석을 둘러싸고 전개되며 최종적으로는 중재판정 또는 국제법원의 판결에 의해 해결된다. 물론 영토취득과 경계선 획정이 동시에 문제되는 경우도 있다. 예컨대 프레아 비헤어 사원 사건에서는 캄보디아와 태국간 사원 지역의 영유권을 둘러싼 분쟁이지만 지도상 경계선 표시가 그 원인이었다.[41]

셋째, 위와 같은 영토취득에 대한 전통적 방법들이 오늘날 영유권을 결정함에 있어서 절대적인 것은 아니다. 즉, 오늘날 영유권 분쟁들은 영토취득에 대한 여러 방법들이 혼합되어 있는 경우가 많다. 국제법원에서 어느 국가에 영유권이 있는 지를 판단

---

38 김대순, 『국제법론』(제14판), 삼영사, 2009, 841쪽.
39 김대순, 앞의 책, 2009, 842쪽에서 재인용.
40 국제사법재판소는 북해대륙붕사건에서 "어떤 지역의 귀속은, 결코 그 경계선의 정확한 결정을 결정하지 않는다."라고 하여 영토취득 문제와 경계선 획정 문제를 구별하였다. North Sea Continental Shelf cases, *ICJ Reports 1969*, p.32.
41 Temple of Preah Vihear case, *ICJ Reports 1962*. 이 외에도 다음의 사건을 참조. Agean Sea Continental Shelf case (Greece v. Turkey), *ICJ Reports 1978*, p.3.

할 때에도 전통적인 영토취득 방법 이외에 여러 요소들을 검토한다. 전통적 영토취득 방법의 이러한 한계는 그 기원이 로마법상의 소유권 취득 개념에서 유래한다는 점에서도 찾을 수 있다. 근대 국제법의 기초를 놓은 그로티우스를 비롯해 그 당시 학자들은 국가 영토를 여전히 군주의 사유재산으로 간주하였다. 그래서 이들은 국가의 영토취득에 대해서도 사유재산 취득에 대한 로마 사법상의 규칙들을 그대로 적용하였다. 하지만 오늘날 국가의 영토취득은 영토에 대한 소유권이 아니라 주권의 취득을 의미한다. 이러한 점에서 영토취득에 대한 전통적 방법들은 한계를 가지며 영유권 결정시 그 밖의 여러 요소들을 고려함을 유의해야 한다.

2. 영토취득의 방법

1) 선점

선점(先占, occupation)이란 국가가 무주지(無主地, *terra nullius*)에 대해 주권을 취득하는 것을 말한다. 따라서 선점은 반드시 국가의 행위이어야 하며, 민간인의 행위에 대해서는 적어도 그 행위에 대해 사후 국가의 승인이 있어야 한다.

(1) 선점의 대상

선점의 대상이 되는 무주지에는 처음부터 어떤 국가에도 귀속되지 않은 토지와 국가가 유기(遺棄, *derelictio*, dereliction)한 토지가 있을 수 있다. 그런데, 유기로 인한 무주지로 인정되려면 국가가 그 토지에 대해 주권을 행사하지 않는다는 객관적 사실과 함께 유기한다는 주관적 의사도 필요하다.[42] 영토주권이 어느 국가에 속하는지가 불분명하거나 이에 대해 다툼이 있는 지역은 선점의 대상이 되지 않는다. 예컨대 경계 지역을 두고 양국간 다툼이 있는 경우에는 제3국이 선점에 의해 그 지역을 취득할

---

42 Robert Jennings and Arthur Watts, *Oppenheim's International Law* Ninth edition Vol.I. Peace, Longman, 1992, p.687 ; 김대순, 앞의 책, 2009, 845쪽.

수가 없다.

선점의 대상이 되는 무주지가 되려면 선점 당시 어느 국가의 주권에도 속하지 않아야 하는데, 이때 그 지역에 어느 정도의 사람 또는 국가를 형성하지 않는 공동체가 거주하는 것은 문제되지 않는다. 그런데 이와 관련해서 서부 사하라 사건에서 국제사법재판소의 권고적 의견을 주목할 필요가 있다.[43] 19세기 후반부터 서부 사하라 지역을 식민지화한 스페인은 이 지역을 독립시키고자 하였다. 이에 대해 모로코는 스페인이 서부 사하라를 식민지화하기 이전에 자국이 그 지역에 대한 주권을 행사하였다고 주장하였다. 그리고 모리타니아는 스페인이 식민지화할 당시 그 지역에 모리타니아의 부족들이 살고 있었기 때문에 자신의 영토라고 주장하였다.

이 문제는 결국 1974년 유엔 총회결의를 통해 국제사법재판소에 권고적 의견을 구하게 되었다.[44] 본 사건의 주된 법적 쟁점 중 하나는 과연 스페인이 식민지화할 당시 서부 사하라 지역이 무주지였는가 하는 점이었다. 국제사법재판소는 스페인이 식민지화할 당시 서부 사하라에는 정치적·사회적 조직을 갖춘 유목민족이 거주하고 있었기 때문에 이 지역이 무주지가 아니라고 판단하였다.[45] 요컨대 국제사법재판소는 국가는 아니지만 일정한 정치적·사회적 실체를 갖춘 부족이 있는 경우에는 무주지가 아니며 따라서 선점의 대상도 아니라고 본 것이다.[46]

---

43 Western Sahara case, *ICJ Reports 1975*.
44 1974년 12월 13일 유엔 총회결의 3292.
45 Western Sahara case, *ICJ Reports 1975*, p.39. "Whatever differences of opinion there may have been among jurists, the state practice of the relevant period indicates that territories inhabited by tribes or peoples having a social and political organization were not regarded as tera nullius."
46 Robert Jennings and Arthur Watts, Oppenheim's International Law Ninth edition Vol.I. Peace, Longman, 1992, p.687 각주 4 참조. 이 사건에서 국제사법재판소는 모로코가 영토주권을 주장할 만큼 충분한 주권행사의 사실관계를 증명하지 못했다고 보았으며, 모리타니아에 대해서는 서부 사하라와 서부 사하라와 모리타니아 실체(entity) 간에 인종·언어·종교·문화·법·경제적으로 상당히 현저한 관계가 있었지만, 이러한 상황만으로는 모리타니아 실체가 서부 사하라에 대해 영토주권을 행사한 것으로 간주할 수 없다고 결정하였다.

(2) 선점의 성립요건

선점이 유효하려면 무주지에 대해 영유의사를 가지고서 실효적으로 지배해야 한다. 영유의사란 그 지역에 대해 주권자로서 행동하려는 의사intention to act à titre de souverain를 말한다.[47] 이는 단순히 사법상의 소유권 취득 의사와는 구별된다. 무주지를 지배한 국가가 선점을 주변 국가들에게 통고해야 하는지가 국제법상 명확하진 않지만, 일반적으로 그러한 요건은 요구되지 않는 것으로 본다.

선점이 성립하려면 무엇보다 그 지역에 대해 실효적으로 점유해야 한다. 실효적 지배란 국가가 그 지역을 진정으로 다스리고 있음을 나타내는 것으로, 점유한 국가의 정부 기능이 실질적으로 미치고 있어야 한다. 따라서 정부 또는 민간 선박이 어떤 무주지 섬을 발견했다고 해서 곧 선점이 되는 것은 아니며, 이후에도 그 섬에 대해 지속적인 정부기능이 행사되어야 하는 것이다. 그렇지만 어느 정도의 실효적 지배가 있어야 유효한 선점으로 인정될 것인지는 정해져 있지 않으며 구체적 상황에 따라 결정되어 진다. 선점에 관한 사례로 많이 인용되고 있는 클리퍼튼 섬 사건[48]이 이 점을 잘 보여준다.

프랑스와 멕시코 간에 영유권 분쟁의 대상이 된 클리퍼튼 섬은 멕시코 서부 해안에서 남서쪽으로 약 670마일 거리에 위치한 작은 무인도이다. 프랑스는 1858년 프랑스 해군 장교가 이 섬을 발견한 후 프랑스 승무원을 상륙시키고 상세한 지리적 좌표를 만들고 자국의 영토임을 선포하였다고 주장하였다. 그리고 프랑스는 본국과 하와이 당국에 이 사실을 통고하였고 호놀룰루 신문에도 자신의 주권선언을 게재하였다고 주장하였다. 이후 프랑스를 포함해서 어떠한 국가도 이 섬에 대한 권한행사를 하지 않았는데, 1897년 3인의 미국인이 이 섬에 성조기를 게양하자 프랑스가 항의하였고 다음 해에 미국은 이 섬에 대한 모든 권리를 포기하였다. 그러자 멕시코는 이 섬을

---

47 Ian Brownlie, *Principles of Public International Law* Seventh edition, Oxford University Press, 2008, p.135.

48 Clipperton Island case(France v. Mexico)(1931), 26 *American Journal of International Law* 390, 1932.

스페인 해군이 발견하였고 1836년부터 스페인으로부터 멕시코로 승계되었기 때문에 멕시코의 영토라고 주장하였다. 이 섬에 대한 프랑스의 행위는 1858년의 주권 선언 뿐이었으므로 본 사건에서 가장 중요한 쟁점은 선언만으로 프랑스가 영토주권을 취득할 수 있는가 하는 점이었다.

중재재판관은 이를 인정하였다. 일반적으로 무주지 선점을 위해서는 그 지역에 대해 실효적인 지배를 행하고 배타적인 주권행사를 위한 행정력이 확보되어 있어야 한다. 그러나 중재재판관은 클리퍼튼 섬의 경우 완전한 무인도이기 때문에 높은 정도의 실효적 지배가 필요치 않다고 판단하였다.[49] 즉, 단순한 주권의 천명만으로도 이 섬을 프랑스의 실효적 지배하에 둘 수 있다고 본 것이다.

2) 자연작용

자연작용에 의해서 영토를 취득할 수도 있다. 자연작용은 그 진행상황에 따라 점진적으로 변화하는 것과 급격히 변화하는 것으로 구분할 수 있다. 전자는 강의 흐름에 따라 퇴적물이 형성되어 영토가 늘어나는 경우, 강의 진로가 점진적으로 변경됨으로써 강을 경계로 한 국경선에 변화가 오는 경우 등이 있다. 그리고 강의 진로가 갑작스럽게 변경되는 경우나 화산활동에 의해 내수內水 또는 영해에 새롭게 섬이 생기는 경우 등이 후자에 해당한다.[50]

자연작용에 따른 영토 범위의 변경이 점진적인 것인지 또는 급격한 것인지의 구별은 주로 국경하천에서 찾을 수 있다. 즉, 강 또는 하천이 국가간 경계선을 형성하고 있는 경우 퇴적물이 충적되는 등으로 인해 강유역이 점진적으로 늘어나거나 흐름이 변경되면 그에 따라 국경선도 변경된다. 반면 홍수 등으로 인해 곡선하천이 직선화되는 것과 같이 국경하천의 흐름이 급격히 변경되면 본래의 국경선이 그대로 유지되는

---

49 위 중재판정의 핵심내용은 다음을 참조. DJ Harris, *Cases and Materials on International Law Sixth Edition*, London: Sweet and Maxwell, 2004, pp.198~200.
50 반대로 자연작용을 통해 영토의 범위가 점진적 또는 급진적으로 축소되는 경우도 있다. 예컨대 침식작용을 통해서 국경선을 이루는 강폭이나 해안선이 줄어드는 경우 지반 침하작용 또는 해수면 상승에 의해 육지가 점차 줄어드는 경우가 있다.

것으로 본다.[51] 그렇지만 하천과는 달리 연안에 있어서는 그 변화가 점진적이든 또는 급진적이든 관계없이 영토가 증가하는 것으로 본다.[52] 국가들은 주로 항해 가능한 하천일 때는 탈베크thalweg 원칙[53]이라 불리는 가항수로可航水路의 중간선을, 그리고 항해가 불가능한 경우에는 하천 폭의 중간선을 국경선으로 하는 협약을 체결한다.[54]

충적 또는 화산분출 등으로 인해서 새로운 섬이 국가의 영해에 형성되는 때는 그 국가가 섬에 대한 주권을 취득한다. 그렇지만 새로운 섬이 공해상에 형성되는 경우는 어느 국가의 주권에도 속하지 않는 무주지가 되며 이는 곧 선점의 대상이 된다.[55] 그러한 섬이 어느 국가의 배타적 경제수역 내에 형성되는 경우에는 배타적 경제수역을 지배하는 연안국가가 그 섬에 대한 영유권을 가지는 것으로 본다. 이 때 새롭게 형성된 섬의 규모에 따라서 이 섬을 근거로 영해와 접속수역, 배타적 경제수역 등이 새롭게 설정될 수 있다.[56]

3) 시효

시효(時效, prescription) 또는 시효취득(時效取得, acquisitive prescription)이란 다른

---

51 Chamizal Arbitration (US v. Mexico, 1911), 5 *American Journal of International Law* 782, 1911; Case concerning the Land, Island and Maritime Frontier Dispute (El Salvador/Honduras; Nicaragua intervening), *ICJ Reports* (1982), para.308. Surya P. Sharma, *Territorial Acquisition, Disputes and International Law*, Martinus Nijhoff Publishers, 1997, p.141.

52 Surya P. Sharma, 앞의 책, 1997, p.142.

53 국제사법재판소는 탈베크라는 말이 "항해를 위해 가장 적합한 수로", "가장 깊은 수심에 의해 결정되는 선" 또는 "보트를 타고 하류로 가는 수로의 중간선" 등의 의미를 가지는 것으로 보았다. Case concerning Kasikili/Sedudu Island (Botswana/Namibia), ICJ, Judgment of 13 December 1999, para.24. 탈베크란 독일어로 골짜기를 의미하는 탈(thal)과 길을 의미하는 베크(weg)의 합성어에서 유래한다.

54 Case concerning Kasikili/Sedudu Island (Botswana/Namibia), ICJ, Judgment of 13 December 1999, para. 24.

55 Robert Jennings and Arthur Watts, Oppenheim's International Law Ninth edition Vol. I. Peace, Longman, 1992, p.698.

56 Robert Jennings and Arthur Watts, 앞의 책, 1992.

국가의 영토 일부를 시간의 경과에 의해 취득하는 것을 말한다. 시효로 인한 영토 취득이 유효하기 위해서는 현재의 점유 상황이 국제법과 합치한다는 일반적 확신이 들 정도로 시간의 경과가 있어야 하며, 그러한 점유 영토에 대한 주권의 행사가 계속적이고 방해받지 않고서 이루어져야 한다. 시효의 의의는 다른 국가의 주권을 침탈한데서 기인하는 추정적인 것에 불과한 영토취득 권원의 결함이 그 국가의 동의 혹은 묵인에 의해 치유되는데 있다. 이러한 시효제도의 목적은 선의의 행위를 고려하고, 권원을 상실하는 국가의 자발적인 포기를 추정하고, 국제질서의 안정을 유지하기 위한 것이다.[57]

구체적으로 어느 정도의 시간 경과가 있어야 시효가 완성되는지 그리고 어떤 상황이 계속적이고 방해받지 않는 점유인지는 국제관습법상 확립되어 있지 않으므로 개별 사건에 따라 달리 판단할 수밖에 없다. 시효는 영토에 대한 국가의 영유의사와 실효적 지배가 필요하다는 점에서는 선점과 같다. 하지만, 선점과 달리 시효는 무주지가 아니라 다른 국가의 영토를 영유 대상으로 한다는 점, 선점에 비해 오랜 기간의 실효적 지배가 요구된다는 점, 그리고 시효의 완성에는 금반언(禁反言, estoppel)의 효과를 갖는 원주권국가의 묵인(默認, acquiescence)이 필요하다는 점에서 선점과 구별된다.[58]

어떤 국가의 시효로 인한 영토주권 취득 주장이 원주권국가의 이의제기로 인해 좌절된 대표적 사례로 미국과 멕시코간의 샤미잘Chamizal 사건을 들 수 있다.[59] 두 국가 사이의 경계선을 이루고 있는 리오 그란데 강이 홍수로 인해 강의 흐름을 갑자기 바꾸게 되자 이로 인해 멕시코에 속하던 샤미잘 지역이 미국 측에 속하게 되었다. 그러자 미국인들이 이 지역에 들어가 개척을 하고 미국 정부도 이 지역에 대한 권한을 행사하였다. 이에 대해 멕시코 정부는 지속적으로 미국 정부에 항의를 제기하였다.

그렇지만 미국 정부는 샤미잘 지역에 대해 일정한 기간 동안 통치행위를 행사해 왔기 때문에 시효로 인해 영토주권을 취득했다고 주장하였다. 그러나 사건을 맡은 중재

---

57 Ian Brownlie, 앞의 책, 2008, p.146.

58 Malcolm N. Shaw, International Law Fifth Edition (Cambridge University Press, 2003), p.426 ; 김대순, 앞의 책, 2009, 848쪽.

59 Chamizal Arbitration (United States v. Mexico) (1911). 중재판정 결과에 대해서는 다음 문헌을 참조: 5 *American Journal of International Law* 782, 1911.

위원회는 이러한 미국 측 주장을 받아들이지 않았다. 중재위원회는 미국이 시효를 이유로 영토를 취득하기 위해서는 "방해받지 않고, 중단 없이" 그리고 "평온하게" 점유했어야 한다고 결정하였다. 중재위원회는 멕시코의 지속적인 이의제기로 인해 미국의 점유는 그와 같은 요건을 충족시키지 못했다고 판단하였다.[60]

샤미잘 사건과는 반대로 시효로 인한 영토주권 취득이 인정된 사례로 프레아 비혜어 사원 사건[61]을 들 수 있다. 캄보디아를 지배하고 있던 프랑스와 태국(당시 국호는 시암)은 이 사원이 위치한 지역의 국경선을 획정하기 위한 조약을 1904년에 체결하였다. 이 조약에 의하면 양국 공동위원회가 특별히 결정하지 않는 한 국경선은 산맥의 분수령을 따르도록 되어 있었다. 그런데 공동위원회의 지명에 의해 두 프랑스 장교가 작성한 지도는 사원 지역에서 산맥의 분수령을 따르지 않고 있었다. 그 결과 양국 합의에 의하면 태국 측에 속할 사원이 지도에는 캄보디아 측으로 되어 있었다. 그러나 지도 사본이 태국 정부에 전달되었을 때 태국 정부는 잘못된 부분에 대해 항의하지 않고 오히려 지도 사본을 추가로 요구하였다.

또한 1930년 태국 왕자가 문제의 사원을 방문했을 때 프랑스 당국이 프랑스 국기를 계양하고 접견했지만 태국 측에서는 아무런 이의도 제기하지 않았다. 이러한 상황이 오랜 동안 지속된 후에야 태국은 지도에 표시가 잘못되어 사원이 캄보디아로 넘어갔다고 주장하였다. 국제사법재판소는 본래 문제의 사원이 태국의 것이었을 지라도 캄보디아(프랑스)가 오랜 동안 평화로운 상태로 지배함으로써 시효취득했다고 보았다. 특히 국제사법재판소는 태국 왕자가 사원을 방문했을 때 프랑스 국기가 계양된 것을 보고도 아무런 반응을 보이지 않는 등의 행위들은 사원에 대한 프랑스의 영토주권을 묵인한 것이며, 태국이 적절한 기한 내에 이의를 제기하지 않은 것은 금반언의 효과를 가지는 것이라고 결정하였다.[62]

---

60 Malcolm N. Shaw, 앞의 책, 2003, p.427.

61 Temple of Preah Vihear case (Cambodia v. Thailand), *ICJ Reports 1962*.

62 Temple of Preah Vihear case (Cambodia v. Thailand), *ICJ Reports 1962*, p.6. Malcolm N. Shaw, 앞의 책, 2003, p.439 참조. 국제사법재판소가 문제의 사원에 대한 캄보디아의 영유권을 인정하는 결정을 했지만 태국은 이를 이행하지 않고 있다. 현재 캄보디아가 이 사원을 유네스코 세계문화유산으로 신청하였지만 자국의 영유권을 주장하는 태국은 오히려 군대를 보내어 점령함

4) 할양

조약에 의해 한 국가에서 다른 국가로 영토에 대한 주권이 이전하는 것을 할양(割讓, cession)이라 한다. 할양이 조약에 의해 주권의 이전을 의도하는 것이므로 주권이 아니라 단순히 일정 부분의 행정권 내지 소유권이 이전하는 것은 할양이 아니다.[63] 일반적으로 할양은 조약에 의해 영토의 '일부'가 이전한다. 하지만, 경우에 따라서는 영토의 전부가 이전하기도 하는데 이를 특히 병합(倂合, annexation)이라 한다. 이때 피병합된 국가는 주권을 상실함으로써 그 존재가 사라지게 된다.

역사적으로 할양에 의한 주권의 이전 사례는 무수히 많이 있어 왔으며 그 원인도 매우 다양하다. 가장 흔한 경우는 전쟁을 치른 후 평화조약을 체결하여 패전국의 영토 일부를 승전국에 이전하는 방식이었다. 과거 유럽의 절대왕정시대에서는 두 왕가 사이에 혼인을 맺으며 영토 일부를 할양하기도 하였다.[64] 그리고 1867년 러시아가 미국에 알래스카를 매매하고 1899년 스페인이 캐롤라인 섬을 독일에 매매한 것과 같이 국가간 매매를 통해 이루어지기도 한다.

할양에 의해 영토를 취득할 때 국가는 전임 국가가 영토에 대해 가졌던 권리 이상을 가질 수 없다. 그래서 제3국에게 그 영토에 대해 통행권과 같이 특정한 권리가 이미 부여되어 있는 경우 영토 취득국가는 이러한 권리를 존중해야 한다. 마찬가지로 전임 국가도 자신이 가진 권리 이상을 조약을 통해 신 국가에 이전할 수 없다. 이 점은 미국과 네덜란드 사이의 팔마스 섬 사건의 중재재판관을 통해서도 확인되었다.

미국은 1898년 스페인과의 파리조약을 통해서 필리핀을 할양받았는데 팔마스 섬은 필리핀 제도에 속한 2평방마일도 되지 않는 조그만 섬이었다. 1906년 필리핀을 통치하던 미국 정부 관리가 이 섬을 방문했을 때 네덜란드 국기가 게양되어 있는 것을 발견하고 본국에 보고함으로써 분쟁화 되었다. 미국은 이 섬이 스페인과의 할양 조약의 범위 내에 포함되기 때문에 자국의 영토라고 주장하였다. 이에 네덜란드는

으로써 분쟁상황이 심화되어 있다.

63 Robert Jennings and Arthur Watts, 앞의 책, 1992, p.680.
64 Robert Jennings and Arthur Watts, 앞의 책, 1992, p.682.

1898년 파리조약 이전부터 오랜 동안 이 섬을 자국의 영토로 실효적으로 지배해왔다고 주장하였다. 본 사건에서 단독 중재재판관인 후버Max Huber 재판관은 비록 16세기경 스페인이 동 섬을 발견했을 지라도 17세기 이후 약 2백년에 걸쳐 네덜란드가 섬에 대해 지속적이고 평화로운 주권행사를 해왔기 때문에 네덜란드에 주권이 있다고 결정하였다.[65] 그러므로 1898년 파리조약 체결 당시 스페인은 팔마스 섬에 대한 영토주권이 없었기 때문에, 조약을 통한 할양의 범위에 이 섬은 포함되지 않았던 것이다.

할양을 통한 국가간 영토주권의 이전은 그 영토에 살고 있는 거주민에게도 큰 법적 변화를 동반하게 된다. 경우에 따라서는 영토주권의 이전이 거주민에게 큰 부담을 안길 수 있지만 거주민의 대우에 대한 국제법 규칙은 아직까지 확립되어 있지 않다. 때로는 거주민의 부담을 완화시키려고 할양조약을 통해 또는 새롭게 영토주권을 취득한 국가가 선언을 통해 거주민에게 국적 선택권을 부여하기도 한다. 19세기 후반 체결된 많은 할양조약들이 이러한 조항을 포함하였다.[66] 그리고 거주민들의 의사에 반해 새로운 주권국가의 통치를 받는 것을 피하려면 본국 또는 다른 국가로 이주하도록 하기도 한다.[67]

마지막으로, 1969년 조약법에 관한 비엔나협약 제52조는 "힘의 위협 또는 사용"에 의해 체결된 조약을 절대적 무효사유로 규정하고 있다.[68] 과거 체결된 많은 할양조약들과 관련해서 유의할 점은 오늘날 국제법에 따르면 조약 체결당시의 국제법에 따라서 조약의 유무효를 판단해야 한다는 시제법(時際法, inter-temporal law)의 적용

65 Island of Palmas case (Netherlands/United States), 2 *RIAA* 829 (1928), p.839 이하 참조.

66 Robert Jennings and Arthur Watts, 앞의 책, 1992, p.685.

67 이러한 예로 1919년 불가리아와 그리스간 체결된 조약이나 1923년 로잔조약의 제6 부속협약과 같이 제1차 세계대전 이후 유럽 국가간 체결된 조약들이 있다. 이와 관련 특히 다음 문헌을 참조. Joseph B. Schechtman, *European population transfers, 1939-1945*, Oxford University Press, 1946.

68 1969 Vienna Convention on the Law of Treaties. 1969년 5월 23일 채택, 1980년 1월 27일 발효. 본 협약 제52조(힘의 위협 또는 사용에 의한 국가의 강제) "국제연합헌장에 구현된 국제법의 제 원칙을 위반하여 힘의 위협 또는 사용에 의하여 조약의 체결이 감행된 경우에 그 조약은 무효이다."

을 받는다는 것이다.[69] 따라서 어떤 할양조약의 유효성을 결정하려면 그 조약 체결 당시의 국제법상 "힘의 위협 또는 사용"에 의한 조약 체결이 허용 또는 용인되었는지를 검토해야 한다.

5) 정복에 의한 영토주권 취득

정복conquest은 전쟁이 국가의 합법적인 권리로서 인정되었을 때 영토주권 취득의 유효한 수단 중 하나였다. 그러나 이때에도 단순히 정복만을 통해 영토주권이 취득되는 사례는 드물었다. 왜냐하면 전승국들은 대부분 할양조약을 통해서 패전국 영토의 일부 또는 전부를 취득했기 때문이다.[70]

정복에 의한 영토취득은 다음과 구별할 필요가 있다.

첫째, 이는 단순한 정복과 구별해야 한다. 단순한 정복은 피정복 영토에 대한 주권 취득의 의사가 없다. 그러므로 영토에 대한 완전한 지배가 이루어지더라도 영토에 대한 주권의 변경은 동반하지 않는다. 이와 관련해서 제2차 세계대전의 패전국 독일의 법적 지위가 문제된다. 독일군이 연합군에 대해 무조건 항복unconditional surrender을 한 후 독일 정부는 폐지되었다. 미국, 영국, 프랑스 및 러시아는 1945년 6월 공동 성명을 통해 독일에 대한 최고 권한이 이들 4개국에 있으며 동시에 독일을 병합하지 않을 것임을 명시적으로 표시하였다. 그리고 동 성명을 통해 향후 독일의 국경과 법적 지위가 이들 국가들에 의해 결정될 것임도 밝혔다.[71] 따라서 독일에 대한 연합국의 정복은 이에 따른 영토취득을 결과하지는 않았지만, 그럼에도 불구하고 독일 정부가 소멸되었으며 독일의 장례를 연합국이 결정한다는 점에서 피점령국 독일의 법적 지위는 특수하다.

둘째, 정복에 의한 영토주권의 취득은 전시점령belligerent occupation과 구별해야 한다. 전시점령은 전쟁이 지속되는 동안 일정 기간 영토를 점령하는 것을 말한다. 이

---

69 Robert Jennings and Arthur Watts, 앞의 책, 1992, p.681.
70 Robert Jennings and Arthur Watts, 앞의 책, 1992, pp.698~699.
71 Robert Jennings and Arthur Watts, 앞의 책, 1992, pp.699~700.

에 반해 정복에 의한 영토주권의 취득은 해당 영토에 대한 정복이 완전히 이루어지고 전쟁 상태가 종료된 후에 발생하는 효과를 말한다.

현대 국제법은 정복을 통한 영토주권의 취득을 더 이상 인정하지 않고 있다.[72] 이러한 내용은 20세기 초 국제연맹규약의 규정 이후 꾸준히 국제조약이나 국제기구의 결의 등을 통해 표현되어 왔다. 즉, 국제연맹규약 제10조에서 영토적 완전성을 해치는 침략행위를 금지하였으며,[73] 1928년의 부전조약은 "국가 정책 수단"으로서의 무력사용을 금지하였다.[74] 1945년 유엔헌장 제2조 4항은 부전조약의 단점을 보완하여 영토적 완전성을 침해하는 "무력의 위협 또는 사용"을 금지함으로써 국제법상 전쟁행위 자체를 원칙적으로 금지하였다.[75] 따라서 동 조항에 위배되는 무력 사용에 의한 정복은 국제법상 불법이며 효력이 없다.

정복을 통한 영토주권의 취득과 관련해서 또 다른 중요한 문서로 1970년 유엔총회의 우호관계선언이 있다.[76] 즉, 동 선언은 "국가의 영토는 유엔헌장 규정에 위배되는 무력사용으로부터 기인하는 군사적 점령의 대상이 되지 않는다. 국가의 영토는 무

---

72 이러한 다수 견해에 대해 일부 이견이 존재한다. 예컨대 1950년 조셉 쿤즈(Joseph Kunz)는 "정복에 의한 권원 취득은 여전히 유효한 법"이라고 하였으며, 퍼시 코벳(Percy Corbett)도 1951년 "'법'이 폭력을 허용하므로, 폭력의 결과물을 인정하는 것이 논리적이다."고 하였으며, "폭력의 결과는 시간의 경과에 따라 받아들여지기 쉽다."고 하였다. Surya P. Sharma, Territorial Acquisition, Disputes and International Law (Martinus Nijhoff Publishers, 1997), p.145에서 재인용.

73 국제연맹규약 제10조 전반부. "The Members of the League undertake to respect and preserve as against external aggression the territorial integrity and existing political independence of all Members of the League."

74 파리조약으로도 불리는 부전조약은 미국 국무장관인 Kellolg와 프랑스 외무장관인 Briand의 이름을 따 Kellog-Briand Pact이라 한다. 두 국가 간에 체결되었지만 가입이 개방된 다자조약이다. 이 조약은 전쟁 자체를 금지한 최초의 조약이라는 점에서 의의를 가지지만 "국가정책 수단"으로서의 전쟁만을 금지했을 뿐 다른 목적의 전쟁 그리고 무력의 '위협'은 금지하지 않았다는 점에서 한계를 지녔다.

75 유엔헌장 제2조 4항. "All Members shall refrain in their international relations from the threat or use of force against the territorial integrity or political independence of any state, or in any other manner inconsistent with the Purposes of the United Nations."

76 동 선언의 정식 명칭은 다음과 같다.: Declaration on Principles of International Law Friendly Relations and Co-operation Among States in Accordance with the Charter of the United Nations. (UN General Assembly Resolution 2625(XXV)).

력의 위협 또는 사용으로부터 기인하는 타국에 의한 취득의 대상이 되지 않는다. 무력의 위협 또는 사용으로부터 기인하는 어떠한 영토취득도 합법적인 것으로 승인되어서는 안된다."라고 하였다. 동 선언은 유엔헌장 제2조 4항의 의미를 명확히 하면서 나아가 불법적인 영토취득에 대해 불승인 의무를 부과하고 있다. 마지막으로 국제사법재판소도 이스라엘의 팔레스타인 점령지역에 대한 장벽건설의 법적 지위에 관한 권고적 의견에서 전쟁에 의한 영토취득이 허용되지 않는다는 것이 국제관습법이라고 결정하였다.[77] 위와 같이 현대 국제법상 정복에 의한 영토주권의 취득은 허용되지 않으며 오늘날 국제법상 강행규범jus cogens으로 인정되기 때문에 이를 위반하는 어떠한 조약이나 행위는 법적 효력을 가지지 않는다.[78]

그러나 정복에 의한 영토취득이 현대 국제법상 무효이지만, 국제정치 현실에 있어서는 반드시 그렇지만은 않음을 유의해야 한다. 1945년 유엔헌장에 의해 무력의 사용 또는 위협이 불법화된 이후에도 여러 차례 국가들은 무력을 통해 영토를 점령하였으며, 국제사회는 이러한 영토 점령을 무효화 시키지 못하였다. 예컨대 1961년 인도는 자국 내에서 포르투갈의 고립영토로 있는 고아Goa 지역을 무력정복 하였지만, 이에 대해 유엔은 총회와 안전보장이사회에서 비난 결의도 채택하지 못하였다. 남중국해에 있는 서사군도의 경우 중국과 베트남 간에 영유권을 다투던 중 1974년 1월 중국 군함이 베트남 군함을 격퇴한 후 지금까지 중국이 단독으로 점령해 오고 있다. 이러한 국제정치의 냉정한 현실은 한국의 영토를 수호하려면 주변국들에 대응할 수 있는 충분한 국력 확보가 필수적임을 시사한다.

---

77 Legal Consequences of the Construction of a Wall in the Occupied Palestinian Territory, ICJ Advisory Opinion of 9 July 2004, paras. 74, 87, 117 참조.
78 1969년 조약법에 관한 비엔나협약 제52조(힘의 위협 또는 사용에 의한 국가의 강제). 또한 Robert Jennings and Arthur Watts, 앞의 책, 1992, p.704 참조.

제3절

국제법상 영유권 결정시 고려되는 주요 사항

1. 실효적 지배

영유권을 취득하기 위해 요구되는 해당 지역에 대한 실효적 지배는 주로 선점을 통한 무주지의 유효한 권원 취득의 요소로 다루어진다. 그러나 실효적 지배는 반드시 선점의 요소로서만 적용되는 것은 아니다. 예컨대 발견만 해서는 그 지역에 대한 유효한 영토적 권원을 취득하지 못하며 그러한 권원을 완성하려면 실효적 지배가 수반되어야 한다. 시효를 통한 영토적 권원을 취득하는 경우에도 영유의사와 함께 실효적 지배가 요구된다. 이와 같이 실효적 지배는 주로 선점을 통한 권원 취득과 관련 있지만 다른 방식의 영토취득에도 적용이 된다. 실제 영유권 분쟁 관련 사건들에서 분쟁 당사국들의 권원에 대한 주장이 불명확하거나 확인이 어려울 때 어느 쪽이 그 지역을 더 실효적으로 지배했는가가 결정적으로 작용하기도 한다.

유효한 영토적 권원을 인정하기 위해서 실효적 지배는 구체적으로 평화적이고 실제적이며, 충분하고 계속적이어야 한다.[79] 실효적 지배가 평화적이어야 한다는 것은 해당 지역에 대한 주권의 행사나 표명에 다툼이 없어야 한다는 것을 뜻한다. 실제적이어야 한다는 것은 주권의 행사나 표명이 단순히 문서상에 그치거나 명목상의 주장

---

79 김채형, 「영토취득과 실효적 지배기준에 대한 연구」『국제법학회논총』제54권 제2호, 2009, 71쪽 이하 참조.

에 불과해서는 안된다는 것이다. 주권의 행사가 실제적으로 이루어지고 있는지 여부는 구체적 사실관계에서 다르게 판단되어진다. 예컨대 멕시코 서남쪽 670마일에 위치한 무인도인 클리퍼튼 섬의 영유권을 두고서 프랑스와 멕시코가 다툰 사건에서 중재재판관은 사람이 살지 않는 조그마한 무인도인 경우 단순한 주권 천명만으로 동 섬에 대한 실효적 지배를 인정하기에 충분하다고 결정하였다.[80] 이는 "작고, 본토로부터 멀리 떨어져 있고, 사람이 살지 않는" 섬의 경우에는 실효적 점유를 위해 실제적인 정주定住와 통치행위가 요구되지 않음을 뜻한다.

실효적 지배가 충분해야 한다는 것 또한 실제적이어야 한다는 것과 같이 구체적 상황에 따라 다르다. 예컨대 조그만 섬이나 오지의 경우 물리적으로 점유해서 권한을 행사하는데 한계가 있기 때문에 주권의 최초 표명만으로 실효적 지배는 충분히 달성된다고 할 수 있다. 이와 같은 취지로 멩끼에 에끄레오섬 사건에서 바스데방 Basdevant 재판관은 실효적인 군사적 통제를 행사하려고 사람이 살지 않고 살 수도 없는 지역에 군대를 주둔시키는 것은 필요치 않으며 조그마한 섬에 대해 어느 정도의 국가 권한 행사가 이루어져야 하는지는 그 지역의 필요성에 달려있다고 주장하였다.[81]

마지막으로 실효적 지배는 계속적으로 이루어져야 한다. 팔마스 섬 사건에서 후버 중재재판관도 영토주권의 행사는 언제나 "평온하고 계속적인 표시"에 의해 유지되어야 한다고 하여 실효적 점유의 요소로서 계속성을 들었다.[82] 영유권을 주장하는 국가는 계속해서 그 지역에 대한 주권을 행사해왔음을 입증해야만 실효적 지배를 인정받을 수 있다.

---

80 Clipperton Island Arbitration (France and Mexico, 1931). 이 사건에 대해서는 American Journal of International Law vol. 26 (1932), 390쪽 이하 참조.

81 The Minquiers and Ecrehos Case (France / UK), *ICJ Reports 1953*, p.78 ; 김채형, 「영토취득과 실효적 지배기준에 대한 연구」 『국제법학회논총』 제54권 제2호, 2009, 72쪽 참조.

82 Islands of Palmas Case (Netherlands / U.S.A.), Reports of International Arbitral Awards, Vol. II, 838쪽.

2. 결정적 기일

1) 의의

결정적 기일critical date 또는 결정적 시점critical moment이란 분쟁의 구체적 사실이 발생하게 된 기간의 종점으로 그 이후의 당사자의 행위가 분쟁사안에 대해 어떠한 영향도 미치지 않는 기간 또는 시점을 말한다.[83] 그래서 결정적 기일 직전의 기간에 해당 영토에 대한 실효적인 권원을 가지고 있었음을 입증할 수 있는 당사국에게 우월한 권리가 인정되며 결정적 기일 이후의 당사국들의 행위들은 증거능력을 인정받지 못하게 된다.[84] 이는 결정적 기일을 이론적으로 정치화시킨 피츠모리스Fitzmaurice가 영국과 프랑스간 멩끼에 에끄레오 섬의 영유권 분쟁에서 영국 측을 위해 행한 다음과 같은 구두변론에서 잘 확인할 수 있다. "결정적 시점 이론의 모든 존재이유는 사실상 시간이 동 시점에서 정지한 것으로 간주하는데 있다. 그 후에 일어난 어떠한 사실도 당시에 존재한 상황을 변경시킬 수 없다. 당시의 상황이 무엇이든 법적으로 아직 존재하는 것으로 간주되며, 당사국의 권리는 이에 의하여 규율된다."[85]

국제법원은 부탁받은 분쟁에 대해 영유권 취득의 관련 사실들을 인정하기 위한 기준으로서 결정적 기일을 결정한다. 국제법원에 의해 결정적 기일이 확정되면 원칙적으로 그 이전에 존재했던 사실이나 행위에 대해서만 증거력을 인정한다. 확정된 결정적 기일 이후 단계에서 당사국이 자신의 입장을 유리하게 하려고 취한 행위들에 대해서는 증거력을 부인한다. 또한 그 바로 직전의 기간에 대해서만 유효한 권원을 입증하는 것으로 충분하고 그 이전의 모든 기간에 걸쳐 입증할 필요가 없다는 점에서 결정적 기일은 실제 영유권 분쟁 소송에서 중요한 의의를 가진다.[86]

---

83 신각수, 「결정적 시점의 이론」『국제법학회논총』제32권 제2호, 1987, 96쪽.
84 김대순, 앞의 책, 2009, 871쪽.
85 G. Fitzmaurice, "The law and procedure of the I.C.J., 1951-1954: points of substantive law, Part II", 32 *British Yearbook of International Law*, 1955, p.1255 ; 신각수, 「결정적 시점의 이론」『국제법학회논총』제32권 제2호, 1987, 97쪽 참조.
86 山本草二, 『新版 國際法』(박배근 역), 국제해양법학회, 1999, 301쪽.

2) 결정적 기일의 확정 방법

결정적 기일이 언제인가에 대한 일반적 기준은 없으며 전적으로 당해 영유권 분쟁의 해결을 부탁받은 국제법원의 판단에 맡겨진다. 지금까지의 판례들을 종합해보면 결정적 기일은 크게 다음 세 가지의 방법에 의해 결정되어진다.[87]

첫째, 영토할양조약의 체결과 발효시점을 결정적 기일로 정한 뒤 분쟁당사국 중 어느 쪽이 그 시점까지 영역주권을 취득하였으며 분쟁이 발생한 시점에 이르기까지 이를 유효하게 존속시켰는가를 심사한다. 예컨대 미국과 네덜란드간 영유권을 다투었던 팔마스 섬 사건의 경우 스페인이 미국에 필리핀을 할양한 1898년 12월을 결정적 기일로 정한 뒤 네덜란드와 미국 중 어느 쪽이 이때까지 문제의 섬에 대한 영역주권을 설정하고 있었으며 이후 분쟁이 발생한 1906년까지 이를 유효하게 존속하고 있었는지를 심사하였다.[88]

둘째, 국가가 영유권을 선언함으로써 양국 사이에 분쟁이 발생한 날을 결정적 기일로 정한 뒤, 이 날 직전의 시점에 이르기까지 분쟁지역에 대해 다른 국가의 유효한 권원이 설정되어 있었는지 여부를 심사한다. 예컨대 노르웨이와 덴마크간 영유권을 다투었던 동부 그린란드 사건에서 상설 국제사법재판소는 노르웨이가 동부 그린란드에 대해 무주지 선점을 선언하였는데 이 날을 결정적 기일로 설정하면서 이 지역에 대해 덴마크가 유효한 영토 권원을 설정하고 있었는지 또는 무주지였는지 여부를 심사하였다.[89]

셋째, 분쟁당사국들이 각각 다른 결정적 기일을 주장하였지만 국제법원은 특별히 결정적 기일을 결정하지 않고서 역사적으로 어느 쪽이 더 우세한 영역권원을 확보해왔는지를 검토하거나 또는 결정적 기일을 당사자들의 주장과는 달리 정하면서도 다른 요소들도 종합적으로 고려하는 경우가 있다. 예컨대 영국과 프랑스 사이에 위치한

---

87 山本草二, 앞의 책, 1999, 301쪽 이하 참조.

88 Islands of Palmas Case(Netherlands / U.S.A.), *Reports of International Arbitral Awards*, Vol. 2, p.845.

89 Denmark v. Norway, PCIJ (1933), Series A/B, No.53, p.45.

조그만 섬들인 멩끼에 에끄레오섬의 영유권을 다툰 사건에서 영국은 1950년 프랑스와의 재판부탁합의시를, 그리고 프랑스는 1839년 영불어업협정 체결시를 각각 결정적 기일로 주장하였다. 그러나 국제사법재판소는 프랑스가 처음으로 문제의 섬에 대해 영유권을 주장함으로써 양국 간 실제적인 영토분쟁이 발생했다고 보여지는 1886년을 결정적 기일로 잡으면서도 그 이후의 상황도 고려대상으로 삼았다.

3. 승인, 묵인 및 금반언

분쟁 상대국의 승인, 묵인 및 금반언이 때로는 특정 영토에 대한 주권을 수립함에 있어서 결정적인 역할을 하기도 한다. 예컨대 프레아 비헤어 사원 사건에서 잘못 작성된 지도의 사본을 넘겨받은 태국 정부는 잘못을 항의하기는 커녕 오히려 사본을 추가로 요구함으로써 그러한 지도를 승인하는 것처럼 보이게 하였다. 나아가 태국의 왕자가 문제의 사원을 방문했을 때 당시 캄보디아의 식민지 모국인 프랑스 당국이 그를 접견하면서 사원에 프랑스 국기를 게양했지만 태국 측에서는 아무런 반응을 보이지 않았다. 태국 정부는 여러 해가 지나서야 지도가 잘못 작성되었고 문제의 사원지역이 프랑스(현 캄보디아) 측에 잘못 넘어갔다고 항의하였다. 그러나 국제사법재판소는 태국 정부가 적절한 시한 내에 이의를 제기하지 않은 것은 프랑스(현 캄보디아)의 주권을 묵인한 것이며 이는 태국으로 하여금 금반언과 같은 효과를 가진다고 결정하였다.[90]

---

90 Case Concerning the Temple of Preah Vihear (Cambodia v. Thailand), ICJ Reports 1962, p.6 이하 참조. 금반언을 다룬 국제 판례를 비롯해서 이 문제에 관한 자세한 논의는 다음을 참조 1 Ian Brownlie, *Principles of Public International Law* Seventh edition, Oxford University Press, 2008, pp.151~154 ; 박배근, 「국제법상의 금반언에 관한 고찰 – 국제사법재판의 판례를 소재로」『국제법학회논총』 제52권 2호, 2007, 121쪽 이하.

4. 인접성 및 권원의 역사적 응고

1) 인접성

문제의 영토가 영유권을 주장하는 국가의 본토나 그 밖의 섬 등으로부터 인접해 있다는 이유로 그 영토에 대한 유효한 권원의 취득을 인정해 주어야 한다는 주장이 있다. 일부 국가들이 남극과 북극 지역에 대해 선형이론을 통해 영유권을 주장하고 있는데 이는 남극과 북극의 관련 국가들과의 인접성을 이유로 한 것이다. 그러나 현대 국제법은 인접성 원칙을 영유권 취득을 위한 독립된 권원으로서 인정하지는 않고 있다. 물론 영해, 영공 및 영해 가운데 있는 섬 등은 영토에 부합된 것 또는 종물從物로 이들과 일체화된 영토에 대한 권원이 인정되고 있으며, 그 근저에는 인접성이라는 관념이 작용하고 있다.

또한 접속수역, 배타적 경제수역 및 대륙붕이라는 국제해양법상의 제도도 인접성의 관념이 반영된 것이라 할 수 있다. 그러나 위와 같이 국제법상 확정된 제도를 제외하고는 영토 주권을 취득하기 위한 일반국제법상 원칙으로서 인접성이 인정되지는 않는다.[91] 국제법원들도 문제의 영토가 관련 국가의 본토와 가깝다고 하는 지리적 사실만으로 그 국가가 권원을 취득하거나 유리하게 추정된다고 보지는 않았다. 국제법원들은 영토 권원의 취득에 다툼이 있는 경우, 인접성보다는 보다 우월한 국가 권한의 행사 증거를 제시한 측에 유리하게 판단하였다.[92]

2) 권원의 역사적 응고

권원의 역사적 응고(凝固, historical consolidation of title)란 비록 최초에는 미약한

---

91 山本草二, 앞의 책, 1999, 309쪽 이하 참조.
92 Islands of Palmas Case(Netherlands / U.S.A.), *Reports of International Arbitral Awards*, Vol. II, pp.854~855 ; Western Sahara case, *ICJ Reports 1975*, p.43 ; 山本草二, 앞의 책, 1999, 310쪽 이하 참조.

권원이었지만 오랜 역사적 과정을 거치면서 강화되었다고 하는 이론이다. 노르웨이는 1869년 이래 자국의 굴곡이 심한 해안선에 대해 만을 가로질러 직선기선을 그어 영해를 설정해 왔다. 이러한 직선기선 설정에 대해 영국이 직선기선 설정은 국제관습법상 만 입구가 10마일 미만인 경우에만 가능하다고 주장함으로써 1951년 양국간 분쟁화되었다. 이러한 권원의 역사적 응고를 통해 영유권 취득을 파악하는 사고는 영역 취득의 복잡한 권원을 하나의 과정으로써 포괄적으로 파악한다는 특징을 가진다.[93]

그러나 역사적 응고 이론은 아직까지 일반 국제법상 명확한 원칙으로 인정되고 있지는 않다. 여전히 오래 전부터 무주지를 선점해 오고 있거나 다른 국가의 토지를 점유하여 시효가 진행 중인 경우 핵심적인 고려사항은 역사적 응고가 아니라 평화적인 점유와 다른 국가들의 묵인acquiescence 또는 용인toleration이다.[94] 국제사법재판소도 카메룬과 나이지리아간 육지 및 해양 경계사건에서 "역사적 응고이론은 매우 논란이 많은 것이며 국제법하에서 확립된 권원의 취득 양식을 대체할 수 없다."고 하였다.[95] 국제사법재판소 재판관이면서 저명한 국제법학자인 제닝스Jennings는 권원의 역사적 응고 개념은 여러 가지 것들을 삼켜버리는 '탐욕스러운 개념'이라고 비판하면서, "국제법에 있어서 필요한 것은 (권원의 역사적 응고와 같은) 단순화가 아니라 오히려 정치화하는 것이다."라고 지적하였다.[96]

93 허숙연, 「영역분쟁의 해결기준 – ICJ에 있어서의 effectivités의 용법에 대하여」 『서울국제법연구』 제11권 1호, 2004, 244쪽.
94 Ian Brownlie, 앞의 책, 2008, p.157.
95 Case Concerning the Land and Maritime Boundary Between Cameroon and Nigeria, ICJ, Judgment of October 2002, para.65.
96 R.Y. Jennings, *The Acquisition of Territory in International Law*, Manchester University Press, 1963, pp.26~27.

5. 시제법

1) 내용

영토취득에 관한 규칙들은 역사적 전개에 따라 변화한다. 과거 어느 시점에서의 영토취득에 대한 권원의 유효 여부를 결정할 때 현재의 법이 아니라 그 당시의 법을 적용해야 한다는 것이 시제법(時際法, intertemporal law) 원칙이다. 예컨대 19세기에 당시의 법규칙에 따라 영토에 대한 권원을 유효하게 취득하였지만 영유권 다툼이 있는 현재의 법규칙에 의하면 그러한 권원 취득이 무효가 될 수 있다. 이러한 경우 시제법에 의하면 현재의 법규칙이 아니라 19세기 당시의 법규칙에 따라서 사건을 판단해야 한다.

시제법의 문제는 미국과 네덜란드간 도서 영유권을 다툰 팔마스섬 사건에서 상설중재재판소의 후버Max Huber 재판관에 의해 제기되었다.[97] 팔마스섬은 사건이 상설중재재판소에 부탁될 당시 미국령이었던 필리핀의 민다나오섬Island of Mindanao과 네덜란드령 동인도제도 북단의 나누사Nanusa 제도 사이에 위치한 섬으로 길이 2마일, 폭 0.7마일 정도에 불과한 조그만 섬이다. 1906년 팔마스섬을 미국령으로 여기고 있던 필리핀 모로Moro 주 지사 우드Leonard Wood 장군이 1906년 1월 이 섬을 방문하였을 때 네덜란드 국기가 계양되어 있는 것을 보고 놀라 본국 정부에 그러한 사실을 보고함으로써 문제가 시작되었다.

팔마스섬에 대해 미국은 스페인이 16세기에 이 섬을 발견하여 영유권을 취득하였으며 1898년 미국과 스페인간 체결된 평화조약(파리조약)에 의하여 스페인이 미국에 할양한 필리핀 속에 이 섬이 포함된다며 영유권을 주장하였다. 반면, 네덜란드는 17세기 네덜란드의 동인도회사가 두 사람의 원주민 추장과 협정을 체결하여 네덜란드가 팔마스섬에 대한 주권을 취득하였으며 이후 지금까지 네덜란드의 주권을 실현해 왔다고 주장하였다.[98]

---

[97] Islands of Palmas Case(Netherlands / U.S.A.), Reports of International Arbitral Awards, Vol. II.

따라서 팔마스 섬에 대한 미국의 영유권 주장은 스페인의 할양에 근거하므로 결국 문제는 스페인이 16세기의 발견으로 팔마스섬에 대한 주권을 취득하였는지의 문제로 귀결된다. 20세기에는 어떤 토지에 대한 '발견'만으로는 영유권 취득이 인정되지 않았는데 16세기 당시에는 '발견'만으로 영유권 취득이 인정되었는지 여부를 확인하고, 만약 후자의 경우라면 어떤 법을 적용해야 하는지 문제되었다. 이에 대해 후버 중재재판관은 "법적인 사실은 그 당시의 법에 의하여 평가되어야 하며 그에 관한 분쟁이 발생하거나 해결되는 시점의 법에 의해 평가되어서는 안된다."고 판결하였다.[99]

2) 시제법 원칙의 적용 제한

일정한 시점에서의 사실관계를 확정하는 법규칙은 일단 성립이 되면 고정이 되는 성질을 지닌다. 이에 반해 법적 사실의 기초가 되는 현실은 계속해서 변화하기 때문에 법과 현실 사이에서는 괴리가 발생할 수 밖에 없다. 이러한 괴리를 메우려고 법해석이 동원되기도 하지만 해석으로도 메울 수 없는 경우에는 과거의 법규칙은 개정되거나 폐지되고 새로운 현실에 맞는 법규칙이 만들어진다.[100] 동일한 사실관계에 대해 과거와 현재에 있어서 서로 다른 법규칙이 존재하는 경우 시제법에 의하면 과거의 법규칙을 적용하는 것이지만, 이렇게 할 때 법적 안정성은 유지될 수 있지만 현재의 법의식으로는 받아들이기 어려운 점들도 있을 수 있다.

특히, 유럽에서 형성된 근대 국제법이 이들 국가들에게 유리한 내용들임을 고려할 때 아시아 등 비유럽 국가들의 입장에서 무조건적으로 수용하는 것에 더욱 반감을 가질 수밖에 없다.[101] 그래서 과거 무력사용이 합법인 때에 정복을 통해 영토를 취득한

---

98 박배근, 「국제법상 시제법의 이론과 실제」 『국제법학회논총』 제53권 제1호, 2008, 18~19쪽.

99 Islands of Palmas Case(Netherlands / U.S.A.), Reports of International Arbitral Awards, Vol. II, 845쪽.

100 박배근, 앞의 논문, 2008, 12쪽.

101 특히 영토취득과 관련해서 합법적 수단으로 인정되었던 무주물 선점, 정복과 같은 국제법은 19세기 서유럽 국가들이 아시아 등 비유럽국가들을 비문명국 또는 야만국으로 분류함으로써 국제법적 법인격을 부인하여 침략으로 인한 식민지개척을 정당화시켜주는 구실을 하였다.

국가와 그 영토를 상실한 국가간 영토분쟁을 시제법의 원칙에 따라서 합법적으로 해결할 것을 기대하기 어려운 점이 있다. 예를 들어 인도 내에 위치한 고아Goa는 포르투갈이 16세기 정복에 의해 취득한 고립영토로 인도도 1947년 독립 후 이 지역에 대한 포르투갈의 권원을 승인하였다. 그렇지만 1961년 인도는 고아 지역을 침략하여 병합하였으며 이에 대해 유엔의 대다수 회원국들은 인도를 동정하여 유엔 총회와 안보리가 인도의 행동에 대해 비난결의를 채택하지도 못하였다. 결국 포르투갈도 1974년 이 지역에 대한 인도의 권원을 승인하였다.[102] 인도의 무력침략에 의한 영토회복 행위는 현대 국제법상 일반적으로 승인될 수 없는 것이었지만 역사적 특수성을 고려하여 국제사회가 묵인해 주었다고 할 수 있다.

시제법 원칙을 지지한 후버 중재재판관도 실질적으로는 이 원칙을 제한해서 적용하였음을 유의할 필요가 있다. 즉, 그는 법적 사실은 그 당시의 법에 의해 평가되어야 한다고 하면서도 그는 "일련의 기간에 유효하였던 상이한 법체계 중에서 어느 것을 특정 사건에 적용하여야 하는지의 문제(이른바 시제법)에 관해서는 권리의 창설과 권리의 존속을 구별하여야 한다"고 하였으며 또한 "권리 창설적 행위를 권리 발생시의 법에 복종시키는 원칙은 권리의 존속, 다시 말해 권리의 계속적인 발현이, 법의 발전에 의하여 요구되는 조건들을 따를 것을 요구한다"고 하였다.[103]

이것은 국가가 당시대의 국제법이 인정하는 방식으로 항상 영토에 대한 자신의 권원을 재수립해야함을 시사하는 것이다. 팔마스섬 사건에서 '권리의 존속에 관한 시제법'을 적용할 때, 비록 16세기 스페인이 발견에 의해 유효한 영토적 권원을 취득했을지라도 그것이 20세기 초까지 계속적으로 유효하기 위해서는 이 섬에 대한 실효적 지배와 같은 국가 권능의 발현이 필요하게 된다.[104]

---

102 김대순, 앞의 책, 2009, 869쪽.
103 Islands of Palmas Case(Netherlands / U.S.A.), *Reports of International Arbitral Awards*, Vol. 2, p.845.
104 박배근, 앞의 논문, 2008, 20쪽.

6. 지도의 증거력

1) 지도의 증거력 결정 요소

영토적 권원에 대한 분쟁 당사국들은 자신의 입장을 강화하기 위한 증거자료의 하나로써 과거에 작성된 수많은 지도들을 제출한다. 그러나 분쟁사건에서 지도의 증거력은 그 지도가 언제, 어떻게 누구에 의해 작성되었으며 해당 사건과 어떠한 관련성이 있는지 등 개별상황에 따라 달라진다. 그렇지만 일반적으로 현 국제법상 지도의 증거력은 크지 않음을 유의할 필요가 있다.

지도의 증거력은 지도가 문서증거로 원용되려면 제요소를 충족시키고 있어야 한다. 지도가 높은 증거력을 가지려면 작성된 지도의 공식성, 독창성, 정확성 및 객관성을 갖추어야 한다.[105] 공식성公式性이란 지도가 증거로써 완전한 가치를 인정받으려면 지도의 공적 권위가 입증되어야 함을 뜻한다.

지도의 공적 권위가 입증되면 그것이 대내용으로 또는 대외용으로 제작되었는가 여부는 지도의 증거력에 영향을 크게 미치지 않는다. 공식성이 없는 개인이 작성한 지도의 경우 증거력이 인정되지 않거나 또는 제한된 범위의 증거력만이 인정된다. 지도의 독창성이란 지도가 제작자 자신에 의한 조사·측량에 근거한 지리적 사실을 나타내는 것을 말한다. 독창성이 있는 지도라야 중요한 증거력을 인정받으며 그렇지 않고 기존 지도를 복사한 경우에는 기껏해야 통상의 전문증거傳聞證據로서의 증거력만이 인정될 뿐이다.

지도의 정확성이란 지도 제작자의 기술과 지도제작에 사용된 정보원이 확인되어 신뢰도가 높아야 증거력도 높아질 수 있음을 의미한다. 특히 특정 지형의 위치나 범위가 문제되는 영토분쟁에서 지리적 정확성은 지도의 증거력에 결정적 영향을 미친다. 객관성이란 지도제작자가 지도제작의 기술과 정보원들을 어느 정도로 객관적이고 공정하게 취급했느냐에 따라 증거력이 달라짐을 의미한다. 왜냐하면 국경과 같이 정

---

105 이에 대한 설명은 다음 논문을 참조하였음. 신각수, 「영토분쟁에 있어서 지도의 증거력 −국제판례를 중심으로」 『국제법학회논총』 제26권 제1호, 1981, 112쪽 이하.

치적으로 민감한 사안에 대해서는 지도제작자의 주관이나 의도가 반영될 수 있기 때문이다. 그러나 실제 오래 전에 작성된 지도의 객관성 또는 공정성을 심사할 수 있는 객관적 표지는 거의 없기 때문에 이를 입증하기란 매우 어렵다. 그렇기 때문에 객관성 기준은 해당 영토에 대한 주권행사를 입증하기 위한 증거로서 기능하는데 있어 상당한 제약으로 작용한다.

2) 영유권 분쟁에서 지도의 증거력

영유권 분쟁에서 지도의 증거력은 국경분쟁에서보다 더 많은 제약이 따른다. 오히려 영유권 분쟁에서 지도가 권원 확립을 위해 적극적 증거력으로 인정된 경우는 거의 찾아보기 어렵다.[106] 네덜란드와 영유권을 다투었던 팔마스섬 사건에서 미국은 자국의 권원을 입증하려고 1천여 개의 지도를 제출하였다. 후버 중재재판관은 "여하튼 지도는 단지 표시 그것도 매우 간접적인 표시를 제시할 뿐이며, 또한 그것은 법적 문서에 부속된 경우를 제외하고는 권리의 승인 혹은 포기를 동반하는 법적 문서로서의 가치를 가지지 않는다."라고 결정하였다.[107]

또한 국제사법재판소는 부르키나 파소와 말리간 국경분쟁사건에서 "……국경분쟁사건에서건 국제적 영토분쟁사건에서건, 지도는 사건마다 정확성을 달리하는 정보를 구성할 따름이다. 그리고 지도는, 스스로 그리고 존재 그 자체만으로, 한 개의 영토적 권원, 즉 국제법에 의해 영토적 권리를 수립하기 위한 목적의 고유의 법적 힘을 부여받은 문서를 구성할 수 없다……이처럼 분명히 한정된 경우를 제외하고는, 지도는 실제 사실을 입증하거나 재구성하기 위해 상황적 성격의 다른 증거와 함께 사용될 수 있는, 단지 신뢰도 혹은 비신뢰도가 각기 다른 비본질적 증거에 불과하다."라고 결정하였다.[108] 요컨대 국제법원들은 지도의 독자적 증거력을 인정하는데 매우 신중하며

---

106 신각수, 앞의 논문, 1981, 128쪽.
107 Islands of Palmas Case (Netherlands / U.S.A.), American Journal of International Law vol. 22 (1928), p.867.
108 Burkina Faso / Republic of Mali, ICJ, Judgment of 22 December 1986, para. 54.

대부분 기껏해야 상황적 증거로서의 증거력만 인정할 뿐이다. 오히려 영유권 분쟁에서 정부가 작성한 공식지도는 이를 증거로 제출한 국가가 지도의 내용에 구속을 받는다는 소극적 증거력 측면에서 중요성을 가진다.

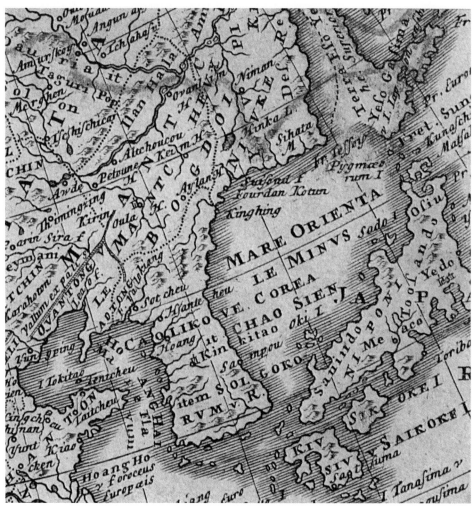

아시아지도(독일) J, M하스와 A.G 뵈미우스가 제작한 지도이다.
국경선이 압록강과 두만강 이북에 그려져 있다.

제4절

국가 영역의 한계 획정

1. 국경의 획정 방법

1) 자연적 경계에 의하는 경우

국경은 국가의 영토주권이 미치는 한계로서 인접하는 국가들 사이의 경계를 말한다. 이러한 국경은 인접국간 경계획정조약과 같이 특별한 합의가 있으면 그에 따르지만 그렇지 않은 경우에는 자연적 경계를 기준으로 한다. 예컨대 산악지역에서는 통상 산맥의 정상 또는 분수령을 연결하는 선을 경계로 한다. 하천을 경계로 하는 경우에는 가항수로에 대해서는 탈베크 원칙에 따라 강의 가장 깊은 수로의 중간선을, 항해 불가능한 수로에 대해서는 중간선으로 하기도 한다.

물론 인접국간 이와 다른 합의가 있으면 그 합의가 우선한다. 호수의 경우에는 일반적으로 호수 주변국들이 분할한다. 그러나, 환경보전을 위해 공동영유나 공동관할을 하거나 수면에 대해서는 연안국들이 분할하지만 수중 및 하층토 부분에 대해서는 공동영유로 해야 한다는 주장이 있다.[109]

---

109 山本草二, 앞의 책, 1999, 328쪽.

2) 현상승인의 원칙

현상승인의 원칙 또는 현상유지의 원칙principle of uti possidetis은 라틴 아메리카 지역에서 식민지로부터 독립한 신국가들이 상호 합의에 의해 식민지 당시 행정을 위해 획정된 선을 그대로 국경으로 인정하는 데서 비롯되었다. 식민지 통치를 위한 행정적 편의를 위해 획정된 선이었으므로 이를 국경선으로 한다면 사회집단의 민족적, 인종적 및 경제적 일체성을 단절시킬 수 있다.

그런데도 이를 인정하는 것은 신생 독립국들이 국경획정으로 인한 분쟁을 회피함으로써 지역적 안정을 확보하려고 했기 때문이다. 현상승인의 원칙의 적용으로 인해 특히 20세기 중반 이후 독립한 아프리카 국가들의 국경선들은 대부분 단순한 직선 위주 또는 강이나 산맥의 분수령을 따른 모양을 보인다. 현상승인의 원칙은 여전히 유효하게 적용되고 있는데 구유고의 해체로 독립한 크로아티아와 보스니아, 헤르체코비나 등도 종전의 행정구역상의 경계선을 국경선으로 하였다.[110]

2. 국가승계시 국경선 관련 조약의 효력

1978년 채택된 조약에 대한 국가승계에 관한 비엔나협약 제2조 제1항(b)는 국가승계를 "영토의 국제관계에 대한 책임에 있어 한 국가가 다른 국가를 대체하는 것"으로 정의하고 있다. 요컨대 국가승계란 피승계국에서 승계국으로 영토주권이 변경되는 것을 말한다. 1978년 비엔나협약 제11조는 조약에 의해 수립된 국경선과 국경선체제와 관련해서 권리와 의무는 국가승계의 영향을 받지 않음을 규정하고 있다.[111] 이것은 국경선은 당사국간의 합의 없이는 변경되지 않는다는 국경선 신성의 원칙을 규정한

---

110 Ian Brownlie, 앞의 책, 2008, pp.129~130.

111 Vienna Convention on Succession of States in respect of Treaties (1978), Article 11(Boundary regimes) "A succession of States does not as such affect: (a) a boundary established by a treaty; or (b) obligations and rights established by a treaty and relating to the regime of a boundary."

것이다. 1969년 조약법에 관한 비엔나협약에 의하면 조약 체결 당시의 사정에 근본적 변경이 있을 때에는 '그러한 사정의 존재가 그 조약에 대한 국가의 기속적 동의의 본질적 기초를 구성'하였으며 '그 조약에 따라 계속 이행해야 할 의무의 범위를 그 변경의 효과가 급격히 변환시키는 경우' 그 조약을 종료시키거나 탈퇴하기 위한 사유로 원용될 수 있다.[112]

그러나 조약법에 관한 비엔나협약도 앞서와 같은 사정의 근본적 변경이 있을 지라도 '그 조약이 경계선을 확정하는 경우'에는 조약의 종료나 탈퇴 사유로써 원용될 수 없다고 규정하고 있다.[113] 이는 가능한 기존의 국경선을 유지함으로써 국가간 경계획정으로 인한 분쟁을 미연에 방지하기 위한 것이다. 아프리카의 신생독립국들도 이러한 국경선 관련 조약체제를 준수하여 과거 식민지 모국들이 획정한 국경선을 승계하였으며, 1964년 아프리카단결기구OAU는 "모든 회원국은 독립을 달성할 당시의 국경선을 존중할 것을 약속한다."는 결의를 채택하기도 하였다.

위와 같이 육지의 국경선이 국가 승계시 당연히 승계되는 것과는 별도로, 영해와 EEZ, 대륙붕의 경계도 당연히 승계되는지에 대한 논의가 있다. 이는 현상승인의 원칙의 발전된 논의라 할 수 있다. 이 때, 영해의 경우 당연히 육지의 경계와 운명을 같이한다고 할 수 있겠으나 EEZ와 대륙붕의 경우 그 처리가 명확하지 않다.

---

112 1969년 조약법에 관한 비엔나협약 제62조(사정의 근본적 변경) 제1항.
113 1969년 조약법에 관한 비엔나협약 제62조(사정의 근본적 변경) 제2항.

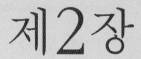

초기 국가 시대의
민족 강역

제1절

고조선의 강역

1. 고조선의 등장과 공간적 범주

고조선의 강역과 경계의 변천에 대한 연구는 시기에 따른 역사인식의 변천에 따라 큰 변화가 있어 왔다. 중국 정사에 인용된 고조선古朝鮮 사료에서부터 논란이 되기 시작하여, 당시의 역사인식과 관련하여 조선 중·후기 실학자들에 의해 위치 문제가 본격적으로 논의되기 시작하였다. 특히, 중국 중심의 유교사관이 중요했던 고려·조선 시대에는 기자조선설이 중심이 되다가 민족주의기 강해지는 시기에는 단군에 대한 인식이 강화되었다. 그 과정에서 자연히 고조선의 역사와 활동무대에 대해서도 다양한 인식 변화가 있었다.

고조선의 위치와 중심지 문제에 대해서는 그 동안 많은 연구가 있었지만,[1] 아직도 다양한 주장이 펼쳐지고 합의가 잘 이루어지지 않고 있다. 그 원인에는 고조선의 시공

---

1 서영수, 「고조선의 위치와 강역」『한국사 시민강좌』2, 일조각, 1988 ; 오강원, 「고조선 위치비정에 관한 연구사적 검토(1)」『백산학보』48, 백산학회, 1996 ; 오강원, 「고조선 위치비정에 관한 연구사적 검토(2)」『백산학보』49, 백산학회, 1997 ; 노태돈, 「단군과 고조선사의 이해」『단군과 고조선사』, 사계절, 2000 ; 송호정, 「고조선 중심지 성격과 그 과제」『한국고대사연구논총』10, 한국고대사회연구소, 2000 ; 조법종, 「고조선의 영역과 그 변천」『한국사론』34, 국사편찬위원회, 2002 ; 김정배, 「고조선 연구의 현황과 과제」『단군학연구』9, 단군학회, 2003 ; 박선미, 「근대사학 이후 고조선사 연구의 현황과 쟁점」『한국사학보』23, 고려사학회, 2006 ; 오영찬, 「고조선 중심지 문제」『한국 고대사 연구의 새동향』, 서경문화사, 2007.

간적 범주에 대한 기본적인 합의가 이루어지지 않은 것이 가장 큰 요인이라 생각한다.

일반적으로 고조선은 1392년에 이성계가 중심이 되어 개창한 조선 왕조와 대비되어 그 이전에 '조선'의 칭호를 쓴 나라에 대한 역사라는 의미로 사용된다.[2] 그리고 많은 학자들은 고조선을 단군왕검檀君王儉이 세운 단군조선檀君朝鮮과 이후의 기자조선箕子朝鮮, 그리고 위만衛滿이 세운 위만조선衛滿朝鮮이라는 세 단계의 발전 과정을 거친 것으로 이해한다.

문헌 자료, 특히 선진문헌先秦文獻에 기록된 고조선은 중국에서 멀리 떨어진 지역에 존재하던 종족 집단에 불과하였다. 고조선은 처음에는 일정한 지역 명칭이면서 종족이름이었고, 나중에 사회가 발전하게 되자 국명으로 고착되었다. 기원전 4세기 이전의 일을 기록한 『관자管子』나 『전국책戰國策』 등에는 '산융山戎'·'동호東胡'와 '예맥濊貊'·'조선朝鮮'이 다른 지역으로 구분되어 나온다.[3] 따라서 요령성 지역, 특히 요동 지역과 고조선, 예맥족濊貊族의 연관성은 매우 깊이 형성되어 있었던 것으로 볼 수 있다. 그 시기는 대개 기원전 10세기까지 올라간다.

'조선'이라는 명칭이 최초로 나타나는 것은 『관자管子』의 기록부터이다. 『관자』는 중국 춘추시대 제나라의 재상이었던 관중管仲의 저술이라고 하나, 실제 그 주된 내용은 전국시대(기원전 403~221년) 사람들의 저술로 이를 관중의 이름에 가탁한 것이다. 다만 전국시대 이전부터 내려오던 어떤 전승을 토대로, 전국시대 인들이 자기 시대의 사상을 담아 기술한 것이라 볼 수 있다. 따라서 그것에 반영된 것은 춘추시대의 사실로 볼 수 있다.[4]

『관자』에는 제와 조선 간의 교역에 관한 간단한 언급이 전해지고 있다. 『관자』 권23 규도편揆道篇은 주로 국가의 예산운용을 중심으로 한 주장을 개진한 것이다. 이 기록에는 제와 조선 등과의 관계를 논하면서 조선의 특산물, 즉 호랑이가죽과 짐승모피

---

2 단군신화가 처음 실린 『三國遺事』에서 고조선은 위만조선 이전의 옛 조선을 가리키는 개념으로 사용하였다. 이러한 주장을 남한학계의 윤내현 선생은 그대로 따르고 있다. 그러나 일반적으로 고조선이라 하면 조선 왕조 이전의 조선이라는 이름을 칭한 나라로 보는 것이 일반적이다.

3 『戰國策』 卷29, 燕1, 蘇秦將爲從北說燕文侯, "蘇秦將爲從 北說燕文侯(기원전 361~333)曰 燕東有朝鮮遼東 北有林胡樓煩 西有雲中九原 南有嘑沱易水 地方二千餘里."

4 中國歷史大辭典編纂委員會, 『中國歷史大辭典』先秦史卷, 上海史書出版社, 1996, 547쪽.

로 만든 옷과의 교역 문제를 언급하였다. 그런데 이 기록에서 조선을 제나라(현재의 산동반도)에서 8천리가 된다고 한 것은 절대적 거리를 의미하는 것이 아니고 다만 거리가 멀다는 것을 형용한 데 불과하다.[5] 왜냐 하면 사실에 있어서도 8천리가 안되거니와 오월吳越, 우씨禹氏, 곤륜崑崙 등 지역을 모두 동일하게 8천리가 된다고 표시하고 있기 때문이다.

처음으로 역사무대에 등장하였던 고조선의 모습은 중국에서 매우 멀리 떨어진 지역에 존재하는 나라로서, 짐승가죽과 그것을 이용한 제품을 특산물로 하는 지역으로 등장하고 있다. 따라서 기본적으로 북경과 가까운 요서지역에서는 조선의 위치를 찾을 수 없다. 『관자』의 기록에는 고조선의 위치에 대한 확정적인 언급이 없고 단지 중국 동쪽 먼 곳에 조선이 존재했다는 의미로 8천리라는 거리를 언급하고 있을 뿐이다. 다만 『관자』의 기록을 통해 고대 중국인들은 이미 기원전 4세기(전국시대) 이전부터 조선이라는 존재를 알고 있었음을 알 수 있다.

고조선이 기원전 4세기 이전에 등장하여 제나 연과 교섭하였음은 선진문헌 기록을 통해 확인할 수 있다. 기원전 4~3세기에 출간되고 곽박郭璞에 의해 재편집된 『산해경』에 '조선'의 존재가 보이는 점과 연燕나라 문후文侯시기까지 그 저술 연대가 소급되는 『전국책』에서도 조선의 존재를 언급하는 것으로 보아 알 수 있다. 이처럼 고조선은 기원전 4세기 이전부터 그 세력이 형성되었으며 늦어도 기원전 4세기 중반에는 전국시대 고대 중국인들에게 그 실체가 알려졌다.

고조선은 연燕의 동방에 있던 유력한 세력집단으로서 연과는 기원전 4세기에 대치 상태를 이루고 있었다. 그러나 구체적으로 조선이라는 실체가 언제부터 역사상에 등장하였는가 하는 점에 대해서는 더 이상 문헌으로 접근하기에는 한계가 있다. 따라서 이를 위해서는 고조선과 관련된 지역을 확인하고 그곳에서 출토되는 유적·유물을 통해 가늠할 수밖에 없다.

---

5 리지린, 『고조선사 연구』 사회과학출판사 1963(학우서방, 1989 재발간, 12쪽).

2. 고조선의 세력 범위와 중심지 논의

1) 고조선 중심지 문제 논의

고대 역사는 그 시기를 연구하기 위한 문헌 사료가 매우 부족하여 먼저 해당 사회의 위치파악이 선행되어야 그곳에서 출토되는 유적·유물의 역사적 성격규명을 통해 사회구성 등 여타부문을 복원할 수 있다. 우리 역사상 첫 국가인 고조선의 경우도 문헌 자료가 매우 단편적이어서 그 사회상이나 문화에 대해 잘 알 수 없으며, 중심지 위치에 대해서도 많은 논란이 되고 있다.

고조선의 중심지 문제와 관련해서는『사기』조선열전의 다음 기록이 가장 중요하다.

> 처음 연 전성시기에 일찍이 진번 조선을 공략하여 관리를 두고 장새郵塞를 쌓았다. 진이 연을 멸망시키고 요동외요遼東外徼에 속하게 하였다. 한이 일어나 그곳이 멀고 지키기 어렵다고 하여 다시 요동고새遼東故塞를 수리하고 패수浿水에 이르러 경계를 삼고 연에 속하게 하였다. 연왕燕王 노관이 반란하여 흉노에게 들어가니 위만이 망명하여 1천여 명을 모아 북상투를 틀고 오랑캐 복장을 하고 동쪽으로 달아나 장새를 나와 패수를 건너 진고공지 상하장새에 거주하였다. 점점 진번 조선의 오랑캐 및 옛 조선오랑캐 및 옛 연제 망명자들을 복속시키고 왕노릇하다가 왕검성에서 도읍하였다.[6]

위 기록을 자세히 보면 왕검성王儉城의 위치와 그 곁에 흐르는 열수浿水의 위치, 요하(요동)의 위치, 고조선과 한의 경계를 이룬 패수浿水의 위치 등이 고조선의 영역 및 세력 범위와 관련하여 중요하게 기록되어 있다.

『사기』조선열전의 기록을 놓고 전통적으로는 고조선의 중심지가 평양이었다는 주장이 있어왔고, 그 주장은 지금까지도 계속되고 있다.[7] 이른바 재평양설은 남한 학계

---

6 『史記』卷115, 朝鮮列傳 第55, "自始全燕時 嘗略屬眞番朝鮮 爲置吏 築鄣塞 秦滅燕 屬遼東外徼 漢興 爲其遠難守 復修 遼東故塞 至浿水爲界 屬燕 燕王盧綰反 入匈奴 滿亡命 聚黨千餘人 魋結蠻夷服而東走 出塞 渡浿水 居秦故空地 上下鄣 稍役屬 眞番朝鮮蠻夷及故燕齊亡命者王之 都王險."

대동강

의 일부 학자, 일본 학계의 대부분과 최근의 북한학계가 단군릉 개건을 계기로 이러한 입장을 보이고 있다.

이 입장은 기본적으로 『삼국유사』에 고조선의 도읍(아사달)이 평양이라는 주장을 받아들인 것이다. 그리고 『사기』 조선열전에 나오는 '요수遼水'가 현재의 '요하遼河'를 가리키는 것으로 보고, '패수浿水'는 청천강 또는 압록강을 가리킨다고 보았다. 나아가 왕검성 옆에 흐르는 '열수洌水'는 대동강, 고조선의 후기 단계 수도인 '왕검성'은 평양을 가리킨다는 것이다.[8] 이러한 주장은 대동강 연안에서 고조선 멸망 후에 설치된 한사군漢四郡 가운데 하나인 낙랑군의 속현인 '점제현黏蟬縣' 신사비를 비롯하여, 기와와 벽돌, 봉니封泥 등을 근거로 한 것이다.

이처럼 한반도를 고조선의 중심지로 설정하는 입장과 달리 고조선은 시종 일관 오늘날의 중국 요령성遼寧省 일대에 있었다는 주장이 여전히 강하게 제기되고 있고, 많은 지지를 받고 있다. 이른바 고조선 중심지 재요령성설在遼寧省說은 1993년까지의 북한학계의 주장이었다.

북한 학계에서는 '요수遼水'를 북경 근처의 '난하灤河'로 보았고, 한과 고조선의 경계에 흐르는 '패수'는 '대릉하'로, '열수'는 현재의 '요하'로 비정하였다. 고조선의 왕성인 '왕검성王儉城'은 요하 동쪽의 개평현蓋平縣(현재의 개주시)으로 비정하였다.[9]

고대에 요수가 난하라는 주장은 선진문헌인 『산해경』의 내용과 중국 문헌에 고조

---

7 丁若鏞, 『我邦疆域考』 卷1, 朝鮮考.
　　李丙燾, 「古朝鮮問題의 硏究」 『韓國古代史硏究』, 博英社, 1976.
　　송호정, 『한국 고대사 속의 고조선사』, 푸른 역사, 2003.
8 이병도, 앞의 책, 1976.
9 리지린, 『고조선연구』, 과학원출판사, 1963.

청천강

선 관련 기록을 언어학적으로 접근한 결과이다. 그리고 고고학적으로 비파형동검문화 분포지역이 바로 고조선의 영역이라고 해석하는 것이다. 특히 요동반도 남단에 위치한 강상무덤과 루상무덤을 순장무덤으로 보아 무덤의 주인공은 노예를 거느린 정치권력자 고조선의 왕이라고 보고, 당시에는 고조선이 요동지역에 중심을 가지고 있었고 보았다.[10]

결국 이 주장은 기원전 8~7세기경에 요서와 요동, 그리고 길림 지역에 고조선이 국가를 형성하였다고 본다. 그러나 문헌상에 보면 요서 일대에서 활약한 종족은 산융山戎이나 동호족東胡族으로 나오는데, 이를 예맥족의 일종으로 해석하여 요서 일대에도 고조선 주민집단이 살았다고 해석하였다.[11]

이러한 북한학계의 주장은 남한 학계의 윤내현이 그대로 답습하였다. 윤내현은 북

---

10 종래 북한학계를 비롯하여 남한학계의 일부 논문들은 고조선의 사회성격이 노예제적 성격을 지니고 있음을 바로 강상묘와 누상묘의 순장 실시와 그것을 고조선 왕의 무덤으로 여기는데 근거하고 있다. 그러나 강상묘와 누상묘는 요동지역 전체 청동기문화에서 독특한 지역성을 갖는 것으로 殉葬이라는 의미보다는 고조선 초기단계의 대표 무덤인 고인돌이나 우가촌 타두 등의 돌무지무덤 전통과 그 변화과정에서 파악해야 할 것으로 생각한다(사회과학출판사, 「기원전 천년기전반기의 고조선문화」 『고고민속론문집』 1, 1969 ; 사회과학출판사, 『비파형단검문화에 대한 연구』, 1969 ; 박진욱, 『비파형단검문화에 관한 연구』, 과학백과사전출판사, 1987).

11 리지린, 앞의 책, 1963 참조.

요하

한학계의 주장에서 한 걸음 더 나아가 단군의 건국 연도인 2400년경에 요령 지역의 청동기문화인 하가점하층문화夏家店下層文化를 바탕으로 고조선이 국가를 형성했다고 보았다. 고조선의 후신인 기자조선, 위만조선은 모두 고조선과 관계없는 중국과 고조선의 국경인 난하 근처에 있는 나라로 비정하였다. 그리고 그 이동以東에서 한반도 서북지역까지를 고조선의 영역으로 설정하였다. 그리하여 고조선은 고대 제국 단계로까지 발전하였다고 보았다.[12]

최근 남한학계는 고조선 중심지 이동설을 주장하는 논자가 많다. 즉 초기의 중심지는 요령성 일대이고, 후기의 중심지는 평양 일대라는 것이다. 이 주장은 기본적으로 멸망 당시의 고조선은 낙랑군의 위치를 고려할 때 평양일대에 있었음이 분명하다는 것이다. 이를 전제로 『위략』에 나오는 연에게 서방 2천리를 상실하고 고조선이 위축되었다는 기록으로 보아 초기 고조선은 지금 평양보다 훨씬 서쪽에 있어야 한다는 것이다.[13]

---

12 윤내현, 『고조선 연구』, 一志社, 1994.
13 徐榮洙, 「古朝鮮의 위치와 강역」『韓國史 市民講座』 제2집, 1988, 19~50쪽 ; 노태돈, 「고조선 중

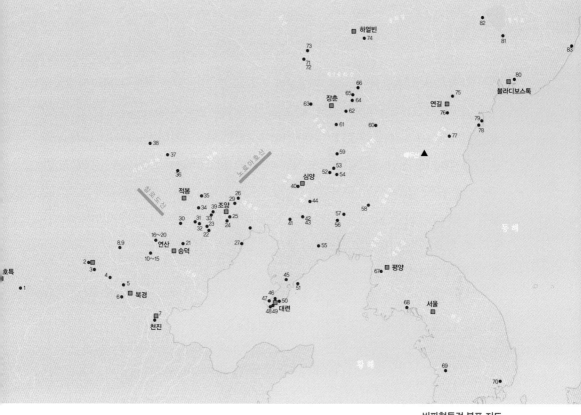

비파형동검 분포 지도

고고학 자료상으로 요동지방과 한반도 서북지방에서는 기원전 8·7세기~기원전 4세기경까지 비파형동검이 분포하고 있다. 기원전 4~3세기경 비파형동검문화를 계승하여 나타난 세형동검문화는 압록강 이북지역에서는 나타나지 않는다. 이것을 근거로 처음에는 요동일대에서 비파형동검문화를 누리던 고조선이 연나라의 동방진출로 위축되어 평양일대를 중심으로 세형동검문화를 건설했다고 보았다.

이 주장은 문헌 자료와 고고학 자료를 종합하여 해석하는 것으로 현재까지는 고조선의 중심지 및 강역 문제와 관련하여 가장 합리적인 해석이라 할 수 있다. 다만 이 주장도 『위략』의 서방 2천리 지역에 대한 해석 문제 등 초기 중심지 비정 문제가 여전히 과제로 남아 있다.

끝으로 이른바 재야사학자들의 주장도 살펴볼 필요가 있다. 재야사학자들은 기본적으로 고기류古記類에 근거하여, 단군신화를 실재한 역사로 완전히 인정하고 단군

심지의 변천에 대한 연구」『단군과 고조선사』, 사계절, 2000, 89~94쪽.

중심의 역사가 고조선의 역사라는 입장에서 논지를 전개하고 있다. 재야사학계의 주장은 하느님을 도우던 '환인桓因'이 하늘을 다스리던 '환국시대桓國時代'(17세世)를 거쳐 '환웅桓雄'이 지상에 내려와 신시神市에 도읍한 '배달국시대倍達國時代'(18대, 1565년간)를 지나고, 신인神人 왕검이 아사달阿斯達에 도읍(기원전 2333년)한 '단군시대檀君時代'가 47대 2096년간 펼쳐졌다가 이것이 나중에 3한시대로 연결된다는 것이다. 영역과 관련해서는 환국시대에 인도와 아라비아 남부를 제외한 아시아 전역에 걸쳐 있었고, 환웅·단군시대에는 산동반도를 포함한 중국 동북부와 한반도 및 일본열도도 포함한다고 보았다.[14]

최근 북한학계의 주장도 눈여겨 볼 필요가 있다. 북한학계에서는 1993년 봄, 평양에서 '단군릉'을 개건하였다. 무덤 안에서는 금동관, 허리띠, 토기편, 관못, 인골이 출토하였는데, 여기서 출토된 것 가운데, 뼈는 단군과 부인의 뼈로 추정되었다. 그리고 E.S.R측정법으로 연대 측정한 결과 B. P. 5011년이라는 결과를 얻었다고 한다. 그리하여 단군의 출생지, 건국지, 묘지는 모두 평양이라는 주장을 하고 있다.[15]

그러나 단군릉으로 개건하기 이전의 단군 무덤이라 전해지는 무덤은 조사 결과 그 양식이 고구려 벽화무덤임이 확인되었다. 이에 대해 북한학계는 단군의 무덤을 고구려 때 개축했다고 하고 있다. 그러나 고구려 때 개축했다는 근거가 전혀 없고, 무덤은 고구려 벽화고분(6~7세기)일 뿐이다. 그리고 무덤에서 나온 뼈가 단군의 뼈임을 입증할 수가 없다. 설사 뼈의 연대가 기원전 5011년이 맞다고 해도 그것이 단군 뼈라는 사실은 입증되지 않는다. 그리고 북한학계에서 인용한 문헌은 모두 위서僞書로 인정되는『규원사화』,『태백일사』등이다. 즉 북한학계는 후대의 단군 숭배의 산물을 단군 자체와 관련된 유적으로 혼동하고 있다고 하겠다.

---

14 한국정신문화연구원에서 발간한『韓國上古史의 諸問題』(1987)에 소개된 윤내현, 임승국, 박시인, 박성수 등의 글이 이러한 입장이다. 이후 많은 재야사학자들은 많은 저서를 통해 자신들의 의견을 표현하고 있다. 최근 주목받고 있는 저서는 김병기·이덕일,『고조선은 대륙의 지배자였다』, 역사의 아침, 2006인데, 이 책의 내용 역시 웅대한 고조선상에 대한 선입관 속에서 필자의 주장만이 나열되고 있다.

15『단군릉에 관한 학술보고논문집』, 1993 ;『북한의 〈단군 및 고조선〉논문자료 ─제2차 학술토론회 발표─』, 1994.

북한은 현재 단군릉 지역을 신성지역으로 성역화 사업을 완수하였다. 그리고 단군신화를 역사로 정리하고 한국고대사의 시작 시기를 2000년 이상 끌어 올려 이에 맞추어 고대사 편년을 다시 재구성 하였다.[16]

북한에서 단군릉을 개건한 이유는 경제위기 등을 극복하기 위한 주체사상의 강조과정에서 나온 산물로 보인다. 이는 고려 태

단군릉(평양)

조 현릉과 동명왕릉 개건 작업의 일환으로 진행된 것이다. 그리하여 우리 땅에서 펼쳐진 모든 역사의 출발점을 평양 중심으로 설명하고 있다. 따라서 그동안 주장해오던 고조선 → 고구려 → 고려로 이어지는 계보를 확인하고 있다. 그리고 통일의 주체는 평양을 중심으로 하는 북한이어야 함을 강조한다. 그러나 세계 인류의 기원지도 북한이라는 주장은 지나친 애국주의의 발로라 할 수 있다.[17]

3. 고조선의 중심지와 세력권

1) 청동기시대 고조선의 서변(西邊)

비파형동검문화 전성 시기인 기원전 8~7세기경 고조선의 영역 문제를 명확히 파악하는 것은 매우 어려운 과제이다. 이 시기에는 고조선 지역에도 국가체나 정치체가 명확하게 세워진 것이 아니기 때문에 중국이나 주변 종족과 경계를 찾는 작업이 힘들

---

16 『고조선력사개관』, 사회과학출판사, 평양, 1999.
17 송호정, 『단군, 만들어진 신화』, 산처럼, 2004.

다. 때문에 청동기 시대에는 고조선과 그 주변에 존재한 여러 종족의 세력 범위를 추정하는 정도가 가능하다.

공간적으로 고조선 사람들은 넓게 보아 남만주의 요령 지역과 한반도 서북부를 중심으로 살았다. 이 지역은 일찍부터 농경이 발달한 곳이다. 이곳의 주민은 주로 예족과 맥족으로, 언어와 풍속이 서로 비슷했다. 처음에는 이 지역에서 조그만 정치 집단이 군데군데 생겨나 그 중 우세한 세력집단을 중심으로 다른 집단이 정복당하거나 통합되었다.

기원전 7세기~기원전 6세기 당시의 상황을 기록한 선진문헌에는 연과 세력을 다투는 군소종족으로 산융山戎을 중심으로 영지令支·고죽孤竹·도하屠何 등이 보인다.[18] 이 종족들은 기원전 8~기원전 7세기를 전후한 춘추시대 초·중기에는 세력이 상당히 강성하여 '연燕을 괴롭히거나('병연病燕')'[19] '연을 넘어 제나라를 정벌하기도'하였다.[20] 이 과정에서 가장 커다란 위협을 느낀 세력은 역시 산융과 이웃하고 있던 연燕나라였을 것이다. 연燕은 당시 패주였던 제나라에 구원을 요청하였고, 제齊는 드디어 산융山戎을 중심으로 한 요령 지역의 '융적'들을 정벌하기에 이른다.[21]

기원전 7세기 중엽에 이르러 제나라 환공은 산융 등 각 종족을 정벌하기 시작하였다. 제 환공이 산융을 정벌하려고 했던 이유는 기본적으로 산융이 제의 안전에 위협이 되는데다가 연의 요청이 있었기 때문이다. 하지만 궁극적인 목표는 패자霸者의 신분으로 주周 왕실의 지위를 유지하기 위해서였다.[22]

산융山戎이 활동하던 시기에 이들 융적과 대응하는 고고문화는 바로 하가점상층문

---

18 『鹽鐵論』卷6 伐功, "伐山戎 破孤竹 殘令支"; 『國語』卷6 齊語, "越千里之險", "北伐山戎 制令支 斬孤竹"; 『史記』卷28 封禪書; 『史記』卷34 燕召公世家, "遂伐山戎至于孤竹而還"; 『史記』卷110 匈奴列傳, "秦北有林胡樓煩", "燕北有東胡山戎."

19 『左傳』, "冬遇于魯齊 謀山戎也 以其病燕故也"; 『史記』卷110 匈奴列傳 第50, "山戎越燕而伐齊 齊釐公與戰于齊郊."

20 『史記』卷32 齊太公世家, "二十三年 山戎伐燕……齊桓公救燕 遂伐山戎 至于孤竹而還."

21 『管子』大匡篇, "桓公乃北伐令支孤竹 過山戎" "山戎越燕而伐齊" "燕北有東胡山戎"; 『管子』小匡, "北伐山戎 制令支 斬孤竹 而九夷始聽"; 『史記』齊太公世家, "二十三年 山戎伐燕……齊桓公救燕 遂伐山戎 至于孤竹而還."

22 『管子』卷9 霸形 第22, "北伐孤竹 還存燕公……."

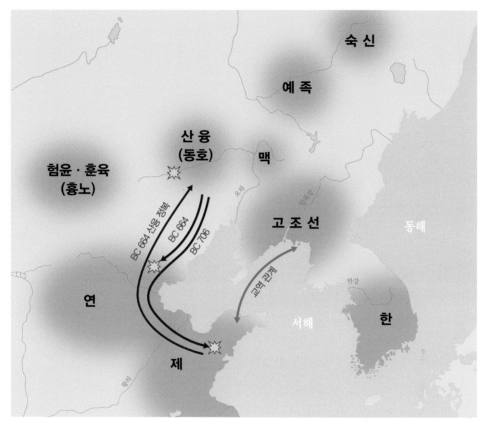

기원전 7세기 경 요령성지역 종족집단 분포 지도

화夏家店上層文化[23]이다. 하가점상층문화는 대부분 산곡山谷 사이에 분포하는데, 이것
은 산융山戎의 명칭과도 부합하며, 특히 하가점상층문화 무덤에서 청동창·청동단검·
청동칼 등의 무기가 대량으로 출토되는 것은 오랑캐[융적]가 정복전쟁에 뛰어났다는
사실과도 잘 부합한다.[24]

고고학 자료를 문헌 자료와 결부시켜 이해하는 데는 신중해야 하고 한계가 따를 수

<hr />

23 商·周 시대에 시라무렌하(＝서요하) 이북 지역에 분포한 夏家店上層文化는 시라무렌하를 넘어서
남쪽까지 영향을 미치며, 기원전 8~7세기에 이르면 이미 燕山 지구의 대부분 지역에 이르게 된다.
그것은 기원전 11~8세기(西周時期)에 시작된 '戎胡'의 南進 추세와 연관되어 나타난 현상이라고
보인다(劉觀民·徐光冀, 앞의 논문, 1981, 14쪽).
24 朱永剛, 「夏家店上層文化的初步研究」『考古學文化論集』 1, 1987, 124~126쪽.

하가점유적(원경의 구릉산 정상)

밖에 없지만 그렇다고 시도를 하지 않는 것도 바람직하지 않다. 현재까지의 논의를 종합해 보면 요서 지역 비파형동검문화는 그 문화권에 살던 유목적 성향의 산융족들이 남긴 문화로 보는 것이 설득력이 있다. 그러나 여기서 한 가지 유념해야 할 점은 하나의 고고학 자료 분포권이 곧바로 한 주민집단의 생활권과 직결될 수 없다는 점이다. 중국 동북지방 내에서도 각 지역별로 전체적인 청동기유물의 특성을 분석하고 그 특징이 문헌 기록에 기록된 종족과 어떻게 연결되는지를 면밀히 검토해야만 각 지역의 주민집단이 누구인지를 파악할 수 있는 것이다.

일찍이 중국학계에서는 요령 지역 청동기문화를 요서와 요동으로 구분하고, 다시 요서 지역 청동기문화를 대정人井 유형, 남산근南山根 유형, 십이대영자十二臺營子 유형으로 구분하였다.[25] 그리고 요서 지역 청동기문화의 담당자는 동호족東胡族, 요동 지역은 동이족東夷族이라고 보았다.[26] 이러한 견해는 일본학계의 대부분이 동조하면서 현재 중국 동북지역 청동기문화 이해의 통설로 자리 잡고 있다.

---

25 烏恩, 「關于我國北方的靑銅短劍」 『考古』 78-5, 1978 ; 林澐, 「中國東北系銅劍初論」 『考古學報』 80-2, 1980 ; 靳楓毅, 「論中國東北地區含曲刃靑銅短劍的文化遺存」 『考古學報』 82-4, 1982.
26 靳楓毅, 「夏家店上層文化及其族屬問題」 『考古學報』 87-2, 1987.

조양 십이대영자 유적(좌), 십이대영자 출토 비파형동검(우)

　최근에는 대릉하 유역의 십이대영자 유형과 서요하 유역의 하가점상층문화 사이에 차이가 분명히 존재하였음을 주목하고 있다.[27] 따라서 그것을 서요하·노합하老哈河 유역 청동기문화로부터 분리해 내어 '십이대영자문화'로 이름지었다.[28]

　우리 학계에서는 이 견해를 적극적으로 수용하는 연구자들이 많다. 대개 요서 지역의 대표 청동기문화를 하가점상층문화와 십이대영자문화로 구분해서 보고, 두 문화가 갑작스럽게 사라지게 되는데, 그 종말을 연燕나라 장군 진개秦開의 공략과 결부시켜 이해하고 있다. 이 때 십이대영자문화는 고조선과 연결시켜 이해하고 있다.[29] 구체적으로 대릉하 유역의 노로아호산을 경계로 고조선이 동호東胡와 인접하였다고 보는 주장도 있다.[30] 그리고 기원전 4~기원전 3세기에 연의 공격으로 고조선이 상실한 서방 2천리는 전국시대 후반 연이 개척한 5군郡 중 요서군과 요동군 지역으로 보고 있다.[31]

27　烏恩岳斯圖 ; 李淸圭 ; 卜箕大, 『요서지역의 청동기시대 문화연구』, 백산자료원, 2002 ; 오강원, 앞의 책, 2006 참조.

28　烏恩岳斯圖, 「十二臺營子文化」 『北方草原』考古學文化硏究, 科學出判社, 2007.

29　이청규, 「청동기를 통해 본 고조선과 주변사회」 『고조선의 역사를 찾아서』, 학연문화사, 2007, 91~93쪽 ; 趙鎭先, 「多鈕粗紋鏡의 型式變遷과 地域的 發展 過程」 『韓國上古史學報』 62, 2008 ; 趙鎭先, 「요서지역 청동기문화의 발전과 성격」 『요하문명의 확산과 기원전 1천년기의 동북아 청동기문화』 동북아역사재단 발표문.

30　서영수, 「고조선의 대외관계와 경역의 변동」 『동양학』, 29, 1999, 93~118쪽.

31　서영수, 「요동군의 설치와 전개」 『요동군과 현도군 연구』, 동북아역사재단 총서 36, 2008.

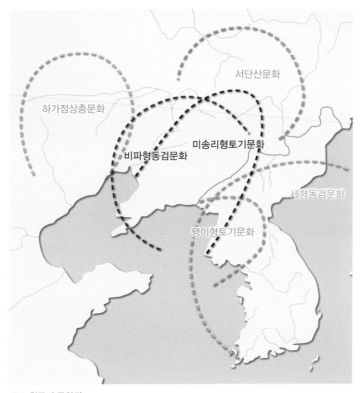

주요 청동기 문화권

　그러나 서요하 유역 하가점상층문화와 대릉하 유역 십이대영자문화 사이에 청동기, 토기 및 매장 습속 방면에서 분명한 구별이 있다고 하더라도, 양 지역의 청동기문화는 돌덧널무덤[石槨墓]과 움무덤[土壙墓]이라는 전통적인 매장방식에서 서로 유사함을 보이고, 단경식短頸式 검, T자형 자루 곡인검曲刃劍, 투구, 청동거울(경형식鏡形飾), 치병도齒柄刀, 재갈(함銜과 표鑣) 등 유물에서도 유사하다. 따라서 양 지역은 기본적으로는 같은 문화권에 속하는 것으로 볼 수 있다. 다만 각 지역 독자의 특성을 갖고 있는 것으로 보는 것이 합리적일 것 같다.

　일찍이 많은 연구에서 무덤의 형태, 매장풍습, 부장품, 특히 토기, 단검 등 여러 방면에서 요서와 요동 문화 유적 사이의 명확한 차이점을 자세히 분석하였다.[32] 연구의

---

32 王成生, 「遼河流域及隣近地區短鋌曲刃短劍研究」 『會刊』, 1981 ; 卜箕大, 『요서지역의 청동기시대 문화연구』, 白山, 2002 ; 오강원, 『비파형동검문화와 요령 지역의 청동기문화』, 청계, 2007.

대체적인 결론은 크게 보아 요하~대릉하 일대를 접경지대로 하여, 요서 지역의 청동기문화인 하가점상층문화와 요동 지역의 청동기문화인 요령식 동검을 특징으로 하는 문화가 구분된다는 것이다. 그리고 중간의 십이대영자문화는 하가점상층문화 및 요동 지역 청동기문화 양자의 공통적인 요소를 지니고 있었다고 본다. 따라서 요서와 요동 중간 지역에 위치하고 있는 대릉하 유역 청동기문화는 서요하 유역 하가점상층문화의 하나의 지역 유형으로 보는 것이 합리적이라 생각한다.

비파형동검문화 범위 내의 모든 유적유물 갖춤새를 고조선에 속하는 것이라고 보기 어렵다. 그 정확한 경계를 찾는 것은 어려운 일인 바, 결국 중심이 되는 청동기 문화유형을 찾는 것이 가능할 뿐이다. 따라서 청동기 시대 고조선의 세력권 또는 그 공간 범주를 명확하게 그리기는 쉽지 않고, 현재의 연구 성과를 바탕으로 하면 대개 요서의 동쪽인 요동에서 그 동남쪽의 한반도 서북지방 정도를 범위로 설정할 수 있을 것이다.

2) 기원전 4~기원전 3세기 고조선의 중심지

고조선은 일정 지역에 위치한 종족 집단에서 성장하였다. 따라서 처음에는 지역이나 종족의 이름으로 불리다가 나중에 사회가 발전하게 되자 국명으로 고착되었다.

기원전 4세기 이전의 일을 기록한 『관자』나 『전국책』 등에는 '요동'과 '조선'이 따로 구분되어 나온다. 또 요동 지역의 주민집단은 '예맥濊貊'이라 표기되어 있다.[33] 이처럼 문헌 기록에 보면 청동기문화 단계의 요동 지역에는 예맥으로 불리는 여러 종족 집단이 거주하였고, 고조선은 그와 구분되어 한반도 서북지방에 거주한 것으로 나온다. 그런데 당시에는 탁자식[북방식] 고인돌이 일정한 범위에 분포하고 있음이 눈에 띤다. 대개 그 지역은 바로 요동 지역에서 서북한 지역에 걸쳐 있다.

고대 요서·요동 지역 주민집단의 문제와 관련해서는 『산해경』 등 선진문헌 및 『사기』 조선열전 외에 『삼국지』 위서 동이전 한조에 인용된 『위략』의 기록이 그 내용의

---

33 다산 정약용은 『我邦疆域考』에서 이른 시기 자료에서 요동과 조선이 구분되어 기록되어 있는 점을 강조하여, 처음부터 조선과 요동, 예맥이 구분되는 존재로 있었다는 점을 강조하였다.

풍부함으로 인해 매우 중요하다. 이 기사를 살펴보자.

> 『위략』에는 "옛적에 기자箕子의 후예인 조선후朝鮮侯가 주周가 쇠하고 연燕이 스스로
> 를 높혀 왕王이라 칭하면서 동東으로 침공해 오는 것을 보고는, 조선후 역시 스스로
> 왕이라 칭하고 병사를 일으켜 연을 공격하여 주 왕실을 받들려 하였다. 그 대부인 예禮
> 가 이를 간하자 이에 중지하고, 예를 연에 사신으로 보내어 설득하니 연도 침공 기도를
> 중지하였다. 후에 그 자손이 점차 교만 포학해지니, 연이 이에 장군 진개秦開를 보내어
> 조선의 서방을 공격해 2천리의 땅을 빼앗아 만반한滿潘汗에 이르러 경계를 삼았다. 조
> 선朝鮮이 마침내 약화되었다"[34]

이 기사는 『사기』의 조선열전에서 한 - 고조선 전쟁관련 기사만 자세하게 서술한 것에 비한다면 고조선사를 복원하는 데 대단히 중요한 정보를 제공하고 있다. 특히 중국과의 관계 속에서 고조선이 단계적으로 성장하는 모습 및 영역의 변천과정을 추론할 수 있는 중요한 사료이다. 비록 후대의 윤색이 상당히 가해졌지만 고조선과 연의 관계에 대한 기사는 상당한 사실성을 인정할 수 있다.[35]

위 『위략』의 기사에서 조선이 서방 2천리를 빼앗겼다는 사실을 염두에 두고, 최근 중국학계에서는 '조선후朝鮮侯가 스스로 왕王을 칭하고 나아가 요하 동쪽지역에 도달하였고', 그 후 '연군燕軍이 동호東胡를 이긴 승세를 타고 동진하여 곧바로 요하 유역에 이르러 조선후 세력과 서로 만나게 되었다'는 주장을 하고 있다.[36] 여기서 요하 유역에서 양 세력이 만났다는 주장은 구체적인 자료가 있어서라기보다는 당시 요하를 경계로 요령지역의 고고학 자료가 구분되고 있는데 근거한 것으로 보인다. 그렇다면 과연 기원전 4세기 이전 고조선의 서쪽은 어디를 가리키는 것일까.

현재까지 명확하게 고조선의 초기 중심지를 말해주는 기록은 없다. 단지 『위략』의

---

34 『三國志』卷30, 魏書 30 烏丸鮮卑東夷傳 所引 『魏略』曰 "昔箕子之侯朝鮮侯見周衰 燕自尊爲王 欲東
  略地 朝鮮侯亦自稱爲王 欲興兵逆擊燕以尊周室 其大夫禮諫之 乃止."

35 盧泰敦, 앞의 논문, 1990, 32~33쪽.

36 佟冬, 『中國東北史』, 吉林文史出版社, 1987, 232~234쪽.

기록을 통해 고조선이 서쪽 영토 2천여 리를 상실하였다는 것으로 보아 그 영토가 넓었을 것이라는 추측만을 할 뿐이다.

이와 관련된 기록으로 『사기』 조선열전을 보면 연의 전성시기인 소왕昭王(기원전 311~기원전 279)대에 연이 조선을 공략하여 진번眞番·조선朝鮮을 복속시켰다[37]고 한다. 이 기록을 보면 고조선은 기원전 4~기원전 3세기를 전후한 시기에 '진번' 등과 함께 연에 복속되었음을 알 수 있다. 그러나 『사기』의 기록을 통해서는 고조선이 연에게 복속되었다는 사실 외에 서쪽의 많은 땅을 빼앗겼다는 내용 등은 전혀 알 수 없다.

『위략』의 기록 가운데 문제가 되는 부분은 『사기』 조선열전에는 기록되어 있지 않은 "후에 (조선후의) 자손이 점차 교만 포학해지니, 연이 장군 진개를 보내어 조선의 서방을 공격해 2천리의 땅을 빼앗아 만번한에 이르러 경계를 삼았다"는 내용이다. 과거 "2천여 리"라는 수치에 대해서는 연이 요하 서쪽에서 동호로부터 천여 리를 빼앗고 계속해서 요하 동쪽의 이른바 고조선의 영토에 진공하여 1천여 리의 땅을 빼앗아 "만번한"에 이르러 비로소 고조선과 경계를 정하게 되었다[38]고 보았다.

이러한 주장은 2천여 리가 넓은 지역을 말하는 일반적 개념으로 이해할 때나, 고대 토지의 리수里數 계산으로 보아도[39] 대체로 들어맞는 계산이다. 이때 '서방 2천리'는 『삼국지』 위서 동이전 한조의 배송지裵松之 주에 인용된 "준왕에게 서쪽 경계에 살게 해 달라고 요구하였다"나 "준왕은 위만을 총애하여 그로 하여금 서변을 지키게 하였다" 『위략』 등의 기록에서 "서계西界·서변西邊"과 관련이 있다.

『위략』의 서방 2천리 상실 기사를 검토하는 데에는 먼저 생각해야 될 사료가 있다. 그것은 연장燕將 진개秦開가 동호를 습격하자 동호가 1천리 물러갔다는 『사기』 흉노열전의 기록이다.

이 기록에 따르면 연나라는 발해만 북쪽 연안지역에 있는 폭넓은 지대를 동호로부터 약탈하였다고 명확하게 기록하고 있다. 이것은 흉노전의 다른 기록들이 매우 사실

---

37 『史記』 卷115, 朝鮮列傳 第55, "自始全燕時 嘗略屬眞番朝鮮 爲置吏 築障塞."
38 李丙燾, 『韓國古代史硏究』, 博英社, 1976 ; 盧泰敦, 앞의 논문, 1990.
39 漢魏代의 一里는 대략 우리나라의 일리와 비슷하다고 한다(藤田元春「尺度綜考」(李丙燾, 앞의 책, 1976, 70쪽에서 재인용)).

성이 있는 기록이라는 점과 요서 지역에 존재하는 연나라 장성 유적 등의 조사로 인해 분명히 있었던 사실을 기록한 것으로 보인다. 그렇다면 연장 진개의 군사행동 이전시기에 요령지역 발해만 일대에는 동호가 살고 있었다고 생각해야 할 것이다.

또한 『사기』 흉노열전에는 연나라가 조양造陽으로부터 양평襄平에 이르는 장성을 쌓고 이 지역에 호胡의 침입에 대비하기 위하여 5군郡을 설치하였다[40]고 기록되어 있다. 이 기사를 부연 설명하면, 연燕은 동호東胡를 몰아낸 뒤 현재의 북경 북쪽에 있던 옛날 도시 조양造陽(현재의 하북성 화이라이현懷來縣)으로부터 옛날의 양평襄平(현재의 랴오양시)에 이르는 대규모의 방어선을 구축하였던 것이다. 물론 장성 설치의 목적은 동호東胡의 침입을 막기 위한 것이었다.

『사기』 몽염열전蒙恬列傳에는 진대秦代에 몽염의 활동상을 말하면서 연 장성의 기초 위에 장성을 다시 쌓았는데 그것이 요동에 이르렀다고 한다.[41] 이것 역시 연 소왕대昭王代에 동호를 물리치고 쌓은 장성이 요하 일대에까지 이르렀음을 말해주는 중요한 기록이다. 현재 장성의 흔적은 요하를 넘지 않는 선에서 확인되고 있는데, 이것은 중국 동북지방의 지형과 관계된 것으로 생각되며, 대개 천산산맥千山山脈 일대까지를 연 장성의 경계로 설정하고 가장 동쪽인 요동지역의 장성을 관리하던 중심을 요양시에 두었던 것이라고 생각된다.[42]

분명한 것은 연 소왕이 장군 진개를 파견하여 동호를 천여 리 밖으로 물리치고 조양

전국시대 연진장성

---

40 『史記』 卷110, 匈奴列傳 第50, "燕亦築長城 自造陽至襄平 置上谷漁陽右北平遼西遼東郡以拒胡."

41 『史記』 卷88, 蒙恬列傳 第28, "築長城 因地形 用制險塞 起臨洮 至遼東([正義] 遼東郡在遼水東 始皇築長城 東至遼水 西南至海)."

42 『遼寧古長城』(馮永謙·何溥瀅 編著), 遼寧人民出版社, 1986 ; 遼寧省長城學會, 『遼寧長城』, 瀋陽, 1996.

에서 양평까지 장성을 쌓고, 또 요동 등 5군을 설치한 것은 조선에 대한 대책은 아니고 어디까지나 동호에 대한 조치였다는 점이다.[43] 이때에 계속해서 연이 조선의 서쪽 땅에 대한 공격과 영유領有에 의한 결과로 만번한 지역이 요동과 조선의 경계로 되었던 것이다.[44]

과거에는 만번한의 위치에 대해서는 평안북도 박천군의 박천강과 청천강 일대로 보는 것이 일반적이었다.[45] 그래서 연장燕將 진개秦開의 침공으로 인해 고조선은 연에게 요동으로부터 청천강에 이르는 서쪽 땅을 크게 상실하고 청천강이남 지역으로 위축하게 되었다고 보았던 것이다.

이에 대해 최근 학계에서는 '만번한'의 위치를 요동 지역에 비정하는 경향이 강하다. 『한서』 지리지에 요동군遼東郡의 속현으로 문현汶縣과 번한현番汗縣이 붙어서 기록되어 있다. 이때 '만번한'은 바로 이 두 현의 연칭連稱이라고 본 전통적 견해[46]에 주목하여, 문현과 번한현이 위치했던 요동반도 서남부 개평蓋平(=개주蓋州) 일대(천산산맥 서쪽 지역)로 비정해 보는 것이다.[47]

그러나 이 입장은 『사기』 흉노열전에서 진개가 '동호'를 1천리 퇴각시키고 요동 일대를 경계로 했다는 기록과 『위략』에서 조선의 서쪽 땅 2천리를 빼앗고 경계로 했던 만번한 지역이 똑같이 요동 일대에 비정되는 모순이 생긴다.

『위략』의 편자 어환魚豢은 동호와 고조선의 상관관계를 고려하지 않았던 것으로 보인다. 동호는 고조선과 다르다. 그러므로 동호를 치고 1천리를 차지했다는 『사기』 흉노열전의 기록과 『위략』에 연이 고조선의 서방 2천리를 빼앗았다는 기록은 다른 차원의 자료로 볼 수 있다. 만일 『사기』의 기록이 동호와 관련하여 구체적인 사실을 기록한 것이라고 본다면 『위략』의 서방 2천리 수치는 고조선의 역사지리 문제를 고찰

---

43 『史記』 卷110, 匈奴列傳 第50, "置上谷漁陽右北平遼西遼東郡以拒胡."
44 『史記』 卷115, 朝鮮列傳 第55, "自始全燕時 嘗略屬眞番朝鮮 爲置吏築障塞"; 『三國志』 卷30 魏書 30 烏丸鮮卑東夷傳 韓條 所引 『魏略』, "燕乃遣將秦開攻其西方 取地二千餘里 至滿潘汗爲界 朝鮮遂弱"
45 이병도, 『한국 고대사연구』, 박영사, 1976, 70~71쪽.
46 丁若鏞, 『我邦疆域考』 卷1, 朝鮮考.
47 노태돈, 「고조선 중심지의 변천에 대한 연구」 『한국사론』 23, 서울대 국사학과, 1990 ; 노태돈, 『단군과 고조선사』, 사계절, 2000, 89~91쪽 ; 박대재, 『고대한국 초기국가의 왕과 전쟁』, 경인문화사, 2006, 78~79쪽.

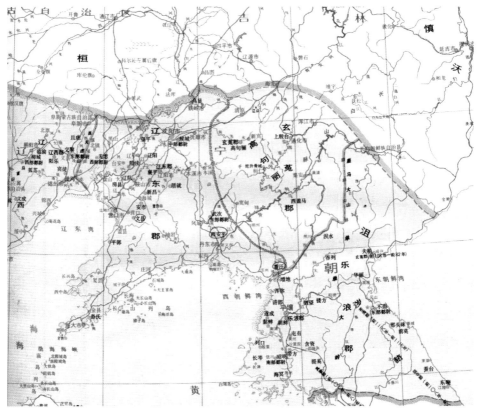

이병도와 중국학계의 견해(담기양, 『중국역사지도집』)
만번한을 박천강과 청천강 일대로 보는 설.

하는 데 믿을만한 자료로 사용하기 어렵다고 생각한다.[48] 『위략』 기록을 통해서는 대개 고조선 서쪽 지역의 많은 부분이 연에 의해 빼앗겼다는 정도의 설명이 가능할 것이다.

결국 『관자』나 『염철론』 등 선진문헌의 기록을 종합하면 연燕이 동호東胡를 치고 동쪽으로 진출하였을 때 동호의 동쪽에는 요동이 고조선과의 사이에 일종의 접경지

---

48 필자는 『위략』에서 고조선이 서쪽 땅 2천여 리를 빼앗겼다는 기록의 2천여 리는 바로 『사기』 권 69 蘇秦列傳 第9에 나오는 '연'의 사방이 '2천리'로서 매우 넓다는 기록과 같이 매우 넓은 땅을 말 하는 것으로 보고 싶고 소진열전의 기록에서 착오를 일으켰거나 또는 넓은 땅이라는 일반적인 의 미에서 쓴 것으로 이해하고 있다.

대로서 자리잡고 있었음을 알 수 있다.

고조선의 구체적인 위치는 미송리형토기와 돌널무덤[석관묘石棺墓]의 집중 분포지역인 혼하와 태자하 유역 일대를 가리키는 것으로 보이며, 대개 요동의 천산산맥 동쪽을 세력 범위로 포괄하고 있었다고 생각한다. 그것은 요동 지역에서 요동반도에 이르는 천산산맥 일대의 장새障塞 흔적을 통해 증명된다.[49]

한편 청동기 시대 고조선의 북방에는 부여 선주민인 예맥족이 서단산문화를 누리며 살고 있었다. 따라서 길림성 일대를 중심으로 한 서단산문화 이남 지역에서 고조선의 북쪽 경계를 찾는 것이 타당하다. 그 지역은 대개 미송리형토기문화의 북쪽 경계인 개원, 청원 일원이었다고 생각한다.

4. 고조선의 성장과 영토 확장

1) 기원전 4~기원전 3세기 철기문화의 도입과 고조선의 성장

중국인들이 처음 인식한 '조선'은 제 나라와 무역하는 대상이었다. 고조선 초기인 기원전 1000년 기 전반에는 고조선의 힘이 미약하고 중국세력의 동방 진출도 시도되지 않았으므로 고조선과 중국 간에는 대규모 무력충돌이 없었을 것이다. 따라서 중국 기록에서는 제齊와 무역하는 동쪽 지역의 나라로 '조선'의 존재만이 간략히 언급되고 있다.

그러나 기원전 4세기경에 와서는 고조선이 요하 동쪽에서 가장 강력한 정치세력이 된다. 『위략』의 저자는 이 시기에 연燕과 대립하는 유일한 세력으로 바로 '조선후국朝鮮侯國'을 꼽는다. 전국시대의 중국 문헌을 보면, '조선후朝鮮侯'가 존재했고 그가 성장하여 '왕王'을 칭했다고 기록하고 있다. 이것은 기원전 4세기경부터 조선후국의 세력이 성장하여 중국 연과 대등한 정도가 되었다는 표현이다.

---

49 佟柱臣, 「考古學上漢代及漢代以前的東北疆域」『考古學報』56-1, 1959, 35~40쪽.

계속되는 기록에서 조선이 연을 치겠다고 표현한 것은 고조선이 일정 정도 병력을 동원할 수 있는 중앙정부의 세력으로 성장하였음을 말해준다. 그리하여 기원전 4세기에는 중국인들이 "교만하고 사납다"[50]고 기록할 정도로 조선후의 세력이 강했다고 보인다. 그러나 기원전 4세기경에 고조선이 '왕'을 칭했다고 해서 고조선의 비약적인 성장을 추측하는 것은 무리이다. 여기서 '칭왕'의 의미에 대해 생각해 보고자 한다.

중국 전국시대 7대 강국強國은 기원전 400년을 전후한 무렵부터 경쟁적으로 변법을 단행함으로써 국내체제를 정비해 나갔다. 당시 중국에서는 변법을 통한 징병제의 실시가 보편적으로 이루어지고, 아울러 제후가 종래 '후侯'나 '군君'의 칭호를 버리고 '왕호'를 사용하게 된다. 그런데 각 군주의 '칭왕'은 변법 실시와 대체로 시기가 일치한다는 점에서, 종래에는 '칭왕'의 의미를 각 제후가 변법을 통한 국내체제의 안정 및 국력신장을 확보함으로써 명실상부한 전제군주의 지위와 권위를 과시하고, 더 나아가 왕 천하의 열망을 표출한 결과라고 보았다. 이는 중국에서 전국시대 제후국의 성장과 관련지어 볼 때 고조선이 기원전 4세기에 '칭왕'한 사실은 고조선 지배 권력의 성장에 따라 그에 상응하는 권위가 필요하여 취해진 조치로 볼 수 있다.

일반적으로 연맹이라 하면 집권적 고대국가가 형성되기 이전에 각 지역별로 집단이나 소국 간에 다수의 소국을 통솔하는 구심체가 대두되고, 그 특정세력을 중심으로 정치·경제적 결속기반을 형성하면서 대외적으로 통일된 기능을 발휘하는 단계를 말한다.[51] 그러나 연맹단계에서는 아직 정치권력을 배경으로 하는 지배·복속관계라든가 또는 각 지역의 세력집단이나 소국 전역을 포괄하는 단일한 결속체를 상정하기는 어렵다. 고조선의 경우도 기원전 5~기원전 4세기경에는 중국에서 이른바 '조선후국'이라 부르는 정치권력이 맹주가 되어 그 주변에 위치한 예맥·진번·임둔 등 소국세력에 대해 일정한 영향력을 행사하는 단계에 있었다고 생각한다.

고조선은 비록 소국연맹 상태에 있었지만 국가로서의 특성을 어느 정도 갖추었다고 볼 수 있다. 물론 기원전 4세기 당시에는 국가가 되기 위한 기본 요소들은 갖추었

---

50 『三國志』卷30, 魏書 30 烏丸鮮卑東夷傳 韓條 所引『魏略』, "(朝鮮)後子孫稍驕虐."
51 李賢惠, 『三韓社會形成過程研究』, 일조각, 1984, 170쪽 ; 權五榮, 『삼한사회의 「國」에 관한 연구』, 서울대 박사학위 논문, 1996, 209~210쪽.

지만, 본격적인 의미에서 고대국가 단계에 이르렀다고 말하기 어렵다.

당시 고조선에는 '왕'이 존재하고 있었고, 전쟁 등 국가의 중대사를 왕과 함께 논의하는 대부라는 관직도 보인다. 여기서 대부라는 직위가 과연 고조선의 관명 그대로인지 혹은 고조선의 관직을 한인들이 번역한 것인지는 불명확하다. 다만 한인들이 대부라고 쓴 것을 보면 한 시기의 대부 직책과 동일한 것으로 봐도 좋을 것이다. 즉 진·한 시대의 대부 직책은 국가가 논의해야 할 문제를 취급하던 관직이었으므로,[52] 국왕에 대해 충고한 고조선의 대부는 나라의 중요한 문제들에 대해 왕에게 직접 충고할 수 있는 직위를 가진 관리였다고 보인다.

'조선후국'의 '왕'은 주변에 산재한 지역집단의 연맹장이라는 직책을 수행하면서, 전문적인 관리가 필요했던 만큼 미숙한 관료체계를 마련하였다. 그러나 고조선의 관직은 이후 시기인 위만 단계에서도 모든 관직을 '상相'이라 부를 정도로 분화되어 있지 않은 점으로 보아 조선후가 존재할 당시의 관직도 분화되지 않은 초기적인 모습이었을 것으로 보인다. 대부로 표현되는 왕의 보좌 역할을 하는 직위 정도가 있었다고 보면 틀림없을 것이다. 중국에서 경·대부 제도가 실시되는 상황과 관련지어 볼 때 고조선의 관직체계가 발달했다고 보기에는 미흡한 면이 많다.

이상의 단편적인 옛 기록을 통해 고조선에는 진번, 임둔 등의 정치세력이 있었으며 그것들은 모두 고조선의 어느 한 지역을 차지하던 소국이었다는 것을 알 수 있다. 이 소국들은 정치, 경제, 문화적으로 상대적 독자성을 가지고 있었다.

이러한 사실은 지석묘 및 석관묘를 중심으로 한 비파형(요령식) 동검 문화 마지막 단계의 문화유형이 혼하 유역, 요동반도 지역, 서북한 등 크게 세 지역으로 나뉘고, 그 각각의 유형이 독자적으로 성장하는 모습에서도 엿볼 수 있다.[53] 물론 이들 세 개 유형이 문헌에 보이는 소국의 위치와 그대로 대입되는 것은 아니다. 그러나 고고학적 문화유형의 지역성은 지역에 기반을 가진 소국(=소읍) 세력의 독자성을 말해주는 것은 분명하다. 이 세 문화유형은 독자적으로 발전하면서 전체적으로는 비파형(요령식)

---

52 陶希聖, 『中國政治制度史』 제2책 秦漢, 1962, 78~88쪽 ; 『中國歷代官制辭典』(徐連達 編), 1991, 54쪽.

53 송호정, 『고조선 국가형성 과정 연구』, 서울대 박사학위 논문, 1999.

동검문화권에 속해 있었던 것이다.

고조선은 기원전 4세기에 이르기까지 주변의 자연경계 등을 이용하여 일정한 세력 권을 형성하고, 타국과의 경계를 설정하고 있었다고 생각되지만,[54] 아직 연맹을 형성 하고 있던 여러 속읍에 대한 영유권만을 확보할 뿐 구체적인 영역이나 지배권을 행사 하지는 못하였다. 다만 중국 사가들에게는 요동遼東 지역 정치집단의 세력중심이 바 로 조선에 있었기 때문에 요동 지역의 정치집단을 서술할 경우 조선을 그 중심에 두 었던 것이다.

고조선은 기원전 1000년 기 후반기 초, 구체적으로는 기원전 4세기를 전후한 시기 에 넓은 지역을 차지하였으나 아직 여기에 속한 여러 소국들을 하나의 단일한 통치 체제 밑에 두지는 못하였다. 고조선의 중앙정치세력은 고조선에 복속된 정치세력에 게 일정한 정치적 독자성을 주어 그 지역을 다스리도록 했으며, 그들을 통해 전국을 지배하였다. 따라서 고조선 중심지역의 경제, 문화적 영향은 일정한 정치적 독자성을 가진 소국들에게는 크게 미치지 못하였다.

2) 한대(漢代) 고조선과 한(漢)의 경계

한대에 들어서면 새로운 군현이 설치된다. 그 중 신의주에서 마주 보이는 요령성 단동시의 옛 성터에서 한대에 유행한 '안평락미앙安平樂未央'의 길상어가 있는 와당 및 장새 유적이 조사[55]되어 요동에 설치된 한의 안평현安平縣 위치를 알 수 있었다. 그 리고 단동시 애하첨靉河尖 장성 유적 부근에서 발견된 성지나 출토유물이 연 및 한의 특징을 보이고,[56] 중국 철기문화의 영향을 받은 철기 유적이 요하 이동에서 압록강 사 이에 집중하고 있음은[57] 연·진 시기의 요동고새遼東故塞가 바로 요하 동쪽이었음을 입 증하는 것이라고 하겠다. 특히 전국시대 말 이래 한족 세력의 요하 유역에서의 중심

54 李成九,「春秋戰國時代의 國家와 社會」『講座中國史』Ⅰ, 1989, 96쪽.
55 曹汛,「靉河尖古城和漢安平瓦當」『考古』80-6, 1980, 566~567쪽.
56 中國社會科學院 歷史硏究所 編著,『新中國の考古學』(關野雄 監譯), 平凡社, 1988, 372쪽.
57 宋鎬晸, 앞의 논문, 1999, 161~186쪽.

은 양평襄平이었는 바 이는 오늘날의 요양시 부근이다. 따라서 한나라 군대의 침입과
정에서 볼 때 왕검성을 적대 세력의 바로 앞인 요하 유역에서 찾을 수는 없을 것이다.
이렇게 볼 때 패수는 청천강이거나 압록강으로 보는 것이 자연스럽다.

고고학적으로 보면 기원전 3~2세기 무렵 서북한지역의 대표적 금속기 유물인 세
형동검의 분포가 청천강 선이 경계가 되며, 연·진 세력에 의해 유입된 명도전이 한반
도 서북지방 북부지역에서 대량으로 출토되는데 청천강이 그 분포상의 주된 경계선
을 이룬다.[58] 따라서 고고학상으로 보아 명도전 등 연 계통의 유물이 출토하는 청천강
이북은 요동군을 통한 중국문화 및 주민집단의 영향이 강하게 미친 지역이고, 세형동
검 등 조선 독자의 청동기가 출토하는 청천강 이남 지역이 고조선이었다고 보는 것이
보다 합리적이라 생각한다.

여기서 다시 검토해야 될 기록은 한이 등장하여 그 초기에 요동외요遼東外徼가 너
무 멀어서 지키기 어려운 까닭에 요동지역에 있는 고새故塞를 수리하고 패수에 이르
러 경계를 삼았다는 사실[59]이다.

『사기』 조선열전의 이 기록을 보면 고조선과 경계로 된 패수가 이전에는 청천강이

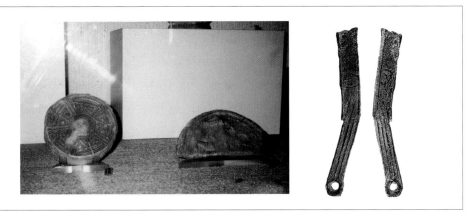

연·한시기 반와당 및 명도전
명도전은 전국시대 연나라의 주된 화폐로 우리나라의 서북한 지역에서도 많이 출토되고 있다.

---

58 朴善美, 「기원전 3~2세기 古朝鮮 文化와 明刀錢 유적」, 서울시립대 석사학위 논문, 1999.
59 『史記』 卷115 朝鮮列傳 第55, "自始全燕時 嘗略屬眞番朝鮮爲置吏築障塞 秦滅燕屬遼東外徼 漢興爲
其遠難守 復修遼東故塞 至浿水爲界."

었는데, 한대에 와서 요동고새와 그 옆에 있는 압록강으로 변경되었을 가능성을 시사한다. 기록을 그대로 본다면 한대에 동쪽 경계지역에 있던 장새를 요동지역으로 옮긴 것은 사실로 보인다. 그렇지만 기록의 내용에서는 고조선과 경계가 되었던 지역의 장새에 대한 관리를 포기하거나 패수 위치를 변경했다는 사실을 찾기가 힘들다. 다만 관리상의 문제점 때문에 한이 직접 관할하는 장새를 요동지역으로 축소했다는 사실을 알 수 있을 따름이다.

따라서 현재의 청천강이 한나라와 고조선의 국경 하천으로 되어 있었고, 전국시대·진·한대에 걸쳐 줄곧 패수로 호칭되고 있었다는 입장이 가장 설득력이 있다고 생각한다.

이 문제는 앞으로 문헌상에 보이는 '진고공지秦故空地 상하장上下障'과 '만반한'의 위치 및 요동~서북한지역의 명도전·초기 세형(한국식)동검문화·초기철기문화의 성격에 대한 종합적 고찰을 통해 더 분명해지리라 생각한다. 분명한 것은 후기 고조선의 세력 범위는 요동반도를 흘러내리는 천산산맥 동쪽 지역에서 찾아야 한다는 점이다.

『위략』에는 연의 장수 진개가 조선의 서방 2천리를 점령하고 그곳에 장성을 축조했다고 한다. 진개에 의해 요동평야 지대가 정복된 다음 연이 화북지방에서 밀려나게 되자 요동 지역을 그 본거로 삼게 되었다(기원전 226년).[60] 4년 후에 진시황은 요동 지역을 다시 점령하였으며,[61] 그 후 한대에는 한초의 전란으로 요동의 한족 세력은 약화되었으나 노관盧綰으로 연왕을 삼고 패수를 경계로 삼았다. 그러므로 이 시기의 고조선은 요동 동쪽, 구체적으로 패수의 동쪽에 있었다. 그렇다면 여기서 반드시 살펴보아야 할 것은 바로 패수의 위치이다.

문헌기록을 보면 패수의 위치는 요하로도 볼 수 있고 압록강, 또는 청천강으로도 볼 수 있을 정도로 그 위치가 불명확하다. 반면에 연·진 장성의 위치와 후기 고조선 시기의 유물은 그 위치가 비교적 명확하므로 그것의 위치는 비정할 수 있다.

대개 중국 전국시대·진한 시기의 장성유적은 신장 위그르자치구에서 요령성에 걸

---

60 『史記』 卷34 燕召公世家 第4 "燕王亡 徙居遼東 斬丹以獻秦……三十三年 秦拔遼東 虜燕王喜."
61 『史記』 卷6 秦始皇本紀 第6.

요령 단동시 압록강변의 장성
중국학계에서 전국시대 한대 장성의 끝이라 주장하지만 지금 남아있는 것은 명대 수축한 것이다.

쳐 단속적으로 확인되고 있다. 특히 연·진 장성의 위치는 요령성 북부 일대에 뚜렷한 흔적을 남기고 있다. 그 끝으로 되어 있는 양평은 현재의 요하 이동의 요양遼陽으로 비정되고 현재 장성 유적 또한 요하 일대까지 나오고 있어 그 위치를 분명히 확인할 수 있다.[62] 이처럼 연·진 장성 유적이 오늘의 요하 유역에 이르렀으므로 자연히 장성 동쪽에 존재했던 패수는 요하 서쪽에서 찾을 수 없다.

중국 전국시대인 기원전 5~기원전 4세기에는 이미 중국의 문화가 요동지역에까지 영향을 미치고 요하 유역은 이미 중국의 세력권 하에 들어가기 때문에 요하 서쪽에서 고조선의 경계선을 찾는 것은 설득력이 떨어진다.

이때 주목되는 것이 요동~한반도 서북지방에 걸쳐 기원전 4~3세기 전국시대 철기 문화의 분포 지역이다. 전국시대 후반부터 중원 지역과 중국 북방 지역으로부터 요동 지역에도 철기문화가 전래되는데 그 문화가 전래되어 번성한 지역에 고조선 관련 예

---

62 劉謙,「遼東長城考査」『遼寧大學學報』82-5, 1982 ;『遼寧古長城』(馮永謙·何溥瀅 編著), 遼寧人民出版社, 1986 ; 遼寧省長城學會, 『遼寧長城』, 瀋陽, 1996.

연·진(燕·秦) 시기 장성 유적 지도

맥 집단이 살았을 가능성이 높기 때문이다.

대개 기원전 4~기원전 3세기 당시 요동 지역에 위치한 연의 유지遺址나 성지城址에서는 전국시대 연燕의 선진적인 철기들이 모두 출토되고 있다. 반면에 한반도 서북 지방에서는 연燕의 철기문화가 파급되어 철기 사용이 시작되지만, 대체로 몇 종류의 철제 공구류만 철기화되었다. 즉 한반도의 청천강 이북 지역에서만 철제무기를 볼 수 있고, 나머지 지역에서는 여전히 동검銅劍·동모銅矛·동과銅戈가 무기의 주종을 이루고 조문경精紋鏡이나 청동의기가 제작되는 상황이었다.

물론 철기 생산과 도구화가 사회변화에 결정적인 영향을 주었다고 하기는 어렵다. 문헌 기록에서도 확인할 수 있듯이 전쟁, 인구 이동과 증가, 교역 등과 그밖에 생업기술의 발전 등이 철기 보급 못지 않게 사회변동에 크게 영향을 미쳤기 때문이다. 그러나 농기구와 무기가 철기로 만들어지면서 농업생산력과 군사력이 크게 증대된 것은 틀림없다. 그리하여 철기 소유 정도가 개인 혹은 집단 간에 실력 차별을 가져오고 사회의 계층화를 발전시키는 데 기여했다고 보인다. 또한 철기 생산과 유통에 대한 통제력이 지배 권력의 기반을 구축하는 데 주요한 요인이 되었다.[63] 농공구의 철기화는 대규모 수리·관개시설을 강화하고 고지·건조지를 농지로 확대하여 생산력을 높이는 잠재적인 힘을 내포하고 있다.[64]

기원전 3~기원전 2세기에 철기를 바탕으로 요동에서 청천강에 이르는 지역에서 철기문화가 발전하고, 서북한 지역에서는 이른바 세형동검문화가 발전하였다. 이와 같은 유적, 유물의 성격을 연구자들은 세죽리細竹里-연화보蓮花堡유형 문화라는 명칭을 붙여 설명하고 있다.[65]

세죽리-연화보유형 문화는 기원전 4세기 말~기원전 3세기 초(연 소왕대)의 전국 철기문화 및 기원전 3세기 말의 진·한 교체기, 그 이후 기원전 2세기 초 무렵의 한초 漢初 철기문화를 포괄하고 있다. 그러나 세죽리-연화보유형은 지역적으로 넓고 유적·유물의 집중이나 정합성이 잘 보이지 않는다. 게다가 세죽리-연화보유형 문화 단계의 기본 묘제는 움무덤[土壙墓]인데, 그 구조가 간단하여 중국 계통인지 고조선 고유의 것인지 명확히 정의하기 어렵다. 토기 역시 태토胎土에 활석을 섞어 만드는 토착적인 요소 외에는 회색 승석문繩席紋을 하는 등 중국 토기의 특징도 함께 갖고 있다. 특히 가장 특징적인 철기는 중국 전국시대 것과 매우 유사하다. 이는 세죽리-연화보유형 문화가 토착인의 거주 지역에 유이민이 들어오면서 상호 문화가 복합되어 형성된 것임을 말해 준다.[66]

세죽리-연화보유형 문화의 철기들은 어디까지나 연나라 것인 만큼 연 나라 철기문화의 연장선상에서 파악하는 것이 더 타당할 것이다.[67] 세죽리-연화보유형 문화는 곧바로 후기 단계의 고조선 문화로 해석하기에는 무리가 있고, 대체로 예맥 계통의 여러 집단이 연맹체 상태로 존속하고 있음을 보여 주는 유적으로 해석하는 것이 가장

---

63 李賢惠, 「삼한사회의 농업생산과 철제농기구」 『歷史學報』 126, 역사학회, 1990, 46쪽.
64 潮見浩, 「古朝鮮の鐵器」 『東アジアの初期鐵器文化』, 吉川弘文館, 1982, 203~227쪽.
65 『조선고고학개요』 (사회과학원 고고학연구소 편), 1977, 139~143쪽.
66 田村晃一, 「樂浪郡設置前夜の考古學(一) -淸川江以北の明刀錢出土遺蹟の檢討-」 『東アジア世界史の展開』, 靑山學院大學 東洋史論集, 1994, 16~24쪽.
67 이남규, 앞의 논문, 1995, 34쪽.

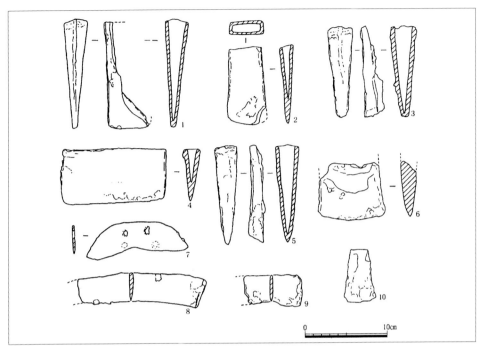

세죽리-연화보유형 철기 함경북도 무산 호곡동 출토 철기.

합리적이라 생각한다.

요동~청천강 유역에는 연 계통의 유이민들이 토착민과 섞여 살게 되면서 유이민을 주인공으로 한 연의 문화, 즉 선진적인 철제 농기구나 군사적 성격의 유물들이 많이 사용되었다. 반면 서북한 지역에서는 선진 철기문화의 영향을 받기는 했으나 이전부터 존재한 비파형동검문화를 계승하여 독자적인 세형동검문화로 발전하고 대동강 유역을 중심으로 강한 정치적 통합체를 이루어 갔음을 알 수 있다. 이때 등장한 정치집단이 곧 위만조선이다.

3) 위만조선 시기의 강역

고조선 후기 위만이 이주민이나 토착민을 세력 하에 두고 위만조선을 세웠던 시기는 전한 혜제 때, 즉 기원전 190년대의 일이다. 위만과 그 자손은 평양을 중심으로 하는 한반도 서북 지방만이 아니고 남방이나 동방으로 세력을 확장해 진번과 임둔도 지배하에 두었다. 그리고 그 이북에 위치한 동옥저도 한때 고조선 세력의 지배를 받았다. 이처럼 후기 고조선은 주변 지역에 대한 정복을 통해 지배 체제를 확립한 후, 지배권하의 여러 부족이나 진번 곁에 위치했다는 중국衆國(진국辰國) 등이 요동 지역의 중국 군현에 직접 조공하고 교역하는 것을 금했다.[68]

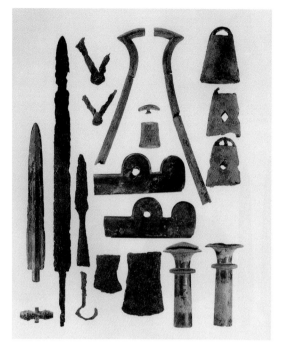

평양 상리 나무곽무덤 출토 세형동검과 철제 무기(국립중앙박물관)

위만조선의 이런 태도는 무엇보다 자국의 실력에 의지했겠지만, 한편으로는 당시 북아시아에서 강대한 정치 세력을 형성했던 흉노 제국과 연결될 수 있는 가능성이 또 하나의 힘으로 작용했다고도 볼 수 있다. 이런 자신감을 바탕으로 위만조선은 수도인 왕검성을 중심으로 독자적인 문화도 탄생시켰다. 움무덤[土壙墓]에 이어 덧널 무덤[木槨墓]을 조영하고, 고조선만의 독특한 세형(한국식) 동검 문화를 창조한 것이 그것이다.

위만은 왕조를 개창한 후 요동 태수를 통해 한漢에 형식적으로는 조공을 바치되 실제로는 자주국으로서의 지위를 인정받는 이른바 '외신外臣'의 관계를 맺었다.[69] 『사기』「조선열전」 기록에 따르면 위만은 주변 만이족이 중국 변경을 침입하는 것을 방어하는 책임을 맡았고, 만이蠻夷 군장이 입견천자入見天子하는 것을 막지 않는다는 조건 아래 한의 외신으로 봉해지고 한에서 무기를 공급받았던 것 같다.[70] 그리고 이를

---

68 『史記』卷115, 朝鮮列傳 第55, "眞番旁衆國欲上書見天子 又擁閼不通."
69 『史記』卷115, 朝鮮列傳 第55, "會孝惠高后時天下初定 遼東太守卽約滿爲外臣 保塞外蠻夷無使盜邊."
70 『史記』에 위만이 漢의 外臣이 되어 공급받았다고 하는 병위재물은 공식적인 관계를 통한 교역품을

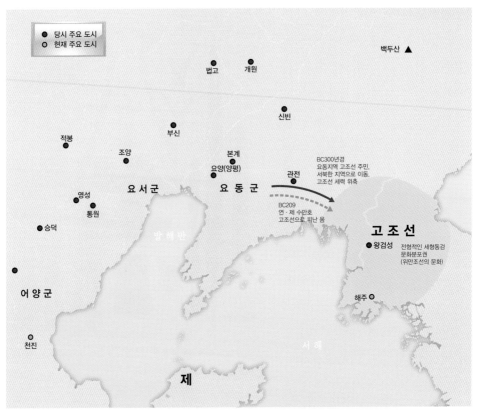

기원전 3~2세기 고조선의 영역 범위 지도

바탕으로 진번, 임둔 같은 세력을 복속시키고 있다.[71] 이는 위씨 조선의 지배자 집단이 이미 한의 철제 무기를 세력 팽창의 배경으로 삼고 있었다는 것을 뜻한다.

당시의 중국적 세계 질서에서 볼 때 '외신'이란 '내신'과 대칭되는 개념으로, 비록 형식상·명분상으로는 한 황제의 덕화德化를 입는다 해도 일반 공법의 제정은 물론 문화·관습 전반에 걸쳐 독자의 특색을 갖는 것이었다.[72] 위만은 이런 관계를 맺는 대가로 우세한 병기와 재물을 얻어내 주위의 소국 정복에 나섰다. 그 결과 진번이나 동해

의미하며, 그중 병위는 철제무기를 가리킨다고 보아도 무방할 듯하다.

71 『史記』 卷115, 「朝鮮列傳」第55, "會孝惠高后時天下初定……以故滿得兵威財物侵降其旁小邑."

72 내신·외신의 개념에 대해서는 栗原朋信, 「文獻にあらわれたる秦漢璽印の研究」『秦漢史の研究』, 1960, 243~258쪽 ; 栗原朋信, 「漢帝國と周邊諸民族」『上代日本對外關係の研究』, 1978, 1~3·40~45쪽 참조.

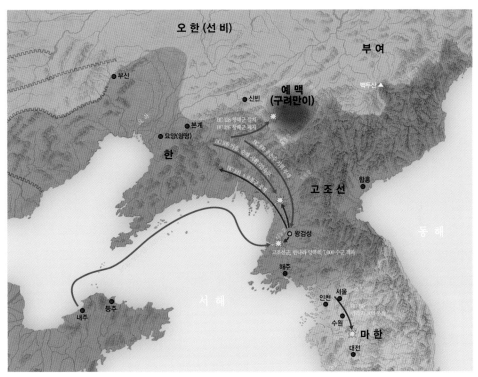

고조선과 한의 전쟁

안 일대의 임둔, 두만강 이남의 동옥저 등 여러 소국을 모두 복속시켜 사방 수천 리에
이르는 땅을 통치하게 되었다.[73]

그동안 서북한 지역에서 요동 지역에 걸쳐 느슨하게 맺어졌던 고조선 중심의 연맹
체는 압록강 유역을 북쪽 경계로 해 동으로는 동해안까지, 남으로는 황해도에 이르는
지역에 걸쳐 새로이 집권력과 통치력을 강화해 나갔다.[74]

고조선은 이웃한 진번·임둔·동옥저 등지에서 나오는 풍부한 물자를 확보하고 그
것을 바탕으로 사회를 유지했다. 또한 철기 문화를 바탕으로 국가적 성장 과정에서
주변 세력을 복속시키고 속민 집단으로 편제해 안정된 수취 기반을 확대해가는 데 주
력했다.

---

73 『史記』 卷115, 「朝鮮列傳」 第55, "滿得兵威財物侵降其旁小邑 眞番臨屯皆來服屬 方數千里."
74 노태돈, 「한국인의 기원과 국가의 형성」 『한국사특강』, 서울대학교 출판부, 1990, 41~42쪽.

한 문제 초에 장군 진무 등이 조선과 남월南越이 병력을 갖추고 중국을 엿보고 있으니 이를 치자고 요청한 기록[75]이 있는 것으로 보아, 이 당시 위만조선이 발달된 철기 문화와 철제 무기를 바탕으로 한반도 서북 지방에서 요동 방면으로 진출을 꾀한 것이 아닌가 짐작된다.

이처럼 동북아시아에서 최초로 한민족이 세운 국가 고조선은 결국 한의 침략으로 무너지고 말았지만, 그 정신과 전통은 삼국으로 이어지게 된다. 고조선의 국가적 경험은 멸망 후에 한강 이남의 마한 사회에서 청동기문화가 발전하게 된 배경이 되었고, 또 고구려가 그 외곽에서 새롭게 성장하는 문화적 바탕이 되었다. 마한의 청동기 문화를 기반으로 백제가 성장하였고, 신라 또한 고조선 유민이 그 초기국가 형성에 커다란 역할을 하였다.

그리고 고조선이 존재하던 시기 북쪽 지역에 예맥족이 중심이 되어 부여국을 세워 성장해 나갔다. 이 부여국에 대한 검토는 고조선의 역사적 경험의 연장 및 삼국의 출발을 이해하는 데 매우 중요하다.

---

75 『史記』卷25,「律書」第3 "將軍陳武等議曰 南越朝鮮 自全秦時內屬爲臣子 後目擁兵阻阨 選蠕 觀望."

제2절

부여의 강역과 정치적 성장

1. 부여의 건국과 동부여, 북부여

1) 부여의 건국

기원전 2세기 말을 전후하여 탁리국橐離國에서 발생한 내분으로 인하여, 동명東明이 이끄는 집단이 남쪽 예족濊族의 선주先主지역인 현 길림성 지역에 와서 부여국扶餘國을 세웠다. 부여는 건국 후에 매우 신속하게 발전하여 오래지 않아 분화되었으며, 기원전 1세기경 많은 부여 인들이 제2송화강을 거슬러 올라가거나, 동남쪽을 향해 옮겨 거주하였다.

이러한 사실은 부여의 건국설화인 동명설화東明說話에 잘 보인다. 동명설화는 부여족계의 여러 집단이 공유하였던 건국신화로서 고구려의 주몽설화에 그대로 적용되었다.

『삼국유사』와 『삼국사기』에는 부여의 기원을 동부여에 두고 있다. 『삼국유사』에 따르면 해모수의 아들 해부루가 이끄는 예인의 일부가 동해가 가섭원 지방에 도착하여 동부여를 세웠고, 이후 동부여의 왕대는 부루, 금와, 대소로 이어졌다. 그러나 이러한 사실이 『삼국사기』에서는 부여에 관한 사실로 기록되어 있다.

동부여에 관한 구체적 기사는 『삼국사기』에서 찾아보기 어렵다. 다만 『삼국사기』

길림시 동단산과 남성자(부여의 왕성)

「고구려본기」 가운데 동명왕본기와 권32 잡지 제사조의 동명왕과 관련된 기록에 동부여에 관한 기사가 보일 뿐이다. 이는 동부여 국가의 역사가 전해지지 않았음을 말해주는 것이다.

한편, 「광개토왕릉비」에는 광개토왕이 영락 20년(410)에 동부여를 정벌하였는 바 "동부여는 옛날 추모왕의 속민이었는데 중년에 배반하여 조공을 바치지 않게 되었다"[76]라고 썼을 뿐, 주몽이 출생한 나라로 인정할 만한 근거는 찾아볼 수 없다. 이 기사에 의하면 동부여는 고구려 건국 초기에 독자적인 국가로서 존재한 것이 아니라, 고구려 건국 초부터 고구려에 예속된 지역이었다.

종래에는 대개 동부여를 285년 선비 모용씨의 공격을 받아 부여의 수도가 함락되자 그 일부 세력이 동쪽의 두만강 유역으로 피난을 갔다가 잔여세력이 남아 독자적으로 건설한 국가라고 여겼다.[77] 『삼국지』「관구검전」에서 동천왕이 위군魏軍에게 쫓겨 피난하였던 매구루買溝婁가 「동옥저전」에는 치구루置溝婁라 표기되었는데, 이 치구루는 바로 두만강 유역의 책성柵城이며 「광개토왕릉비」에서 전하는 동부여의 미구루味仇婁와 같은 것이므로 결국 동부여는 3세기경 두만강 유역에 있었다고 주장한

---

76 「廣開土王陵碑文」, "卄年庚戌 東扶餘舊是鄒牟王屬民 中叛不貢 王躬率王土 軍到餘城."
77 노태돈, 「부여국의 경역과 그 변천」 『국사관논총』 4, 국사편찬위원회, 1989, 43~48쪽.

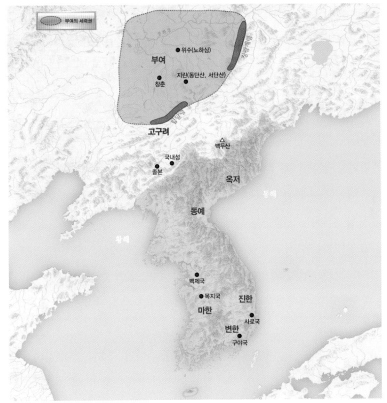

부여의 세력범위

다.[78] 이 주장은 특별한 비판 없이 남한 학계의 정설이 되어 있는 실정이다.

동부여는 원 부여의 동쪽에 있어 동부여라 불렸을 것이며 동해가東海賈 가섭원迦葉源 등의 기록을 보면 동해 일대에 위치했을 가능성이 높아 보인다. 한편 『삼국사기』 기사에 따를 경우 두만강 유역은 태조왕 이전부터 고구려의 지배하에 있었다고 보는 게 타당하다. 고구려 건국초기부터 동부여는 고구려 건국집단의 출자지로 등장하고 있다. 이는 기존 학계의 통설과 충돌되어 적절한 해석을 기다리고 있다. 따라서 동부여의 지점을 구체적으로 찾는 것은 쉽지 않은 과제이다.

『삼국지』「동옥저전」에서 두만강 유역의 북옥저를 치구루置溝婁라 한 것은 책성을

---

78 이병도, 「扶餘考」『韓國古代史研究』, 박영사, 1976, 201~206쪽 ; 노태돈, 앞의 논문, 1989, 45~
46쪽.

말하는 것으로, 이는 기원 1세기를 지나면서부터 이미 두만강 유역이 고구려의 세력권에 들어갔음을 뜻한다. 또한 『삼국지』 「관구검전」에서 동천왕이 위군魏軍에게 쫓겨 피난하였던 매구루買溝婁는 바로 치구루로서, 북옥저北沃沮 방면이면서 숙신의 남계라 하였으므로 두만강 유역을 가리키는 것으로 보인다. 이미 이 지역이 고구려의 영향권 아래 있었던 까닭에 고구려왕이 망명할 만한 곳으로 택할 수 있었던 것이다. 이러한 지역에 동부여가 건국될 여지는 없다 하겠다.

한편, 「광개토왕릉비」에 나오는 미구루는 분명 동부여에 존재한 하나의 지역집단(지명)으로, 책성을 뜻하는 치구루·매구루와는 다른 것으로 보아야 할 것이다. 지리적으로도 길림성 지역은 장광재령·위호령·합달령이 연결되어 하나의 분수령을 이루고 있으면서 그 이동의 목단강 유역 문화와 단절된다는 점에서, 북부여에서 내려온 주민 집단은 이 경계선을 넘지 않았을 것으로 생각된다. 또한 현재 동부여 지역으로 추정하고 있는 두만강 유역에서 동부여와 관련된 성이나 유적이 나오지 않는다는 사실도 이를 방증한다.

광개토왕비 1면

동부여가 "옛날 추모왕의 속민이었다"라는 「광개토왕비」의 기록을 사실로 받아들인다면, 주몽이 정복하기 전에 동부여라는 나라가 존재하였다고 상정할 수 있다. 그러나 주몽이 고구려를 건국하면서 동부여라는 나라를 실제로 정복했다고 생각하기 어려우며, 또 그렇게 말할 수 있는 근거도 없다. 『삼국사기』 「고구려본기」에도 주몽이 비류국·행인국·북옥저 등을 정복했다는 기사는 있으나 동부여를 정복했다는 기사는 없다.[79] 그러므로 「광개토왕릉비」의 내용은 분명 동부여의 실재

79 『삼국사기』 권13 고구려본기1, 동명성왕 2년 ; 『삼국사기』 권13 고구려본기1, 동명성왕 6년 ; 『삼국사기』 권13 고구려본기1, 동명성왕 10년.

를 기술한 것은 아니며, 원래 부여족의 한 지파인 동부여 인이 부여 출신의 고구려 시조 추모왕과 깊은 관계에 있었다는 종족 출자의 동원성同源性에 대한 수사적 표현으로 보아야 할 것이다. 물론 이러한 표현을 낳게 된 배경에 동부여와 고구려 사이에 있었던 어떤 역사적 사실이 투영되었을 가능성을 배제할 수는 없다.[80]

그것이 어떤 것인지는 추단하기 어려우나 어쨌든 「광개토왕릉비」의 표현 자체는 동부여가 원래부터 마땅히 고구려에 복속되어야 할 존재라는 의미를 담은, 당시 고구려 지배층의 천하관을 표현한 면이 있다고 할 수 있다. 하지만 「광개토왕릉비」에 표현되어 있는 고구려 조정의 공식적 견해는 북부여 출자설이다. 일단 주몽의 출자전승과 관련하여 살펴볼 때 동부여와 관련한 「광개토왕릉비」의 표현은, 고구려의 시조가 북부여에서 나왔는데 그 북부여의 일부가 갈라져 나가 동부여를 이루었다고 여긴 게 아닐까 생각된다.[81]

한편, 「모두루묘지명」에서도 고구려의 기원을 북부여라고 하고 있어 적어도 5세기 초반까지 왕실의 공식적인 견해는 고구려의 기원을 북부여에 두었음을 알 수 있다. 그렇다면 『삼국사기』나 『위략』 및 그 이후 사서에 주몽이 동부여 출신으로 나오는 것은, 고구려가 망한 후 후세 사람들이 잘못 가필한 것이라고 볼 수 있으며, 고구려 왕실에서는 「광개토왕릉비」에 적혀 있는 바와 같이 자신들의 시조인 주몽을 북부여의 왕자로 믿고 있었다고 볼 수 있다.

한편 『삼국사기』 「고구려본기」 시조 동명성왕조에는 동명왕 10년(기원전 32)에 왕의 명령으로 북옥저를 멸망시키고, 14년(기원전 28)에 주몽의 어머니가 동부여에서 죽었다고 하였다. 이는 곧 같은 시기에 북옥저와 동부여가 병존하였음을 뜻한다고 할 수 있다.

『삼국사기』 초기 기록을 그대로 신빙하느냐의 문제는 차치하더라도, 이는 분명 고

80 고구려시조 주몽의 출자전승 중 동부여출자설과 북부여 출자설은 후자가 먼저 성립되었다고 한다. 6세기 후반 이후 해부루 천도 설화와 금와왕 설화로 구성된 동부여 건국전승이 북부여 출자설에 덧붙여져서 동부여출자설이 성립하였는데, 그것이 『新集』에 수록되어졌고, 그 계통의 사서가 이어져 『三國史記』 고구려본기의 주몽전승이 되었다고 한다(盧泰敦, 「朱蒙의 出自傳承과 桂婁部의 起源」 『韓國古代史論叢』 5, 한국고대사회연구소, 1993, 44쪽).
81 노태돈, 앞의 논문, 1993, 45쪽.

구려 초기 단계에 북옥저와 동부여가 병존하고 있었고, 따라서 동부여를 3세기에 부여족이 세운 새로운 정권으로 볼 수 없다는 사실을 말해준다. 그런데 『삼국사기』 고구려본기의 기록대로라면 북옥저가 태조왕 이전 시기에 먼저 고구려에 복속되어 고구려의 지배하에 들어가게 되었다고 한다. 이는 늦어도 태조왕 대에는 동해안 일대가 고구려 영역에 포함되었음을 말해준다.

『삼국사기』 「고구려본기」에 따르면 고구려는 기원을 전후하여 선비족의 일부 및 태자하 상류 일대의 양맥, 힘의 공백지대였던 함경남·북도 산간지대의 행인국·개마국·구다국과 두만강 하류의 북옥저를 정복하거나 복속시켰다. 그리고 나아가 1세기 중엽 경 나부체제가 수립되면서 고구려의 대외정복은 새로운 전기를 맞게 된다.

먼저 고구려는 동해안 방면의 옥저와 동예를 복속시키고 이 지역의 풍부한 해산물을 확보하여 확고한 배후기지로 삼았다. 이에 따라 영흥만 일대는 태조왕 이래 고구려의 변방지역으로 편입되었다. 「광개토왕릉비」의 수묘인기사 중 "동해가東海賈"가 광개토왕 이전에 정복한 구민舊民임을 생각한다면, 영흥을 비롯한 동해안 일대는 고구려의 영역이었음이 분명하다.

고구려사의 시각에서 접근하면 동부여는 고구려 천하의 동쪽에 위치한 부여를 말하는 것으로 볼 수 있다. 따라서 부여의 중심인 길림시 이동 지역에 무조건 동부여가 존재해야 된다고 보고, 최근에는 두만강유역에 동부여를 설정하기 어려운 점과 훈춘과 연변 지역의 문화적 차이를 들어 연길지역에 동부여를 설정하기도 하였다.[82]

동부여의 구체적인 위치 문제와 관련하여 동부여가 동해안 일대에 실재했던 국가라기보다는 원부여의 동쪽에 있기 때문에 붙여진 이름으로 보는 견해도 검토해 볼 여지가 있다.[83] 즉 송눈평원 지역을 중심으로 분포하던 원부여 세력과 달리 길림 일대를 중심으로 서단산문화를 조영하면서 발전하던 예족 세력이, 송눈평원 일대 예맥족계의 한 지파가 이주해 와 새로이 성장하게 되자 이를 동부여(부여)라고 불렀다는 것이다.[84] 이 주장 역시 원부여 동쪽에 분명히 존재한 것으로 보이는 동부여를 원부여와

82 김현숙, 「동부여에 대한 지배방식」 『고구려의 영역지배 방식 연구』, 모시는 사람들, 2005, 395~437쪽.
83 송호정, 「부여의 기원」 『한국사』 4, 국사편찬위원회, 1997.

같은 실체로 해석하는 문제점이 있으나 부여사 자체에서 바라보면 그냥 무시할 수 없는 내용이다.

부여의 기원이 동부여에 있다는 국내측 기록과 달리 5세기 당시 고구려인의 기록인 「광개토왕릉비」에 의하면 기록상에 나타난 첫 부여국은 북부여국이다.[85] 고구려 왕실의 북부여 출자설은 4세기 후반 소수림왕대에 고구려의 성립 과정에 대한 조정의 공식적인 건국전승이 정립될 때 그 일환으로 확립되었는데[86] 이때 고구려의 초기 왕계도 정립되었다. 이에 따르면 계루부 집단은 압록강 중류역에서 일어난 집단이라기보다는 주몽전승에서 말하듯이 부여 방면에서 내려와 거주하였다고 한다.

「광개토왕릉비」에서는

> 옛적 시조 추모왕이 나라를 세웠는데 (왕은) 북부여에서 태어났으며, 천제의 아들이 었고 어머니는 하백의 따님이었다.……길을 떠나 남쪽으로 부여의 엄리대수奄利大水를……건너가서 비류곡 홀본 서쪽 산상에 성을 쌓고 도읍을 세웠다.

라고, 전하고 있다. 이 주몽신화는 사서에 따라 구체적인 내용과 표현에서 조금씩 차이가 나지만 기본적인 줄기는 동명신화에 바탕을 두고 있다. 한편 백제의 경우도 5세기에 오면 북부여 계승설을 주장하고 나선다. 당시 백제국 나름의 이유가 있겠지만, 국가간 부여에 대한 인식 문제의 차이가 갖는 의미는 앞으로 더 치밀한 고찰이 필

---

84 이는 「광개토왕비」의 주변지역 정복 기사 중 부여에 대한 정벌을 동부여로 표기하고 있는 점에서도 방증된다. 당시 부여는 '西徙近燕'한 후 선비에 쫓겨 다시 길림일대의 원부여 지역에 거주하고 있었다고 보인다.

85 「광개토왕릉비」는 여러 자료들 가운데 그 시기가 가장 이르다는 점에서 뿐 아니라 고구려 사람들이 썼다는 점에서 고구려의 기원문제에 관한 자료로서 가장 신빙할 만한 자료라고 볼 수 있다. 특히 고구려 건국전설 중 적어도 고구려의 기원에 대해서만은 고구려 왕실에서 가장 정확히 알고 있었다고 할 수 있기 때문에 능비의 서술은 믿을 수 있다고 본다.

86 하느님(天帝)과 水神(＝河伯)을 대신하는 人格神의 모습을 띤 해모수와 유화가 등장하는 고구려 건국설화(『三國史記』所收)는 「廣開土王陵碑」·「牟頭婁墓誌」·『魏略』 설화보다 후기에 형성된 것으로 여겨진다. 그리고 『삼국사기』의 설화가 전면에 등장할 때에 주몽의 출생지가 동부여라는 전승과 동부여왕 해부루와 금와왕에 관한 전승도 덧붙여진 것으로 여겨진다(박시형, 『광개토왕릉비』, 1966, 93~114쪽 ; 盧泰敦, 앞의 논문, 1993).

길림시 시내의 사슴 동상
부여 도성에 녹산이 있다는 기록과 관련해 부여 도성으로
비정되는 길림 시내에 사슴 동상이 있어 주목된다.

요하다고 생각한다. 그러나 『논형』이나 『위략』에서는 부여의 건국사실을 전하면서 북이 탁리국(또는 고리국)을 들고 있지 북부여라는 국명은 쓰지 않고 있다. 그 원인은 어디에 있는 것일까.

종래에는 중국측 자료와 국내 자료에 나타나는 북부여를 새로운 국가가 아니라 부여와 같은 나라로 보아왔다. 이는 기본적으로 고구려 중심의 역사 이해에서 나온 것이다. 원래 부여국의 수도인 녹산이 위치하고 있던 지금의 길림시 지역이 고구려 수도에서 볼 때 북쪽에 있었으므로 북부여라고 했고, 4세기 이후 부여의 일부 세력이 두만강 유역에서 자립하니 고구려측에서 이를 동부여 하고 원부여는 계속 북부여라고 지칭하였다는 것이다.[87] 한마디로 「광개토왕비」에 표기된 주몽의 '출자북부여'의 '북부여'는 '북부여北部扶餘'라는 입장이다. 이것은 『위서』 이래 『양서』·『주서』·『수서』·『북사』 중의 고구려전에서 모두 "고구려는 부여에서 기원하였다[高句麗者出于夫餘]"라 한 점에서 알 수 있다.

「광개토왕릉비」와 「모두루묘지」에서 고구려의 출자를 북부여라고 한 이유는 5세기 고구려인의 천하관에 입각해서 표현한 것이라는 연구 성과가 이미 제출되어 있다. 이러한 주장은 「광개토왕릉비」에 북부여와 부여와 함께 표기되어 있는 점이나 「모두루묘지명」에 나오는 모두루의 '영북부여수사令北夫餘守使'라는 관직이 길림 중심의 부여 지역에 해당할 것이라는 점 등에 근거할 때 합리적인 주장이라 생각한다.[88] 그러나 광개토왕릉비문의 내용을 자세히 보면 북부여와 부여를 같은 존재로 보기 어려운 내용

---

87 노태돈, 앞의 논문, 1989, 43~48쪽.
88 武田幸男, 「牟頭婁一族と高句麗王權」『朝鮮學報』99·100, 조선학회, 일본, 1971.

도 보인다.

「광개토왕릉비」에서는 "북부여 천제의 아들인 추모(주몽)가 수레를 타고 남쪽으로 내려오다가 부여의 엄리대수(엄호수)를 건너 비류수 홀본 서쪽 산상에 성을 쌓고 도읍을 세웠다"라고 하여 북부여와 부여를 서로 다른 나라로 구별하고 있다. 여기서 북부여와 부여를 같은 나라의 표기로 볼 수도 있으나 「광개토왕릉비」의 내용을 그대로 읽는다면 북부여에서 한 집단이 나와 강을 건너 세운 나라가 부여라고 분명히 서술되고 있으므로 북부여와 부여는 구별되는 국가로 보아야 할 것이다. 그리고 부여에 대한 또 다른 표기로 동부여가 존재하는 것은 북부여 또한 고구려 중심에서 북쪽 부여에 대한 표기라기보다는 부여와 다른 실체의 국가체를 표기한 것으로 보는 것이 순리이다.

2) 북이 탁리국(槀離國)과 북부여

고고학 자료를 통해 부여의 성립 문제를 더 살펴보고자 한다. 눈강과 제1송화강을 중심으로 번성한 백금보-한서문화는 길림 일대의 서단산문화와 지역적·문화적 특성에서 차이를 보인다. 부여 전성시기에는 망해둔-한서상층문화로 발전하고 전체적으로는 한대 부여문화에 포괄된다. 이 문화는 치치하얼시·조원현·파언현 및 탕원현 등지에 분포하며, 주요 분포지는 제1송화강 북안과 눈강 하류 일대이다. 그런데 부여가 가장 강력했을 때 그 북쪽 강역이 대개 제1송화강 이남에 이르렀다 하니 한서-백금보문화가 북부여의 문화로 이해될 여지도 있는 것이다.

기원 1세기 왕충이 쓴 『논형』에 부여의 시조 동명이 북이 탁리국에서 왔다는 기사와, 「광개토왕릉비」에서 고구려의 시조 주몽이 북부여에서 왔다는 전설은 표현 형태는 얼마간 다르지만 같은 기원을 가진 전설임을 알 수 있다.[89] 「광개토왕릉비」의 내용이 기본적으로 『논형』과 『위략』의 동명설화와 같은 사실을 기록하고 있다고 볼 때, 비문에 북부여는 『위략』의 동명설화에 등장하는 북이北夷 탁리국槀離國을 가리키는

---

89 孫正甲, 「夫餘源流辨析」 『學習與探索』 6기, 1984, 139~140쪽.

것으로 볼 수 있다.

『삼국사기』「고구려본기」에 "그의 옛 도읍에는 어디서 왔는지 알 수 없는 사람이 천제의 아들 해모수라고 자칭하면서 거기에 와서 도읍을 정하였다"라는 기록이 있다. 여기서 '옛 도읍'은 부여의 이주설화를 볼 때 해부루와 금와가 통치하던 부여 지역의 북쪽에 존재하고 있는데, 이 기록은 바로 그 지역에 부여와 또 다른 정치체가 수립되었음을 전하고 있다. 이는 그 지역이 탁리국과 관련된 지역임을 말하는 것이며, 그렇다고 할 때 지금의 제1송화강이 크게 꺾이는 부근을 중심으로 그 일대와 북쪽에 탁리국이 존재한 것으로 볼 수 있다. 이것은 어느 정도 실상을 반영한 것으로 보아도 좋을 것 같다.

한편 『위서』「두막루전」에는 "두막루국은 물길의 북쪽 천리에 있으며, 낙읍에서 8천 리 가는데 옛날 북부여이다"라고 되어 있다. 그리고 『신당서』「유귀전」에는 "두막루국은 스스로 북부여의 후예라고 하는데, 고구려가 그 나라를 멸망시킴에 나머지 사람이 나하를 건너 그곳에 살았다"라고 되어 있다. 이 기록은 부여가 망한 후 부여인들이 송화강(눈강)을 건너 자기들의 고국故國으로 돌아가 나라를 세웠음을 전하는 것이다. 여기서 부여인들의 고국이라는 나하[90] 이북 지역은 바로 북부여를 말하는 것으로, 그 중심 지역은 송화강과 흑룡강이 합류하는 근방인 송눈평원으로 비정할 수 있다.

제1송화강 유역의 백금보 유적(좌), 한서 유적 전경(우)

---

90 여기서 那河는 바로 북위시대의 難河로서 눈강과 제1송화강을 가리킨다(李健才, 「夫餘的疆域和王城」 『社會科學戰線』 4期, 1982).

이상의 논리에 따를 경우 다음과 같이 정리할 수 있다. 북부여는 고구려의 기준에서 보아 북쪽에 있는 부여라는 개념으로도 이해 가능하지만, 부여보다 북쪽에 있었기 때문에 북부여라고 불렸다는 부여사 중심의 이해도 가능하다.

북부여 지역은 부여 건국설화에 나오는 탁리국의 위치로 비정되는 송눈평원 일대로 볼 수 있다. 이 논리에 따르면 모두루牟頭婁가 관리한 지역은 북부여지역이 된다. 즉 모두루는 '북부여수사北夫餘守使'라는 직책을 띠고 북부여의 중심지인 눈강 유역 일대를 관장하는 역할을 맡게 되었고, 이는 모두루 가문이 이곳과 연고가 있었기 때문이라는 이해가 가능하다. 다시 말해 모두루는 북부여 지역을 통제하는 감찰역이면서 북부여와 고구려를 연결시켜주는 지방관의 위치에 있었던 것으로 볼 수 있다. 물론 이러한 설정이 가능하다 해도 탁리국과 북부여가 같은 실체라는 발상은 조금 신중하게 생각해야 할 것 같다.

2. 부여의 성장과 강역

1) 부여의 성장

『삼국사기』나 『삼국유사』에 따르면 동부여(부여)의 왕위는 금와왕에게 계승되고 대소에게 이어졌다. 그러나 금와의 아들 대소는 22년 고구려 장군에게 살해된다. 부여와 대립하던 고구려는 비록 그 왕을 죽이긴 했지만 부여를 멸망시키지는 못하였다. 한편 추종자와 함께 압록곡에 다다른 대소의 아우들은 이어 갈사수 가에서 나라를 세우고 왕이 되었다.[91] 또한 대소가 피살된 후 부여 읍락의 대부분은 모두 같은 해 가을 7월에 고구려로 투항하여 연나부에 안치되고 낙洛씨 성을 하사받았다.[92]

이후 매우 오랜 기간 연나부의 동부여인들은 상대적인 독립 상태를 유지하고 있었다. 이처럼 압록강과 가까운 지역에 위치한 동부여로 표기되는 집단의 분화발전 모습

---

91 『삼국사기』 권14 고구려본기2, 대무신왕 5년 4월.
92 『삼국사기』 권14 고구려본기2, 대무신왕 5년 7월.

을 보여 주는데, 이를 통해 고구려가 초기 국가를 건설하는 과정 중 부여와의 관계에서 주도권을 잡아나가는 것이 중요하였고, 또한 부여계의 주민집단이 고구려 국가건설에 결정적인 역할을 하였음을 알 수 있다.

한편, 서기 1세기 초부터 부여의 명칭이 중국 역사서에 자주 등장하는 것은, 부여가 흉노나 고구려와 함께 왕망의 신新(8~23)에게 위협적인 존재로 비칠 만큼 큰 세력으로 성장했기 때문일 것이다. 서기 49년 부여 왕은 후한 광무제에게 사신을 보내 공물을 바쳤고, 광무제는 이에 후하게 보답하였다. 늦어도 이때에는 부여가 중국식 왕호를 사용하고 중국인에게 국가적인 존재로 비칠 정도로 성장했음을 알 수 있다.

북방의 한랭한 땅 송화강 유역에 자리 잡은 부여는 점차 성장함에 따라 온난한 요하 유역으로 진출하려 하였다. 반면 압록강 중류역의 산간지대에 자리 잡은 고구려역시 농경지로서 혜택을 입은 요동군으로 진출하려 한 것은 경제적 기반을 확대하기위한 당연한 요청이었을 것이다. 어찌 보면 후한 정권은 이러한 대립을 교묘하게 이용하여 이민족 지배정책을 실시해나갔다고 볼 수 있다.[93]

당시 중국은 부여와 관계를 맺음으로써 부여 서쪽의 선비와 남쪽의 고구려를 견제할 수 있었으므로 부여의 등장을 환영하였다. 한편 부여도 농업에 바탕을 둔 국가로 성장하고 있었고, 일찍부터 고구려나 서북쪽의 유목민들과는 적대적인 관계에 있었으므로 역시 중국과 우호적인 관계를 바라고 있었다. 한편 동일한 발전단계에 있던 고구려 및 선비족과의 빈번한 접촉, 한족과의 교류는 필연적으로 교환관계의 발전을 더욱 촉진시켰다. 특히, 49년 부여 왕이 광무제에게 사신을 보내 공물을 바치고 조복의책朝服衣幘을 받은 것은, 한에 대한 신속을 의미하는 동시에 각 족장에게 무역권을 부여했음을 상징하며, 이를 통해 적극적으로 부를 생산하는 계급의 성장이 이루어졌음을 알 수 있다.[94]

서기 2~3세기 초까지의 사실을 기록한 『위략』에 "그 나라는 매우 부유하고 선세 이래로 일찍이 파괴된 적이 없다"라고 한 것으로 보아, 그때까지는 국가적 성장이 지속되면서 국도의 천도나 외부의 공격으로 큰 타격을 입는 일이 없었음을 알 수 있다.

---

93 井上秀雄, 『古代朝鮮』, 1972, 39~40쪽.
94 김철준, 『韓國古代國家發達史』, 춘추문고, 1975, 61쪽.

중국과 밀접한 관계를 맺으며 국가적 성장을 지속하던 부여는 285년에 이르러 요하 상류에서 일어난 선비족 출신 모용외[95]의 침략을 받아 국가적인 위기에 처하였다. 부여는 저항다운 저항도 하지 못하였고 부여 왕 의려는 자살하였으며 많은 자제들이 옥저[96](북옥저沮)로 망명하였다. 한편 부여 본국은 의려가 자살한 다음해에 의려의 아들 의라依羅에 의하여 재건되었으나, 이미 그 옛날의 모습을 찾아볼 수 없는 무력한 국가에 불과했다.

부여는 3세기를 넘어서면서부터 서쪽에서 성장한 선비 세력과 고구려의 압력에 의하여 국가적 성장을 저지당하고 국력이 점점 쇠약해졌다.

2) 전성기 부여의 강역

부여는 역사가 오래 된 만큼 그 영역도 여러 차례 변동이 있었을 것이다. 그러나 그에 대한 명확한 기록이 없어 아직도 혼동을 겪고 있는 실정이다. 부여가 건국된 구체적인 위치와 사방 경역은 반고가 『한서』를 서술하기 이전까지는 비교적 간략하게 기재되었다. 다만 요동 등지를 말하면서 연나라는 "북으로 오환·부여와 인접하였다"라거나 "북으로 오환·부여와 사이를 두고 있었다."라고 하였다. 그리고 그 남쪽 경계는 반고 이후의 기록인 『삼국지』「부여전」에 따르면 "부여는 장성의 북에 있는데 현토로부터 천리 떨어져 있다"라고 하여 한의 동북장성東北長城 이북임을 알 수 있다.[97]

『삼국지』에서 말한 장성은 진·한의 장성을 가리키는데, 이 장성은 일련의 연구에

---

95 모용씨는 선비족으로 '廆' 때에 요하상류에서 일어나 앞서 부여를 공파하여(285년) 東走케 하고, 또 요서지방을 침략하여 棘城(현재의 錦州부근)지방에 노압하더니(294년) 그의 아들 모용황은 스스로 '연왕'이라 일컫고 얼마 아니하여 龍城(현재의 조양)으로 천도하여(342년) 위세를 떨쳤으므로 바로 이해에 모용황은 대대적으로 고구려에 침입하여 고국원왕을 달아나게 하고, 용성 천도 4년 후(346년) 마침내 부여까지 침략하였다.

96 여기서 옥저는 동해안 지방으로 비정하는 설(李丙燾, 「扶餘考」『韓國古代史研究』, 博英社, 1976) 과 간도 지방의 북옥저(池內宏, 「夫餘考」, 459·462~464쪽)로 보는 설이 있는데 대체로 두만강유역으로 보는 것이 타당할 것 같다. 『위서』권100 고구려전에 보이는 435년 경 '東至柵城'했다는 책성이 바로 이곳에 설치한 고구려의 진성일 것으로 보고 있다.

97 『三國志』卷30, 魏書 30, 烏丸鮮卑東夷傳 30, 夫餘條.

의하면 지금의 독석구獨石口부터 내몽고 위장·적봉·오한·나만·고룬의 중부를 통과하여 동으로 창무彰武·법고法庫를 지나 개원開原·무순撫順 일대를 경과한다고 한다. 그리고 다시 남하하여 압록강 및 조선 경내로 들어간다고 한다.[98] 그러므로 부여는 마땅히 지금의 법고·개원 이북에 존재하였던 셈이다.

부여의 위치에 관한 구체적인 서술은 후한 대부터 삼국시대(1~3세기)의 사실을 기록한 『후한서』와 『삼국지』에서야 비로소 나타난다. 『후한서』 권85, 「동이전」 부여조에는 "부여국은 현도 북쪽 천리에 있다. 남쪽으로는 고구려, 동쪽으로는 읍루, 서쪽으로는 선비와 접하며, 북에는 약수弱水가 있다. 땅은 사방 2천 리인데 본래 예의 땅이었다……동이의 지역에서 가장 평평한 곳으로 오곡이 자라기에 알맞다"라고 기록되어 있다. 그리고 『삼국지』 「부여전」에는 『후한서』와 거의 같은 내용에 "(부여는)……산릉山陵과 넓은 못이 많은 곳이다"라는 표현이 첨가되어 있다. 한편, 『진서』 「부여전」에는 "부여국은……남으로는 선비와 접하며 북쪽에는 약수가 있다"라고 하여 남쪽 경계에 고구려 대신 선비가 등장하고 있다.

부여의 위치에 관한 『후한서』와 『삼국지』의 서술은 거의 일치한다. 이것은 『후한서』나 『삼국지』의 편찬대상인 후한~삼국시기에 부여의 위치가 크게 변하지 않았음을 의미한다. 『진서』의 기록은 소략하기는 하지만 많은 점에서 『후한서』나 『삼국지』와 일치한다. 다만 부여의 남쪽에 선비가 있다고 석고 있는 것은 3세기 이후 부여의 서남쪽에 진출한 선비의 존재를 보고 기록한 것으로 보인다. 그러나 분명 진晋 시기(265~420)에도 후한, 삼국 시기와 마찬가지로 부여의 남쪽에는 고구려가 위치하고 있었다. 『삼국지』 「동이전」에 따르면 3세기 중엽 고구려는 남쪽으로 조선·예맥, 동쪽으로 옥저, 북쪽으로 부여와 접하였다고 한다. 따라서 후한에서 진대에 걸친 시기에 부여의 위치는 큰 변동이 없었다고 보인다.[99]

한편, 부여의 위치와 관련하여 제일 먼저 등장하는 현도군은 원래 압록강 유역에 있다가 1세기 말~2세기 초경 고구려의 공격으로 혼하 연안으로 쫓겨간 제3현도군을 말한다. 그 치소는 요동군(현재의 랴오양시) 북쪽 2백 리로서 선양시沈陽市 동쪽 상백관

---

98 『中國長城遺蹟調査報告集』(文物編輯委員會 編), 文物出版社, 1981.
99 『三國志』 卷30, 魏書 30, 烏丸鮮卑東夷傳 30, 高句麗 夫餘 東沃沮條.

둔上柏官屯의 한성漢城이나 무순의 노동공원 한漢성지 등으로 비정되고 있다. 한漢·위魏 시기의 1자尺는 23~24cm로 당 이후 요즘의 30cm 전후보다 작다. 따라서 요동군에서의 거리로 나오는 2백 리는 대개 지금의 150여 리에 상당하므로, 삼국 시대의 현도군은 마땅히 지금의 요양 동북 150리 전후의 심양·무순 사이에서 찾는 것이 순리이다.[100]

무순 노동공원(제3현도군치로 비정)

또한 한·위시대의 천리는 대략 지금의 7백 리에 해당하므로, 부여 초기의 왕성은 마땅히 심양시의 북쪽 7백 리 되는 곳에서 찾아야 하는데, 그곳은 바로 지금의 길림성 중부 일대에 해당한다. 혹자의 주장처럼 부여의 초기 중심지를 흑룡강성 경내의 송눈松嫩 혹은 호눈呼嫩평원 일대로 비정하는 것은 현토 북 천리(지금 7백 리)의 기재와 부합하지 않는다.

현도군에서 동북쪽으로 천여 리 떨어진 곳에 위치한 부여는 자연지세로 보아 "동이의 지역에서 가장 평평"한 곳이며, 또 이곳에는 "넓은 못"이 많았다. 이는 부여가 주변 나라들보다 평야지대를 많이 차지하고 있었음을 보여주는 것이다. 따라서 혼하 연안에서 북쪽 천리에 위치하면서 평야지대에 해당하는 부여의 중심지를 찾는다면, 송화강 유역 외에는 다른 곳을 비정할 수 없다.

부여의 영역으로 비정되는 길림성의 중심을 흐르는 송화강과 그 유역은 부여국의 발상지이자 오랫동안 그 중심지였다. 송화강 유역을 중심으로 사방 2천 리의 지역을 차지한 부여는 서쪽으로 선비, 남쪽으로 고구려, 동쪽으로 읍루와 각각 이웃하였고 북쪽에는 약수가 있었다고 한다.

역사상 약수라는 명칭을 가진 강이 하나만 있었던 것 같지는 않으며, 그 위치에 대

---

100 王綿厚·李健才, 『東北古代交通』, 1988, 121쪽.

눈강 전경
부여의 북쪽 경계의 강인 약수로 비정.

해서도 종래 여러 가지 해석이 있었다. 크게는 눈강·송화강으로 보는 견해와 흑룡강으로 보는 견해로 나누어지는데, 대다수의 학자들은 약수를 눈강·송화강으로 보고 있다.[101] 약의 옛 발음이 'nziak' 혹은 'niak'이므로 약수는 송화강의 지류인 눈Nonni강을 가리킨다고 보기도 한다. 부여가 성장하는 데 기반이 된 길림 일대 서단산문화 분포범위가 북으로 송화강·납림하拉林河를 넘지 않기 때문에 당시 부여 북쪽 경계 강인 제1송화강과 눈강 일대가 타당하다고 보기도 한다.[102]

부여의 북쪽 경계를 알기 위해서는 먼저 부여의 북쪽에 위치한 흑룡강성의 삼조三肇지구(조원肇源·조주肇州·조동肇東)를 중심으로 그 위쪽의 오위르강까지 분포하는 백금보·한서·망해둔 문화유형에 주목해야 한다. 이 문화는 전술하였듯이 동명전설의 탁리국과 연관이 있는 것으로 보이며, 초기 부여의 성립과 관련하여 주목된다. 그리고 전성기 부여의 문화권에서 보면 눈강 일대의 문화권도 부여의 문화요소로 보는 것이 타당하므로, 그 문화권 북쪽에서 부여의 북쪽에 위치했던 약수의 위치를 찾아야 할 것이다. 이 논리에 따르면 약수를 흑룡강으로 비정하는 견해가 일견 타당해 보인다. 그러나 고대에는 지금의 눈강·동류 송화강과 흑룡강 하류를 하나의 하류로 인식했다고 하며,[103] 또한 눈강에서 멀리 떨어진 흑룡강까지 부여가 포괄하고 있었을 것인가도 매우 의심스럽다. 특히 북위시대의 난하가 지금의 제1송화강과 난하를 가리키는 나하㨡河였고, 그것이 포괄하는 하류 범위가 눈강·제1송화강·흑룡강 하류를 가리키

---

101 池內宏, 「夫餘考」 『滿洲地理歷史研究報告』 13, 1932, 84쪽 ; 王綿厚, 「東北古代夫餘部的興衰及王城變遷」 『遼海文物學刊』 2기, 1990.

102 李健才, 앞의 논문, 1982 ; 王綿厚, 앞의 논문, 1990.

103 白鳥庫吉, 「弱水考」 『史學雜誌』 7-11, 1896.

는 것으로 보아, 약수의 위치는 눈강·제1송화강·흑룡강하류를 가리키는 것으로 보는 것이 더 합리적이다. 사가들도 부여의 중심지에서 북쪽에 있는 강을 약수라 하였고, 이 강은 동으로 흘러 동해로 나간다. 그렇다면 옥저의 북쪽과 서쪽 및 부여의 북쪽에 있었던 강 약수는 동류 송화강과 흑룡강 하류로 보는 것이 합리적이다.

부여는 남쪽으로 삼국시대의 고구려와 접하고 있었다. 서한 때의 고구려는 국력이 미약하였기 때문에 그 세력은 휘발하를 넘을 수 없었고, 이러한 상황은 동한 때에도 계속된 것으로 보인다. 즉 양한시대의 고구려는 요동군의 동쪽에 위치하였고 그 북쪽 경계선은 당시 휘발하를 넘지 않는 유하·해룡·휘남 일대였다.[104] 혹자는 길림시 용담 산성에 보이는 고구려 유물을 근거로 길림 일대까지를 고구려의 북한계선으로 보고 있으나,[105] 고구려의 경계는 대개 지금의 길림성 휘발하 상류 부근으로 보아야 할 것이다.

부여의 서쪽 경계는 대략 지금의 태자하·길림 합달령을 일선으로 한군현 및 예맥과 접하였다고 보인다. 혼하 중류 지역에 있던 3세기의 고구려 '신성(현재 무순의 고이산성)'이 고구려 서북쪽의 요충지였다는 점에서, 서북쪽으로는 혼하 중류 북쪽까지 뻗쳐 있었다고 보인다. 결국 부여는 진한대의 장성이 있던 개원과 휘발하 상류를 연결하는 선보다 북쪽에 있었다고 말할 수 있다.

『한서』 지리지에서는 진시황이 연나라를 통합한 사실을 전하면서, 뒤이어 연이 북쪽으로 오환·부여와 경계를 접하였다고 하였다. 그러므로 오환과 부여는 연의 북쪽에서 기원전 3세기 말부터 기원전 1세기 말까지 서로 이웃하고 있었으며, 부여의 서쪽에 오환이 있었다는 것을 알 수 있다. 오환은 기원전 3세기 말에서 기원전 2세기 초에 흉노에게 정복당한 후에도 본래 살던 지역에 그대로 있었으므로, 부여와 오환과의 지리적 관계는 기원전 1세기까지도 그전 시기와 다름이 없었다.

이후 『후한서』나 『삼국지』에서 부여가 서쪽으로 선비와 이웃하였다고 한 것은, 이

---

104 양한교체기에 고구려는 지금의 태자하 유역에 있던 양맥을 치고, 지금의 신빈현노성 부근으로 비정되는 한의 고구려현을 공격한다(『삼국사기』 권13, 고구려본기 1, 유리왕조). 이후 동한시에는 요동·현토 양 군을 침입하는데(『三國志』 권30 魏書 30 烏丸鮮卑東夷傳 夫餘條), 이로 보아 양한시기 부여와 고구려의 접계지는 대략 지금의 혼하·휘발하상류 분수령일대이다.

105 田村晃一, 「新夫餘考」 『靑山考古』 3, 1987, 133쪽.

무순 고이산성

전에 흉노가 차지했던 오환의 동쪽 지역에서 새로 성장한 선비와 부여의 지리적 관계를 전하는 것이다.

기원전 2세기 중엽 선비의 군장인 단석괴는 흉노고지를 차지하고 그 관할 구역을 동부·중부·서부의 3개 부로 나누었는데, 그중 동부 지역은 우북평으로부터 요동에 이르러 부여·예맥의 20여 읍과 접하였다. 그리고 3세기 전반 가비능 때 선비의 동쪽 변경이 요수 경계선에 이르렀다고 하는데,[106] 기원전 2~3세기의 요수는 오늘의 요하이며 이 시기의 요동도 요하 동쪽 지역이다. 당시 요하 하류에는 후한과 위의 요동군·현도군 등이 있었으므로, 선비의 동쪽은 서요하 이동을 가리키는 것이다.

1970년대 내몽고 철리목맹에서 발견된 사근舍根문화 유형의 유적은 초보적인 고증에 의하면 동부 선비의 유적이라고 한다.[107] 그리고 1960년대에 확인된 내몽고 호룬패이맹呼倫貝盟의 완공完工유적과 신파이호우기新巴爾虎右旗 짤라이누얼[札賚諾爾] 고묘군은 덧널 무덤과 거기서 출토된 군사적·유목민 계통의 유물들을 통해 탁발선비의 유적으로 확인되었다. 이를 통해 선비가 대체로 동북의 서부 초원지대에 있었고,

---

106 『三國志』卷30, 魏書 30, 烏丸鮮卑東夷傳 30.
107 張柏忠, 「哲里木盟發現的鮮卑有存」『文物』1981-2期, 1981.

동쪽으로는 부여, 즉 오늘의 대안·건안·쌍요 일선과 맞닿아 있었다는 것을 알 수 있다. 최근 길림성 서부의 통유현에서 선비문화 유적이 발견된 바 있으나 통유 이동에서는 선비 유적이 발견된 것이 없으므로, 부여국의 서쪽 경계는 대체로 백성 동쪽의 도올하에서 밑으로 쌍요·창도 일대의 동요하 지역에까지 이르렀다고 할 수 있다. 그리고 구태九台-장춘 선을 경계로 그 서쪽에는 한-부여 시기의 문화유형이 잘 보이지 않으므로 실질적인 부여와 선비의 세계는 농안-장춘-사평 일대로 볼 수 있고, 그 서쪽인 건안-장령 일대를 완충지대로 접하고 있었을 것으로 보인다. 이는 황하 이동에서 도력陶鬲의 분포지역과 선비 유적의 분포지역이 일치하므로, 동으로 송화강과 눈강까지 도력이 분포하는 것을 보고 선비의 분포 범위를 짐작할 수 있다는 주장과 일치한다.[108]

부여는 동쪽으로 읍루와 접경하였다. 『삼국지』 위서 동이전에서는 "읍루는 부여 동쪽 천여 리에 있고 큰 바닷가에 있으며, 남으로 북옥저와 접하였으나 그 북쪽 끝은 알 수 없다"라고 하였다. 또한 "그 지역에는 험고한 산이 많으며……산림 사이에 거처한다. 기후가 몹시 차서 항상 굴속에서 산다"라고 했다. 『후한서』 「읍루전」의 기록도 이와 동일하다. 이처럼 읍루는 동쪽 큰 바다에 연해 있고 남쪽으로 북옥저와 접하고 있었다.

한편 최근 발견된 동령현東寧縣 단결문화는 연대가 춘추전국시대에서 동한시대에 해당하고 그 분포 범위 또한 한반도 함경북도에서 북으로는 완달산完達山 남록이남, 서로는 목단강·노야령 이동에 해당하여, 시대 및 지역이 모두 문헌에 나타난 옥저족의 분포와 부합하므로 옥저족의 유적으로 보고 있다.[109] 그런데 북옥저가 남옥저의 북쪽 8백 리에 위치한다고 했으므로, 두만강을 경계로 하여 위를 북옥저, 아래를 남옥저라고 불렀다는 것이 통설이다. 이처럼 북옥저가 오늘의 장백산과 낭림산맥 이동의 함경북도 북부 지역과 두만강 동북쪽의 연해주 남부 지역에 위치했으므로, 읍루는 연해주 중부와 흑룡강 하류 지역, 목단강 유역에 위치했음을 알 수 있다. 이 지역은 「읍루

108 何光岳, 「鮮卑族的來源與遷徙」 『黑龍江文物叢刊』 4期, 1984, 24~26쪽.
109 林沄, 「論團結文化」 『北方文物』 1期, 1985 ; 鄭永振, 「沃沮, 北沃沮疆域考」 『韓國上古史學報』 7, 1991, 81~91쪽.

동령현 단결 유적(북옥저 유적)

전」에서 전하는 자연 지세와 기후, 풍토 조건에도 부합된다.[110] 한편, 『삼국지』「읍루전」에 "한 이래로 부여에 신속했다……황초 중(220~225)에 배반했다"라고 했으므로 부여의 동계는 220년 이전에는 읍루 땅(송화강 하류)을 포괄하고 있었다고 볼 수 있다.[111] 결국 부여는 양한시대에 동으로 읍루를 예속시키고 있었으며, 그 경계는 장광재령과 위호령을 사이에 둔 것이 분명하다.

이상을 통해 1~3세기 부여국의 강역을 그려보면 다음과 같다. 북으로 눈강과 송화강 일대까지 포괄하면서 서쪽으로는 도올하 하류의 건안·장령·쌍요 등쪽 지역을 경계로 하고 서남으로는 요동의 중국세력과 접하고 있었으며, 동으로는 위호령을 경계로 목단강 유역에 이르고, 남으로는 길림 합달령을 경계로 휘발하 이북에 이르렀다. 이 지역의 동부는 『삼국지』의 기록 그대로 "산릉이 많고" 서부는 "넓은 못이 있고"

---

110 읍루지역에는 험고한 산이 많으며 주민들은 산간지대에서 산다고 하였는데 이것은 큰 산맥지대를 연상케 한다. 오늘날의 연해주 북부지역에는 씨호떼알린산맥이 남북방향으로 가로질러 있어 역시 그러한 지세에 부합된다고 볼 수 있다.

111 孫進己,「古代東北民族的分布」『東北地方史硏究』2, 1985, 47쪽.

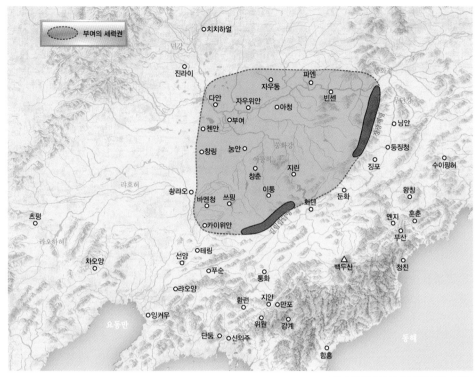

3세기 경 부여국의 세력권(강역) 추정도

중부는 "동이 지역에서 가장 평탄한 곳"인 송눈평원이다.

3. 부여의 쇠퇴와 영역 변화

3세기 후반기에 접어들면서 부여국은 격심한 변화를 맞게 되었는데, 이는 근본적으로 주변정세의 급속한 변화에 따른 것이었다. 부여는 지형상 대평원 지대에 자리잡고 있어 외침을 방어하는 데 취약점을 안고 있었다. 또한 부여 지역은 유목문화와 농경문화가 교차하는 중간지대였으므로 주변세력의 변화에 따라 그 영향을 민감하게 받았다.

특히, 3세기 중반 이후 중국의 통일세력이 무너지고 유목민세력이 흥기하여 동아시아 전체가 격동기에 접어들면서 더욱 그러하였다. 남으로부터 가해지는 고구려의 압력과 서쪽에 자리 잡은 선비족의 세력팽창에 의하여 여러 차례 공략을 당한 부여는, 급기야 285년 선비족 모용외에 의해 수도를 함락당하고 1만여 명이 포로로 잡혀갔다. 이때 국왕 의려는 자살하였고 부여 왕실은 북옥저방면으로 피난하였다.[112] 이듬해 의려를 이어 의라가 왕위를 계승한 뒤 진晉 동이교위東夷校尉 하감何龕 군대의 지원을 받아 선비족을 격퇴하고 나라를 회복하기 하였으나, 그 뒤에도 모용씨의 거듭된 침입을 받게 되었고, 포로가 된 부여인들은 북중국에 노예로 전매되어 갔다. 부여는 서진西晉의 도움을 받아 국가를 재건했음에도 국세는 전과 같지 못하였다. 한편 진이 북방민족에게 쫓겨 남천하게 되고(316~317) 쇠망함에 따라 부여는 더 이상 외부의 지원을 받을 수 없게 되었다. 완전 고립무원 상태에 빠진 부여는 4세기 들어 고구려의 공격을 받아 원래의 중심지를 유지할 수 없게 되자, 서쪽으로 근거지를 옮기게 되었다.

『자치통감』 권97, 진기晉紀 19 목제穆帝 영화永和 2년(346) 정월조에 보면 "처음 부여는 녹산鹿山에 거하다가 백제의 침략을 받게 되어 부락이 쇠산衰散해졌는데, 서쪽으로 연 가까이 옮기고는 방비를 하지 않았다"라고 하여, 부여가 346년 모용씨의 침입을 받기 이전 백제의 침략을 받았다고 되어 있다. 이를 4세기 초 백제의 해상 발전, 나아가서는 요서 진출의 한 근거로 보려는 설이 있으나,[113] 전술했듯이 이 백제는 고구려나 물길의 잘못된 표기로 보는 것이 옳을 듯하다. 부여는 고구려의 침략을 받은 후 서쪽으로 연 가까이에서 고립무원 상태로 있다가 346년 전연왕前燕王 모용황慕容皝이 보낸 세자 모용준과 모용각·모여근 휘하 1만7천 명의 침략을 받아 국왕 현 이하 5만여 명의 백성이 포로로 잡혀가는 타격을 받았다.[114] 비록 전연 왕은 현에게 '진동장군鎭東將軍'의 작위를 주고 사위로 삼는 등 회유책을 쓰기도 했으나, 어쨌든 이로써 부여는 그 중심 세력을 잃고 말았다. 이때부터 부여는 전후로 전연前燕과 전진前秦에 신속하게 되었다.

---

112 『晉書』 권97, 열전 67, 東夷 夫餘.
113 鄭寅普, 『朝鮮史硏究 (下)』, 서울신문사, 1947, 202~205쪽.
114 『晉書』 권109, 載記 9, 慕容皝 3년.

이때 부여가 완전히 멸망하였다고 보는 설이 있다.[115] 346년 이후 부여의 고토는 전연의 소유 하에 들어가게 되고, 370년 이후에는 고구려에 병합되어 그 판도 안에 들어가게 된다고 보았다. 그 주장의 근거로서 「모두루묘지명」에 대사자 모두루가 '영북부여수사令北夫餘守事'를 지냈고 광개토왕 때 북부여를 진수하였다는 내용 및 『위서』 고구려전에 435년 경 고구려의 국경선이 "북으로 옛 부여에 이르렀다"라는 기사를 들고 있다. 494년 부여 왕이 처자를 데리고 와서 나라를 바치고 항복하였다는 기록은 찬자의 잘못으로 본다.[116]

물론 부여가 346년 모용황의 침입으로 국세가 기울어진 것은 사실이나, 『진서』나 『자치통감』의 자료만으로 부여의 멸망을 단언하기는 어렵다. 『위서』 고종기의 문성제 태강 3년(457)조에는 "코탄[于闐]·부여 등 10여 국이 사신을 보내어 조공하였다"는 기사가 보이고, 『진서晉書』 권111, 재기載記 11 모용위조募容暐條에 의하면 370년 전진의 부견이 부部의 무리 10만 군을 거느리고 전연의 수도 업鄴을 쳤을 때, 전연의 산기시랑 여울이 '부여질자夫餘質子'를 거느리고 밤에 성문을 열어 부견의 군사를 맞아들였다고 한다. 이는 346년 이후 부여가 완전히 멸망한 것이 아님을 알려주는 내용이다.[117]

『자치통감』 권102, 진기 24 해서공海西公 하조下條에는 『진서』 내용보다 더 자세한 기사가 보인다. 그에 따르면 여울이 부여·고구려 및 상당 질자 5백 명을 거느리고 있었다고 하고 세주細註에 여울을 부여 왕자라고 하여 복잡한 추리를 유발시키고 있다. 이에 대해서는 오히려 모용씨가 부여를 공멸한 뒤 그 구토를 통치하기 위한 수단으로 잡아놓은 인질일 가능성이 높다고 한다.[118] 따라서 346년 모용씨의 침입으로 부여가 완전히 멸망했다기보다는, 부여의 세력이 거의 와해되기는 하였으나 그 주민들과 영토는 전연前燕과 전진前秦에 신속臣屬된 상태로 존재하였고, 여전히 고구려와 물길의 진공 목표로 존재하였다고 보인다.

---

115 이병도, 앞의 논문, 1976.
116 이병도, 『한국사 -고대편-』, 진단학회, 1967, 416~417쪽.
117 金毓黻, 『東北通史』, 臺北, 1971, 256~257쪽.
118 池培善, 『中世東北亞史研究』, 일조각, 1986, 204쪽.

346년 당시 연군은 부여에 한 차례 타격을 가한 후 귀환한 것으로 여겨진다. 그 이유는 만약 부여의 수도에 계속 머물며 그 영역을 직접 지배할 경우 당시 서쪽으로는 후조後趙와 대결을 벌이고, 동으로는 고구려와 전쟁을 치른 후 대치하고 있던 연으로서는 상당한 병력 투여와 계속적인 전쟁을 감수하여야만 했기 때문이다. 연군이 돌아간 후 부여 인들은 나라를 재건하려 하였다. 이처럼 부여국이 그 명맥을 잇게 된 것은 연이 북중국 방면으로 진출해나감에 따라 그 압력이 퇴조하였고, 또한 고구려도 연의 침공에 타격을 입은 데다 이어 남쪽에서 올라오는 백제 세력과의 대결에 급급하였던 주변정세의 진전에 힘입은 바 컸다.[119]

그러나 이러한 부여 세력은 광개토왕의 정복에 의해 비로소 고구려에 편입된 것으로 보인다. 부여에 대한 대규모 정벌은 5세기 초 먼저 고구려에 의해 단행되었다. 「광개토왕릉비」에는 이 사실을 다음과 같이 전하고 있다. "동부여는 옛날에 추모왕의 속민이었는데 중년에 배반하여 조공을 바치지 않게 되었다. 20년(410) 경술에 왕은 친히 군대를 거느리고 가서 토벌하였다. 왕의 군대가 부여성에 이르니……왕의 은덕이 널리 퍼졌으므로 이에 개선하였다……무릇 대왕이 공파한 성이 64개요, 촌이 1,400개이다."[120] 여기서 동부여는 부여를 가리키는 것이고, 동부여가 옛날에 추모왕(동명성왕)의 속민이었는데 중간에 배반하여 조공을 바치지 않았다는 것은 광개토왕의 부여 정벌을 합리화하기 위하여 꾸며낸 이야기로 볼 수 있다.[121] 그리고 광개토왕 대에 부여에 대한 정벌이 여러 차례 있었을 것이나, 「광개토왕릉비」에 유독 이 해의 사실만을 대서특필한 것으로 보아 410년 정벌이 가장 큰 규모의 것이었음은 의심할 바 없다.

이때 광개토왕이 부여성扶餘城에 진공하였다는 것은 부여가 큰 타격을 받았음을 뜻하는 것으로, 기본적으로 중심 지역에 남아 있던 부여 세력을 멸망시켰다고 보아야 한다. 이때 64개 성, 1천4백 개의 촌락을 격파하였다는 기록에 대해 대對동부여전의

---

119 노태돈, 앞의 논문, 1989, 44쪽.
120 「廣開土王陵碑文」 "廿年庚戌 東扶餘舊是鄒牟王屬民 中叛不貢 王躬率王土 軍到餘城 而餘擧國駭服獻□□□□□□□王恩普覆 於是旋還 又其慕化隨官來者 味仇婁鴨盧 卑斯麻鴨盧 椯社婁鴨盧 肅斯舍□□."
121 王健群, 『好太碑研究』, 吉林人民出版社, 1984.

두만강

전과를 나타낸 것으로 보는 견해도 있으나,[122] 이는 대개 광개토왕의 통치 전 기간에 있었던 전과로 주로는 백제 지역 정복과 관련된 성촌으로 보인다.[123]

광개토왕이 부여성에 진공하였다는 것은 부여가 이때 실질적으로 고구려의 영역 및 그 지배하에 들어가게 되었음을 뜻한다. 그렇기 때문에 장수왕대인 435년 고구려를 방문한 북위의 사신 이오李傲가 당시 고구려의 영역이 "북으로 옛 부여에 이른다."라고 보고한 것이다. 어쨌든 410년 고구려의 부여 정벌로 부여의 다수 주민과 넓은 지역이 고구려에 속하게 되었고, 이제 부여 왕실은 고구려의 지배 하에서 고구려의 부여 지역 지배를 위한 방편으로 겨우 명맥을 유지하게 되었다. 한편 이오가 435년 당시 고구려의 영토가 동으로 책성柵城[124]에 이르렀다고 한 기록을 근거로, 「광개토왕릉비」에서 말하는 부여성扶餘城이 바로 책성이며 두만강 유역의 동부여를 가리키는

---

122 박시형, 『광개토왕릉비』, 1966, 207쪽 ; 공석구, 「광개토왕릉비의 동부여에 대한 고찰」『韓國史研究』70, 한국사연구회, 1990.
123 「廣開土王陵碑」『譯註 韓國古代金石文』1, 1992, 29쪽.
124 책성은 오늘날의 훈춘시 외곽의 팔련성으로 비정되어 왔으나 팔련성에서는 발해시대의 유물만 출토되어 나오므로 이곳은 발해의 동경용원부, 책성부 자리이고 고구려시대의 책성은 팔련성 부근 5리 지점에 있는 고구려성인 온특혁부성으로 비정되기도 하나(엄장록·정영진, 앞의 논문, 1989) 현재 그것을 입증할 고고학 자료는 발견되지 않고 있다.

두만강 지류 부르하통하 유역에 자리한 연길시

것으로 보기도 한다. 이는 동부여 두만강유역설의 한 근거가 되고 있다.

　그러나 고구려 동천왕이 관구검의 침입으로 피난했다는 '치구루置溝婁'와 '책성'은 같은 지역을 말하지만 광개토왕이 정복했던 부여의 부락집단으로서 '△△△ 미구루'와는 다른 실체이다. 이 책성은 일찍이 고구려에 복속되어 있던 북옥저 지역에 설치된 것으로서 동부여를 멸망시키고 둔 것은 아니다. 이미 태조왕 이전부터 고구려의 복속 하에 있던 북옥저 지역을 새로이 광개토왕이 대대적인 군사 정복을 할 리는 없는 것이다. 광개토왕 능비에는 쇠약해진 부여의 수도(길림 일대)를 광개토왕이 공파한 사실을 기록한 것으로 보아야 한다.

　이후 부여는 급속히 약화되어 5세기 말까지 간신히 그 세력을 유지하였다. 이때 부여의 지배하에 있던 물길족의 저항이 거세졌으나, 당시 부여는 물길의 반발을 진압할 만한 힘이 없었다. 그 뒤 부여는 457년 북위에 조공을 하여 한 차례 국제무대에 얼굴을 내밀었으나 이는 일시적인 시도에 불과하였고, 고구려의 지배에서 벗어나 독자적인 세력을 회복할 수 없었다. 한편 5세기 말 동만주 삼림지대에 거주하던 말갈의 전신인 물길이 흥기하여 고구려와 상쟁을 벌이고 동류 송화강을 거슬러 세력을 뻗쳐나

감에 따라, 그 침략을 받게 된 부여 왕실은 고구려 내지로 옮겨지게 되었다. 그리고 드디어 494년에는 국왕과 일족이 고구려에 망명·항복함으로써 그 여맥마저 완전히 꺼져버리고 말았다.[125]

이때 멸망한 부여는 고구려의 보호 아래 있던 길림시 일대의 원原부여로 보는 것이 합리적이라 생각된다. 위·진 시기 크게 성장한 선비 모용씨와 고구려의 침입으로 부여족의 일파가 동쪽으로 이동하여 건국한 부여만이 고구려의 보호 아래 5세기까지 존속하였으나 494년(문자왕 때) 물길의 흥기로 그 왕족이 고구려에 투항함으로써 만주 지역의 부여는 소멸된 것으로 보인다.

한편 부여의 주민집단이 고구려에 통합되는 과정에서 일단의 잔류세력이 서북쪽으로 옮겨가 두막루국豆莫婁國을 형성하였다.[126] 『위서』 열전 두막루전에 보면 두막루가 구부여임이 명확하게 나와 있다. 『위서』 「두막루전」에서 "두막루국은 물길勿吉 북쪽 천 리에 있는데⋯⋯옛날 북부여다"라는 내용을 제외한 나머지는 『삼국지』 「부여전」의 기사를 그대로 옮긴 것이다. 그런데 『신당서』 유귀전流鬼傳에는 "달말루(두막루)는⋯⋯북부여의 후예이다. 고구려가 그 나라를 멸하자, 그 유민이 나하那河를 건너 그곳에 살았다"라고 하여 두막루국의 전개 과정이 아주 간결하게 표기되어 있다. 여기서 나하는 대다수의 학자들이 오늘의 눈강과 제1송화강 합류점 일원으로 비정하는데, 바로 이 강을 건넌 부여인들이 호눈呼嫩평원 또는 송눈평원松嫩 일대에서 새로운 생활을 시작한 것으로 보인다.[127]

125 『삼국사기』 권19, 고구려본기7, 문자명왕 3년 2월.
126 김정배, 「豆莫婁國 研究」 『國史館論叢』 29, 국사편찬위원회, 1992, 71~80쪽 ; 魏國忠, 「豆莫婁國 考」 『學習與探索』 3기, 1982, 137쪽 ; 張博泉, 「魏書豆莫婁傳中的幾個問題」 『黑龍江文物叢刊』 2 기, 1982.
127 李建才, 『東北史地考略』, 吉林文史出版社, 1986, 38쪽 ; 董万侖, 『東北史綱要』, 黑龍江人民出版社, 1987, 108쪽. 한편 두막루인들은 점점 주변의 실위나 물길 등의 영향을 받아 8세기경에 이르러 그 이름을 잃어 버리고 부여국의 존재 또한 이때서야 사라진다고 보기도 한다(金貞培, 앞의 논문, 1992, 79~80쪽).

제3절

옥저·동예의 건국과 지리적 위치

1. 옥저의 등장과 지리적 위치

초기국가 시기 동북쪽의 경계를 알기 위해서는 옥저, 북옥저의 위치를 살펴보아야 한다. 이를 위해서는 두만강 유역의 고대 문화에 대한 이해가 필요하다. 기원전 4~3세기 무렵부터 동해안 지역 사람들은 고조선의 세형동검 문화를 본격적으로 받아들이기 시작했다. 이 시기에는 이미 지역별로 크고 작은 공동체가 단순한 마을 공동체에서 벗어나 정치 집단을 이루었으며, 이들이 차츰 성장 발전하여 옥저沃沮라는 나라를 이루었다.

대개 두만강유역의 문화는 두만강 북쪽 목단강유역의 단결문화권과 부르하통하와 가야하가 만나 이루는 두만강 본류의 소영자문화小營子文化(유정동柳庭洞 유형)의 두 지역으로 크게 나뉜다.[128] 그리고 또 이들 지역은 두만강을 경계로 크게 남과 북으로 나뉜다. 이들 지역에서 활동한 정치집단으로는 옥저가 가장 먼저 등장한다.

'옥저'는 그 언어가 고구려와 같았다는 기록을 보면, 본래 예족의 한 지파였다가 기

---

128 두만강 유역 고고학 문화에 대해서는 최근 다음 논문에 잘 정리되어 있다(강인욱, 「두만강유역 청동기시대 문화의 변천 과정에 대하여」『韓國考古學報』62, 2007 ; 林澐, 「論團結文化」『北方文物』85-1, 1985 ; 정영진 외, 『연변문화유물략편』, 연변인민출판사, 1988, 33~84쪽 ; 鄭永振, 「延邊地區先史時代四種文化類型」『民族文化의 諸問題』, 于江權兌遠敎授停年紀念論叢, 1994, 239~243쪽).

원전 5세기 경, 춘추전국의 교체기에 비로소 예족에서 분화하여 옥저족으로 불리게
된 것으로 보인다. 그러다가 한대·위·진 시기에 이르러 정식으로 역사서에 등재되
었다.[129]

즉 옥저의 이름은 한대에 이르러 처음으로 역사에 보이는데, 옥저문화의 상한上限
은 이미 기원전 5세기 전국시대까지 이른다. 과거 우리나라에서 발견된 "부조예군지
인夫租穢君之印"은 "부조夫租"(즉 옥저沃沮)가 일찍이 '예인穢人'으로 불렸음을 말해 준
다.[130] 이것이 아마 옥저의 최초 명칭인 듯하다.

두만강豆滿江 유역에 살았던 주민집단은 바로 예맥 계통의 집단이었다. 숙신과 예
맥은 다 중국 동북지방에서 제일 오랜 민족 집단이며 옥저는 예맥계였다. 그러므로
옥저의 옛 곳도 예맥의 옛 곳이라 했다.

한편『신당서』에는 숙신과 옥저가 다른 전에 기록되어 있다. 두만강 유역과 목단강

129『三國志』卷30, 魏書, 東夷傳, 東沃沮, "其言語與句麗大同."
130 리순진,「부조예군무덤 발굴보고」『고고학자료집』4, 1974 ; 金基興,「부조예군에 대한 고찰」
『韓國史論』12, 서울대학교 국사학과, 1985.

중류의 고고 문화가 같지 않은 두 개의 문화에 속한다는 점에서 『신당서』의 이 기록은 정확하다고 할 수 있다.

옥저는 개마고원의 동쪽에서 동해 바다에 닿아 있던 나라로, 나라 땅의 모양새를 보면 동북은 좁고 서남은 길었다.[131] 한반도의 동쪽에 있었기 때문에 옥저는 동옥저라고도 불렸으며, 두만강을 경계로 남과 북에 각각의 중심지가 있어 남옥저南沃沮와 북옥저北沃沮로 구분되었다.[132]

『삼국지』 등 문헌 기록에 옥저는 옥저·동옥저·북옥저·남옥저 등 여러 명칭으로 전하고 있다. 이들 옥저·동옥저·북옥저·남옥저의 상호 관계에 대해서는 그 동안 연구가 있어 왔다.

1960년대 초반 북한사학계의 일각에서는 고조선 '재요동설在遼東說'의 관점에서 동옥저·옥저·북옥저를 준별하되, 동옥저·남옥저를 함경남·북도에 걸치는 동해안지대로, 북옥저를 함경북도에서 러시아의 연해주에 이르는 지역에 존재했던 것으로 비정하면서 이들과는 분별되는 옥저를 중국 길림성 집안현 일대에 실재하고 있었던 것으로 상정하는 견해가 제시된 바 있었다.[133] 이 견해는 중국의 현도군에 한 때 옥저가 편입되었던 기록을 중시하여 현도군의 초기 위치인 집안현에 옥저도 위치했다고 비정하는 것으로, 사실과 조금 차이가 있다.

북한 고고학계는 기원전 1,000기 전반기 '비파형단검문화'를 논하면서 두만강유역 및 함경남도를 중심으로 강원도 북부와 함경북도 남부에 걸친 청동기시대 유적들에 주목하였다. 이 지역에서 기원전 1,000년기 후반기 이후 '좁은놋단검문화'로의 계기적 전진과 관련, 함경북도 북부해안지대 및 연해주 남부지역까지 포괄하는 두만강유역 일대를 북옥저, 그리고 함경남도 '금야', 곧 영흥지방을 중심으로 하는 함경남도와 함경북도 남부 일대를 동옥저(=남옥저)의 입지로 비정하고 있다.[134]

---

131 『三國志』 魏書 東夷傳 東沃沮條, "東沃沮在高句麗蓋馬大山之東 濱大海而居 其地形東北狹 西南長 可千里."
132 이병도, 「옥저와 동예」『한국고대사연구』, 박영사, 1975, 228~236쪽 ; 이현혜, 「동예와 옥저」『한국사 4』, 국사편찬위원회, 1997, 235~260쪽.
133 리지린, 「옥저에 대한 고찰」『고조선사연구』, 1963, 302~315쪽.
134 황기덕, 『조선의 청동기시대』, 사회과학출판사, 10~11 · 65~84쪽 ; 박진욱, 『비파형단검문화에

남한학계에서는 옥저의 위치와 관련, 종래 '동옥저(=남옥저)'의 입지를 함경남도 해안지방, 특히 함흥평야 지방으로, 그리고 북옥저의 그것을 두만강 연안으로 비정하였다.[135]

동옥저는 넓은 의미에서 옥저의 총칭으로 사용되었으나 좁은 의미에서는 옥저의 중심세력인 남옥저를 가리키기도 하였다. 남옥저의 중심지인 옥저성은 현재의 함흥지역이며 남옥저와 동예의 경계는 정평 일대였을 것으로 추정되고 있다.[136]

북옥저는 남옥저에서 북으로 8백여 리 떨어져 있었으며,[137] 북옥저의 지리적 위치에 대해서는 길림 연변 지구설, 훈춘설, 백두산(장백산) 북쪽 지역설, 흑룡강성 영안현 동북 지역설, 두만강 남쪽 지역설 등으로 다양하다.

중국학계에서는 단결문화를 일반적으로 옥저인의 문화라고 인식하고 있다.[138] 중국 길림성 용정시 등지에서는 고산高山 취락지가 조사되고 있어, 연구자들은 대개 "북옥저인들은 읍루인挹婁人들이 배를 타고 와서 노략질하는 것을 두려워하여 여름철에는 모두 바위굴에서 지내고, 뱃길이 통하지 않는 겨울철이 되어서야 마을에 내려와 살았다"고 하는 『삼국지』 위서 동이전의 기록과 부합한다고 보고 있다.[139]

『삼국지』 위서 동이전 동옥저조에는 "동옥저가 개마대산蓋馬大山 동쪽에 있는데 바다 가까이에 있고, 지형은 동북이 좁고 서남이 긴데 천리며, 북은 읍루挹婁·부여扶餘와 남은 예맥과 잇대어 있다"고 기록되어 있다. 여기서 '동빈대해東濱大海'는 지금의 조선 북부 동해안과 소련 연해지구의 일본해를 말한다. 서계 북부는 노야령老爺嶺을 경계로 하고 북은 근년에 흑룡강성 목릉穆陵, 계동鷄東 경내에서도 단결문화의 유적을 발견하였으므로 흥개호興凱湖 남까지 포괄한다. 기록에 따르면 옥저 지방은 확실히 동서가 좁고 남북이 길며 동북이 좁고 서남이 긴 것은 아니다. 또한 북옥저는 남옥저

관한 연구』, 과학백과사전출판사, 1987, 72~92쪽 ; 박진욱, 『조선고고학전서』, 과학백과사전종합출판사, 1977, 169~172쪽.

135 李龍範, 「高句麗의 成長과 鐵」 『白山學報』1, 백산학회, 1966, 50~51쪽 ; 李丙燾, 앞의 논문, 1975.

136 이현혜, 앞의 논문, 1997, 246쪽.

137 『三國志』 魏書 東夷傳 東沃沮條, "北沃沮一名置溝婁 去南沃沮八百餘里."

138 匡愉, 「戰國至兩漢的北沃沮文化」 『黑龍江文物叢刊』1982-1, 1982 ; 林澐, 앞의 논문, 1985.

139 李强, 「沃沮東沃沮考略」 『北方文物』, 1981-1, 1986, 6쪽.

북 8백리라고 하였는데 홍개호로부터 도문강 우안까지 기본상 8백리이고, 도문강 우안에서 마천령까지도 이 거리다.

이처럼 북옥저가 남옥저의 8백리에 위치한다는 점에서[140] 두만강을 경계로 위가 북옥저이고 아래가 남옥저라고 불렀다는 것이 통설이다. 즉 두만강을 계선으로 옥저는 남북옥저로 불렀던 것이다. 이는 두만강 양안의 고고문화가 같은 점으로부터 문헌 기재에 남북옥저가 습속이 같다는 기록과 어울린다.[141]

하지만 정확하게는 『삼국지』의 북옥저 기록과 단결문화 사이에는 시간차가 있기 때문에, 단결문화의 이후 상황을 고려할 필요가 있다. 사실 『삼국지』에 반영된 시기(서기 2~3세기)의 옥저는 고구려 등과 똑같이 지상주거에 살았지만, 단결문화에서는 수혈주거竪穴住居가 사용되는 등의 차이가 있다. 다만 『삼국지』에는 전한 시기의 사실이 기록되어 있기 때문에 같은 계통의 집단이 그 당시부터 거주했다는 것은 틀리지 않다.[142]

옥저의 종족 명칭은 한대에 이르러 처음으로 역사에 보이며, 옥저문화의 상한은 이미 기원전 5세기 전국시대까지 이른다. 두만강 북쪽에서 기원전 5~4세기경부터 기원 전후한 시기에 유행한 단결-크로우노프카문화를 그 동안 중국학자들은 북옥저의 문화로 이해해 왔다.[143] 이에 대해 우리 학계에서는 두만강 이북의 단결-크로우노프카문화는 북옥저의 기층문화일 뿐이며, 2~3세기경의 북옥저 문화는 아니라고 보고 있다. 그리고 옥저의 기원은 기원전 3~2세기 경 세형동검문화를 토대로 예족 사회에 형성되어 있던 '부조夫租'라는 읍락집단이었음이 명확하게 정리되었다.[144]

원래 두만강 유역의 옥저는 후기 고조선의 영역에 속해 있었던 지역이며, 위만이전에는 조선의 한 지방이었다. 옥저는 처음 현도군에 속하였다가 현도군이 고구려 서북방으로 이동된 후 예·맥과 함께 낙랑군에 속하고, 다시 영동 7현으로 분립되어 낙랑

---

140 『後漢書』東沃沮傳, "又有北沃沮 一名置溝婁 云南沃沮八百里 其俗皆與南同 界南接挹婁."

140 『後漢書』東沃沮傳, "又有北沃沮 一名置溝婁 云南沃沮八百里 其俗皆與南同 界南接挹婁."

141 鄭永振, 앞의 논문, 1991, 81~91쪽.

142 林澐, 앞의 논문, 1985 참조.

143 匡瑜, 「戰國至兩漢的北沃沮文化」 『黑龍江文物叢刊』 1982-1, 1982 ; 林沄, 「論團結文化」 『北方文物』 1985-1, 1985.

144 이현혜, 「沃沮의 기원과 문화 성격에 대한 고찰」 『한국상고사학보』 70, 2010, 58~64쪽.

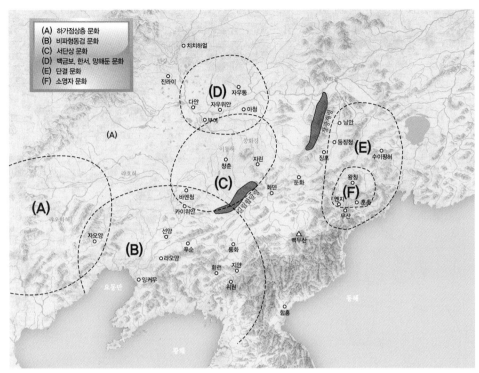

(A) 하가점상층 문화
(B) 비파형동검 문화
(C) 서단산 문화
(D) 백금보, 한서, 망해둔 문화
(E) 단결 문화
(F) 소영자 문화

중국 동북지방 고대문화권

동부도위東部都尉 관경으로 되었다. 그 주민집단은 예인濊人이었다.[145]

이 지역은 이후 일시적으로 현도군에 속했다가 다시 낙랑이 관리하던 동부도위에 속하게 된다.[146] 서기 3세기 중엽에 이르러 함흥과 그 북쪽 지역의 주민들은 두만강 유역의 주민들과 합쳐서 '옥저沃沮'라는 이름을 얻게 되었다.[147]

옥저를 구성한 중요한 고을들은 함흥만으로 흘러드는 성천강 하류의 함흥시와 함주군 일대에 있었다. 옥저에는 대개 5000호가 살았다고 하니, 평균 호수가 2000~3000호였던 삼한의 작은 나라들보다 컸다.[148]

---

145 『三國志』魏書 東夷傳 濊條, "自單單大山嶺以西屬樂浪 自嶺以東七縣 都尉主之 皆以濊爲民."
146 『三國志』魏書 東夷傳 東沃沮條, "漢以土地廣遠 在單單大領之東 分置東部都尉 治不耐城 別主嶺東 七縣 時沃沮亦皆爲縣."
147 이현혜, 앞의 논문, 1997 참조.
148 이현혜, 『삼한사회형성과정연구』, 일조각, 1984, 120쪽.

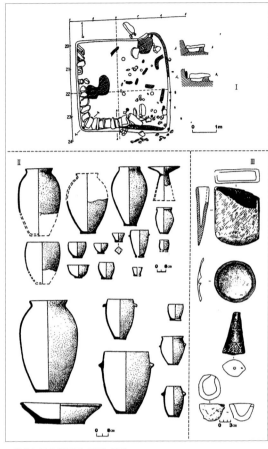

끄로우노프까 주거지, 토기, 철기
(강인욱·천선행, 2003년 논문에서 인용)

옥저는 반도의 척량脊梁이 되는 개마대산맥의 동쪽에 있어 산악지방이므로 인구가 희소하여 호는 5천, 인구는 약 2만 5천이었으며, 동예와 더불어 고구려·부여와 가장 가까운 동일 혈족이었다. 그러므로 체격·언어·음식·거처·의복 기타 문화가 대체로 서로 유사하였고, 인성은 질직質直·강용剛勇하였다. 평야는 비옥하여 전작佃作이 행해졌고, 우마牛馬는 비록 작으나 담비貂·베布·물고기魚·소금鹽과 기타 해산물은 풍부하였다. 그러나 인구의 희소와 생산방법의 유치로 인하여 겨우 초기국가 상태로 있다가 1세기 중엽에 고구려에 병합되었다.

『삼국사기』 고구려본기 시조 동명성왕조에 보면 10년(기원전 28)에 왕의 명령으로 북옥저가 멸망하고 14년(기원전 24년)에 주몽의 어머니가 동부여에서 죽었다고 하여, 동시기에 북옥저와 동부여가 병존하고 있는 기록이 있다.

물론『삼국사기』 초기 기록은 그 역사성에 대해서 면밀한 검토를 요하지만 기본적인 역사상의 전개는 보여준다는 점에서 주목할 수 있다. 즉『삼국사기』 기록을 따르면 부여와 병존하던 북옥저는 부여보다 먼저 고구려에게 태조왕 이전 시기에 복속되었고 고구려의 지배하에 있었다고 볼 수 있다.

서기전 1세기 후반에 낙랑군은 옥저 땅에 부조현夫租縣이라 이름을 붙이고 관리를 파견해 그 땅을 다스렸다. 평양에서 발견된 부조예군夫租薉君 무덤과 고상현高常賢 무덤은 모두 평양에서 파견된 부조夫租(=옥저) 관리자와 관련된 무덤이다.[149] 즉 평양에 고상현과 부조예군 무덤이 있는 것을 보면, 서기전 1세기 후반 무렵 한나라에서는 지방의 토착 지배 계급을 낙랑군 지배 체제의 일부로 끌어들임으로써 자기들 지배를 군건하게 하기 위해 적극 나섰음을 알 수 있다.

그러나 이러한 한의 정책은 오래 지속되지 못했다. 서기 30년 낙랑군에서는 동해안 지역을 다스리던 기구인 동부도위를 폐지했고, 옥저 땅에 설치된 부조현은 한의 제후국이 되었고, 옥저의 토착 지배자들은 후侯 · 읍군邑君 벼슬을 받으면서 자치권을 회복하게 된다.

그리고 20여 년이 지난 뒤 옥저 땅은 고구려에 속하게 되었다. 이제 부조현의 지배자들은 고구려의 관직인 사자로 임명되어 고구려 대가의 명령을 받았다. 대가는 세금을 거두어들이고 베나 물고기, 소금, 그밖에 갖가지 해산물을 바치도록 요구하고, 옥저의 미인들을 데려다가 노비나 첩으로 삼았다.

『삼국지』 위서 동이전에도 "고구려 사람들이 옥저 사람들을 노비처럼 대했다"고 기록될 정도였다. 이제 옥저 사람들 전체가 고구려에 예속되었고, 결국 국가 체제를 이루는 데까지 이르지 못한 채 망하고 말았다.

『삼국사기』 고구려본기에 따르면 기원을 전후하여 선비족의 일부 및 태자하 상류 일대의 양맥梁貊, 힘의 공백지대였던 함경남북도 산간지대의 행인국行人國 · 개마국蓋馬國 · 구다국句茶國과 두만강 하류의 북옥저도 이 무렵에 정복하거나 복속하였다.[150]

나아가 1세기 중엽 경 나부체제那部體制가 수립되면서 고구려는 먼저 동해안 방면의 옥저와[151] 동예를[152] 복속하고 이 지역의 풍부한 해산물을 확보하여 확고한 배후기지로 삼았다. 이에 따라 영흥만 일대는 태조왕 이래 고구려의 변방지역으로 편입되며, 『광개토왕릉비문』의 수묘인守墓人 기사 중 "동해가東海賈"가 광개토왕 이전에 정복한 구민舊民임을 생각한다면 영흥을 비롯한 동해안 일대는 고구려의 영역임이 분명

---

149 과학백과사전출판사, 『고고학자료집』 6, 1983, 17~25쪽.
150 『삼국사기』 동명성왕 6년 ; 『삼국사기』 동명성왕 6년 10년 ; 『삼국사기』 고구려본기2 대무신왕 9년.
151 『삼국사기』 권15 고구려본기3 태조대왕 4년.
152 『三國志』 卷30, 魏書 第30, 東夷傳, 濊.

하다.

동옥저는 태조대왕 대에 고구려에 복속되었는데도 『삼국지』에 독립된 전傳이 따로 마련되고 있음을 보면, 적어도 3세기까지는 고구려가 동옥저의 읍락邑落 사회를 해체시키지 않고 그대로 온존시키면서 이들을 종족적으로 묶어 지배하고 있음을 알 수 있다. 그리고 대가大加 세력들이 각 속민 집단으로부터 공물 수취와 분배에 참여함은 곧 이러한 속민집단을 복속하는 과정에서 대가들의 군사력이 동원된 결과이다.[153]

2. 동예(東濊)의 등장과 지리적 위치

동예는 동해안 지역에 살던 예족濊族이 세운 나라이다.[154] 대개 낭림산맥 동쪽, 지금의 강원도 북부에 있었는데, 북으로 함경남도 정평에서 옥저와 경계를 이루었고 남쪽 경계는 평강·회양·강릉 등 강원도 북부의 어느 지점이었을 것으로 추정된다. 낙랑군의 통치를 받다가 고구려 태조왕 때에 고구려에 복속했다.

그 곳에 살던 예족의 뿌리는 한반도 동북 지방 민무늬 토기 문화의 주인공들이다.[155] 이들 동북 지방 사람들은 서기전 3세기 이후에는 고조선의 세형동검 문화도 활발하게 받아들였다. 함흥과 영흥 일대를 중심으로 동해안 각지에서 출토된 세형동검·청동 꺾창·청동 창·청동 거울 등은 고조선 지역에서 만들어진 것들이다.[156] 그리고 늦어도 서기전 2세기 무렵에는 동해안 예족 사회에도 이러한 청동기를 가진 정치 집단이 크고 작은 규모로 형성되었으며, 이들의 집합체가 문헌에 나오는 '임둔臨屯'이라 하겠다.

임둔은 기원전 2세기 초 위만조선에 복속되었다가 기원전 108년 위만조선의 멸망

153 임기환, 『고구려 집권체제 성립과정의 연구』 경희대학교 박사학위논문, 1995, 115쪽.
154 『三國志』 魏書 東夷傳 東濊條, "自單單大山嶺以西屬樂浪 自嶺以東七縣 都尉主之 皆以濊爲民."
155 조유전, 「무문토기문화의 전개」 『한국사론』 13, 국사편찬위원회, 1983, 101-105쪽 ; 노혁진, 「공열토기문화특색의 전파망」 『이기백선생고희기념 한구사학논총 (상)』, 1994, 34쪽.
156 안영준, 「함경남도에서 새로 알려진 고대유물」 『고고학자료집』 6, 1983 ; 박진욱, 「함경남도 일대의 고대유적조사보고」 『고고학자료집 4』, 1974.

과 함께 한의 임둔군으로 편제되었다. 그러나 군현 경영의 어려움으로 기원전 82년 임둔군의 15개 현 가운데서 일부는 현도군玄菟郡에 이속되고 나머지는 폐지되었다. 뒤이어 고구려지역에서의 토착세력의 저항으로 현도군마저 위협을 받자 기원전 75년 한은 현도군을 흥경興京 노성老城 방면으로 옮기고(제2현도군) 현도군에 이속되었던 현 중에서 단단대령單單大嶺의 동쪽 7현은 낙랑군 동부도위를 두어 관할토록 하였다.

동이현東暆縣·불이현不而縣·잠대현蠶臺縣·화려현華麗縣·야두미현耶頭昧縣·전막현前莫縣·부조현夫租縣 등 동부도위 소속 7현 중 부조현을 제외한 6현이 동예의 중심세력이 되었다. 임둔군의 치소는 동이현에 있었으나 동부도위 관할로 바뀌면서 치소도 불내현으로 옮겨졌다. 동부도위에 속했던 7현의 위치에 대해 동이현은 덕원, 불이(내)현은 안변, 화려현은 영흥, 부조현은 함흥 등지에 비정하기도 한다.[157] 또는 불이현을 소라리所羅里토성이 발견된 영흥으로 비정하는 견해도 있으나,[158] 부조현을 제외한 나머지 현의 위치는 대부분 불확실하다. 다만 동예는 북으로 함경남도 정평에서 옥저와 경계를 이루었고 남계는 평강·회양·강릉 등 강원도 북단 어느 지점이었을 것으로 추정되고 있다.[159]

동예의 인구는 약 3000여 가호로 삼한의 작은 나라들과 규모가 비슷했다. 여러 현을 아우를 정도로 힘센 군장이 없어서 각 현은 끝까지 독립된 정치 집단으로 존재했다. 그러므로 한군현이 없어진 뒤에 동예의 각 현은 삼한의 여러 작은 나라들처럼 불내국不耐國과 화려국華麗國 등 각자 다른 이름을 가졌다.

『삼국지』동이전 예조에는 동

소라리 토성

---

157 이병도, 『한국고대사연구』, 박영사, 1976, 201~208쪽.
158 도유호, 「왕검성의 위치」『문화유산』1962-5, 1962.
159 이병도, 앞의 책, 1976, 229쪽.

소라리 토성 출토 유물

부도위 7현이 한의 후국으로 봉해졌다가 후한말에 다시 고구려에 복속되었다고 하였
다.[160] 이후 동예는 고구려의 지속적인 공격의 대상이 되었다. 결국 태조왕 대에는 고
구려의 세력권으로 포함되게 된다. 태조왕 4년(56) 고구려는 동옥저를 포함해 동예
지역을 공격하여 빼앗아 성읍으로 삼고 강역을 개척하여 동으로 창해에 이르렀다고
한다.

한 원초元初 5년(118)에는 고구려가 화려성華麗城을 공격하였다는 기록이 있다. 이
처럼 고구려 태조왕대는 요동군(105년), 현도군을 공격하여(118년) 한군현에 자주 위
협을 가하던 시기이므로 동예의 공략시기도 이보다 앞서거나 이와 비슷한 시기에 일
어났을 것이다.

3세기에 들어와서 위魏의 정시正始 3년(242)에 고구려 동천왕東川王이 요동군 서안
평西安平을 공격하자 이에 대한 보복으로 2년 후 장군 관구검毌丘儉이 출병하여 고구
려와 고구려에 복속된 옥저와 동예를 공략하였다.

1차 공격 시(244) 관구검의 명으로 현도태수 왕기王頎는 옥저로 도망간 동천왕을

---

160 『三國志』魏書 東夷傳 濊條, "後省都尉 封其渠帥爲侯 今不耐濊皆其種也 漢末更屬句麗."

추격하면서 옥저의 읍락들을 파괴하였다. 2차 공격시(245)에는 명을 받은 낙랑태수 유무와 대방태수 궁준弓遵이 휘하 병력을 이끌고 동예를 쳐서 항복시켰다.[161]

이 사건 이후 동예의 각 현들은 책봉과 조공 형식을 통해 위에 복속되었다. 이때 동예에서 가장 유력한 집단이었던 불내현의 지배자는 '불내예왕不耐濊王'으로 봉해져 정기적으로 군현에 조공하였다. 그리고 낙랑군과 대방군에서 군대를 동원하여 전쟁을 할 때면 동예의 주민들에게도 세금을 부과하고 역역力役을 징발하여 군현소속 주민을 다루는 듯 했다고 한다.

이후 고구려에 의해 다시 복속될 때까지 동예의 각 세력들은 중국 군현과 우호적인 관계를 유지하였다.

---

161 『三國志』魏書 東夷傳 濊條, "正始六年 樂浪太守劉茂 帶房太守弓遵以嶺東濊屬句麗."

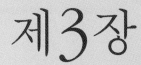

제3장

삼국시대의 강역

제1절

고구려의 성장과 영역

1. 고구려 건국과 초기의 영토

1) 고구려의 건국

고구려는 기원전 4세기에 처음 중심 집단이 출현한다. 압록강과 그 지류인 혼강渾江(동가강佟佳江)과 독로강禿魯江을 중심으로 예맥 집단이 성장하는데, 이 지역에서 고구려 국가가 기원하였다. 『삼국지』·『후한서』 등에서는 기원전 75년 현도군 퇴축을 "옥저성沃沮城을 현도군으로 삼았다가 뒤에 이맥夷貊의 침입을 받고 구려句麗의 서북으로 옮겼다"고 하여[1] 고구려를 명확하게 맥족貊族으로 인식하고 있다.

이어 중국 북방의 돌궐인도 고구려를 'Mökli' 곧 고구려로 불렀다.[2] 몽골 Orkhon 하반의 옛 돌궐 비문을 보아도 고구려는 Bökli 또는 Mökli, 즉 맥구려貊句麗로 불렸음을 알 수 있다. 이는 원原 고구려인이 '맥족貊族'에 속했기 때문에 '맥貊'자를 붙인 것이라 할 수 있다. 이상에서 기원 이후에 저술된 대다수 중국 문헌이나 북방 유목민은 고구려를 맥족貊族의 나라로 인식하였다고 할 수 있다.[3]

---

1 『三國志』 권30, 魏書, 東夷 東沃沮 ; 『後漢書』 권85, 東夷列 東沃沮.
2 盧泰敦, 「高句麗·渤海人과 內陸아시아 住民과의 교섭에 관한 일고찰」 『大東文化研究』 23, 1989, 239~243쪽.

대개 고조선 주변에 거주한 예맥濊貊 중에서 북쪽 지역에 거주한 주민들은 기원전 1세기경에는 고구려가 되었다. 이전에 고조선의 땅이었던 요동의 예맥은 기원전 2세기경까지도 일정하게 독자성을 가지고 있었으나 결국 고구려화하였다. 강원도 지역의 예맥은 가장 늦게까지 독자성을 가지고 남아 있었다.

혼강과 그 유역

기원전 4~기원전 3세기 이후 압록강 유역에 철기문화가 보급되고 사회분화가 점차 진전되어 가자, 그 과정에서 유력한 친족집단을 중심으로 일정한 계곡이나 하천 유역의 마을들을 규합한 지역 정치집단이 각지에 형성된다.

고구려가 처음 성장한 압록강 유역을 포함한 요동~청천강 유역은 이전 시기에는 고조선의 영역에 속했다. 이 지역에는 기원전 3~기원전 2세기경 세형동검과 주조철부鑄造鐵斧 등 이른바 초기철기문화를 사용하는 집단이 거주하였다. 압록강과 서북한 지역에서 발전한 세형동검문화는 흔히 세죽리~연화보유형 문화라고 불리고 있는데,[4] 이 지역에 바로 예군남려濊君南閭 세력이 거주하였다.

예군남려 집단은 요동군에서 동해에 이르는 교통로상에 분포하였다. 28만명이라는 집단의 규모도 이러한 사정을

몽골 오르혼 강변의 돌궐비

3 余昊奎, 『1~4세기 고구려 政治體制 연구』, 서울대학교 박사학위논문, 1997, 29~30쪽.
4 王增新, 「遼寧無順市蓮花堡遺址發掘簡報」『考古』64-6, 1964, 286~293쪽 ; 김정문, 「세죽리 유적 발굴 중간 보고」『고고민속』64-2, 1964, 44~54쪽 ; 김영우, 「세죽리 유적 발굴 중간 보고 (2)」 『고고민속』64-4, 1964, 40~50쪽.

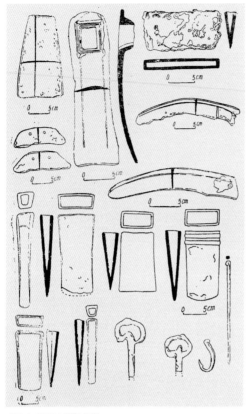

세죽리-연화보 유형 유물

반영한다. 이들 예군남려 집단은 강력한 통치조직을 갖춘 국가체라기보다는 각지의 세력집단이 외압에 대응하여 완만하게 결집한 연맹체로 파악된다.[5] 이들 예군남려 집단 가운데 압록강 중류지역의 주민집단이 중심적인 역할을 하였을 것으로 보인다.

한편 나那나 노奴로 불린 맥족의 여러 지역 집단들은 먼저 압록강 유역에 거주하고 있던 소노消奴집단의 장을 왕으로 하여 연맹체를 구성하였으니 이것이 초기 고구려 사회이다. 당시에는 이러한 지역 정치집단을 형성한 큰 촌락이나 성城을 지칭해 '홀忽(Khol)' · '골骨' · '구루溝婁'라 하였다. 이 음을 한자로 표기한 데서 고구려의 '구려句麗'라는 명칭이 비롯되었다.[6] 고구려는 구려 앞에 미칭으로 고高를 추가한 것이다.

고구려국의 발상지인 압록강 중류 유역은 높은 산과 계곡이 많고, 평야는 계곡을 따라 흐르는 하천가에 좁게 형성되어 산재해 있었다. 지리적으로 요동에서 함흥 방면으로 이어지는 고대 교통로의 중간 지대이며, 서남쪽으로는 압록강 하류쪽으로 해서 서해안에 이르며 청천강 상류 방면으로 해서 평양 방면으로 나갈 수 있고, 북으로는 압록강을 거슬러 송화강 유역과 통할 수 있다. 이러한 위치는 전략적인 면에서 초기

---

5 李丙燾,「玄菟郡考」『韓國古代史硏究』, 博英社, 1976, 173~176쪽 ; 노태돈,「三國의 成立과 發展」 『한국사 2』, 국사편찬위원회, 1977, 147~148쪽.

6 今西春秋,「高句麗の城; 溝漊と忽」『朝鮮學報』59, 조선학회, 일본, 1971 ; 노태돈,『고구려사연구』, 사계절, 1999.

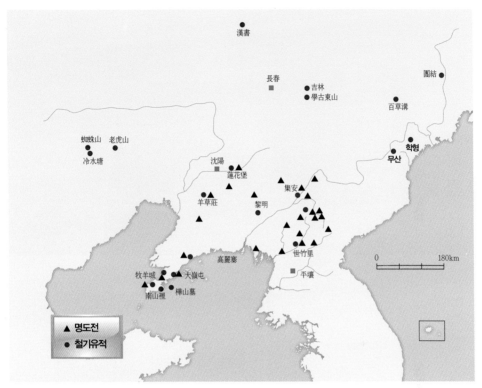

세죽리-연화보 유형 유적

고구려국의 정복활동과 팽창에 좋은 조건이 되었다.

이후 한나라의 침략에 의해 위만조선이 멸망하였다. 고조선이 멸망하자 고조선의 영역이었던 압록강 중류 유역에도 기원전 107년에 현도군이 설치되었다. 이 현도군 내에는 3개의 현이 두어졌는데 그 가운데 고구려현의 명칭이 보인다. 고구려현은 이전 고구려 사회에 현을 두었기 때문에 명칭을 그대로 사용한 것으로 보인다. 이후 한 군현의 직접적인 지배는 곧바로 고구려국의 저항을 야기하였고, 그에 따라 기원전 75년 고구려의 저항을 견디지 못하고 현도군은 그 중심지를 요동으로 옮기게 되었다. 요동으로 옮겨간 현도군은 제2현도군이라 부르는데, 그 지역은 현 요동 신빈현 영릉진고성永陵鎭古城으로 비정되고 있다.

현도군을 축출한 뒤 고구려 지역은 고구려왕을 대표로 하는 연맹체를 형성하고 있었다. 이 연맹체 구성의 기본적인 단위는 『삼국사기』 고구려본기 초기 기록에 나오는

환인현(졸본) 지역 전경

제2현도군치 무순시 노동공원 전경(좌), 제3현도군치 신빈현 영릉진고성 부근(우)

'나邢'였다.[7]

　나집단邢集團은 늦어도 기원전 2세기까지는 그들 간에 완만한 연맹체를 형성하였으며, 그 무렵 고구려라는 명칭을 가진 실체가 등장했다고 보인다.[8] 그러나 아직은 맥

7　邢는 그 음이 奴, 內, 納과 통하고, 내(川)이나 양(壤, 讓, 襄) 등으로도 기술되었다. 이 나, 내의 뜻으로 만주어로 'na', 일본어로 'na', 여진어로 'nah'로 표기되며 모두 땅(地震)을 뜻한다. 이들 나집단은 한마디로 압록강 유역의 천변과 계곡을 중심으로 성장한 지연적 정치단위라 할 수 있으며, 국가 형성 단계로 본다면 국가 형성 이전의 시원적 소국이라 할 수 있다.

8　여호규, 「고구려 초기 나부통치체제의 성립과 운영」『한국사론』27, 서울대학교 국사학과, 1992.

족貊族 사회 전체를 통괄하는 집권력을 지닌 정치조직 단계로까지는 나아가지 못한 채, 완만한 연맹체 단계에 머물렀다.

『삼국사기』에 의하면 고구려는 주몽朱蒙으로 대표되는 맥족貊族에 의해 기원전 37년 건국한 것으로 기록되어 있다. 주몽은 부여의 지배 계급 내의 분열, 대립 과정에서 박해를 피해 남하하여 독자적으로 고구려를 건국하였다. 그러나 건국 설화나 고고학 자료를 보면 상한은 소급될 수 있다.

고구려는 압록강의 지류인 혼강[동가강] 유역의 졸본(환인) 지방에 자리 잡았다. 이 지역은 대부분 큰 산과 깊은 계곡으로 된 산악지대였기 때문에 농토가 부족하여 힘써 일을 하여도 양식이 부족하였다.

고구려 사회를 형성한 기초 단위인 나집단集團 간의 통합 과정은 대개 나집단那集團들이 서로 연결되어 나국那國 연맹을 형성하고, 이들이 나중에 나부那部를 이루는 과정으로 성장하였다.[9] 이들 나부가 나중에 5부로 정리되어 부部 중심의 지배체제를 형성하게 된다.

『삼국사기』 동명성왕조에는 먼저 정착하고 있던 소노부와 계루부의 쟁패가 비류국沸流國 송양왕松讓王 설화로 등장한다.[10] 송양왕 설화는 이른바 선인지후仙人之後와 천제지손天帝之孫 간의 대립으로 표현되어 있는데, 특정 개인이라기보다는 소노 집단의 장을 뜻하는 송양왕이 주몽에게 복속되는 설화를 통해 5부 연맹의 맹주로서 계루부가 등장하는 과정에 대한 이해를 얻을 수 있다.

고구려는 기원전 75년 뒤 다시 연맹체를 형성하였는데, 그러한 가운데서 기원전 50년 전후 어느 시기, 연맹체 주도권을 놓고 각축전이 벌어졌고, 초기에는 소노집단이 우세했으나 점차 계루집단이 주도권을 장악해 갔던 것으로 보인다. 주몽은 이후 우수한 선진 문화를 바탕으로 졸본천 유역(압록강 지류)의 토착집단이나 왕국과 결합하여 성장하였다.

---

9 那國에 비견되는 정치체는 종래 부족국가로 이해되다가 1970년대 이후에는 소국, 성읍국가, 군장사회, 노예제소국 등으로 파악되고 있다(김철준, 「한국고대국가발달사」『한국문화사대계 Ⅰ』, 1964 ; 금경숙, 「고구려의 那에 관한 연구」『江原史學』 5, 강원대학교 사학회, 1989).
10 『삼국사기』 권13, 고구려본기1, 시조 동명성왕 즉위년.

2) 2~3세기 고구려의 성장과 국가체제의 정비

고구려는 시조 동명왕 때부터 비류국과 행인국, 북옥저 등을 무력으로 정복하고 선비족과 말갈족도 물리쳤다.[11] 이어서 개마국, 구다국, 낙랑국 등도 병합하여 영토를 넓혀 나갔다.[12] 이 과정에서 1만여 부여 집단이 연나부椽那部로 합병되기도 한다.

물론 『삼국사기』 고구려본기의 초기 기록 등이 신빙성 여부가 여전히 논란이 되고 있지만 초기 고구려 사회의 성장 모습을 반영하는 측면에서 그 발전의 대세는 충분히 설득력이 있다고 생각한다. 즉 대개 건국 초기부터 두만강 유역까지 세력을 넓혀간 것으로 보인다.

1세기 중엽경 나부체제가 성립되면서 고구려의 대외정복은 새로운 전기를 맞는다. 계루부 왕권은 각 나부의 군사력을 동원하여 대외정복을 전개하였는데, 크게 두 방향으로 진행되었다.

먼저 동해안 방면의 옥저와 동예를 복속하고 이 지역의 풍부한 해산물을 확보하여 확고한 배후기지로 삼았다.[13] 고구려는 부전고원을 넘어 동예와 옥저를 정복하고 미녀와 해산물을 공물로 받았다. 그리고 옥저의 대인大人을 사자使者로 삼아 읍락사회를 통솔하고 공납을 징수하도록 하는 속민지배·집단 예민 지배를 실시하고 있었다.[14]

고구려의 정복사업은 1세기 말 태조왕 때에 이르러 더욱 활발하여 압록강, 혼강(= 동가강) 유역의 소국들을 완전히 정복하였고, 동쪽으로 북옥저를 정벌하고, 남으로 청천강 상류까지 진출하였다. 이로써 고구려는 이들 나라로부터 동해안의 풍부한 물자를 공납 받을 수 있었고, 중국과의 전쟁에서도 후방기지를 확보하게 되었다.

태조왕 때에는 드디어 현도군의 영향력을 배제하기 위해 한나라의 요동군과 현도

---

11 『삼국사기』 권13, 고구려본기1, 시조 유리명왕 11년 ; 『後漢書』 卷20, 列傳10, 祭遵.
12 『삼국사기』 권13, 고구려본기1, 시조 동명성왕 6년 ; 『삼국사기』 권13, 고구려본기1, 시조 동명성왕 10년 ; 『삼국사기』 권14, 고구려본기2, 대무신왕 9년.
13 『삼국사기』 권15, 고구려본기3, 태조대왕 4년 ; 『三國志』 卷30, 魏書30, 烏丸鮮卑東夷30, 高句麗本紀2, 대무신왕 9년.
14 노태돈, 「삼국시대의 '部'에 관한 연구」 『한국사론』 2, 서울대학교 국사학과, 1975, 30~32쪽 ; 임기환, 「고구려 초기의 지방통치체제」 『경희사학』 14, 1987, 22~32쪽.

군을 공격하기 시작하였다. 고구려는 요동지방의 여섯 현을 빼앗는 전과를 올리고 현도군도 멀리 쫓아낸 다음 요동 지방을 계속 공격하였다.[15] 결국 기원전 75년 현도군을 만주방면으로 축출하고, 낙랑에 대한 인신적 약탈을 하였다. 그 이유는 물산이 풍부하고 비옥한 농경지대로 진출하기 위함이다.

옥저와 더불어 동예가 위치하고 있던 동해안 지역은 일찍이 임둔국이 자리하고 있었는데, 뒤에 이곳에 임둔군이 설치되어 그 지배를 받게 되었고, 다시 임둔군이 폐지된 뒤로는 현도군에 편입되어 그 지배를 받다가 현도군이 서북쪽으로 이동해 간 뒤에는 다시 낙랑군에 편입되어 그 하급 관청인 동부도위의 지배를 받았다.

30년 그들은 낙랑군의 지배에서 벗어나 비로소 자치를 얻게 되었으나 30년도 지나지 않아 모두 고구려의 지배 밑에 놓이게 되었던 것이다. 그러나 비록 고구려에 복속된 뒤에도 이 지방 읍락 거수들의 세력은 그대로 유지되었다. 이들은 고구려 정부 당국으로부터 사자使者로 임명을 받아 사실상 자치에 임하였고, 특히 불내不耐 지방의 거수는 후대에 이르기까지 독자적인 세력을 갖고 있었다. 고구려는 다만 이들로부터 일정한 액수의 공물을 징수하는데 그쳤는데, 옥저 사람들은 조세와 맥포貊布·물고기·소금 기타 해중 식물을 멀리 운반하여 고구려에 바쳤다고 한다.

이러한 팽창은 2세기 전반 북중국의 위나라로부터 침공을 받는 등 몇 차례의 위기를 겪으면서도 지속적으로 진행되었다.

2세기에 들어와 태조왕은 요동 지방으로 진출을 꾀하여 요동군·현도군의 두 군을 끈질기게 공격하였다. 그 결과 그는 소자하 유역의 신빈 영릉진 고성에 있던 이른바 제2 현도군 지역을 점령하게 되었고(105), 이에 따라 후한은 제3 현도군의 치소를 심양의 북쪽 무순 방면으로 또 다시 이동시키지 않으면 안 되게 되었다(106).

그 후 그는 유주자사 풍환馬煥이 지휘하는 현도와 요동 두 군의 군사를 격파함은 물론 요동태수 채풍을 신창新昌 전투에서 전사시키기까지 했다(121). 이 때 그는 1만 명의 군대를 거느리고 현도성에 쳐들어가 이를 포위하였는데, 부여왕이 중국 편을 들어 구원군을 파견함으로 인해 성공을 거두지는 못하였다. 요동 지방에 대한 고구려의

---

15 『後漢書』卷23, 郡國志5, 玄菟郡에 인용된 『東觀書』, "安帝卽位之年 分三縣來屬."

공격은 그 뒤에도 여전히 계속되어 압록강 입구의 서안평을 공략, 대방령을 죽이며 낙랑태수의 처자를 얻은 적도 있었다(146). 이로써 본국과 연결되는 육로를 위협받게 된 낙랑군은 점차 한반도 안에서 고립되어 갔다.

2세기 후반 고국천왕 때에 이르러 왕위계승을 형제에서 부자상속의 원칙으로 바꾸었다.[16] 왕비도 특정한 부족 출신으로 한정하여 왕족과 왕비족이 연합하여 왕권을 강화하였다. 아울러 고구려를 형성한 다섯 종족의 이름을 딴 계루부, 소노부, 절노부 등을 동·서·남·북·중의 5부部로 바꾸었다. 친족집단 간의 공동체적 유대관계가 해체되어 나갔고, 형이 죽으면 동생이 형수를 아내로 맞이하던 취수혼娶嫂婚이라는 혼인풍속은 점차 소멸되었다.[17] 이제는 부富와 높은 지위가 아버지에게서 아들로 이어지는 부자상속제도가 확립되어 군주 개인에 대한 충성이 강조되었다. 그리고 이전의 부족적 전통에서 벗어나 왕권을 강화한 고구려는 을파소를 재상으로 등용하고 그의 건의에 따라 진대법을 시행하였다.[18] 이것은 빈민구제책으로서 봄에 곡식을 빌려주었다가 가을에 약간의 이자를 붙여 돌려받는 방법이었다.

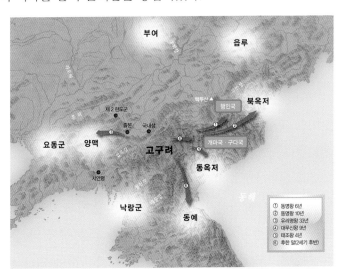

고구려 초기 영역 확장 과정

16 이기백, 「고구려 왕비족고」 『진단학보』 20, 진단학회, 1959, 90~94쪽.
17 노태돈, 「고구려 초기 취수혼에 관한 일고찰」 『김철준박사화갑기념 사학논총』, 지식산업사, 1983.
18 『삼국사기』 권16, 고구려본기, 고국천왕, "每年自春三月至秋七月 出官穀以百姓家口多少賑貸有差."

2. 4세기 고구려의 영토 확장과 강역

3세기 말까지 고구려는 주민의 생존권 보장과 경제적·군사적 안정을 위해 생산력을 발전시켜 나가는 한편으로 영토와 집단 예민을 이전보다 늘리기 위한 노력을 지속했다. 이를 위해 중원의 여러 왕조와 요동 지역의 새외塞外 민족들과 크고 작은 전쟁을 치러냈다.

그러나 4세기 이후의 국가 발전은 3세기까지의 그것과는 성격이 다른 것이었다. 4세기에 접어들면서 고구려는 크게 팽창하였다. 이는 진대법의 시행이나 각 부部의 자치력 약화 등에서 보듯, 그간의 집권화와 중앙정부의 지배기반 확충 등에 따라 내적으로 충실해진 고구려의 국력이 5호 16국시대로 접어드는 국제적인 대혼란을 맞아 발산되었기 때문이다.

고구려의 대외적 팽창은 4세기에 접어들면서 큰 전기를 맞게 되었다. 4세기에 중국의 통일 왕조인 진晉나라가 붕괴하고 북방유목민들의 이동과 정복활동이 활발해짐에 따라 동아시아 전체가 격동하였다. 이런 국제적인 변동기를 맞아 고구려는 남으로 낙랑군과 대방군을 병합하고, 서로는 요동지역의 지배권을 둘러싸고 유목민 출신 왕조와 각축을 벌였다. 북으로는 송화강 유역에 자리 잡고 있던 오랜 왕국인 동부여를 복속시켰다.[19]

고구려는 늘어난 국력을 바탕으로 요동으로 진출하고자 중국과 대립하였다. 고구려는 동천왕 때에 요동의 서안평西安平을 먼저 공격하였다. 그 보복으로 중국의 위나라는 두 번에 걸쳐 고구려를 공격하였다. 이 전쟁에서 고구려는 수도 국내성이 함락되고 왕은 동해안의 옥저 땅까지 피난 가야 할 만큼 큰 타격을 받았다.

미천왕은 영토 확장과 사회, 경제, 문화적 성장을 위한 토대를 구축했다. 비옥한 농경이자 고도의 문화적 토대가 마련되어 있던 중국 군현郡縣 지역을 차지함으로써 국가 성장의 발판을 마련했던 것이다.[20]

---

19 「廣開土王陵碑文」, "卄年庚戌 東扶餘舊是鄒牟王屬民 中叛不貢 王躬率往討 軍到餘城 而餘擧國駭服獻
　□□□□□□□ 王恩普覆 於是旋還 又其慕化随官來者 味仇婁鴨盧 卑斯麻鴨盧 椯社婁鴨盧 肅斯舍□
　□(「廣開土王陵碑文」)."

미천왕 대에 낙랑·대방군을 병합하고,[21] 요동 지역에 대한 지배권 쟁탈을 치열하게 벌여 나갔다. 이후 현도성마저 공파해 현도군을 서쪽으로 축출하였다.[22] 미천왕 때에 다시 3만의 군대를 끌고 현도성을 공격하여 8000명의 포로를 사로잡고 다시 서안평을 공격하여 요동 진출을 위한 발판을 확보하였다. 요동 지역의 병합은 잇달아 흥기하는 유목 민족과의 경쟁에서 승리하여야 가능하였다.

이 경쟁에서 고구려는 선비족鮮卑族의 모용씨慕容氏가 세운 전연前燕과 첨예한 대결을 벌였다. 342년에는 전연의 침공으로 수도가 함락되는 대 타격을 받기도 하였고,[23] 남에서 새롭게 일어나는 백제가 북으로 팽창해 와서 371년에는 고국원왕이 백제군을 막다가 평양성 전투에서 전사하기까지 하였다.

고국원왕은 재위 초부터 추구했던 남진 정책에 치중하였다. 미천왕 대에 확보한 낙랑과 대방 지역 지배를 본격화하려는 의도 아래 평양성을 증축했다.[24]

고구려의 급속한 대외적 팽창은 4세기 후반 남쪽으로부터 백제, 서쪽으로부터 모용연慕容燕의 반격을 받아 일시 위기에 봉착하였다. 전술했듯이 남쪽에서 백제의 근초고왕 부자가 공격해 와서 평양성 전투에서 고국원왕이 전사하였다.

미천왕 이후 일련의 팽창은 고국원왕 대에 이르러 일시적으로 서와 남에서 저지되고, 도리어 타격을 입게 되었다. 이렇게 되자 종래와는 달리 넓은 평야와 고도로 문물이 발달한 광대한 지역을 통치하고, 한편으로 서로 투쟁하고 있는 유목민족이나 백제에 대처하기 위해 새로운 수취체계와 지배질서의 창출이 요구되었다.

이에 고구려는 국가체제를 재정비하고 광대한 영토와 많은 인구를 더욱 효율적으로 통치하기 위한 일련의 개혁을 추진하였다. 소수림왕 대에 율령을 반포하고(373) 태학을 설립하여 불교를 공인한 것이 그것이다. 일정한 법률체계로서 율령의 반포와 태학의 설립은 관료체계 확립에 매우 중요한 요소이다.

보편적인 정신세계로서 불교의 수용은 고구려 영역 내의 잡다한 여러 족속들이 지

---

20 『삼국사기』, 고구려본기, 미천왕 12년 8월 ; 『삼국사기』, 고구려본기, 미천왕 14년 10월.
21 『삼국사기』, 고구려본기, 미천왕 15년 9월.
22 『삼국사기』, 고구려본기, 미천왕 16년 2월.
23 『삼국사기』, 고구려본기, 고국원왕 12년 11월.
24 『삼국사기』, 고구려본기, 고국원왕 4년 8월, "增築平壤城."

닌 신화와 설화들을 포용하면서 이것들을 보다 한 단계 고양된 종교와 철학의 세계로 규합시켜 나갈 수 있게 하였다. 이에 고구려는 나라를 유지하기 위한 견고한 뼈대를 확충하게 되었다.

국왕 전사라는 사상 최대의 국가적 위기를 극복하기 위해 새로 즉위한 소수림왕은 안으로는 체제 정비에 주력하면서 밖으로는 백제에 대한 공격을 계속했다.[25] 그것은 고국양왕 대까지 이어졌다. 이때 백제군이 평양성까지 육박하는 경우도 있었으나 대개는 패하(예성강) 유역을 중심으로 상호 공방전이 지속되었던 것으로 보인다.

그런 한편 서쪽 지역에서는 모용수慕容垂의 후연과 요동, 현도 두 군郡을 놓고 쟁투를 벌이면서 일진일퇴를 계속했다.[26] 따라서 고국원왕 대 영역의 대체적인 범위는 동으로 책성 일대, 서로 소자하蘇子河 유역, 남으로 황해도 일대, 북으로 구북부여舊北扶餘 지역에 이르렀던 것으로 볼 수 있다.

3. 광개토왕대의 영역 확장

고구려는 4세기 무렵부터 영토 확장에 나서 미천왕 대에 낙랑군, 대방군을 멸망시키고 요동평원으로 진출하기 시작하였다. 그리하여 4~5세기의 고구려는 서쪽으로 요하를 건너 대릉하 일대까지 진출할 수 있었고, 북쪽으로는 길림성 일대의 장춘長春·농안農安 지역까지 지배할 수 있었다. 그리고 동쪽으로는 두만강 유역까지 지배하였다.

4세기는 요동지방을 지배해오던 진晉의 통제력이 약화되면서 주변에 있던 선비족인 모용씨慕容氏가 그 세력을 급속히 확장시켰다.[27] 고구려는 이 같은 요동지방에서의 세력 변화에 따른 혼란을 이용하여 여러 차례 요동지방에 대한 진출을 시도하였다.[28] 이 과정에서 모용씨의 강력한 저항을 받게 되자 고구려는 외교적인 측면에서 공

---

25 『삼국사기』, 고구려본기, 소수림왕 5년 7월 ; 『삼국사기』, 고구려본기, 소수림왕 6년 11월 ; 『삼국사기』, 고구려본기, 소수림왕 7년 10월 ; 『삼국사기』, 고구려본기, 소수림왕 7년 11월.
26 『삼국사기』, 고구려본기, 고국양왕 2년 6월 ; 『삼국사기』, 고구려본기, 고국양왕 2년 11월.
27 공석구, 「고구려의 영역확장에 대한 연구」 『한국상고사학보』 6, 1991, 130~135쪽.
28 『삼국사기』 권17, 고구려본기5, 미천왕 20년 ; 『삼국사기』 권17, 고구려본기5, 미천왕 21년.

광개토왕비와 태왕릉

세를 강화하였다. 한편 중원으로의 진출이라는 야망을 품고 있던 모용씨는 고구려에 대한 대대적인 침공을 감행하였다.[29] 국도의 함락이라는 타격을 입은 고구려는 이후 요동 진출 노력을 일시 중단할 수밖에 없었다.

이후 요동 지방에서는 또 다시 세력 변동이 일어났다. 전연前燕을 세워 제국으로까지 발전하였던 모용씨가 망하고, 그 뒤를 이어 전진前秦이 요동지방을 장악하였다. 고구려는 이러한 세력변화에 능동적으로 대처하면서 요동지방에 대한 진출 노력을 재개하여, 후연이 요동지방을 완전히 장악하기 전에 요동지방에 대한 대대적인 공격을 감행했다.[30] 즉 고국양왕 즉위 2년(385)에 요동군·현도군 지역을 함락시켰다. 이 지역에 대한 지배는 5개월여 동안 지속되었던 것으로 보인다.[31]

요동지방은 후연의 세력권으로 편입되었다. 고구려와 후연 간에는 서로의 존재를 인정하는 소강상태가 지속되었다. 이즈음 만리장성 북쪽에서 세력을 확장하던 선비족 탁발씨拓拔氏가 고구려 고국양왕 3년에 후연을 압박해 왔다. 후연은 탁발씨와의 싸움에서 계속 밀려 이제는 요령성 지역만을 차지하는 나라로 전락하였다. 그러자 이전의 평화적인 관계를 깨고 고구려를 공격해 왔다.[32] 고구려는 후연의 침공에 강력히 대처하였고, 나아가 후연에 대한 응징을 전개하였다. 광개토왕 때 대릉하 유역의 숙군성宿軍城을 공격하는 등[33] 요하를 건너 요서遼西 지방까지 공격을 해 나갔다. 고구려의 적극적인 공세에 대하여 후연 역시 반격을 시도하였지만, 대부분 큰 성과를 얻지 못하였다. 이는 광개토왕이 추진한 강력한 요동 진출 정책이 이미 완료되었음을 의미한다.

---

29 『삼국사기』 권18, 고구려본기6, 고국원왕 12년.
30 『삼국사기』 권18, 고구려본기6, 고국양왕 2년 6월.
31 공석구, 앞의 논문, 1991, 143~144쪽.
32 『삼국사기』 권18, 고구려본기6, 광개토왕 9년.
33 『삼국사기』 권18, 고구려본기6, 광개토왕 11년.

한편, 광개토왕 재위 초년에 시라무렌하 유역에 있던 거란족을 정벌했음이 많은 사료에 기록되어 있다. 왕은 영락 5년(395)에 패려稗麗를 친정하여 부산富山을 지나 염수鹽水에 이르러 3개 부락과 600~700영을 깨뜨리고 우마와 군양群羊을 수도 없이 획득한 후 양평도襄平道를 거쳐 서변 경역을 돌아보고 왔다고 한다.[34]

여기서 패려는 『위서』 거란전契丹傳에서 전하는 거란족의 8부部 중의 하나인 필혈부匹絜部를 지칭하는 것으로 여겨진다.[35] 염수는 소요수로 비정하는 설(박시형), 태자하 상류로 보는 설(왕건군), 요하 상류 시라무렌하 유역에 있는 염호鹽湖인 광륭호 일대로 비정하는 설(서영수) 등이 있다. 삼국사기에 광개토왕 원년에 '북벌거란北伐契丹'[36] 하였다고 했고, 그에 앞서 소수림왕 8년에 '거란범북변契丹犯北邊'[37]이라 하였다. 모두 그 방향이 북쪽이다. 이를 볼 때 개원開原·창도昌圖 방면의 요하遼河 상류 쪽으로 비정하는 것이 합리적이라고 여겨진다.

결국 비문의 이 기록은 시라무렌하 방면의 거란을 친 사실을 말한 것으로, 『삼국사기』에는 광개토왕의 거란 원정이 392년 9월의 일로 기재되어 있다. 이에 의하면 왕은 이때 북쪽으로 거란을 정벌하여 남녀 5백 명을 사로잡고, 또 거란에 빼앗겼던 본국의 함몰 민구民口 1만을 되찾아 돌아왔다고 한다.[38]

기록대로라면 왕은 패려稗麗를 완전히 정복한 후 본격적으로 영역 지배를 하려고 한 것 같지는 않다. 대개 시라무렌하 일대에서 산출되는 소금을 확보함으로써 요하 상류를 포함한 내몽고 대흥안령산맥 일대의 정치 세력들에 대해 고삐를 쥐고자 했던 것 같다.[39]

고구려는 광개토왕 대에 북으로 이미 부여에 진주하였고, 말갈족의 대부분을 복속

---

34 「廣開土王陵碑文」, "永樂五年 歲在乙未 王以稗麗不ㅁㅁ[人] 躬率王土 過富山[負]山 至鹽水上 破其三部落六七百營 牛馬群羊 不可稱數."

35 박시형, 『광개토왕릉비』, 과학원출판사, 1966.

36 『삼국사기』 권18, 고구려본기 6, 소수림왕 8년(378년) 9월, "契丹犯北邊 陷八部落."

37 『삼국사기』 권18 고구려본기 6 광개토왕 즉위년 9월, "北伐契丹 虜男女五百口 又招諭本國陷沒民口一萬而歸."

38 『삼국사기』 권18 고구려본기 6 광개토왕 즉위년 9월, 위 사료와 상동.

39 이도학, 「광개토왕릉비문에 보이는 전쟁기사의 분석」 『광개토호태왕비연구100년(하)』 제2회 고구려연구회발표문, 1996, 8쪽.

시켰다. 광개토왕비에는 고구려에 예속된 속민屬民으로서 조공을 바쳐 오던 동만주의 영고탑寧古塔 주변에 있던 말갈계 종족에 대해 지배권을 강화했다.[40]

영락 8년(398)에 광개토왕은 소규모의 병력을 보내어 백신帛愼(식신息愼), 곧 숙신을 정벌하였다.[41] 이 숙신은 『삼국지』 동이전에 보이는 읍루挹婁로, 그 위치는 대체로 북옥저의 위쪽인 목단강 동쪽으로부터 연해주 방면에 걸쳐 있었다.

고구려는 서로는 요하선을 돌파하여 요서지방을 사이에 두고 북위北魏와 대치하였으며, 남으로는 아산만과 영덕을 잇는 선까지 밀고 내려가 신라에 강한 영향력을 행사하였다.

그리고 동으로는 오늘날의 북간도 지역에 있었던 동부여 지역을 병합하였다. 당시 부여의 잔여 세력은 이미 농안 지역으로 옮겨 갔고, 길림 일대의 부여는 이미 고구려의 예하에 들어와[42] 지방관이 파견되어 직접 지배를 받고 있는 상태였으므로 동부여는 본국과의 연결 고리를 잃은 채 고구려에 예속되어 있었다.[43]

다만 이 동부여의 위치에 대해서는 전술했듯이 두 가지 대립되는 설이 있는데, 그 하나는 이를 함경남도 남부와 강원 북부에 걸치는 영흥만 방면으로 보고 있고,[44] 다른 하나는 이를 두만강 하류 방면의 훈춘으로 보는 견해도 있는데,[45] 후자가 대부분이다. 분명 동부여의 존재를 부정할 수는 없고, 고구려와 부여의 중심지에서 동쪽에 있어 동부여라 불렸으니 그 위치는 두만강 유역이 유력해 보인다. 다만 동부여가 위치했다고 보이는 두만강 유역은 이미 고구려가 장악하고 있던 지역이어서 과연 독자적인 정치체로서 동부여라 불렸을 지는 더 논의가 필요하다.

서북으로는 흥안령 산록에 있었던 유목 종족인 지두우地豆于에 대한 분할을 유연柔然과 함께 도모하였다.[46] 그리고 요하 상류에 세력을 뻗쳐 거란족의 상당 부분을 예하

40 김현숙, 「고구려의 말갈 지배에 대한 고찰」 『한국고대사연구』 1992, 236~237쪽 ; 김현숙, 앞의 책, 2004, 182쪽.
41 「廣開土王陵碑文」, "八年戊戌 教遣偏師 觀帛愼土谷 因便抄得莫 □羅城加太羅谷 男女三百餘人 自此 以來 朝貢論事."
42 노태돈, 「부여국의 경역과 그 변천」 『국사관논총』 4, 국사편찬위원회, 1989.
43 김현숙, 앞의 책, 2005, 182쪽.
44 이병도, 「광개토왕의 웅략」 『한국고대사연구』, 1976, 385~386쪽.
45 위와 같음.

에 복속시켰다.

한편 영락 6년(396) 고구려는 백제 정벌전의 결과로 58성城 700촌村을 차지했으며 한강을 건너 백제의 왕성王城에 육박해 아신왕阿莘王의 항복을 받아냄으로써 고국원왕의 한을 풀고 그동안 팽팽하게 유지되던 양국의 균형을 깨뜨렸다.[47]

광개토왕은 즉위하면서부터 백제 공격에 나섰다. 『삼국사기』에 따르면 392년 7월에는 4만 명의 군대를 이끌고 백제를 공격하여 석현성石峴城 등 10여 성을 탈취하였고, 10월에도 백제의 요충지인 관미성關彌城을 공격·함락시켰다. 이에 대응한 백제의 반격 또한 만만치 않았으나 고구려의 군사적 우세가 지속되던 상황이었다.

이 당시 고구려-백제 양국의 국경선은 임진강-예성강 부근이었던 것으로 보인다.[48] 이후 광개토왕은 즉위 6년에 수군을 이끌고 백제를 공격하여 한강을 건너 백제 왕성王城을 공격하니, 백제 아신왕의 항복을 받아냈다. 원정의 동기에 대해 비문에는 "백제와 신라는 옛날에는 속민이었다. 그 이래로 조공을 바쳐왔는데, 왜가 신묘년에 오니 바다를 건너 백잔·신라를 깨뜨리고 신민臣民으로 삼았다."고 하였다. 고구려에 상징적인 고국원왕을 죽인 원수의 나라에 대한 정복이자 광개토왕의 남방 경략에 주된 공격의 대상 백제에 대해 이전의 속민 관계를 회복하는 것을 명분으로 세우고 있다. 이에 백제의 아신왕이 항복하였으므로 광개토왕은 아신왕이 인질로 보낸 왕제王弟와 대신 10명을 끌고 본국으로 개선하였다.

이후 고구려와 백제는 예성강과 임진강 사이의 지역에서 공방을 계속하다가 병신년 광개토왕의 친정을 계기로 일단 한강 이북 선까지 밀고 내려왔다.[49]

영락 14년(404)에는 백제의 사주를 받아 대방 지역 경계에 침입한 왜를 물리쳤으며,[50] 영락 17년에는 5만 대군으로 백제 지역을 다시 공격해 6성을 확보함으로써 동맹군을 이용해 재기하려던 백제에 심대한 타격을 입혔다.

---

46 노태돈, 「5~6世紀 東아시아의 國際秩序와 高句麗의 對外關係」 『東方學志』 44, 1984, 43~45쪽.
47 「廣開土王陵碑」, "其國城殘不服義 敢出百戰 王威赫怒 渡阿利水 遣刺迫城……跪王自誓 從今以後 永爲奴客."
48 공석구, 앞의 논문, 1991, 257쪽.
49 서영일, 「고구려 낭비성고」 『사학지』 28, 1995, 31-35쪽.
50 『太平御覽』 卷981, 香部1 所引의 義熙起居注 逸文.

고구려는 남동쪽의 변경 지역에 성을 구축하고 이곳에 평양 지역의 민호를 옮김으로써 본격적으로 영역 지배를 위한 작업을 진행했다.[51] 고구려는 평양 민호를 이주시킴으로써 보다 안정적으로 지역을 유지하려 했던 것이다.

400년 이후 신라와 긴밀한 관계를 맺고 인적 물적 교류가 빈번해진 고구려로서는 동해안을 따라 내려오는 길을 제외하면 신라 지역으로 통하는 유일한 내륙 교통로가 평양-춘천-충주-단양으로 이어지는 길이었다. 따라서 이 지역을 확고하게 장악하기 위해 이곳으로의 진출을 적극 추진하여 대부분의 교통로를 확보했다.[52]

영락 9년(399)에 광개토왕은 신라왕의 구원 요청을 받아 400년 보기步騎 5만 명을 보내어 신라 국경 내에서 성지를 부수는 등 약탈을 자행하고 있던 백제군과 그에 가담한 임나가라·안라女羅·왜의 연합세력을 격파함은 물론 이를 낙동강 중·하류 지역에까지 추격하여 섬멸하였다.

이제 광개토왕 대에 이르러 고구려는 강국의 기틀을 다지고 장수왕이 평양으로 천도하여 선왕의 업적을 공고히 하면서 동북아시아의 패자로 군림하였다. 그러나 6세기 신라의 팽창과 수와 당의 등장으로 요하 일대까지 후퇴한 것으로 본다. 이때 남쪽으로는 소백산 이남까지 그 영토를 확장시킬 수 있었다.

고구려의 영역은 전시대에 걸쳐 일정한 크기를 갖고 있는 것은 아니었다. 시기에 따라 달랐으며, 4~5세기에 최대 영토를 가지고 있었으나, 6세기 이후 신라의 팽창과 수·당의 등장으로 크게 위축되었다.

무엇보다도 2세기의 동해안 진출과 4세기의 요동반도 확보는 고구려 발전에 결정적인 계기가 되었다. 전자는 초기국가로서의 경제적 바탕[魚·鹽]이 되었으며, 후자는 정복국가로서의 경제적 배경[鐵·鹽]이 됨으로써 요하 일대에서 중국의 동진을 막을 수 있었다. 동시에 이 지역의 철기 확보는 그 후 수·당과의 대결에서 승리할 수 있는 원동력이 되었다.

4~5세기의 고구려는 서쪽으로 요하를 건너 대릉하大凌河 일대까지 진출할 수 있었고, 북쪽으로는 장춘·농안 지역까지 지배할 수 있었다. 그러나 6세기 신라의 팽창과

---

51 『삼국사기』 권18, 고구려본기6, 광개토왕 18년 7월.
52 김현숙, 앞의 책, 2005, 191쪽.

중국세력의 확장으로 요하 일대까지 후퇴한 것으로 본다. 따라서 남쪽으로 소백산맥 이남까지 그 영토를 확장시킬 수 있었다.

이로 미루어 보면 고구려 최 전성기의 영토는 만주(80만㎢)의 1/3 정도인 25만㎢와 한반도 2/3인 15만km²를 합친 40만km² 정도여서 한반도의 2배 정도가 되었다. 인구는 7세기 중엽 69만 7천호였다고 한다.[53]

당시의 행정체제는 기록에 따르면 "밖에는 주현과 60여 성을 두고 대성에는 욕살 1인을 두는데 도독에 비견된다. 여러 성에는 도사를 두는데 자사에 비견된다. 그 아래에는 각기 보좌를 두어 일을 분장하였다"[54]고 한다. 이처럼 고구려 전성기의 행정 체계는 성곽 중심으로 편제되었으며 국가 귀속이 일정치 않았으므로 영토 구획의 난점이 있다. 더구나 영토 발전 과정에 있어서 핵심지와 변경지가 있어 소위 군사지역 military zone 문제가 있기 때문에,[55] 영토를 명확히 설정하는 데 어려움이 있다. 무엇보다도 직접 통치구역(영토)과 문화권과는 차이가 있기 마련이어서 문화권이 곧 영토일 수 없다.

중국과 고구려 두 나라 사이에는 상호 영향권이 있으므로, 어느 한 국가가 세력이 강할 때는 한시적으로 영토의 주장이 가능하다. 따라서 이러한 공간은 통치권이 중복되는 문제가 있다. 여기서 우리가 고구려 영토를 말할 때는 직접통치권이 미치는 지역을 의미한다. 그러므로 고구려의 강역은 기본적으로 고구려 성곽이 분포된 가장 외곽 지역이 될 수 있다.

이상의 남한 학계의 일반적 입장과 달리, 북한 학계에서는 고구려의 영역을 중국 동북지방 전체로 확대하여 보고 있다.[56] 북한 학계에서는 고구려를 고대 사회가 아닌 봉건사회로 보면서 기원 50년대 이후에 청천강 이북 지방과 서쪽으로는, 이전에 한나라 침략자들이 차지하였던 요동 지방으로 그 세력을 뻗치면서 급속히 발전해 나갔다고 한다. 그리고 4세기 초까지 이러저러한 우여곡절을 겪기는 하였으나 고구려는 요

---

53 『舊唐書』 券199, 列傳149, 東夷, 高句麗.
54 『舊唐書』 권1, "外置州縣六十餘城 大城置褥薩一比都督 諸城置道使比刺史 其下各有僚佐 分掌曹事."
55 방동인, 『고려의 동북지방 경역(영동문화)』, 1980 참조 ; 방동인, 「고려 전기 북방 정책의 추이」 『영토문제연구』 2, 1985 참조.
56 리지린. 강인숙, 『고구려역사』, 사회과학출판사, 1971.

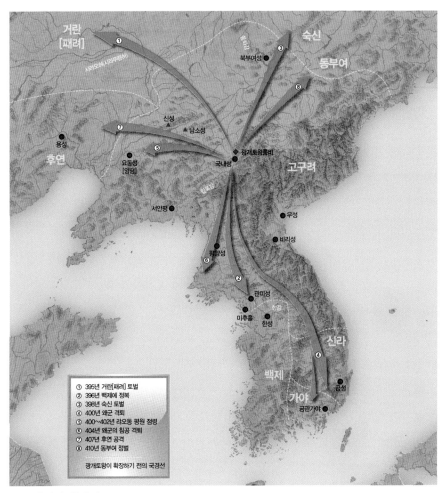

광개토왕대 영토확장 지도
여호규, 〈아 그렇구나 우리역사〉 3권(고구려 편, 여유당) 지도를 참조하여 재작성

동 지방을 자기 판도에 확고히 넣을 수 있었으며, 요하를 넘어 열하熱河 지방, 즉 만리
장성 근방까지 진출하였다고 한다. 이것이 남한 학계와 가장 차이가 나는 점이다.

고구려가 북경까지 진출했다는 주장의 근거로 북한 학계에서는 평양에 있는 덕흥
리 고분의 13군 태수도를 제시하고 있는데, 그것은 유주 소속의 13개군 태수가 이 무
덤의 주인공인 유주자사인 진鎭에게 문안을 드리는 그림이다.

이 13개 군은 지금의 북경 지역에서 요서 지역에 걸쳐 있던 군으로서, 이를 근거로
하면 고구려는 4세기 말엽에 이미 북경 일대까지 영역을 일시 확장하였다고 볼 수 있

다. 그러나 이것은 근방의 동수冬壽 무덤과 함께 중국에서 망명 온 사람에게 관직을 주어 평양지방에서 살게 한 것이라는 주장이 오히려 더 설득력을 얻고 있어 고구려의 북경 일대까지의 진출 여부는 재고의 여지가 있다.

4. 장수왕대의 영역 변화와 국제 정세

광개토왕 대에 확대된 지역들을 고구려 영토로 안착시키고 영역 지배를 본격화한 것이 장수왕(413~491)이다. 왕은 79년간 재위하는 동안 부왕父王의 사업을 계승하여 고구려의 극성기를 연출하였다.

장수왕대 중국에서는 북위가 북연北燕과 북량北涼을 차례로 멸망시키고 화북華北을 통일하고, 남쪽에서는 송宋에서 제齊로 왕조가 교체되는 등 남북조 시대가 전개되고 있었다.

이때 고구려는 서쪽으로 강대 세력인 북위와 국경을 맞대고 있으면서도 오히려 남북의 왕조로부터 동시에 책봉을 받으면서[57] 국제적인 문제에 직접 개입해 자신의 입지를 굳히는 등 자주적인 활동을 하였다. 장수왕은 북위와 우호 관계를 강화하는 한편으로 남조인 동진·송·제에도 계속 사신을 보내어 남북의 대립된 두 세력을 조종하는 외교정책을 펴 나갔다.

장수왕의 업적 가운데 가장 주목되는 것은 재위 15년(427)에 서울을 평양 동북방 대성산 쪽으로 옮겨 새 국도를 경영한 사실이다. 이 천도는 고구려가 북위의 강성 때문에 더 이상의 서방 진출이 어렵다고 판단, 그 진출의 방향을 남쪽으로 돌려야 했던 데도 일부 원인이 있었다고 생각되지만, 고조선의 중심지였던 대동강 유역의 유리한 자연 환경을 이용하고자 하는 고구려의 오랜 바램이 실현된 것으로 볼 수 있다.

평양 천도의 배경이 어떠하든 간에 고구려의 수도가 협착한 산골짜기의 야영도시로부터 넓은 평야에 자리 잡은 정치도시·경제도시·문화도시로 발전한 것은 주목해야 할 사실이다.

고구려의 평양 천도는 고구려로 하여금 적극적인 남하 정책을 실시하게 하였고, 반면 백제와 신라에는 큰 위협이 되었다. 결국 고구려의 남하 정책에 위협을 느낀 백제와 신라는 433년 결혼 동맹을 맺었다.

장수왕 22년(434) 북위가 북연을 정벌하고 고구려와 국경을 접하게 되자 장수왕은 북위와 우호관계를 적극 추진하였다. 북위와 관계가 안정되자 고구려는 백제에 대해 재차 적극적인 공세를 취할 수 있었다.

백제는 이 난국을 타개하기 위해 신라와 우호 관계를 맺었다.[58] 이른바 '나제동맹'을 맺고, 중국과 외교 관계를 통해 백제는 고구려에 대한 봉쇄 전략을 추진하였다. 그리고 개로왕은 북위에 국서를 보내 고구려의 남침에 따른 군사 원조를 요청하였다. 그러나 이는 별다른 성과를 얻지 못하였고 오히려 고구려의 대대적인 침공을 불러 일으켰다.

---

57 박경철, 「고구려 군사전략 고찰을 위한 일시론」 『사학연구』 40, 1989.
58 노중국, 「고구려·백제·신라 사이의 역관계 변화에 대한 일고찰」 『동방학지』 28, 연세대학교 국학연구원, 1981, 71쪽.

장수왕은 백제 개로왕의 한강유역을 보전하기 위한 행위[59]를 침략의 명분으로 삼아 63년(475)에 드디어 한강을 건너 백제의 왕성을 함락시키고, 개로왕을 아단성 아래에서 참수했다.[60]

이로써 한강 유역 전체를 차지한 고구려는 아산만 일대를 비롯해 충청북도와 충남 북부 일대까지를 행정 구역으로 편제하여 영역 지배했다.[61] 한강 유역은 풍부한 수량과 강안의 밭 등 생산 기반 뿐 아니라 서해와 연결된다는 점에서 대중국 무역과 한반도 내 교역망 장악이란 점에서도 중요한 의미를 가지는 곳이다.

이 때 고구려는 한강 유역을 일시적으로 점령하는 데 그치지 않고 이를 영유領有하고자 하였으므로 백제는 하는 수 없이 한산 지방을 포기하고 서울을 남쪽 웅진(현재의 공주)으로 옮겼다. 그리하여 고구려의 영토는 죽령·조령 일대로부터 남양만을 연결

59 『삼국사기』, 백제본기, 개로왕 15년.
60 『삼국사기』, 백제본기, 개로왕 25년 9월 ;『삼국사기』, 고구려본기6, 장수왕 63년 9월.
61 정영호, 「고구려의 금강유역 진출에 대한 소고」『산운사학』 3, 1985.

하는 선까지 뻗치게 되었다.

고구려는 한성 공취 후에도 작전상 후퇴와 진군을 거듭하면서 남부 지역 침투를 도모했다. 475년 한성 공략 후 고구려군의 주력이 철수하였지만, 고구려는 한강 하류 지역을 방치한 것은 아니었다. 서울 구의동 유적이나 몽촌토성의 고구려 유적이 말해 주듯 한성 공략 후 몽촌토성에 고구려 군이 주둔하였다. 한성이 함락되면 그 이남은 평야 지대로 이어진다. 그런 만큼 대규모 병력이 주둔하지 않더라도 이 지역을 고구려의 세력 하에 복속시킬 수 있었다.[62]

이후 차령을 돌파하여 그 이남으로 군사를 진격시켜 그 영역을 확대해 나갔다. 이에 대한 백제의 저항도 완강했다. 때로는 수군을 동원해 황해도 지역을 급습해 고구려의 후미를 교란하기도 했고, 때로는 한강 유역을 바로 공격하기도 했다.[63]

근래 진천의 대모산성, 청원군 남성골산성, 대전 월평동 등지의 고구려 산성 유적과 최근에 발견된 용인시 기흥구 보정동의 고구려 무덤 등이 유의된다. 475년 이후 고구려 세력의 남한계를 파악해 볼 수 있는 구체적인 고고학적 근거가 확인된 셈이다. 이는 또한 『삼국사기』 지리지에서 전하는 한주 관내 군현의 연혁에 대한 기술과 상응한다. 즉 신라에 병합되기 전에 원래 '고구려의 모모某某지역'이었다는 기술[64]이 신빙성을 지님을 말해 준다.

『삼국사기』 지리지를 보면 한강 이남의 경기도 및 충청남북도 일부 지역을 고구려의 영토로 기록하고 있으니, 즉 경기도 여주·안성 및 화성군 일대와 충청북도 진천·음성·괴산·충주, 그리고 충청남도 직산 등이 포함되어 있다.

그러면 고구려는 이 지역을 언제까지 지배하였을까? 한강 유역에 대한 고구려의 지배력은 551년 백제와 신라의 동맹군이 한강 유역을 공취하기까지는 유지되었다는 것이 이제까지의 통설이었다. 이는 『일본서기』에 551년의 상황을 기술한 기사에서 확인할 수 있다.

---

62 노태돈, 「고구려의 한강지역 병탄과 그 지배 양태」『향토서울』66, 2005(노태돈, 『한국고대사의 이론과 쟁점』, 집문당, 2009, 189~200쪽에 재수록).
63 김현숙, 『고구려 지방통치체제 연구』경북대학교 박사학위논문, 1996.
64 『삼국사기』권35, 지리2, "漢州 本高句麗漢山郡 新羅取之 景德王改爲漢州 今廣州……."

이 해에 백제의 성명왕(성왕)이 친히 백제군과 이국병二國兵(百濟, 新羅兵)을 거느리고 고려(고구려)를 정벌하여 한성의 땅을 획득하였고, 평양을 공략하여 무릇 6군의 땅을 차지해 고지를 수복하였다.[65]

남성골 산성(충북 청원)

위 기사에서 보듯 551년 백제군은 한성을 공략한 뒤, 평양 즉 오늘날의 양주를 가리키는 남평양을 차지하였다. 지금의 남서울인 한성에 대한 고구려의 지배는 6세기 초반까지 지속되었음을 알 수 있다.

한편 고구려는 5세기 전반에 이르기까지 신라와 우호 관계를 유지하였다. 이러한 상황 속에서 왜·가야 연합군이 신라에 침입하자 신라는 고구려에 구원을 요청하였다. 이에 광개토왕은 영락 10년(400) 경자년에 5만의 병력을 파견하여 낙동강유역에까지 진출해 신라에 침범한 왜·가야 연합군을 격파하였을 뿐만 아니라 임나가야까지 추격하여 이들을 공략하였다.

고구려는 이를 계기로 죽령 동남쪽의 일부 지역을 세력권 내에 포함시켰을 뿐만 아니라[66] 신라 지역 깊숙이 군대를 주둔시키고 정치적인 영향력을 확대시켜 나갔다.

고구려는 평양 천도 이후 남진 정책을 본격화하였다. 내륙 교통의 요충지인 충주에 국원성을 설치함으로써 신라에 대한 진출 의도를 드러냈다.[67] 이후 백제 공략에 힘을 기울이면서 신라에 대해서는 소홀하였던 고구려는 장수왕 63년(475) 백제의 한성을 함락한 후 본격적인 신라 공략에 나서게 된다.

소지마립간炤知麻立干 3년(481)에는 고구려 군이 경주 부근에까지 진출하였다.[68] 실

---

65 『日本書紀』, 欽明 12年, "是歲 百濟聖明王 親率衆及二國兵 往伐高麗 獲漢城之地 又進軍討平壤 凡六郡之地 遂復故地."

66 이도학, 「고구려의 낙동강유역 진출과 신라·가야 경영」『국학연구』 2, 1988.

67 이도학 「고구려의 광개토왕의 남정과 국원성」『손보기박사 정년기념 한국사학논총』, 지식산업사, 1988.

제『삼국사기』지리지2에 의하면 소백산맥의 죽령 이남에서 영일만에 이르는 지역인 경상북도 울진·영덕·진보·임하·청송 등의 지역이 고구려의 영토로 기록되어 있다. 이는 광개토왕대의 경자년 출병 이후 장수왕대에 이르는 기간 어느 시기에 고구려가 이들 지역에까지 영토를 넓혔음을 시사하는 것이다.

5세기 후반 경 소백산맥 이서 쪽에는 이미 신라의 산성들이 구축되어 있었다.[69] 북위의 이오李敖가 평양을 방문했을 때 고구려의 영역이 "요동 남쪽 1천리에 이르렀다. 동으로 책성에 이르고, 남으로 소해小海에 이르고, 북으로 옛 부여에 이른다."고 하였다.[70] 대체로 서로 요하, 북으로 길림, 동으로 훈춘을 포함한 연해주, 남으로 아산만-경북 북부까지를 포함하는 광범위한 지역을 영역화했다. 이오의 표현처럼 민호民戶는 전대前代 3세기 중엽의 세 배에 이르렀다.

이른바「중원고구려비」에 의하면 고구려는 5세기 중에 '신라'를 '동이東夷'라고 지칭할 뿐 아니라 신라왕 및 그 신료들에게 의복을 주고 있는 것을 볼 수 있다. 이는 결국 고구려가 스스로를 중국과 같은 위치에 놓고 신라를 자기 주변에 있는 저급한 국가로 보았다는 사실을 나타내 주는 것 외에 다름 아닐 것이다.

5세기 당시 고구려는 중국 유목민 세계와 대등하면서도 그와는 다른 독자적인 천하를 보유했다.[71] 당시 삼국인들 모두에게 동아시아는 사실상 하늘 아래의 온 세상[天下]을 의미하였다. 이 천하의 성격에 대해 고구려인들은 천하는 서로 병렬적인 여러 개의 권역[小天下]으로 구성되어 있고, 그 중 하나가 고구려가 중심이 된 천하라고 여겼다.[72] 그리고 그 천하관에 입각하여 신라·동부여·숙신을 속민으로 칭하면서, 동북아시아 일대의 국제 질서를 자국 중심으로 이끌어 가려고 했다.[73]

---

68 『삼국사기』권3, 신라본기3, 소지마립간 3년.
69 『삼국사기』, 신라본기, 자비마립간 13년 ; 『삼국사기』, 신라본기, 자비마립간 14년 ; 『삼국사기』, 신라본기, 자비마립간 17년 ; 『삼국사기』, 신라본기, 소지마립간 7년 ; 『삼국사기』, 신라본기, 소지마립간 8년 ; 『삼국사기』, 신라본기, 소지마립간 10년.
70 『魏書』, 列傳, 高句麗, "遼東南一千里 東至柵城 南至小海 北至舊扶餘."
71 노태돈, 「5世紀 金石文에 보이는 高句麗人의 天下觀」『韓國史論』19, 서울대학교 국사학과, 1988.
72 노태돈, 「삼국시대인의 천하관」『강좌 한국고대사 8』, 2002(노태돈, 『한국고대사의 이론과 쟁점』, 집문당, 2009, 185쪽에 재수록).
73 노태돈, 「5~6세기 동아시아의 국제정세와 고구려의 대외관계」『동방학지』44, 연세대학교 국학

이처럼 장수왕 말년에 고구려는 만주와 한반도에 걸친 광대한 영토를 영위하고 안팎으로 그 제도가 완비된 일대 제국을 형성하여 중국과 자웅을 겨루게 되었다.

5세기 동아시아의 국제질서는 다원적인 세력 균형 상태를 이루고 있었다. 4세기의 격렬한 상쟁과 혼돈의 시기를 벗어나, 5세기 중반 이후 국제 정세는 상대적으로 안정된 면모를 드러냈다. 그러나 이는 그 전시기와는 달리 어느 한 나라가 국제정세를 일방적으로 주도할 수 있는 상태는 아니었다. 주요 국가들 간의 역관계의 연동성에 의해 세력 균형 상태를 유지하였다.

이러한 당대의 국제 정세 하에서 고구려는 중국의 남북조와 몽고고원의 유연柔燕 등과

중원고구려비(충북 충주)

각각 관계를 맺었고, 한편으로 이들을 견제하였다. 특히 국경을 접하고 있던 강대하고 팽창적인 북위를 견제하여, 대륙세력들과 장기간에 걸친 평화를 유지하였다. 그러한 가운데서 동북아시아지역에서 독자적인 세력권을 형성하였다.[74]

이 무렵 고구려는 그 영내에 포괄된 광대한 정복 지역을 점차 크고 작은 성을 기본 단위로 한 편제를 행하여 이를 중앙정부에 일원적으로 귀속시켜 나가고 있었다. 지방 통치체제의 정비와 그에 따른 지역 간의 교류 증대는 자연 고구려 영역 내의 여러 종족집단들 간의 교류와 융합을 촉진하였다. 그러한 시기에 이전 시기와는 달리 대외적으로 어떠한 외세의 간섭이나 침공에 따른 원심분리적인 작용이 없이 독자적인 세력권을 유지할 수 있었던 사실은 이 시기의 대내적인 고구려 사회의 성장과 발전에 지대한 기여를 하였다. 아울러 그러한 대외관계에 힘입어 문화적으로도 동아시아 여러

연구원, 1984.
74 노태돈, 앞의 논문, 1984 참조.

나라와 중앙아시아 지역과도 직·간접의 교류를 함으로써, 고구려 사회의 발전에 따라 필요해진 제반 문물을 수용하였다. 결과적으로 전통적인 문화기반 위에서 수입 문물을 복합시켜 독자적이면서도 국제성이 풍부한 문화를 이룩해 나갈 수 있었다.

오늘날 남아 전하는 고구려 벽화고분에서 그러한 면모를 여실히 찾아볼 수 있다. 이 시기 고구려국의 융성과 국제사회에서의 위치는 고구려인들의 국가의식에 반영되어 호기롭게 표현되어 전한다. 「광개토왕비문」과 「모두루묘지牟頭婁墓誌」에서 그 시조 주몽을 '천제天帝의 아들' '하백河伯(물의 신)의 손자' '해와 달의 아들'이라 표현했으며, 자국이 천하의 중심임을 자부했다. 「중원고구려비」에서도 신라를 동이라 기술하는 등 동일한 의식을 나타내고 있다.[75]

---

75 노태돈, 앞의 논문, 1988 참조.

제2절

1~4세기 삼국(백제, 신라, 가야)의 경계선 변화

1. 신라와 가야의 경계선

신라는 본디 삼한 가운데 하나인 진한辰韓의 열두 나라 중의 하나로 출발하였다. 원래는 '사로斯盧' 또는 '사라斯羅'라 하였고, 계림국鷄林國이라고 불렀다.[76] 따라서 삼국 초기 신라와 가야의 경계선은 먼저 진한 연맹체와 변한 연맹체의 경계선을 살펴보아야 한다. 그러나 『삼국지』 위서동이전에서 전하는 진한과 변한 12국의 소재를 정확하게 파악하기는 어렵다. 따라서 그들 소국의 소재를 근거로 진한과 변한의 경계선을 추적하는 것 역시 매우 어렵다고 하지 않을 수 없다.

신라의 기원이 된 진한 12개 소국은 조선후기의 『산경표』 지도에 따르면 소백산맥 이남, 낙동강 이동이 그 중심이 되고 있다. 대개 낙동강 이동 지역에서 소위 초기철기 문화와 원삼국문화가 발전하게 되는데, 이는 기록상 위만조선 멸망 이후의 철기문화의 파급에 따른 결과라고 할 수 있다.

삼한 소국들은 동예의 책화責禍처럼 각각의 산천을 자연 경계로 하고 있었고, 또 소국과 소국 사이에는 일종의 점이지대처럼 공한지 등도 있었을 것이다. 『삼국지』 동이전 한조에 보면 경상남도 남해안에 위치한 가야 소국들은 진한 지역과 강한 공통성이

---

76 『삼국사기』 권1, 신라본기, 탈해니사금, "改始林名鷄林 因以爲國號."

있었음을 알 수 있다.[77] 다만 지리적인 위치 차이와 함께 교역交易과 제의祭儀의 단위에서 차이가 있었던 것으로 보인다. 대체로는 낙동강을 경계로 그 이동과 이서 지역이 진한 연맹체와 변한 연맹체를 구분하는 자연 경계가 되었던 것으로 보인다.

금관가야는 사철砂鐵과 물금광산勿禁鑛山 등 풍부한 철산鐵産이 있고, 남해안에 위치하여 바다를 통한 교통에 유리하며, 낙동강 하구에 자리해 강을 통한 교류에도 매우 좋은 조건을 갖추고 있었다.[78] 한마디로 해안 교통의 요충이자 국제 무역의 중심지에 위치한 자연지리적인 배경을 이용하여 성장해 나갔다.

이러한 전기 가야 연맹체는 329년 이른바 포상팔국浦上八國으로 표현된 경남 남해안 지역의 소국들의 연합 공격으로 해체되어 갔다.

> 가을 7월에 포상의 여덟 나라가 가라加羅를 침범하였으므로 가라 왕자가 와서 구원을 요청하였다. 왕이 태자 우로于老와 이벌찬 이음利音에게 명령하여 6부의 군사를 거느리고 가서 구원하여 여덟 나라의 장군을 공격하여 죽이고, 포로가 되었던 6천 명을 빼앗아 돌려주었다.[79]

포상팔국이란 포구에 위치한 8개의 나라인데, 주로 마산 서쪽 경남 해안 지대에 자리 잡은 나라들로, 현재 그 이름이 알려진 것으로는 경남 고성 지역의 고자국, 사천 지역의 사물국, 마산 지역의 골포국, 칠원 지역의 칠포국 등이다.

포상팔국 가운데 현재까지 확인된 나라는 보라국, 고자국(고사포국), 사물국, 골포국, 칠포국 등이다. 고자국은 경남 고성, 사물국은 경남 사천, 골포국은 경남 마산시 합포나 창원시, 칠포국은 경남 함안군 칠원면에 위치한 소국으로 알려졌다. 그리고 보라국의 위치는 정확하게 알 수 없다.[80]

---

77 『三國志』, 魏書, 烏丸鮮卑東夷傳, 韓條, "弁辰與辰韓雜居 亦有城郭 衣服居處與辰韓同 言語法俗相似 事祭鬼神有異."
78 『三國志』, 魏書, 烏丸鮮卑東夷傳, 弁辰條, "國出鐵 韓濊倭皆從取之 諸市買用鐵如中國用錢."
79 『삼국사기』, 신라본기 제2 나해니사금 14년, "秋七月 浦上八國 謀侵加羅 加羅王子來請救 王命太子 于老與伊伐湌利音 將六部兵 往救之 擊殺八國將軍 奪所虜六千人還之."
80 김태식, 『미완의 문명 7백년 가야사』, 푸른역사, 2003, 132쪽.

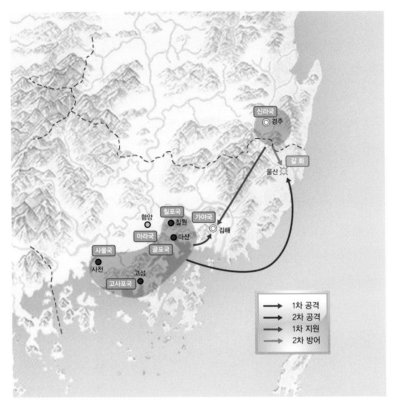

신라국
◎ 경주

갈 화

울산 ☆

함양
칠포국
칠원
가야국
아라국
마산
◎ 김해
사룡국
골포국
사천
고성
고사포국

→ 1차 공격
→ 2차 공격
→ 1차 지원
→ 2차 방어

포상팔국 난의 경과

포상팔국은 연합군을 형성해 가야 연맹체의 우두머리인 금관가야를 맹렬히 공격하였고, 금관가야는 혼자 힘으로 이를 당해내지 못하고, 결국 이웃한 신라에 구원을 요청하였다. 신라의 도움으로 반란은 진압되었으나, 이후 금관가야의 힘은 크게 약해졌다.

한편, 3세기 후반 이전에 사로국이 낙동강을 둘러싸고 금관가야와 치열하게 전쟁을 벌인 기사가 『삼국사기』 신라본기에 전한다. 다만 사로국이 포상팔국의 난을 진압한 이후에 가야와 전쟁을 벌인 기사가 더 이상 보이지 않는데, 이것은 포상팔국의 난이 일어난 이후에 낙동강 하류의 수로에 대한 통제권을 사로국이 장악하였음을 반영한 것으로 이해할 수 있다. 실제로 『삼국사기』 신라본기에서 포상팔국의 난이 일어난 이후에 사로국의 왕이 낙동강 하류에 위치한 '황산黃山'에 순행하였다는 기사가 보인다.[81] 이는 신라가 황산이 위치한 낙동강 하류의 양산 지역에 대한 통제권을 행사하였음을 반영한 기사로 볼 수 있지 않을까 한다.

결국 3세기 후반 이후 무렵에 낙동강 수로의 통제권을 사로국이 장악하면서 구야국, 즉 금관가야의 경제기반이 약화되었다. 아마도 포상팔국은 이 틈을 타서 금관가야의 통제를 벗어나려고 노력하였고, 이 와중에서 금관가야와 포상팔국 간에 갈등이 격화되어 결국 그들이 금관가야를 침략하게 된 것이 아닐까 한다. 금관가야는 이때 포상팔국의 군대를 대적하기 힘들자 신라에 구원을 요청하였던 것으로 보인다.

난을 계기로 금관가야의 가야지역에 대한 정치적 영향력이 약화되었을 텐데, 이와 관련하여 종래에 포상팔국의 난이 일어난 이후에 함안의 아라가야를 중심으로 하는 서부 경남지역의 가야 세력들이 새로운 연맹체를 결성하면서 가야 세력이 동서로 분열되었을 것이라고 추정한 연구[82]가 있어서 주목된다. 이후에도 금관가야는 낙동강 서안에 위치한 소국들을 통제하면서 5세기 전반까지 나름대로의 세력기반을 보유하고 있었는데, 이는 대성동고분군에서 발견된 대형의 목곽묘와 거기에서 출토된 부장유물을 통해 엿볼 수 있다.

포상팔국의 난이 일어난 이후 금관가야와 사로국의 경계선은 낙동강이었을 것으로 추정되는데, 실제로 낙동강 하류에 위치한 황산진, 황산하에서 신라와 가야가 전쟁을 벌인 기사가 보이고 있어 주목된다. 황산하는 양산에서 부산과 김해 방면으로 흘러가는 낙동강을 가리키고, 황산진은 양산시 물금읍 물금리 포교당 아래 690번지에서 2~3리 떨어진 낙동강 가에 위치하고 있었다.

가야진의 설치시기를 3세기 후반 또는 그 이전이라고 단정적으로 말하긴 어렵지만, 황산진은 『삼국사기』 신라본기에 전하므로 3세기 후반 또는 그 이전에 신라가 설치하였고, 이를 기반으로 낙동강 수로를 통제하였을 것으로 추정된다. 황산진과 가야진을 주목하건대, 3세기 후반에 사로국이 낙동강을 경계로 금관가야와 대치하였고, 이것은 바로 3세기 후반 진한과 변한의 경계선, 신라와 가야의 경계로도 이해할 수 있지 않을까 한다. 낙동강 중 상류의 상황은 정확하게 말할 수 없지만, 후대에 낙동강

---

81 『삼국사기』, 신라본기 제2 미추니사금 3년, "春二月 東巡幸望海 三月 幸黃山."
82 김태식, 앞의 책, 2003 참조.

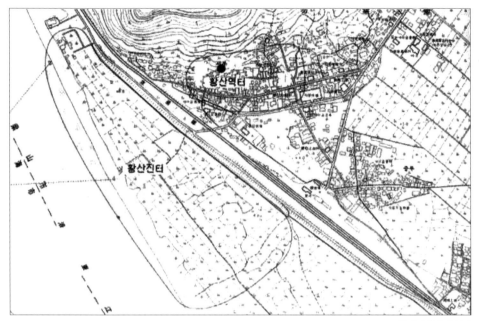

황산진 황산하 위치

탈해 왕릉(경북 경주)

동안과 서안이 신라와 가야 세력의 경계선으로 기능하였음을 감안하건대, 대체로 3세기 후반에 낙동강 중 상류의 경우도 낙동강이 진한과 변한을 구분하는 경계선으로 기능하지 않았을까 추정된다.

　삼국 초기 경주에 중심을 두었던 사로국은 대개 이사금 시기에 이르러 인근 지역집단과 교섭을 확대하고 그 세력범위를 확충해 나갔다. 그 과정에서 울산 감포 방면의 집단이 경주평야로 진출하여 신라의 주요 세력으로 등장한다. 이러한 상황은 석탈해

월성(경북 경주)

昔脫解의 등장을 담고 있는 호공설화瓠公說話[83]에 보이고 있다.

『삼국사기』 신라본기에 따르면 5대 파사왕대(100년 전후) '월성月城'을 축조하고 궁궐을 옮겼다고 한다.[84] 그리고 동해안 지역 주변 세력을 정복해 나갔다.

이후 3세기 중엽 11대 조분 이사금(230~247) 대에 이르면 김천(감문국), 안동(고타국) 지방까지 정복하여, 진한 10여국을 모두 정복하여 소백산맥 동남부 일대를 모두 차지하는 큰 연맹왕국처럼 기술하고 있다. 『삼국사기』의 기록을 그대로 믿기는 어렵지만, 내물왕奈勿王 시기에 이르러야 연맹왕국이 어느 정도 통일된 것으로 볼 수 있다. 이는 전진前秦에 사신으로 간 위두衛頭의 말에서 알 수 있다.[85]

4세기 이전 이사금尼師今 단계의 신라는 보다 넓은 지역의 집단들을 아우른 연맹체적인 성격을 지니고 있었다. 이사금尼師今으로 표기되는 연맹체의 대표자는 연맹체내의 유력 집단들의 장들이 모인 회의에서의 동의에 따라 세습되기도 하며 때로는 선임되기도 하였다. 그에 따라 이사금의 지위는 몇몇 가계家系에서 교대로 나왔다. 『삼국사기』신라본기에서 박朴·석昔·김金의 3성姓세력이 '교대로 섰다[交立]'는 것은 그러한 면을 말해 준다. 교대로 대표에 오를 만큼 연맹체내 주요 집단들은 상당히 독자적인 세력기반을 유지하였고, 이사금시대가 진행되어 가는 동안 신라는 한반도 동남부 진한의 여러 나라들 중에서 주도적인 세력으로 부상하였다.

한편 3세기 중반의 상황을 전하는 『삼국지』 위서 동이전 한조에 사로국은 진한의

---

83 『삼국사기』 권1, 新羅本紀, 脫解尼師今, "望楊山下 瓠公宅以爲吉地 設詭計以取而居之 其地後爲月城."
84 『삼국사기』 권1, 신라본기, 婆娑尼師今, "二十二年春二月 築城名月城 秋七月移居月城."
85 『삼국사기』 권1, 신라본기, 奈物尼師今, "符堅問衛頭曰 卿言海東之事與古不同何耶 答曰亦猶中國時代變革名號改易 今焉得同."

한 소국으로 전한다. 그리고 다음의 기록은 240년대에 진한 소국을 대방군과 낙랑군이 통합하였고, 사로국의 영향력은 미비하였다.

> 부종사部從事 오림吳林이 낙랑군이 본래 한국韓國을 통괄하였다고 하여서 진한辰韓의 여덟 나라를 분할하여 낙랑군에 주었다. 관리가 통역하여 잘못 전달하매 약간 사실과 다른 부분이 있었다. 신지가 격분하여 대방군의 기리영崎離營을 공격하였다. 이때에 [대방]태수 궁준弓遵과 낙랑태수 유무劉茂가 군사를 일으켜 [신지를] 공격하다가 궁준이 전사하였으나 두 군이 마침내 한을 멸망시켰다.[86]

위의 사료는 3세기 초반에 공손씨公孫氏 정권이 황해도지방에 대방군을 설치하면서 진한의 관할권을 대방군에 넘겼다가 240년대에 부종사 오림이 진한 8국의 관할권을 다시 낙랑군에 넘기려다가 무엇인가 사단이 발생하였음을 알려주는 자료이다. 240년대까지 진한지역에 대한 사로국의 통제력이 중국의 군현만큼 강력하지 못하였음을 알려주는 결정적 증거로 이해된다. 그런데 3세기 후반에 사로국은 진한을 대표하여 서진西晉에 사신을 파견하고 조공을 바치고 있다.

> 무제武帝 태강太康 원년(280)에 그 (진한) 왕이 사신을 보내 방물을 바쳤다. 2년에 또 와서 조공하였다. 7년(286)에 또 왔다.[87]

위의 사료에 등장하는 진한辰韓의 왕은 바로 진한을 대표하는 세력, 즉 사로국斯盧國의 왕을 가리킨다고 보인다. 3세기 후반에 마한의 신미국 등 20여 국이 진晉의 유주자사 장화張華에게 나아가 조공을 바쳤다는 내용이 나오는데,[88] 이것은 마한의 경우 백제왕만이 아니라 거기에 속한 여러 소국들이 독자적으로 진나라와 교섭한 사실을 반영한 것이다. 이에 반하여 위의 사료는 사로국왕이 진한을 대표하여 진나라와 교섭

---

86 『三國志』, 魏書, 東夷傳, 韓.
87 『晉書』, 東夷傳, 辰韓.
88 『晉書』 卷36, 열전 第6, 張華.

풍납토성 출토 서진 청자(시유도기)

하였음을 알려주는 귀중한 자료이다. 이를 근거로 3세기 후반에 사로국이 진한지역의 여러 소국을 정복하거나 복속시켜 진한지역을 대표하는 세력으로 부상하였다고 추정하여도 크게 문제가 되지 않을 듯싶다.

이들 사로국의 영역은 명확하게 기록된 것은 없으나 대체로 소백산맥이남 낙동강 동안 지역을 연맹체 범위로 하고 있었다고 생각한다. 4세기 이후 신라는 대외적으로 처음에는 고구려의 강한 영향력 하에 들어갔으나 곧 백제 및 가야와 동맹을 하여 고구려 세력을 배제해 나갔고, 소백산맥 이남의 여러 지역에 대한 지배력을 강화해 나갔다.

2. 백제와 신라의 경계선

삼국시대 초기 당시의 모습을 잘 보여주는 『삼국지』의 기록에는 3세기 초까지도 삼한에는 여러 소국이 난립하고 있는 것으로 기록되어 있다. 이러한 기록은 어느 정도의 사실성을 갖고 있다. 따라서 3세기 사로국의 주변 국가들에 대한 지배 복속 관계는 결코 영속적인 지배망을 확립한 단계라고 보기 어렵다. 아직 지방통치체제가 정비되지 않았고, 한편 토착 세력의 거수渠帥들 가운데는 중국 군현과 통하는 자들이 많았다.

『삼국사기』 백제 본기와 신라 본기에는 초기부터 백제와 신라 사이에 관계 기록이 보이고 있다. 이는 백제와 신라가 본격적인 국가를 형성하기 이전의 전쟁 기록으로 그 신빙성이 매우 의심되는 기록이다.[89] 다만 삼국 초기 당시의 양국 간의 상황을 짐

---

89 『삼국사기』 초기 기록에 대해서는 긍정론과 부정론, 수정론이 있는데, 대개 수정(절충)론의 입장에서 접근하고 있다. 백제와 신라의 초기 전쟁 기록에 대한 현재까지 연구 성과 역시 『삼국사기』

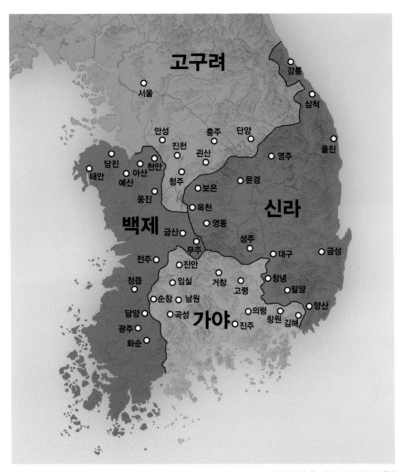

고구려–백제–신라–가야의 경계선

작하는 데는 큰 무리가 없다고 생각한다.

　당시 백제와 신라의 경계 지점은 크게 소백산맥이 자연 경계가 되었다. 즉 백제와 신라는 소백산맥을 경계로 그 이동과 이서 지역으로 나누어진다. 따라서 1세기에서 4세기의 백제와 신라의 경계 지역과 관련해서는 소백산맥의 여러 교통로와 관련하여 비정할 필요가 있다. 즉 신라의 북방 진출 방향이었던 추풍령 및 화령 방면(구양성, 와산성, 모산성 등) 또는 계립령과 그 주변 지역인 충주, 괴산, 문경, 예천 일대 우두진(봉

　초기 기록의 신뢰 여부를 기준으로 부정론, 긍정론, 수정(절충)론 등으로 나눌 수 있다.

삼년 산성(충북 보은)

산성, 낭자곡성, 괴곡, 웅곡 등)으로 보는 것이 타당하다고 생각된다.

4세기 이후인 자비왕 13년 신라에서는 삼년산성을 쌓았다고 한다.[90] 이 삼년산성은 충북 보은에 현재 잘 남아 있다. 그리고 다음해인 471년에는 일모성, 사시성, 광석성, 답달성, 구례성, 좌라성 등을 쌓았다고 한다.[91] 여기서 일모성은 청원군 문의면 일대이고, 사시성은 홍성군 장곡면 일대로 추정되며, 광석성은 영동군 영동읍에 비정된다. 답달성은 상주시 화서면에, 구례성은 옥천군 옥천읍에 비정되며, 좌라성은 영동군 황간면에 비정된다.이 기록을 통해 신라가 소백산백의 화령-추풍령 일대에 방어체계를 강화하던 상황을 읽을 수 있다.[92]

이상에서 신라는 470년대에 소백산맥의 화령-추풍령 일대에 방어체계를 강화하였다. 이에 따라 백제-신라의 국경은 화령-추풍령에 걸친 소백산맥 서쪽 산간지대를 따라 형성되었다. 다만 신라가 470년대에 축조한 이 지역의 성곽은 475년 이후 고구려의 남진을 방어하는 전진 기지로 기능하게 된다.

90 『삼국사기』 권3, 신라본기3, 자비마립간 13년, "築三年山城."
91 『삼국사기』 권3, 신라본기3, 자비마립간 17년, "築一牟 沙尸 廣石 沓達 仇禮 坐羅 等城."
92 韓國精神文化硏究院, 『譯註 삼국사기』, 신라본기3, 주석편(상), 1997, 89~90쪽.

제3절

5~6세기 삼국의 경계선 변화

1. 한강 유역을 둘러싼 삼국간의 영역 변화

5~6세기의 한강유역 일대는 두 나라가 아닌, 셋, 혹은 그 이상의 나라들이 장기간에 걸쳐 각축전을 벌였던 곳이므로 국경선의 변화가 매우 심하였다. 때문에 그 경계의 문제는 더욱 다루기가 어렵다. 특히 한강유역을 둘러싼 영유국領有國 변화에 대해서는 최근까지도 논의의 초점이 되어왔다.

5세기 중엽 이후 삼국의 접경 문제

몽촌토성

와 관련하여 가장 주목되는 지역은 한강 유역이다. 주지하듯이 한강의 처음 주인은 백제이다. 백제는 한강이라는 유리한 자연지리를 배경으로 한반도 전역으로 세력을 넓혀갔고, 바닷길을 통해서도 중국과 직접 교류하면서 근초고왕대의 전성기를 누리게 되었다. 그러나 아신왕을 거쳐 개로왕대에 이르기까지 성장하는 고구려에 의해 결국 한강을 고구려에게 내주고 말았다.

아차산 보루성 성벽

475년 고구려의 공격 이전 백제와 고구려의 접경은 한성 이북으로 확인된다.[93] 광개토왕대 고구려는 자비령로慈悲嶺路를 통해 예성강 하류 지역을 통과하여 개성 부근에 이르고, 일시적으로는 임진강유역까지 다다른 것으로 보인다.

그리고 영락 6년(396) 이후 영서지방을 지나 남한강 상류까지 진출하였던 것으로 추정된다. 따라서 광개토왕 말년에 이르면 고구려의 남쪽 경계는 임진강 북안을 따라서 형성되었을 가능성이 높다.[94]

한편, 백제 개로왕은 한동안 소강상태에 머물던 고구려에 대한 반격을 시도하였다. 469년에 고구려 남변을 침공하였으며, 472년에는 일시적으로 북진하여 쌍현성雙峴城·청목성靑木嶺·북한산성의 군사거점화를 시도하였다.[95] 그러나 개로왕은 "병약兵弱"한 상황에서 뚜렷한 대對고구려 전략을 마련하지 못한 채, 대외관계의 향방에 자기 국가의 생존을 걸어야만 하는 곤경에 처하게 되었다.[96]

이러한 상황을 간파한 고구려 장수왕은 475년 3만 병력을 동원하여 백제 왕도인 한성을 공격하여 유린하였다.[97] 고구려군은 백제군의 전진 기지인 북성北城을 함락시킨 다음 한성에 육박하였는데, 공격을 받은 지 7일 만에 한성이 함락되었다. 개로왕은 성이 함락되기 직전에 성문을 빠져나와 서쪽으로 달아나다가 고구려 군사에 붙잡혀 아단성으로 끌려가 참살되고 말았다. 이 때 왕뿐만 아니라 태후·왕자들이 고구려 군에 몰살당하였고, 8천 명이 포로로 끌려갔으며, 한성을 포함한 한강 유역 일대를 모두

---

93 『삼국사기』 권25, 백제본기3, 비유왕 29년 춘3월, "王獵於漢山"；『삼국사기』 권25, 백제본기3, 개로왕 15년 동10월, "葺雙峴城 設大柵於靑木嶺 分北漢山城士卒成之."
94 서영일, 「高句麗의 百濟 攻擊과 南進路」 『경기도의 고구려 문화유산』, 2007, 98쪽.
95 金壽泰, 「百濟 蓋鹵王代의 對高句麗戰」 『百濟史上의 戰爭』, 書京文化社, 2000, 223~227쪽.
96 『삼국사기』 권25, 백제본기3, 개로왕 18년.
97 『삼국사기』 권25, 백제본기3, 개로왕 21년.

고구려에 빼앗기게 되었다.

475년 당시 작전에 동원됐던 고구 려군 3만병은 먼저 양주 방면에서 아 차산 줄기를 따라 소규모 병력을 투 입하여 능선부를 장악함으로써 군사 기동력의 안전성을 확보하였던 것으 로 보인다. 최근 아차산 보루성이 고 구려가 475년 백제 한성 공략 후 몽

아차산 보루성 내부 건물 시설

촌토성에 주둔한 이후 양주 일대의 남평양을 방어하기 위해 축조했다는 주장이 나와 주목된다.[98] 매우 주목할 만한 견해로 이에 맞추어 여러 해석이 가능하다고 본다. 다 만 475년 당시 고구려 주력군의 이동 경로는 역시 아차산 줄기를 따라 형성될 수밖 에 없었다고 생각한다.

그 후, 중랑천이나 왕숙천 변의 평지를 따라 주력부대를 한강 북안으로 신속히 이 동시켰다.[99] 이 과정에서 이들은 한강 북안의 아단성을 기습적으로 제압하고 이곳을 전진 거점으로 삼아 한강 도하작전을 실시하였을 것으로 추정된다.[100]

이와 같이 개로왕 21년에 백제는 고구려에게 한성을 함락 당하였다. 그러나 『삼국 사기』 백제본기에는 고구려에 의해 한성이 함락되어 백제가 웅진으로 천도한 이후에 도 백제가 한성을 경영하고 있는 기사가 보인다. 따라서 그 동안 이에 대한 여러 해석 이 있어 왔다. 지명 이동의 결과로 보기도 하고, 신빙성이 없거나 과장된 조작으로 보 기도 하는 등 부정적인 입장이 그 동안의 통설이라고 할 수 있다. 대개는 이에 대해 475년 백제의 침공 결과 한강유역을 점유하게 된 고구려가 551년 백제와 신라 연합 군의 협공을 받은 뒤 한강유역을 상실한 것으로 이해하고 있다.

그러나 이에 대해 『삼국사기』의 기록을 긍정적으로 수용하여 백제의 한강유역 회

---

98 최종택, 「남한지역 출토 고구려 토기의 몇 가지 문제」 『백산학보』 69, 백산학회, 2004.

99 崔鍾澤, 「京畿北部地域의 高句麗 關防體系」 『高句麗 山城과 防禦體系』 第5回 高句麗 國際學術大 會, 1999, 247~248쪽.

100 박경철, 「麗·濟戰史의 再檢討」 『高句麗硏究』 24, 高句麗硏究會, 2006.

복이나 북방 영역의 운영을 동성왕~무령왕 대에 이루어진 것으로 보는 견해도 있다. 475년 9월 한성 함락사건 이후 한강유역은 고구려의 영역이 되었다기보다는 백제와 고구려의 완충지역으로 남았다고 보며, 여전히 백제의 연고권이 더 강하게 작용하고 있었다고 보는 것이다.[101]

당시 문주왕은 신라로부터 구원군을 데리고 한성에 도착해 즉위하였고, 10월에 웅진으로 천도를 단행하였다. 따라서 백제사 연구자들 상당수는 고구려 군이 한성을 함락시키고 백제의 항복을 받은 뒤 한강 이북으로 철수한 것으로 보고 있다.

백제사 전공자들은 백제의 웅진 천도 후 고구려가 다시 이 지역을 확보했다고 해도 그것은 고정적이거나 영구적이지는 않았다고 본다. 한성이 함락되었지만 고구려 군이 이 지역을 완전히 장악하여 통치했다고 보기는 어렵다는 것이다. 웅진 천도 후 한성에 대한 『삼국사기』의 기록을 보면 한산성漢山城, 한산漢山, 한성으로 표현되는 한성 시기의 중심지가[102] 웅진시기에는 고구려나 말갈의 공격 대상 지역이 되고 있다.[103]

이것은 고구려가 한성 함락 후 이 지역을 완전히 장악하지 못했다는 증거이며,[104] 반대로 이 지역이 백제의 영향력 아래에 있었다는 것을 의미한다. 그래서 동성왕이 한산성漢山城에 나아가 군민을 위무했다든지,[105] 가뭄이 들었는데도 동성왕이 백성을 구휼하지 않자 한산인漢山人들이 고구려로 도망갔던 것이다. 또 무령왕 대에도 한성으로 순행하여 한북漢北의 주민들을 징발, 쌍현성雙峴城을 축성하는 일이 가능했다는

---

101 박현숙, 앞의 논문, 2010 참조.

102 梁起錫(양기석, 「熊津時代의 百濟支配層研究」 『史學志』14, 1980, 22쪽)과 俞元載(유원재, 「百濟 加林城 研究」 『百濟論叢』 5, 1996, 3~4쪽)도 이들 지역을 백제의 구도인 한성으로 보고, 이 지역이 수복되었을 가능성을 제기했다.

103 『삼국사기』 권26, 백제본기4, 동성왕, "四年 秋九月 靺鞨襲破漢山城 虜三百餘戶以歸"; 『삼국사기』 권26, 백제본기4, 무령왕, "七年 冬十月 高句麗將高老與靺鞨謀 欲攻漢城 進屯於橫岳下 王出師 戰退之."

104 鄭載潤, 「熊津時代 百濟 政治史의 展開와 그 特性」, 서강대학교 박사학위논문, 1999, 140~141쪽에서 수도로 추정되고 있는 몽촌토성에서 고구려 계통의 토기류와 무기류 등과 함께 군사시설이 존재하였다는 사실에 비추어 볼 때 백제의 구도인 한성이 이미 수복되었다는 견해에 대해 의문을 제기했다.

105 정재윤은 동성왕의 첫 번째 수렵지역이 한성(이라는 점은 동성왕이 재위 초반에 북방 지역에 관심을 가졌던 것이며, 이러한 한성지역의 군민 위무는 정국에 대한 자신감이 없으면 불가능한 것으로 이해하였다(鄭載潤, 위의 논문, 1999, 90~91쪽).

5세기 이후 국원경이 설치된 남한강 상류의 충주 가금면 일대

것이다.

고구려의 한강 이남 확보와 관련하여 최근에 주목되는 고구려 유적이 충북 청원군 남성골 산성과[106] 대전 월평동 산성이다. 고구려 토기가 출토된 바 있어서 남한강과 금강 사이의 충청남북도 일대가 고구려의 군현지배를 받았으므로 경기 남부도 고구려의 군현이었다는 단서를 열어주고 있다. 이는 전술했듯이 또한 『삼국사기』 지리지에서 전하는 한주 관내 군현의 연혁에 대한 기술과 상응한다.

한강 유역에 대한 고구려의 지배력은 앞 장에서 서술하였듯이 『일본서기』 흠명기에 551년의 상황을 기술한 기사에서 확인할 수 있다. 기록[107]에는 백제군이 한성을 공략한 뒤, 평양 즉 오늘날의 양주를 가리키는 남평양을 차지하였다고 명확히 기록하고

---

106 金榮官, 「고구려의 청주지역 진출시기」 『先史와 古代』 25, 2006, 659~671쪽에서는 청주지역에 고구려가 진출한 시기를 529년 이후로 보았다.

107 『日本書紀』, 欽明 12年, "是歲 百濟聖明王 親率衆及二國兵 往伐高麗 獲漢城之地 又進軍討平壤 凡六郡之地 遂復故地."

있다. 따라서 지금의 남서울인 한성에 대한 고구려의 지배는 6세기 초반까지 지속되었음을 알 수 있다.

5세기 이후 고구려의 남방 경영 지역은 「중원고구려비」를 통해 확인되는 남한강 상류의 충주와 관련하여 살펴 볼 수 있다. 충주 쪽에서 차령산맥 이남의 증평군을 거쳐 서남진하게 되면 바로 청주에 이르고, 여기서 남진을 하면 남성골 산성이 위치한 청원을 거쳐 월평산성이 있는 대전에 이르게 된다. 고구려 토기 한 점이 발견되어 주목을 끈 충북 진천의 대모산성 역시 증평 쪽에서 서남진하면 닿을 수 있는 곳이다.[108]

충북 청원의 남성골 유적은 고구려의 남진 과정에서의 전진기지 가운데 하나로서 당시의 상황을 보여주지만, 대전의 월평산성이나 진천의 대모산성의 경우는 그 소속에 대한 판단이 용이하지 않다. 고구려 유물이 나왔으나, 산성 자체가 고구려 성인지, 또 어느 정도 지속적으로 사용했는지 여부는 아직 분명치 않으므로 고구려가 이곳까지 영역화 했는지의 여부에 대한 판단은 유동적이다.[109]

한편, 백제의 웅진 천도는 475년 고구려 공격에 의한 한성 상실이 직접적인 원인이지만 이외에도 여러 가지 이유가 복합적으로 작용했던 것으로 보인다. 웅진 천도는 국가의 존망이 걸린 커다란 위기 속에서 황급히 이루어졌다고 보는 것이 일반적인 견해이다.[110] 한편 웅진 천도는 한성 함락이라는 외압적 측면 뿐 아니라, 개로왕대의 친정체제 구축과 대고구려 남침에 대한 대응이라는 측면에서 검토한 견해도 있다.[111]

고구려의 지방 통치방식은 영역지배라기보다는 점과 선을 연결하며 교두보나 거점을 마련하는 거점지배 방식을 보여 주고 있다. 실제 이것은 거점 성城을 두고 이를 통해 점령 지역을 통치하는 방식으로 나타났다.[112]

경기북부의 고구려 관방유적은 대부분 보루성의 성격을 지니고 있다.[113] 이러한 관

---

108 金樂起, 앞의 논문, 2005, 115~116쪽.

109 金賢淑, 「고구려 한강유역 領有와 지배방식」『6세기의 한반도』, 제18회 백제연구 학술회의, 2001, 4쪽.

110 梁起錫, 「웅진천도와 중흥」『한국사 6』, 국사편찬위원회, 1995, 58~59쪽.

111 정재윤, 앞의 논문, 1999, 13~52쪽.

112 임기환, 『고구려 집권체제의 성립과정 연구』, 경희대학교 박사학위논문, 1995.

113 심광주·김주홍·정나리, 「한강 이북지역 고구려성의 분포와 특징」『漣川 瓠蘆古壘』, 1999, 112~213쪽.

방유적의 특징을 통해 볼 때, 고구려가 한
강유역에 대해 넓은 영역의 통치를 목적으
로 한 것이 아니라, 전략적 거점을 중심으
로 한 선으로서의 진출입로 확보에 주안점
을 두고 있었다는 것을 알 수 있다. 따라서
몽촌토성에서 출토되는 고구려 토기나,[114]
이성산성二聖山城의 고구려 유물들,[115] 아
차산과 용마산 등의 보루는[116] 한강 유역을
두고 고구려가 백제와 계속 대치 국면을
벌이고 있었다는 것을 보여준다.

이성산성 동문 성벽(경기 하남)

　대개 장수왕이 직접 거느린 부대는 포로를 끌고 돌아가고, 점령지를 관리하는 일
부 부대가 남아있었을 것으로 추정된다. 남은 부대들은 일단 한강 이북으로 철수하여
대열을 정비하고 상황을 지켜보았을 것이다.[117] 한강 유역은 오랜 기간 전란이 벌어졌
던 현장이었으므로 고구려가 장기간 안정적인 영역지배를 하기는 어려웠을 것이다.
따라서 한강이남 지역은 상당기간 양국의 완충지대 접경지대로 존재했을 것으로 보
인다.[118]

---

114 1988년 몽촌토성에서 廣口長頸四耳甕을 비롯한 일련의 고구려 토기가 확인되었고(서울大博物館·
　　서울특별시, 『夢村土城 東南地區發掘調査報告』, 1988, 163~198쪽 ; 서울大博物館, 『夢村土城 西
　　南地區發掘調査報告』, 1989, 150~187쪽), 바로 강 북안에 위치하고 있는 구의동유적의 토기들
　　도 몽촌토성에서 출토된 고구려 토기와 같은 유형임이 새로이 밝혀졌다(최종택, 「한강유역 고구
　　려 보루의 구조와 성격」『특별전 고구려-한강유역의 고구려 요새』, 기념강연회 발표요지, 서울
　　대학교 박물관, 2000, 11쪽).
115 二聖山城에 대한 8차 발굴조사에서 2차 성벽을 고구려의 축조방식에 따라 축조된 것으로 보았으
　　며, 고구려 목간과 고구려척이 출토됨으로써 이성산성이 고구려 장수왕 이래 한반도 중부의 새
　　로운 정복지를 통치하기 위한 진성의 역할을 한 것으로 추정하였다(漢陽大學校 博物館·河南市,
　　『二聖山城 第8次 發掘調査 現場說明會 發表文』, 2000, 1~15쪽).
116 경기북부 지역에 분포하고 있는 삼국시대의 성곽은 약 85개소이며, 이 가운데 30개소는 고구려
　　의 성곽으로 밝혀지고 있는데, 주로 보루에 해당된다. 구의동유적과 연결선상에 있는 아차산과
　　용마산 일대에서도 고구려의 보루가 조사되었다(최종택, 앞의 논문, 서울대학교박물관, 2000,
　　11~33쪽).
117 金賢淑, 앞의 논문, 2001, 5쪽.
118 양기석, 앞의 논문, 2008, 89쪽에서는 475년 직후 고구려와 백제의 국경선을 아산만~직산~진

용마산 보루성지

많은 백제사 전공자들은 475년 위례성 함락 이후 고구려가 차령車嶺을 넘어 금강 중류 유역의 대안對岸에까지 진출했다 하더라도 한강 이남까지는 영역 변화가 유동적으로 나타나는 일종의 완충지역이라고 해석한다. 이 지역에 대한 통치 방식은 영역지배보다는 모기지母基地에서 교통로를 따라 교두보나 거점을 마련하는 전략적 거점 지배방식을 취했다는 것이다.[119] 이는 『삼국사기』 백제본기의 기록을 근거로 무령왕武寧王 7년을 기점으로 백제가 다시 이 지역으로 진출했고, 성왕 7년(529년) 다시 고구려가 회복했다고 보는 것이다.

이때 고려할 것은 양국 간에 일회적이나 일시적으로 교전 지점이 된 곳과 비교적 안정되게 장기적으로 지배하는 곳을 구분할 필요가 있다고 생각한다. 다만 이곳이 영역의 개념에서 보면 어느 나라의 영토이냐의 문제는 여전히 남는다. 그러할 때 이는 크게 보아 고구려의 영토로서 설명하는 것이 합리적이라고 생각한다. 한성 공략 후 고구려군의 주력이 철수했지만, 고구려는 한강 하류 유역을 방치한 것이 아니다. 구의동 고구려 유적이나 몽촌토성에 보이는 고구려 유물들은 고구려 군이 이곳에 주둔했음을 증명한다.[120]

고구려 영역의 남한계는 청원 남성골 유적과 대전 월평산성에서 발견된 고구려 토기에 유의해야 한다. 백제군은 551년 신라와 연합으로 한성을 공략한 후 평양을 차지한다. 이때의 평양은 지금의 경기도 양주 지역을 가리킨다. 이는 551년까지도 지금의 남서울인 한성은 고구려 지배하에 있었다는 것을 말해준다. 일시적으로 백제군이 한

천~청원~대전~괴산~충주~단양의 선을 유지한 것으로 보았다.
119 양기석, 「475년 위례성 함락 직후 고구려와 백제의 국경선」『한국 고대 사국의 국경선』, 서경문화사, 2008.
120 노태돈, 「고구려의 한성지역 병탄과 그 지배 양태」『향토서울』 66, 2005 ; 김수태, 「백제 성왕대의 변경 -한강유역을 중심으로-」『백제연구』 44, 2006.

산 지역에 단기간 진출했을 가능성은 배제할 수 없지만, 백제가 5세기 말 6세기 전반 한성 일대를 점령하여 지배했다고 보기는 어렵다고 생각한다.

한편 웅진으로 천도한 백제는 새로운 발전의 터전을 마련하기 위해서는 웅진 같은 산골짜기를 벗어나서 넓은 벌에 신 도읍을 경영할 필요가 있었다. 이것은 이미 동성왕 때에 계획된 바 있었으나 실현되지 못하였는데, 무령왕의 뒤를 이어 즉위한 성왕(523~554)은 이러한 목적을 위하여 16년(538)에 사비泗沘로 천도하고 국호를 남부여南扶餘라 개칭하였다.

몽촌토성 출토 고구려토기

남부여로 천도한 후 길러지고 조직된 힘을 가지고 성왕은 고구려가 점유하고 있는 한강 유역의 옛 땅을 회복하려고 노력하였다. 이를 위해서 그는 신라 진흥왕과 동맹하여 마침 고구려의 내분을 틈타서 29년(551)에 북진을 시작하였다.

백제는 한강 하류지역의 6군을 점령함으로써 그 목적을 이루었으나, 2년 뒤에는 도리어 신라군의 기습공격을 받아 한강 유역에서 쫓겨나고 말았다. 오랜 노력의 결정으로 이루어진 성과가 실패로 돌아간 것이다. 이에 격분한 성왕은 그 이듬해(554) 7월 대가야군과 합세하여 신라를 직접 쳤으나 도리어 관산성(충북 옥천) 싸움에서 전사하였다.

신라는 새로이 차지한 한강 유역을 다스리기 위하여 신주를 설치하였다.[121] 신라의 한강 유역 점령은 인적·물적 자원의 획득 이외에 서해를 거쳐 직접 중국과 통할 수 있는 문호를 얻었다는 점에 그 중요성이 있다.

신라는 남양만에 당항성이란 요새를 쌓아 이를 거점으로 25년(564) 이래 거의 매

---

121 『삼국사기』 권4, 신라본기4, 진흥왕 14년, "秋七月 取百濟東北鄙 置新州."

년 중국의 남조 진과 북조 북제 두 나라에 사신을 파견하여 외교관계를 공고히 하였다. 신라의 삼국통일이 외교의 성공에 크게 힘입었던 것을 생각할 때 한강 유역의 점령이야말로 통일 사업의 큰 기반이 되었다고 하지 않을 수 없다.

2. 5세기 삼국의 경계선 변화

1) 5세기 초~중기의 경계선

삼국이 대치하고 있는 상황에서 고구려, 백제, 신라는 자기 보존과 영역확보를 위해 군사적 팽창에 주력하였다. 『삼국사기』 지리지 서문에서는 "땅이 개 이빨처럼 서로 교착되어 혹은 서로 화친하거나 혹은 서로 노략질하였다"[122]고 삼국의 형세를 표현하고 있다. 이와 같이 한국 고대의 국경선은 가변적이었다.

국경선이란 영역을 전제로 하며, 이를 위해서는 영역에 대한 개념 규정[123]과 그 영역을 지시할 물질적 기준과 통치의 방식 등에 대한 연구가 선행되어야 한다. 그럼에도 불구하고 아직 이러한 준거를 마련하기는 쉽지 않다.

5~6세기 삼국의 경계선에 관해서는 그 동안 많은 연구 성과가 있었다.[124] 그러나 아직도 명확한 정리가 이루어지지 않고 있다. 대개 5세기 초기~중엽 삼국의 접경과 관련해서는 「광개토왕릉비」영락 6년(396)조의 기록에 나오는 광개토왕의 남정이 주요 획기를 이룬다. 그러나 광개토왕 대의 상황을 이해하려면 먼저 370~380년대 고구려의 남계를 살펴볼 필요가 있다.

369년 고구려 고국원왕은 백제를 정벌하기 위해 치양雉壤 일대와 수곡성水谷城에

---

122 『삼국사기』, 지리지 서문, "地錯犬牙 或相和親 或相寇鈔."

123 김영심은 고대 영역의 분류 준거를 '배타성'과 '군현제'의 실현 정도로 설정하고, 영역을 직접지배 영역인 '영토'와 간접지배영역을 포괄하는 '세력권'으로 구분하기도 했다(김영심, 「웅진·사비 시기의 百濟의 領域」『古代 東亞細亞와 百濟』 발표문, 충남대학교 백제연구소, 2002, 31~37쪽).

124 노중국, 「5~6세기 고구려와 백제의 관계」『北方史論叢』, 2006 ; 김태식 외, 『고대 사국의 경계선』, 서경문화사, 2008 참조.

서 전투를 벌였다. 전투가 벌어진 치양[반걸양]은 황해도 배천 일대로 예성강 유역이다. 이후 백제는 고구려의 공격이 거세짐에 따라 예성강 하류 일대의 연백평야를 확보하기 위해 청목령靑木嶺(개성 송악산과 마식령산맥)에 성곽을 축조하고(373년), 청목령[마식령산맥]에서 예성강 상류[팔압성]—서해[해주만]에 이르는 관방 시설을 축조하였다(386년). 이에 따라 예성강 상류나 멸악산맥 일대는 점차 고구려 영역으로 편입되었다.

대개 370~380년대 고구려와 백제는 예성강 일대에서 공방전을 벌였으며, 양국의 국경은 멸악산맥을 따라 형성되었다. 또한 광개토왕 대 이전 고구려에 예속된 예[濊=靺鞨]와 백제는 임진강 중상류의 평강 일대에서 대치했다.

광개토왕이 왕위에 오른 후 고구려와 백제는 치열한 영토 공방전을 전개한다. 먼저 고구려가 멸악산맥을 넘어 예성강 일대를 공략해 들어갔다. 이와 동시에 고구려는 말갈[예]을 동원하여 임진강 중류 지역의 적현성赤峴城을 공략하였다(391년). 이때 백제 역시 대응으로 쌍현성을 축조하고, 청목령을 근거지로 삼아 방어했으나 대설大雪을 만나 실패하였다.

이후 고구려는 임진강 중하류와 한강 하구 일대를 공략해 나갔다. 392년 7월에는 육로를 통해 임진강 중하류 일대에 있는 석현성石峴城 등 10여 성을 점령하였다.[125] 10월에는 해로를 통해 임진강—한강 하구 일대의 관미성關彌城 등을 점령하였다. 이에 맞서 백제는 싸웠으나 빼앗긴 지역을 되찾는 데 실패하였다.

대체로 5세기 이전 광개토왕이 백제를 정복하여 고구려 영역으로 편입한 지역은 북한산 북쪽의 예성강—임진강 유역과 한강 하구 일대로 파악된다. 그때까지 횡악橫岳(北漢山) 일대는 여전히 백제의 영역으로 존속하고 있었다.

한편, 「광개토왕릉비」 영락 6년 조에 따르면, 광개토왕은 영락 6년(396)에 수군을 이끌고 백제를 공격하여 50여 성을 공취하였다. 백제가 이에 맞서자 광개토왕은 아리수阿利水를 건너 백제 왕성을 공격하였다. 이에 백제 아신왕阿莘王은 남녀 1,000명과 세포細布 1,000필을 바쳤다. 그 결과 광개토왕은 백제의 58성과 700촌을 얻고 아울

---

125 『삼국사기』 권18, 고구려본기6, 광개토왕 2년 8월 ; 『삼국사기』 권18, 고구려본기6, 광개토왕 2년 10月.

러 백제왕의 동생과 대신 10여명을 인질로 삼아 개선했다.[126]

광개토왕이 정복한 58성과 700촌은 고구려 군대가 백제 도성으로 진격하는 루트 상에 분포했던 것으로 보인다. 즉 58성은 백제 도성 공격 이전에 정복한 예성강 중하류(수곡성 이남), 임진강 중하류(적현성 이남), 한강 하류 일대(관미성, 서해안) 등으로 비정할 수 있다. 일찍이 58성을 한강유역과 임진강 유역을 중심으로 황해도 남부·경기 북부·강원 서북부에 분포된 것으로 보았다.[127] 광개토왕이 차지한 성곽 중에는 강화도와 관미성, 미추성 등 해안 지역이 다수 포함되어 있었음이 주목된다.[128]

이후 고구려-백제 양국의 국경선은 대개 임진강-한강 분수령을 따라 형성되어 있었던 것 같다. 다만 영서 지역의 국경선은 명확히 확정하기가 쉽지 않다. 이 일대에는 예[말갈]의 거주지역으로 고구려와 백제 모두 예에 대한 간접적인 지배를 시행했다. 고구려는 광개토왕 대에 이르러 북한강 수계에 대한 영향력을 확대해 나갔던 것으로 보이는데, 아직 남한강 수계까지 진출한 것으로 보기는 힘들다.

다만 450년 고구려 장수가 남한강 수계와 연결되는 실직(삼척) 들판에서 수렵을 행하였다는 기록[129]을 보아 5세기 중반을 전후하여 고구려가 남한강 방면으로 진출했을 가능성이 높다.

영락 10년(400)에는 고구려가 신라에 침입한 왜倭를 축출하기 위해 낙동강 유역 작전을 전개하였다. 당시 고구려군 5만이 신라로 남하하는 경로의 최남단은 남한강 유역에서 죽령을 넘는 경로가 가장 유력하다. 구체적으로는 평양 → 수안 → 신계(수곡성) → 화천 → 춘천(우두성) → 원주 → 충주 → 단양 → 죽령으로 추정된다.[130] 고구려는 이 작전을 통하여 한반도 남단까지 군사행동을 수행할 수 있는 군사역량을 과시함과 아울러 백제와 신라에 대한 상대적 우위를 확인하였던 것이다. 광개토왕 10년에 고구려가 성공적으로 수행한 작전은 고구려군이 평양 →중원 →경주로 연결되

126 「廣開土王陵碑文」, "以六年丙申王躬率水軍討伐殘國軍…於是得五十八城村七百 將殘主弟并大臣十八旅師還都."
127 千寬宇, 「馬韓諸國의 位置試論」『東洋學』 9, 1979, 9쪽.
128 林生鳳, 「廣開土大王期 高句麗 南進의 性格」『고구려 남진 경영사의 연구』, 백산자료원, 1995, 19쪽.
129 『삼국사기』 권3, 신라본기3 눌지왕 34년 7월.
130 임기환, 「5~6세기 고구려의 남진과 영역 범위」『경기도의 고구려 문화유산』, 2007, 42쪽.

는 교통로를 신라가 안정적으로 담보해준 가운데 비롯된 과감한 군사행동이었다고 할 수 있다.[131]

광개토왕 대 고구려와 백제는 예성강~임진강 일대에서 일진일퇴의 공방전을 지속한 것으로 보인다. 그러나 남한강 유역과 북한강 유역은 고구려가 루트를 확보한 것으로 보이며, 양국 쟁탈전의 중심에 중원(현재의 충주 지역)이 있었다.

충주 지역은 남한강과 달천이 합류하고, 조령·계립령·죽령·원주·죽산 등지로부터 10여개의 교통로가 모이는 결절지結節地로서 조선시대에는 강원도 남부, 경기도 동남부, 충청도 동부, 경상도 등 각지의 화물이 집산되는 요지였다.[132] 또한 충

충주 남한강변 탑평리 7층석탑(중앙탑)
5세기 고구려 중원경의 중심지역으로 비정.

주는 남한강 유역의 괴산, 청풍, 여주 등지와 함께 취락 발달의 적지로 여겨졌다.[133]

고구려의 중원 지방 진출은 「중원고구려비中原高句麗碑」의 존재로 보아 449년 이전의 시기로 추정되며,[134] 「광개토왕릉비」와 「중원고구려비」에 모두 '고모루성古牟婁城'이란[135] 지명이 보이는 점으로 미루어 보아, 이 지역에 고구려가 진출한 것은 일찍이

131 「廣開土王陵碑文」永樂 九年 己亥(399) ; 廣開土王陵碑文」永樂 十年 庚子(400).

132 崔永俊, 『嶺南大路』, 고려대학교 민족문화연구소, 1990, 53쪽.

133 李重煥 『擇里志』八道總論 忠淸道.

134 任昌淳, 「中原高句麗古碑 小考」『史學志』 13, 1979, 57쪽 ; 鄭雲龍, 「5世紀 高句麗 勢力圈의 南限」『史叢』 35, 1989, 4~8쪽 ; 林起煥, 「중원고구려비를 통해 본 고구려와 신라의 관계」『中原高句麗碑 新照明』, 高句麗硏究會, 2000, 150~154쪽.

135 고모루성(古牟婁城)의 위치에 관해서는, 그곳이 포천군(抱川郡) 소흘면(蘇屹面) 고모리산성(古毛里山城)이라는 견해(閔德植, 「百濟 漢城期의 漢江 以北 交通路에 관한 試考(上) -百濟 初期 都城 硏究를 위한 일환으로-」『先史와 古代』 2, 1992, 100쪽)와 원주(原州)나 춘천설(春川說) (徐榮一, 「中原高句麗碑에 나타난 高句麗城과 關防體系 -于伐城과 古牟婁城을 中心으로-」『中原高句麗碑 新照明』, 高句麗硏究會, 2000, 210~215쪽) 등이 제시된 바 있다.

광개토왕 대부터 400년을 전후한 시기일 가능성이 높다.[136]

광개토왕 영락 10년(400)의 신라 구원으로 광개토왕 대나 장수왕 대 초까지만 해도 고구려는 신라에 대한 우월적 우호·화친관계를 '속민屬民'인 신라가 고구려에게 '조공'을 바치는 것으로 규정·인식하고 있었다. 그러나 「중원고구려비」는 고구려와 신라의 관계를 '여형여제如兄如弟'로 표현함으로써 5세기 전반과는 달리 양국 관계의 변화를 시사하고 있다. 또한 의복의 사수賜受도 고구려가 중원까지 와서 했다는 점에서 당시의 상황이 고구려의 일방적 우위가 아님을 시사해 주고 있다.[137]

2) 475년 이후 고구려-백제-신라의 국경선 변화

475년 이후 고구려와 백제는 차령 북쪽의 천안-온양 일대를 경계로 대치하였다. 476년 백제는 온양에 있는 대두산성大豆山城을 수리하고 백성을 이주시켰다.[138] 이는 470년대 후반 백제가 아산 온양 일대까지 고구려의 공략으로 후퇴하였음을 말해준다. 이후 512년에는 고구려가 천안 일대의 가불加弗·원산圓山의 2성을 함락시켰다.[139] 고구려는 천안 일대를 석권한 다음 548년에는 예산 일대의 독산성獨山城을 공격하였으나 함락시키지는 못하였다.[140]

487년에는 고구려가 이림爾林(충북 음성) 일대에서 백제의 장수를 죽이고 근처에 대산성帶山城을 쌓았다.[141] 그리고 494년에는 고구려가 살수지원薩水之源(충북 괴산 청천)에서 견아성犬牙城에 웅거한 신라군과 전투를 벌였다.[142] 당시 전투에는 백제군이

---

136 金貞培, 「高句麗와 新羅의 영역문제 -順興地域의 考古學자료와 관련하여-」『韓國史研究』 61·62 합집, 한국사연구회, 1988, 12쪽.

137 朴京哲, 「中原文化圈의 歷史的 展開:그 地政學的·戰略的 位相 變化를 中心으로」『先史와 古代』 15호, 2000, 282~283쪽.

138 『삼국사기』 권23, 백제본기4, 문주왕 2년 2월, "修葺大豆山城 移漢北民戶."

139 『삼국사기』 권19, 고구려본기7, 문자명왕 21년 9월.

140 『삼국사기』 권19, 고구려본기7, 양원왕 4년 1월.

141 『日本書紀』 卷15, 顯宗紀 3年, "是歲……殺百濟適莫爾解於爾林."

142 『삼국사기』 권19, 고구려본기7, 문자명왕 3년 7월, "我軍與新羅人 戰於薩水之源 羅人敗保犬牙城 我兵圍之 百濟遣兵三千援新羅 我兵引退."

신라 병사를 도와 싸웠으므로 고구려군과 신라군은 일진일퇴의 공방전을 벌였다.

고구려가 475년 한성을 함락시킨 후 남한강 상류의 충주 일대를 장악한 다음, 한편으로는 남한강 지류인 달천을 따라 괴산 지역을 장악하고 보은 방면으로 진격하면서 신라를 압박하고, 다른 한편으로는 음성-증평을 경유하여 금강 유역으로 진격하면서 백제를 압박하였다. 금강 유역에 위치한 청원 남성골 산성이나 대전 월평동 유적은 이 무렵에 형성되었을 것으로 추정된다.

금강 유역으로 내려오는 고구려 세력에 대해 백제는 반격을 가하여 고구려 세력을 미호천 지류인 보광천(증평 도안) 일대로 퇴각시켰다.[143] 이후 고구려와 신라의 국경선이 확정된 것은 고구려군이 소백산맥 북쪽으로 퇴각하게 되는 6세기 초이다.

신라는 옥천-보은 일대의 군사 방어력을 강화하며 고구려의 남진에 대응하다가 (486년), 550년 경 고구려-백제의 공방전을 틈타 미호천 유역(청주 일대)을 석권하였다.[144] 그리고 백제와 연합하여 551년 한강 중류 지역을 차지하게 된다.

이후 553년 백제와 가야의 연합세력이 신라에게 대패당함으로써 백제는 한강 유역을 상실하고 관산성 패전으로 인해 성왕聖王이 전사하는 등 커다란 피해를 입게 되었다. 또한 한강 유역에 대한 신라의 장악이 기정사실화 되고, 동시에 가야지역에서의 백제의 세력이 위축되었으며, 가야 자체의 군사력도 큰 타격을 받은 것으로 보인다.[145]

한편 475년 한성 함락 이후 고구려는 동해안-소백산맥 동부지역에서 신라를 공격했으나, 481년과 496년 니하泥河 부근 전투에서 연이어 패배하였다.[146] 이에 오히려 신라가 양국의 국경지대이던 실직-니하 일대를 영역으로 편입한 다음, 500년에는 왕이 영주까지 순행하고, 504~505년에는 실직 남쪽에 성곽을 축조하고 실직에 주州를 설치하여 군주를 파견하였다. 아울러 신라는 동해안을 따라 강릉 방면으로 더욱 북상하는 한편, 삼척-강릉 일대에서 태백산맥을 넘어 남한강 상류 일대로 진출한 것으로

---

143 『삼국사기』 권19, 고구려본기7, 양원왕 6년 1~3월, "六年春正月 百濟來侵 陷道薩城 三月 攻百濟
　　金峴城 新羅人勝間取二城."
144 『삼국사기』 권19, 고구려본기7, 양원왕 6년 1~3월, "六年春正月 百濟來侵 陷道薩城 三月 攻百濟
　　金峴城 新羅人勝間取二城."
145 鄭雲龍, 「6世紀 新羅의 加耶 倂合과 그 意味」『史叢』 52, 2000, 21쪽.
146 『삼국사기』 권19, 고구려본기7, 문자명왕 5년 7월.

황초령 진흥왕 순수비

추정된다. 영월의 왕검성이나 영춘 온달산성
이 모두 신라계 산성임은 이를 증명한다.

신라는 505년에 실직주를 설치하여 군주를
파견하고,[147] 512년에는 하슬라주何瑟羅州(강
릉)를 설치하였는데, 이는 6세기 들어서 신라
의 북경이 상당히 안정되었음을 뜻하는 것이
다. 이때부터 소백산맥 북쪽에는 괴산~충주~
청풍~단양~영춘을 잇는 동서횡단 교통로가
확정되었고, 남쪽으로는 상주~용궁~예천~봉
화를 잇는 교통로가 발달하게 되었다.[148]

그런데 신라의 북진에 있어서 상징적이었
던 조치는 524년인 법흥왕 11년에 사벌주沙
伐州(상주)를 설치한[149] 것이다. 상주는 조령을
넘어 청주와 통하고 화령을 넘어 보은과 충주

로 통하는 교통의 중심지였다. 또한 상주는 소백산맥 서부의 많은 영로嶺路와 낙동분
지洛東盆地의 교통로의 결절지로서 삼년산성三年山城을 관장하였고, 계립령과도 근거
리에 위치하므로 영북嶺北의 충주에 대응하는 전략적 요지로 발달하였다.[150]

따라서 신라는 상주를 발판으로 이후 죽령과 조령을 넘어 중원 지역을 차지하고,
551년에는 백제와 손을 잡고 고구려를 공략하였다. 6세기 중엽에 삼국은 한강유역의
확보를 둘러싸고 각축전을 벌였다.[151] 한편 백제와 신라의 국경선은 대체로 금강 상류

---

147 『삼국사기』권4, 신라본기4, 지증왕 5년 9월.
148 崔永俊, 앞의 책, 1990, 84쪽.
149 『삼국사기』권4, 신라본기4, 법흥왕 12년 춘2월.
150 崔永俊, 앞의 책, 1990, 84쪽.
151 『삼국사기』, 백제본기, 성왕 28년(550), "春正月 王遣將軍達己 領兵一萬 攻取高句麗道薩城 三月
高勾麗兵圍金峴城";『삼국사기』, 백제본기, 성왕 31년(553), "秋七月 新羅取東北鄙 置新州 冬十
月 王女歸于新羅";『삼국사기』, 백제본기, 성왕 32년(554), "秋七月 王良欲來襲攻新羅 親步騎
五十 夜至狗川 新羅伏兵發與戰 爲亂兵所害薨 諡曰聖";『삼국사기』, 열전, 거칠부, 진흥왕 11년
(550), "春正月 百濟拔高句麗道薩城 三月 高句麗陷百濟金峴城 王乘兩國兵疲 命伊湌異斯夫 出兵擊

방면을 경계로 하고 있었다. 대전에서 옥천 사이에는 산간 지대가 형성되어 있는데 이 산간지대를 경계로 대치하고 있었다고 보인다.

551년 고구려는 백제와 신라의 연합군에 의해 한강 유역을 상실한다. 이때 신라는 양 군이 점령한 삭주朔州 가운데 영서 지역, 백제는 북한산 이남의 경기지역을 점령한 것으로 보인다. 553년 신라는 한강 상류에서 한성 일대로 진격하여 신주를 설치하였다. 고구려는 남평양을 탈환하였다. 554년 고구려가 남평양을 탈환한 다음 서해안 루트를 통해 안성천 일대까지 진격하여 백제를 공격하였으나 패배하였다. 이에 따

북한산 순수비
북한산 비봉에 있는 순수비다. 이 비는 모형으로 원형은 국립중앙박물관에 있다.

라 고구려는 남평양 지역까지 신라에게 넘겨주고 임진강-한강 분수령으로 퇴각하였다.

555년 신라 진흥왕이 북한산을 순행하고 이 일대를 국경선으로 정하였다. 이때 북한산 순수비가 세워진다. 556년 신라는 고구려로부터 함흥-원산 일대를 양도받아 이 일대에 비열홀주를 설치하였다. 이때 마운령순수비와 황초령순수비가 세워졌다.

之 取二城增築 留甲士一千戍之”；『삼국사기』, 열전, 거칠부, 진흥왕 12년(551), “……王命居柒夫等侵高句麗 乘勝取十郡”；『삼국사기』, 열전, 거칠부, (진흥왕) 12년(551), “辛未 王命居柒夫及仇珍大角湌·比台角湌·耽知迊湌·非西迊湌·奴夫 珍湌·西力夫波珍湌·比次夫大阿湌·未珍夫阿湌等 八將軍 與百濟侵高句麗 百濟人先攻破平壤 居柒夫等 乘勝取竹嶺以外 高峴以內十郡”；『삼국사기』 권4, 신라본기4, 진흥왕 14년(553), “秋七月 取百濟東北鄙 置新州 以阿湌武力爲軍主 冬十月 娶百濟王女爲小妃”；『삼국사기』 권4, 신라본기4, 진흥왕 15년(554), “秋七月 修築明活城 百濟王明禮 與加良來攻管山城 軍主角干于德伊湌耽知等逆戰失利 新州軍主金武力以州兵赴之 及交戰 裨將三年山郡高于都刀急擊殺百濟王 於是 諸軍乘勝大克之 斬佐平四人 士卒二萬九千六百人 匹馬無反者”；『삼국사기』 권19, 고구려본기7, 양원왕 6년(550), “春正月 百濟來侵 陷道薩城 三月 攻百濟金峴城 新羅人乘間取二城”；『삼국사기』 권19, 고구려본기7, 양원왕 7년(551) 秋九月 “……新羅來攻 取十城”『日本書紀』 卷19, 欽明紀 12年, “是歲(551년) 百濟聖明王 親率衆及二國兵(二國爲新羅任那也) 往伐高麗 獲漢城之地 又進軍討平壤 凡六郡之地 遂復故地.”

6세기 중반 이후 고구려의 남계는 대개 임진강-북한강(한강) 분수령[북한산-광주산맥]을 따라 형성되어 있었다. 동해안 방면의 국경은 마운령-황초령-낭림산맥을 따라 형성되어 있었던 것으로 보인다.

고구려는 정복지에 대해 몇몇 중요한 거점을 확보하고, 중요 교통로를 통해 한반도 중부지역을 경영하는 군사적 거점 중심의 지배방식을 취한 것으로 보인다. 영역지배의 실현보다는 인위적으로 구축된 여러 거점의 우월한 군사력에 바탕하여 현지 세력을 매개로 한 점點지배, 즉 거점지배적 성격이 강했다고 보인다.[152]

따라서 551년 고구려가 백제와 신라의 연합군에 의해 한강 유역을 내 준 것은 이 지역에 대한 지방 지배방식이 영역화를 추구했다기보다는 군사적인 거점 지배의 방식을 취했기 때문인 것으로 보인다.[153] 최근 잇달아 확인되고 있는 한강 유역 및 경기도 북부 지역의 보루 유적들의 존재는[154] 이러한 추론을 뒷받침해주고 있는 셈이다.[155]

한편, 신라 진흥왕은 한강 유역 진출의 자신감을 바탕으로 재위 14년(백제 성왕 31년)에 황룡사를 건축하고 신주를 설치하게 된다.[156] 또한 진흥왕 15년에는 관산성 전투에서 성왕을 살해함으로써[157] 백제 국가에 결정적인 타격을 입혔다. 진흥왕 16년에는 가야 경략의 발판을 확고히 구축하기 위해 비사벌 比斯伐(昌寧)에 완산주完山州를 설치하였다.[158]

창녕 진흥왕 순수비(경남 창원)

---

152 朴京哲, 앞의 논문, 1989, 18~23·56쪽.
153 임기환, 앞의 논문, 2007, 63쪽.
154 구의동보고서 간행위원회, 『한강유역의 고구려요새:구의동유적발굴조사종합보고서』, 소화, 1997 ; 서울대학교박물관, 『특별전 고구려 -한강유역의 고구려요새-』, 2000.
155 朴京哲, 「漢城百濟期 龍仁地方의 存在樣態」『白山學會』 61, 백산학회, 2001, 101~102쪽.
156 『삼국사기』 권4, 신라본기4, 진흥왕 14년 봄 2월 ; 『삼국사기』 권4, 신라본기4, 진흥왕 14년 가을 7월.
157 『삼국사기』 권4, 신라본기4, 진흥왕 15년.
158 『삼국사기』 권4, 신라본기4, 진흥왕 16년 봄 정월.

창녕 지역에 완산주의 설치는 가야지역에 군사 전진기지를 설치함과 동시에 가야 지역에 대한 영역화 작업의 일환이었다. 그리고 진흥왕은 국원소경國原小京을 둠으로써[159] 고구려의 중심거점이었던 충주를 역으로 행정구역화 하였다. 그리고 재위 18년인 557년에는 북한산을 순행하여 신주를 폐지하고 북한산주를 설치함으로써[160] 삼국관계의 핵심지역인 한강 유역의 확보를 공고히 하게 되었다.

신라는 백제와 고구려의 갈등을 틈타 한강 유역을 확보하고, 545년 안원왕대安原王代에 일어난 왕위계승을 둘러 싼 고구려의 내분을[161] 이용하여 진흥왕 23년(562)에는 대가야마저 멸망시키게 된다.[162] 『백제본기』를 인용한 『일본서기』 19 흠명기欽明紀 7년조(546)의 기사에 의하면 왕위 계승을 둘러싸고 추군과 세군 측 간의 분쟁에서 실패한 세군 측의 세력집단이 2천여 명이나 희생되었다고 하는데, 이러한 분쟁 과정에서 안원왕이 희생되고 그 뒤에 왕위에 오른 양원왕(545~559)도 불안한 상태가 지속되었던 것으로 보인다. 이것이 주요한 원인이 되어 고구려는 신라·백제 연합군에 의해 한강 유역을 빼앗기게 되었다.

565년 대야주大耶州(陝川)의 설치는[163] 가야 지역을 장악한 신라가 이후 예상되는 백제와의 분쟁이나 백제 방면으로의 진공을 염두에 두고 군사 전진기지의 의미를 가지고 설치한 거점이었다. 이후 신라는 소백산맥을 방벽으로 삼아 고구려의 공세를 차단했던 것과 마찬가지로 노령산맥을 경계로 백제와 대치하면서 경상남도·경상북도 일원을 자신의 통치권역으로 확보하게 되었다.[164] 이러한 양상을 통해 6세기 중반 신라가 서쪽으로는 한강 하류 지역, 동북쪽으로는 안변에서 북한강에 이르는 지역을 장악한 이후 이 일대가 고구려와 신라의 주된 경계가 되었음을 알 수 있다. 이러한 내용은 진흥왕순수비를 통해서도 확인된다.

이와 같이 나제동맹 이후 신라와의 안정을 바탕으로 대對 고구려전에 총력을 기울

159 『삼국사기』 권4 신라본기4, 진흥왕 18년, "以國原爲小京."
160 『삼국사기』 권4, 신라본기4, 진흥왕 18년.
161 『日本書紀』, 欽明紀·6년 ; 『日本書紀』, 欽明紀 7년.
162 『삼국사기』 권4, 신라본기4, 진흥왕 23년 가을 9월.
163 『삼국사기』 권4, 신라본기4, 진흥왕 26년, "九月 廢完山州 置大耶州."
164 鄭雲龍, 앞의 논문, 2000, 22쪽.

이던 백제는 신라에게 역습 당하게 되고, 백제와 고구려의 갈등을 배경으로 성장한 신라는 한강유역과 대가야지역을 확보함으로써 백제에 대한 우위를 누리게 되었다.

이로써 6세기 중엽 이후의 한반도 상황은 6세기 전반까지 진행된 백제·가야의 연합 및 신라 대 고구려라는 양상에서 벗어나서, 백제·고구려의 우호관계로 이어지면서 신라에 대한 압박 상황으로 전환되게 된다. 따라서 삼국의 접경을 둘러 싼 각축전의 양상 또한 변화되어 갔다.

제4절

백제 요서진출설의 제문제

1. 요서진출설의 배경 및 내용

1) 요서(遼西) 진출의 배경

백제가 기반하고 있던 한강유역은 한반도의 중앙부에 자리 잡고 있어서, 서북방면과 동북방면에서 내려오는 이주민집단들이 거치게 되는 곳이다. 그런 만큼 이 지역에 정착한 유이민 집단들을 통합하고 주변의 여러 마한세력들을 통합하여 집권력을 갖춘 국가를 형성하는 데는 동북 및 서북방면으로부터 침공해 오는 세력들을 저지하는 것이 관건이었다. 특히 인접한 낙랑·대방군의 세력이 뻗쳐오는 것을 막아야 했다.

정복 전쟁으로 주변 소국들을 아우른 고이왕은 보다 완성된 국가 체제를 갖추었다.

좌평이라는 관직을 두어 지방의 유력한 세력을 중앙의 귀족으로 편입시켰으며 아울러 모든 관리들의 공복을 제정하고 법령을 반포하여 국가의 제도를 마련하였다. 그리고 4세기 초 중국의 진晉제국이 와해되자, 백제는 북쪽으로는 대방군 지역으로 세력을 확대하여 고구려의 남진을 저지하였으며, 남쪽으로는 한반도의 서남부지역을 통합해 영역을 크게 확대하였다. 그리고 그 동안 낙랑이 차지하고 있던 바다의 무역길이 낙랑이 멸망한 이래 주도권을 잡은 국가가 없게 되자 백제는 이 해상 무역권을 차지하고자 노력하였다.

풍납토성 출토 서진 전문도기

천안 화성 출토 청자(국립중앙박물관)

중국의 산동반도와 발해 연안에서 한반도의 서해안과 남해안을 거쳐 다시 일본열도로 이어지는 바닷길은 한나라 이래 가장 중요한 해상 무역 길로서, 낙랑과 대방은 이 무역 길의 중심 지역이었다. 때마침 중국을 차지하고 있던 진나라가 양자강 남쪽으로 밀려나 바다의 무역길이 중국의 세력에서 벗어나 있었다. 근초고왕(346~375)은 이 틈을 이용해 무역 길을 차지하고자 하였다.

백제는 3세기 후반부터 4세기에 걸쳐 중국의 진晉나라로부터 고급 도자기를 많이 수입하였다. 서진의 전문도기錢文陶器가 서울 몽촌토성, 풍납토성, 홍성 신금성 등지에서 다수 출토되었으며, 이는 사료에 나타나는 '마한'과 서진 동이교위부東夷校尉府 사이의 교역을 반영한다.[165] 그에 이어 백제의 근초고왕과 전지왕이 372년과 416년에 동진東晉과 공식적인 관계를 맺고,[166] 동진의 유물로 청동초두靑銅鐎斗, 금동대금구金銅帶金具, 진식과대晉式銙帶 등을 수입하는 등[167] 양국 간에 활발한 교섭을 하였다.

동진의 청자는 서울의 풍납토성, 몽촌토성, 석촌동 고분군을 비롯하여 포천 자작리,

---

165 權五榮, 「백제국에서 백제로의 전환」 『역사와 현실』 40, 한국역사연구회, 2001.
166 『晉書』 권9, 帝紀9, 簡文帝 咸安 2년(372) ; 『宋書』 권97, 열전57, 夷蠻 百濟國 義熙 12년(416).
167 權五榮, 「백제의 對中交涉의 진전과 문화변동」 『강좌 한국고대사 제4권』, 가락국사적개발연구원, 2003, 6~7쪽.

원주 법천리, 천안 화성리 고분 등지에서 다수 출토되었다. 고구려나 신라, 가야, 왜 등과 달리 4세기의 백제가 이처럼 많은 중국 도자기를 선호하고 있었던 것은 낙랑군과 대방군 축출 이후 중국계 이주민들이 다수 백제 영역으로 들어와 그 지배계급의 일부를 구성하며 중국 본토 문화의 수요층으로 작용하였기 때문이라고 추정된다.[168]

5세기 들어서는 백제와 중국 남조 송 사이에는 420년 이후 471년까지 장군호將軍號 제정과 관련된 많은 정치적 교섭이 있었으나,[169] 교역과 관련된 기록이나 유물은 그리 흔치 않다. 송의 청자로 보이는 것은 익산 입점리 1호분, 천안 용원리 C지구 석실분, 부안 죽막동 제사유적 출토품이 1점씩 있을 뿐이다.[170]

이처럼 백제는 5세기에 중국 남조의 송나라에 대하여 적극적인 대외교섭을 이루었는데, 그러한 자세는 신라에 대해서도 확인된다. 즉 백제는 433년(비유왕 7) 및 434년에 신라에 사신을 파견하여 좋은 말과 흰 매를 보내는 방식으로 우호 관계를 텄다.[171]

백제의 이러한 대외교섭은 고구려를 겨냥한 것으로, 특히 한반도 남방 제국의 동맹 네트워크를 구성하기 위한 것이었다고 생각된다. 그렇다면 이를 전후해서 백제는 영산강 유역에 대해서도 적극적인 교섭 의지를 보였을 가능성이 높으며, 5세기 중반 전라남도 나주 반남 고분군의 모습은 백제의 이러한 노력에 영향을 받았던 것이다.

그 과정에서 근초고왕은 평양성까지 쳐들어가 고국원왕을 전사시키는 대승을 거두었다(371). 그리고 남쪽으로 마한의 나머지 땅을 병합하여 영토를 전라도 남해안까지 확장하였다. 이리하여 백제는 경기·충청·전라 3도의 전부와 강원·황해 양도의 일부

168 권오영, 앞의 논문, 2003, 8~11쪽.

169 『宋書』卷97, 列傳57 夷蠻 百濟國 宋高祖 卽位年(420) ; 『宋書』卷97, 列傳57 夷蠻 百濟國 少帝 景平 2년(424) ; 『宋書』卷97, 列傳57 夷蠻 百濟國 元嘉 7년(430) ; 『宋書』卷97, 列傳57 夷蠻 百濟國 元嘉 27년(450) ; 『宋書』卷97, 列傳57 夷蠻 百濟國 世祖 大明 元年(457) ; 『宋書』卷97, 列傳57 夷蠻 百濟國 世祖 大明 2년(458) ; 『宋書』卷97, 列傳57 夷蠻 百濟國 太宗 泰始 7년(471).

170 成正龍, 「陶瓷器로 본 百濟와 南朝交涉」『古代 東亞細亞 文物交流의 軸 -中國 南朝, 百濟, 그리고 倭』, 忠南大學校 百濟研究所, 2002, 88쪽.

171 『삼국사기』 권25, 백제본기3, 비유왕 7년(433) ; 『삼국사기』 권25, 백제본기3, 비유왕 8년(434).

까지를 점유하는 큰 영토를 차지하게 되었다. 이처럼 고구려의 남하를 막고 옛 대방군이 있던 땅을 차지한 백제는 바다의 무역권을 장악하려는 소망을 이루기 위해 적극적으로 나섰다. 그리고 남해안의 가야 지역에도 세력을 뻗쳐나갔다.

그러나 백제는 중국 땅으로 진출을 시도함에 서해를 바로 건너가지 못하고 고구려 해안을 따라 북상한 후 요동반도 남단에서 등주登州로 건너가야 했던 탓에 험한 파고보다는 고구려의 방해가 문제였다. 따라서 근초고왕 이후 중국의 요서 지방으로 진출하고자 적극적으로 노력한 것은 독자적인 서해 직항로의 개척에 따른 결과인 것이다. 서해 백령도 부근(초도)에서 산동성 척산斥山까지는 2백여 km에 불과하지만 이 직통 항로 개척에는 3백여 년의 긴 세월을 요했던 것이다.

그러나 고구려에 의한 관미성(한강 하구)의 함락과 한강 유역 상실에 따른 웅진 천도는 어렵게 확보한 서해 항로를 고구려·신라에게 양도하는 결과가 되었다. 그러므로 웅진시대의 백제는 안전한 서해 항로의 확보에 따른 대외관계의 모색이 국력만회의 전제가 될 수밖에 없었다. 따라서 무령왕·성왕 때의 남조(양·송·남제)와의 교섭은 서해를 남으로 가로지르는 위험한 항로를 택하지 않을 수 없었다.

이는 6세기 초·중엽 백제의 대외관계의 또 하나의 활로로서, 더불어 왜와의 문화 전파·기술 이전을 용이하게 만들었다. 이러한 해상활동에는 백제의 수도가 자리 잡은 한강 하류지역이 해운에 편리한 곳이었다는 점이 크게 작용하였다.

이처럼 바다의 무역 길까지 손에 넣은 백제 왕실은 백성들이 농사일에 힘쓰도록 도와주는 한편 병기 제조와 군사 훈련에도 힘을 쏟았다. 점차 백제는 바닷길을 이용한 활발한 교역을 수행하는 강력한 국제적 상업국가로 떠올랐다.

2) 요서(遼西) 진출의 내용

백제의 요서遼西 지역 영유領有에 관해서는 『송서』, 『남제서』, 『양직공도梁職工圖』, 『남사』 등 남조계南朝系 사서에만 전하여지고 있다. 요서 영유의 당사국인 백제와 북조의 사료에는 전혀 기록되지 않은 것이 가장 큰 특징이다.[172]

백제의 요서 진출과 관련해 가장 대표적인 기록은 『송서』 백제전의 다음 기록이다.

그 후 고구려가 요동遼東을 공격하여 차지하자 백제는 요서를 공격하여 차지하였는데, 이 백제가 다스린 곳을 진평군晉平郡 진평현晉平縣이라 한다.[173]

『양서梁書』 백제 조에도 다음과 같은 기록이 있다.

> 진대晉代에 고구려가 이미 요동遼東을 공격하여 차지하자 백제도 역시 요서遼西·진평晉平 두 군의 땅을 차지하고 스스로 백제군百濟郡을 두었다.[174]

『자치통감』 권97 진기晉紀 19 목제穆帝 영화永和 2년(346) 정월조의 다음 기록 역시 백제가 대륙에 존재하고 있었을 가능성을 암시하는 기록이라 할 수 있다.

> 처음 부여는 녹산鹿山에 거하다가 백제의 침략을 받게 되어 부락이 쇠산해졌는데, 서쪽으로 연燕 가까이 옮기고는 방비를 하지 않았다.

이러한 내용의 기록과 함께 『삼국사기』 열전列傳에 인용되어 있는 최치원의 글에,

> 고구려·백제의 전성全盛 시기에는 강병强兵이 백만이어서, 남으로는 오월吳越을 침공하고, 북으로는 유幽·연燕·제齊·노魯의 지역을 흔들어서 중국의 큰 두통거리가 되었다.[175]

라는 기록 역시 백제의 요서 진출과 관련하여 해석가능한 자료라 할 수 있다.

단편적이지만 이러한 몇몇 기록들은 민족주의사가들의 주목을 끌게 되어 일찍이

---

172 俞元載, 「'百濟略有遼西' 기사의 분석」 『백제연구』 20, 1989 ; 유원재, 「百濟의 遼西 영유설」 『한국사 6 -백제-』, 국사편찬위원회, 1995.

173 『宋書』, 百濟傳, "本與高驪俱在遼東之東千餘里 其後高驪略有遼東 百濟略有遼西 百濟所治謂之晉平郡晉平縣."

174 『梁書』, 百濟傳, "其本與句驪在遼東之東 晉世句驪既略有遼東 百濟亦據有遼西晉平二郡地矣 自置百濟郡."

175 『삼국사기』, 열전, 최치원, "攷其文集有上大師侍中狀云 伏聞東海之外 有三國……高麗百濟全盛之時 强兵百萬南侵吳越 北搖幽燕齊魯 爲中國巨蠹."

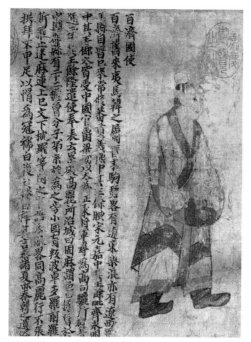

『양직공도』 백제사신도

이른바 백제의 요서영유설遼西領有說 혹은 백제의 화북진출설華北進出說이 대두하였다. 다만 그 시기와 점령의 사정 및 영유의 실태에 대해서는 아직 의견의 일치를 보지 못하고 있는 실정이다.

백제의 요서 경략설이 남조계南朝系 사서에만 기록된 연유에 대해서는 이미 유원재 선생에 의해 상세한 고증이 이루어졌다.

연구에 따르면 『송서』가 편찬된 시기에는 백제에 대한 인식이 상당히 희박하였으며, 『송서』에 기록된 내용은 주로 백제의 대중 외교자료에 의존하여 편찬된 것이라고 한다. 즉 사료의 신뢰성을 의심하여 백제 대륙진출설의 문제점을 지적하는 차원에서의 연구가 주목을 받고 있다 하겠다.

한편, 『양직공도梁職貢圖』에는 백제가 아닌 낙랑樂浪이 요서지역을 영유했었다[176]고 기록하고 있다. 낙랑·대방이 요서지방으로 이동한(313) 이후에는 『삼국사기』에서 낙랑과 대방의 역사 활동이 사라진다. 이와 함께 중국 측의 사료에서는 한반도 중서부 지역에 위치한 백제의 활동으로 이해하기 어려운 백제 관계 기록들이 요서지방과 관련하여 연속으로 나타난다.[177]

그 동안 백제의 요서 진출에 대한 본격적인 인식은 신채호로부터 시작되었다. 신채호는 백제가 요서, 산동, 북경 지방을 빼앗아 요서와 진평 2군을 설치하였을 뿐 아니라, 여산(하얼빈)까지 쳐 들어가 부여의 서울까지 점령하였다고 설명하였다. 즉 근구수왕近仇首王(375~384)이 태자 때 백제 수군을 확장하여 서해를 건너 전연을 쳐서 요

---

176 『梁職貢圖』, 百濟國使, "百濟舊來夷馬韓之屬 晉末駒驪略有遼東 樂浪亦有遼西晉平縣."
177 兪元載, 앞의 논문, 1995 참조.

서遼西와 북경北京 지방을 빼앗아 요서遼西·진평晉平 두 군을 설치하였는데, 왕위에 오른 뒤에는 다시 전진前秦 지배하의 산동 이남의 강소江蘇·절강浙江 지방의 주군州郡을 빼앗았다는 것이다.[178]

정인보 역시 이 견해를 이어받아 백제가 요서지방 대부분을 영유하였다고 주장하였으며, 전투와 병행하는 무역관계를 강조하였다. 시기적으로는 3·4세기의 교체기인 책계왕責稽王·분서왕汾西王 때에 이미 백제가 산동 지방에 진출하였고, 346년에는 부여扶餘를 공격한 여세를 몰아 전연前燕 지배하의 요서遼西 지방에 진출, 그 후 이 지방을 경영하기 위한 목적으로 요서遼西·진평晉平 두 군을 설치하였다는 것이다.[179]

이후 백제의 요서진출에 대한 구체적인 확인 작업은 60년대 후반 이후 민족주의적인 역사서술의 분위기와 함께 남한의 김상기, 북한의 리지린·김세익[180] 등이 주장하였다. 대체로 이 당시의 글에서는 백제가 요서遼西 지방에 군현을 설치한 것을 전연前燕의 말기, 즉 360년경에서 370년 사이로 추측하면서, 이를 다시 시기적으로 끌어내려 북위北魏의 말기, 대체로 5세기말에서부터 6세기 중엽 사이에 화북華北 지방이 한인漢人들의 거듭된 반란으로 혼란해진 틈을 타서 백제가 화북 연해의 성양城陽·광양廣陽·광릉廣陵 등 지방에 거점을 확보했을 개연성이 크다고 보았다.[181]

이 주장은 488년 혹은 490년 백제의 북위北魏 군대 격파와 571년 북제北齊 후주後周의 백제 위덕왕威德王에 대한 '사지절도독使持節都督·동청주제군사東青州諸軍事·동청주자사東青州刺史'직 책봉冊封에 근거를 둔 것이다.

이는 결국 백제가 우수한 수군력水軍力을 가지고 일찍부터 산동반도와 그 이북의 화북 연해 지방에 상업기지를 확보하고 있었다는 것을 전제하는 주장으로 학계 일부의 지지를 얻고 있다.[182]

백제의 대륙진출설은 1970년대 중반 국정교과서가 편찬될 때부터 교과서에도 실

---

178 申采浩, 『朝鮮上古史』, 1931(『丹齋申采浩全集 上』, 1971), 204쪽.
179 정인보, 『朝鮮史研究 (下)』, 1947, 199~214쪽.
180 김세익, 『력사과학』 1, 3호, 1967.
181 방방선주, 「百濟軍의 華北進出과 그 背景」 『白山學報』 11, 백산학회, 1971, 1~26쪽.
182 김상기, 「百濟의 遼西經略에 對하여」 『白山學報』 3(『東方史論叢』, 1974), 1967, 426~433쪽 ; 김철준, 「백제사회와 그 문화」 『武零王陵』(『韓國古代社會研究』, 1975), 1973, 51~55쪽.

렸으며, 이후 교과서가 수차례 개정되었지만 대륙진출에 관한 서술은 빠지지 않고 수록되었다. 1990년과 1991학년도 대입 학력고사에는 백제의 요서 진출에 관한 문제가 출제되기도 하였다. 요서지방을 차지했던 나라는 고조선과 백제라는 것이다.

기록을 보면, 백제가 처음으로 중국과 관계를 갖기 시작한 것은 근초고왕 27년(372) 동진에 사신을 보내면서부터였다. 중국과 교섭이 비교적 늦었던 이유는 서해 항로 문제 때문이었다. 당시 서해 항로는 고구려의 방해를 받으면서 고구려 해안 → 요동반도의 남안 → 비사성 → 등주로 가야하는 어려움이 있었다. 그러나 4세기 들어 백령도에서 바로 서진하는 새로운 서해 항로를 개척하면서 동진, 송, 남제, 양梁 등과 비교적 활발한 교섭을 계속하였다. 백령도에서 산둥반도까지는 직선거리로 200여 km에 불과하기 때문에 중국 연안으로의 진출은 문제가 될 수 없었다.

백제는 4세기말 이후 서해 직항로를 활용하여 고구려 연안을 항해하는 위험을 제거했을 뿐만 아니라, 항로가 절반이나 단축됨으로써 보다 활발한 요서 진출이 가능했을 것으로 추정한다. 이는 현대의 조계적租界的 무역 기지의 의미와 그 보호 차원의 군사 활동이 병행된 것으로, 다시 말해 백제는 요서·화북 지방에 정치·경제·군사적으로 진출하였다는 것이다.[183]

백제의 요서 진출을 긍정적으로 볼 역사적인 사건과 자료가 또 있다. 『자치통감』 권136 제기齊紀 2 세조 영명永明 6년(488)조에는 북위의 군대가 백제를 치다가 도리어 패하였다는 기록이 있다. 『남제서』 권58 백제조에도 이즈음(488 혹은 490) 북위가 기병 수십만을 동원하여 백제 국경 지방을 치다가 동성왕이 보낸 장군 사법명沙法名·찬수류贊首流·목간나木干那 등에 의해 크게 격파된 것으로 기록되어 있다.[184]

나아가 495년에는 동성왕이 지난 날 내려준 '왕王' 혹은 '후侯'의 작위爵位와 장군호將軍號를 남제가 정식 승인해 줄 것을 요청하고 있다. 그런데 당시 북위는 수군력이 약했을 때이므로 해상으로 백제에 쳐들어 왔을 리는 없고 육로로 왔을 것이 분명하다. 그렇다면 이 전쟁은 백제가 북중국의 어느 곳을 점령하고 있었다는 것을 전제로

---

183 신형식, 『백제사』, 1990, 이화여대출판사.
184 『南齊書』, 百濟傳, "是歲(488~490) 魏虜又發騎數十萬攻百濟 入其界 牟大遣將沙法名贊首流解禮昆木干那 率衆 襲虜軍大破之."

하지 않고서는 제대로 이해될 수 없다는 것이다.[185]

이상의 사료들과 중국 정사에 백제의 요서 진출 기록이 나오는 점 등을 쉽게 무시할 수 없다는 측면에서 최근에는 백제가 요서지역에 단기간 진출했을 가능성을 제시하는 글이 발표되어 주목된다.[186]

백제는 4세기 후반 이후 줄곧 동진東晉 및 남조南朝와 밀접한 교류 관계를 갖고 있었다. 근초고왕을 시작으로 백제왕들이 이들 중국 왕조들로부터 책봉을 계속 받았고, 사신의 왕래를 비롯한 공식적인 교류가 '해마다[每歲]'라는 말로 표현될 정도로 빈번히 이루어졌다. 그 과정에서 남조南朝의 사관들이 백제에 관하여 얻게 된 지식은 당연히 서역의 미지의 나라들에 비해 훨씬 높고 또 현실성이 있었다는 것이다.

그 동안 배자야裵子野라는 인물의 일화와 관련시키면서 백제의 요서遼西 진출 사실이 잘못 기재되었을 것이라고 주장하는 것은[187] 설득력을 지니기 어렵다고 보았다.

한편, 『송서』 백제전이 주로 외교 접촉에 관련된 기사들로 채워져 있고 문화 등에 관련된 기사가 없음을 들어, 『송서』가 편찬되던 시기에 중국의 남조 측에서 백제에 대한 인지도가 낮았을 것으로 보는 견해를[188] 비판하고 있다. 즉 『송서』의 기록을 작성한 심약沈約이 엉터리 기사를 굳이 쓸 이유가 없었을 것이라고 보면서, 심약은 무엇인가 확신이 있었던 것이고, 적어도 역사에 해박하거나 백제의 사정을 잘 아는 사람들이 공유하고 있는 지식으로 판단하였기에 백제전에 요서 진출과 관련된 기록을 남겼을 것이라고 보았다.[189]

나아가 「양직공도」를 비롯하여 『양서梁書』 등의 후대 사서에서도 표현상 차이는 보이지만 백제의 요서 진출 사실이 계속 기재되었던 점에서 실제 있었던 사실로 볼 수 있다는 것이다.

분명 4세기 후반에 백제의 해상활동은 매우 활발하였다. 특히 근초고왕이 동진東晉

---

185 490년의 백제의 對北魏 전쟁을 東城王이 북위의 敵國인 남제로부터 관직을 제수받기 위해 날조한 것으로 보는 설도 있다(池內宏, 『日本 上代史の 一研究』, 中央公論美術出版, 1947, 92쪽).
186 강종훈, 「4세기 백제의 遼西 시역 신출과 그 배경」『한국고대사연구』 30, 2003.
187 유원재, 앞의 논문, 1995, 136쪽.
188 위와 같음.
189 강종훈, 앞의 논문, 2003.

의 책봉을 받은 사실에서 볼 수 있듯이 중국 세력과의 교섭은 이전 시기보다 훨씬 강화되었으며, 이에 따라 공적·사적 무역도 활발히 이루어졌다. 이 과정에서 백제 왕실과 전진前秦·후연後燕의 부여扶餘 계통 인물들을 연결시켜주는 존재가 전혀 없었다고 단언하기는 어렵다. 다만 당시의 역사적 상황이 그렇다고 하여 그것이 백제의 요서 진출을 말해주는 것은 아니다. 이 역시 가능성만을 말해줄 뿐 백제의 요서 진출에 대한 어떠한 사실도 입증해주지는 않는다.

일찍이 385년 6월 고구려의 요동진출 직후 영지令支에 웅거한 여암餘巖이라는 인물을 주목하여 백제의 요서 진출이 실제 있었던 사건이 아니라, 여암을 백제 장군으로 착각하고 그의 영지令支 지역 웅거 사실을 '백제의 요서진출'로 기술하였다고 본 견해가 있었다.[190]

이 주장은 매우 경청할만한 것으로, 4세기 후반 백제의 요서 진출을 주장하는 논자 역시 이 글을 통해 여암 세력을 주목한다. 다만 요서 진출을 주장하는 논자는 여암 세력 단독으로 요서 지역을 점유한 것이 아니라, 백제와 여암의 세력이 모종의 사정과 연유에 의해 연결을 맺고, 공동의 군사 행동을 통하여 후연으로부터 요서 지역을 탈취한 다음, 그 지역에서 함께 일정 기간 지배권을 행사했다고 본다.[191] 이 주장에서는 『송서』 등에 전하는 백제의 요서 진출 기사와 『진서』나 『자치통감』 등에 보이는 여암의 요서 점거 기사를 상호 보완적인 관계에 있는 것으로 파악한다.[192]

나아가 남조의 역사 기록인 『송서』 등의 편찬자들은 북중국 왕조 내부의 반란이라는 점에 비중을 두어 서술하기보다는 자신들과 긴밀한 관계를 맺고 있던 백제의 주도적 역할을 강조하는 쪽으로 서술하는 것이 더 합당하다는 판단을 내렸을 수도 있다고 보았다.

그리고 계속해서 진출의 배경과 그 성격에 대해서도 추론을 확대해 나갔다. 그러나 이 주장은 백제의 요서진출 사료에 대한 그 사실성과 가능성을 높게 평가한 것일 뿐

---

190 여호규, 「백제의 요서진출설 재검토」 『진단학보』 91, 진단학회, 2000, 1~25쪽.
191 여호규, 앞의 논문, 2000 참조.
192 여기서 분명하게 생각해야 할 것은 여암 세력과 백제의 연결을 통해 백제의 요서 진출을 이야기하려면, 양 세력 간에 연계의 구체적인 동기나 배경 등에 대한 합리적인 설명이 뒤따라야 한다는 점이다. 그러나 양 자의 연계 배경에 대한 설명은 사실상 어렵다고 하겠다.

구체적인 논증으로 증명하기에는 근본적인 자료의 한계를 갖고 있다. 게다가 요서진출의 시기나 성격 등의 글 내용은 추론을 바탕으로 계속 추론을 덧붙이다보니 설득력이 떨어진다.

2. 요서진출 부정론

백제의 요서진출설에 대한 의문은 일차적으로 백제가 지리적으로 떨어진 요서 지역에 굳이 군대를 파견하여 군을 설치할 이유가 무엇이겠는가 하는 점에서부터 시작한다. 기본적으로 백제가 고구려와 대치하고 있는 상황에서 선비족이 세운 전연·전진 세력이 연이어 지배하고 있던 요서 지역에 무리하게 진출할 그 합리적인 이유를 찾기가 쉽지 않다는 점이 논의의 출발점이다.

군을 설치했다는 3세기 후반에서 5세기 초엽 가운데 전반부는 백제의 국가 성장이 해외 진출로 식민지를 건설할 정도에 이르렀다고 보기 어렵고, 후반부도 4세기 중엽 황해도 지방을 놓고 고구려와 대립한 이후 줄곧 고구려와 전쟁으로 점철된 시기여서 요서지방까지 진출하여 군을 설치할 겨를이 없었다는 것이다. 한마디로 백제 내의 상황을 볼 때 수긍할 수 없다는 것이다. 따라서 백제의 요서진출설에 대해서는 회의론이 강한 실정이다. 일찍이 한진서의『해동역사』지리고나 일인학자들은 부정적 입장을 견지하였다.

일차적으로 부정적 입장에서는 앞에서 인용한『자치통감』기사의 부여를 공격했다는 '백제'를 '고구려'의 착오로 보는 견해가 유력하다.[193]

또한 백제가 요서지역을 차지하고 두었다는 진평군晉平郡이 중국 사서에 분명치 않을 뿐만 아니라,『송서』와『양서』등 백제 관계 기사의 원전이라고 할『양직공도』백제국기에는 "진晉 말기에 고구려가 요동을 약유略有하자 낙랑樂浪 또한 요서 진평현晉平縣을 차지했다"라고 하듯 백제 대신 '낙랑'이라 표기되어 있기 때문이다. 이 견해

---

193 노태돈,「부여국의 경역과 그 변천」『국사관논총』4, 국사편찬위원회, 1989.

4세기 중엽 요서지역을 둘러싼 제 세력의 판도

에 따르면 『양직공도』의 낙랑은 북위北魏에 의해 요하 서쪽 지방에 설치된 낙랑군인데, 『송서』나 『양서』의 편찬자들은 이 낙랑을 대동강 유역의 옛 낙랑군으로 오인하여 백제로 대치한 것이라 한다.[194] 어떻든 낙랑군이 4~6세기경 요서 지방에 있었던 것은 확실한데 비해,[195] 진평군의 존재 여부는 확실치 않다.

한편 선비족이 세운 연은 3~5세기에 요서 지역 일대에서 전성 시기를 누리는데, 백제가 이 시기에 강력한 유목 민족의 영역을 침범하여 군郡을 설치했다는 것은 믿기 어렵다는 주장이 많다. 특히 우리 측 사서나 북중국을 지배했던 북위北魏, 북제北齊,

---

194 이홍직, 「梁 職工圖 論考-특히 百濟國 使臣 圖經을 중심으로-」『고려대60주년기념논문집』인문과학편(『한국고대사의 연구』, 1971), 1965, 402~403쪽.

195 천관우, 「灤河 하류의 朝鮮-중국 東方州郡의 置廢와 관련하여-」『史叢』21·22합집, 1977, 15~56쪽.

북주北周의 사서에는 백제의 요서 진출 내용이 전혀 언급이 없다는 것이다.

전술했듯이 6세기 전반 양梁에서 제작된 화첩『양직공도』에는 각국 사신들의 모습과 그 국가의 역사와 문물을 간략하게 소개하고 있다. 이『양직공도』에는 요서지역 진출의 주체가 낙랑이었다고 전하고 있다. 이는 백제의 대륙진출 주장에 대한 매우 중요한 반대 자료가 될 수 있는 것이다.

고고학적으로도 요서 지역에서 백제와 연관을 입증할 수 있는 어떠한 유물이나 유적도 나타나지 않았다. 아무리 단기간 진출했다고 하더라도 실물 자료의 존재를 살펴보지 않을 수 없다. 5세기 후반 당시 백제는 고구려에 의해 한성을 빼앗기고 웅진으로 천도할 수밖에 없는 시련기에 있었다. 그러한 국가적으로 어려운 시기에 수천 리 바다 건너 중국대륙 산동 반도에 군을 설치하고 경영할 능력이 있었을까 의문이 든다.

만일 5세기 후반 백제가 이들 지역을 장악하고 있었다는 주장이 성립하려면 당시 북위 측의 통치력이 백제의 군현 설치 지역에 미치지 못했다는 확실한 증거가 있어야 하는데 그러한 증거를 찾기 어렵다. 이런 점으로 보아 백제의 요서경략설은 이를 정설로 내세우기에는 아직 미흡한 것이 사실이다.

앞서 인용했듯이 최근의 연구에서는 385년 여암餘巖의 요서 점거 사건이『송서』등에 전하는 백제의 요서 진출과 관련이 있을 것으로 검토하면서, 이것을 요서 진출을 부정하는 근거로 사용하였다.[196] 그 내용인즉, 385년 요서 지역에서는 여암의 영지슈支 웅거 사건이 확인되는데, 남조 측의 사관들이 이것을 백제의 요서 진출로 오인하여『송서』등에 기록했다는 것이다.

남조 시기의 사관들은 이전 시기의 사서들을 통해 주변 국가의 과거사를 인식하였을 가능성이 크다. 예를 들어 양 무제 때에 배자야裴子野라는 사관은 서역의 백제국白題國과 활국滑國이 처음 입공入貢하여 아무도 그 유래를 모르고 있을 때,『사기』와『한서』,『후한서』등에 나오는 관련 기록을 인용하여 두 나라의 유래를 설명함으로써 사람들을 감복시켰다고 하는 바, 백제의 경우도 이와 크게 다르지 않았을 것이라는 설명이다.

---

196 여호규, 앞의 논문, 2001 참조.

그래서 5세기 당시 백제왕의 성씨가 요서 점거의 주역인 여암과 마찬가지로 '여餘' 씨로 전한다는 사실에 착안한 남조의 사관이 여암을 백제의 장군으로 착각하였을 가능성이 있고, 이로 인해 남조 측의 사서에는 백제와는 전혀 무관한 여암의 요서 점거 사실이 백제의 요서 진출로 둔갑하여 기록되었을 것이라는 주장이다. 이 주장은 현재까지 요서진출설에 대한 가장 합리적인 의견으로 자리 잡고 있으나 백제의 대륙진출 불신론에도 여전히 문제점이 많다.

불신론의 한계와 문제점을 간략히 정리하면 다음과 같다. 첫째는 4세기 후반 백제가 요동이나 요서보다 더 멀리 떨어진 양자강 하구의 동진에까지 사절을 파견한 것[197] 이 보인다는 점이다. 이는 바닷길을 통한 백제의 활발한 활동을 상정하는 배경이 될 수 있다.

둘째, 371년 평양성 전투에서 고구려 고국원왕을 전사시킬 당시는 가히 백제가 한반도의 패자라 할 수 있다. 고구려의 수도를 공략하여 왕을 전사시킬 정도의 군사력을 가진 백제라면 요서 지역에 진출할 역량도 역시 있었다고 볼 수 있다.

셋째, 백제가 4세기 이전부터 동북아의 해상활동을 주도해 갔다는 증거가 없고, 백제의 발전과정에서 해양지향적인 면이 두드러진 것은 아니었으므로 백제가 자체의 많은 선박과 뛰어난 항해술을 갖추고 있었다고 보기는 어렵다. 그렇지만 낙랑과 대방으로부터의 이주민을 집단적으로 수용했을 가능성을 상정하면 해상진출 능력의 급증은 불가능한 것이 아니었다고도 볼 수 있다.

넷째, 유목민족이 장악하고 있던 4~5세기 요서지역의 상황이 백제의 요서진출설에 가장 큰 걸림돌이다. 그렇지만 짧은 기간 이 지역에 힘의 공백은 몇 번에 걸쳐 있었다. 몇 달 정도 단기간의 영유마저 부정하기에는 아직 해결해야 할 문제가 많이 남아 있다.

다섯째, 광개토왕릉비 404년 기록에 왜병이 대방지역에까지 침입했다가 전멸당한 기사가 보인다. 왜가 일단 그 지역까지 침입해 온 것은 비문에 나타나므로 분명하다. 그렇지만 짧은 기간 동안 고고학적 증거를 넘겼을 것이라고 기대하는 것은 무리이다.

---

197 『삼국사기』 권24, 백제본기2, "春正月 遣使入晉朝貢."

백제 또한 단기간 진출했을 가능성이 있다고 할 때 고고학적 증거를 남기지 않았을 가능이 있고, 남겼더라도 후대 사람들에 의해 파괴되었을 가능성도 배제할 수 없다.

3. 요서진출설의 재검토

실재한 것으로 보기에는 많은 논의가 필요하지만 백제가 중국 요서지방에 진출하여 '요서군遼西郡'을 설치하고 상업 활동 면에서 전략적인 가치를 지닌 해안 식민지를 건설했다는 주장이나 남북조시기에 산동성 지역에도 진출하였다는 기록은 백제의 활발한 해상활동이 있었기에 나올 수 있는 주장이었다.

아직도 백제의 요서경략설은 비록 남조 측의 사료이긴 하지만 중국 정사正史에 그 기록이 나오고 있다는 점에서 그냥 부정하기에는 문제가 있고 여러 측면을 종합적으로 고려해 논의가 필요하다고 생각한다.

5세기 초엽은 고구려의 남하에 시달리고 있을 때여서 심지어 바다 건너 왜의 세력까지 끌어들일 정도였다. 대륙진출의 시기를 370년대를 전후한 시기로 잡는 경우 일단 대세론상으로 설득력이 있다.

그러나 요서진출 시기에 대한 기존의 견해는 대부분 논리적 취약점을 지니고 있다. 우리 입장에서 보면 고대 시기의 웅대한 모습을 밝혀낼 수 있는 주요한 주제이나, 당시의 국제 정세나 백제국의 정치적 상황 등과 연관되어 구체적으로 요서 진출을 설명하기에는 어려움이 많다.

기존의 불신론은 현재 고대사학계의 주류의 입장이지만, 그렇다고 백제의 대륙진출설과 요서진출설의 입론 자체를 불허할 만큼 치밀한 논리를 가지고 있지는 않다. 앞으로 백제사의 전개와 관련해 대륙진출설이 나오게 된 배경을 논리적으로 설명하는 것이 절실히 필요하다.[198]

---

198 강종훈, 「백제 대륙진출설의 제문제」『韓國古代史論叢』 제4집, 1992.

제4장

통일신라와
발해의 강역

제1절

통일신라의 강역

1. 신라-당 전쟁과 통일신라의 영토 확보

1) 백제와 고구려 고지를 둘러싼 신라-당의 대립[1]

660년 백제가 멸망한 뒤, 당唐은 낭장 유인원劉仁願에게 1만명의 병력을 주어 사비성을 지키게 하고, 9월 3일 백제의 의자왕을 비롯하여 태자·효孝, 왕자 태泰, 융隆, 연演과 대신大臣, 장사壯士 등 88인과 백성 12,807인을 끌고 귀국하였다.

당은 백제 본래의 5부部 37군郡 200성城 76만호를 재편성하여 웅진熊津, 마한馬韓, 동명東明, 금연金漣, 덕안德安의 5도독부를 설치하고, 백제인으로 도독, 자사, 현령을 삼았다. 그러나 백제 옛 땅에 대한 당의 직접 지배는 신라와 당 사이의 영토분할약정의 위반이었다. 일찍이 김춘추가 진덕여왕 2년(648)에 당으로 가서 당 태종으로부터 받은 글에

> 내가 지금 고구려를 치려는 것은 다른 까닭이 아니라, 너희 신라가 두 나라 사이에 끼어 매번 침해를 받아 편안한 날이 없음을 가련히 여겼기 때문이다. 산천도 토지도 내가

---

1 이하는 李昊榮, 「삼국통일의 과정」 『한국사 9 -통일신라-』, 국사편찬위원회, 1998 ; 『한민족전쟁통사 1 -고대편-』, 國防軍史硏究所, 1994(이하 『한민족전쟁통사 1 -고대편-』) 참조.

탐하는 것이 아니며, 재물도 자녀도 모두 내가 이미 가지고 있는 것들이다. 내가 두 나라를 평정하면, 평양 이남 백제의 토지는 전부 너희 신라에게 주어 길이 편안토록 하려한다.[2]

라 하고, 군사의 동원 기일을 정하여 주었다. 이것이 곧 나당군사동맹이며, 양국이 백제와 고구려를 멸망시키면, 평양 이남과 백제 전토는 신라가 영유한다는 외교적 타결이었다. 이와 같은 약정에도 불구하고 신라는 백제를 멸망시켰지만, 이에 대한 정당한 대가를 받지 못하였고, 이것이 바로 나당동맹의 와해와 신라-당 전쟁의 잠재적 도화선이 되었다.[3]

오히려 당의 백제 지배정책은 더욱 구체화되며, 웅진도독부와 신라가 화친할 것을 요구했다. 문무왕 4년(664) 2월, 각간 김인문과 이찬 천존이 당사 유인원, 웅진도독 부여융과 더불어 일차 회맹을 갔고,[4] 10월에는 부여 융을 웅진도위로 임명하여 백제 유민들을 위무하고 치안을 유지하도록 하였다. 유인원은 665년 7월에 웅진도위 부여융과 신라 국왕이 웅진성에서 회맹하도록 주선하고, 문무왕은 8월에 칙사 유인원·웅진도독 부여융과 함께 웅진 취리산에서 화친을 맹서하였다.

그 서약문에서

전 백제의 대사가정경 부여융을 웅진 도독으로 삼아 자기 조상의 제사를 모시게 하고, 그의 옛 고장을 보전케 할 것이니, 신라에 의지하여 길이 우방이 되어야 할 것이며, 각각의 묵은 감정을 버리고 우호를 맺어 서로 화친하여, 모두가 (당의) 조칙을 받들고, 영원히 당의 번방으로 복종해야 할 것이다.[5]

2 『삼국사기』권7, 신라본기7, 문무왕 11년, "朕今伐高□麗 非有他故 憐你新羅 攝乎兩國 每被侵陵 靡有寧歲 山川土地 非我所貪 玉帛子女 是我所有 我平定兩國 平壤已南百濟土地 竝乞你新羅 永爲安逸."
3 李昊榮, 앞의 논문, 1998, 30~38쪽.
4 『삼국사기』권6, 신라본기6, 문무왕 4년 2월, "角干金仁文 伊湌天存 與唐勑使劉仁願 百濟扶餘隆 同盟于熊津."
5 『삼국사기』권6, 신라본기6, 문무왕 5년 추8월, "前百濟大司稼正卿扶餘隆 爲熊津都督 守其祭祀 保其桑梓 依倚新羅 長爲與國 各除宿憾 結好和親 各承詔命 永爲藩服."

유인원 기공비(부여박물관)(좌), 김인문 묘(경북 경주)(우)

라며, 당은 신라와 백제 양측이 화친하여 차후로는 무력으로 변경을 침범하지 않을 것을 맹세하도록 강요하였다. 이러한 당의 조치는 백제 유민들에게 자치권을 부여하고, 동시에 이들로 하여금 신라를 견제하도록 하는 이이제이 정책의 일환이었다. 이에 신라는 당이 옛 백제의 영토를 신라에 편입시키지 않고 오히려 신라에 대한 견제 세력으로 이용하려는 야심을 가지고 있음을 간파하고 이를 즉각 시정해 줄 것을 강력히 요구하였다.[6]

다시 668년에 나당연합군이 고구려를 패망시키자, 고구려의 수도 평양에 안동도호부를 설치하고 설인귀로 하여금 2만명의 당병을 통솔하게 하여 5부 176개 성과 69만 7천여호의 고구려 고지를 직접 지배하려고 하였다. 아울러 반당적 성격이 특히 강하거나 부흥군과 제휴할 가능성이 있는 고구려 유민 3만 8천여 호는 669년 4월에 당의 영주와 내주 등지로 강제 이주되었다가 다시 내륙으로 이주당하였다.[7] 또한 영토 분할약정과는 상관없이 당은 오히려 고구려를 패망시키자 신라에게 옛 고구려 영토를 내놓으라고 강요했다.

---

6 『한민족전쟁통사 1 -고대편-』, 339쪽.
7 『資治通鑑』 권201, 唐紀17, 고종 總章 2년 夏四月, "高麗之民 多離叛者 勅徙高麗戶三萬八千二百於江淮之南及山南·京西諸州空曠之地 留其貧弱者 使守安東."

즉 설인귀에게 보낸 〈답설인귀서答薛仁貴書〉에는

> 비열성卑列城은 본래 신라 땅이었는데, 고구려가 빼앗은 지 30여 년 만에 신라가 다시
> 이 성을 회복하여 백성들을 이주시키고 관리를 두어 수비했으나, 당 나라는 이 성을 다
> 시 빼앗아 고구려에 돌려주었다.[8]

라고 하였다. 당이 비열성을 신라로부터 빼앗아 고구려에 주었다는 말은 그 고구려지
역을 당이 약정은 고사하고 찾은 땅도 약탈하였다는 것이다. 신라가 당이 영토분할
약속을 이행하지 않기 때문에 당과 결전할 수 밖에 없다는 결연한 선전포고가 곧 〈답
설인귀서〉라 하겠다. 결국 신라는 영토분쟁과 자주성 손상을 근본적으로 해결하기 위
하여 국가의 흥망을 걸고 대당전쟁을 택하지 않을 수 없었다.[9]

신라의 대당전쟁은 670년에 시작하였다.

> 3월에 사찬 설오유薛烏儒가 고구려 태대형 고연무高延武와 더불어 각각 정병精兵 1만
> 을 거느리고 압록강을 건너 옥골屋骨에 이르렀다. 말갈 군사가 먼저 개돈양皆敦壤에 와
> 서 기다렸다. 여름 4월 4일에 말갈 군사와 싸워 우리 군사가 크게 승리하였다. 참수斬
> 首는 헤아릴 수 없었다. 당나라 군사가 계속 이르므로 우리 군대는 물러나 백성白城을
> 지켰다.[10]

즉 3월과 4월에 신라 장군 설오유와 고구려 장군 고연무가 함께 압록강까지 진출
하여 당병과 싸우면서 시작되었다. 이와 함께 670년(문무왕 10) 7월부터 당이 지배하
고 있던 백제고지에 대해서도 대대적인 공략에 나섰다. 곧

8 『三國史記』 권7, 신라본기7, 文武王 11년, "卑列之城 本是新羅 高麗打得三十餘年 新羅還得此城 移
　配百姓 置官守捉 又取此城 還與高麗."
9 이호영, 앞의 논문, 1998, 57~58쪽.
10 『삼국사기』 권6, 신라본기6, 문무왕 10년, "三月 沙湌薛烏儒與高句麗太 □ □ □ 延武 正各率精兵一
　度鴨淥江 至屋骨 □ □ □ 靺鞨兵先至皆敦壤待之 夏四月四日 對戰 我兵大克之 斬獲不可勝計 唐兵繼至
　我兵退保白城 夏四月四日 對戰 我兵大克之 斬獲不可勝計 唐兵繼至 我兵退保白城."

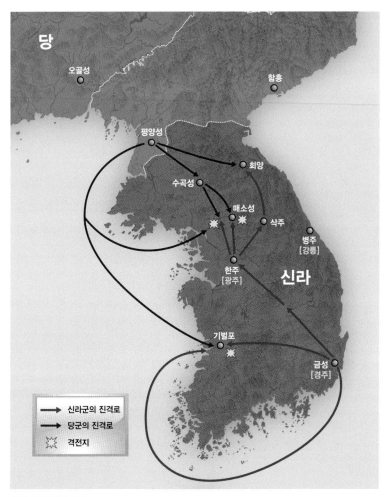

신라-당 전쟁의 경과

가을 7월에……군사를 들어 백제를 공격하였다. 품일, 문충, 중신, 의관, 천관 등은 63
성城을 공취하였고, 그곳 사람들을 내지內地로 옮겨 살게 하였다. 천존, 죽지 등은 7성
을 취하고 적의 머리 2천을 베었으며, 군관, 문영은 12성을 취하고 적병狄兵(당의 번병
蕃兵)을 쳐서 7천을 베고, 전마戰馬와 무기를 매우 많이 노획하였다.[11]

---

11 『삼국사기』 권6, 신라본기6, 문무왕 10년, "秋七月--- 擧兵討百濟 品日文忠衆臣義官天官等 攻取城
六十三 徙其人於內地 天存竹旨等取城七 斬首二千 軍官文穎取城十二 擊狄兵 斬首七千級 獲戰馬兵械
甚多."

라고 하였다. 이로써 신라는 백제고지의 거의 전지역을 점령하고, 671년 7월에는 소부리주所夫里州(부여)를 설치하여 아찬 진왕眞王을 도독으로 삼았다. 육지에서는 675년에 벌어진 매소성 전투가 대당전쟁의 승패를 좌우한 결정적인 계기가 되었다.

> 29일, 이근행이 군사 20만을 거느리고 매소성에 주둔하자, 우리 군사가 그들을 격퇴시켰으며, 이 과정에서 3만 3백 80필의 전마와 그 이외에 이에 상당하는 병기도 얻었다.[12]

즉 이 매소성 전투를 마지막으로 육지에서의 대당전쟁은 끝나고, 676년 설인귀군과의 기벌포 앞 해전에서 승리하면서 670년부터 시작된 7년간에 걸친 신라-당 전쟁은 신라의 승리로 끝맺었다.[13]

672년에 신라는 진평왕대에 설치된 녹금서당(583)과 자금서당(625)에 이어서 백제 주민들로 편성된 백금서당을 설치함으로써 백제 고토에 대한 완전한 지배를 실현하였다. 685년에 각종 조직과 기구를 정비하였는데, 그중 지방제도에 대해서는,

> 당 나라와 함께 두 나라를 침공하여 멸망시키고, 그 영토를 평정한 다음 마침내 9주州를 설치하였다. 본국 경계 내에 3주를 설치하였다. 왕성 동북쪽의 당은포 방면을 상주尙州라 하고, 왕성 남쪽을 양주良州라 하고, 서쪽을 강주康州라 하였다. 이전의 백제 경내에 3주를 설치하였다. 백제의 옛성 북쪽 웅진 어구를 웅주熊州라 하고, 그 다음 서남쪽을 전주全州, 그 다음 남쪽을 무주武州라고 하였다. 이전의 고구려 남쪽 지역에 3주를 설치하였다. 서쪽으로부터 첫째를 한주漢州, 그 다음 동쪽을 삭주朔州, 그 다음 동쪽을 명주溟州라고 하였다. 9주에서 관할하던 군. 현은 무려 4백 50개 소였다. 신라 지역의 넓이와 길이가 이 때 가장 컸다.[14]

---

12 『삼국사기』 권7, 신라본기7, 문무왕 15년 9월, "二十九日 李謹行率兵二十萬 屯買肖城 我軍擊走之 得戰馬三萬三百八十匹 其餘兵仗稱是."
13 李昊榮, 앞의 논문, 1998, 63~64쪽.
14 『삼국사기』 권34, 잡지3, 지리1, "與唐侵滅二邦 平其土地 遂置九州 本國界內 置三州 王城東北 當唐恩浦路日尙州 王城南日良州 西日康州 於故百濟國界 置三州 百濟故城北熊津口日熊州 次西南日全州 次南日武州 於故高句麗南界 置三州 從西第一日漢州 次東日朔州 又次東日溟州 九州所管郡縣 無慮

라고 하며, 신라 본토와 옛 백제 땅, 고구려 땅에 균등히 3개씩의 주州를 설치하였으니, 9주에서 관할하던 군, 현의 숫자가 무려 4백 50개에 이르렀다고 하였다. 또한 685년에 신라는 수도인 왕경(경주)이 영토의 동쪽에 치우친 결점을 보완하기 위하여 설치하기 시작한 전국의 5소경小京 중에서 청주의 서원소경과 함께 남원에 남원소경을 설치하였다. 그리하여 중앙정부의 지방 통치력을 한층 강화하였다.

통일 이후의 군사조직은 수도에 주둔하는 중앙군인 9서당誓幢과 지방군인 10정停이 있었는데, 정은 9주에 각각 1개씩을 배치하였으나 지역이 넓고 국방상 요충지인 한산주에는 2개의 정을 설치했다.

(2) 삼국통일의 의의와 한계[15]

신라의 백제 및 고구려 멸망에 이은 영역 확장에 대해서 기왕에 학계에서는 긍정과 부정의 인식이 병존하고 있다. 특히, 신라에 의한 삼국통일을 이야기할 때 영역의 측면에서 부정적인 논의가 있었다. 가령, 신라의 통일은 고구려와 백제의 영역 중에서 백제와 고구려 남쪽 일부를 차지하는데 그쳤으며, 그것도 당이라는 외세를 끌어들였다는 지적을 받기도 한다. 신채호는 일찍이 『독사신론讀史新論』(1910)에서 다음과 같이 말하였다.

고구려高句麗가 한수漢水 이북에 건국建國하며 신라新羅·백제百濟는 한수漢水 이남에 병립幷立하였으니, 이는 십수국十數國이 합合하여 삼국된 시대며, 또한 그 다음에는 고구려가 망하여 발해渤海가 되고, 백제가 망하여 신라에 합하였으니, 이는 삼국이 합여 양국兩國된 시대요.[16]

四百五十 新羅地理之廣 袤 斯爲極矣."
15 이하는 조인성, 「남북국시대론-1960년대 초 북한의 고대사 인식을 중심으로-」『한국고대사연구』 47, 한국고대사학회, 2007 참조.
16 『丹齋 申采浩全集(改訂版) 上』(丹齋申采浩先生紀念事業會 編), 1977, 508~509쪽.

신채호는 고구려가 발해가 되고, 백제가 신라에 통합되었다며, 신라의 삼국통일을 인정하지 않았다. 통일의 영웅으로 찬미되고 숭배되어왔던 김춘추가 실상은 당을 끌어들여 동족의 국가인 백제와 고구려를 멸함으로써 이후 외세를 끌어들여 동족을 치는 선례를 열었다고 비판하였다.[17]

북한의 박시형은 1962년 발표한 「발해사 연구를 위하여」[18]에서 발해사를 '조선사'의 체계에 넣어야 하는 당위성을 본격적으로 논증하였다. 이후 북한에서는 신라의 삼국 통일이 부정되고 발해사가 신라사와 대등하게 다루어지면서, 1956년판 『조선통사』(상)에서 신라의 삼국통일을 인정하고, 고구려의 후계국으로서 발해의 역사적 의의도 인정하던 것에 비해, 1962년판 『조선통사』(상)에서는 신라의 삼국통일이 부정되고, 신라의 국토 남부 통합과 고구려 옛 땅에서의 발해의 성립으로 규정되었다.[19]

남한에서는 이우성李佑成이 1970년 제13회 전국역사학대회에서 7-10세기를 남북국시대로 볼 것을 주장한 이후,[20] 현재 학계의 동향은 "신라의 통일을 부정함으로써 발해를 민족사로 자리매김할 논리적 여지를 마련하려는 입장"과 "신라통일의 의의를 제한적으로 인정하면서도 발해를 민족사로서 적극 인식하려는 입장"으로 대별할 수 있다.[21]

2. 신라의 북쪽 영역

1) 서북쪽 경계[22]

신라가 고구려 멸망 후 7년간의 신라-당 전쟁에서 승리하면서 신라의 북쪽 경계는

17 조인성, 앞의 논문, 2007, 207쪽.
18 박시형, 「발해사 연구를 위하여」 『력사과학』 1962년 제1호, 과학백과사전출판사, 평양, 1962.
19 조인성, 앞의 논문, 2007, 216쪽.
20 李佑成, 「南北國時代와 崔致遠」 『創作과 批評』 38, 창작과 비평사, 1975.
21 조인성, 앞의 논문, 2007, 199쪽.
22 林相先, 「新羅時代의 서울지역 經營」 『鄕土서울』 61, 서울특별시사편찬위원회, 2001 참조.

임진에서 함경남도 덕원德源에 이르렀다. 문무왕 8년(668)에 이르러 비열홀주를 다시 설치하고 15년에는 현재의 덕원으로 비정되는 철관성鐵關城을 축조하였다. 이렇게 통일 이후 동북경은 크게 북상하고 서북경도 점차 북으로 확대하던 중 발해를 견제시키려는 당이 신라에게 평양 이남의 영유를 공인하므로써 성덕왕 34년(735)부터 대동강에서 원산만을 연결하는 북경이 설정되었다.[23]

신라는 고구려 멸망과 신라-당 전쟁 이후 국력의 한계와 당의 영유권 주장으로 예성강 일대는 문무왕 15년(675) 주군제가 시행되고, 그 이북 일대는 신문왕 5년(685) 한산주 소관 광역 주 속에 편입되었다. 당군唐軍과의 싸움이 끝나고 얼마 되지 않은 문무왕 12년(672) 한산주에는 새로이 둘레가 4, 360보에 달하는 주장성晝長城이 축조되었다.[24] 성의 축조는 당군에 대한 대비 뿐 아니라 여전히 남아있던 반신라적 고구려 유민에 대한 통제가 목적이었을 것이며, 이러한 역할을 수행하는 과정에서 한산주의 역할이 증대되었던 것과 관계가 있을 것이다. 한산주는 이후 군사적으로 별다른 활동을 보이지 않다가 성덕왕聖德王 대에 들어서 일련의 축성이 이루어지면서 새삼 관심을 불러일으키게 된다. 성덕왕은 12년(713) 12월에 한산주 관내인 개성開城에 축성하고,[25] 17년(718)에는 한걸음 나아가 한산주 도독 관내 여러 곳에 성을 쌓았다.[26] 성덕왕대의 이러한 축성은 북쪽의 발해와 관련된 측면이 있다.

신라는 북쪽에 발해가 건국될 초기에는 일시적으로 통

주장성(남한산성) 신라유적
남한산성 행궁 내에 있는 통일신라 건물지이다.

23 李基東, 「新羅下代의 浿江鎭」 『韓國學報』 4, 일지사, 1976.
24 『삼국사기』 권7, 신라본기7, 문무왕, "十二年 八月 築漢山州晝長 周四千三百六十步."
25 『삼국사기』 권8, 신라본기8, 성덕왕, "(十二年 十二月) 築開城."
26 『삼국사기』 권8, 신라본기8, 성덕왕, "(十七年 冬十月) 築漢山州都督管內諸城."

교의 움직임도 있었으나[27] 점차 양국간에는 서먹한 분위기가 연출되었던 것 같다. 이러한 상황을 반영하는 것이 바로 위의 기록에 나타나듯이 신라의 북변에 대한 대비라고 할 수 있다. 발해의 무왕武王과 그 동생인 문예門藝 사이에 흑수부黑水部 토벌과 왕위 계승문제로 인하여 다툼이 발생하고, 그 결과 문예가 당으로 달아나고 이것을 계기로 하여 732년에는 발해가 당의 등주登州를 공격하는 사건이 발생하였다.

이러한 국제정세 속에서 당은 신라에게 도움을 청하고, 신라도 당에 원군을 보내며 협력하게 되었다. 신라가 당의 발해 토벌에 적극적으로 참여하게 된 이유로서는 발해의 건국이 신라에 위협이 되고 있었던 점에서도 찾을 수 있지만, 그밖에 영역의 확대도 노렸던 것 같다. 발해의 등주 공격에서 촉발되어 735년 당으로부터 패강浿江 이남의 땅의 소유를 인정받는 과정에서 신라가 취한 대응을 통하여 이러한 추정의 단서를 찾아볼 수 있다.

신라는 733년 당의 요청을 받고 발해의 남쪽 경계 공격에 나서 성과 없이 철군한 바 있으나[28] 재차 발해 토벌을 자청하였다. 이와 같은 신라의 당에 대한 적극적 지원은 성덕왕 34년(735) 당으로부터 패강 이남의 땅에 대한 소유를 인정받는데 크게 기여하였다.

○ (성덕왕 34년 2월) 의충이 귀국할 때 신라에 패강 이남의 땅을 주라는 조칙을 내렸다.[29]

○ (성덕왕) 35년 여름 6월, 사신을 당 나라에 보내 신년 하례를 하고, 다음과 같은 표문을 올려 사례하였다. '패강 이남의 땅을 준다는 칙서를 삼가 받았습니다.……'[30]

---

27 조선후기의 실학자 안정복은 신라 효소왕 9년(700)에 발해 대조영이 신라에 사신을 보내 내부하였기에, 신라가 제5품 대아찬의 관작을 주었다고 하였다(『東史綱目』제4下, 孝昭王 9년).
28 『삼국사기』권43, 열전, 김유신 下, 開元 21년 ; 『삼국사기』권8, 신라본기8, 성덕왕 32년 추7월.
29 『삼국사기』권8, 신라본기8, 성덕왕, "(三十四年 二月) 義忠廻 勅賜浿江以南地." 이보다 앞선 734년 봄 정월 당 나라에 숙위로 있던 김충신이 당황제에게 표를 올려 재차 발해 토벌의 의지를 피력하였다(『삼국사기』권8, 신라본기8, 성덕왕 33년 춘정월).
30 『삼국사기』권8, 신라본기8, 성덕왕, "三十五年 夏六月 遣使入唐賀正 仍附表陳謝曰 伏奉恩勅 賜浿江以南地境."

이리하여 신라의 한산주 영역은 명목상으로 패강까지 대폭 확대되었다. 그러나 신라가 이때 당으로부터 패강 이남의 땅을 공식적으로 인정받았다고 하지만, 당시의 당이 이 지역에 대한 관할권이 있었던 것은 아니었다. 당이 고구려 멸망후 설치한 안동도호부安東都護府는 이미 유민들의 저항으로 이 지역에 대한 통제를 포기하고 요동遼東 지역으로 옮겨간 이후이기 때문이다. 또한 이때의 패강 이남이 어디를 가리키는지도 분명하지 않다. 당시 패강이 대동강을 가리키는 것은 분명하므로 문제는 패강 이남의 한계, 즉 신라의 북계가 어디인지를 알아야 패강 이남의 구체적인 범위와 그 의미를 살필 수가 있을 것이다.

한산주 시기 신라의 북계는 신라와 당군과의 싸움에서 암시를 받을 수 있다. 671년부터 본격화된 당과 신라의 충돌은 한강 북부지역이 주요한 무대였다. 예성강과 임진강 하구의 중간지대인 금천·개풍·개성 일대, 그리고 임진강 하류의 문산·파주·포천·의정부 일대에서 양군의 치열한 접전이 있었다.[31] 신라와 당간의 전쟁이 끝나고 안동도호부가 요동으로 옮겨간 뒤에도 당은 신라의 관할을 멸망 당시 고구려의 영역 남쪽 지역으로 한정하고, 그 이외의 지역에 대해서는 신라의 영유를 인정하고 있지 않았던 것 같다.

그러므로 성덕왕대 당으로부터 패강 이남의 소유를 인정받을 당시 신라의 북계이며, 동시에 통일 전 신라와 고구려의 경계를 대략적으로 추정하면, 한강 북부의 개성 이남이 아닐까 생각된다. 개성을 경계지역으로 간주하는 이유는 앞의 성덕왕 12년(713)조의 개성開城 축성 기사를 통해서 알 수 있다. 개성은 한산주 지역에서 당시까지 신라가 축성한 지역 중 가장 북쪽에 위치하며, 나당간의 접전지역이기도 한 점을 유념해야 할 것이다. 그렇다면 개성은 성덕왕대에 신라가 설치한 가장 동북방의 성진城鎭이라고 해야 할 것이다.[32]

신라는 735년 당으로부터 패강 이남 땅의 소유를 인정받고, 그 이듬해 이에 대한

---

31 申瀅植,「新羅의 發展과 漢江」『韓國史研究』77, 한국사연구회, 1992, 46~47쪽.
32 개성 일대의 축성이 한강유역 북부(임진강 이남) 지역의 보호를 위한 것이라는 관점에서 개성 지역에 대하여 예성강 지역이, 예성강 지역에 대하여 멸악산맥 이서 지역이 각각 보호지역이 된다고 하는 지적은(申瀅植, 앞의 논문, 1992, 50~51쪽) 주목할 만하다.

감사의 표시를 한 뒤 11월에 장군 윤충允忠·사인思仁과 이찬 영술英述을 평양주平壤州와 우두주牛頭州에 보내 지형을 조사하였다.[33] 이것은 기존의 한산주(평양)와 우두주(춘천)가 패강 이남의 땅이 새로이 늘어남으로 인하여 각각의 관할 지역이 늘어나자 이것을 확인하고, 향후의 경영을 위한 여러 가지 사항을 점검하기 위한 파견이었을 것으로 생각된다.[34]

성덕왕 사후 한산주와 패강 지역에 대한 신라 중앙정부의 움직임은 한동안 보이지 않다가 경덕왕이 등장하면서 다시 이 지역에 대한 경영이 적극적으로 이루어진다. 즉, 성덕왕과 달리 경덕왕 때는 신라의 북경을 점차적으로 북상시켜 패강 이남의 땅을 실제적으로 경영하기 시작한 것이 두드러지는 현상이라고 할 수 있다.

○ (경덕왕 7년 가을 8월) 아찬 정절 등을 파견하여 북쪽 변경을 시찰하게 하였다. 처음으로 대곡성 등 14개의 군현을 두었다.[35]

○ (경덕왕 16년 겨울 12월) 한산주를 한주로 고치고, 1주 1소경 27군 46현을 소속시켰다.[36]

○ (경덕왕) 21년 여름 5월, 오곡·휴암·한성·장새·지성·덕곡의 여섯 성을 쌓고, 각각 태수를 두었다.[37]

---

33 『삼국사기』 권8, 신라본기8, 성덕왕, "三十五年……冬十一月……遣伊湌允忠·思仁·英述 檢察平壤·牛頭二州地勢."

34 기존에는 평양을 대동강 유역의 평양으로 해석하였지만, "平壤·牛頭二州"에서 알 수 있듯이 평양은 주명으로 쓰이고 있고, 선덕왕 때의 패강진 설치시에도 이곳은 제외되고 있다. 그러므로 여기서 말하는 평양은 『삼국사기』 권37, 지리4, 고구려·백제조의 한산주(漢山州) 관할 군의 세주에서 말한 "一云平壤"의 대상인 "北漢山郡"이라고 할 수 있다. 이 때 패강 이남의 영유로 인하여 관할이 늘어나게 되는 한산주와 우두주의 지세를 살피고, 이후 748년의 14군현 등의 설치를 위한 사전 조사를 한 것으로 여겨진다.

35 『삼국사기』 권9, 신라본기9, 경덕왕, "(七年秋八月)遣阿湌貞節等 檢察北邊 始置大谷城等十四郡縣."

36 『삼국사기』 권9, 신라본기9, 경덕왕, "(十六年冬十二月)漢山州爲漢州 領州一 小京一 郡二十七 縣四十六."

37 『삼국사기』 권9, 신라본기9, 경덕왕, "(二十一年)夏五月 築五谷·鵂巖·漢城·獐塞·池城·德谷六城 各置太守."

경덕왕 7년(748)에는 아찬 정절貞節 등을 파견하여 북쪽 변경을 시찰하게 하였고, 이어서 대곡성大谷城 등 14개의 군현을 설치하고, 762년에 오곡·휴암·한성·장새·지성·덕곡의 여섯 성城을 쌓고 태수를 파견하였다. 특히, 경덕왕은 757년에 지방제도를 중국식으로 개편하면서 한산주를 한주漢州로 고치고, 1주 1소경 27군 46현을 소속시켰다.

먼저 748년에 설치한 대곡성 등의 14군현은 이곳에 대한 신라정부의 행정, 군사적 조치로서 이 지역을 실제적으로 지배하게 되었다는 의미를 갖는다. 대곡성大谷城 등 14개 군현의 위치는 『삼국사기』 지리지 한주를 기반으로 하여 몇 가지 주장이 제기되었다.[38] 대곡성은 원래 고구려의 대곡군이었던 것을 경덕왕이 영풍군으로 개칭하였으며, 오늘날의 황해도 평산으로 비정하는 것을 비롯하여, 나머지 13개 군현도 영풍군永豊郡(1군 2현)으로부터 해고군海皐郡(1군 1현), 폭지군瀑池郡(1군), 중반군重盤郡(1군), 서추군栖椎郡(1군), 그리고 오관군五關郡(1군 1현)과 그 영현을 포함하여 10군현(6군 4현)에 비정하는 것에 이견이 없다. 다만 나머지 4군현에 대하여 두 가지 주장이 제기되고 있다.

첫째는 4군현을 앞의 오관군五關郡에 이어 한주조漢州條의 맨 끝에 기록되어 있는 취성군取城郡과 3개의 소속현으로 간주하는 주장이고, 둘째는 영풍군永豊郡 앞의 해구군海口郡[39]과 그 영현에 비정하는 견해이다.[40] 이중에서 전자는 취성군과 소속 현 셋이 모두 헌덕왕대에 개칭되었다고 하였으므로, 경덕왕 16년(757)의 주현명 개칭에서는

38 14군현을 비롯한 패강진에 대해서는 李基東, 「新羅下代의 浿江鎮 – 高麗王朝의 成立과 關聯하여 – 」 『韓國學報』 4, 一志社, 1976 ; 李基東, 『新羅骨品制社會와 花郞徒』, 一潮閣, 1996(중판), 220~225쪽 ; 姜鳳龍, 「新羅下代 浿江鎮의 설치와 運營 – 州郡縣體制의 확대와 관련하여 – 」 『韓國古代史研究』 11, 한국고대사연구회, 1997 ; 배종도, 「新羅下代의 地方制度 개편에 대한 고찰」 『學林』 11, 연세대 사학연구회, 1989 ; 方東仁, 「浿江鎮의 管轄範圍에 關하여」 『靑坡盧道陽博士古稀紀念論文集』, 1979 ; 木村誠, 「統一新羅의 郡縣制と浿江地方經營」 『朝鮮歷史論集』 上卷(旗田巍先生古稀記念會 編), 龍溪書舍, 1979 ; 김종복, 「新羅 聖德王代의 浿江지역 진출 배경」 『成大史林』 12·13합집, 成大史學會, 1997 등의 논저 참조.

39 『삼국사기』 권35, 잡지4, 지리2, 신라2, "海口郡 本高句麗穴口郡 在海中 景德王改名 今江華縣 領縣 三 江陰縣 本高句麗冬音奈縣 景德王改名 在穴口島內 今河陰縣 喬桐縣 本高句麗高木根縣 海島也 景德王改名 今因之 守鎮縣 本高句麗首知縣 景德王改名 今鎮江縣."

40 배종도, 앞의 논문, 1989, 27~28쪽의 주 62) 참조.

제외되었다고 해야 한다. 이것은 결국 취성군과 그 영현이 경덕왕 7년(748)의 14군현에 포함될 수 없다는 의미이기도 하다. 그러므로 후자의 주장이 보다 설득력을 갖게 되었다.[41]

해구군海口郡이 경덕왕 7년의 14군현에 설치되었을 또 하나의 암시는 해구군이 지리지 한주조漢州條의 개성군 다음에 위치한다는 것에서도 찾을 수 있지 않을까? 왜냐하면 지리지 한주조의 군현은 일정한 원칙에 의하여 기술되고 있는 것으로 생각되기 때문이다. 한주조는 한주와 중원경의 설명 이후, 괴양군槐壤郡·소천군泝川郡·흑양군黑壤郡·개산군介山郡·백성군白城郡·수성군水城郡·당은군唐恩郡·율진군栗津郡·장구군獐口郡·장제군長堤郡·한양군漢陽郡·내소군來蘇郡·교하군交河郡·견성군堅城郡·철성군鐵城郡·부평군富平郡·토산군兔山郡·우봉군牛峯郡·송악군松岳郡·개성군開城郡·해구군海口郡·영풍군永豊郡·해고군海皐郡·폭지군瀑池郡·중반군重盤郡·서암군栖嵒郡·오관군五關郡·취성군取城郡의 순으로 이루어져 있다. 이 중에서 한주와 중원경, 그리고 한양군만이 진흥왕 때 설치된 사실을 기록하고 있다. 나머지는 모두 고구려의 땅이었으나 언제 신라가 편입하였는지는 말하지 않고, 다만 경덕왕 때의 개칭만을 전하고 있다.

그런데 이들 군에 대한 현재의 위치 비정을 감안하면 위의 군은 남쪽으로부터 북쪽으로 올라가면서 배치되어 있는 듯하다. 이와 같은 군현의 배치는 또 한편으로는 신라가 이들 지역을 편입해간 시기를 순차적으로 반영한 것일 가능성이 높은 것으로 생각된다. 그러므로 앞의 취성군이 한주 소속 군 중 가장 뒤에 배치되고, 경덕왕대가 아닌 헌덕왕대에 개칭되는 것으로 미루어, 경덕왕 7년의 14군현에는 해구군이 포함되었을 것이 분명하다.[42]

경덕왕은 14군현 설치 이후 14년이 지난 762년 5월에 14군현 지역에 대한 군사·행정적 거점으로서 오곡·휴암·한성·장새·지성·덕곡의 여섯 성을 쌓고, 지방관인 태

---

41 姜鳳龍, 앞의 논문, 1997, 203~205쪽 참조.
42 한주조의 기록이 신라가 이들 지역을 편입한 시기 순으로 배열되어 있다면, 한양군 앞의 군현은 진흥왕 18년(557) 이전에 확보되어 신주에 소속되었을 것이며, 한양군 뒤에 배치된 군이 바로 557년 이후에 신라가 획득한 지역일 것이다. 이러한 상황에서 신라가 한주와 북한산주를 번갈아 개칭한 것도 광주(한주)와 한양(북한산주)에 둔 주치에 의해서 정해진 것이 아닐까 추정해 본다.

경덕왕릉(경북 경주)

수를 파견하였다. 경덕왕의 6성 축조와 앞의 14군현의 설치는 패강 이남 지역에 대한 본격적 경영의 시작이며, 그 배경을 경제적 측면에서의 이득 추구로 설명하는 견해도 있다. 당의 패강 이남의 사여에 대한 신라측의 감사의 글에서 영역적으로는 신라의 관할 지역이 확대되고, 그 결과 경제적으로는 농경지도 늘어나게 된 것을 기뻐하는 점에서도 이러한 면모를 엿볼 수 있다.[43]

그러나 신라 내부의 영역 확대라는 측면만으로 설명할 수 없는 요소가 있으니, 바로 북쪽의 발해이다. 가령, 신라가 733년에 발해의 남쪽 경계를 침입하거나 748년과 762년에 14군현 설치와 6성의 수축이 패강 이북의 발해에 점점 근접해 가는 것이기도 하기 때문에 발해에 대한 방비도 비례하여 커졌을 것으로 생각된다. 그러므로 신라의 북진은 영토의 확대와 이에 따른 경제적 이득의 획득이라는 요소가 주요한 배경이 되면서도, 여기에 수반하여 북쪽의 발해에 대한 대비도 고려되었을 것이라고 생각된다.

혜공왕惠恭王에 이어 즉위한 선덕왕宣德王은 신라 하대의 첫 막을 열었으나 그의 재

---

43 패강 이남의 사여에 대한 신라의 감사의 글에서 "신에게 토지를 주어서 나라를 넓혔으니, 마침내 땅을 개간할 희망이 생기고 농사지을 터전을 얻게 되었습니다"(『삼국사기』권8, 신라본기8, 성덕왕 35년 여름 6월, "錫臣土境 廣臣邑居 遂使墾闢有期 農桑得所")라는 글에 잘 나타나 있다.

위 중의 치적은 패강진浿江鎭 경영 이외에는 눈에 띄지 않을 정도로 이 지역에 관심을 기울였다.[44]

○ (선덕왕 2년) 가을 7월, 왕이 사신을 보내 패강 남쪽의 주와 군을 위무하였다.[45]
○ (선덕왕 3년) 2월, 왕이 한산주를 순행하고 주민들을 패강진으로 옮겼다.[46]
○ (선덕왕) 4년 봄 정월, 아찬 체신體信을 대곡진大谷鎭 군주軍主로 임명하였다.[47]

선덕왕대 패강 지역에 대한 조치는 무엇보다도 왕 3년(782)의 패강진의 설치와 이때의 민호 이동, 그리고 다음 해의 대곡진 군주의 임명에 나타나듯이 패강진에 대한 행정적 조치가 일단락 되었다는 것에서 큰 의미를 찾을 수가 있다. 735년에 당으로부터 패강 이남의 영유를 인정받은지 대략 50여 년만에 이곳에 대한 행정적 조치를 일단락지움으로써 명실상부하게 이곳을 남쪽 주군과 동일한 형태로 경영할 수 있게 되었다.

또한 패강진은 책임자가 한산주와 같은 위계의 아찬이며, 명칭도 군주軍主로 같은 것에서도 알 수 있듯이, 이 때부터는 한산주와는 별도의 독립된 위치를 차지하게 되었다. 그런데 아찬 체신體信의 관직에 등장하는 대곡진과 패강진과의 관계에 대해서는 해명이 필요하다. 현재 이 두 진에 대하여 대곡진大谷鎭을 패강진에 대한 이칭으로 보기도 하지만 아무래도 별개의 지역으로 간주해야 할 것이다.[48]

한편, 패강진전浿江鎭典을 통하여 알 수 있듯이, 패강진이 한주와 별도의 군사행정 조직을 갖추고 있다는 것은 이곳이 한주의 관할에서 벗어나 있었다는 것을 이야기하는 것이다. 그렇지만 『삼국사기』 권40, 잡지9, 직관지에 실려 있는 한주에 대한 군사 조직과 비교할 때 패강진 구성원의 숫자나 그 위계가 뒤떨어지는 것으로 판단하건데,

44 李基東, 「新羅下代의 王位繼承과 政治過程」 『歷史學報』 85, 역사학회, 1980 ; 李基東, 앞의 책, 1996(중판), 148쪽.
45 『삼국사기』 권9, 신라본기9, 선덕왕, "(二年秋七月)發使 安撫浿江南州郡."
46 『삼국사기』 권9, 신라본기9, 선덕왕, "(三年二月)王巡行漢山州 移民戶於浿江鎭."
47 『삼국사기』 권9, 신라본기9, 선덕왕, "四年春正月 以阿湌體信爲大谷鎭軍主."
48 『삼국사기』 권40, 잡지9, 직관 하, 浿江鎭典 참조.

한주에 비해서는 낮은 단계였던 것으로 생각된다.

이와 관련하여 패강진의 관할 범위는 경덕왕대의 대곡성 등 14군현의 설치 이후 선덕왕대의 패강진 설치시기까지 신라가 한주 북쪽에 설치한 주군을 여기에 포함시키고 있다. 패강진의 이러한 성격은 여타의 신라 하대의 진鎭들이 일반적으로 군사적 거점으로만 설치된 것과는 대비되는 특징이다. 패강진만이 10개 내지 26개의 군현을 관할하는 광역의 군단적 성격에 더하여 신라 서북방을 다스리는 최일선 지방행정 단위로 편제된 것은 외관 직제 중 패강진전만이 직관지에 등재되어 있는 것에서도 나타난다.[49]

2) 동북쪽 경계

통일신라 시기, 가장 동북방에 위치한 군현은 비열홀주(삭정군朔庭郡, 안변安邊)이다.

○ (문무왕 8년 3월) 비열홀주比列忽州를 설치하고, 파진찬 용문龍文을 총관摠管으로 임명하였다.[50]

○ (문무왕 15년 추秋9월 29일) 안북하安北河를 따라 관성關城을 설치하고, 또 철관성鐵關城을 쌓았다.[51]

○ 안북하安北河 가에 철성鐵城을 쌓았다.[52]

고구려의 비열홀에 신라 문무왕 8년(668) 비열홀주比列忽州를 설치하였는데, 이것은 신라-당 전쟁의 와중에 신라가 이 지역을 영토로 편입하고, 효소왕은 축성을 한 것이다.[53] 문무왕 15(675)에 안북하安北河를 따라 관성關城·철관성鐵關城·철성鐵城

---

49 李基東, 앞의 논문, 1976, 220~225쪽 참조.
50 『삼국사기』 권6, 신라본기6, 문무왕, "(八年三月) 置比列忽州 仍命波珍湌龍文爲摠管."
51 『삼국사기』 권7, 신라본기7, 문무왕, "(15년 秋9월 29일)緣安北河設關城 又築鐵關城."
52 『삼국유사』 권2, 文虎王法敏, "安北河邊築鐵城."
53 조이옥, 「8~9世紀 新羅의 北方經營과 築城事業」『新羅文化』34, 동국대학교 신라문화연구소, 2009, 151~152쪽.

등으로 불리는 군사시설이 설치되었던 것을 알 수 있다. 이케우치 히로시池内宏는「철관성」을 『신증동국여지승람』 덕원도호부德源都護府·고적조 등에 보이는「철관鐵關」에 해당시켜 덕원읍의 북쪽 약 6km의 망덕산望德山에 있는 고성지古城址로, 안북하를 북면천北面川에, 더욱이「관성關城」을 망덕산 및 북면천의 남쪽에 있는 다른 망덕산望德山(소망덕산小望德山)에 비정하고, 이성시李成市는 삼자는 동일한 성城을 가리키는 명칭일 것[54]이라고 한다.[55]

> (성덕왕) 20년 가을 7월에 하슬라도의 장정 2천을 징발하여 북경北境에 장성長城을 쌓았다.[56]

성덕왕 20년(721) 7월에 하슬라도 장정 2천을 징발하여 북경에 쌓은 장성은 영흥의 용흥강과 정평의 금진강 사이의 분수산맥을 이용하여 발해의 침입을 방어하기 위하여 쌓은 것이다.[57] 후루하타 토오루古畑徹는 장성을 기준으로 내외를 별세계로 구별하고, 장성의 설치는 발해의 남진에 따른 군사적 긴장에 대응하기 위한 것이라 하고, 이성시李成市도 발해와의 긴장관계에서 8세기중엽 이전 장성 이북에 이인異人이 거주하는 이역異域으로의 인식이 신라인에게 존재하였다고 보았다.[58] 이와 달리 당시의 축성을 발해보다는 연접하고 있던 말갈의 침입에 대응하기 위한 방어책으로 추정하기도 한다.[59]

통일초기 영토를 회복한 경덕왕은 정천군井泉郡에 탄항관문炭項關門을 쌓고 있어

54 池内宏, 「眞興王の戊子巡境碑と新羅の東北境」『滿鮮史研究』上世第2冊, 吉川弘文館, 1960, 42~44쪽 ; 李成市, 「八世紀新羅·渤海關係の一視角」『古代東アジアの民族と國家』, 岩波書店, 1998, 395~396쪽.

55 赤羽目匡由, 「新羅東北境에서의 新羅와 渤海의 交渉에 대하여」『高句麗渤海研究』31, 고구려발해학회, 2008, 261쪽.

56 『삼국사기』 권8, 신라본기8, 성덕왕, "二十年 秋七月 徵何瑟羅道丁夫二千 築長城於北境."

57 池内宏, 앞의 논문, 1960, 49~55쪽.

58 古畑徹, 「日渤交渉開始期の東アジア政勢-渤海對日通交開始要因の再検討-」『朝鮮史研究會論文集』23, 1986, 113쪽 ; 古畑徹, 「後期新羅·渤海の統合意識と境域觀」『朝鮮史研究會論文集』36, 1998, 29쪽.

59 조이옥, 앞의 논문, 2009, 153쪽.

주목된다.

> ○ 정천군井泉郡은 고구려의 천정군泉井郡으로 문무왕 21년에 이것을 취하여 경덕왕
> 景德王이 개명하였다. 탄항관문炭項關門을 쌓았다. 지금 용주湧州니, 영현領縣이 셋
> 이다.[60]
> ○ 남쪽은 신라와 니하泥河가 경계이다.[61]

『삼국사기』 지리지는 정천군井泉郡을 문무왕 21년(681)에 획득하였고, 경덕왕이
개명하고 탄항관문을 쌓았다 하고, 『신당서』 발해전은 발해와 신라의 경계가 니하라
기록하고 있다. 3개 영현의 개명의 정확한 시점은 여타 군현과 마찬가지로 경덕왕 16
년(757)이며, 정천군은 경덕왕 16년 즈음 신라가 영유하였을 것으로 추정하고 있다.
성덕왕 35년(736) 우두주 일대 지세 검찰 이후 약 20여년 후인 경덕왕 16년 정천군
이 신라의 최북단이 되었다는 것이다.[62]

천정군의 위치에 대해서는 2개의 의견이 있다. 먼저 사료에 따라 현재의 함경남도
덕원德源으로 비정하는 것이 일반적이다. 위의 기록에서 「지금」 즉 『삼국사기』 편찬
시(1145년)의 용주湧州가 이전의 천정군이었다고 한다. 용주는

> 의주宜州. 본래 고구려의 천정군泉井郡(어을매於乙買라고도 한다)으로 신라 문무왕 21
> 년에 이것을 취하여 고쳐 정천군井泉郡이라 하고 고려 초에 용주湧州라 칭하였으며 성
> 종成宗 14년에 방어사防禦使를 두었는데 뒤에 지금 이름으로 고쳤고, 예종睿宗 3년에
> 성을 쌓고 따로 동모東牟(성묘成廟가 정한 바이다)라 하며, 또 의춘宜春, 의성宜城이라
> 불렀다. 요해처에 철관鐵關이 있고 바다 섬으로 죽도竹島가 있다.[63]

---

60 『삼국사기』 권35, 잡지4, 지리2, 삭주, "井泉郡 本高句麗泉井郡 文武王二十一年 取之 景德王改名
築炭項關門 今湧州 領縣三."
61 『신당서』, 발해전, "南與新羅以泥河爲境."
62 조이옥, 앞의 논문, 2009, 156쪽.
63 『고려사』 권58, 지12, 지리3, 동계, "宜州 本高勾麗泉井郡(一云, 於乙買) 新羅文武王二十一年 取之
改爲井泉郡 高麗初 稱湧州 成宗十四年 置防禦使 後更今名 睿宗三年 築城 別號東牟(成廟所定) 又號

라고 있어, 후에 의주宜州로 개명되었다. 그 의주는

고려 때에는 용주湧州라 일컬었으며 성종 14년에는 방어사를 두었고, 뒤에 의주宜州로

고쳤으며 예종 3년에 성을 쌓았다. 본조 태종 13년에 예에 따라 의천宜川이라 고쳤고,

세종 19년에 지금의 이름으로 고쳤는데 군郡으로 만든 지 27년 만에 목穆·익翼·탁

度·환桓 4대의 어향御鄕이라 하여 승격시켜 도호부로 만들었다.[64]

라고 있어, 조선시대에는 의천군宜川郡, 그리고 덕원도호부德源都護府가 되었다고 한
다. 용주湧州를 덕원이라 하는 기록을 의심하는 이유는 용주와 의주가 각각 동시기에
실재했다고 볼 수 있기 때문이다.[65] 그러나 이케우치 히로시池內宏는 신라 북경에 쌓
았던 장성長城 및 신라와 발해의 경계에 관한 상세한 검토를 통해, 전자를 용흥강龍
興江(금야강金野江)과 금진천金津川(금진강金津江)의 분수산맥分水山脈에 있는 영흥군의
고장성古長城에 비정하고, 후자에 대해서는 『신당서』 발해전이 양국의 국경이라 하는
「니하泥河」를 금진천이라 하고, 용주湧州를 화주和州(영흥)의 잘못이라고 한다.[66]

그렇다면 『삼국사기』에 전하는 용주의 존재시기와 의주의 그것과는 중복된다. 용
주와 의주는 서로 다른 땅으로 보아야 하지만, 용주=의주=의천군=덕원도호부라 하는
기록을 그대로 따를 수는 없다. 즉 『삼국사기』 지리지는 천정군 영현의 고려시대 소
재지를 모두 미상이라 한다. 그것은 경덕왕대 이후의 어느 시점부터 이 지역이 오랫
동안 말갈靺鞨에 속해 있었기 때문이고, 고려 초에 그 땅을 회복했을 때에는 천정군의
고지도 소재불명이었다. 신라시대 삭정군朔庭郡(지금의 함경남도 안변)은 천정군의 이
웃에 있는 군郡이고, 고려시대에 등주登州(삭정군) 인접 군이었던 용주가 막연히 천정

宜春·宜城 要害處有鐵關 海島有竹島."

64 『신증동국여지승람』 권49, 함경도, 덕원도호부 建置沿革, "高麗時 稱湧州 成宗十四年 置防禦使 後
改宜州 睿宗三年 築城 本朝太宗十三年 例改宜川 世宗十九年 改今名爲郡 二十七年 以穆·翼·度·桓四
代御鄕 陞爲都護府."

65 赤羽目匡由, 「新羅東北境에서의 新羅와 渤海의 交涉에 대하여」 『高句麗渤海硏究』 31, 고구려발해
학회, 2008, 259쪽.

66 池內宏, 앞의 논문, 1960, 69~72쪽.

군에 해당했다고 한다.[67] 9세기 전반 이래, 천정군 주변은 신라영역 바깥에 속하고, 천정군은 용주에 비정할 수 있다.[68]

신라와 발해의 경계라는 니하泥河에 대해서는 용흥강龍興江, 금진천金津川, 남대천南大川, 강릉시 연곡면의 연곡천連谷川 등이라는 의견이 있지만, 남대천은 안변安邊에 너무 가깝고, 연곡천은 신라영내에 깊이 들어가 의문이고, 금진천 또는 용흥강이 가장 유력하다. 또 니하와 신라 최북단의 탄항관문의 위치관계는 관문關門이 국경의 하천 바깥에 위치했다고는 생각하기 어렵기 때문에 신라령에서 보아 니하가 바깥, 탄항관문이 안쪽에 있었을 것이라고 한다.[69]

정천군은 발해와 신라의 상설교통로인 신라도의 기착지이기도 하였다.

○ 남해부는 신라도이다.[70]
○ 가탐賈耽의 고금군국지古今郡國志에 말하길, 발해국의 남해南海, 압록鴨淥, 부여夫餘, 책성柵城의 4부는 모두 고구려의 옛 땅이다. 신라 천정군으로부터 책성부까지 39개의 역이 있다.[71]

『삼국사기』에 인용된 가탐의 『고금군국지』에 의하면 발해국의 남해·압록·부여·책성의 4부가 모두 고구려의 옛 땅인데, 신라 천정군으로부터 책성부까지 모두 39개의 역이 있다고 하였다. 신라 천정군은 함경남도 덕원에 해당하고 발해 책성부는 중국 길림성 훈춘현에 있는 팔련성에 해당하므로 이 경로가 신라도에 해당한다. 신라도와 39개 역의 존재는 신라·발해 양국간에 교섭이 있었다는 것을 말한다. 즉, 양국 경계는 완전히 차단되어 있던 것만은 아니었다. 신라와 발해는 니하를 경계로 하고 그

---

67 池内宏, 앞의 논문, 1960, 70~72쪽.
68 赤羽目匡由,「新羅末高麗初における東北境外の黑水·鐵勒·達姑の諸族」『朝鮮學報』197, 2005, 15~22쪽.
69 赤羽目匡由, 앞의 논문, 2008, 262~263쪽.
70 『신당서』 권219, 발해전, "南海府新羅道."
71 『삼국사기』 권37, 잡지6, 지리4, "賈耽古今郡國志云 渤海國南海鴨淥扶餘柵城四府 並是高句麗舊地也 自新羅泉井郡至柵城府 凡三十九驛."

안쪽에 신라는 탄항관문(장성長城)을 두고 양국간의 교섭이 이루어지고 있었다.[72]

3. 통일기의 강역지배와 교통로

통일 신라는 확대된 강역을 지배하기 위하여 중앙 집권 체제와 함께 지방 행정 조직은 9주 5소경 체제로 재정비하였다. 군사·행정상의 요지에는 5소경을 설치하여, 수도인 금성(경주)이 지역적으로 치우쳐 있는 것을 보완하고, 각 지방의 균형있는 발전을 꾀하였다. 또 전국을 9주로 나누고, 주의 장관을 군주에서 총관(뒤에 도독)으로 바꾸어 군사적 기능을 약화시키는 대신 행정적 기능을 강화하였다. 주 밑에는 군이나 현을 두어 지방관을 파견하였고, 그 아래의 촌은 토착 세력인 촌주가 지방관의 통제를 받으면서 다스렸다. 지방군으로는 10정을 두었는데, 정은 9주에 1정씩을 배치하고, 북쪽 국경 지대인 한주(한산주)에는 2정을 두었다.

일찍부터 통일신라의 전국적인 교통로로 주목받아온 것이 '5통通'이다.[73] 5통은 『삼국사기』 지리지 '삼국유명미상지분三國有名未詳地分'에 실려 있는 북해통北海通, 염지통鹽池通, 동해통東海通, 해남통海南通, 북요통北傜通을 의미하는 것으로, 많은 연구자들이 신라 왕경에서 5문역(건문역乾門驛, 곤문역坤門驛, 감문역坎門驛, 간문역艮門驛, 태문역兌門驛)을 거쳐 전국의 각 방면으로 향하는 교통로로 이해한 바 있다.[74]

동해통東海通은 왕경에서 울산과 부산 방면으로 연결되는 교통망으로 동해안이나 울산만을 이용한 수운과 결합하였다. 특히, 굴불역屈弗驛은 부산방면으로의 중간지점이면서 해운海運의 이용이 용이한 결절지에 위치하여 그 역할이 중시되었다. 해남통海南通은 왕경에서 낙동강 서쪽 지역의 지리산 방변을 경유하여 무주武州 관내까지 연

---

72 宋基豪, 『渤海政治史硏究』, 一潮閣, 1995, 115~116쪽.
73 이하는 한정훈, 「신라통일기 육상교통망과 五通」 『釜大史學』 27, 부산대학교 사학회, 2003 참조.
74 井上秀雄, 「新羅王畿の構成」 『新羅史基礎硏究』, 東出版, 1974. 이외에 주요 논고로는 朴方龍, 「新羅都城の 交通路」 『慶州史學』 16, 경주사학회, 1997 ; 서영일, 「新羅五通考」 『白山學報』 52, 백산학회, 1999 ; 閔德植, 「新羅王京의 都市設計와 運營에 關한 考察」 『白山學報』 33, 1987 ; 李鎔賢, 「統一新羅の傳達體系と'北海通'」 『朝鮮學報』 171, 조선학회, 일본, 1999 등이 있다.

결되는 교통망이다. 해남통의 루트상에는 낙동강과 남해 연근해 항로를 이용하기 위해 양주良州의 황산진黃山津과 같은 도하시설도 위치하였다. 염지통鹽池通은 왕경에서 백제의 옛 영역에 이르는 교통망인데, 그 루트는 크게 지리산 북쪽 기슭(육십령, 팔량치)을 넘는 것과 추풍령을 넘어 도달하는 것으로 구분된다. 통일 이전에 신라와 백제의 군사요로로 이용되었던 염지통은 통일기에 대당對唐 교역의 통로이면서 풍부한 서해의 소금을 왕경으로 운반하는 통로이기도 하였다. 이밖에 신라의 북쪽 국경지대로 통하는 교통로로서 북요통과 북해통이 있다.

북요통은 계립령鷄立嶺과 죽령을 넘어 한주 방면을 경유하여 서북 변경지대로 향하는 교통망이며, 더 북진하면 평양과 국내성을 17개의 역으로 연결하였던 고구려의 옛 역참로가 나온다. 북요통의 요僥자가 부역賦役을 뜻하는 것을 감안하면, 왕경에서 가장 먼 곳인 서북 변경지대로 요역하러 가는 교통로라는 의미로 볼 수 있고, 북쪽을 가리키는 한산하漢山河가 있는 한산주 방면으로 향하는 교통망을 말한다. 왕경 인근에서 건천지역에 이르고, 이곳에서 북상하여 왕경 진입 요지인 고울부高鬱府(또는 골화천骨火川; 영천)를 거쳐 아시촌소경阿尸村小京(의성군) 일대를 중간 귀착지로 하고 상주나 영주 방면에서 계립령이나 죽령 등의 고개를 넘어 한주漢州나 삭주朔州 방면으로 통한다. 원주에서 대관령 등의 동쪽 고개길을 통해 북해통과도 연결된다. 이 통로는 백제나 고구려가 신라 영역으로 진입하는 진격로이면서, 신라가 당나라와 함께 대對고구려전쟁 수행과정에서도 이용되었다.

북해통은 태백산맥 동쪽의 자연 통로를 이용하여 북악北岳(태백산), 실직군, 비열홀군比烈忽郡 방면에 이르는 통로이며, 죽령로나 계립령로가 개통되기 이전부터 발달하여 북방 이민족과의 이동 통로로 다양하게 이용되었다. 발해에서 처음으로 들어가는 신라 지역인 정천군으로부터 남으로 경주에 이르는 교통로가 바로 북해통이었다. 5통의 내용을 종합한 것이 〈표 4-1〉이다.

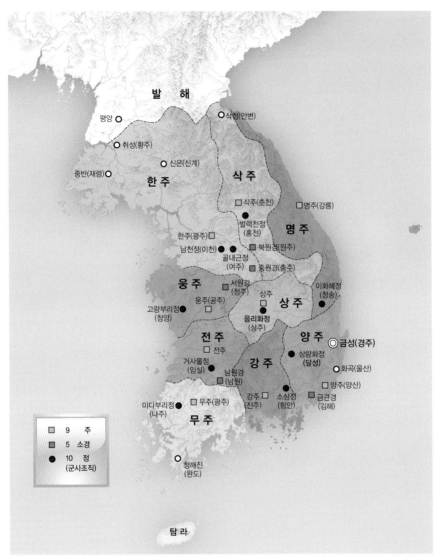

발 해

평양 ○

○ 삭정(안변)

○ 취성(황주)

○ 신은(신계)

중반(재령) ○

한 주

삭 주

삭주(춘천) □

○ 명주(강릉)

벌력천정 ● (홍천)

명 주

한주(광주) □

남천정(이천) ● ●

북원경(원주) ●

골내근정 (여주)

중원경(충주) ■

웅 주

서원경 ■ (청주)

상주 ●

이화혜정 (청송)

웅주(공주) □

상 주

고랑부리정 ● (청양)

음리화정 (상주)

전 주

양 주

◎ 금성(경주)

전주 □

삼랑화정 (달성) ●

강 주

○ 화곡(울산)

거사물정 (임실) ●

남원경 ■ (남원)

양주(양산) □

미다부리정 ● (나주)

무주(광주) □

강주 ● (진주)

소삼정 (함안) ●

금관경 ■ (김해)

무 주

□	9 주
■	5 소경
●	10 정 (군사조직)

청해진 ○ (완도)

탐 라

신라의 행정구역

〈표 4-1〉 5통(通)의 경유지와 교통 시설

| 오통 | 시발역 | 해당산천 | | 지방 거점도시 (9주 5소경) | 교통시설 | |
		오악 (五岳)	사독 (四瀆)		역, 원, 관	고개길, 다리, 나루, 관문
동해통	감문역	동악 (토함산)	퇴화군 토지하	양주, 금관경	굴감역, 굴불역	관문성, 율포
해남통	곤문역	남악 (지리산)	삽량주 황산하	강주, 무주		귀교, 황산진, 대현령
염지통	건문역	서악 (계룡산)	웅천주 웅천하	남원경, 무주, 전주, 웅주, 상주, 서원경, 한주	신열역, 유천역, 장지역, 다연원, 하양관	서천교, 육십현, 팔량현, 여원치, 추풍령, 당은포
북요통	감문역		한산주 한산하	상주, 중원경, 북원경, 한주, 삭주	용돌역, 단월역, 골화관	계립령, 죽령, 신라현
북해통	간문역	북악 (태백산)		명주		금강령, 대(관)령, 탄항관문

위의 표에서 알 수 있듯이, 각각의 통通이 합쳐진 5통의 분포 영역은 신라통일기 영토 범위와 같다. 즉 , 신라통일기 육상교통망의 다른 이름이 5통이라 할 수 있다.[75]

75 한정훈, 앞의 논문, 2003, 47~49쪽.

제2절

발해의 강역

1. 발해 강역의 변천

일반적으로 발해의 강역 변천과정에 대해서는 여러 가지 견해들이 있다. 발해강역의 변화를 대조영의 건국으로부터 문왕이 상경으로 천도하기까지 이전(698년~755년)을 전기로, 문왕의 천도로부터 멸망할 때까지(756년~926년)를 후기로 보는 견해,[76] 대조영이 즉위하여서부터 713년을 강역 확대 1기, 713년으로부터 선왕의 집권이전 시기를 강역 확대 2기, 선왕 시기부터 926년 발해멸 망까지를 강역 확대 3기로 보는 견해,[77] 그리고 진국震國시기, 문왕 시기, 선왕 시기의 3시기로 나누어 보는 견해[78] 등도 있다.[79]

대체로 건국 초인 8세기 전반, 발전의 시기인 9세기 전반, 그리고 멸망 이전인 9세기말~10세기초가 발해 강역 변화의 획기라고 볼 수 있다.

---

[76] 王承禮, 『渤海簡史』, 黑龍江人民出版社, 1984.

[77] 張國鍾, 『渤海史硏究』 1, 朝鮮社會科學院出版社, 1997.

[78] 陳顯昌, 「論渤海國的疆域」 『學習與探索』 1985-2 ; 魏國忠, 「渤海疆域變遷考略」 『求是學刊』 1984-6 ; 孫進己, 「渤海國的疆域與都城」 『東北民族硏究 (1)』, 中州古籍出版社, 1984 ; 方學鳳, 『渤海的疆域和行政制度硏究』, 延邊大學出版社, 1996.

[79] 정영진, 「渤海의 강역과 五京의 위치」 『韓國史論 34 - 한국사의 전개과정과 영토-』, 국사편찬위원회, 2002.

1) 8세기 전반

719년에 대조영이 죽으니 그 나라에서 사사로이 시호를 정하니 고왕高王이라 하였고, 곧이어 그의 아들 계루군왕桂婁郡王 대무예大武藝가 왕위에 올라 무왕武王이 되었고, 스스로 연호를 인안仁安이라 하였다. 무왕은 왕위에 오른 뒤 적극적으로 대외 확장을 시도하여 세력을 발전시키고 729년에 이르러서는 '여러 나라를 아우르고 여러 번국을 감독하니 고구려의 옛 거주지를 회복하고 부여扶餘의 습속을 지녔다'[80]라고 자칭하며 대국의 맹주로 자처하였다. 대외 확장을 통해 발해 영역이 대폭적으로 확장되고 인구가 빠르게 증가하였다.[81]

> ○ 그 땅이 영주營州로부터 동으로 2천리 되는 곳에 있는데, 남으로 신라新羅와 서로 접하고(서쪽으로) 월희말갈越喜靺鞨과 접하며 동북쪽으로 흑수말갈黑水靺鞨에 이르는데 영토의 크기는 사방 2천리나 된다.[82]
>
> ○ 대토우大土宇를 개척하여 동북의 여러 오랑캐[夷]들이 두려워하여 발해의 신하가 되었다.[83]

무왕武王 때에는 '영역을 크게 개척하여 동북의 여러 오랑캐들이 두려워 하여 발해의 신하'가 될 정도로 적극적인 영토확장이 이루어졌다. 『구당서』에는 이 시기의 강역을 사방 2천리나 된다고 하였다. 구국에서 건국된 이후, 동으로 목단강을 건너 두만강 지역에 이르고, 서쪽으로 압록강 하구와 길림, 장춘을 넘어섰으며, 북으로 철리, 월희와 인접하였으며, 남으로 신라와 접경하고 있었던 것을 알 수 있다.

두만강 하류 일대의 동경지역은 발해가 건국된 후, 반세기가 되지 않아 5경의 하나가 되고, 8세기 후반에는 수도로도 선정되었다. 특히 동경지역은 무왕 시대 초에 이미

---

80 "忝當列國 監總諸蕃 復高麗之舊居 有扶餘之遺俗"(『續日本紀』 권10).

81 李殿福·孫玉良, 「대무예의 武功」 『渤海國』, 文物出版社, 1987.

82 『舊唐書』 권199 하, 北狄列傳, 渤海靺鞨傳, "其地在營州之東二千里, 南與新羅相接. 越喜靺鞨東北至黑水靺鞨 地方二千里."

83 『新唐書』 권219, 北狄列傳144, 渤海, "斥大土宇, 東北諸夷畏臣之."

발해의 영역에 편입되었던 것 같다. 727년 발해의 사신이 처음 일본에 파견되었는데, 이 사절단은 현재 러시아 연해주 크라스키노로 비정되는 염주鹽州에서 배를 타고 일본에 갔을 것이다. 그러므로 무왕대武王代에는 이미 연해주 남부 동해안 지역까지 발해 세력이 뻗쳐 있었다고 하겠다.[84]

2) 9세기 전반

문왕文王에 이어 발해사에서 새로운 중흥의 군주는 대조영의 동생인 대야발大野勃의 후손이라는 선왕宣王 대인수大仁秀(재위 818~830)라고 할 수 있다. 선왕은 즉위와 함께 곧이어 818년 5월에 당으로부터 은청광록대부銀靑光祿大夫 검교비서감도독檢校秘書監都督 발해국왕渤海國王으로 책봉받고, 820년에는 다시 금자광록대부金紫光祿大夫 검교사공檢校司空이 되었고, 주변민족을 토벌하여 크게 영토를 넓히는 등 제6대 강왕康王 이후 침체된 발해의 국세를 회복하였다.

발해 영토가 광대해짐에 따라 중앙에서 지방에 이르는 완비된 관리체제인 5경京 15부府 62주가 설치되었다. 『신당서』에는 대체로 선왕 시기의 강역을 다음과 같이 기재하고 있다.

> 발해는 그 지역이 영주로부터 동쪽으로 2천리 떨어진 곳에 위치하는데 남쪽으로 신라와 니하泥河를 경계로 삼고 동쪽으로 바다에 이르며 서쪽으로 거란에 이르렀다. 성곽을 쌓고 산다……영토의 크기는 사방 5천리가 되며 가구는 10여만호이고 정예의 군사가 수만명이다. 자못 서계書契를 안다. 부여, 옥저, 변한, 조선, 바다 북쪽의 여러 나라들을 모두 얻었다.[85]
>
> 해북海北의 여러 부락을 정벌하여 크게 영역을 넓혔다.[86]

---

84 金東宇, 「渤海의 地方統治體制 운영과 그 변화」『韓國史學報』24, 고려사학회, 2006 ; 임상선, 「발해 '東京' 지역의 고구려 문화 요소」『고구려연구』25, 고구려연구회, 2006.
85 『신당서』 권219, 열전144 북적, 발해, "地直營州東二千里 南北新羅以泥河爲境 東窮海 西契丹 築城郭以居……地方五千里 戶十餘萬 勝兵數萬 頗知書契 盡得扶餘沃沮弁韓朝鮮海北諸國."
86 『신당서』 권219, 열전144, 북적, 발해, "討伐海北諸部 開大境宇有功."

발해국의 동쪽은 바다와 접한다고 하였다. 발해의 영역이 한반도 북부로부터 연해주를 포괄하고 있었기 때문에, 여기서 말하는 바다는 동해를 말할 것이다. 다만 발해 당시에는 오늘날의 동해를 모두 동해라고 통칭하였던 것은 아닌 것 같다. 즉 함경도와 접한 부분은 발해 당시 남쪽 신라로 가는 교통로이며 발해 5경의 하나인 남경 '남해'부의 관할이었다. 그리고 남경남해부의 북쪽을 동경용원부라 한 것으로 미루어, 이곳의 동쪽 바다를 '동해'라고 한 듯하다. 결국 발해 당시에는 동경용원부의 동쪽 바다를 '동해', 남경남해부의 바닷가를 '남해'로 구분하여 칭하였던 것으로 생각된다.[87]

발해가 거란과 접하고 있던 서변에는 부여부가 있었다. 부여부는 오늘날 동요하의 회덕(공주령) 및 그 이북 일대와 송화강의 지류인 이통하의 연안인 장춘, 농안 일대를 포괄하고 있었으니, 발해로 보아서는 서북경에 해당된다. 당과 경계를 이루는 서남쪽은 압록강의 박작구 및 장령부가 남쪽 경계인데 박작구는 대포석하大浦石河 입구로서 압록강으로 흘러 들어가는 곳에 위치한다.[88]

압록강 입구부터 발해의 영역인 것은 분명하지만, 요동 지역에 대해서는 약간의 혼선이 있다. 발해 15부 중에서 요하 하류, 혹은 그 동쪽의 요동이나 요동반도에 비정되는 것이 없는 것에 근거하여, 이 지역은 발해에 포함되지 않았다고 하거나, 8세기 초 발해가 당을 공격한 것은 이 지역이 발해에 속하였기 때문에 가능한 것이라고 하는 주장도 있다.

『신당서』에 의하면 발해의 남쪽은 니하를 경계로 신라와 접하고 있었다. 니하는 오늘날 함흥 부근의 용흥강으로 비정되고, 발해와 신라간의 동쪽 경계이다. 양국간의 서쪽 경계는 이른바 '패강'이다. 서해안의 대동강 이남 상원, 중화 등지로부터 동해안의 덕원 및 그 일대에 이르는 선이 발해와 신라간의 경계였던 것 같다.

발해의 북쪽 경계는 송화강과 흑룡강 유역이었다. 동북쪽은 당시 흑수말갈이 있던 곳이었다. 이곳의 경계는 대체로 현재의 학강鶴崗, 몽북夢北, 동강同江 및 그 이동 일

---

87 박시형, 『발해사』, 김일성종합대학출판사, 1979, 130~131쪽.
88 『신당서』 지리지에 실려 있는 가탐의 『道里記』에 압록강의 하구에서 약 130리의 상류에 있는 박작성은 발해의 경계선으로 되어 있다. 이 박작성은 지금의 구연성의 동북 약 20리에 있는 압록강에 흘러 들어가는 포석하구에 있었다.

대에 해당한다. 러시아의 연해주 남부에서 흥개호 일대와 우수리강과 흑룡강이 합류하는 지금의 산성까지의 선이 발해의 영토였던 것으로 보인다.

이상의 사실을 종합한다면, 발해국의 범위는 남은 서쪽으로 대동강, 동은 함흥 일대 용흥강을 경계로 신라와 접하고, 동은 연해주에서 동해와 마주하고, 서는 북쪽은 회덕, 장춘, 농안 일대, 남쪽은 압록강 입구로부터 그 서쪽의 요동반도, 요동지역을 차지하고 있었고, 북은 흑룡강과 송화강 일대에 이르렀던 것으로 보인다.[89]

3) 9세기말~10세기초

발해의 강역 중, 서변西邊, 특히 요동遼東이 언제 발해 강역이었는지에 대해서는 아직도 학계의 의견이 일치를 보지 못하고 있다. 그렇다면 발해는 언제 요동을 점거하기 시작한 것일까? 이에 대해서 혹자는 발해가 가장 늦어도 8세기 초면 이미 발해 연안을 통제하였다고 하고,[90] 혹자는 발해후기라거나 아무리 빨라도 마땅히 대이진大彝震 후기이거나 혹은 서기 835년에 장건장張建章이 발해를 방문한 이후라고[91] 주장하기도 한다.

먼저 8세기 초에 요동이 발해의 영역이었다는 장국종은 발해건국전에 벌써 요동지방에 고려후국이 존재하였기에 이때부터 요동을 점하고 있었고[92] 위국충, 방학봉은 대무예, 대흠무시기에 요동을 차지하였다고 하였으며,[93] 손진기는 발해 11대왕 대이진大彝震시기에 요동을 차지하였다고 하였다.[94]

당이 요동을 포기한 때와 대체적으로 비슷한 시기 즉 안동도호부安東都護府를 내지로 옮기고 폐지한 다음에 요동의 땅은 발해가 소유하였다[95]고 한다. 714년에 안동도

---

89 박시형, 앞의 책, 1979, 133쪽.
90 손영종, 「발해의 서변에 대하여 (1)」『력사과학』1980-2, 과학백과사전출판사, 평양, 1980.
91 『東北歷史地理 第2卷』(孫進已 等 主編), 355쪽.
92 張國鍾, 『渤海史研究 (1)』, 朝鮮社會科學院出版社, 1997.
93 魏國忠, 「渤海王國据遼東考」『龍江史苑』, 1985年 2期 ; 方學鳳, 앞의 책, 1996.
94 孫進已, 「渤海國的彊域與都城」『東北民族研究 (1)』, 中州古籍出版社, 1994.
95 『中國歷史地圖集釋文彙編』(東北卷), 中央民族學院出版社(1988年版), 91쪽.

호부가 치소를 평주平州로 옮긴 때부터 시작하여 당은 이미 사실상 요동을 포기하였다. 공교롭게 바로 1년 전인 713년에 대조영은 책봉을 받고 당과 더욱 친목과 우호가 강화되었다. 그러므로 당과 발해 사이에 어떤 정치적인 묵계가 이루어졌을 가능성을 배제할 수 없다. 즉 당은 발해가 요동지역으로 진격하여 점거하는 것을 인정하고 발해는 곧 국가에 충성하고 영원히 번국이 되는 것을 약속하였다는 것이다.

그리고 727년 4월에 당이 발해의 숙위왕자 대창발가大昌勃價를 "양평현개국남襄平縣開國男"[96]으로 책봉했던 것도 이와 관련된 것이라고 한다. 즉 양평襄平은 곧 요양遼陽으로 만일 이전에 발해인들이 요동의 부분적인 지역으로 들어와 점거하지 않았다고 한다면 곧 당은 이러한 책봉은 하지 않았을 것이다. 대략 714년부터 발해인은 요동 일대로 진입하기 시작하고, 그 후에 안동도호부가 폐쇄되고 평로절도사平盧節度使가 남쪽으로 이주함에 따라서 발해인은 마침내 "안사의 난"이 끝날 때 그 땅을 모두 소유하였다는 것이다.[97]

한편, 선왕 시기에 요동이 발해의 관할에 속하였다는 이유로서는 다음의 몇 가지 점을 들 수 있다.[98] 첫째, 대조영, 대무예 시기에 요동지역에는 당나라의 안동도호부가 설치되어 통치하던 시기이기에 이 사이에 요동으로 진출할 수가 없다. 둘째, 대흠무 이후로부터 대인수 전까지는 내분이 빈번한 시기로서 국세가 혼란했고 국력이 약화되어 이미 발해의 세력범위에 있던 주변 말갈부들이 발해의 복속에서 벗어나려고 하던 시기였으므로 대외로 영토확장은 커녕 반대로 강역이 축소되었다. 셋째, 가탐賈耽 『도리기道里記』의 기재와 일본 『속일본기續日本紀』의 기록은 대인수시기에 요동을 차

---

96 『册府元龜』 卷975, 「褒異二」.

97 魏國忠·朱國忱·郝慶云, 『渤海國史』, 中國社會科學出版社, 2006.

98 新妻利久, 『渤海國史及び日本との國交史の研究』, 東京電機大學出版局, 1969 ; 孫進己, 「渤海疆域考」 『北方論叢』, 1982-4 ; 魏國忠, 「渤海王國据有遼東考」 『龍江史苑』, 1985-1 ; 魏國忠, 『東北民族史研究 (2)』, 1995 ; 『東北歷史地理 第2卷』(孫進己·馮永謙 主編), 黑龍江人民出版社, 1989 ; 손영종, 「발해의 서변에 대하여 (1)」 『력사과학』, 1980-2, 과학백과사전출판사, 평양, 1980 ; 손영종, 「발해의 서변에 대하여 (2)」 『력사과학』, 1980-3 과학백과사전출판사, 평양, 1980 ; 魏國忠, 「渤海疆域變遷考略」 『求是學刊』, 1984-6 ; 채태형, 「료동반도는 발해국의 령토」 『력사과학』, 1992-1, 과학백과사전출판사, 평양, 1992 ; 韓圭哲, 「渤海國의 서쪽 경계에 관한 연구」 『역사와 경계』 47, 부산경남사학회, 2003.

지하였음을 밝히는 유력한 근거이다. 『신당서』 지리지 「가탐변주입사이도리기賈耽邊州入四夷道里記」에는 794년 이후에 『변주입사이도리기邊州入四夷道里記』를 편찬하였는데 이 때까지도 박작구泊汋口부터 발해의 경계였음을 명백히 밝히고 있어 이 시기에는 요동에는 진출하지 못한 것이 분명하다. 박작구는 지금의 단동시 동쪽 대포석하大蒲石河가 압록강으로 흘러드는 입구로 보는 것이 일반적인 견해이다.

『속일본기』 권11 「발해중대성치일본태정관첩渤海中臺省致日本太政官牒」에는 "요양遼陽"이라는 기록이 있어 이 시기에는 이미 요동을 점유하였음을 알 수 있다. 이 첩을 보낸 시간은 발해 대이진 842년이지만 가탐의 『도리기』가 편찬된 시간(794년 이후)으로부터 842년 사이에 내분을 정리하고 국력을 회복하여 대외로 영토확장을 대량적으로 진행한 것은 10대왕 대인수뿐으로서 '크게 영역을 열었다'고 기록되어 있다. 이런 여러 가지 점으로 검토해 볼 때 발해의 요동 점령은 대인수 시기로 보는 것이 합당하다고 생각된다.[99]

앞에서 보았듯이 요동이 발해의 영토로 처음 편입던 시기에 대해서는 이론이 있지만, 적어도 9세기 말에서 10세기 초에는 발해가 이 지역을 점유하고 있었다는 것은 분명하다.

예를 들면 『자치통감』 「후당기後唐記」 2 장종莊宗 동광同光 2년조에 기록하기를 "이때 동북의 제이는 모두 거란契丹에 복속되었는데 오직 발해만이 복속되지 않았다. 거란의 군주가 침략하려고 하였는데 발해가 그 뒤에서 의지할 것을 두려워하여 이에 먼저 군사를 일으켜 발해의 요동을 공격하였다"고 하였고, 『거란국지』 권10에서는 기록하기를 "동경東京은 이에 발해의 고지이다. 야울아보기가 20여 년을 힘써 싸워서 비로소 이를 얻었다"고 하였다. 『요동행부지遼東行部志』는 기록하기를 "당대에는 삼가 멀리 경략할 수가 없었다. 요동의 땅은 발해의 대씨가 소유하고 있었다"고 하였다. 이외에도 『요사遼史』 「지리지」·「병위지2兵衛志二」·「천조기天祚紀」 및 『만주금석지滿洲金石志』 권2에서 상국相國 가사훈묘지賈師訓墓志 등등에서도 모두 발해인이 일찍이 요동의 땅을 점유하고 있었다고 명백하게 기록하고 있다.[100]

---

99 정영진, 앞의 논문, 2002.
100 ㉮ 『契丹國志』 卷10, "東京乃渤海故地 自阿保機力戰二十餘年 始得之 建爲東京" 『遼史 天祚紀』,

그러나 발해 서남경의 위치를 검토할 때, 발해 15부를 전하는 『신당서』 발해전이 9세기 전반 발해를 다녀간 장건장의 『발해국기渤海國記』에 근거한 것이라는 점은 중요한 의미가 있다. 현재의 발해 지리비정이 『신당서』 발해전을 토대로 하면서도, 이 기록이 9세기 전반까지가 아니라 발해 멸망까지의 발해 상황도 미루어 해석하고 있다는 점이다.

사실 9세기 후반, 혹은 10세기 초에는 발해가 요동지역을 차지하고 있었다는 것은 『요사』 등의 기록을 통하여 확인할 수 있기 때문이다. 그러므로 발해의 서남경은 요동지역을 포괄하고 있었다고 하는 것이 실상에 부합되는 설명이라고 할 것이다.

2. 발해의 강역지배

1) 발해의 지방통치[101]

발해 강역지배의 일단을 엿볼 수 있는 것은 『유취국사類聚國史』에 남아있는 '수령首領'과 관련된 기록이다.

> 발해국은 고구려의 옛 땅이며……그 넓이가 2천리이고 주현관역州縣館驛이 없고 곳곳에 촌리村里가 있는데 모두 말갈의 부락이다. 그 백성百姓은 말갈이 많고 토인土人이 적다. 모두 토인으로써 촌장村長을 삼는데, 대촌大村(촌장)은 도독都督이라 하고, 다음 (촌장)은 자사刺史라 하고, 그 아래(촌장은) 백성들이 모두 수령首領이라 한다.[102]

"東京 故渤海地 太祖力戰二十餘年乃得之"『資治通鑑』卷27, "後唐庄宗同光二年(公元924年) 時東北諸夷皆役屬契丹 惟渤海未服……乃先擧兵擊渤海之遼東."

㉯ 『舊五代史』卷137, "(同光)三年 擧其衆討渤海之遼東."

㉰ 『遼史』卷28, "東京遼陽府……唐高宗平高麗 于此置安東都護府 後爲渤海大氏所有."

㉱ 『遼東行部志』, "至于唐季 不能勤遠 遼東之地爲渤海大氏所有 傳國十餘世 當五代時契丹與渤海血戰數十年 竟滅其國 于是遼東之地盡入于遼."

101 林相先, 「발해의 사회·경제구조」 『한국사』 8, 국사편찬위원회, 1997년.

102 『類聚國史』193, 殊俗部 渤海 上 延曆 15년 4월 戊子條, "渤海國者高麗之故地也……其國延袤二千

위의 기록을 근거로 발해의 지방체계와 수령에 대한 다양한 견해가 도출되었다. 먼저 발해의 지방체계가 대촌大村(도독) - 차촌次村(자사) - 하촌下村의 3단계로 이루어졌으며, 하촌 즉 차촌 아래의 촌의 장長이 바로 수령首領이라는 견해가 있고,[103] 한편으로는 대촌 - 차촌의 2단계로 발해의 지방체계가 구성되고 이들 대촌과 차촌의 백성들이 도독, 자사를 수령으로 불렀다는 주장이 제기되었다.[104] 그러나 수령은 이 기록 외에도 발해의 대외사절단에도 포함되어 있고, 이때 수령은 자사刺史, 현승縣丞과 별개의 존재로서 위계도 훨씬 낮은 존재이다. 또한 발해에 앞선 고구려의 지방통치조직이 대성大城 - 성城 - 소성小城의 3단계로 구분되고, 대성과 성에는 중앙에서 욕살褥薩과 처려근지處閭近支가 임명되고, 소성의 가라달可邏達에 발해의 수령이 비정되는 것을 감안하면 앞의 주장중에 자사 아래 단계의 촌장이 수령이라는 해석이 온당할 것으로 생각된다.

결국 발해는 지방의 유력부락에는 도독 혹은 자사를 파견하여 주변의 부락을 통할시키고, 그 기초가 되는 아래 단계의 촌락에는 수령으로 불리는 토착부락장에게 자치를 맡기고 있었다고 판단된다. 그리고 『유취국사』의 기록에 따르면 촌장은 모두 고구려인이며, 자사 아래 단계의 촌장이 수령이므로 도독, 자사 뿐만 아니라 수령층의 다수도 말갈인에 비해 고구려인이 임명되었음이 분명하다. 기존에는 『유취국사』의 "곳곳에 촌리가 있는데, 모두 말갈 부락이다"는 기록에 얽매여 부락장도 모두 말갈인으로 해석하였지만,[105] "기백성자其百姓者 말갈다토인소靺鞨多土人少"의 '기其'가 바로 앞

里 無州縣館驛 處處有村里 皆靺鞨部落 其百姓者 靺鞨多土人少 皆以土人爲村長 大村曰都督 次曰刺史 其下百姓皆曰首領."

103 李龍範, 「渤海王國의 形成과 高句麗遺族 上」 『東國大學校 論文集』 10, 1972 ; 李龍範, 「渤海王國의 形成과 高句麗遺族 下」 『東國大學校 論文集』 11, 1973 ; 李龍範, 『中世東北亞細亞史研究』, 亞細亞文化社, 1976, 21쪽 ; 金鍾圓, 「渤海의 首領에 대하여 - 地方統治制度와 關聯하여」 『全海宗博士華甲紀念史學論叢』, 1979, 218쪽 ; 최태길, 「발해국에서 사용한 "百姓"이란 단어에 대하여」 『발해사연구』 3(연변대학 발해사연구실 편), 연대대학출판사, 1992, 286~287쪽.

104 朴時亨, 「발해사연구를 위하여」, 『력사과학』 1962-1, 과학백과사전출판사, 평양, 1961 ; 鈴木靖民, 「渤海の首領に關する豫備の考察」 『朝鮮歷史論集』 上, 1979 ; 鈴木靖民, 『古代對外關係史の研究』, 吉川弘文館, 1985 ; 韓圭哲, 「渤海國의 住民構成問題」 『발해사 국제학술회의 - 발해의 민족형성과 연구사』(고려대학교 민족문화연구소 주최, 발표요지) 1993, 91쪽 등 참조.

105 河上 洋, 「발해의 地方統治體制 -하나의 試論으로서」 『東洋史研究』 42-2, 1983(『발해사의 이해』 (임상선 편역), 도서출판 신서원, 1990, 114쪽) ; 鈴木靖民, 「발해의 首領制 -발해의 사회와 지

의 '말갈부락'을 가리키므로, '곳곳에 있는 촌리는 대부분 말갈부락이며, 그 말갈부락의 백성은 말갈이 많고 토인이 적다'는 의미가 된다.[106] 그렇다면 '말갈부락'에는 말갈인만이 아니라 소수의 토인(고구려인)도 거주하고 있었던 것으로 보인다.

한편, 수령은 국가에 관할지역 농업 생산물의 조租, 특산물의 공납, 축성築城·조릉造陵 등의 역역力役을 담당하였고, 지역주민을 근간으로 한 군대조직의 지휘관이기도 하였다. 한편으로는 큰 세력을 가진 수령은 대외사절의 일원으로 등장하는 경우도 있었다. 결국 발해에서는 고구려인 마을뿐만 아니라 말갈부락에도 토인 즉 고구려인을 촌장으로 임명하는 직접 지배형태가 널리 행해지고 있었던 것으로 보인다.[107]

2) 5경 15부 62주

『신당서』 발해전에는 발해의 강역을 5경 15부 62주로 설명하고 있다.

그 땅에는 5京 15府 62州가 있었다. 숙신肅愼의 옛터를 상경上京으로 하였는데 용천부龍泉府라 하였고 용龍·호湖·발渤 등 3주를 다스렸다. 그 남이 중경中京인데 현덕부顯德府라 하였고, 노盧·현顯·철鐵·탕湯·영榮·흥興 등 6주를 통치하였다. 예맥濊貊의 옛터는 동경東京인데 용원부龍原府라 했고 책성부柵城府라고도 하였다. 경慶·염鹽·목穆·하賀 등 4주를 다스렸다. 옥저의 옛땅은 남경南京인데 남해부南海府라 하고, 옥沃·정睛·초椒 등 3주를 다스렸다. 고구려의 옛땅은 서경西京인데, 압록부鴨淥府라고 하고, 신神·환桓·풍豊·정正 등 4주를 다스리고, 장령부長嶺府는 하瑕·하河 등 2주를 다스렸다. 부여의 옛터를 부여부扶餘府라 하였는데 거란을 막기 위해서 평소에 강한 군사를 주둔시키고 있었으며 부扶·선仙 2주를 다스렸다. 막힐부는 정鄚·고高 2주를 다스렸다. 읍루의 옛땅은 정리부定理府인데 정定·반潘 2주를 다스리고, 안변부安邊府는

방지배」『歷史學硏究』547, 1985(임상선 편역, 앞의 책, 127쪽) 참조.
106 金鍾圓, 앞의 논문, 1979, 217쪽.
107 盧泰敦, 「渤海 建國의 背景」『大丘史學』19, 대구사학회, 1981, 15쪽. 또한 수령을 통한 촌락지배는 신라가 村主를 통하여 촌락을 지배해 나가던 방식과도 유사한 점을 찾을 수가 있다(李基白·李基東, 『韓國史講座(1) -古代篇-』, 一潮閣, 1982, 354쪽).

안安·경瓊 2주를 다스렸다. 솔빈率賓의 옛땅은 솔빈부인데 화華·익益·건建 3주를 다스렸다. 불열拂涅의 옛땅은 동평부東平府인데 이伊·몽蒙·타沱·흑黑·비比 등 5주를 다스렸다. 철리鐵利의 옛땅은 철리부인데 광廣·분汾·포蒲·해海·의義·귀歸 등 6주를 다스렸다. 월희越喜의 옛땅은 회원부懷遠府인데 달達·월越·회懷·기紀·부富·미美·복福·사邪·지芝 등 9주를 다스렸으며 안원부安遠府는 영寧·미郿·모慕·상常 등 4주를 다스렸다. 또 영郢·동銅·속涑 등 3주를 독주주獨奏州라 하였다. 속주涑州란 가까이의 속말강涑沫江으로 인한 이름인데 아마도 이른바 속말수粟沫水를 가리킨 것이다.[108]

앞에서 언급하였듯이, 위의 기록은 10대 선왕宣王 대인수大仁秀(재위 818~830) 시기 전후의 발해 상황을 나타낸 것으로 보인다. 이것을 표로 정리하면 〈표 4-2〉와 같다.

현재까지 발해 5경의 위치에 대해서는 대체적으로 중경현덕부는 대조영이 발해를 건국한 동모산이 있던 '구국舊國'(중국 길림성 돈화현의 육정산六頂山, 영승유적永勝遺蹟, 성산자산성城山子山城 일대)에서 문왕대에 옮겨간 곳으로서 오늘날의 길림성 화룡현和龍縣 서고성西古城으로 비정되며, 상경용천부는 흑룡강성黑龍江省 영안현寧安縣 동경성진東京城鎭에 있는 고성지古城址, 동경용원부는 길림성吉林省 훈춘현琿春縣 팔연성八連城의 유적, 서경압록부는 길림성 통화通化 부근의 임강臨江, 그리고 남경남해부南京南海府는 최근 함경북도 북청北靑이 유력시되고 있다.

그런데 발해의 5경제五京制는 고구려 5부제의 영향과 함께 당나라의 4경에 1경을 더하여 5경을 두게 된 것으로 짐작된다. 발해 5경중 중경, 상경, 동경은 모두 한때 발해의 수도였지만, 남경남해부와 서경압록부는 수도가 된 기록은 없이 지방통치와 교

---

108 『신당서』권219, 열전144 북적(北狄) 발해(渤海), "地有五京十五府六十二州 以肅愼故地爲上京 曰龍泉府 領龍湖渤三州 其南爲中京 曰顯德府 領盧顯鐵湯榮興六州 濊貊故地爲東京 曰龍原府 亦曰 柵城府 領慶鹽穆賀四州 沃沮故地爲南京 曰南海府 領沃晴椒三州 高麗故地爲西京 曰鴨涤府 領神桓 豊正四州 曰長嶺 領瑕河二州 扶餘故地爲扶餘府 常屯勁兵捍契丹 領扶仙二州 鄭頡府領鄭高二州 挹婁故地爲定理府 領定潘二州 安邊府領安瓊二州 率濱故地爲率濱府 領華益建三州 拂涅故地爲東平 府 領伊蒙沱黑比五州 鐵利故地爲鐵利府 領廣汾蒲海義歸六州 越喜故地爲懷遠府 領達越懷紀美福 邪芝九州 安遠府領寧郿慕常四州 又郢銅涑三州爲獨奏州 涑州以其近涑沫江 蓋所謂粟末水也."

〈표 4-2〉 5경 15부 62주

5경	15부	62주(州)	지역
상경 중경	용천부 현덕부	용(龍)·호(湖)·발(渤) 3주 노(盧)·현(顯)·철(鐵)·탕(湯)·영(榮)· 흥(興) 6주	숙신의 옛땅[肅愼故地]
동경 남경 서경	용원부 남해부 압록부 장령부	경(慶)·염(鹽)·목(穆)·하(賀) 4주 옥(沃)·정(晴)·초(椒) 3주 신(神)·환(桓)·풍(豐)·정(正) 4주 하(瑕)·하(河) 2주	예맥의 옛땅[濊貊故地] 옥저의 옛땅[沃沮故地] 고구려의 옛땅[高麗故地]
	부여부 막힐부 정리부 안변부 솔빈부 동평부 철리부 회원부 안원부	부(扶)·선(仙) 2주 막(鄚)·고(高) 2주 정(定)·심(瀋) 2주 안(安)·경(瓊) 2주 화(華)·익(益)·건(建) 3주 이(伊)·몽(蒙)·타(沱)·흑(黑)·비(比) 5주 광(廣)·분(汾)·포(蒲)·해(海)·의(義)· 귀(歸) 6주 달(達)·월(越)·회(懷)·기(紀)·부(富)· 미(美)·복(福)·야(耶)·지(芝) 9주 영(寧)·미(郿)·모(慕)·상(常) 4주	부여의 옛땅[扶餘故地] 읍루의 옛땅[挹婁故地] 솔빈의 옛땅[率濱故地] 불열의 옛땅[拂涅故地] 철리의 옛땅[鐵利故地] 월희의 옛땅[越喜故地]
독주주		영(郢)·동(銅)·속(涑) 3주	속말수 등

통의 요지로서 기능이 강하였다. 특히 당과의 교통로에 서경압록부와 장령부가 설치되어 있는 것을 통하여 발해가 당과의 교류를 중시한 것을 알 수 있다. 이것이 압록부에 서경西京이 설치된 주요한 요인이었으며, 압록강 연안에서 고구려의 수도였던 집안輯安이 아니고 임강臨江에 서경압록부가 설치된 것은 당과의 교역에 따른 물자의 유통에서 수로와 육로의 전환점이라는 지리적 조건이 중시되었기 때문이었다. 그리고 지방의 주요 거점인 동시에 대외교통의 요충이라는 특성으로 인하여 5경에는 왕의 혈연과 같은 유력자가 파견되어 강력한 병력을 배경으로 소속 주현州縣을 관할하였을 것으로 추정된다.[109]

---

109 河上 洋, 「渤海の交通路と五京」, 『史林』 제72권 제6호, 1989(林相先 譯, 『國學研究』 제3집, 국학연구소, 1990년, 259-261쪽).

현재 5경 설치 시기에 대해서는 대체적으로 문왕대文王代 혹은 그 이후에 설치되었을 것이라는 견해로 구분된다.[110] 그러나 문왕대에 5경이 모두 설치되었다고 보기에는 어려운 점이 있다. 다음의 견해가 참고가 된다.[111]

『신당서』 지리지에 인용된 가탐賈耽의 「도리기」에서는 "압록강 어구로부터 배를 타고 백여리를 가서 곧 작은 배를 갈아타고 동북쪽으로 30리쯤 거슬러 올라가면 박작구泊汋口에 이르니, 발해의 경내에 들어선 것이다. 또 5백리를 거슬러 올라가면 환도현성丸都縣城에 이르는데 옛 고구려의 도읍지이다. 또 동북으로 2백리 거슬러 올라가면 신주神州에 이른다. 또 육로로 4백리를 걸으면 현주顯州에 이르는데 천보天寶 연간에 왕이 도읍하던 곳이다. 또 정북 방향으로 가다가 동으로 6백리를 가면 발해 왕성에 이른다."[112]라고 하였다. 글에 나오는 것은 "발해왕성渤海王城"이지, "상경上京"이 아니고 또한 "용천부龍泉府"의 글자도 보이지 않고, 또한 "현주顯州", "천보중왕소도天寶中王所都"는 있으나 "중경中京"이나 "현덕부顯德府"의 글자는 보이지 않는다. 이 사료는 당시 발해에 5경제가 없었고, 또한 "중경", "상경"의 이름이 없었다는 것을 알려준다.

『삼국사기』 지리지에 인용된 "가탐의 「고금군국지」에는 발해국의 남해·압록·부여·책성 등 4개 부府는 모두 고구려의 옛 땅이었으며, 신라의 천정군으로부터 책성부에 이르기까지 모두 39개의 역이 있었다."[113]라고 기록되어 있다. 여기서 남해부南海府, 책성부柵城府라 하였지, "남경南京", "동경東京"의 글자가 보이지 않는다. 당시 "남경", "동경" 등의 5경이 설치되지 않았다는 것을 알 수 있다.

『속일본기』에는 777년 정월, 발해 사신 사도몽史都蒙 등이 일본이 도착지로 지정한 태재부가 아닌 월전국越前國의 가하군加賀郡에 도착한 이유를 설명하는 가운데, "도

---

110 임상선, 「발해의 왕도 顯州와·中京 치소 西古城의 관계」 『고구려발해연구』 37, 고구려발해학회, 2010.

111 曉辰, 「也談渤海五京制的起始年代」 『北方文物』 2003-3, 80~81쪽.

112 『신당서』 권43하, 지33하, 지리7하, "自鴨淥江口舟行百餘里, 乃小舫溯流東北三十里至泊汋口, 得渤海之境. 又溯流五百里, 至丸都縣城, 故高麗王都. 又東北溯流二百里, 至神州. 又陸行四百里, 至顯州, 天寶中王所都. 又正北如東六百里, 至渤海王城."

113 『삼국사기』 권37, 잡지6, 지리4, "賈耽 古今郡國志云 渤海國南海·鴨淥·扶餘·柵城四府, 並是高句麗舊地也, 自新羅泉井郡至柵城府, 凡三十九驛."

몽 등은 우리 나라 남해부 토호포吐號浦에서 떠나 서쪽으로 대마도對馬島의 죽실지진 竹室之津을 향하였는데 바다에서 폭풍을 만나 이 금지 지역에 이르게 되었다.”[114]고 하였다. 여기서도 또한 당시 발해에 “남해부南海府”가 있었다는 것은 인정할 수 있지만, 당시 “남해부”가 “남경”이라 하였다는 것을 증명할 수 없다.

이와 달리『신당서』발해전의 다음 기록도 주목된다.

> 정원貞元 때, 동남쪽에 있는 동경東京으로 옮겨갔다. 흠무欽茂가 죽으니 사사로이 시호를 문왕文王이라 하였다. 아들인 굉림宏臨이 일찍 죽어, 족제族弟인 원의元義가 즉위하였으나 1년만에 시기하고 포학하여 국인國人이 그를 죽이고, 굉림의 아들 화여華璵를 추대하여 왕으로 삼고, 다시 상경으로 돌아왔으며, 중흥中興으로 개원하였다.[115]

이 기사에는 확실히 ‘상경’, ‘동경’의 글자가 있다. 하지만 이는『신당서』작자가 5경 설치 후의 명칭으로 발해 천도를 서술한 것이라고 해야 할 것이다. 단, 5경제의 하한은 대략적으로 추론할 수 있다. 발해 5경이 기록된『신당서』는 장건장張建章의『발해기』에서 많은 재료를 취하였는데, 장건장은 당 문종 대화 7년(833) 발해에 가서, 대화 9년(835)에 유주로 돌아왔다. 그러므로 장건장이 발해에 갔을 때, 발해에 이미 5경제가 있었다는 것은 분명하다.[116]

앞의 설명을 참고하면, 발해에서는 부府가 먼저 생기고, 경京이 뒤에 생긴 것으로 생각해 볼 수 있다. 현재 알려진 부의 명칭은 방위적인 개념보다는 그곳의 과거의 명칭을 연용한 경우가 많고, 특히 경은 방위적인 개념이므로, 발해의 영역이 어느정도 확정된 상태에서 정해진 것이 아닐까. 그런 의미에서 동경, 서경, 남경, 중경, 상경의 명칭이 생긴 것으로 볼 수 있겠다. 즉 경은 부에 비해서 뒤에 붙여졌을 가능성이 많을

---

114 『續日本紀』권34, 광인천황 보귀8년(777) 정월 계유조, “都蒙等發自弊邑南海府吐號浦 西指對馬島竹室之津 而海中遭風 着此禁境 失約之罪 更無所避.”
115 『신당서』권219, 열전144, 발해, “貞元时, 东南徙东京. 钦茂死, 私谥文王. 子宏临早死, 族弟元义立一岁, 猜虐, 国人杀之, 推宏临子华璵为王, 复还上京, 改年中兴.”
116 金毓黻은 발해 五京과 州府의 명칭이 완비된 연대를『遼史』지리지의 “唐元和中, 渤海王大仁秀南定新羅, 北略諸部, 开置郡邑”을 근거로 11대왕 선왕 때로 추정하였다.

것으로 생각된다.

이와 같은 맥락에서 천보 중에 구국舊國에서 수도를 현주로 옮길 때, 중경이 아니라 현덕부만이 있었으며, 현주는 이때의 수주였을 것이다. 도읍지로 현주를 직접 거명한 또 다른 이유는 그 후 설치된 중경의 수주가 현주가 아니라 노주이기 때문이기도 한 것으로 보인다.

부가 먼저 생기고 경이 그 뒤에 생겼지만, 5경이 언제부터 생겨 언제 완성되었는지는 확인할 수 없다. 5경이 천도가 이루어지고 있었던 시기에 모두 있었는지, 아니면 일부가 있었는지는 불분명하지만, 장건장이 발해를 방문했을 시기에 5경제가 갖추어져 있었다는 것은 분명하다.

5경제도가 설치되기 이전이 수도가 있던 곳에 대해서는 별도의 명칭이 있었을 가능성은 남아 있다. 가령, 구국의 명칭이 있는 것으로 보아 '신국' '신도'의 명칭도 가능한데, 이 경우는 두 번째의 수도인 현주가 우선적으로 이렇게 불렸을 가능성이 있다.

결국, 현주가 도읍이었을 때는 아직 5경이 없었기 때문에, 중경이라 하지 않고 『신당서』에서 현주라고 하였을 것이다. 이때 현주는 도읍이었기 때문에 별도의 수도 명칭이 있었을 것이며, 그때 15부의 하나인 현덕부의 치소였을 가능성이 높다.[117] 그리고 중경이 설치되는 시점에 그 치소는 서고성에 있었을 것으로 짐작된다.

3) 주요 교통로

발해는 당, 신라, 일본, 거란 등과 활발한 교류를 하였으며, 양국의 사신이나 일반인들이 교류시 일정 교통로를 이용하지 않으면 안되었다. 『신당서』 발해전에는 이러한 교통로를 다음과 같이 설명하고 있다.

> 용원龍原의 동남은 바다에 임하였는데 일본도日本道이다. 남해南海는 신라도新羅道이고, 압록은 조공도朝貢道이고, 장령長嶺은 영주도營州道이고 부여는 거란도契丹道

---

117 『大淸一統志』에서도 현주가 곧 현덕부라 하고 있다.

이다.[118]

　일본도日本道는 동경용원부를 통과하며 동남은 바다에 면해있다고 하였다. 동경용
원부지인 길림성 훈춘현이 바다에 연해 있는 곳이라는 점에서 위의 기록에 부합된다.
대체로 발해의 사신이 일본으로 갈 때는 수도인 상경上京에서 남쪽으로 내려와 오늘
날의 합이파령哈爾巴嶺(현재의 연길현 경내)으로 접어들어, 동쪽으로 굽어서 용원부에
이르고, 훈춘 부근의 포시에트 만灣에서 멀고 험한 동해에 몸을 실었다.[119]

　신라도新羅道는 명칭에서도 알 수 있듯이 발해가 신라와 교류시 이용한 교통로이
다. 남경 남해부는 발해의 남변으로서 신라와 니하泥河로써 경계를 삼고 있었다. 가탐
의 『고금군국지古今群國志』에 의하면 신라의 정천군으로부터 발해의 책성부柵城府까
지는 39개 역이 있다고 하였으므로, 발해와 신라의 교류시 바로 이 39개 역을 왕래
했을 것으로 생각된다. 또한 732년 당 현종이 김사란金思蘭에게 명하여 신라의 군사
를 징발하여 발해의 남쪽을 공격하도록 했고,[120] 대인선大諲譔이 신라와 결원하려고 할
때,[121] 그리고 『삼국사기』 신라본기 헌강왕憲康王 12년(886년) 봄에 북진北鎭의 오랑캐
들이 와서 신라와 교류를 희망한 곳[122]도 이 남해부의 신라도를 통해서였을 것이 틀림
없다.[123]

　신라도는 문왕이 정복사업을 마무리하고 내치에 힘쓰기 시작하면서 빈번히 이용되
었을 것이며, 이에 상응하기 위하여 757년에 이르러 721년에 쌓은 장성에 탄항관문
炭項關門을 쌓아 양국의 교섭통로로 삼았을 것이라고 한다. 발해와 신라간의 교통로

---

118 『신당서』 권219, 북적, 발해, "龍原東南瀕海日本道也 南海新羅道也 鴨淥朝貢道也 長嶺營州道也 扶
　　餘契丹道也."
119 金毓黻, 『渤海國志長編』(『渤海國志』 宋遼金元四史資料叢刊1) 제14권 地理考, 文海出版社, 1977年版.
120 『구당서』 발해말갈전 ; 『신당서』 발해전.
121 『契丹國志』卷1, 太祖 天寶6年, "太祖攻渤海 拔其夫餘城 更命曰東丹國……先是 渤海國王大諲譔本
　　與奚契丹爲脣齒國 太祖初興 倂呑八部 繼而用師 倂呑奚國 大諲譔深憚之 陰與新羅諸國結援 太祖知
　　之 集議未決."
122 『삼국사기』 권11, 신라본기11, 헌강왕 12년 춘, "北鎭奏狄國人入鎭 以片木掛樹而歸 逐取以獻 其
　　木書十五字云 寶露國與黑水國人 共向新羅國和通."
123 金毓黻, 『渤海國志長編』(『渤海國志』 宋遼金元四史資料叢刊1) 제14권 地理考, 文海出版社, 1977年版.

는 신라도 이외에 동해 바다를 통하는 것과 서부의 평안도 지역을 경유하는 길도 있었을 것이다. 이들 교통로는 발해가 멸망하면서 유민들이 고려로 들어올 때도 이용하였을 것으로 생각된다. 그러나 신라도를 제외한 두개의 경로는 부차적인 것에 불과하였다.[124] 그리고 이 신라도를 최초로 이용한 것은 당의 사신 한조채韓朝彩가 발해에 왔다가 764년 신라로 직접 갔을 때이며,[125] 특히 790년(원성왕 6년) 3월에 일길찬 백어伯魚를 발해(북국)에 사신을 보내고,[126] 812년(헌덕왕 4)에 다시 신라가 급찬 숭정崇正을 발해에 파견[127]할 때도 이 신라도를 이용하였을 것이다.[128]

서경압록부는 조공도朝貢道가 통과하는 곳인데, 당과의 공사 교류시 주로 이용되었다. 발해에서 당으로 가는 사신은 건국 초기에는 육로인 영주營州를 경유하여 당의 수도인 장안長安에 도달하였으나, 8세기 중반 안사安史의 난亂이 일어나 영주도營州道가 거란에 의해 막히게 되고, 그 후부터 주로 서경압록부를 거치는 조공도를 많이 이용하게 되었다. 가탐의 도리기에는 당의 등주로부터 발해의 왕성에 이르는 교통로가 자세히 기록되어 있다.

> 등주登州에서 동북으로 가는 해상로는 대사도大謝島, 구흠도龜歆島, 말도末島, 오호도烏湖島 삼백 리를 지나고 북으로 오호해를 건너 마석산馬石山의 동쪽 2백리인 도리진都里鎭에 이른다. 동쪽으로 바닷가를 따라서 청니포靑泥浦, 도화도桃花島, 행화도杏花島, 석인왕石人汪, 탁타만橐駝灣, 오골강烏骨江 8백 리를 지난다. --- 압록강 어구에서 배로 백여 리를 올라간 다음 곧 작은 배로 동북쪽으로 3십리쯤 가면 박작구泊汋口인데 발해 경내에 들어선 것이다. 또 5백리를 더 소급해 올라 가면 옛 고구려 왕의 도읍인 환도현성이다. 다시 동북으로 2백리를 거슬러 오르면 신주神州에 이르고 육로로 또 4

124 宋基豪,「東아시아 國際關係 속의 渤海와 新羅」『韓國史市民講座 제5집』, 一潮閣, 1989년, 49쪽.
125 『續日本紀』권25, 淳仁天皇 天平寶宇 8년 秋7월 甲寅條.
126 『삼국사기』권10, 신라본기, 원성왕 6년 3월, "以一吉飡伯魚使北國."
127 『삼국사기』권10, 신라본기, 헌덕왕 4년 추9월, "遺級飡崇正使北國."
128 발해와 마찬가지로 통일신라도 경주를 기점으로 국내의 주요 지역을 연결하는 교통로인 5통이 운영되고 있었다. 이중에서 동해통이 발해의 신라도와 연결되는 간선도로일 것이며, 북요통은 신라의 서북변으로 통하는 도로이므로, 결국 발해와의 서남경계인 대동강으로 연결되었을 것이다.

백리를 가면 천보天寶 연간에 도읍이었던 현주顯州에 이른다. 그리고 정북正北으로 해서 동東으로 6백리를 가면 발해의 왕성에 다다른다.[129]

가탐이 말하는 이 길은 바로 양국의 정치, 문화적 교섭상 가장 중요한 통로로서 발해와 당의 사신이 양국을 방문할 때도 이용하던 조공도가 분명하며,[130] 무왕 때 발해가 장문휴張文休로 하여금 해적을 이끌고 바다를 건너 당을 공격할 때나,[131] 발해의 상인들이 발해 – 당 – 신라 혹은 일본과 교역활동을 할 때에도 많이 이용되었다.

장령부를 지나는 영주도는 당의 동북변 거점인 영주(현재의 조양朝陽)에 이르는 교통로이며, 이곳을 거쳐 당의 장안에 도달할 수 있었으므로, 전체 노정이 모두 육로였다. 가탐의 「도리기」에는 영주에서 발해 왕성에 이르는 길을 소개하고 있으니, 다름아닌 영주도이다.

영주營州 동쪽으로 180리를 가면 연군성燕郡城에 이르고, 또 여라수착汝羅守捉을 거쳐 요수遼水를 건너 5백 리를 가면 안동도호부安東都護府에 이른다. 옛날의 한나라 양평성襄平城이다.……도호부로부터 옛 개모蓋牟, 신성新城을 거쳐 또 발해 장령부를 지나 천 5백 리를 가면 발해 왕성에 이른다. 성은 홀한해 가까이에 있다.[132]

---

129 『신당서』 권43, 지리지7, "登州東北海行 過大謝島龜歆島末島烏湖島三百里 北渡烏湖海 至馬石山東之都裏鎭二百里 東傍海壖 過靑泥浦桃花浦杏花浦石人汪槖駝灣烏骨江八百里 --- 自鴨淥江口舟行百餘里 乃小舫溯流東北三十里至泊汋口 得渤海之境 又溯流五百里 至丸都縣城 故高麗王都 又東北溯流二百里 至神州 又陸行四百里 至顯州 天寶中王所都 又正北如東六百里 至渤海王城."

130 『구당서』 발해전에 예종 선천 2년(713)에 낭장 최흔을 파견하여 대조영을 발해군왕으로 책봉했다고 하였는데, 여순의 황금산 기슭에 있던 홍로정 유적과 각석에 그 내용이 남아 있었다. "勅持節宣勞靺鞨使鴻臚卿崔忻鑿井兩口永爲記驗"을 개원 2년(714)년 5월 18일에 하였다는 이 비문 기록에 의하여 당의 사신이 돌아올 때에 가탐의 『도리기』에 보이는 청니포에 해당되는 이곳을 지나간 것을 알 수 있다(金毓黻, 『渤海國志長編』『渤海國志』宋遼金元四史資料叢刊1) 제14권 地理考, 文海出版社, 1977年版).

131 『구당서』 발해전 ; 『신당서』 발해전.

132 『신당서』 권43, 지리지7, "營州東百八十里至燕郡城 又經汝羅守捉 渡遼水至安東都護府五百里 府故漢襄平城也 --- 自都護府東北經古蓋牟新城 又經渤海長嶺府, 千五百里至渤海王城, 城臨忽汗海."

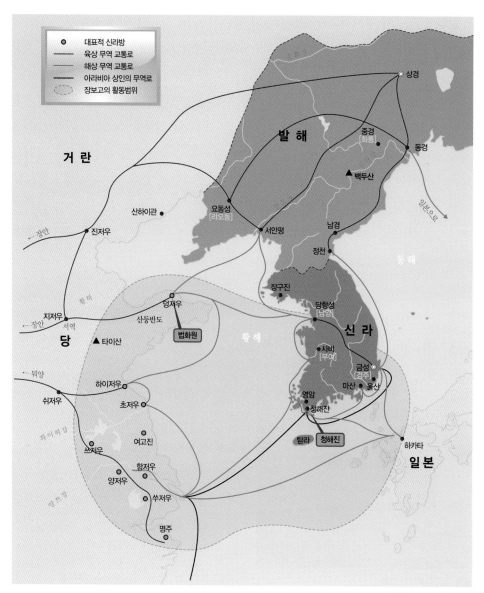

범례

- 대표적 신라방
- 육상 무역 교통로
- 해상 무역 교통로
- 아라비아 상인의 무역로
- 장보고의 활동범위

거 란

발 해

상경

중경 [화룡]

동경

백두산

산하이관

요동성 [랴오둥]

서안평

남경

정천

장구진

진저우

장안

지저우

서역

덩저우

산동반도

법화원

타이산

황 해

하이저우

초저우

당

뤄양

쉬저우

화이허강

여고진

쓰저우

양저우

함저우

쑤저우

명주

양쯔강

당항성 [남양]

신 라

사비 [부여]

금성 [경주]

마산 울산

영암

청해진

탐라 청해진

동 해

일본혼도

하카타

일 본

남북국시기의 대외교통로

발해가 영주의 평로절도사平盧節度使와 교류시 주로 이용한 이 교통로는[133] 안사의 난 이후 거란이 이곳을 점령한 이후부터 막혀서, 서경압록부에서 바다를 통하는 조공도가 주로 이용되었다.

발해는 부여부扶餘府에 항상 강한 군사를 주둔시켜 거란을 막았다는 『신당서』 발해전의 기록을 통해서도, 부여부가 거란도인 것은 미루어 짐작할 수 있다. 거란도의 여정을 살펴보면 대체로 발해의 상경으로부터 지금의 숭령崇嶺 즉 장광재령을 지나서 부여부에 이르고, 다시 지금의 회덕懷德으로부터 이수梨樹, 요원遼源, 통요通遼 등지를 거쳐 거란의 임황臨潢(현재의 임동현林東縣)에 이른다. 발해 말기 요遼 태조가 발해를 멸망시킬 때 먼저 부여성을 공략한 뒤에 홀한성으로 진공한 것도 발해와 거란간의 교통이 부여부를 거쳤다는 것을 이야기하는 것이다.[134]

3. 발해의 영역확대와 천도[135]

발해 건국지 동모산 전경

강역 확대와 밀접한 관계가 있는 것이 수도의 이동이며, 그 자취가 도성都城이다. 도성은 나라의 통치기관이 있는 정치, 군사·문화의 중심지이다. 발해는 동모산에서 건국한 이후 점차 주변으로 영역을 확대하면서, 4번에 걸쳐 5경을 중심으로 수도를 이동하였다.

현주를 비롯한 발해의 도성에 관한 분

---

133 영주 부근의 지형에 대해서는 嚴耕望 撰, 『唐代交通圖考 제5권』, 中央研究院歷史語言研究所, 河東河北區, 1986, 圖22 「唐代幽州東北塞外交通圖」 참조.
134 영주도와 조공도에 대한 지도로서는 李建才, 『東北史地考略』, 吉林文史出版社, 1986, 52쪽의 圖1 渤海朝貢道, 營州道 路線略圖；王綿厚·李健李才, 『東北古代交通』, 瀋陽出版社, 1990. 뒷 부분의 관련 지도 등이 참조된다.
135 林相先, 「渤海의 遷都에 대한 考察」 『淸溪史學』 5, 청계사학회, 1988.

명한 언급은 천도를 전하는 아래의 기록에서 확인할 수 있다.

○ (대조영이) 동모산東牟山에 근거하여 성을 쌓고 살았다.[136]
○ 현주顯州는 천보天寶 중에 왕이 도읍한 곳이다.[137]
○ 현주는 발해국이다. 황화사달기를 살펴보면, 당 천보 이전 발해국이 도읍한 곳이다.[138]
○ 천보 말 대흠무大欽茂가 상경上京으로 옮기니 구국舊國으로부터 곧장 3백리이다.[139]
○ 정원시貞元時 동남쪽 동경東京으로 옮겼다.……화여華璵가 왕이 되어 다시 상경으로 돌아왔다.[140]

위의 사료는 천도와 함께 구국舊國, 현주顯州, 상경上京 그리고 동경東京이 도성이었음을 알려주고 있다. 각 도성의 위치는 고고학적 조사를 참고로 하여 구국은 현재의 중국 길림성 돈화시 오동성敖東城, 현주는 화룡시 서고성西古城, 상경上京은 흑룡강성 영안현 동경성東京城, 그리고 동경東京은 길림성 훈춘시 팔연성八連城이 그 유지遺址로 비정되고 있다.

1) 1차 천도(구국 → 현주)

발해가 최초의 건국지인 구국(오동성)을 떠나 현주西古城로 천도한 것은 '천보중天寶中'이다. 발해는 746년에 말갈부락의 복속을 완료한 후 이 지역에 대한 통치를 강화하였다. 여기에 대비해 남쪽의 신라는 북변北邊에 14군현郡縣을 설치하나, 중경지역에 대한 발해의 통치중심의 이동은 계속된다. 746년부터 시작된 현주로의 천도작업은 752년을 전후한 시기에 일단락되고, 이 사실을 일본에 통고하였다. 따라서 구국

---

136 『구당서』 권199하, 발해말갈(渤海鞨), "據東牟山 築城以居之."
137 『신당서』 권43하, 지 제33하, 지리지, "顯州 天寶中王所都."
138 『武經總要』 前集 권16하, "顯州 渤海國 按皇華四達記 唐天寶以前 渤海國所都顯州."
139 『신당서』 권219, 열전144, 발해, "天寶末 欽茂徙上京 直舊國三百里 忽汗河之東."
140 『신당서』 권219, 발해, "貞元時 東南徙東京……華璵爲王復還上京."

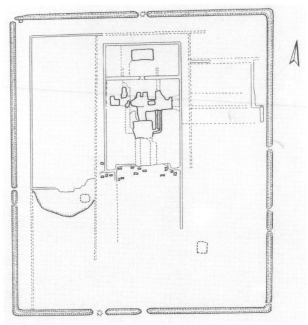

서고성 평면도
(동북아역사재단 편,
『발해의 역사와 문화』, 264쪽)

에서 현주로의 1차 천도는 746년에서 752년 사이에 이루어졌을 것으로 생각한다.

발해가 현주에 도읍했다는 기사는 모두 당대 가탐賈耽의 저술에 근거하고 있다. 하나는 「변주입사이도리기」를 인용한 『신당서』 「지리지」이고, 두 번째는 「황화사달기」를 인용한 증공량이 지은 『무경총요』이다. 전자는 현주에 도읍한 시기를 당나라 천보 중이라 한정하였고, 후자는 천보 이전이라고 하였다.

현주로의 천도는 늘어난 영토의 효율적인 통치와 국력의 상승에 따른 것인데, 『무경총요』의 기록을 발해가 흑수부를 정벌하고 당을 공격하였던 사건과 관련시켜 무왕 대에 현주로의 천도를 주장한 바 있으나,[141] 검토의 여지가 있다.

가령, 발해 건국지인 돈화의 육정산과 서고성의 고고학 발굴을 비교한 바에 의하면, 육정산 1고분구역에서 출토된 암키와·수키와의 형태는 서고성터에서 출토된 같

---

141 천도 시기에 대하여 丹化沙(「渤海歷史地理研究情況述略」, 『黑龍江文物叢刊』 1983-1 ; 최무장 편역, 「발해의 역사지리연구」 『渤海의 起源과 文化』, 藝文出版社, 1988, 133-134쪽), 김종복(「渤海上京城의 성립과 구조」 『서울학연구총서』 15, 서울학연구소, 2003, 113쪽), 朱國忱·魏國忠(『渤海史稿』, 黑龍江省文物出版編輯室, 1984, 59쪽)은 무왕 대, 그리고 宋基豪(『渤海政治史研究』, 一潮閣, 1995, 97쪽)는 문왕 이전일 것으로 추정하였다.

은 유형의 유물과 뚜렷이 구별되는데, 이것은 현주에 도읍을 한 상한시기가 발해의 건국 초기가 아니라는 것을 의미한다고 추정하였다.[142] 『무경총요』에서 현주가 천보 이전의 도읍이라는 기록에 의문을 갖게 하는 주장이라고 할 수 있다. 사실 육정산 고분군에 고왕高王과 무왕武王의 묘가 있을 것으로 추정되는 현재, 무왕대에 현주로의 천도는 자연스럽지 못하다.[143]

구국에서 현주로의 천도의 원인을 살펴보면, 첫째, 늘어난 영토의 효율적인 통치의 수단이었다. 발해는 746년을 전후하여 철리鐵利와 불열拂涅, 월희越喜말갈 지역에 대한 복속을 완료하였다. 이것은 발해가 그 초반기(무왕대武王代까지)에 차지하고 있던 지역(뒤의 상경, 중경, 구국지방)보다 영토가 훨씬 확대되었음을 의미하는 것이다. 한 국가가 전국을 효과적으로 통치하기 위해서는 통치중심이 한 쪽에 치우쳐 있는 것(구국-오동성의 경우)보다는 그 중심지역에 위치하는 것이 어느모로 보나 바람직한 현상일 것이다.

둘째, 발해의 국력이 상승하고 있던 점이다. 구국의 소재지인 돈화 지방은 동·서·남의 3면이 산맥으로 둘러싸이는 등, 외부로부터의 위협에 대응하는 데는 더할나위 없이 유리한 형세이다. 그러나 문왕의 즉위 이후 대내외적인 안정을 발판으로 국력이 상승함에 따라 외부로부터의 위협은 상대적으로 감소하게 되었다. 초기에 도읍지 설정의 중요 요인이었던 군사적 요인이 감소하였다는 의미이다. 국력이 날로 증가하고, 영토도 확대됨에 따라 구국 지방으로서는 경제적으로도 이를 감당하는데는 한계점에 이르렀다. 이와는 달리 현주顯州 (중경中京)지역은 고도의 기술이 필요한 위성位城의 철鐵과 직물織物 등

발해 서고성(중국 길림성 화룡 소재)

142 宋玉彬, 「渤海都城故址研究」, 『考古』 2009-6, 43쪽.
143 임상선, 「발해의 왕도 顯州와 中京 치소 西古城의 관계」, 『高句麗研究』 제37집, 2010, 171-172쪽.

이 생산되며, 특히 철의 생산과 기술은 이전의 고구려의 성장에 중요한 동인이었듯이 발해 측에서도 이를 중시하였을 것이다.[144]

또한 오동성은 발해가 건국초에 완성한 도성으로서, 시간이 지나며 영토와 국력이 증가됨에 따라 이에 부응하기에는 한계점에 달하였다. 그 결과 발해는 서고성(혹은 하남둔고성)를 새로운 도성의 후보지로 선정하고, 축조를 시작하였다. 현재 오동성과 서고성이 규모면에서 1:5.8 내지 1:9.2의 차이가 나고, 도성계획의 측면에서도 서고성이 오동성에 비해 한층 정제되었음은 위의 사실과 부합되는 점일 것이다.

2) 2차 천도(현주 → 상경)

발해가 두 번째로 천도를 행한 것은 천보말天寶末이며, 그 시기는 천보 15년에 해당하는 756년이 된다. 대외적으로 이 시기에 주목되는 사건은 그 전년(755) 11월에 발생한 안록산安祿山의 난이다. 안록산은 742년에 평로절도사平盧節度使 및 압양번발해흑수경략사押兩藩渤海黑水經略使로 임명되어 당에서의 동북제국東北諸國에 대한 업무를 관장하던 인물이었다. 그러나 안록산이 755년 말에 기병한 후 곧 낙양을 점령하고, 이듬해에는 장안을 점령하는 등 중원지방을 혼란의 도가니로 몰아넣자, 주변 국가들에서도 적지 않은 충격과 혼란이 야기되었다. 이때 발해도 예외가 아니었다.

756년 평로유후平盧留後 서귀도徐歸道가 판관 장원간張元澗을 보내 병마를 징발하려고 하였다. 이때 발해는 이들이 다른 마음이 있지 않나 의심하여 장원간을 가두어 두고 돌아가지 못하게 하였다. 또한 758년 4월에는 평로절도 왕현지王玄志가 왕진의王進義를 파견하였는데, 이때도 발해는 그가 말하는 것을 의심하여 사람을 보내 전후 사정을 탐문하고 있다. 당에서 온 두 차례의 사신에 대한 발해의 이러한 자세는 발해가 안록산의 난에 대응하는 것이 얼마나 신중하고 조심스러운지를 잘 말해주고 있다. 안록산의 난에 대한 충격과 대비는 발해뿐 아니라 바다건너 일본도 예외가 아니어서 난이 해동海東에 미칠 것에 대비하여 방비를 강화하기도 하였다.[145]

---

144 李龍範, 「高句麗의 成長과 鐵」『白山學報』1, 백산학회, 1966.
145 『續日本紀』권21, 淳仁天皇 天平寶字 2년 12월 무신.

아울러 거란契丹에 대한 방비의 의미도 있었던 것 같다. 즉 안록산의 난이 발발한 후 거란의 동태는 발해에게 상당한 위협이 아닐 수 없었다. 거란은 일찍이 752년 8월에 안록산이 거느린 15만 여의 대군을 맞아 이를 격파하기도 하는 등, 이 시기 동북지방의 강대세력을 형성하고 있었다.[146] 거란에 대한 방어를 담당하던 안록산이 난을

발해 상경성 궁성 유적

일으켜 중원中原으로 진격함에 따라 거란에 대한 당의 견제도 약화되었다. 이것은 결국 거란이 주변지역에 대한 관심을 높일 수 있는 계기가 될 수 있음을 의미한다. 이러한 상황에서 거란과 국경을 접하고 있던 발해에게는 적지 않은 위협이 되었을 것이다.[147]

이상과 같은 요인에 따라 제2차 천도는 급작스럽게 단행된 것으로 생각된다. 상경 지역은 발해 초기에 그 영역에 있었고 천도하기 몇 년 전에는 동북지방의 흑수말갈黑水靺鞨까지도 발해의 통제를 받고 있었다. 그러나 아직 완전한 경영은 이루어지지 못했으나, 이때 상경 지역으로 천도하는 데에는 큰 장애는 되지 못하였을 것이다. 아울러 상경 천도가 돌연한 사건이 주요한 이유였던 까닭에 상경의 도성은 무계획한 상태에서의 축조였다. 이와 같은 무계획적이고 불편한 도성 계획은 얼마후의 3차 천도(동경東京으로)의 한 계기가 되기도 하였다.

---

146 『구당서』 권200 上, 열전150 상, 安祿山 참조.
147 발해는 거란과 접하는 곳에 부여부(현재의 農安 지방)를 설치하고 있었다. 부여부에는 항상 날랜 군사를 주둔시켜 거란에 대비하였는데, 이것은 결국 거란이 발해측에 상당한 위협세력으로서 방비의 대상이었음을 뜻하는 것이다(『신당서』 발해전, "扶餘故地爲扶餘府 常屯勁兵 扞契丹").

3) 3차 천도(상경 → 동경)

756년 상경으로 옮긴 후 다시 정원시貞元時에는 동남쪽의 '동경東京'으로 천도하였다. 천도가 행해진 구체적인 시기는 대략 785년에서 786년 초반으로 여겨진다. 동경으로 천도한 이유는 대략 다음과 같다.

첫째, 일본과의 관계가 중요하였을 것이다. 상경 천도 이후 이 시기까지 약 30년 동안에 양국사이에 사신 파견을 보면 발해에서 8번, 일본측에서 7회에 달한다. 이 숫자는 발해와 일본이 8세기에 각기 상대편에 사신을 파견한 회수가 14회, 12회임을 고려할 때 매우 빈번한 교류가 행하여졌음을 알 수 있다. 일본을 향해서 발해의 사신이 출발하기 위해서는 바다에서 멀리 떨어진 상경보다는 바다에 인접한 동경지역이 상대적으로 유리하였을 것이기 때문이다.

둘째, 문왕 후기에 동경 지역을 기반으로 새로운 세력이 등장하였던 것으로 보인다. 문왕 후기는 전기에 비하여 발전이 둔화된 시기로서, 문왕의 통치력에도 약화의 조짐이 드러나 기간이다. 새로운 세력은 727년 일본과의 통교通交 이후 양국교섭의 창구인 동경지역에서 부를 축적하고, 이것을 바탕으로 785년에서 786년 사이에는 왕권을 약화시키고 자신의 세력을 강화하기 위한 한 방편으로 동경지역으로의 천도를 실행시킨 것으로 짐작된다.[148] 왕권에 상대되는 새로운 세력으로서는 문왕에 이어 즉위한 원의元義를 중심으로 한 집단이 여기에 가장 근접하는 세력으로 생각된다.

셋째, 동경지역이 고구려 이래로 중요지역이었다는 점이다. 756년 중경에서 상경으로의 천도는 급작스럽게 이루어진 관계로 도성에 대한 여러 가지 사항이 충분히 고려되지 못하였다. 그리하여 새로운 도성지를 물색하는 가운데 혼춘지역을 주목하게 된 듯하다.[149] 이곳은 동해 및 압록강과 두만강이 가까이 있어 교통이 편리한 지역이

---

148 사카요리 마사시(酒寄雅志)는 화여 즉위시의 國人에 주목하여, 문왕이 동경으로 천도한 것은 일본과의 관계에서 경제적 이익을 독점하던 국인층의 세력을 배제하려는 조치였을 것으로 추정하였다.(酒寄雅志,「渤海國家の史的展開と國際關係」, 19~21쪽 참조). 그러나 문왕이 일본과의 교류가 용이한(국민층에 유리한) 동경으로 천도를 하였다는 것은 납득하기 곤란하다. 그러므로 필자는 왕권과 맺어진 계층으로 상경지역에 기반을 가진 것이 국인층이고, 이와 반대로 동경지역을 근거로 일본과의 무역에서 부를 축적한 세력이 원의계라고 생각한다.

다. 이러한 교통상의 편리는 일본과의 교류에도 유리한 여건을 제공하였으며, 새로운 문화요소를 받아들이는 데도 좋은 조건이었다.[150] 결국 발해는 이러한 고구려 이래로 중요지역인 훈춘 지역의 중요성을 다시 확인하고, 이곳에 동경東京을 두어 정치와 문화의 중심도 옮긴 것으로 보인다.

4) 4차 천도(동경 → 상경)

일본과의 관계가 중요한 요인이 되어 단행된 동경으로의 천도는 문왕의 사후 다시 상경으로 돌아오면서 끝이 난다. 동경에서 상경으로의 천도는 제5대 성왕成王(화여華璵)의 즉위 이후 있었다.

793년 문왕 사후 상경으로의 천도까지의 기간동안 발해 내부에서는 심한 갈등이 나타난 시기였다. 793년 3월 문왕이 죽자 족제族弟인 원의元義가 즉위하였다. 그러나 원의는 즉위한지 1년이 안되어 시학猜虐하다는 이유로 국인國人에 의하여 살해되었다. 원의의 피살 이유가 '시학'이라고 하나, 이것은 표면상의 이유일 뿐 실상은 문왕 사후의 권력투쟁에서 패한 결과일 것이다. 그리하여 추대된 것이 문왕의 손자인 화여이다. 화여는 즉위한 후 얼마 지나지 않아 상경上京으로 옮기고 중흥中興으로 개원하였다.

화여의 즉위는 치열한 권력투쟁에서 승리한 결과이며, 그 지지세력은 국인國人이었다. 그리고 여기서 패하고 죽음을 당한 원의는 화여와는 계층이 다른 인물로서, 국인과도 대치되는 세력이었던 것같다. 원의 집단이 동경東京 지역에 세력기반이 있다면, 화여는 상경上京 지역에 보다 유리한 지반을 갖고 있었던 것 같다. 다시 말하면 화여가 즉위와 함께 곧 상경 지역으로 수도를 옮긴 것은 동경 지역보다는 상경 지역에 자

---

149 이때 대상지로는 이전의 중경 지역도 포함될 수 있다. 그러나 이 당시 일본과의 관계를 고려한다면, 중경보다는 동경 지역이 보다 적절하였을 것이다.

150 三上次男, 「半拉城出土の 二佛并座像とその歷史的意義-高句麗と渤海を結ぶもの」『朝鮮學報』 49, 조선학회, 일본, 1968, 346쪽 참조. 아울러 팔련성 지역이 지도상에는 발해의 동쪽에 있어 일견 벽지로 보이나, 사실은 끊임없이 새로운 것을 받아들일 수 있는 활기 있는 도시였을 것으로 추정하였다.

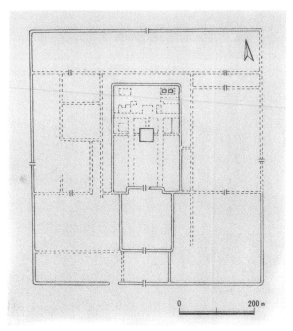

팔련성 평면도
(동북아역사재단 편, 『발해의 역사와 문화』, 266쪽)

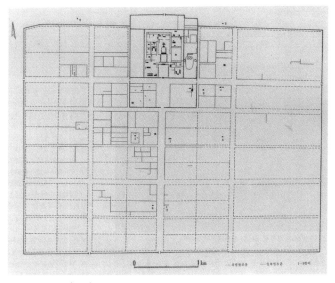

상경성 정남 방향(모형)

신의 세력, 또는 보다 유리한 조건이 있었기 때문이라고 생각된다. 그 기반은 문왕과 관련된 즉, 문왕의 치세기간 동안 형성된 세력이었을 것이다.

793년에 상경으로의 환도는 왕권투쟁에서 승리한 화여가 왕권을 강화하고 새로운 기풍을 조성하기 위하여 단행된 것이었다.[151] 그리고 상경上京 지역이 다시 도읍지로 설정된 것은 756년 이후 동경 천도까지 이곳이 도성이었다는 점이 고려되었을 것이다. 그리고 당시에는 이미 말갈부락의 복속이 완료되어 상경 지역에 대한 위협은 756년에 비해 상대적으로 줄어들었을 것이다.

---

151 성왕이 연호를 '중흥'이라한 것도 이와 관련이 있을 것이다.

고려시대의 강역

제1절

건국과 영토확장

1. 고려전기의 북진정책과 양계제

10세기 전반 고려왕조는 대내적으로 격심한 사회 혼란을 겪었고, 대외적으로는 당·송 교체기 중국사회의 변화와 발해 멸망 이후 거란 등 북방 민족의 도약으로 인하여 새로운 국면에 접했다. 이러한 시대적인 상황 속에서 고려왕조는 신라와 후백제를 통합하면서 점차 국가의 기틀을 갖추었다. 대외적인 위협은 고려왕조의 커다란 과제였다. 이를 극복할 수 있는 방법은 강력한 영토 의식(혹은 변경 의식)을 갖는 것과[1] 국방 정책을 토대로 한 외교 관계를 맺는 것이었다.

고려 전기 북방 지역에 대한 '변경' 의식은 태조대의 서경(평양) 중시와 그 이북 지역에 대한 순행巡幸으로 형성되었으며, 성종·현종대 지방제도의 정비와 보완으로 안정되었다. 그러나 거란 등 북방 민족과의 대립은 변경 의식의 한계를 노출했다.

고려전기의 변경 의식에서[2] 비롯된 국방 정책은 북방 지역의 성곽 축조로 표현되

---

1 고려 전기 북방 민족과의 현안에는 '邊境' 설정이 있었다. 『고려사』의 기록을 통해서 보면, '국경'은 나라의 地境이라는 뜻이며, 변경은 '다른 나라와의 경계'라는 의미로 쓰였다. 후삼국 통일 이전 태조 왕건의 군사적인 행동 방향은 크게 둘로 나눌 수 있는데, 하나는 주로 후백제와의 대결을 위한 남방 전선이고, 다른 하나는 북방 개척을 위한 북방 전선이었다(李基白, 「高麗 太祖 時의 鎭」 『高麗兵制史研究』, 一潮閣, 1981, 232쪽). 때문에 변경 인식에도 차이가 있을 수 있지만, 이 글에서의 '변경 의식 혹은 변경 구축'이라는 용어는 북방 민족들과의 영토적 경계라는 의미로 사용했다.

었다. 이러한 성곽 축조를 거란과의 3차례에 걸친 전쟁의 추이에 따라 이루어진 방어 전략으로 파악하거나,[3] 고려와 거란과의 관계를 설명하는 과정에서 방어 위주의 소극적인 국방 정책으로 바뀌어 가는 과정에서 비롯된 것으로 보기도[4] 한다. 성곽 체제의 주목적은 방어 전략이었겠지만,[5] 고려 전기에는 북방 민족과의 변경 설정이[6] 중요한 현안이었음을 간과해서는 안된다.

『고려사』 지리지 성보조에서 확인할 수 있는 성곽 축조는 양계(북계·동계)[7] 지역의 사례들이 대부분을 이룬다.[8] 고려 전기의[9] 성곽 축조는 역도驛道인 운중도雲中道·흥교도興郊道 등을 중심으로 한 북계 지역에 이루어지다가, 이후 청천강 이북의 흥화도興化道 주변 지역과 삭방도朔方道의 동계 지역이 개척되면서 그 지역에도 활발하게 진

---

2 고려 전기 변경 문제를 언급한 연구 논문 중에는 池內宏, 「高麗成宗朝に於ける女眞及び契丹との關係」 『滿鮮地理歷史硏究報告』 5, 1918 ; 尹武炳, 「高麗北界地理考 (上)」 『歷史學報』 4, 역사학회, 1953 ; 尹武炳, 「高麗北界地理考 (下)」 『歷史學報』 5, 1953 ; 金九鎭, 「公嶮鎭과 先春嶺碑」 『白山學報』 21, 백산학회, 1976 ; 方東仁, 『韓國의 國境劃定硏究』, 一潮閣, 1997 ; 申安湜, 「高麗前期의 北方政策과 城郭體制」 『歷史教育』 89, 역사교육연구회, 2004 ; 최창국, 「선춘현과 공험진 : 고지도 및 『세종실록』 『지리지』를 바탕으로」 『안보문화와 미래』 창간호, 한국미래문제연구원, 2008 ; 김병렬, 「공험진과 선춘령 비정의 중요성」 『안보문화와 미래』 2, 한국미래문제연구원, 2009 ; 윤일영, 「先春嶺과 公嶮鎭의 위치 – 世宗地理志를 중심으로」 『안보문화와 미래』 2, 한국미래문제연구원, 2009 ; 최창국, 「공험진과 통태진 – 고려와 여진의 후기전투를 중심으로」 『안보문화와 미래』 2, 한국미래문제연구원, 2009 등은 지리적 관점을, 李基東, 「新羅下代의 浿江鎭—高麗王朝의 成立과 關聯하여」 『韓國學報』 6, 1976 ; 李基白, 「高麗의 北進政策과 鎭城」 『東洋學』 7, 1977 ; 金光洙, 「高麗前期 對女眞交涉과 北方開拓問題」 『東洋學』 7, 1977 ; 姜性文, 「高麗初期의 北界開拓에 대한 硏究」 『白山學報』 27, 1983 등은 경제적 관점을 각각 제기했다.

3 李在範, 「麗遼戰爭과 高麗의 防禦體系」 『韓國軍事史硏究』 3, 국방군사연구소, 1999.

4 서성호, 「고려 태조대 對거란 정책의 추이와 성격」 『역사와 현실』 34, 한국역사연구회, 1999.

5 전근대사회의 성곽은 사람들이 모여 살거나 혹은 군사 시설 등으로 기능했다. 고려시대의 수도 개경과 지방사회는 성곽을 중심으로 도시와 촌락을 이루었으며, 특히 변경 지역은 이민족과의 접경이라는 점에서 성곽 기능의 중요성이 더욱 강조되었다.

6 方東仁은 고려전기의 북진 정책이 고구려 계승 의식과 국경 의식의 실현에서 비롯되었음을 밝힌 바 있다(方東仁, 「高麗前期 北進政策의 推移」 『韓國의 國境劃定硏究』, 一潮閣, 1997).

7 양계제가 성립된 시기는 확실치 않지만, 병마사가 989년(성종 8)에 설치되었기 때문에 이 때를 전후한 것으로 이해된다(李基白, 「高麗 兩界의 州鎭軍」 『高麗兵制史硏究』, 一潮閣, 1981, 240~244쪽).

8 『고려사』 권82, 지36, 병2, 성보.

9 여기서 고려 초기는 태조·혜종·광종·경종대로 설정했다. 그 이유는 성종 12년의 거란 침략이 고려의 북방 개척에 새로운 전기로 작용했고, 이후 성곽 축조도 양계 지역에서 활발하게 진행되었기 때문이다.

행되었다.[10] 이러한 사실은 북방 지역이 고려왕조의 변경 의식 및 대외 관계의 변동과 맞물려 있었을 뿐만 아니라 영토 개척의 면모를 엿볼 수 있게 한다.

고려시대의 대외 관계는 중국과의 관계가 중요했지만, 거란(요)·여진(금)·몽골(원) 등 새롭게 부상한 국가들과의 관계 또한 중요했다. 고려왕조로서는 이들 국가와의 직접 혹은 간접적인 충돌이 불가피하였다. 그 결과 거란과의 3차례에 걸친 전쟁, 금나라에 대한 사대, 대몽전쟁, 원간섭기, 홍건적의 침입 등을 경험하게 했다. 북방 민족의 침입에 대한 연구자들의 시각은[11] 유목계 민족의 생산력 문제 혹은 중국 본토를 침략하기 위한 견제적 의미 등으로 이해했다. 이런 점에서 변경 지역은 물리적 충돌뿐만 아니라 문화 교류 혹은 국경 문제 등 다양한 현상들이 벌어질 수 있는 곳이었다.

고려 전기부터 추진되었던 북방 정책과[12] 이를 뒷받침하는 변경 의식은 국가 운영의 중요한 과제였다. 특히 북방 정책을 성곽 체제와 연계시켜 파악하고자 한다. 이를 통해 수도 개경을 주축으로 한 고려왕조의 전체적인 국토 운영을 이해하고자 한다.

1) 북진정책

고려 건국을 전후한 시기의 대륙 정세는 당나라 멸망 이후 중국 대륙의 혼란과 거란 등 북방 민족의 도약으로 인해 새로운 국면에 놓였다. 특히, 발해를 멸망시킨 거란

---

10 고려시대의 도로에 대해서는 정요근, 「高麗前期 驛制의 整備와 22驛道」『韓國史論』 45, 2001을 참고하기 바람. 국토 운영에서 도로는 중요한 혈맥을 이루며, 사람들이 모여 사는 공간을 형성할 수 있는 첫째 요건이었다. 변경 지역 또한 군사적으로 중요한 도로를 중심으로 성곽과 촌락이 형성되었을 것으로 이해된다. 여기에서 서경 이북 지역의 역도인 흥화도·흥교도·운중도·삭방도 등을 중심으로 성곽 체제를 설명한 것은 지리적 이해를 편리하게 해보자는 의도이다.

11 고려의 대외 관계에 대한 연구 성과는 김순자, 「고려와 동아시아」『한국역사입문 ②』중세편. 풀빛, 1995의 글을 참고하기 바람.

12 이 글에서의 고려 전기는 앞서 고려 초기 이후 '(고려)장성'의 구축으로 변경 지역이 안정화되는 덕종·정종대까지로 설정했다. 이는 장성의 구축이 왕조적 영토 의식의 중요한 토대가 되었음을 강조하기 위한 것으로 일반적인 시기 구분과는 차이가 있다. 또한 고려 전기 변경 구축의 최대 장애물이 거란과의 관계였기 때문에, 이 시기의 북방 정책은 주로 거란이 위치했던 서북면 지역에 집중될 수밖에 없었다. 동북면 지역에서도 여진을 대비하고, 변경 개척에 따른 성곽 축조가 활발하게 이루어졌다.

은 고려의 국경과 인접하게 되었다. 이는 접경 국가와의 영토 분쟁으로 이어지거나, 서로의 실리를 추구하는 명분으로 작용되었다. 거란과의 초기 관계는 실리적 외교관계보다는 고려왕조의 정체성과 변경구축 등으로 갈등적 요소를 수반하였고, 결국 3차례에 걸친 전쟁을 불러왔다.

고려왕조의 영토 의식은 일찍이 '왕창근 고사'에서 "먼저 닭[계鷄]을 잡고 뒤에 오리[압鴨]를 칠 것이라고 한 것은 왕 시중[태조 왕건]이 나라를 얻은 뒤에 먼저 계림[신라]을 얻고 뒤에 압록강을 되찾는다는 뜻이다."[13]라고 한 것에서 보이는데, 신라의 영역과 구고구려의 영역까지를 포괄했다. 북쪽의 경계로 압록강을 설정한 것은 이후 고려왕조의 고구려 계승 의식에서 나온 것이며 북방 정책의 중요한 목표가 되었다. 따라서 고려 전기 북방 지역의 개척은 이러한 영토 의식에서부터 출발하였다.

고려 초기의 영토 의식은 '국경'이라는 뚜렷한 획선을 그을 수 있는 관념에서 비롯된 것은 아니었다. 영토의 경계를 나타내는 용어로는 '국경·변경·변강, 동·서·남·북변, 동·서·남·북계' 등 다양하게 발견된다. 이 중에서 왕조적 변경 의식을 제도적으로 편제한 것이 동·서 양계라고 할 수 있다. 하지만 이 역시 남방의 도제道制와 분리 운영되어 영토라는 하나의 단일 범주로 관념화된 것은 아니었다. 이런 점에서 태조 때부터 추진되었던 북방 지역에 대한 순행과 성곽 축조는 왕조적 변경 의식의 표출이었고, 이웃 나라와의 마찰을 불러왔다. 고려왕조의 북방 정책은 그 전진기지로서 평양이 부각되면서부터 적극적으로 추진되었다.

평양이 언제부터 서경으로 불려 왔는지는 명확하지 않지만, 919년(태조 2)에 개경 정도가 이루어지면서 거의 동시에 양경제兩京制(개경·서경)가 실시된 것이 아닌가 한다. 이것 또한 고려왕조의 적극적인 영토 의식의 표출로 이해된다. 즉, 왕조적 명분뿐만 아니라 후백제를 공략하기 위해 우선적으로 북방 지역의 안정을 도모했다던가, 대외 관계를 더욱 확고히 함으로써 후백제에 대한 압박 혹은 대내적인 결속을 다질 수 있는 기반으로 삼았다. 이런 점은 태조대의 잦은 북방 지역에 대한 순행 기사에도[14]

---

13 『고려사』 권1, 세가1, 태조1, 태조 무편년, "先操鷄 後搏鴨者 王侍中 御國之後 先得鷄林 後收鴨綠之 意也."
14 태조대의 북방 지역에 대한 순행 기사를 정리해 보면 다음과 같다.

이제현 초상(국립중앙박물관)

반영되었다.

　태조 순행의 의미를 고려후기 이제현은 "우리 태조께서는 왕위에 오른 후에 김부金傅가 아직 귀순하지 않았고 견훤이 포로가 되지 않았는데도 자주 서도西都에 행차하여 친히 북방의 변경에 순수巡狩하였다. 그 의도 또한 동명왕의 옛 영토를 내 집의 대대로 전해지는 일로 알아 반드시 취하여 차지하려 하였으니, 어찌 다만 계림을 취하고 압록강만을 칠 뿐이었겠는가!"라고[15] 했다. 이는 앞서 왕창근의 고사에서 보여준 영토 의식을 반영하였다. 물론 이제현이 살았던 고려 후기와 고려 전기의 대외 정세가 같지 않았음을 고려할 필요가 있을 것이다. 고려 전기에는 강성한 거란과 아직 세력은 미미했지만 여진족의 존재로 말미암아 왕조적 변경 의식은 제한적일 수밖에 없었다.

　926년(태조 9) 거란에 의한 발해의 멸망은[16] 고려의 북방 정책에 새로운 국면을 야기했을 뿐만 아니라 거란과의 긴장 관계로 비화되었다. 고려왕조는 중국의 5대 왕조와 송나라에 대해서는 중원의 문화 민족으로 인정했다. 반면, 거란과 여진 등 북방 민

북계(北界)			서경(西京)		
3년	시세 왕 순북계이환	절	4년 10월	임신 행서경	사
11년	시세 순행북계	사	5년	행서경 신치관부원리 시축재성	사
15년 7월	신묘 친정일모산성 견정윤무 순북변	사	8년 3월	행서경	사
			9년 12월	계미 행서경 친행재제 순력주진	사
* 계단멸발해(태조 8년 12월) → 절			12년 4월	행서경 역순주진	사
			13년 5월	임신 행서경	사
			13년12월	경인 행서경 창치학교	사
* 사(史) → 『고려사』 권1, 세가1 2, 태조1 2			14년 11월	신해 행서경 친행재제 역순주진	사
절(節) → 『고려사절요』 권1, 태조			17년 정월	갑진 행서경 역순북진	사
			18년 9월	갑오 행서경 역순황 해주	사

15 『고려사절요』 권1, 태조 26년 5월.
16 『고려사절요』 권1, 태조 8년 12월.

족에 대한 인식은[17] 고려왕조의 문화 민족으로서의 자긍심과 비교되었다. 이는 거란을 "북번北蕃의 사람들은 얼굴은 사람이나 마음은 짐승 같다."[18] "거란은 짐승과 같은 나라이므로 풍속이 같지 않고 언어도 다르니 의관제도를 삼가 본받지 말라."[19] 등으로 인식했던 것에서도 알 수 있다. 하지만 거란과의 관계는 고려 전기 대외 관계의 중요한 현안이었다.

중국의 혼란 및 발해 멸망과 거란의 성장 등으로 압록강 유역은 세력 판도의 공백으로 남게 되었다. 이는 한편으로 고려왕조가 북방 지역으로 진출할 수 있는 기회이기도 했다. 거란 역시 중국을 공략하기 위해서는 고려에 대한 견제와 타협이 필요할 수밖에 없었다. 즉, 후백제의 멸망으로 그 견제 세력이[20] 사라진 상황에서 고려왕조는 부담스런 존재였다.

발해 멸망 이후 거란은 중국 지역의 공략에 적극적이었고,[21] 이는 곧 고려사회의 위기 의식을 불러일으켰다. 이 시기의 고려왕조는 후삼국을 통합한 이후 대내적 갈등을 수습하는 동시에 새로운 왕조로서의 기틀을 갖춰 가고 있었다. 그렇다면 거란과의 전쟁이 벌어지게 되었던 직접적인 계기는 무엇이었을까? 거란의 고려 침략이 심각한 국제 관계의 변화로 인해서 이루어진 것은 아니라고 이해된다.[22] 993년(성종 12) 소손녕의 군대가 쳐들어 왔지만, 고려 내륙으로 적극적인 침략을 감행하지 못했고, 이렇다 할 전과도 올리지 못했던 사실 등은 중국 지역에서의 성과와 확연하게 비교된다. 이

---

17 고려 전기의 거란과 여진에 대한 인식은 추명엽, 「고려전기 '蕃'인식과 '동·서번'의 형성」『역사와 현실』43, 한국역사연구회, 2002의 글을 참고하기 바람.

18 『고려사』권2, 세가2, 태조2, 태조 14년 11월 신해.

19 『고려사』권2, 세가2, 태조2, 태조 26년 4월.

20 후백제와 거란 사이의 사신 교류가 927년(신라 경순왕 원년, 고려 태조 10년) 등의 시기에 이루어졌음이 확인된다(『삼국사기』권50, 열전10, 견훤전). 이 이후의 사정에 대해서는 잘 알 수 없지만, 두 나라의 필요에 의해 사신 교류가 있지 않았을까 한다.

21 李龍範, 「10~12세기의 國際情勢」『한국사 4(고려)-고려 귀족사회의 성립-』, 국사편찬위원회, 1974.

22 2차 침략 때 거란의 성종이 직접 40만 대군을 이끈 경우(『고려사』권4, 세가4, 현종1, 현종 원년 11월 신묘)와 3차 침입 때 소배압의 10만 대군이라는 군액(『고려사』권4, 세가4, 현종1, 현종 9년 12월 무술) 등과 비교할 때, 소손녕의 군액이 정확하게 묘사되지 않았을 뿐만 아니라 ─ 소손녕은 80만 대군이라고 했지만 여타의 전투 기사에서 대대적인 병력 동원은 확인되지 않는다 ─ 적극적인 공세도 크게 드러나지 않았다.

는 고려 정부의 용전이 주효했다고도 할 수 있지만, 거란으로서도 전쟁의 명분과 실리가 적극적으로 개진되지 못한데서 비롯된 것은 아닐까 한다.[23]

이와 같은 초기의 상황은 고려왕조가 지향했던 북방 정책을 적극적으로 개진해 갈 수 있는 기회이기도 했다. 하지만 이런 점이 서경 이북 즉, 북계 지역을 사이에 둔 국경 분쟁으로 비화될 소지가 있었고, 북방 세력으로 성장해 가던 거란과의 마찰이 불가피할 수밖에 없었던 이유이기도 했다. 거란의 입장에서 이 지역이 얼마만큼 중요한 것이었는가는 쉽게 단정할 수 없지만, 고려―거란[요]―여진[금]으로 이어지는 당대의 국제관계를 풀어 갈 수 있는 현안이었던 것으로 이해된다.

2) 양계제의 시행

고려 전기에는 양계 지역에 대한 성곽 축조가 꾸준하게 이루어졌다.[24] 성곽 축조의 목적은 군사적 운용뿐만 아니라 고려의 국경 즉, 왕조적 영토 의식을 구현하는 상징성을 담고 있었다. 국경은 국가 대 국가의 영토 주권과 자국민 보호를 위한 기본적인 경계선이다. 고려의 국경 관념을 대외적으로 선포하는 것에는 관방關防 설치가 있었고, 그 대표적인 것이 1033년(덕종 2)에 축조된 '고려장성高麗長城'이었다.[25] 이는 고려 초기부터 형성된 영토 의식의 실천적 의미를 보여주는 것이었고, 숙종대 이후 동

---

23 거란의 고려 침략 의도를 송나라의 공략을 위한 견제의 일환으로 파악한 견해가(朴龍雲,「貴族社會의 對外關係」『高麗時代史 上』, 一志社, 1985, 310~316쪽) 설득력을 얻는 이유도 여기에 있다.

24 고려 전기 북방 지역의 성곽 축조에 주목한 연구 성과로는 다음의 것들을 참고할 수 있다. 尹武炳,「高麗北界地理考(上)」『歷史學報』 4, 역사학회, 1953 ; 尹武炳,「高麗北界地理考(下)」『歷史學報』 5, 역사학회, 1953 ; 李基白,「高麗 太祖 時의 鎭에 대하여」『歷史學報』 10, 역사학회, 1958(이기백,『高麗兵制史研究』, 一潮閣, 1968, 재수록) ; 李基白,「高麗의 北進政策과 鎭城」『東洋學』 7, 1977 ; 姜性文,「高麗初期의 北界開拓에 대한 研究」『白山學報』 27, 백산학회, 1983 ; 김명철,「고려시기 성의 위치와 년대에 대한 고증」『조선고고연구』, 과학백과사전출판사, 1992 ; 李在範,「麗遼戰爭과 高麗의 防禦體系」『韓國軍事史研究』 3, 국방군사연구소, 1999 ; 申安湜,「高麗前期의 北方政策과 城郭體制」『歷史教育』 89, 2004 ; 申安湜,「고려시대 兩界의 성곽과 그 특징」『軍史』 66, 국방부군사편찬연구소, 2008.

25 『고려사』 권5, 세가5, 덕종 2년 8월 무오, "命平章事柳韶 創置北境關城", '고려장성'은 '천리장성'이라고도 하며, 여기서는 이를 줄여서 '장성'이라고 했다.

북 지역의 영토를 확대하는 데에도 작용했다. 따라서 고려의 국경 획정은 개국 이후 추진해 온 북방 정책과 압록강을 사이에 둔 치열한 대외적 투쟁의 산물이라고 할 수 있다.

고려 장성인 천리장성(조선고적도보)

태조 왕건은 신라와 후백제를 무너트리며 고려왕조의 영역적 기틀을 세웠지만 북방의 국경을 획정하지 못했다. 그것은 발해를 멸망시킨 거란의 강성과 여진의 존재가 표면적인 이유였지만, 후백제와의 오랜 전투로 인하여 북방 지역을 적극적으로 개척할 수 없었던 시대적 상황도 함께 작용했다. 고려왕조가 북방 지역으로 시선을 돌리기 시작한 것은 태조 왕건이 즉위하면서 평양에 대한 적극적인 관심을[26] 표방하면서부터였다. 919년(태조 2년)에 개경 정도가 이루어지면서 거의 동시에 서경과 더불어 양경제가 실시된 것 또한 고려왕조의 적극적인 영토 의식의 표출로 이해할 수 있다. 고려 초기 국경 획정 과정에서 거란과의 마찰이 불가피하였다. 특히, 993년(성종 12) 윤10월, 서희와 거란 장수 소손녕과의 강화 회담은[27] 압록강을 중심으로 서북 지역의 국경이 획정되는 역사적인 결과를 가져왔다.

그동안 고려 국경에 대한 연구 성과는 꾸준하게 이루어진 편이고,[28] 최근 중국의

26 『고려사』 권1, 세가1, 태조 원년 9월 병신.

27 『고려사절요』 권2, 성종 12년 윤10월.

28 고려 전기 영토 의식에 주목한 연구 성과로는 다음의 것들이 있다. 池內宏, 「高麗成宗朝に於ける女眞及び契丹との關係」 『滿鮮地理歷史硏究報告』 5, 1918 ; 尹武炳, 「高麗北界地理考(上)」 『歷史學報』 4, 1953 ; 尹武炳, 「高麗北界地理考(下)」 『歷史學報』 5, 1953 ; 金九鎭, 「公嶮鎭과 先春嶺碑」 『白山學報』 21, 1976 ; 李基東, 「新羅下代의 浿江鎭—高麗王朝의 成立과 關聯하여」 『韓國學報』 6, 1976 ; 李基白, 「高麗의 北進政策과 鎭城」 『東洋學』 7, 1977 ; 金光洙, 「高麗前期 對女眞交涉과 北方開拓問題」 『東洋學』 7, 1977 ; 姜性文, 「高麗初期의 北界開拓에 대한 硏究」 『白山學報』 27, 1983 ; 方東仁, 『韓國의 國境劃定硏究』, 一潮閣, 1997 ; 申安湜, 「高麗前期의 北方政策과 城郭體制」 『歷史敎育』 89, 2004 ; 신안식, 「高麗前期의 兩界制와 '邊境'」 『한국중세사연구』 18, 2005 ; 김순자, 「10~11세기 高麗와 遼의 영토 정책」 『북방사논총』 11, 2006 ; 李美智, 「고려 성종대 地界劃定의 성립과 그 외교적 의미」 『한국중세사연구』 24, 2008.

'동북공정'에 따른 대외관계사 연구가 활발해 지면서 관심이 더욱 높아지고 있다. 특히 고려 전기의 북방 영토 경계에 있어서 압록강 유역의 실효적 지배가 언제 이루어졌는가에 대한 관심이[29] 여전히 높다.

고려시대의 지방제도는 경기제와 5도 양계제五道兩界制로 이루어졌다. 경기는 수도 개경을 보호하는 기보畿輔 역할을 했으며, 이를 중심으로 남북 지역에 5도와 양계가 각각 편제되었다. 경기를 제외한 나머지 영역을 일률적으로 편제하지 않고 따로 분류한 것은 고려왕조의 독특한 지방제도 운영에서 비롯되었다. 이런 점을 주로 군사적인 문제로 보려는 경향이 있지만,[30] 한편으로는 북방의 변경을 제대로 구축하지 못했던 상황에서 왕조의 영토 의식을 구현해 나가는 과정이 아니었을까 한다. 북방 지역을 편제한 제도적 장치가 양계제였지만, 북계와 동계의 제도적 편제가 동시에 성립한 것은 아니었다.

북계와 동계에 관한 최초의 기사는 "이 해에 북계를 순행하였다."[31] "상서좌사낭중 하공진과 화주방어낭중 유종을 육지에서 멀리 떨어진 섬에 귀양보냈다. 이보다 먼저 공진이 일찍이 동서양계東西兩界에 종사하였는데, 함부로 군사를 내어 동여진의 부락에 들어갔다가 패하니, 유종이 이 소식을 듣고 여진을 깊이 원망하였다."[32] 등이다. 하지만 "본래 고구려의 옛 땅으로 성종 14년에 경내를 나누어 10도로 정할 때 화주和州와 명주溟州 등의 군현으로 삭방도를 삼고, 정종 2년에 동계[북계와 더불어 양계가 됨]라고 하고, 문종 원년에 동북면[혹은 동면, 동로, 동북로, 동북계라 칭함]이라고 하였다. 뒤에 함주咸州 위 북쪽 지역을 동여진에게 빼앗겼으므로, 예종 2년에 평장사 윤관을 원수로 삼고 지추밀원사 오연총을 부원수로 삼아 군사를 거느리고 여진을 쳐서 쫓고 9성을 설치하고, 비를 공험진의 선춘령에 세워 경계로 삼았다."라는[33] 사례에서 보이듯이 다른 용어로도 불리긴 했지만, 양계제에서 북계와 동계의 명칭은 그 제

---

29 김순자, 앞의 논문, 2006 ; 李美智, 앞의 논문, 2008.

30 李基白, 「高麗 兩界의 州鎭軍」 『高麗兵制史研究』, 1968 ; 邊太燮, 「高麗兩界의 支配組織」 『高麗政治制度史研究』, 一潮閣, 1971 ; 金南奎, 『高麗兩界地方史研究』, 새문社, 1989.

31 『고려사』 권1, 세가1, 태조 11년 11월.

32 『고려사절요』 권3, 현종 원년 5월.

33 『고려사』 권58, 지12, 지리3, 동계.

도적 정비로서의 의미를 함축한다.

위의 사례들에서도 양계제의 성립 시기가 서로 혼동되었음을 알 수 있다. 우선 북계는 태조대부터 이미 설정된 것으로 나타나지만, 이때의 북계는 양계제의 북계와는 다른 것으로 북방 지역을 통칭해서 부른 것으로 여겨진다. 이런 점은 이후 '서북계西北界'와 '동북계東北界'라는 용어가[34] 쓰였던 것에서도 살펴볼 수 있다. 양계로 분리되어 제도적으로 편제된 것은 『고려사』 지리지에서 확인할 수 있는 현종 초였다. '서북계' '동북계'가 이후에도 계속해서 나타나지만,[35] 그 의미에는 차이가 있다.

양계 중에서 북계의 제도적 편제가 먼저 성립된 것으로 판단된다. 고려왕조의 성립 과정에서 후백제와의 대결도 중요했지만, 발해를 멸망시킨 거란은 대외 관계의 현안이었다. 이런 점은 고려 초기부터 북계 지역에 많은 성곽이 축조된 것에서도 알 수 있다.[36] 이로 인해 이를 관리할 수 있는 제도적 편제가 필요했을 것이다. 이에 비해 동계 지역은 여진과 밀접한 곳으로, 군사적인 중요성에 비추어 볼 때 북계보다는 그 중요성이 다소 떨어졌다. 또한 '동계'라는 용어가 나타나는 시기가 1036년(정종 2)인데, 이는 1033년(덕종 2) '고려장성'이 축조되는 시기와 거의 일치한다.

양계제의 성립이 획일적으로 이뤄지지 못했을 뿐더러, 5도제와도 구별된 것은 무엇 때문이었을까? 『고려사』 지리지 북계조를 보면, 대부분의 지명이 "본고려 ○ ○ 군本高麗 ○ ○ 郡[현縣]"으로 나타나거나,[37] 간혹 구주·의주와 같이 원래 고려의 영토였는데 여진 또는 거란에 점령당했다가 회복한 것으로[38] 나타나기도 했다. 이런 점은 『고

---

34 "서북계의 여진이 보고하기를, '거란이 군사를 들어 침입하여 올 것을 모의한다.'고 하니 조정에서는 여진이 우리를 속인다고 하여 방비하지 않았다."라는(『고려사』권3, 세가3, 성종 12년 5월) 것에서 보면, 서북계가 양계제에서의 북계를 지칭하기보다는 서북 변경지대라는 의미에 더 가깝다는 것을 알 수 있다. 서북계는 곧 동북계와 비교되는 것이다.

35 예컨대, "서북계에 명충이 있었다."(『고려사』권4, 세가4, 현종 9년 5월 경진), "예성강의 병선 180척으로 군자를 조운하여 서북계에 있는 주진의 창름을 채웠다."(『고려사』권82, 지36, 병2, 둔전, 정종 10년 2월), "동북계에 메뚜기의 피해가 있었다."(『고려사』권4, 세가4, 현종 즉위년 6월), "제하기를, '동북계 연해 성보의 군민이 소업에 안정하지 못하고 있다.……'라고 하였다." (『고려사』권7, 세가7, 문종1, 문종 4년 6월 을묘) 등의 사례를 들 수 있다. 여기서의 서북계와 동북계는 양계제에서의 북계와 동계를 지칭하는 것으로 판단된다.

36 申安湜, 앞의 논문, 2004, 72~87쪽.

37 『고려사』권58, 지12, 지리3, 북계.

38 『고려사』권58, 지12, 지리3, 북계, 구주 ; 『고려사』권58, 지12, 지리3, 북계, 의주.

려사』 지리지 서문에서의 "그 사방의 경계는 서북은 당나라 이후부터 압록강을 국경으로 삼았고……대체로 서북의 경계는 고구려에 미치지 못했으나"라는[39] 것과 연결되고 있다. 고려 전기의 변경 문제는 거란과의 관계가 중요했고, 성종~현종대까지 3차례에 걸친 전쟁을 통해 '강동6주'를[40] 확보함과 동시에 북방 변경을 압록강 유역까지 확대할 수 있었다. 압록강 유역의 확보는 단순히 서북 변경의 설정뿐만 아니라 동북 변경의 설정에도 영향을 끼쳤다.『고려사』지리지 동계조를 보면, "본래는 고구려의 ○○현[군]이었는데 신라 경덕왕이 ○○○으로 개명하였고, 고려 초에 다시 지금의 명칭으로 했다" "본래는 고구려○○○현이었는데 신라 경덕왕이 지금의 명칭으로 고쳤다"라 하여, 고구려의 옛 영토를 계승했다는 점을 강조하거나, 혹은 "오랫동안 여진이 점령했다"라 하여 여진의 근거지를 1107년(예종 2) 윤관의 정벌을 통해 "주를 설치했다"함으로써[41] 새로운 영토 개척을 강조했다.

덕종 2년에 '고려장성'의 건설을 "북경의 관방을 설치했다."라고[42] 했는데, 이를 그대로 수용하면 '고려장성'을 북방 변경의 관방으로 파악할 수 있다. 하지만 그 통과 지역이 서북면으로 압록강 유역을 포괄했지만, 동북면은 삭방도의 경계였던 도련포까지였다.[43] 이는 윤관의 9성 구축이후 형성된 동북 변경과는 차이가 있을 뿐만 아니라, 오히려 동북면이 오랫동안 여진의 근거지였지만 본래가 고구려 영토였다는 인식 및 고구려 계승 의식과는[44] 상충한다. 따라서 '고려장성'은 관방으로서의 의미[45] 이전에 이민족에 대한 군사적인 목적에서 건설된 것으로 파악하는 것이 좋을 듯하다. 그리고

---

39 『고려사』권56, 지10, 지리1, 서문.

40 '강동6주'는 "遣刑部侍郎田拱之 如契丹 夏季問候 且告王病 不能親朝 丹主怒 詔取興化·通州·龍州· 鐵州·郭州·龜州等六城"(『고려사』권4, 세가4, 현종 3년 6월 갑자)라는 자료에서 흥화진·통주·용 주·철주·곽주·구주 등이었음을 확인할 수 있으며 서북 지역의 군사 요충지였다.

41 『고려사』권58, 지12, 지리3, 동계.

42 『고려사』권5, 세가5, 덕종 2년 8월 무오.

43 『고려사』권58, 지12, 지리3, 동계 ;『신증동국여지승람』권48, 함경도.

44 여진 정벌을 변경 마찰을 계기로 영토의 확대로 해석하기도(金九鎭, 앞의 논문, 1976, 96쪽 ; 金光 洙, 앞의 논문, 1977) 하지만, 고려의 영토 의식에는 고구려 계승 의식이라는 대전제가 깔려 있었 음을 간과해서는 안될 것이다.

45 李在範은 '고려장성'을 국경선의 의미로 파악했다(이재범,「麗遼戰爭과 高麗의 防禦體系」『韓國軍 事史研究』3, 국방군사연구소, 1999, 99~100쪽).

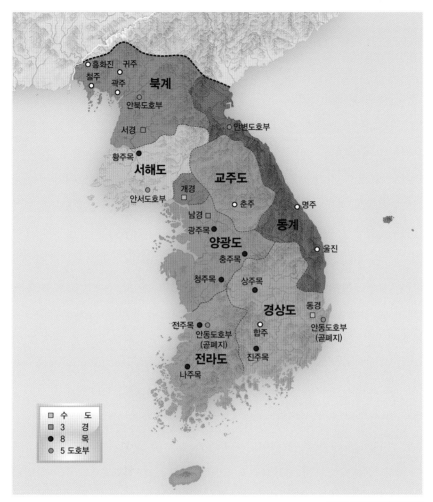

고구려 계승 의식이 대외적 관계에서 영토 의식으로 정립하지 못했다는 것은 그 제도적 장치에서도 한계가 있었다. 이는 곧 양계의 제도적 정비가 성립하는 과정에 거란·여진과 같은 북방 세력과의 관계가 중요하게 작용했을 뿐만 아니라, 왕조적 영토 의식이 갖추어지는 과정이었음을 알 수 있게 한다.

결국 고려시대의 양계제는 북방을 방어하는 군사 편제 및 5도제와 대등한 지방제도로서 기능했고, 대외관계에서는 북방 변경을 구축하는 역할을 했다. 변경의 획정은 왕조적 영토 의식의 구현이었을 뿐만 아니라, 이는 '지도' 제작에도 반영되었다.

3) 강역의식

'영토'란 국가 운영의 중요한 바탕이 되며, 나라를 다스리는 자들의 주된 관심사이기도 했다. 전통시대의 우리나라 역사 또한 영토의 부침이 되풀이되었고, 그 과정에서 왕조 중심의 '영토 의식'이 축적되었다. 하지만 이는 곧 인접 국가와의 갈등을 불러일으키는 이유였다.

고려왕조의 개경·경기·5도양계 등 지방제도 및 군사제도인 2군6위와 주현군의 편제에서 그 영역적 관리를 이해할 수 있다. 개경 이남 지역을 편제한 5도제는 그 편제와 변화를 나름대로 이해할 수 있지만, 북계와 동계로 이루어진 양계제는 그 성립과 변화의 양상이 제대로 드러나지 않고 있는 실정이다. 고려의 변방 즉, 양계 지역에서는 초기부터 꾸준하게 성곽 시설을 갖췄다. 최북단의 성곽은 국가의 '변경'을 관리할 뿐만 아니라, 이민족으로부터 영토를 지키는 보루였다. 따라서 성종~현종대 거란과의 3차례에 걸친 전쟁과 예종대 여진을 정벌한 이후 9성의 구축 등은 대외적 변경 설정의 중요한 계기가 되었고, 왕조적 영토 의식을 구현하는 과정이기도 했다. 특히, 변경의 설정은 대외적으로 영토를 보호하는 중요한 바탕이었다.

왕조의 영토 의식은 '지도'가 그려질 수 있는 토대가 되었다. 고려의 영토를 살펴볼 수 있는 자료는 매우 적은 편이다. 1148년(숙종 6) 고려의 지형을 참조하여 만들었다는 화폐 '은병銀瓶',[46] 1107년(의종 2)에 발견된 '고려지도高麗地圖',[47] 공민왕 때의 지도,[48] 그리고 조선 초기 이첨이 보았다는 '고려도高麗圖'[49] 등은 그 시기의 영토 의식을 보여주는 중요한 자료이지만, 현재 이것들의 존재를 확인할 수가 없다. 지도는 전체 영토를 한눈에 볼 수 있을 것으로, 특히 변경 문제를 해결할 수 있는 자료이기도 하다.

---

46 『고려사』 권79, 지33, 식화2, 화폐, 숙종 6년 4월, "是年 亦用銀瓶爲貨 其制 以銀一斤爲之 像本國地形 俗名闊口."

47 『고려사』 권17, 세가17, 의종 2년 10월 정묘, "以其書 及柳公植家藏高麗地圖 附宋商彭演 以獻檜."

48 『고려사』 권114, 열전27, 나흥유, "撰中原及本國地圖 敍開闢以來帝王興廢疆理離合之迹 曰好古博雅 君子覽之 胸臆開一天地也 遂進于王 王見而嘉之."

49 『동문선』 권92, 「삼국도후서(李詹)」, "本朝郡縣 載於圖籍者 略而不詳 無以考驗也 統合以後 始有高

고려의 변경은 태조대부터 의종대 즉, 무인정권 이전까지는 대체로 압록강을 주축으로 그 부침이 이루어졌다. 그 이후에는 대몽전쟁기 및 원간섭기를[50] 거치면서 약간의 변화를 겪었지만, 그 대체적인 윤곽은 그대로 유지되었다. 지금까지의 고려 변경에 대한 연구는[51] 북방 민족과의 교류, 북방 성곽의 위치, 그리고 동북 변경으로 선춘령의 위치 비정 등에 중점을 두고 이루어졌다.

2. 강동 6주 개척과 '고려장성' 축조

1) 고려초기 성곽축조와 거란의 침입

고려 초기의 성곽 축조는 주로 청천강 이남 지역에서 이뤄졌다. 이는 아직 고려왕조의 변경 구축이 분명한 획선으로 이루어진 것이 아니었기 때문이다. 1033년(덕종 2)의 '고려장성'이[52] 이루어지기까지 양계 지역에서의 성곽 축조는 왕조적 영토 의식의 구현과 변경 구축을 위한 정지 작업이었다고 할 수 있다. 성곽은 유사시에 수도·촌락·주민·경작지 등을 보호할 수 있는 시설이었으며, 그 위치와 구조는 도시·군사적 기능 등이 고려되었다.

〈표 5-1〉을 통해서 보면, 태조대에는 청천강 이남 지역, 즉 역도인 흥교도와 운중도를 중심으로 성곽이 축조되었음을 알 수 있다. 태조대의 축성은 발해 멸망(926년, 태조 9)과 후삼국 통합(936년, 태조 19)을 기점으로 그 차이점을 보여준다. 특히, 발해 멸망을 계기로 해서는 거란에 대한 경계를 더욱 강화할 필요가 있었다.

麗圖 未知出於誰手也."
50 원간섭기 고려와 원나라의 영토 문제는 동녕부·탐라총관부·쌍성총관부 등의 치폐와 관련된다. 고려의 입장에서는 영토의 관할 혹은 상실 등의 문제로, 원나라 입장에서는 고려에 대한 압박 수단으로 각각 작용했다.
51 주 2)의 논문 참고.
52 『고려사』 권5, 세가5, 덕종 2년 8월 무오.

국왕	연대	축성 지명	비고	역도
태조	2년	용강현	1,807간(間), 문(門) 6, 수구(水口) 1	흥교도
		평양 (서경)		흥교도 운중도 절령도
	3년	함종현	236간, 문 4, 수구 3, 성두(城頭) 4, 차성(遮城) 2	흥교도
		골암성	〈북계, 진수조〉	◆
	4년	운남현	〈무주▲, 지리지〉	운중도▲
	5년	서경	재성(在城) 축조. 6년 만에 완성.	상동
	8년	성주	691간, 문 7, 수구 5, 성두 7, 차성 1, 첩원(堞垣) 87간	운중도
		진국성	〈숙주, 지리지〉	흥교도
	12년	안정진	3월(진수조)	흥교도
		영청진		흥교도
		안수진	〈조양진, 연주(連州), 진수조〉	운중도
		흥덕진	진수조 〈은주, 북계, 지리지〉〈은주, 참역조〉	운중도
	13년	안북부	910간, 문 12, 성두 20, 수구 7, 차성 5 (태조 11년 2월, 진수조)	흥화도 흥교도
		조양진	821간, 문 4, 수구 1, 성두 2, 차성 2 〈안수진, 연주, 진수조〉	운중도
		마산	안수진	운중도
		연주성		운중도
	17년	통해현(진)	513간, 문 5, 수구 1, 성두 4	◆
	18년	숙주		흥교도
	20년	순주	610간, 문 5, 수구 9, 성두 15, 차성 6	운중도
		영청현		흥교도
		양암진	252간, 문 3, 수구 2, 성두 2, 차성 2	운중도

---

53 이 표는『고려사』권82, 지36, 병2, 진수·참역·성보조와『고려사』권58, 지12, 지리3, 동계·북계조 등을 중심으로 정리한 것이다(◆ : 미상, ▲ : 추정, 〈 〉 : 추정지역 및 근거자료 등의 표시). 이 이외의 성곽 축조와 관계된 표 역시 마찬가지임을 미리 밝혀 둔다. 또한 같은 지역이 중복되어 나타나는 경우가 있지만 일단 사료에서 나오는 지명을 그대로 제시했다. 중복된 축성 기사가 나오는 것은 다른 종류의 자료에 의한 동일 사실의 반복에서 비롯된 것으로 이해하는 것이 일반적이다 (尹武炳, 앞의 논문, 1953, 60쪽).

21년	서경	나성(羅城)		상동
	용강(현)			흥교도
	평원(군)	〈통덕진, 숙주, 지리지〉		흥교도▲
22년	숙주	1,225간, 문 10, 수구 1, 성두 70		흥교도
	대안주	〈문성군, 자주, 지리지〉		운중도
23년	은주	739간, 문 8, 수구 4, 성두 2, 차성 4		운중도

흥교도 방면의 축성으로는 용강현·함종현·진국성·안정진·영청진·안북부·숙주·평원(군) 등이 있었다. 용강현·함종현은 서경으로 통하는 서해 바닷길을 염두에 둔 축성으로 보이며, 그 나머지는 서경과 청천강 사이의 요지에 쌓은 성곽들이었다. 운중도 방면의 운남현·성주·안수진·흥덕진·조양진·마산·연주성·순주·양암진·대안주·은주 등 역시 북방에서 서경으로 내려오는 길목에 위치했다. 이러한 축성은 북방지역의 개척과 이민족에 대한 견제가 어우러진 결과였지만, 한편으로는 태조대의 북방 정책과도 연결되었다. 그 중심 지역은 서경이었다.

서경은 개경에 버금가는 제2의 도시였고, 고려 전기 새로운 수도의 후보지로서[54] 주목받았던 곳이다. 특히, 태조대는 국경을 사이에 둔 북방 민족을 대처하기 위한 방안으로 평양을 중요시하였다.[55] 그 실천은 "태조 원년에 평양이 황폐함으로써 염주·백주·황주·해주·봉주 등 여러 주의 백성을 대량으로 이주시켜 이를 채우고",[56] 관부와 원리를 두고 성곽을 쌓아 행정적 군사적인 정비를 하였다는[57] 사례 등에서 확인할 수 있다. 이런 점들이 "짐이 삼한 산천의 신령한 도움에 힘입어 대업을 성취하였다. 서경은 수덕水德이 순조로워 우리나라 지맥의 근본이 되며 대업을 만대에 전할 땅인 까닭에, 마땅히 4중월에는 거기에 행차하여 100일이 지나도록 머물러 안녕을 이루도록 하라."고[58] 하여, 서경의 중요성을 후대의 군왕에게까지 이으려는 태조의 '훈요십

---

54 『고려사』 권2, 세가2, 태조 15년 5월 갑신. 河炫綱, 「高麗時代의 西京」『韓國中世史研究』, 一潮閣, 1988 ; 崔柄憲, 「高麗時代의 五行的 歷史觀」『韓國學報』 13, 일지사, 1978.
55 『고려사』 권1, 세가1, 태조 원년 9월 병신.
56 『고려사』 권58, 지12, 지리3, 북계, 서경유수관 평양부.
57 『고려사』 권1, 세가1, 태조 5년 ; 『고려사』 권2, 세가2, 태조 15년 5월 갑신.
58 『고려사』 권2, 세가2, 태조 26년 4월.

조'에도 반영되었다. 아울러 서경은 태조 이후 불안정한 왕권을 유지하려는 방편으로도 이용되었고,[59] 왕권의 위협이 가해졌을 때 이를 수호할 수 있는 지지기반의[60] 역할도 하였다. 그 결과 개경과 서경의 위상이 대등하게 취급되었고,[61] 인종대 서경세력의 천도운동과[62] 의종대 "만세 동안 쇠퇴하지 않는 땅"으로[63] 강조되기도 했다. 서경에 일찍부터 재성在城(내성)[64] · 나성羅城[65] · 왕성王城[66] · 황성皇城[67] 등의 성곽 체제가 갖추어졌던 것 역시 그 지역의 중요성을 가늠할 수 있게 한다.

하지만 서경은 북방 민족과 근접한 지역이었던 만큼 방어에 취약성을 안고 있었다. 이를 극복하기 위해서는 청천강 이북 지역으로 진출할 필요가 있었고, 그것이 정종·

개경 궁성 중심 부분 모형

59 『고려사』 권2, 세가2, 정종 4년 3월 병신.
60 河炫綱, 앞의 논문, 1988, 315~345쪽.
61 『고려사』 권2, 세가2, 광종 11년 3월, "改開京爲皇都 西京爲西都"; 『고려도경』 권3, 성읍, 군읍, "惟西京最盛 城市略如王城."
62 河炫綱, 앞의 논문, 1988 ; 李泰鎭, 「金致陽 亂의 性格 ― 高麗初 西京勢力의 政治的 推移와 관련하여 ―」『韓國史硏究』 17, 한국사연구회, 1977 ; 李惠玉, 「高麗初期 西京勢力에 대한 一考察」『韓國學報』 26, 일지사, 1982.
63 『고려사』 권18, 세가18, 의종 22년 3월 무자.
64 『고려사』 권1, 세가1, 태조 5년.
65 『고려사』 권2, 세가2, 태조 21년.
66 『고려사』 권2, 세가2, 정종 2년.
67 『고려사』 권4, 세가4, 현종 2년 8월.

광종대의 청천강 이북 지역에 대한 축성으로 나타났다고 할 수 있다.

〈표 5-2〉 정종대 양계의 성곽축조

국왕	연대	축성 지명	비고	역도
정종 (定宗)	2년	덕창진	〈박주▲, 지리지〉	흥교도▲
		서경	왕성(王城)	흥교도 운중도 절령도
		철옹	〈맹주▲, 지리지〉	운중도▲
		통덕(진)	〈숙주, 지리지〉〈통덕은 숙주 참역〉	흥교도
		덕성진	〈위주▲, 문종 4년 축성, 지리지〉	운중도▲
		박주	1,001간, 수구 1, 문 9, 성두 16, 차성 9	흥교도

〈표 5-2〉의 성곽 축조 사례 중에서 덕창진[68]·덕성진·박주는 청천강 이북 지역으로 추정된다. 이는 정종의 서경으로의 천도 의도가[69] 작용했을 것이다.

고려 초기 영토 의식의 단면을 이해할 수 있는 것으로는 태조대부터 제기되었던 '서경천도'의 문제였다. 이는 단순히 고구려 역사 계승이라는 관념으로만 이해될 수 있는 것은 아니다. 천도를 위해서는 이를 방어할 수 있는 전략적 고려가 우선되어야 할 것이다. 고려 초기에 제기된 서경천도론은 첫째, 3대 정종과 같이 실제적으로 서경으로 천도하려 했던 경우가 있었고, 둘째, 북방 지역의 적극적인 개척을 위한 전략적 거점 도시 확보, 셋째, 개경의 취약한 방어 전략을 확보하기 위한 전초기지를 마련하려는 차원[70] 등으로 정리할 수 있다. 따라서 정종대의 서경천도 시도는 왕조적 변경

---

68 덕창진은 일반적으로 박주로 이해한다(尹武炳, 앞의 논문, 1953, 53~54쪽). 이는 또한 『고려사』 권58, 지12, 지리3, 북계, 안북대도호부 영주, 박주조에서 "博州 本高麗博陵郡(一云古德昌) 成宗 14年 稱博州防禦使"라는 사료의 뒷받침을 받고 있다. 그런데 〈표 5-2〉에서 보는 바와 같이, 정종 2년에 덕창진과 박주에 각각 성이 쌓여졌기 때문에 그 지명에 대한 진위 여부가 명확하지 않다.

69 『고려사』 권2, 세가2, 정종 4년 3월 병신.

70 태조대에 서경을 중요시한 것은 북방 전략에서 비롯된 것으로 이해된다. 이는 한편으로 후백제의 공세에 대한 예비적 성격도 있었을 뿐더러, 이후 발해 멸망 및 거란의 흥기 등과 같은 대륙 정세의 변동에 따른 전략적 고려였다고도 할 수 있다. 문종대의 남경 건설 역시 대거란 전쟁에서 보여준 개경의 취약성을 보완하려는 의도도 있었을 것으로 파악된다.

국왕	연대	축성 지명	비고	역도
광종	원년	장청진		◆
		위화진	〈운주 지리지〉	운중도
	2년	무주	63간, 문 5, 수구 2, 성두 8, 차성 3	운중도
	3년	안삭진	〈연주, 안삭군, 지리지〉	운중도
	11년	습홀	〈가주, 지리지〉	흥화도
		송성		◆
	18년	낙릉군	〈위주▲, 지리지〉	운중도
	19년	위화진	〈운주, 지리지〉	운중도
	20년	장평진	535간, 문 4	삭방도
		영삭진	〈문종 4년 축성, 지리지〉	흥화도
		태주	885간, 문 6, 수구 1, 성두 37, 차성 4	흥화도
	21년	안삭진	〈연주, 안삭군, 지리지〉	운중도
	23년	운주		운중도
	24년	화주	1,014간, 문 6, 수구 3, 중성 180간	삭방도
		고주	1,016간, 문 6	삭방도
		장평진		삭방도
		박평진	〈박평군, 화주, 지리지〉	삭방도
		고주		삭방도
		신도	수축, 〈신도군, 습홀, 가주, 지리지〉	흥화도
		가주	1,519간	흥화도
		안융진	〈광종 25년 축성, 지리지〉	흥화도 흥교도
경종	4년	청새진		운중도

의식의 확대에서 비롯되었을 수도 있다. 이러한 왕조적 변경 의식이 좀 더 적극적으로 반영된 것은 광종대였다.

〈표 5-3〉에서 보면, 광종대의 성곽 축조는 역도인 흥화도·운중도·삭방도 등 거란과 여진의 경계 지역에서 이뤄지고 있었음을 알 수 있다. 앞서 태조대의 흥교도와 운중도에 성곽 축조가 집중되었던 것은 발해 멸망 이후 거란에 대한 위기 의식 때문이었다면, 정종·광종대의 청천강 이북 지역인 흥화도 방면의 성곽 축조는 압록강 유역

으로의 진출과 양계 지역을 중심으로 한 변경 구축의 의도가 적극 반영된 것으로 이해된다. 이런 점은 이후 성종대 최승로의 '시무28조'와 거란의 1차 침입 때 서희의 외교 전략에도 반영되었다.

최승로의 '시무28조'에는 고려와 거란의 영역적 경계가 제시되어 있다. 그는 "마헐탄馬歇灘으로써 경계를 삼은 것은 태조의 뜻이고, 압록강가의 석성石城으로써 경계를 삼은 것은 대조大朝의[71] 정한 바입니다."라고[72] 하여, 고려와 거란의 변경으로 마헐탄과 석성을 강조했다. 그렇다면 두 지역의 위치 비정이 중요한 관건일 것이다. 마헐탄의 위치는 압록강으로 일찍이 비정되었다가 이후 청천강일 것이라는 견해들이 제시되었는데,[73] 후자의 견해가 유력하게 받아들여지고 있다. 석성의 위치에 대해서는 "위원진은 현종 20년에 유소를 보내어 옛 석성을 수리하여 이를 설치하였고, 진은 흥화진의 서북에 있다."라는[74] 것과 운중도의 참역站驛 중에 석성(평로진平虜鎭)[75] 등의 사례가 있다. 평로진은 북계 지역이지만 동북쪽에 가까운 지역이고, 위원진은 압록강

---

71 고려 초기에는 서북의 거란 및 동북의 여진과 변경으로 접해 있었다. 하지만 고려 전기에는 여진보다는 거란과의 변경 문제가 중요한 현안이었다. 특히 3차례에 걸친 거란 침략의 배경에는 두 나라 사이의 영토 의식의 충돌도 있었다. 그리고 '대조'가 누구를 지칭한 것인지는 석성의 문제를 풀수 있는 관건이 될 수 있다. 이를 중국(혹은 거란)·고려 경종(혹은 성종) 등으로 보기도 한다(李基白 등, 『崔承老上書文研究』, 一潮閣, 1993, 79~80쪽). 대조를 어느 쪽으로 인식하든 간에 석성이 국경의 근거였음은 물론이다. 그런데 『고려사』 등에서 발견되는 대조라는 용어는 사대의 대상을 주로 지칭한 것이었고, 석성이라는 용어 역시 고려의 다른 지명 혹은 성곽 명칭과 다른 느낌을 받을 수 있다. 그런데 대조를 거란으로 추정하면, 성종 즉위 무렵부터 거란을 대조라고 부를 정세였는지가 문제이겠고, 또한 태조대로부터 이루어진 거란에 대한 인식 및 송나라와의 관계 등이 선결되어야 하는 문제가 발생한다. 따라서 필자는 이를 '고려 성종'을 의미한 것으로 이해했다.

72 『고려사절요』 권2, 성종 원년 6월.

73 李基白 등, 앞의 책, 1993, 79쪽. 즉, 마헐탄을 압록강 중류로 비정한 것은 池內宏(앞의 논문, 1918, 8~9쪽)·金庠基(『高麗時代史』, 서울대출판부, 1985, 65쪽)·朴賢緖(「北方民族과의 抗爭」 『한국사』 4, 1974, 258쪽) 등이고, 청천강으로 비정한 것은 尹武炳(앞의 논문, 1953, 48~49쪽)·李丙燾(『韓國史』 中世篇, 震檀學會, 1961, 58쪽)·姜性文(앞의 논문, 35~37쪽)·서성호(「고려 태조대 對거란 정책의 추이와 성격」 『역사와 현실』 34, 1999, 36쪽) 등이다. 필자는 마헐탄을 압록강으로 보았다. 압록강이 마헐탄일 것이라는 것도 막연한 추정임을 부정할 수 없다. 그런데 압록강이 '마자수'라고도 불렸는데(『고려사』 권58, 지12, 지리3, 북계, 의주), 이는 마헐탄과 비슷한 용어로 파악된다.

74 『고려사』 권58, 지12, 지리3, 북계, 안북대도호부 영주, 위원진.

75 『고려사』 권82, 지36, 병2, 참역, 운중도.

유역의 의주와 가까운 지역이다. 따라서 석성이 고려와 거란의 경계였음을 고려하면, 석성은 위원진이 아니었을까 한다.

태조가 경계로 삼았다는 마헐탄이 어디였는가는 고려 초기의 변경 의식을 이해할 수 있는 지역적 근거가 된다. 그런데 태조대의 성곽 분포가 청천강 이남 지역을 중심으로 이루어졌다고 해서 마헐탄과 청천강을 연관시킨[76] 것은 재고되어야 할 것이다. 그것은 태조대의 변경 의식이 청천강으로 고정되지 않았기 때문이다. 앞서 왕창근의 사례에서도 알 수 있었듯이, 고려왕조의 변경 의식에는 압록강이 중요한 지역적 근거로 상정되었다. 또한 마헐탄과 석성이 거란의 남방 경계선이었다는 사실을 확인하기 어렵다. 이 문제에서 고려될 수 있는 사항은 고려 전기의 고려와 거란의 관계에서 여진족을 의식하지 않을 수 없었다는 점과 최승로의 견해는 다분히 외교적 수사가 내재되었을 것이라는 점 등이다. 즉, 최승로의 주장은 압록강을 중심으로 한 지역은 고려와 거란의 변경 의식이 언제든지 충돌할 수 있었음을 염두에 둔 것으로 이해해야 한다.

따라서 광종대의 성곽 축조는 고려왕조가 지향했던 북방 정책의 구현인 동시에 흥화도·운중도·삭방도 등 거란·여진과의 경계 지역을 적극적으로 개척할 필요에서 비롯된 것으로 이해된다. 이것이 곧 대외 관계에서 거란과의 충돌을 일으키는 원인이었다.

2) 강동 6주 개척과 거란의 재침입

고려 초기의 국경은 최승로의 시무책에서 언급된 마헐탄과 석성 지역으로 관념화되었다. 이를 위해 성종은 즉위 이후 북방 지역의 방어 구축에 적극적인 모습을 보여주었다. 983년(성종 2)에는 청천강 이남지역의 순주順州·은주殷州·숙주肅州·자주慈州 등에 방어사를 설치했다.[77] 방어사는 931년(태조 14)에 안북부를 설치한 이후 성종 2

---

76 尹武炳, 앞의 논문, 1953, 48~49쪽.
77 『고려사』 권58, 지12, 지리3, 북계, 안북대도호부 영주. 방어사는 군사적 행정단위가 되며(李基白, 「高麗 地方制度의 整備와 州縣軍의 成立」『高麗兵制史研究』, 일조각, 1981, 194쪽), 970년(광종

년에 영주 안북대도호부寧州安北大都護府로의 변동과 관계가 있다. 이들 지역은 흥교도와 운중도 지역에 위치했고, 서북부 지역에서 서경으로 통하는 주요 길목에 위치했다. 또한 984년(성종 3)에는 압록강 유역에 관성을 설치하려다가 여진의 반발로 실패한 적도 있었고,[78] 991년(성종 10)에는 압록강 밖의 여진을 축출하기도 했다.[79] 이런 가운데 성종 12년 제1차 고려-거란전쟁은 고려의 국경 획정에 전환점이 되었다.

제1차 침입에 대한 고려와 거란의 입장을 정리해 보면 〈표 5-4〉와 같다.

거란이 1차 침입을 감행했을 때 우선 '강계를 침탈했다'는 것을 명분으로 내세웠다(〈표 5-4〉 ①). 이때의 '강계疆界'는 거란이 설정한 고려와의 국경이었을 것이다. 그렇다면 거란이 설정한 '강계'가 과연 어디였을까? 이 문제를 풀 수 있는 단서 중의 하나가 거란이 고려를 신라의 후예로 여긴 것이다. 이럴 경우 고려의 영토는 대동강 이남으로 축소될 것이다. 또 하나가 거란 침략 원인에 대한 서희의 인식에서도 드러나는데, 그는 광종이 점령하여 쌓은 가주嘉州와 송성松城을 빼앗기 위해서였다고 했다(〈표 5-4〉 ㉯-㉠). 이 두 가지 사항은 모두 청천강 이남 지역을 염두에 둔 설정으로 이해할 수 있다. 그런데 다음의 자료가 주목된다.

이에 앞서 거란이 여진을 칠 때 우리나라 영토를 거쳐 갔으므로……거란 군대가 곧 자기네 국경으로 쳐들어오니 구원하여 달라고 했다. 그러나 본국은 그것이 허위인 것으로 의심하고 즉시 구원하지 않았다. 그 후 과연 거란군이 쳐들어와서 많은 여진족을 죽이고 재물을 약탈하여 갔다. 당시에 죽기를 모면한 여진족이 본국의 회창懷昌·위화威化·광화光化 지경까지 도망하여 왔는데 거란군이 그들을 추격하여 잡아가면서 우리 수비병을 불러서 말하기를 여진족이 늘 자기네 변방에 와서 침략하였기 때문에 지금 벌써 복수하고 돌아가는 길이라고 했다.……더군다나 거란은 요해遼海 밖에 위치해 있고 우리와의 사이에 두 강이 막혀 있어 그와 상통할 길이 없을뿐더러……"[80]

---

21)에 청천강 이북 지역인 태주(泰州)에도 설치된 적이 있었다.
78 『고려사』 권3, 세가3, 성종 3년.
79 『고려사』 권3, 세가3, 성종 10년 10월.
80 『고려사』 권3, 세가3, 성종 4년 5월.

	고려		거란	
대응 전략	㉮ 항복론 : 군대를 인솔하여 투항. ㉯ 할지론 　㉠ 서경 이북의 땅을 떼어 거란에게 주고, 황주(黃州)~절령(岊嶺)까지를 국경으로 삼자는 주장. 　㉡ 성종 수용. ㉰ 항전론 　㉠ 서희 - 거란의 침략 의도는 광종 때 쌓은 가주(嘉州)와 송성(松城)의 탈취 목적. 적과 대적한 이후에 전략 논의. 　㉡ 이지백 - 거란의 침략 명분을 확인하여, 신명에게 고한 연후에 항전이냐 화의냐 하는 문제는 오직 주상이 결정할 문제. 　㉢ 성종 수용.	침략 명분	① 거란이 고구려의 옛 영토를 영유. 고려가 자신의 강토를 침탈[侵奪疆界]. ② 고려가 거란에 귀순치 않았음. ③ 고려가 백성을 돌보지 않으므로 천벌을 주러 온 것임.	
강화 전략	㉱ 고려가 고구려의 후계자 　→ ㉠ 평양에 도읍. 　　㉡ 거란의 동경(東京)과 압록강 안팎도 고려 경내. ㉲ 거란에 조빙하지 못한 것은 여진 때문. 여진을 쫓고 우리의 옛 땅을 돌려주어 성보(城堡)를 쌓고 도로를 통하면 조빙할 것임. ㉳ 고려의 뜻을 거란 임금이 접수하기 바람.	강화 전략	④ 고려는 옛 신라 땅에서 건국하였고 고구려의 옛 땅은 거란에 소속되었는데, 고려가 침범했음. ⑤ 고려가 송나라를 섬기고 있음. ⑥ 땅을 떼어 바치고 국교를 회복한다면 무사.	
성과	㉴ 성종은 박양유를 예폐사(禮幣使)로 삼아 거란에 보내 친선의 뜻을 표시하기로 결정. ㉵ ㉠ 서희는 소손녕과 약속하기를 여진을 소탕하고 옛 땅을 회복한 연후에 국교를 통하기로 함. 　㉡ 이제 압록강 이남을 회복했을 뿐, 금후 압록강 너머까지 수복한 이후 조빙할 것을 주장. ㉶ 압강도 구당사(鴨江渡句當使) 파견	성과	⑦ 거란 임금으로부터 정전하라는 회답. ⑧ ㉠ 사신 왕래를 위해 요충지에 성지(城池) 구축. 　㉡ 거란은 압록강 서리(西里)에 5개의 성을 수축. 　㉢ 고려는 안북부(安北府)에서 압록강 동쪽까지 280리 사이에 축성. 역부(役夫)를 보내어 같은 시기에 착수함.	

　위 자료의 내용을 통해 985년(성종 4)을 전후하여 고려에서 설정한 거란과의 국경을 엿볼 수 있다. 회창(미상)·위화[운주雲州]·광화[태주泰州] 등은 청천강과 압록강 사이에 위치했다. 이 지역으로 도망친 여진족을 쫓아 거란군이 고려의 경계를 경유했다

---

81 이 표는 『고려사』 권94, 열전7, 서희 ; 『고려사』 권3, 세가3, 성종 13년 2월 ; 『고려사절요』 권2, 성종 12년 윤10월 ; 『고려사절요』 권2, 성종 13년 2월 등의 기사를 중심으로 정리한 것이다.

274　한국군사사 - 강역

는 것은 곧 압록강을 넘어 왔다는 뜻일뿐더러 우리 군사에게 양해를 구한 것도 압록강 이남이 고려 영토였음을 보여주는 것이다. 또한 거란이 요해 밖에 있고 험한 두 하천으로 막혀 있었다는 것은 압록강 넘어 요해까지 고려의 영토로 설정했다는 것은 아닐 것이며, 이 지역은 여진족이 살고 있었음을 인정한 것이 아닐까 한다(〈표 5-4〉 ㉯).

또한 "압록강 밖에 있던 여진을 축출하여 백두산 밖에 살게 했다."라는[82] 사료에서 고려의 군사가 압록강 밖으로 진출하여 그곳에 거주하던 여진을 축출하여 백두산 밖에 살게 했음을 엿볼 수 있다. 이 때 거란에서 항의하거나 고려에서 양해를 구한 사실이 확인되지 않는다.

이런 점들은 고려와 거란 사이에 있던 여진을 두 나라 모두 인정하지 않았고, 고려의 영토 의식 또한 압록강 밖으로 넓혀져 있었음을 추정할 수 있게 한다. 그런데 성종 12년 거란의 1차 침입에 대한 고려 조정의 전략으로 '항복론과 할지론'(〈표 5-4〉 ㉮·㉯)이 등장하게 된 배경과 이를 수용하려던 성종의 소극적인 태도는 쉽게 납득되지 않는다. 성종 12년 5월에 거란의 침략이 있을 거라는 여진의 정보를 믿지 않고,[83] 그 해 8월 여진에 의해 거란군이 쳐들어왔다는 정보를 받고서야 전쟁 준비에 착수하는[84] 등 대륙 정세에 대한 첩보 능력이 떨어졌던 고려의 한계에서 비롯된 것으로 이해할 수 있다. 하지만 고려 조정의 소극적인 태도는 성종 때까지의 양계 성곽 구축 및 적극적인 북방 정책 등을 통해 볼 때 쉽게 납득되지 않는다. 반면에 서희는 거란 침략의 원인을 가주와 송성을 탈취하려는 목적으로 보았고 적극적인 항전을 요구했다(〈표 5-4〉 ㉰-㉠). 이렇게 고려 조정의 상황 파악에 혼란을 준 것은 무엇보다 거란의 침략 형태 때문이었던 것으로 이해된다.

거란이 고려를 침략한다는 첩보가 성종 12년 5월에 있었는데 8월에서야 고려 국경을 넘었다. 윤10월이 되어서야 봉산군蓬山郡(구주)을 공격하는 등[85] 상당히 느슨한 형태의 진군을 보여주었다. 80만 대군의 위용을 앞세우면서도 적극적인 전투보다는 항

---

82 『고려사』 권3, 세가3, 성종 10년 10월.
83 『고려사』 권3, 세가3, 성종 12년 5월.
84 『고려사』 권3, 세가3, 성종 12년 8월.
85 『고려사』 권3, 세가3, 성종 12년 5월 ; 『고려사』 권3, 세가3, 성종 12년 8월 ; 『고려사』 권3, 세가3, 성종 12년 윤10월.

복만을 요구하는 거란의 태도에는 분명히 다른 의도가 있었을 것이고, 고려 또한 3군을 동원했지만[86] 거란과 적극적인 전투를 한 기록을 거의 찾아볼 수 없다. 이런 점에서 거란의 침략은 고려와 송나라의 관계를 종식시키고 고려와 국교를 맺으려는 의도가 분명했다. 고려는 북방 정책을 안정적으로 추진하기 위해서는 거란의 군사 공세를 기회로 여진을 제압할 수 있는 명분이 필요했을 것이다. 이것이 서희와 소손녕의 강화 회담 과정에서 양자의 입장을 수용하는 선에서 전쟁을 종식하는 결과로 이어졌을 것이다.

한편, 〈표 5-4〉에서도 알 수 있듯이 성종 12년 서희와 소손녕의 강화 회담에서는 양국의 국경을 획정하는 분명한 결론을 내리지 못한 것으로 이해된다. 그런데 서희가 돌아오자마자 성종은 방양유를 예폐사로 삼아 거란에 보내 친선의 뜻을 표시하기로 결정했다(〈표 5-4〉 ㉑).

이에 비해 서희는 "제가 소손녕과 약속하기를 여진을 소탕하고 옛 땅을 회복한 연후에 국교를 통하기로 했는데, 지금은 겨우 강 이쪽 땅을 회복했을 뿐이므로 금후 강 저편의 땅까지 회수될 때를 기다려서 국교를 통하여도 늦지 않습니다."라고(〈표 5-4〉 ㉒) 했지만 성종이 이를 수용하지 않았다. 994년(성종 13) 소손녕의 편지에서[87] 압록강을 중심으로 강동과 강서를 구분하여 양국의 지배권을 인정하는 타협안이 제기되었던 것으로 판단된다. 그 결과 고려에서 '압강도 구당사'를 파견하고,[88] 성종 13·14·15년에 각각 성곽 축조의[89] 결실을 가져왔다.

결국 성종은 압록강 이남을 수용하는 영토 의식을 가졌던 것에 비해, 서희는 압록강을 초월하는 확대된 영토 의식을 보여주었다. 양자의 영토 의식을 소극적 혹은 적극적이라고 해석하기는 어렵다. 전쟁이라는 급박한 상황에서 고려왕조의 전통적인 영토 의식을 관철시키려는 서희의 적극적인 국경론은 높이 살만한 것으로 판단된다.

성종 12년 거란과의 강화 과정에서 고려가 획득한 것은 무엇보다 압록강 유역으

---

86 『고려사』 권3 세가3, 성종 12년 10월.
87 『고려사』 권3, 세가3, 성종 13년 2월.
88 『고려사』 권3, 세가3, 성종 13년.
89 『고려사절요』 권2, 성종 13년 ; 『고려사절요』 권2, 성종 14년 2월 ; 『고려사절요』 권2, 성종 15년.

로의 진출을 공식화할 수 있었다는 것이다. 이는 왕조적 영토 의식의 정체성을 실현했을 뿐만 아니라 대외적으로도 국경 구축의 안정적인 지역적 기반을 확보한 셈이다. 이를 일반적으로 '강동 6주'의[90] 획득이라고 명명되었다. 하지만 '강동 6주'가 관심의 대상이 된 것은 현종 때의 일이다. 즉 1010년(현종 원년) 거란의 2차 침입 이후 현종 3년 6월에 형부시랑 전공지田拱之를 거란에 보내 현종의 친조가 불가능함을 알렸을 때, 거란에서는 '흥화진興化鎭·통주通州·용주龍州·철주鐵州·곽주郭州·구주龜州' 등 6성을 취하겠다고[91] 통고한 사실로부터 비롯되었다. 이 6성을 사이에 두고 거란은 반환을 요구하는 사신을 파견하거나,[92] 통주[93]·흥화진[94]·용주[95] 등을 직접 공격하기도 했다. 서희가 성종의 명령을 받고 쌓은 성은 성종 13년에 '장흥진長興鎭·귀화진歸化鎭·곽주·구주',[96] 성종 14년에 '안의진安義鎭·흥화진',[97] 성종 15년에 '선주宣州·맹주孟州'[98] 등 8개의 성이다. 서희와 소손녕의 강화 회담에서 '강동 6주'가 실제 논의

서희의 동상(이천 설봉공원)

---

90 '강동 6주'에 대해서는 "遣刑部侍郎田拱之 如契丹 夏季問候 且告王病 不能親朝 丹主怒 詔取興化·通州·龍州·鐵州·郭州·龜州等六城"(『고려사』 권4, 세가4, 현종1, 현종 3년 6월 갑자)라는 자료를 통해서 흥화진·통주·용주·철주·곽주·구주 등으로 추정되었다.

91 『고려사』 권4, 세가4, 현종 3년 6월 갑자.

92 『고려사』 권4, 세가4, 현종 4년 3월 무신 ; 『고려사』 권4, 세가4, 현종 4년 7월 무신 ; 『고려사』 권4, 세가4, 현종 5년 9월 병신 ; 『고려사』 권4, 세가4, 현종 6년 4월 경신 ; 『고려사』 권4, 세가4, 현종 6년 9월 갑인.

93 『고려사』 권4, 세가4, 현종 5년 10월 기미 ; 『고려사』 권4, 세가4, 현종 6년 정월 갑진 ; 『고려사』 권4, 세가4, 현종 6년 9월 기미.

94 『고려사』 권4, 세가4, 현종 6년 정월 계묘.

95 『고려사』 권4, 세가4, 현종 6년 3월 기해.

96 『고려사절요』 권2, 성종 13년.

97 『고려사절요』 권2, 성종 14년 2월.

98 『고려사절요』 권2, 성종 15년.

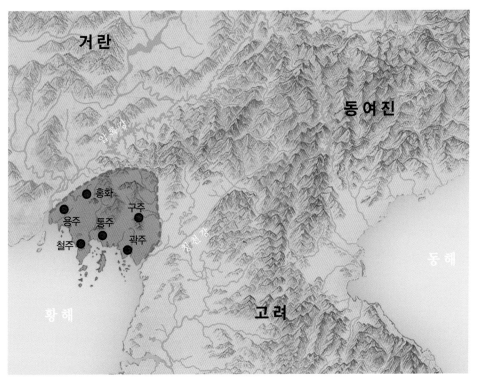

10세기 말 강동 6주의 설치

되었는지는 알 수 없다.[99] 거란이 요구한 '강동 6성'은 북계 지역의 요충지라는 점이 강동 지역의 포괄성을 지닌다는 상징성은 있을 수 있다.

　제1차 고려-거란전쟁에서 고려가 획득한 중요한 사항은 압록강을 기준으로 강동과 강서로 구분되는 것이다.

　　봄2월에 소손녕이 편지를 보내왔는데, 근래에 나는 황제로부터 명령을 받았습니다. 그 내용은,

　　'고려는 우리와 일찍부터 우호 관계를 맺어 왔고 국경이 서로 인접해 있으니 비록 작

---

99 김순자, 앞의 논문, 2006, 254쪽. 강화 회담의 성과를 '강동 6주'의 확보로 설정하는 것은 그 결과를 스스로 축소하는 느낌을 받을 수 있다. 다만 거란의 반환 요구가 '강동 6주'에 대한 관심으로 표명되었고, 이는 예종대 윤관의 9성 개척 및 반환 문제와 더불어 명명된 것으로 생각된다.

은 나라가 큰 나라를 섬긴다고 하지만 당연히 일정한 규례가 있고 사신이 왕래해야 시종 일관하게 좋은 관계가 오래도록 계속될 수 있는 것이다. 만일 미리 해당되는 조치를 취하지 않으면 혹 중로에 사신 길이 막힐 수 있다. 너는 고려와 상의해서 그 나라로 하여금 도로의 요충이 되는 곳에 성을 쌓도록 권고하라'고 했습니다. 나는 이 명령을 받고 이곳 실정을 참작하여 압록강 서쪽에 5개의 성을 쌓기 위하여 3월 초에 축성할 곳에 가서 곧 공사를 시작할 예정입니다. 청컨대 대왕도 미리 지시하여 안북부에서 압록강 동쪽에 이르는 280리 구간에 적당한 지점을 답사하고 거리의 원근을 참작하여 우리와 함께 축성하되 역부들을 동원하여 동시에 착수하도록 할 것이며, 그 축성할 지점의 수에 대해서는 우리에게 통고해 주기 바랍니다. 우리가 이러한 조치를 취하게 된 목적은 거마車馬의 교통이 편리하도록 하여 조공의 길을 열고, 영구히 거란 조정을 받들어 자국의 평안한 길을 찾도록 하는 데 있는 것입니다.[100]

이는 곧 성종 12년 윤10월 서희와 소손녕의 강화 회담 내용을 확인할 수 있다. 여기에서 거란이 제기한 안북부로부터 압록강 동쪽 280리까지 축성하라는 것이 어느 정도의 범위였을까? 앞서 살펴보았던 서희의 성곽 축조와 성종대 이후 흥화도 지역의 성곽 축조 역시 여기에 준해서 이루어졌다.

『신증동국여지승람』 권53, 평안도조를 참고하면 안북부로부터 '강동 6주'에 해당하는 지역이 그 범위에 포함되었음을 추정할 수 있다. 또한 거란이 설치하려던 압록강 서쪽 5개 성이 어디였을까도 관심 사항이지만 현재로서는 확인할 수 없다. 분명한 사실은 거란이 압록강 밖에 성곽을 쌓았다는 것이고, 이는 곧 양국의 국경이 압록강을 경계로 구분되었다는 것이다. 이는 서희와 소손녕의 강화 회담에서도 합의된 일부로 여겨지며, 성종의 예폐사 파견에서 확인되지 않지만 양국의 양해가 이루어진 것이 아닌가 한다.

그런데 강화 회담 과정에서 나타나는 서희의 의도에는 고려와 거란 사이에 있던 여진족을 축출할 수 있는 명분을 확보하는 것도 포함되었다(〈표 5-4〉 ㉮·㉯). 여진족 축

---

100 『고려사』 권3, 세가3, 성종 13년 2월.

출이 어디까지였는지는 명확하지 않지만, 성종 10년 압록강 밖의 여진족을 축출하여 백두산 밖에 살게 했다는[101] 사례가 있다. 여진족을 축출한다는 것은 고려의 북방 안정에 중요한 관건이었다. 하지만 거란의 요구를 수용한 성종의 선택으로 말미암아 압록강 이남으로 그쳤다. 압록강 유역을 확보한 것은 현종대의 2차례에 걸친 거란의 침입을 극복할 수 있었던 토대였고, 덕종대 '고려장성'을 구축하여 고려의 국경을 확고히 하는 데에도 기여했다. 따라서 서희와 소손녕의 강화 회담에서 획득한 결과물을 '강동 6주'로 상징화하는 것보다 여진족 축출에 이어 압록강 유역으로의 실질적 진출을 통한 국경 획정의 의의를 강조할 필요가 있다.

따라서 거란과의 강화 과정에서 고려왕조가 획득한 것은 무엇보다도 압록강 유역으로 진출할 수 있는 기회였다. 이는 고려왕조가 지향했던 변경 의식의 정체성을 구축하는 것뿐만 아니라, 대외적으로도 안정적인 변경 구축을 위한 지역적 기반의 확보였던 것이다.

〈표 5-5〉에서 보면, 성종대 초기에는 이전 시기에 비해 북방 지역의 성곽 축조가 활발하지 못했음을 알 수 있다. 하지만 성종 12년 거란의 1차 침입 이후 흥화도 지역에 적극적인 성곽 축조가 이루어 졌고, 이는 이후 서북면 지역의 변경 구축에 중요한 기반이 되었다.

이와 같은 성종대의 변경 구축은 목종·현종대의 적극적인 성곽 축조를 이룰 수 있었던 토대였고, 거란의 2·3차 침입의 배경으로도 작용했다.

거란의 1차 침입 이후 고려왕조는 15여 년 간 대외적인 안정을 기할 수 있었고, 이는 변경 구축을 공고히 할 수 있는 기회였다. 〈표 5-6〉에서 목종대의 성곽 축조가 흥화도·삭방도를 중심으로 한 양계의 변경지역에 분포한 것은 그러한 사실을 잘 보여주는 것이다. 특히, 서경은 960년(광종 11) 서도西都라고[102] 불린 이후 998년(목종 1)에는 호경鎬京이라고[103] 하여 그 중요성이 계속 강조되었다.[104] 덕주[105]·평로진·가주·

---

101 『고려사』 권3, 세가3, 성종 10년 10월.
102 『고려사』 권2, 세가2, 광종 11년 3월 갑인.
103 『고려사』 권3, 세가3, 목종 원년 7월 계미.
104 이런 점은 목종의 호경 행차를 통해서도 알 수 있는데, 『고려사』 권3, 세가3, 목종 2년 10월 ; 『고려사』 권3, 세가3, 목종 7년 11월 ;『고려사』 권3, 세가3, 목종 10년 10월 ;『고려사』 권3, 세

〈표 5-5〉 성종대 양계의 성곽축조

국왕	연대	축성 지명	비고	역도
성종	2년	수덕진	235간, 문 4, 수구 성 9	운중도
		애수진		삭방도
	3년	문주	578간, 문 6	삭방도
	13년	표홍진	평장사 서희에게 명령하여 군사를 거느리고 여진을 쳐서 쫓게 하였다.	◆
		귀화진		◆
		곽주		흥화도
		구주		흥화도
	14년	안의진	서희에게 명하여 군사를 거느리고 여진 지역에 깊이 들어간 이후	흥화도
		흥화진(영주▲)		흥화도
		영주	699간, 문 7, 수구 2, 성두 12, 차성 2	흥화도
		맹주	655간, 문 5, 수구 6, 성두 19, 차성 2	운중도
	15년	선주	1,158간, 문 6, 성두 36, 수구 1, 차성 3	흥화도

위화진(운주)·광화현(태주)·곽주·구주·흥화진(영주)·통주(선주) 등의 성곽은 서북부 지역의 방어에[106] 중요한 역할을 담당했다. 동계에 위치한 영풍진·진명현·금양현·용진진·익령현·등주 등의 성곽 역시 광종대의 축조 이후에 동북부 지역의 여진족에 대한 경계에서[107] 비롯된 것으로 이해된다.

고려왕조의 변경 구축의 강화는 현종대 거란의 2·3차 침입의 빌미가 되었다. 1010년(현종 원년) 11월 거란의 성종聖宗이 직접 40만 대군을 이끌고[108] 고려를 침략했다. 제2차 침입에서는 강조의 목종 폐위를 문책한다는 명분을 내세웠지만,[109] 뚜렷하게 외교 관계의 문제에서 비롯되었다고는 생각되지 않는다. 고려왕조는 거란과의

가3, 목종 11년 10월 등의 사례가 그것들이다.

105 덕주는 동계와 북계 지역에서(『고려사』 권58, 지12, 지리3, 동계·북계) 각각 같은 명칭으로 나타난다. 북계의 덕주는 목종 4년에 덕주방어사가 되었고, 동계의 덕주는 문종 9년에 처음으로 성을 쌓았다. 따라서 여기서의 덕주는 북계의 지명으로 보인다.

106 『고려사절요』 권2, 목종 8년 3월.

107 『고려사』 권3, 세가3, 목종 8년 정월.

108 『고려사』 권4, 세가4, 현종1, 현종 원년 11월 신묘.

109 『고려사』 권4, 세가4, 현종1, 현종 원년 5월 갑신.

국왕	연대	축성 지명	비고	역도
목종	3년	덕주	784간, 문 5, 수구 9, 성두 24, 차성 3	◆
	4년	영풍진		삭방도▲
		평로진		운중도
	6년	덕주		◆
		가주		흥화도
		위화(진)	〈운주, 지리지〉	운중도
		광화(현)	〈태주, 지리지〉	흥화도
	8년	진명현	510간, 문 5	삭방도
		금양현	784간, 문 5, 수구 9, 성두 24, 차성 3	삭방도
		곽주	787간, 문 8, 수구 1, 성두 5, 차성 2	흥화도
	9년	용진진	501간, 문 6	삭방도
		구주	1,507간, 문 9, 수구 1, 성두 41, 차성 5, 중성 168간	흥화도
	10년	흥화진	〈영주▲, 현종 21년 주로 승격, 지리지〉	흥화도
		익령현	348간, 문 4 〈동계, 지리지〉	삭방도▲
	11년	통주	〈선주, 지리지〉	흥화도
		등주	602간, 문 14, 수구 2	삭방도

친선 관계를 꾸준하게 유지하려고 했다. 하지만 "이부시랑 주인소를 송나라에 보냈다. 황제가 특히 그를 불러 보거늘 주인소가 스스로 고려 사람이 중국의 문화를 사모하나 거란에게 위협받고 있는 상황을 이야기했다. 황제가 조서를 내리자 가지고 돌아왔다."[110] "이 해에 송나라의 온주문사 주저가 투항해 오니 예빈주부에 임명했다."[111] 등의 자료에서는 송나라와의 우호 관계를 유지하려는 움직임이 있었음을 알 수 있다. 거란의 1차 침입 이후 고려왕조는 거란과의 접경 지역에 대한 개척을 꾸준하게 진척시키고 있었다. 이는 고려—거란—여진으로 이어지는 대외관계에서 이해 관계의 충돌을 유발할 수도 있었다.

110 『고려사』 권3, 세가3, 목종 2년 10월.
111 『고려사』 권3, 세가3, 목종 8년.

거란과의 전쟁은 변경 지역의 효율적인 운영의 허실을 엿볼 수 있는 기회이기도 했다. 거란의 침입에 대비하기 위해 고려 조정은 사신을 거란에 보내 화친을 도모하고,[112] 30만의 군사를 동원하여 대비하기도[113] 했다. 이 때 고려 군사의 주둔지가 통주 [선주]였는데, 이 지역은 〈표 5-6〉의 목종 11년에 성곽 축조가 이루어졌다. 통주는 압록강을 건넌 거란군이 청천강 이남지역으로 내려가는데 반드시 거쳐야 하는 곳이며, 거란과의 1차 전쟁 이후 획득한 '강동 6주'에 해당하고 성종 15년에도 성곽축조가 이루어졌다. 2차 침입 때 거란의 성종은 40만의 군사를 거느리고 압록강을 건너 흥화진을 포위했다. 이 과정에서 고려군의 양규와 이수화 등이 굳게 지켜 함락되지 않았다.[114]

그러나 강조가 통주에서 싸워 패전하여 사로잡혔으며,[115] 거란군이 곽주를 함락했다.[116] 이런 여세를 몰아 거란군이 청수강(청천강, 淸水江)에 이르자 안북도호부사 공부시랑 박섬은 성을 버리고 도망쳐 주민이 모두 흩어졌고,[117] 마침내 숙주가 함락되었다.[118] 흥화진·통주·곽주·안북부·숙주 등은 고려 초기에 성곽 축조가 이루어진 북계 지역의 요충지였다. 거란군이 이들 지역을 통과함으로써 현종이 개경을 버리고 남쪽으로 피신할 수밖에 없었고,[119] 급기야 1011년(현종 2) 정월 거란군에 의해 개경이 유린당하는[120] 수모를 겪게 되었다.

이와 같은 점들을 고려할 때, 고려 전기의 성곽 축조를 통한 왕조적 변경 의식의 구축은 대외 관계의 안정을 구가할 수 있는 중요한 토대였음에도 불구하고, 대외 관계의 불안정이 변경 구축의 한계를 드러낼 수밖에 없게 했다. 거란과의 2차 전쟁은 현

---

112 『고려사』 권4, 세가4, 현종 원년 8월 정미 ; 『고려사』 권4, 세가4, 현종 원년 9월 ; 『고려사』 권4, 세가4, 현종 원년 10월 계축.
113 『고려사』 권4, 세가4, 현종 원년 10월 병오.
114 『고려사』 권4, 세가4, 현종 원년 11월 신묘.
115 『고려사』 권4, 세가4, 현종 원년 11월 기해.
116 『고려사』 권4, 세가4, 현종 원년 11월 경술.
117 『고려사』 권4, 세가4, 현종 원년 11월 임자.
118 『고려사』 권4, 세가4, 현종 원년 11월 갑인.
119 『고려사』 권4, 세가4, 현종 원년 11월 임신.
120 『고려사』 권4, 세가4, 현종 2년 정월 을해.

종의 친조를 조건으로 화친이 이뤄졌지만, 이후 '강동 6주'를 중심으로 한 변경 문제가 대거란 외교의 중요한 과제가 되었다. 이에 현종대에도 변경 지역의 성곽 축조가 꾸준하게 이루어졌다.

〈표 5-7〉현종대의 성곽 축조 역시 흥화도·삭방도 등을 중심으로 한 변경 구축을 위한 것으로 이해된다. 덕주·용주·철주·안의진·영평진·위원진·정융진·인주·영덕진 등의 성곽은 거란과의 접경 지역에 위치했다. 이런 지역에서의 성곽 축조를 통한 변경 구축은 거란의 3차 침입의 빌미가 되었고, 전쟁의 중요한 현안이 '6성'의 반환 문제였다. 거란의 2차 침입 이후 현종 3년 6월에 형부시랑 전공지를 거란에 보내 현종의 친조가 불가능함을 알렸을 때, 거란에서 '흥화진·통주·용주·철주·곽주·구주' 등 6성을 취하겠다고[121] 통고한 사실은 곧 새로운 전쟁의 불씨가 되었다. 이 6성을 사이에 두고 거란은 반환을 요구하는 사신을 파견하거나,[122] 통주[123]·흥화진[124]·용주[125] 등을 직접 공격하기도 했다. 또한 거란은 군사의 이동을 원활하게 하기 위해 압록강에 다리를 놓거나,[126] 중요 지역을 우회하여 곧바로 청천강 이남의 영주(안북대도호부, 寧州)를 공격하기도[127] 했다. 그러나 이러한 거란의 공세는 번번이 고려군의 용전으로 실패했다.[128]

따라서 '6성 반환 문제'가 전쟁의 빌미가 되었다면, 이를 통한 고려왕조의 변경 구축이 거란을 자극했다고도 할 수 있다. 또한 거란의 송나라에 대한 견제에서도 고려왕조는 항시 부담스런 존재였다. 고려왕조는 성종 12년 거란의 1차 침입 이후 처음

---

121 『고려사』 권4, 세가4, 현종 3년 6월 갑자.
122 『고려사』 권4, 세가4, 현종 4년 3월 무신 ; 『고려사』 권4, 세가4, 현종 4년 7월 무신 ; 『고려사』 권4, 세가4, 현종 5년 9월 병신 ; 『고려사』 권4, 세가4, 현종 6년 4월 경신 ; 『고려사』 권4, 세가4, 현종 6년 9월 갑인.
123 『고려사』 권4, 세가4, 현종 5년 10월 기미 ; 『고려사』 권4, 세가4, 현종 6년 정월 갑진 ; 『고려사』 권4, 세가4, 현종 6년 9월 기미.
124 『고려사』 권4, 세가4, 현종 6년 정월 계묘.
125 『고려사』 권4, 세가4, 현종 6년 3월 기해.
126 『고려사』 권4, 세가4, 현종 6년 정월.
127 『고려사』 권4, 세가4, 현종 6년 9월 정묘.
128 『고려사』 권4, 세가4, 현종 5년 10월 기미 ; 『고려사』 권4, 세가4, 현종 6년 정월 계묘 ; 『고려사』 권4, 세가4, 현종 6년 9월 계해 ; 『고려사』 권4, 세가4, 현종 6년 9월 정묘.

국왕	연대	축성 지명	비고	역도
현종	원년	덕주		◆
	2년	서경	황성(皇城)	흥교도 운중도 절령도
	3년	장주		삭방도
		금양(현)		삭방도
		궁올산		◆
	5년	용주	1,573간, 문 10, 수구 1, 성두 12, 차성 4	흥화도
	6년	운림진	〈동계, 지리지〉	삭방도
	7년	의주	652간, 문 5 〈동계, 지리지〉	삭방도
		철주	789간, 문 7, 수구 1, 성두 18, 차성 4	흥화도
	8년	안의진	834간, 문 5, 수구 1, 성두 2, 차성 3	흥화도
	10년	영평진	〈북계, 지리지〉	흥화도▲
	14년	요덕진	634간, 문 6	삭방도
	16년	상음현		삭방도
	17년	순덕		◆
	18년	순덕	〈요덕진, 동계, 지리지〉	삭방도
		청새진	821간, 문 7, 수구 4, 성두 15, 차성 4	운중도
	19년	용진진성	수축	삭방도
		봉화산 남	〈고주, 동계, 지리지〉	삭방도
	20년	위원진	825간, 문 7, 수구 1, 성두 12, 차성 12	흥화도
		정융진	835간, 문 7, 수구 3, 성두 12, 차성 5	흥화도
	21년	인주	1,349간, 문 9, 수구 2, 성두 23, 차성 6, 중성(重城) 55간	흥화도
		영덕(진)	852간, 문 7, 수구 1, 성두 14, 차성 7	흥화도

으로 거란의 연호를 사용하기 시작했지만, 현종 7년에 들어서는 송나라 연호를 사용

했다.[129] 이런 점에서 고려는 송·거란과의 갈등 관계를 적절하게 이용하려 했을 뿐만

---

129 성종대로부터 현종대의 연호 사용은 처음에는 거란의 통화(統和, 『고려사』 권3, 세가3, 성종 13
    년 2월)·개태(開泰, 고려사』 권4, 세가4, 현종 4년 5월 정묘)였다가, 이후 송의 연호인 대중상부

아니라, 변경 구축을 확대 강화함으로써 대외적 안정을 추구하였던 것으로 이해된다. 하지만 거란의 고려에 대한 압박은 계속되었고, 마침내 1018년(현종 9) 12월 거란의 3차 침입으로[130] 이어졌다. 이 전쟁의 뚜렷한 배경을 확인하는 데는 한계가 있겠지만, 무엇보다도 6성과 같은 영토 문제 및 고려·송과의 관계 등이 주된 이유였을 것이다.

고려 초기부터 이루어진 변경 지역의 적극적인 성곽 축조는 거란의 3차 침입을 효과적으로 방어할 수 있었던 토대였다. 거란의 2차 침입이 있었을 때 고려는 군사 30만을 통주[선주]에 주둔시킬 수 있었는데,[131] 이러한 거대한 병력을 배치하는 데는 그만큼 지역적 기반이 잘 갖추어졌음을 알 수 있다. 이를 통해 거란의 3차 침입 때는 적장 소배압의 10만 대군과 맞서, 고려는 208,300명을 영주에 주둔시켜 청천강 이북 지역의 군사적 거점을 이용하여 거란과 대적할 수 있었다.[132] 이에 거란군은 중요 군사 지역을 우회하여 수도 개경을 직접 공략하려고 했지만 그 역시 어려움에 봉착했고, 마침내 연주·위주 등의 퇴로를 통해서 철수할 수밖에 없었다.[133]

결국 성종~현종대에 이르기까지 거란과의 3차례에 걸친 전쟁은 고려—거란—여진 등으로 이어지는 대외 관계 속에서 고려왕조의 변경 구축을 촉진시킬 수 있는 기회였다. 이는 지방제도의 정비 과정을 통한 양계제의 안정과[134] 덕종대 '고려장성'의 구축 등으로 고려왕조의 국경 개념을 도출하는 데에도 기여했다.

3) 고려장성의 축조

고려 전기의 변경 의식은 〈표 5-8〉에서도 볼 수 있듯이, 1033년(덕종 2) '고려장성'의 축조로 일단 정리된 것으로 보인다.

(大中祥符, 『고려사』 권4, 세가4, 현종 7년)·천희(天禧, 『고려』 권4, 세가4, 현종 9년 10월)를 사용했으며, 현종 13년에는 다시 거란의 연호로 변경했다(『고려사』 권4, 세가4, 현종 13년 4월).

130 『고려사』 권4, 세가4, 현종1, 현종 9년 12월 무술.

131 『고려사』 권4, 세가4, 현종1, 현종 원년 10월 병오.

132 『고려사절요』 권3, 현종 9년 12월 무술.

133 『고려사절요』 권3, 현종 10년 정월.

134 『고려사절요』 권2, 성종 14년 7월 ; 『고려사절요』 권3, 현종 9년 2월.

邊太燮, 「高麗兩界의 支配組織」 『高麗政治制度史研究』, 1982.

〈표 5-8〉 덕종대 양계의 성곽축조

국왕	연대	축성 지명	비고	역도
덕종	원년	삭주	865간, 문 8, 수구 2, 성두 17, 차성 5	흥화도
	2년	장성 (長城)	서해변의 옛 국내성 경계의 압록강이 바다로 들어가는 곳에서부터, 동으로 위원·흥화·정주·영해·영덕·영삭·운주·안수·청새·평로·영원·정융·맹주·삭주 등 13성을 거쳐, 요덕·정변·화주 등 3성에 이르렀다. 1,000여리. 석성(石城). 높이와 두께가 각각 25척	흥화도 운중도 삭방도
		안융진	〈광종 25년 축성, 지리지〉	흥화도 흥교도
		간성현		삭방도
		정주진	1,553간, 문 10, 수구 1, 성두 45, 차성 9, 중성 260간	흥화도

'고려장성'은 관방關防의 설치였고,[135] 대외적으로 국경 획정을 선포하는 의미를 담고 있었다. 이의 구축으로 고려의 국경이 선의 개념으로 형성되었고,[136] 동시에 왕조적 영토 의식을 좀 더 적극적으로 개척해 나갈 수 있었다. 태조대로부터 덕종대 고려장성이 이루어지기까지 양계 지역의 성곽 축조를 비교 정리해 보면 〈표 5-9〉와 같다.

〈표 5-9〉에서 보면, 흥화도 지역의 성곽이 축조되기 이전까지는 운중도와 청천강 이남의 흥교도 지역을 중심으로, 오늘날의 평안북도를 에워싸는 형세로 성곽을 축조했다. 광종대 흥화도 지역이 개척되면서부터 흥화도 — 운중도 — 삭방도 지역으로 이어지는 변경 구축이 진전되었고, 성종대 이후 거란과의 3차례에 걸친 전쟁을 치르면서 양계 지역의 성곽들이 좀 더 공고하게 추진되었다. 이러한 성곽 구축이 덕종 2년 고려장성 축조의 바탕이 되었고, 이는 고려왕조의 적극적인 변경 구축의 성과였다.

---

135 『고려사』 권82, 지36, 병2, 성보, "(德宗) 二年 命平章事柳韶 創置北境關防." 이 때의 관방을 관성 이라고도 했다(『고려사』 권5, 세가5, 덕종 2년 8월 무오, "祔顯宗于大廟 命平章事柳韶 創置北境 關城"). 관성은 국경의 관문인 관방을 구축하는 시설물이다. 관성의 설치가 성종 3년에도 시도되 었으나 여진의 반발로 실패한 적이 있었다(『고려사』 권3, 세가3, 성종 3년 5월, "命刑官御事李謙 宜 城鴨綠江岸 以爲關城 女眞以兵遏之 虜謙宜而去 軍潰不克城 還者三之一").
136 李在範, 앞의 논문, 1999, 99~100쪽.

시기 \ 驛道	興郊道	興化道	雲中道	朔方道
태조대	용강현 함종현 진국성 안정진 영청진 안북부 숙주 평원군		운남현(무주) 성주 안수진(연주) 흥덕진 조양진(연주) 마산 연주성 순주 양암진 대안주(자주) 은주	
정종대	덕창진(박주) 통덕진(숙주) 박주		철옹(맹주) 덕성진(위주)	
광종대		습홀(가주) 영삭진 태주 신도 가주 안 융진	위화진(운주) 무주 안삭진(연주) 낙릉군 (위주) 운주	장평진 화주 고주 박평진
경종대			청새진	
성종대		표흥진 귀화진 곽주 구주 안의진 흥화진 영주 선주(통주)	수덕진 맹주	애수진 문주
목종대		덕주 가주 광화현 곽주 구주 흥화진 통	평로진 위화진	영풍진 진명현 금양현 용진진 익령현 등주
현종대		덕주 용주 철주 안의진 영평진 위원진 정융진 인주 영덕진	청새진	장주 금양현 운림진 의주 요덕진 상음현 현덕진 용진진성 고주
덕종 2년 (고려장성)		위원진 흥화진 정주 영해◆ 영덕진 영삭진 정융진 삭주	운주 안수진 청새진 평로진 영원진 맹주	요덕진 정변진 화주

고려장성이 통과한 지역은 북계의 위원진·흥화진·정주·영해·영덕진·영삭진·운주·안수진·청새진·평로진·영원진·정융진·맹주·삭주 등과 동계의 요덕진·정변진·화주 등인데,[137] 이는 거란 및 여진과의 접경지역이었다. 그 중에서 정주·영해·영원

---

137 『고려사』 권82, 지36, 병2, 성보, 덕종 2년.

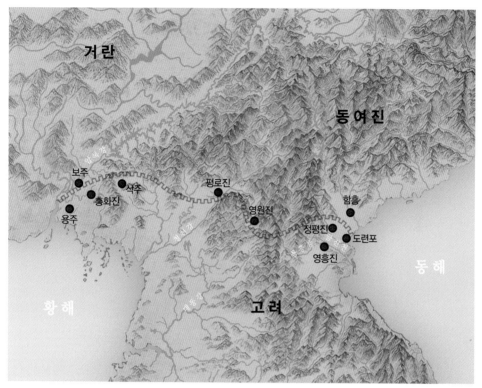

거란

동여진

보주
삭주
흥화진
용주
평로진
함흥
영원진
정평진
영흥진
도련포

동해

황해

고려

11세기 중엽 고려장성의 완성

진·정변진 등은 새롭게 축조된 것이고 나머지는 이미 성곽 시설이 있었다. 따라서 관
방의 구축은 대내외적으로 국경지대의 군사적인 안정과 변경운영의 효율성 등을 높
일 수 있는 토대가 되었을 것이다.

〈표 5-10〉에서 정종대의 성곽 축조는 앞서 덕종 2년의 고려장성 구축사업의 계속
적인 의미가 있었다. 덕종대의 장성이 당대에 완성된 것이 아니라 정종대에 계속 추
진되었음은 우선 정종 원년의 장성과[138] 그 이후의 영삭진·영원진·평로진·정변진 등
의 축성이 장성의 통과 지역에 위치했던 것에서도 알 수 있다. 또한 장성이 통과하는
지역의 성곽 축조가 북계에 비해 동계 방면이 취약했는데, 이를 좀 더 보강한 것이 장

---

138 이때의 장성은 덕종대의 장성과 같은 것으로 파악되고, 정종 원년을 기준으로 해서 그 이전에는
송령(의주 내에 위치, 松嶺)까지 완성되었던 것으로 이해된다(尹武炳, 「高麗北界地理考(下)」 『歷
史學報』 5, 1953, 65쪽).

주·정주·원흥진·선덕진·영흥진 등의 축성으로 이해된다. 그러나 장성 구축에 필요한 노동력과 기일 등에 관한 사항은 알려져 있지 않다.[139]

〈표 5-10〉 정종대 양계의 성곽축조

국왕	연대	축성 지명	비고	역도
정종	1년	장성(長城)	서북로의 송령 동쪽에 장성을 쌓아 변방의 요충을 막음	◆
		재전	〈창주, 지리지〉	운중도
	5년	정변진		삭방도
		숙주		흥교도
	7년	영원진	759간. 보자(堡子) 8구역 내에 금강수 42간, 선위수 61간, 선덕수 5간, 장평수 53간, 정잠수 38간, 진하수 42간, 철용수 61간, 정안수 32간, 관성 11,100간	운중도
		평로진	582간. 보자 6구역 내에 도융수 36간, 진흉수 30간, 직잠수 41간, 항마수 50간, 절충수 30간, 정융수 30간, 관성 14,495간	운중도
		환가현	168간	삭방도
	9년	영삭진		흥화도
		수덕진		운중도
	10년	장주	575간. 수(戍) 6, 정북·고령·소흥·소번·압천·정원	삭방도
		정주	809간. 수 5, 방수·압호·홍화·대화·안륙	삭방도
		원흥진	683간. 수 4, 내항·압로·해문·도안	삭방도
		선덕진		삭방도
	12년	영흥진	424간, 문 4	삭방도

이러한 고려의 변경 구축은 거란과의 국경 문제를 좀 더 심화시키는 이유이기도 했다. 장성 공사가 이루어질 때 거란이 방해했을 뿐만 아니라,[140] 심지어는 장성이 통과

---

139 이 공사에 여진 등 북방 민족이 동원된 사례도 있는데(『고려사』 권5, 세가5, 덕종 2년 11월 신묘, "以西女眞亏火等一百五十六人 開拓關城時 並有功勞 加爵一級"), 이는 거란에 대한 공동 대응이라는 측면이 반영된 것으로 여겨진다.
140 『고려사』 권94, 열전7, 유소.

하는 정주를 침범하고,[141] 사신을 보내와 항의했으며,[142] 고려의 입공入貢 사신을 억류하거나 고려의 영역 내에 선성宣城·정성定城 두 성을 쌓는[143] 등 적극적으로 반발했다. 또한 1054년(문종 8)에는 포주성(의주, 抱州城) 동쪽 들판에 궁구문란弓口門欄을 설치하거나,[144] 압록강 어귀에 다리와 보루를 설치하는[145] 등 고려에 대한 견제를 지속했다.

이와 같은 문제들은 곧 국경 문제로 비화되어 양국 간의 갈등을 불러일으키는 이유가 되었다. 고려왕조는 변경 구축의 중심인 압록강 유역으로의 진출에 진력했다. 압록강 유역이 고려왕조에 귀속된 것은 1117년(예종 12)에 이를 경계로 하여 관방을 설치한[146] 때부터였다. 고려왕조에서는 그 의의를 다음과 같이 말할 정도였다.

압록강의 옛 터와 계림의 옛 땅은 멀리 조종의 세대로부터 본래 금대襟帶의 방장防障이 되어 오다가 중세中世의 쇠퇴에 이르러 대요大遼의 침략을 만났으니, 이는 오직 사람이 노할 뿐만 아니오라 진실로 신의 수치를 지었나이다.……처음 좋은 소식을 전하여 들으니 돌을 깎아서 공을 기록할지라도 〈그 공을〉 형용할 송사頌詞을 아뢰지 못하겠나이다. 잔을 받들어 성수聖壽을 빌어 솔무率舞의 마음을 풀도록 원하옵나이다.[147]

결국 고려왕조의 변경 의식은 북방 정책의 기저를 이루는 것이었으며, 양계 지역의 경영과 시설의 정비는 그 바탕에서 이루어졌다. 이는 곧 양계 지역의 성곽 체제가 고려왕조의 변경 혹은 영토 의식을 구현해 나가는 중요한 상징성을 담고 있었음을 보여주는 것이다.

---

141 『고려사』 권5, 세가5, 덕종 2년 10월 정미.
142 『고려사』 권6, 세가6, 정종 원년 5월 갑진.
143 『고려사』 권6, 세가6, 정종 원년 6월.
144 『고려사』 권7, 세가7, 문종 8년 7월.
145 『고려사』 권7, 세가7, 문종 9년 7월 정사.
146 『고려사』 권14, 세가14, 예종 12년 3월 신묘.
147 『고려사』 권14, 세가14, 예종 12년 3월 갑오.

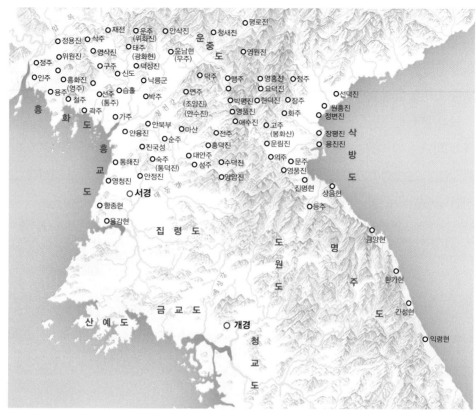

고려 양계의 성곽[148]

3. 9성 개척과 보주 확보

1) 고려전기의 강역과 '은병(銀瓶)'

『고려사』에 "4,000여 리가 영원히 빈해濱海의 번藩이 되어 억만년을 두고 오로지 산강山岡과 같은 수壽를 빌겠나이다."라는[149] 내용이 있다. 이 때의 4,000여 리는 고려의 동서남북을 통칭한 영토 의식과 대외적 상징성을 동시에 보여주는 것이다. 이 기

---

148 이는 〈표 5-1·2·3·5·6·7·8·10〉을 참고하여 그린 것이다.
149 『고려사』 권39, 세가39, 공민왕 5년 7월 무신.

록이 비록 고려말의 자료이긴 하지만, 원간섭기에서도 고려의 영토 의식이 유지되었음을 보여준다.[150] 그렇다면 고려의 변경은 북방의 특정 지역을 중심으로 형성되었을 것이다.

1396년(조선 태조 5)에 이첨은 고려도高麗圖를 본 느낌을 다음과 같이 표현했다.

우리나라의 군현은 도적圖籍에 나타난 것이 대략만 있고 자세하지 못하여 상고할 수 없었다. (후삼국) 통일 이후에 비로소 고려도가 생겼으나 누가 만든 것인지 알 수 없다. 그 산맥을 살펴보면, 백두白頭로부터 구불구불 내려오다가 철령에 이르러 별안간 솟아올라 풍악楓岳이 되었고, 거기서 중중첩첩하여 태백산·소백산·죽령·계립鷄立·삼하령·추양산이 되었다. 중대中臺는 운봉雲峰으로 뻗쳤는데 지리와 지축地軸이 여기에 이르러 다시 바다를 지나 남쪽으로 가지 않고, 청숙淸淑한 기운이 서려 뭉쳤기 때문에 산이 지극히 높아서 다른 산은 이만큼 크지 못하게 된 것이다. 그 등의 서쪽으로 흐르는 물은 살수薩水·패강浿江·벽란碧瀾·임진臨津·한강漢江·웅진熊津인데 모두 서해로 들어가고, 그 등마루 동쪽으로 흐르는 물 중에서 가야진伽倻津만이 남쪽으로 흘러갈 뿐이다. 원기가 조화하여 뭉치고, 산이 끝나면 물이 앞을 둘렀으니, 그 풍기風氣의 구분된 지역과 군현의 경계를 이 그림만 들추면 모두 볼 수 있다.[151]

이 기록을 자세히 검토하면, 고려 초기에 국토를 한 눈에 살펴볼 수 있는 '고려도'라는 지도가 그려졌음을 알 수 있다. 이 지도의 존재 유무 혹은 사실 유무를 지금으로선 확인할 수 없지만, 여러 징황을 살펴보면 다음과 같이 그 사실을 유추해 볼 수 있다. 영토의 주축이 백두산으로부터 설정된 것은 왕조적 영토 의식의 정통성과 그 이해의 출발이기도 했다. 그런데 "그 등의 서쪽으로 흐르는 물은 살수·패강·벽란·임진

---

150 비록 대몽전쟁에서 패배했지만, 고려 후기에도 왕조의 영토 의식은 그대로 유지되었다. 이런 점은 1270년(원종 11)에 최탄이 서경 이북 지역을 들어 원나라에 투항했을 때 그 지역을 동녕부라 명명하고 변경의 접점을 자비령으로 삼았지만(『고려사』 권26, 세가26, 원종 11년 2월 정축) 1290년(충렬왕 16)에 반환되었다(『고려사』 권30, 세가30, 충렬왕 16년 3월 정묘). 1258년(고종 45)에는 조휘와 탁청이 화주 이북을 들어 몽골에 투항하여 쌍성총관부가 되었지만 1356년(공민왕 5)에 무력으로 수복한(『고려사』 권39, 세가39, 공민왕 5년 7월 정해) 사례 등에서도 엿볼 수 있다.
151 『동문선』 권92, 서, 「삼국도후서(이첨)」.

·한강·웅진인데 모두 서해로 들어가고, 그 등마루 동쪽으로 흐르는 물 중에서 가야 진만이 남쪽으로 흘러갈 뿐이다."라고 하여, 큰 강 줄기를 소개하고 있다. 이 가운데 고려 전기 서북 변경의 중요한 구획선이었던 압록강이 빠져 있었음을 알 수 있다. 압록강에 대한 문제는 고려의 성립으로부터[152] 대외적 마찰 특히, 거란과의 국경 분쟁에서 빼놓을 수 없었다. 따라서 위의 '고려도'는 993년(성종 12) 거란의 1차 침입[153] 이후 청천강 이북의 '강동6주'가 편입되지 않았을 때의 영역을 보여주는 것이 아닐까 한다.

앞에서도 살폈듯이 고려 초기의 영토 의식은 압록강을 중심으로 한 서북 변경에 초점이 모아졌다고 해도 과언이 아니다. 이러한 변경 문제에 전환점이 된 것이 덕종 2년 '고려장성'의[154] 구축이었다. 흥미로운 것은 '고려장성'이 쌓여진 이후에도 서북면 지역에서 고려와 거란이 압록강을 사이에 두고 치열한 변경 공방을 벌이고 있었다는 점이다.

첫째, 거란은 고려와 송나라의 관계를 항상 주목했다. 고려왕조는 거란의 압박에도 불구하고, 송나라와의 관계를 꾸준하게 유지하려는 움직임을 보여주었다. 이는 당시 고려―거란―송으로 이어지는 동아시아 정세의 역학 관계를 보여주는 것으로 서로의 견제가 고려와 거란의 변경 갈등으로 비화되었을 가능성이 있다. 둘째, 국경을 사이에 둔 상업 관계가 작용했을 것이라는[155] 점이다. 거란과의 경제적 관계에 있어 주목되는 것이 압록강 유역의 각장榷場 설치 문제였다. 거란은 '강동6주'를 상실한 이후 압록강 유역에 각장을 설치하고자 했다. 이는 경제 문제 이면에 변경 문제가 복합적으로 작용했던 것이 아닌가 한다. 셋째, 고려의 변경 확대를 용납하지 않으려는 거란의 집요한 압록강 유역의 공략 전술을 들 수 있겠다. 고려는 거란과 3차례 전쟁을 하면서도 서북면 지역의 압록강―청천강―대동강으로 이어지는 성곽 체제를 체계적

---

152 『고려사』 권1, 세가1, 태조 무편년, "先操鷄後搏鴨者 王侍中 御國之後 先得鷄林 後收鴨綠之意."

153 『고려사』 권3, 세가3, 성종 12년 8월.

154 『고려사』 권5, 세가5, 덕종 2년 8월 무오.

155 李龍範, 「麗丹貿易考」 『東國史學』 3, 1955 ; 方東仁, 「高麗前期 北進政策의 推移」 『韓國의 國境劃定研究』, 1997, 72~77쪽 ; 朴漢男, 「거란 및 금과의 통교」 『한국사 15』, 국사편찬위원회, 1995, 333~335쪽.

으로 구축했으며, 이는 곧 왕조적 영토 의식의 토대가 되었다. 반면에 동북면 지역에서는 산맥 혹은 강을 입지로 한 확고한 방어전선을 구축하지 못했다. 이로 인해 '고려장성'의 건설이 표면적으로 거란 — 여진으로 이어지는 대외적 변경의 구획선을 설정하기 위함인데, 다른 한편 서북면 지역에서 고려와 거란, 동북면 지역에서 고려와 여진의 변경 설정에 갈등을 불러일으킬 소지가 되었다.

여기서 특히 세 번째의 배경에 주목할 필요가 있다. 이때에도 대외적 변경의 주축은 압록강 유역이었다. 이 지역이 고려의 영역으로 편입된 것은 "도병마사가 아뢰기를, '거란의 전태후황제가 조서로 압강(압록강) 동쪽으로 우리나라의 경계를 봉해 주었으나, 어떤 곳에서는 성과 다리를 만들고, 어떤 곳에는 궁구란자弓口欄子를 설치하여, 점점 옛 한계[舊限]를 넘어오고 있습니다. 이것이 한이 없는 욕심인데, 지금 와서는 우정郵亭을 새로 세워서 우리 강토를 잠식하고 있습니다. 『노사魯史』에서 이른바 더욱 만연하게 하지 말라. 만연되면 없애기 어렵다고 했습니다. 마땅히 국서國書를 동경유수東京留守에게 보내서, 그 옳지 않은 것을 전달하고, 만일 듣지 않거든 사신을 보내 고해야 합니다.'라고 했다"라는 것을 통해 확인된다.

그리고 글을 동경유수에 보내면서,

우리나라가 기자의 나라를 물려받아 압강鴨江으로 경계를 삼았고, 전태후황제께서 옥책玉冊을 내리시어 국토를 봉하여 주실 때에도 강으로 한계를 삼았는데, 근자에 상국이 우리 땅에 들어와 다리와 신터를 만들고 있습니다. 조공하는 정신을 더욱 공순히 바치며 높은 대궐에 글을 올려 옛 강토를 돌려 줄 것을 청했으나, 지금까지 허락하는 은혜를 입지 못했습니다. 바야흐로 간절히 빌었음에도 근일에 와서 내원성의 군인들이 우리 성에 바짝 다가붙어 궁구문弓口門을 옮겨 세우고 또 정사亭舍를 새로 지으려고 재목과 돌을 벌써 쌓아 놓아서, 변방 민들이 소동하고 놀래어 무슨 뜻으로 그러는지 알지 못합니다. 엎디어 바라옵건대, 대왕께서는 이웃 나라와의 친교를 생각하시고, 멀리 있는 사람을 포용하는 사랑을 펴서, 황제께 잘 아뢰어 전에 준 땅을 되돌려 주어서 그 성·다리·궁란·정사를 모두 헐어 없애게 하소서.[156]

라고 하여 압록강이 경계를 이루고 있음을 확인할 수 있다.

이 자료 중에 "거란의 전태후황제가 조서로 압강(압록강) 동쪽으로 우리나라의 경계를 봉해 주었으나" "우리나라가 기자의 나라를 물려받아 압강鴨江으로 경계를 삼았고, 전태후황제께서 옥책玉冊을 내리시어 국토를 봉하여 주실 때에도 강으로 한계를 삼았는데" 등의 내용에서는 이미 압록강 유역이 고려에 편입되었음을 알 수 있다. 하지만 거란의 시설물들이 압록강 이남으로 내려와 있었다. 거란이 압록강 이남으로 내려왔던 것은 앞에서도 지적했듯이, 고려와 송나라의 관계를 견제하려는 정치적 목적과 각장 설치를 통한 경제적 목적 등이 복합적으로 작용했던 것에서 기인한다. 반면에 고려로서는 서북면 지역의 안정이 서경을 축으로 하는 북방 정책의 중요한 토대였기 때문에 물러설 수 없었다.

성종~현종대에 걸쳐 거란과 전쟁을 치르면서 고려가 획득한 최대의 성과는 '강동6주'였고, 이는 압록강 유역으로 진출할 수 있는 발판이 되었다. 1차 전쟁의 강화 과정에서 거란의 장수 소손녕은 거란은 압록강 서리西里 5개 지역에 성을 쌓고, 고려는 안북부에서 압록강 동쪽에 이르기까지 280리 사이에 성을 쌓도록 하자고 했다.[157] 거란역시 압록강을 변경의 근거로 삼기보다 그 아래로 내려와 고려를 압박할 수 있는 지역적 근거를 확보하려고 시도했음을 알 수 있다.

소손녕이 제시한 '압록강 서리와 안북부에서 압록강 동쪽 280리'의 기준 지역이 어디였는지가 의문이다. 안북부(평남 안주)를 기준으로 고려에서 성을 쌓으라는 것은 서북 변경을 청천강을 기준으로 설정하고, 압록강과 청천강 사이는 거란의 영토 혹은 고려와 거란 사이의 완충지대의 의미를 지니는 것으로 파악된다. 그러나 이러한 거란의 권유는 고려에 의해 수용되지 않았다. 거란과의 1차 전쟁 이후 성종 13·14년의 성곽을 축조한 지역은[158] 압록강을 경계로 거란의 군사적 예봉을 저지할 수 있는 요충지였다. 이는 또한 이후 북계 편제에 중요한 지역적 기반이 되었다. 북계 지역은 안북부와 서경을 축으로 하여 수도 개경을 방어할 수 있는 전략 요충이었다. 이것이 압록

---

156 『고려사』 권7, 세가7, 문종 9년 7월 정사.
157 『고려사』 권3, 세가3, 성종 13년 2월.
158 申安湜, 앞의 논문, 2004, 81~88쪽.

강이 중요한 변경 구축의 기준이 되었던 이유였다.[159]

한편, 압록강이 고려 변경의 근거가 된다는 것은 무엇을 의미하는 것일까? 압록강 유역은 구고구려의 수도 국내성(현재의 집안)이 인접한 곳이다. 이는 고려의 왕조적 정체성과 그 일대를 아우를 수 있는 명분의 확보를 의미한다. 거란 역시 앞서 서희의 외교 담판에서도 확인되듯이, 고려의 의도에 의구심을 품었을 가능성이 있었다. 이런 점이 압록강 일대에 대한 고려의 독주를 용납하지 않으려는 거란의 의도가 아니었을까 한다. 하지만 서북면 지역에서의 명분 확보는 여진족과 대치하는 동북면 지역에 대한 새로운 명분을 획득하는 셈이었다.

따라서 '고려장성'의 구축은 고려 전기 영토 의식의 구현이었을 뿐만 아니라 북방 정책의 성과였다. 이는 숙종 6년 고려 영토를 모델로 한 화폐 '은병銀瓶'에[160] 반영되었다. 화폐는 경제적 유통을 목적으로 사용했지만,[161] 다른 무엇보다 파급 효과가 높은 화폐를 영토의 형태로 주조했다는 것은 그 이면적인 목적이 있었다. 숙종대는 "짐이 왕위에 오른 뒤로 항상 세심하게 북으로 대요大遼와 사귀고, 남으로 대송大宋을 섬겼으며, 또 여진이 동쪽에 강력히 버티고 있다."라고[162] 언급했던 것에서 알 수 있듯이, 고려—송—거란(요)—여진으로 이어지는 복잡한 대외정세가 형성되었다. 이런 점에서 고려는 내부적으로 왕조의 정체성을 보다 확고하게 할 필요가 있었을 것인데, 은병의 형태와 같은 영토 의식도 그 일면이었을 것이다.

은병의 형태는 이를 뒷받침할 수 있는 지도가 있었기 때문에 가능했을 것이지만 어떤 형태였는지는

은병(한국은행 화폐금융박물관)

159 申安湜, 앞의 논문, 2004, 81~82쪽.
160 『고려사』 권79, 지33, 식화2, 화폐, 숙종 6년 4월.
161 蔡雄錫, 「高麗前期 貨幣流通의 基盤」 『韓國文化』 9, 1988 ; 金光植, 「高麗 肅宗代의 王權과 寺院勢力 -鑄錢政策의 背景을 中心으로」 『白山學報』 36, 백산학회, 1989 ; 서성호, 「숙종대 정국의 추이와 정치세력」 『역사와 현실』 9, 한국역사연구회, 1993.
162 『고려사』 권11, 세가11, 숙종 6년 8월 을사.

확인할 수 없다. 다만 "신이 일찍이 숭녕崇寧 연간에 왕운王雲이 편찬한 『계림지鷄林志』를 본 적이 있는데, 처음에는 그 설을 해설하였으나 그 형상은 그렇지 않았다. 근자에 사신 행차 때 그것을 가져다 참고하였는데 도움이 많았다."라[163] 하여, 송나라의 왕운이 『계림지』라는 책을 편찬했다는 기록이 있었던 것으로 전해진다.[164] 『계림지』는 직접 경험한 것을 기록한 것일 수도 있지만 고려 혹은 중국의 자료를 참고했을 것으로도 추정된다. 이런 점에서 은병은 숙종대를 전후한 고려왕조의 각종 자료가 참고되었을 것이고, 당대의 영토 의식을 반영했을 것이다. 그 형태는 앞서 고려초기의 '고려도'보다는 진전된 형태였을 것이며, 그 북방 변경의 구획은 '고려장성'이 아니었을까 한다.

2) 9성 개척과 보주(保州) 확보

고려 전기에는 동북 변경의 경우 '고려장성' 혹은 윤관의 9성 구축 이전까지는 그 구체적 실체가 잘 드러나지 않았다. 압록강 유역이 고려에 완전히 귀속된 것은 예종 12년에 거란의 내원성과 포주를 확보하여 포주를 의주방어사義州防禦使로 고치고, 압록강을 경계로 관방을 설치한[165] 때부터였다. 거란의 쇠퇴 이후 압록강 유역을 확보하는 과정에서 금나라의 견제가 없었던 것은 아니다.[166] 하지만 이 시기는 금나라가 거란을 공략하는 시점이었기 때문에 그들에게 압록강 유역의 의미가 그리 크지 않았다. 고려왕조가 압록강 유역을 확보했다는 것은 서북 변경을 확고하게 구축했음을 의미했다.

동북 변경은 덕종 2년의 '고려장성' 건설로 여진과의 경계를 이룰 수 있었다.[167] 그런데 예종 2년 윤관의 여진 정벌과 9성 구축은 이 지역에서 새로운 갈등을 불러 일으

---

163 『고려도경』서, "臣甞觀崇寧中王雲所撰鷄林志 始疏其說 而末圖其形 比者使行 取以稽考 爲補已多."
164 왕운(?~1126)은 사신을 수행하여 고려에 다녀간 인물이며(『송사』 권357, 열전116, 왕운), 그의 저술 『계림지』는 전해지지 않는다. 숭녕은 송나라 휘종의 연호이며, 1102~1106년(고려 숙종 7~예종 원년)이다.
165 『고려사』 권14, 세가14, 예종 12년 3월 신묘.
166 『고려사』 권14, 세가14, 예종 11년 8월 경진.
167 '고려장성' 건설 이후 동북면 지역의 여진 사람들이 대거 귀화했는데(『고려사절요』 권5, 문종 27년 4·5·6·7·9월, 35년 8월 등), 이는 그 지역의 안정을 의미하는 것이다.

컸다. 동북 변경은 공험진公嶮鎭의 선춘령先春嶺을 경계로 정할 때까지 그 실체가 분명하지 않았다. 이는 앞에 지적했듯이, 고려―거란―여진으로 이어지는 북방 지역의 역학관계에서 비롯되었으며, 특히 고려의 여진에 대한 인식의[168] 문제를 수반했다. 고려 전기 여진이 서여진西女眞과 동여진東女眞으로 분리되어 있었던 관계로,[169] 고려는 여진을 하나의 국가로 인식하지 않았다. 이는 동여진과 대치한 동북 변경의 설정에도 영향을 주었다. 즉 '고려장성'이 국경선의 역할보다는 군사 시설로서의 의미로 받아들여지는 이유다.

이런 점은 '고려장성' 밖의 여진족에 대한 정책이 그들의 귀부를 허용해서 관작을 수여하거나,[170] 또는 그들 지역에 기미주羈縻州를 설치하여 간접적으로 지배하는 방식으로[171] 전환했음을 의미했다. 특히 동여진의 고려 편입은 1073년(문종 27)에 두드러졌다. 문종 27년 2월 동여진의 여러 부락이 고려의 군현이 되기를 요청했고,[172] 5월에는 서여진의 여러 부족이 고려의 주군에 편입되기를 원했다.[173] 같은 해 7월에는 흑수역어(통역관) 가서로加西老가 동여진을 설득하여 고려의 주현이 되도록 만드는데 공로를 세웠다며 무반 직책인 산원에 임명하고 고맹高孟이라는 이름까지 주었다.[174] 이는 북만주의 흑룡강 일대까지 고려의 영향권이었음을 알 수 있게 한다. 9월에는 동여진의 대란촌大蘭村 등 11개 촌락을 빈주濱州·이주利州·복주福州 등 11개 주로 삼아 귀순주에 예속시켰다.[175] 그러나 이러한 유화적인 정책은 이후 완안부의 군대가 동북 지

---

168 고려의 북방 민족에 대한 인식은 거란(『고려사』 권2, 세가2, 태조 14년 11월 신해)이나 여진(『고려사』 권6, 세가6, 정종 9년 4월 무술)이나 '人面獸心'이라 하여 동일했다.

169 고려시대 대여진 인식의 문제는 다음 논문을 참고할 수 있다. 金九鎭, 「尹瓘 9城의 範圍와 朝鮮 6鎭의 開拓 ―女眞 勢力 關係를 中心으로―」『史叢』 21·22합, 1977, 206~215쪽 ; 羅滿洙, 「高麗前期 對女眞政策과 尹瓘의 北征」『軍史』 7, 1983, 189~204쪽.

170 『고려사』 권7, 세가7, 문종 6년 정월 병인.

171 『고려사』 권6, 세가6, 정종 즉위년 11월 경인·즉위년 11월 경자·원년 9월 무자·원년 12월 임자·2년 정월 을유·2년 2월 갑인·2년 2월 기미·2년 2월 기사·2년 3월 무신·3년 4월 정묘·4년 8월 병인·4년 8월 정축 ;『고려사』 권7, 세가7, 문종 6년 2월 경진·35년 정월 정미·35년 9월 정유.

172 『고려사』 권9, 세가9, 문종 27년 2월 을미.

173 『고려사』 권9, 세가9, 문종 27년 5월 정미.

174 『고려사』 권9, 세가9, 문종 27년 7월 병오.

175 『고려사』 권9, 세가9, 문종 27년 9월 갑진.

덕산사(전남 곡성)
윤관과 오연총을 기리는 사당.
함경북도 경성에 있던 것을
1935년 현 위치로 옮겼다.

역의 고려 기미주를 석권하면서 새로운 국면을 맞았다.

고려와 여진의 잦은 충돌은 여진 정벌로 이어졌다. 대외 정벌은 영토의 확보 혹은 변경 문제를 동시에 해결할 수 있는 방법이었다. 숙종대로부터 예종대에 걸친 여진 정벌은 중원에서 송나라가 거란의 압박으로 위축되고, 거란과는 사대 혹은 '고려장성'을 통한 변경의 안정이 이루어진 시기에 감행된 것으로 파악된다. 그 결과 정복 지역에 9성을[176] 구축했다. 이들 성곽의 규모는 운중도 및 삭방도 지역의 성곽과 비슷했지만 방어 능력은 뛰어났던 것으로[177] 이해된다. 하지만 "윤관 등이 모든 군부대에 명령하여 성 안의 재목과 기와를 거두어서 9성을 쌓고 남쪽 지방 백성들을 옮겨다가 이를 채웠다."라고[178] 하였듯이, 9성 건설은 성 안의 나무와 기와를 뜯어서 구축할 정도로 급박하게 이루어졌음을 알 수 있다. 또한 작게는 5,000호에서 많게는 13,000호에

---

176 윤관에 의해 축조된 9성은 다음과 같다.

성곽	함주	영주	웅주	복주	길주	의주	공험진	통태진	평융진
규모(間)		950	992	774	670				
사민(戸)	13,000	10,000	10,000	7,000	7,000	7,000	5,000	5,000	5,000

177 『고려사절요』 권7, 예종 3년 2월 임진 ; 『고려사절요』 권7, 예종 3년 5월.
178 『고려사』 권82, 지36, 병2, 성보, 예종 3년.

윤관 장군 묘(경기 파주)

이르는 사민徙民을 통해 주민을 채웠다.

거란과의 전쟁을 통해 획득한 서북면 지역의 '강동 6주'는 북계 편제의 중요한 영역적 토대가 되었던 반면, 9성은 여진의 끈질긴 요구로 반환되었다. 이는 9성 축조와 농업이주민으로 인하여 농경지를 빼앗긴 토착 여진족으로부터 강력한 반발을 불러 일으켰기 때문이었다. 1109년(예종 4)에 9성 반환을 논의한 결과 평장사 최홍사崔弘嗣 등 28명은 찬성하고 예부낭중禮部郎中 한상韓相이 반대한 가운데,[179] 반환 절차가 진행되었다.[180] 이는 당시 고려—거란—여진으로 이루어진 국제 환경과 국왕 예종을 둘러싼 정치 세력 간의 이해 관계에서 비롯되었으며, 또한 고려의 변경 인식에서도 서북면과 동북면의 차이를 보여주는 것이다. 그러나 동북면 지역의 9성 구축을 통한

---

179 『고려사』권13, 세가13, 예종 4년 6월 병신.

180 『고려사』권58, 지12, 지리3, 동계. 그런데『고려사』에서는 9성 반환 과정에서 동북 변경의 토대가 되었던 '공험진'의 명칭이 빠져 있었음을 확인할 수 있다. 이 점은 9성 환부가 토착 여진에게 농경지를 되돌려 준 것에 불과하며 결코 완안부에 9성의 영토권을 반환한 것이 아니라는 金九鎭 주장의 근거가 되었다. 그는 공험진의 반환 문제에 대해, 공험진에 있던 골간올적합족(骨看兀狄哈族)은 농경민이 아니기 때문에 농업이주민을 철수할 필요가 없었으며, 따라서 공험진은 환부된 9성에 포함되지 않았다고 주장했다(「公嶮鎭과 先春嶺碑」『白山學報』21, 1976).

9성 길주이남설

영토의 확장은[181] 고려—거란—여진으로 이어지는 대외 관계에서 유리한 위치를 장악 할 뿐만 아니라, 동북 변경으로 설정한 공험진의 선춘령은[182] '고려장성' 건설 이후

---

181 고려와 여진과의 전쟁을 통한 9성 구축과 영토 문제는 다음의 연구 성과들을 참고할 수 있다. 池內宏, 앞의 논문, 1918 ; 金九鎭, 앞의 논문, 1953 ; 方東仁,「高麗의 東北界 -尹瓘九城 再考-」『韓國의 國境劃定硏究』, 1997 ; 崔圭成,「거란 및 여진과의 전쟁」『한국사 15』, 국사편찬위원회, 1995, 317~329쪽.

182 『고려사』 권58, 지12, 지리3, 동계. 공험진의 선춘령은 동북 변경을 이해할 수 있는 관건이기 때문에 많은 연구자들이 일찍부터 주목했다. 즉 공험진의 위치를 두만강 이북으로 잡아 그 이남으로부터 정평까지의 함경도 일대에 걸쳐 있었다는 설, 길주 내지 마운령 이남부터 정평까지 주로 함남 일대에 비정하는 설, 함관령 이남 정평 이북의 함흥평야 일대로 보는 설 등이다(朴龍雲, 『高麗時代史(上)』, 一志社, 1985, 324~325쪽 참조). 최근에 공험진과 선춘령의 위치를 기존의 두만강 이북으로 비정했던 주장을 좀 더 보완한 연구 성과도 나왔다(최창국,「선춘현과 공험진 - 고지도 및 『세종실록』 『지리지』를 바탕으로」『안보문화와 미래』 창간호, 한국미래문제연구원, 2008 ; 김병렬,「공험진과 선춘령 비정의 중요성」『안보문화와 미래』 2, 2009 ; 윤일영,「先春嶺과 公嶮鎭의 위치」『안보문화와 미래』 2, 2009 ; 최창국,「공험진과 통태진」『안보문화와 미래』 2, 2009). 여기에서는 공험진의 위치를 논증하기보다는 이 지역을 확보함으로써 이루어진 고려 동북 변경의 의의를 살펴보았다.

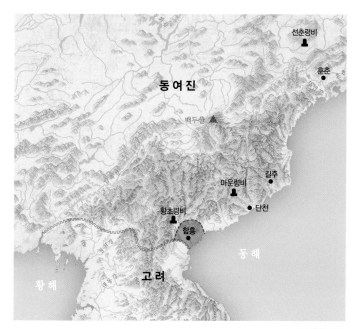

9성 함흥평야설

9성 선춘령이남설

고려 영토 의식의 중요한 상징성을 담고 있었다고 할 수 있다.

숙종 6년의 '은병' 이후 고려의 영토 의식을 알려주는 자료는 거의 찾아볼 수 없다. 그러나 다음의 기록에서 '고려지도'의 존재를 확인할 수 있다.

> 처음에 이심·지지용이 송나라 사람 장철과 함께 모의하였다. 심이 이름을 고쳐 동방흔이라 하고 서장을 송나라 대사 진회에게 통하여 말하기를, '만약에 금나라를 치겠다는 명목으로 길을 고려에 빌린다면 우리가 내응할 것이니, 곧 고려를 도모할 수 있을 것이다.'라고 했다. 지용은 그 서장과 유공식의 집에 소장한 고려지도를 송나라 상인 팽인에게 부쳐서 진회에게 바치도록 하였다. 이에 이르러 송나라 도강 임대유가 서장과 지도를 얻어 와서 고하였으므로, 철·심·지용을 옥에 잡아 가두고 국문하니, 모두 자백하였다. 심과 지용은 옥중에서 죽고, 철은 복주하였으며, 그 아내는 모두 먼 섬으로 귀양 보냈다.[183]

이 지도가 언제 제작된 것인지는 확인할 수 없지만, 앞서 조선초기에 이첨이 보았다는 '고려도'와 숙종 6년 '은병' 제작의 참고 자료가 되었을 지도보다는 확대된 영토 의식을 보여주는 것이 아니었을까 한다. 즉, 금나라를 정벌하겠다는 것은 이미 거란 멸망 이후를 말하는 것이고, 이는 앞서 예종 12년 압록강 유역이 고려에 편입된 이후였을 것이기 때문이다.

고려의 영토 의식은 성종대의 '강동 6주' 획득, 덕종 2년의 '고려장성' 건설, 예종 3년의 '9성' 구축, 그리고 예종 12년 압록강 유역의 획득 등을 통해 변화를 겪어왔다.

> 위위경 김자류, 형부낭중 유덕문을 금나라에 보내어 선유에 사례하는 표문을 올리기를, '고백숙이 와서 보주성保州城의 땅을 떼어 고려에 소속시킴을 허락하고 다시 회수하지 아니한다는 성지를 은밀히 전하였습니다. 가만히 생각하건대, 고구려의 원래 영토는 저 요산遼山을 중심으로 하였고, 평양의 옛 땅은 압록강으로 한계를 지었는데, 여러

---

183 『고려사』권17, 세가17, 의종 2년 10월 정묘.

번 변천을 겪어서 나의 선대에 이르러 북국 요나라에 겸병을 당하고, 삼한의 영지가 침해당하여, 비록 이웃나라로서의 수호는 맺었으나 옛 땅을 도로 찾지 못했습니다. 천명이 새로 내리어 성왕이 이미 일어나시고 군사가 정의를 위하여 일어남을 보고, 성보城堡에 사람이 텅 비게 되었습니다. 신의 아버지인 선왕 때에 귀국의 변방 신하 사을하가 와서 황제의 칙을 전하기를, '보주는 본시 고려의 영토이니 고려에서 회수함이 옳다.'라고 하였으므로, 선왕은 곧 그 성지를 수리하고 민가를 들여보냈습니다. 이때는 비록 우리나라가 상국에 신속하지 않았지만, 선제가 특히 이웃 나라를 사랑하시어 은혜로운 말씀을 내리시고 우리에게 옛 땅을 주었습니다. 다음 세대가 왕위를 계승함에 이르러 천명을 받은 거룩한 덕을 만나서 위대한 소문을 상세히 듣고 공손히 신하의 직분을 닦았습니다. 생각하건대, 이 동쪽의 조그마한 땅은 본시 우리나라의 변경 지역인데, 비록 일찍이 거란에게 침탈당했으나, 이미 선대에서 은혜를 받던 터에, 특히 이례적인 혜택을 베풀어 우리나라에 예속시키니, 어찌 요행으로 이렇게 된 것이겠습니까. 대저 특별한 황제의 은덕일 뿐입니다. 깊은 인자함과 큰 의리는 무어라 말할 수 없습니다. 작은 힘과 얕은 재주로 어떻게 보답할 것입니까. 오직 계절에 따라 조공하는 일을 극진히 하며 속국의 상례를 지켜온 나라가 기꺼이 정성을 다하여 자손에게 전해가면서 영원히 맹세합니다. 하늘과 일월이 위에 있는지라 정성에는 다른 생각이 없습니다.'라고 하였다.[184]

위의 자료는 인종 때의 사실이지만, 이를 통해 거란이 붕괴된 이후 고려와 금나라의 변경 역시 압록강을 중심으로 계속 문제가 되고 있었음을 알 수 있다. 하지만 압록강 유역을 고려가 확보한 것이 양국 간에 큰 외교적 마찰을 일으킨 경우는 거의 찾아볼 수 없다. 따라서 의종 때의 '고려지도'는 숙종대 '은병'의 형태와는 차이가 있었을 것이다.

이런 점은 "고려의 남쪽은 요해遼海로 막히고 서쪽은 요수遼水와 맞닿았다. 북쪽은 옛 거란 땅과 접하고 동쪽은 대금大金과 맞닿았다.……옛적에는 영토가 동서는 2,000

---

184 『고려사』 권15, 세가15, 인종 4년 12월 계유.

여 리, 남북은 1,500여 리였는데, 지금은 이미 신라와 백제를 합병하여 동북쪽은 조금 넓어졌지만 그 서북쪽은 거란과 연속되었다. 옛적에는 대요大遼와 경계를 했었는데, 뒤에 침범을 받게 되매, 내원성을 쌓아 요새로 삼았다. 이것은 압록강을 믿고 요새로 한 것이다. … 요수에서 동쪽은 옛날 거란에 소속되었는데, 지금은 그 무리들이 이미 멸망되었고, 대금大金에서는 그 땅이 불모지라 하여 다시 성을 쌓아 지키지 않았다. 그리하여 한갓 왕래하는 길이 되었을 뿐이다."라는[185] 자료에서도 확인할 수 있다.

이것은 1123년(인종 원년) 고려에 왔던 송나라 사신 서긍이 편찬한 『고려도경』 중에서 고려의 강역에 관한 것이다. 여기에서도 고려의 서북 변경에 대한 것은 자세한 반면, 동북 변경에 대한 것은 그렇지가 못하다.[186] 그런데 동서의 길이가 2,000여 리라는 것은 '고려장성'이 1,000여 리였다는[187] 것과 차이가 난다. 거리상으로 약 2배정도의 차이가 난다는 것은 동북 변경의 확대를 의미하는 것으로 윤관의 9성 지역 혹은 공험진의 선춘령까지를 아우른 것이 아니었을까 한다. 이는 또한 『고려사』 지리지 서문에서 "그 사방의 경계가 서북은 당나라 이후 압록강을 한계로 하였고, 동북은 선춘령으로 경계를 삼으니, 대체로 서북은 고구려에 미치지 못하였으나, 동북은 이에서 지났다."라는[188] 내용과도 일치하고 있다.

이러한 고려의 영토 의식이 고려 말까지 이어졌을까가 의문이다. 이에 대한 참고 자료로 "(공민왕 5년) 7월에 추밀원부사 유인우를 보내어 쌍성을 공격할 때 지도를 상고하여, 화·등·정·장·예·고·문·선 등의 주 및 선덕·원흥·영인·요덕·정변 등 진의 여러 성을 되찾았다."라는[189] 것이 있다. 물론 이 지명들에서 '고려장성' 이북 즉, 예종 3년의 9성과[190] 예종 4년 여진에게 반환했던 지역이[191] 나타나지 않았지만, 지리지

---

185 『고려도경』 권3, 성읍, 봉경.
186 서긍이 고려의 지형을 제대로 제시하지 못한 것은 여러 이유가 있었겠지만, 자세한 고려지도를 확보할 수 없었기 때문으로 생각된다. 이는 "고려는 요동에 있어서, 아침에 명령을 내리면 저녁에 와서 바칠 수 있는 候甸近服 같지 않기 때문에 圖籍의 작성은 더욱 어렵다."라고(『고려도경』 서) 고충을 털어놓은 것에서 확인할 수 있다.
187 『고려사절요』 권4, 덕종 2년 8월.
188 『고려사』 권56, 지10, 지리1, 서문.
189 『고려사』 권58, 지12, 지리3, 동계.
190 함주·영주·웅주·복주·길주·의주·공험진·통태진·평융진.

동계조에서는 이들 지역이 원나라에 귀속되었다가 회복했다는[192] 연혁을 모두 찾아볼 수 있다. 이와 같이 공민왕 5년에 원나라로부터 회복한 지역과 '고려장성'이 통과한 지역, 9성, 여진에 반환한 지역 등이 거의 일치하는데, 이는 앞서 의종 때에 발견된 '고려지도'와 이때의 지도가[193] 서로 연결되는 것이 아닌가 한다.

결국 예종 초기 윤관의 9성 구축을 통한 선춘령의 동북 변경과 예종 12년 압록강 유역의 확보를 통한 서북 변경의 획정이 고려시대 영토 의식의 구현이었다고[194] 할 수 있다. 이러한 영토 의식은 고려 말까지 계속 유지된[195] 것으로 이해된다.

---

191 함주·영주·웅주·복주·길주·숭녕진·통태진·진양진·선화진.

192 공민왕 5년에 회복한 지역과 '고려장성'·'9성'과의 관계를 비교해 보면 다음 도표와 같다.

	지 명
공민왕 5년 회복 지역	화주·등주·정주·장주·예주·고주·문주·선주·선덕진·원흥진·영인진 요덕진·정변진·함주·복주·길주 등
고려장성의 동계	요덕진 정변진 화주
예종 3년 9성	함주 영주 웅주 복주 길주 의주 공험진 통태진 평용진
예종 4년 여진 반환	함주 영주 웅주 복주 길주 숭녕진 통태진 진양진 선화진

※ 출처 : 『고려사』 권58, 지12, 지리3, 동계조를 참고하여 정리함.

193 공민왕 때에 "중원과 본국의 지도를 찬하여 개벽 이래로 제왕의 흥폐와 강역의 이합한 자취를 서술했다. '옛것을 좋아하고 학문이 넓고 바른 군자가 보면, 가슴 사이가 하나의 천지일 것이다.'라 하고, 드디어 왕께 올리니 왕이 보고 가상히 여겼다."라고(『고려사』 권114, 열전27, 나흥유) 했듯이, 지도가 제작되었음을 알 수 있다. 하지만 이것이 쌍성 지역을 탈환할 때 참고한 지도인지, 아니면 그 이후 그려진 것인지는 확인할 수 없다.

194 예종대의 변경 개척에 대한 사신의 평가는 "다만 국경을 개척하는 데에 뜻을 두고 요행의 공을 바라서 사단이 끊이지 않았다."라고(『고려사』 권14, 세가14, 예종 17년) 할 정도였다. 이는 그만큼 예종대의 활발한 변경 개척의 사실들을 확인할 수 있는 것이다.

195 고려의 변경이 압록강 유역으로부터 공험진의 선춘령까지 획정된 것은 사실이지만, 그 유지는 불안했다. 이런 점은 "이 해에 장성을 3척 증축하니, 금나라의 변방 관리가 병사를 발하여 이것을 저지했다. 그러나 이를 듣지 않고 〈금나라에〉 고하기를, '옛 성을 보수한다.'라고 했다. 葛懶甸의 액근 厄菫 胡刺古習顯이 이를 아뢰자, 금나라 군주가 조하기를 '침노하여 사고를 내지 말고 다만 삼가 영루를 굳건히 하고 널리 이목을 펼 뿐이다.'라고 했다."는(『고려사』 권14, 세가14, 예종 14년 12월) 사료에서 살펴볼 수 있다. 예종 14년은 국경선이 어느 정도 구축된 시기였다. 하지만 장성의 수축 과정에 금나라 군사가 이를 저지했다는 것은 장성 이북의 변경이 금나라에 노출되었다는 것을 의미한다. 이는 그만큼 변경의 불안정을 의미하는 것이지만, 한편으로는 장성이 북방 변경의 구획선으로서의 역할보다는 군사 시설로서의 의미로 파악될 수 있다.

3) 공험진의 위치

(1) 두만강 이남설

고려 예종 2년(1107) 윤10월부터 3년 3월까지 고려의 윤관이 17만 대군을 이끌고 정평관定平關을 나가 여진인을 몰아내고 그들이 차지하고 있던 땅에 웅주雄州, 영주英州, 복주福州, 길주吉州, 함주咸州, 공험진公嶮鎭 성을 쌓고 공험진에 비를 세워 국경으로 삼았다.[196]

여기서 공험진의 위치에 대해 종래 여러 설이 병존하였다. 대표적인 것으로 길주이남설(한백겸, 정약용, 김정호), 함흥평야설(池內宏, 津田左右吉), 두만강 이북 700리설(세종실록지리지) 등을 들 수 있다. 이처럼 여러 설이 병존하는 것은 공험진의 위치에 대한 사료가 극히 희소한 가운데 있는 사료조차 앞뒤가 서로 모순되는 경우가 많고, 또 시대의 변천에 따라 계속해서 지명이 변해왔기 때문에 오히려 당연한 현상이기도 하다. 모순되는 사료의 일부분만을 참고로 하여 비정할 경우 공험진의 위치가 두만강 이북이 되기도 하고 두만강 이남이 되기도 하기 때문이다.

『고려사』「지리지」에는 윤관이 공험진 선춘령에 비를 세운 것으로 기록되어 있다.

> 예종睿宗 2년 평장사 윤관을 원수로 하고 지추밀원사 오연총을 부원수로 하여 군사를 거느리고 여진을 쫓아낸 후 9성을 설치하고 공험진 선춘령에 비를 세워 경계로 삼았다.[197]

『고려사』「지리지」 함주대도독부를 보면 공험진의 위치가 나오는데 "일설에는 공주孔州, 일설에는 광주匡州, 일설에는 선춘령 동남 백두산 동북에 있다고 하며 일설에는 소하강蘇河江(현재의 쑤이펀강綏芬河)변에 있다고 한다"[198]고 되어 있다. 여기서 공

---

196 『고려사』 권96, 열전9, 윤관, "瓘又城英福雄吉咸州及公嶮鎭遂立碑於公嶮以爲界."
197 『고려사』 권58, 지12, 지리3, 東界, "睿宗2年 以平章事尹瓘爲元帥 知樞密院事吳延寵副之 奉兵擊逐女眞置九城 立碑於公嶮鎭之先春嶺以爲界."
198 『高麗史』 권58, 지12, 지리3, 동계, 咸州大都督府, "一云孔州一云匡州 一云在先春嶺東南白頭山東北 一云在蘇河江(綏芬河)邊."

주, 광주는 일반적으로 경원으로 비정되고 있다. 즉 『고려사』 「지리지」는 공험진을 경원 또는 선춘령의 동남 백두산의 동북 또는 소하강변이라고 기술하고 있는 것이다. 『고려사』 「지리지」 자체가 고려시대에 저술된 것이 아니고 조선시대에 저술되었기 때문에 공험진을 정확하게 비정하지 못하고 있음을 알 수 있다. 여기서 공험진을 경원으로 비정할 경우 두만강 이남이 된다. 반대로 선춘령 동남이나 백두산의 동북 또는 소하강변으로 비정한다면 두만강 이북이 된다.

한편, 『금사金史』 강종본기康宗本紀에 윤관의 9성 수축에 관한 기록이 다음과 같이 나온다.

> 고려가 흑환방석黑歡方石을 보내어 제위를 물려받은 것을 축하하겠다고 배로盃魯를 통해 알려왔다. 고려가 도피한 자들을 돌려주겠다고 약조하여 아괄阿聒과 승곤勝昆을 보내 데려오게 하였다. 고려가 두 사신을 죽이고 갈라전曷懶甸에 9성을 쌓고 수만에 달하는 군사로 공격해 왔다. 알새斡賽가 그들을 격퇴시켰다. 알로斡魯가 9성을 쌓고 고려의 9성과 서로 대치하였다. 고려가 또 공격해 오자 알새가 그들을 다시 격퇴시켰다. 고려가 도피한 자들을 되돌려주고 9성에서 군사를 철수하여 침범했던 옛땅을 돌려주겠다고 약조하였다. 9월에 군사를 파하였다.[199]

이 기록에 의하면 9성이 갈라전에 수축되었기 때문에 이 갈라전이 어디냐가 관건이다. 실학자인 안정복이나 정약용은 갈라전을 지금의 남관南關 땅이라고 하면서 공험진을 길주 이남으로 비정하였다.[200]

이들은 『고려사』 「지리지」에 나와 있는 경원설, 선춘령 동남 백두산 동북설, 소하강변 설 등을 모두 무시하고, 갈라전이 남관 땅이라는 선입견과 『고려사』 예종 4년 왕자지王字之의 패전 기록[201] 및 임언의 설[202]을 무비판적으로 받아들여 『고려사』 「지

---

199 『金史』권1, 本紀1, 康宗, "高麗遣黑歡方石 來賀襲位 遣盃魯報之 高麗約還諸亡在彼者 乃使阿聒勝昆 往受之 高麗背約殺二使 築九城於曷懶甸 以兵數萬來攻 斡賽敗之 斡魯亦築九城 與高麗九城相對 高麗復來攻 斡賽復敗之 高麗約以還連逃之人 退九城之軍 復所侵故地 九月乃罷兵."
200 安鼎福, 『동사강목』 부록 하권, 「九城考」, "九城之地 階當求之於 吉州 以內 西南之地也."
정약용, 『아방강역고』(이민수 역), 범우사, 1995, 341쪽.

리지」의 가장 남쪽 설인 경원설 보다도 훨씬 남쪽인 길주 이남으로 비정했던 것이다.

한편 일본인 학자 쓰다[津田左右吉]나 이케우치[池內宏] 또한 비슷한 이유로 공험진 지역을 함흥평야로 비정하였다.[203]

(2) 두만강 이북설

『고려사』「지리지」는 공험진의 위치를 전술한 바와 같이 공주 광주(경원), 백두산 동북, 선춘령 이남 혹은 소하강(수분하) 강변이라고 명확히 기술해 놓고 있다. 이중 공주 또는 광주설만 두만강 이남설이고 나머지는 두만강 이북에 위치하고 있다는 설이다.

일찍이 홍양호는 「북관고적기北關古跡記」에서 『고려사』「지리지」를 인용한 후 공험진이 소하강변에 설치되었다고 주장하였다. 그는 두만강을 건너 고라이-오동참-영가참을 지나면 소하강에 도달하게 되는데 강변에 공험진의 옛성터가 있다고 하였다.[204] 김구진 역시 1976년 「공험진과 선춘령비」라는 연구에서 수분하 이남에 선춘령비가 있다고 하였다.[205]

---

201 승선 왕자지는 공험진에서 영주로 가는 도중에 적을 만났고, 척준경이 웅주에서 급히 와서 이를 구했다(承宣王字之自公嶮鎭 領兵詣府 猝遇虜兵 與戰失利 拓俊京又求之).

202 「英州廳壁記」, 여진은 그 땅이 사방 300리다. 동쪽은 큰 바다에 이르고, 서북쪽은 개마산에 끼였으며, 남쪽은 장주와 정주의 두 주에 접해있다. 산천이 수려하고 땅이 기름지니 본래 고구려의 땅이다. 새로 6성을 쌓았는데, 첫째는 진동군 함주대도독부요, 둘째는 안령군 영주방어사요, 셋째는 영해군 웅주방어사요, 넷째는 길주방어사요, 다섯째는 복주방어사요, 여섯째는 공험진방어사다. 또 의주와 통태, 평융의 두 진에 성을 쌓으니, 함주·영주·웅주·길주·복주·의주 및 공험진과 더불어 북계 9성이었다(女眞其地方三百里 東至于大海 西北介于蓋馬山 南接于長定二州 山川秀麗 土地膏 本高句麗之舊有也 新置六城 一曰鎭東軍咸州大都督府 二曰安嶺軍英州防禦使 三曰寧海軍雄州防禦使 四曰吉州防禦使 五曰福州防禦使 六曰公嶮鎭防禦使 又城宜州 通泰 平戎二鎭 與咸英雄吉福州公嶮鎭 爲北界九城).

203 津田左右吉, 「尹瓘經略地域考」, 『朝鮮歷史地理』 2권, 1913; 池內宏, 「完顔氏の葛懶甸經略と尹瓘の九城の役」, 『滿鮮史研究』(東京: 岡書院), 1939), 349~431쪽.

204 洪良浩, 『耳溪集』, 外集, 권12, 「北塞記略」, 北關古蹟記, 公嶮鎭, "自高嶺鎭 渡豆滿江 踰古羅耳 歷吾童站 英哥站 至蘇下江 江濱有公嶮鎭古基 南隣貝州探州 北接堅州 按高麗史地理志 公嶮鎭 睿宗三年 築城置鎭 爲防禦使 六年 築山城 一云公州 一云匡州 一云在先春嶺東南白頭山東北 一云在蘇下江邊 今以慶源爲公州 則恐在先春嶺東南白頭山東北蘇下江邊者爲是 然未可考."

205 이상태, 「선춘령과 공험진의 위치에 관한 연구」『안보문화와 미래』 제2호, 2009, 58쪽.

한편 최규성은 공험진과 선춘령비의 위치를 연길 시내 북쪽의 북대고성北臺古城으로 비정하였다. 그에 의하면 일제 통감부 임시 간도파출소가 설치된 1900년대 초에 간도의 국자가(연길) 서방 1.5리 지점에 있는 포이합통하布爾哈通河 수중에서 큰 비가 발견되었다고 한다. 당시 일제의 나이토[內藤]가 "무자년戊子年 구월九月 무신戊申" 등 20여자를 판독한 후, 무자년의 무자는 윤관이 9성을 설치한 1108년을 의미하기 때문에 이 비를 선춘령비로 추정할 수 있다는 연구결과를 내놓았다고 하면서 자신이 나이토의 연구결과와 『세종실록』「지리지」 함길도 길주목 경원도호부조의 기사와 비교해보니 이 비가 선춘령비일 가능성이 크다는 것이다.[206]

반면 안주섭·이부오·이영화는 고려말 조선 초기 두만강 일대를 두고 명과 치열한 영토 논쟁이 벌어졌을 때, 고려와 조선은 두만강 일대의 역사적 연고권으로 윤관의 9성 설치 때 공험진이 두만강 북쪽 700리에 설치되었다는 사실을 제시했고, 명이 이에 승복함으로써 명과의 전쟁 없이 두만강 일대를 영토로 편입할 수 있었다며 선춘령을 간도의 수분하 상류 노송령으로 추정하였다.[207]

또한 이상태는 조선 초기 명과의 국경획정을 위해 태종 및 세종이 명에 사람을 보내 공험진 이남이 조선의 영토임을 확인받았다는 『조선왕조실록』의 기록과 「조선팔도지도」 등 10종의 고지도를 참조하여 두만강 이북으로 추정하였다. 특히 그는 세종이 김종서를 시켜 공험진의 위치를 확인하고는 그 결과를 『세종실록』「지리지」에 수록하였는데, 이 기록에 의하면 공험진은 두만강 북쪽 700리 지점이었지만 자신이 직접 『세종실록』「지리지」에 수록된 지명을 현대 지명으로 비정하면서 답사해 본 결과 700리 지점은 아니고 250리 지점 정도라고 하였다. 그는 왕청현 부근을 선춘령으로, 연길시를 공험진으로 비정하였다.[208]

윤일영은 『고려사』「세가」와 「지리지」, 『고려사절요』, 『태종실록』과 『세종실록』, 『세종실록』「지리지」 등의 기록을 참고한 후 『세종실록』「지리지」에 수록된 공험진

---

206 최규성, 「선춘령과 공험진비에 대한 신고찰」『한국사론 34-한국사의 전개과정과 영토』, 국사편찬위원회, 2002, 153~156쪽.
207 안주섭·이부오·이영화, 『영토한국사』, 소나무, 2006, 114쪽.
208 이상태, 앞의 논문, 2009, 62~65쪽.

및 선춘령으로 가는 경로를 직접 답사하였다. 전기한 이상태와 달리 윤일영은 비록 같은 『세종실록』「지리지」의 경로를 답사했음에도 이상태가 선춘령으로 비정한 왕청현보다 도로상으로 77km 북쪽에 있는 노송령을 선춘령으로 비정하였으며, 공험진은 연변자치주 안도현安圖縣 명월진明月鎭 장흥촌長興村의 오봉산성으로 비정하였다.[209]

끝으로 국방대학교에서 관련 연구로 석사학위를 받은 최창국은 공험진을 중국 길림성 왕청현 춘양진 일대로, 선춘령은 두만강 이북 복흥진復興鎭 북쪽에 위치한 향진계響鎭界 고개로 비정하였다.[210]

(3) 제설의 재검토

고지명을 현대에 비정한다고 하는 것은 쉽지 않다. 관련 자료는 극히 제한되어 있는데, 그동안 지명은 계속해서 바뀌어왔고, 또 같은 시대에도 기록자에 따라 글자를 달리 표기하는 경우가 많았기 때문이다.

이러한 고지명을 현대에 비정할 때 유적이나 유물을 통한 입증이 가장 정확하겠지만 그것이 어려울 때는 관련 문헌자료에 의존하게 된다. 관련 문헌자료의 경우 물론 당시에 작성된 것이 후대에 작성된 것보다 정확하다고 할 수 있을 것이다.

안정복이나 정약용 또한 당시의 기록에 충실하고자 했기 때문에 그 후의 기록에서 당시의 기록과 다른 것은 일고의 가치도 없는 것으로 배제함으로써 공험진과 선춘령을 오늘날의 함경남도 일대로 비정하였던 것이다. 안정복이나 정약용이 중요하게 참고한 당시의 자료는 임언林彦의 「영주청벽기英州廳壁記」이다. 임언은 당시 도지병마령할사都知兵馬鈴轄使라는 직책으로 윤관을 수행했던 자이다. 그는 윤관을 수행하여 9성을 개척한 후 영주관청의 벽에 9성 개척기를 적었다고 한다.

정약용은 「영주청벽기」에 여진의 땅이 삼백리라고 했기 때문에 9성이 삼백리를 벗어날 수 없다고 하였다. 그의 이러한 견해는 그대로 일본인 학자 이케우치나 쓰다에게 전수되었다.

그런데 여기서 「영주청벽기」가 과연 임언이 지은 원본 그대로 전해지는 것인지를

---

209 윤일영, 「선춘령과 공험진의 위치」『안보문화와 미래』 제2호, 2009, 69~140쪽.
210 최창국, 「선춘현과 공험진」『안보문화와 미래』 창간호, 2007, 155~203쪽.

검토할 필요가 있다. 「영주청벽기」는 원본이 전해지는 것이 아니고 『고려사』에 수록된 내용으로 전해지는 것이기 때문에 누군가에 의해서 필사된 것이 조선초기 『고려사』를 편찬할 때 수록된 것으로 보아야 한다. 따라서 전사하는 과정에서 충분히 오탈자가 발생할 수 있다는 사실을 간과해서는 안된다.

당시 윤관이 동원했던 병력이 17만명이었다. 불과 삼백리의 땅을 점령하기 위해 17만명까지 동원할 필요가 있었을까? 또 삼백리의 땅을 공격하는데 수륙 양면으로 공격할 필요가 있었을까? 또한 그 지역은 수군이 이용할 수로도 없다. 뿐만 아니라 당시 세력을 갖추고 있었던 완안부 여진은 두만강 이북에 그 근거지를 두고 있었는데 정평관 밖 300리만 점령한다고 해서 여진족의 출몰을 막을 수 있었을까? 등과 관련하여 「영주청벽기」의 내용에 회의가 드는 것도 사실이다.

『고려사』 공양왕 4년 3월 경자조에 다음과 같이 되어 있다.

> 홍무 24년 7월에 이필李必 등을 보내어 방문을 가지고 여진 지면인 두만 등처에 나아가 초유하였더니, 당년에 알도리 올량합 만호 천호 두목 등이 곧 귀부하였으므로 이미 상을 행하고 명분을 주어 각기 소업에 복귀하도록 하였다. 소유의 속빈·실적멱·몽골·개양·실연·팔인·안돈·압란·회자올·올리곤·고리한·노별·올적개의 지면은 모두 본국의 공험진 경내에 속하였다.[211]

이필 등을 보내어 두만강 일대의 여진족들을 고려로 귀부시켰는데, 속빈·실적멱·몽골·개양·실연·팔인·안돈·압란·회자올·올리곤·고리한·노별·올적개의 땅이 모두 고려 공험진에 속하는 땅이다라는 내용이다.

여기서 속빈로가 두만강 이북의 지역이라고 하는 것은 현재의 중국에서 발행한 금나라 시대의 지도에 명확하게 나타나고 있으며, 또한 금사에서도 "오연포할노烏延浦

---

211 『고려사』 권46, 세가46, 공양왕 4년 3월 경자, "洪武二十四年七月 差李必等 榜文 前去女眞地面 豆滿等處招諭 當年 斡都里兀良哈萬戶千戶頭目等 卽更歸附己行賞賜名分 俱客復業 所有速賓 失的覓 蒙骨開陽實憐八隣押蘭喜刺兀兀里困古里罕魯別 兀的改地面 原係本國 公嶮鎭境內 旣己曾經招諭 至今 未見歸附."

轄奴는 속빈로 성현하星顯河사람이다."[212]라고 하는 구절이 있는데 성현하가 오늘날 연변자치주의 포이합통하라고 하는 사실에서 공험진은 연변지역을 포괄하는 지역이었음을 명확히 알 수 있다.

또『태종실록』을 보면 명나라와 국경을 획정하는 과정에서 이행李行을 명나라로 보내 선춘령과 공험진 이남의 땅이 조선의 영토임을 주장하였고,[213] 그 결과 공험진 이남의 지역을 조선의 땅으로 인정받아[214] 두만강까지 진출할 수 있는 근거를 만들었다.

또한 공험진이 경원의 북쪽에 있다는 사실은 태종 5년 5월 경술조에도 명확히 나온다.[215]

이러한 사실을 근거로 세종은 김종서에게 공험진을 찾도록 명했고,[216] 김종서는 이 명에 의해 선춘령과 공험진을 찾아 보고하였으며, 그 결과가『세종실록』「지리지」에 수록되었던 것이다.

『세종실록』「지리지」에는 선춘령과 공험진의 위치에 대하여 매우 구체적으로 기술되어 있다. 주요 경유 지점, 방향, 거리 등을 따라가면 선춘령과 공험진에 이를 수 있도록 되어 있다. 하지만 전기한『고려사』 및『조선왕조실록』과 「지리지」 등의 기록을 정약용은 배척했다. 임언의 「영주청벽기」에 나오는 삼백리설만을 절대적으로 믿었기 때문이다. 그리고 일본인 학자들도 견강부회라고 하면서 이들 기록을 철저히 무시했다.

그렇다면 두만강 이북의 선춘령까지를 조선의 영토라고 주장했을 때 이를 인정해 준 명나라는 아무런 조사도 없이 조선이 주장하는 대로 허락해주었다는 말인가? 김종서는 선춘령과 공험진을 찾으라는 세종의 명을 허위로 수행했는가? 김종서가 허위로

---

212 『金史』권86, 열전24, 一九一九, "烏延蒲轄奴 速賓路星顯河人也 後改隷曷懶路 父忽撤渾."
213 『태종실록』권7, 태종 4년 5월 기미, "本國卽將上項事 因差陪臣密直提學朴宜中 齎擎表文 前赴朝廷控訴 乞將 公嶮鎭進北 還屬遼東 公嶮鎭進南至鐵嶺 還屬本國."
214 『태종실록』권8, 태종 4년 10월 기사, "勅朝鮮國王李諱 省奏言 參散千戶李亦里不花等十處人員准請 故勅."
215 『태종실록』권7, 태종 5년 5월 경술, "猛哥帖木兒荅失等 幷管下一百八十戶 見居公嶮鎭進南慶源地面."
216 『세종실록』권86, 세종 21년 8월 임오, "至今聞 先春岾有 尹瓘所立之碑 本鎭在先春岾 之何面乎 其碑文 可以使人探見乎 其碑今何如也 如曰路阻未易使人 則無弊探知之策 卿當熟處以聞."

작성한 보고서를 아무런 검증도 없이 『세종실록』「지리지」에 수록했다는 것인가?

실제로 조선은 명나라의 양해하에 두만강 유역까지를 비교적 손쉽게 확보할 수 있었다. 만약 명의 양해가 없었다면 현재 우리의 영토는 고려장성 이내인 함경남도까지로 제한되었을 수도 있다.

『고려도경』을 보면 "옛적에는 영토가 동서는 2,000여리, 남북은 1,500여리였는데…"[217]라고 하고 있으며, 『고려사』「지리지」 서문에는 "그 사방의 경계가 서북은 당나라 이후 압록강을 한계로 하였고, 동북은 선춘령으로 경계를 삼으니, 대체로 서북은 고구려에 미치지 못하였으나, 동북은 이에서 지났다."[218]고 하고 있고, 『신증동국여지승람』 서문에 "예종 대에는 여진을 쳐서 쫓아내어, 9성을 두고 뒤에 5도 양계로 개편하였는데 이 때가 고려의 판도가 가장 넓었던 시기이다. 서북쪽으로는 압록강, 동북쪽으로는 선춘령을 경계로 삼았으므로 서북쪽은 고구려에 미치지 못하였지만 동북쪽은 고구려의 영역보다 더 넓었다고 할 수 있다. 두만강이 아니라 선춘령이 고려의 동북쪽 국경이다."라고 하였는데 이러한 기록이 바로 선춘령과 공험진이 두만강이북에 있었음을 인식하고 쓰지 않으면 나올 수 없는 것들이다.

하지만 아직도 선춘령[219]과 공험진[220]의 위치를 정확히 비정하지 못하고 있다. 이는 그동안 이 지역에 대한 통행이 자유롭지 못했으며, 『세종실록』「지리지」에 나오는 지명과 오늘날 사용하는 지명이 서로 상이하고 또한 도로망이 그동안 수없이 변했기 때문이다.

---

217 『고려도경』 권3, 城邑, 封境.
218 『世宗實錄』「地理志」, 序文.
219 『世宗實錄』「地理志」, 咸吉道, 吉州牧, 慶源都護府, "自東林城北去五里許 有所多老營基 其北三十里 有會比家灘 乃豆滿江之下流也 越江十里大野中 有大城 卽縣城 內有六井 其北九十里山上 有古石城 名曰於羅孫站 其北三十里 有虛乙孫站 其北六十里 有留善站 其東北七十里 有土城基 卽巨陽城 內有 兩石柱 古縣鍾處 鐘高三尺 圓徑四尺 有奇嘗 有慶源人庾誠者至其城 碎其鍾 用九馬馱來 纔十分之一 從者三十餘人皆死 其遺鐵眞草芒中 人不敢收 城本高麗大將尹瓘所築 自巨陽西距六十里先春峴 卽尹瓘 立碑處 其碑四面有書 爲胡人 剝去其字 後有人堀其根 有高麗之境四字 自先春峴越愁濱江 有古城基."
220 『世宗實錄』「地理志」, 咸吉道, 吉州牧, 慶源都護府, "自所多老 北去三十里 有於豆下峴 其北六十里 有東巾里 其北三十里許 越豆滿江灘 北去九十里 有吾童沙吾里站 其北六十里 有河伊豆隱 其北一百 里 有英哥沙吾里站 其北蘇下江邊 有公嶮鎭 卽尹瓘所置鎭."

제2절

원 간섭기 고려의 영토

1. 고려-몽골 전쟁과 원 직할령의 형성

고려의 대몽전쟁기(1231~1270) 지방사회의 저항이 대정부·대몽골이라는 이중의 성격을 띠고 있었다. 그런데 전쟁의 후반기에 접어들면서 민이 몽골에 투항하는 현상이 벌어졌다. 대몽전쟁기에도 일반 민의 유망화와 농장으로의 투탁 등이 광범위하게 발생했다. 이것은 강도江都 정부의 가혹한 수탈과 산성과 해도의 입보책入保策과 같은 대몽항쟁 방식에 대응한 행위였다. 이에 비해 민이 몽골에 투항하는 행위는 저항의 왜곡된 표현이었다고 한다.[221]

그러나 토지 탈점으로 인한 토지 소유관계의 변화와[222] 대몽전쟁 수행을 위한 과중한 부세 수탈을 피하고 생활의 근거지인 지방사회를 보호하려는 민의 자위적 대응이었다는 점 또한 지적되어야 할 것이다. 몽골에 투항하는 행위는 몽골의 고려 통제방식과도 관련되어 원 간섭기에는 원나라로 인구가 대량으로 유출되는 계기가 되었을 뿐만 아니라 한편으로 고려 왕조 북방 지역의 영토 문제로 비화되기도 했다.

---

[221] 몽골에 투항에 대해서 尹龍爀은 민생과 관련된 민요적인 성격이며 항몽 전열을 약화시키고 적의 침략 전쟁 수행에 도움을 주는 것이었다는 점에서, 변태적인 형태의 저항 사건으로 파악했다(「高麗 對蒙抗爭期의 民亂에 대하여」『史叢』30, 1986, 53~55쪽).

[222] 姜晉哲, 「高麗의 權力型 農莊에 대하여」『韓國中世土地所有研究』, 1989, 205~209쪽.

원나라는 고려와 강화를 맺은 이후 고려의 왕정과 고유한 풍속을 그대로 인정했다. 정복지를 직접 지배하던 원제국에서는 특기할 만한 사실이었다. 그러나 고려는 정치·경제·사회 등 모든 면에서 첨예한 간섭을 받았다.[223] 따라서 고려 정부와 지식인들에게는 국가와 왕조를 유지하기 위해서는 강력한 원제국의 간섭을 인정할 수밖에 없는 사대적인 자세와 고유의 문화를 보존하고 나름대로의 발전을 이룩하려는 자주적인 자세를 어떻게 조율해 나갈 것인가가 최대의 과제였다. 뿐만 아니라 대몽전쟁기 지방사회의 저항과 더불어 고려 중앙정부에 반기를 든 세력들이 몽골에 직접 투항한 것은 고려왕조로부터의 이탈 이외에 동녕부와 쌍성총관부와 같은 원나라 직할령을 배태한 결과를 가져왔다. 이는 영토의 상실뿐만 아니라 이후 고려의 변경 형성에 커다란 문제를 야기했다.

원나라 직할령이 되었던 지역은 쌍성총관부[224]·동녕부[225]·탐라[226] 등이었다. 이들 지역이 주목되는 것은 쌍성총관부와 동녕부는 고려 북방 지역으로서 이후 변경 문제로 연결된다는 점이다. 또한 쌍성총관부의 설정이 대몽강화 교섭이 이루어지는 초기였다는 사실과 동녕부가 무인정권의 몰락 및 삼별초 항쟁이 벌어지는 상황에서 원나라 직할령이 되었다는 것이다. 이들 지역은 고려의 동북 양계에 해당하는 것으로 수도 개경을 보위하는 중요한 지역이었다. 이를 원나라 직할령으로 삼았다는 것은 고려 중앙정부의 국토 장악력을 극도로 약화시킬 수 있었다는 점에서 주목된다.

우선 쌍성총관부는 1258년(고종 45) 12월 조휘趙暉·탁청卓靑 등이 몽골에 투항함으로써 이루어졌다.[227] 이들이 투항하게 된 배경에는 고려의 대몽항쟁의 전술에서 비

---

223 그럼에도 이 시기를 '식민지시기·지배기·강점기' 등 다분히 자주성이 결여된 용어를 쓰지 않고 '간섭기'라고 표현했다.

224 『고려사』 권24, 세가24, 고종 45년 12월 기축.

225 『고려사』 권26, 세가26, 원종 11년 2월 정축.

226 『고려사』 권27, 세가27, 원종 14년 윤6월 병진.

227 쌍성총관부에 관한 연구 성과로는 다음 논문들이 주목된다. 方東仁, 「雙城總管府考(上)」 『關東史學』 1, 1982 ; 方東仁, 「東寧府置廢小考」 『關東史學』 2, 1984 ; 金九鎭, 「麗元의 領土紛爭과 그 歸屬問題 – 元代에 있어서 高麗本土와 東寧府·雙城總管府·耽羅總管府의 分離政策을 중심으로」 『國史館論叢』 7, 국사편찬위원회, 1989 ; 方東仁, 「麗·元 關係의 再檢討 – 雙城總管府와 東寧府를 중심으로」 『國史館論叢』 17, 국사편찬위원회, 1990 ; 周宋林, 「몽골·고려사 연구의 재검토」 『國史館論叢』 8, 국사편찬위원회, 1989 ; 이정신, 「쌍성총관부의 설립과 그 성격」 『韓國史學報』

롯되었다. 고종 45년 산길대왕 등이 몽골 군사를 이끌고 동북면 일대를 침입했을 때 동북면병마사 신집평愼執平은 고주高州, 화주和州, 정주定州, 장주長州, 의주宜州, 문주文州 등 15주의 주민들을 저도猪島로 옮겼으나, 저도의 성이 크고 사람은 적어 수비하는데 어려움이 많았기 때문에 죽도로 옮기려 하였다. 그러나 죽도는 너무 좁고 또 우물이 없었기 때문에 사람들이 모두 옮겨 가려고 하지 않았다. 그럼에도 불구하고 신집평이 강제로 사람을 몰아 옮겼기 때문에 대부분의 사람들이 도망을 가 죽도로 옮겨간 사람은 10명 중 2~3명에 불과하였다.

죽도로 이주한 이들은 식량이 부족하여 중앙 정부에 식량을 요청했고, 또 한편으로 다른 도에서 식량을 운반해 오도록 독촉했다. 이런 과정에서 주민들의 불평이 심해지고 군사들의 수비도 해이해졌다. 이 틈을 타서 조휘와 탁청 등이 삭방도의 등주, 문주 등의 사람들과 모의하여 몽골 군사를 끌어들여, 동북면병마사 신집평, 등주부사 박인기, 화주부사 김선보 그리고 경별초 등을 죽이고, 드디어 고성高城을 공격하여 집들을 불태우고 사람들을 살육하고 약탈했다. 이들은 급기야 화주 이북의 땅을 몽골에 붙었다.[228] 쌍성총관부의 형성에 중요한 역할을 한 자가 조휘와 탁청인데, 이들은 몽골로부터 총관과 천호로 임명되었다.

조휘는 본래 한양부 사람이었는데 뒤에 용진현龍津縣으로 옮겨온 인물이다.[229] 한양부에서 용진현으로 옮겨간 시기와 배경에 대해서는 알 수 없다. 그러나 무인집권기의 시대상을 고려해 볼 때, 유민의 발생과 중앙에 의한 지방사회 통제의 강화 및 재지세력 간의 주도권의 쟁탈 등과 같은 재지사회의 질서 변동에서 밀려난 인물이 아니었을까 추측된다. 조휘는 용진현으로 옮겨간 뒤 이 지역의 재지세력에 의해 차별을 받았을 것으로 여겨진다.[230] 탁청 또한 자세한 이력을 알 수 없지만, 조휘와 비슷한 인물이 아니었을까 한다.

조휘와 탁청이 몽골에 투항했던 고종 45년 12월이라는 시점이 주목된다. 우선 고

18, 2004.

228 『고려사절요』 권17, 고종 45년 10월.

229 『고려사』 권130, 열전43, 반역4, 조휘.

230 재지사회에서 이탈하여 타 지역으로 옮겨간 사례 중에 그 지역 사람들의 시기를 받은 경우를 찾아볼 수 있다(『고려사』 권26, 세가26, 원종 5년 5월).

종 45년 3월에 대사성 유경, 별장 김인준 등이 집정자 최의를 제거함으로써 최씨정권이 무너졌고,[231] 이를 기회로 몽골의 대대적인 침략이 감행되었다. 몽골은 4대 황제 헌종憲宗(1250~1259, 고종 37~46)이 즉위하면서, 고려에 대한 적극적인 침략을 가해 왔다. 특히 고종 45년 3월 최씨정권의 몰락을 기점으로 이루어진 몽골의 침략은 더욱 강렬했다.

고종 45년 4월에 몽골 군사 척후 기병 1천 명이 수안遂安 경내에 침입하였고,[232] 몽골 장수 여수달과 보파대 등이 각각 기병 1천을 거느리고 와서 가주嘉州와 곽주郭州에 진을 쳤으며,[233] 이어서 몽골 군사의 척후 기병이 서경을 지났다고 하므로 서울에 계엄령을 내렸는가 하면,[234] 몽골 군사가 염주鹽州와 백주白州 등 고을에 들어오고 여수달은 평주平州 보산역寶山驛에 진을 치기도 했다.[235] 또한 몽골의 주력 부대를 이끈 차라대는 옛 서울(개성)에 주둔하였는데 뜨내기 돌격 기병들이 승천부昇天府·교하交河·봉성峯城·수안守安·동성童城 등지에 뿔뿔이 침입하여 백성들의 양과 말을 약탈하였고,[236] 몽골 기병과 군사들이 갑곶甲串에 진을 치기도[237] 했다.

이러한 몽골의 기세는 강도 정부를 강하게 압박했을 뿐만 아니라 국왕과 무인정권에서도 몽골의 요구를 받아들이지 않으면 안 되는 상황으로 몰고 갔다. 이러한 상황을 더욱 압박했던 것이 조휘와 탁청 사건이었다.

몽골 장수 차라대 부대에 이어서 또 다른의 주력부대를 이끈 산길대왕과 보지관인 등은 화주和州에 주둔했다.[238] 이런 와중에 조휘와 탁청이 화주 이북을 들어 몽골에 투항한 사건이 발생했다. 몽골에서는 곧바로 이 지역을 쌍성총관부로 만드는 동시에 조휘에게는 총관, 탁청에게는 천호라는 벼슬을 내려주었다. 그런데 조휘와 탁청이라는 인물을 원나라 기록에서는 찾아볼 수 없다. 대몽전쟁 시기에 고려 영토를 원나라의

---

231 『고려사』 권24, 세가24, 고종 45년 3월 병자.
232 『고려사』 권24, 세가24, 고종 45년 4월 신축.
233 『고려사』 권24, 세가24, 고종 45년 6월 기축.
234 『고려사』 권24, 세가24, 고종 45년 6월 경자.
235 『고려사』 권24, 세가24, 고종 45년 6월 갑진.
236 『고려사』 권24, 세가24, 고종 45년 8월 경인.
237 『고려사』 권24, 세가24, 고종 45년 9월 임자 ; 『고려사』 권24, 세가24, 고종 45년 9월 경오.
238 『고려사』 권24, 세가24, 고종 45년 12월 기축.

직할령으로 만든 최초의 사건이었고, 이 지역이 공민왕대 고려에서 탈환할 때까지 약 100년 가까이 직할령으로 있었지만 원나라 기록에서 이들을 찾아볼 수 없다는 점은 납득하기 어렵다. 뿐만 아니라 강도 정부를 압박하는 데는 동계 지역보다는 북계 지역이 더 유리한 면이 있었다. 서경 사람 홍복원 일가의 투항 외에 이 지역을 직접 장악한 것은 1270년(원종 11)에 동녕부가 설치된 이후였다. 이런 점은 아마도 강도 정부의 퇴로를 열어두려는 전술상의 의미가 강했다고 생각된다.

몽골은 1231년(고종 18) 고려 침략을 개시한 이래로 약 27년 동안 줄기차게 공격했다. 그러나 고려의 중앙정부를 좌우하던 무인정권을 무너뜨리지 못했다. 하지만 최의가 제거당함으로써 무인정권의 권력에 변화를 가져왔고, 이런 상황은 몽골에게 고려의 국왕과 무인정권을 강하게 압박할 수 있는 기회였다. 그 결과 강도 정부는 1259년(고종 46) 몽골에 항복했고, 고려의 태자가 직접 몽골 조정으로 친조하는 것으로 마무리 되었다.

조휘와 탁청이 몽골에 투항하여 고려의 영토를 쌍성총관부로 삼았다면, 그 관할 영역이 어디였는지가 궁금해 질 수밖에 없다. 쌍성총관부 관할 영역은 고려의 동계 북쪽 변경 문제와 연결되는 것으로 이는 곧 앞서 예종대의 윤관이 개척한 9성의 위치와도 관련된다.[239] 9성의 일부가 반환되기는 했지만 『고려사』 지리지에[240]나와 있는 공험진과 선춘령의 위치가 관건이라고 할 수 있다. 동계 지역과 관련된 지리적 동향은 〈표 5-11〉과 같다. 〈표 5-11〉에서 보면 고종 45년 12월 조휘와 탁청이 화주 이북 지역을 몽골에 붙였고, 몽골이 화주에 쌍성총관부를 세웠다고 했다. 이때의 기록을 통해서는 쌍성총관부의 관할 지역이 자세하지 못하다. 그런데 공민왕 5년에 쌍성총관부를 탈환했을 때의 수복한 지명들이 확인되는데, 화주·등주·정주·장주·예주·

---

239 9성의 위치에 대해서는 두만강 북쪽 700리설(『고려사』 지리지 ; 『세종실록지리지』 ; 『신증동국여지승람』 ; 方東仁, 『韓國의 國境劃定연구』, 一潮閣, 1997, 115~175쪽 ; 金九鎭, 「公嶮鎭과 先春嶺碑」 『白山學報』 21, 1976), 길주이남설(韓百謙, 『東國地理志』 ; 柳馨遠, 『旅菴全書』 疆界考 ; 申景濬, 『疆界考』 東女眞 9성조 ; 丁若鏞, 『疆界考』 ; 金正浩, 『大東地志』), 함흥평야설(津田左右吉, 「尹瓘征略地域考」 『朝鮮歷史地理』, 東京 南鷲州鐵道株式會社, 1913 ; 池內宏, 「完顔氏の曷懶甸經略と尹瓘の九城の役」 『滿鮮地理歷史硏究報告』 9, 1923) 등이 있다. 최근에는 이 지역을 직접 답사하여 두만강 북쪽에 위치했다고 비정한 연구도(최창국, 앞의 논문, 2008) 있다.

240 『고려사』 권58, 지12, 지리3, 동계.

사건	지 명
고려장성의 동계	요덕진·정변진·화주
예종 3년 9성	함주·영주·웅주·복주·길주·의주·공험진·통태진·평융진
예종 4년 여진 반환	함주·영주·웅주·복주·길주·숭녕진·통태진·진양진·선화진
고종 45년	용진현 사람 조휘(趙暉)와 정주 사람 탁청(卓靑)이 화주(和州) 이북의 땅을 몽고에 붙였더니, 몽고가 화주에 쌍성총관부(雙城摠管府)를 설치하였다.
공민왕 5년 회복 지역	화주·등주·정주·장주·예주·고주·문주·의주·선덕진·원흥진·영인진·요덕진·정변진 등

※ 출처 : 『고려사』 권58, 지12, 지리3, 동계조를 참고하여 정리함.

고주·문주·의주·선덕진·원흥진·영인진·요덕진·정변진 등이었다. 그 외의 지역으로
『고려사』 지리지 동계조에서 함주·복주·길주·북청주부 등이 확인된다.[241] 이 중에서
문주·등주·고주·화주·장주·정주·요덕진·영인진·선덕진·원흥진 등은 역참 지역으
로서[242] 동계 지역의 교통 요지였다.

쌍성총관부의 치소였던 화주는 개경에서 장단長湍→동주東州→교주交州→철령鐵
嶺→등주登州로 이어지는 교통로였을 뿐만 아니라 서쪽으로 서경과 의주義州로 연결
되는 동계 지역의 교통 중심지였다. 또한 화주는 북쪽으로 장주長州와 정주定州를 거
쳐 동북방의 여진 지역으로 들어갈 수 있기도 하였다.[243] 이들 지역은 개경에서 동북
방으로 치우쳐 있었고, 산악 지역이 많았기 때문에 방어에 취약한 점이 있었다.

〈표 5-12〉에서 보면, 삭방도 지역의 성곽은 북계 지역의 성곽과는 규모 면에서는
비슷했지만 성곽 시설과 주진군의 인원수에서는 확연한 차이가 있었다.[244] 그것은 운
중도와 삭방도 지역이 오늘날의 함경도 일대로서 평야보다는 산악 지역이 많이 분포
했고,[245] 삭방도 지역은 동여진과의 접경 지역이었으므로 흥화도 지역보다 방어적인

---

241 『고려사』 권58, 지12, 지리3, 동계.
242 『고려사』 권82, 지36, 병2, 참역, 삭방도.
243 원 간섭기에 들어가면 화주를 중심으로 북쪽으로 정주→함주→황초령→강계→만포 등 원나라
　　로 통하는 새로운 역로가 개발되기도 했다.
244 신안식, 「고려시대 兩界의 성곽과 그 특징」 『軍史』 66, 국방부 군사편찬연구소, 2008.

면에서 중요성이 떨어졌기 때문으로 이해된다.

〈표 5-12〉 삭방도 지역의 성곽 시설과 주진군[246]

양계	역도	성곽	넓이 (間)	문	수구	성두	차성	첩원 (間)	중성 (間)	연대	주진군
동계	삭방도	장평진	535	4						광종 20	672
		화주	1,014	6	3				180	광종 24	1,656
		고주	1,016	6						광종 24	1,158
		문주	578	6						성종 3	1,088
		진명현	510	5						목종 8	495
		금양현	768	6						목종 8	541
		용진진	501	6						목종 9	517
		등주	602	14	2					목종 11	1,396
		의주	652	5						현종 7	827
		요덕진	634	6						현종 14	1,039
		장주	575	수 6, 정북·고령·소흥·소번·압천·정원						정종 10	1,449
		정주	809	수 5, 방수·압호·홍화·대화·안륙						정종 10	1,916
		원흥진	683	수 4, 내항·압로·해문·도안						정종 10	1,425
		영흥진	424	4						정종 12	619
평 균(약)			664	6							1,057

장평진·진명현·용진진·금양현·원흥진의 성곽은 해안과 인접한 거리에 설치되었던 것으로 해적의 침공을 대비하였던[247] 것으로 이해된다. 이는 "문종이 임금이 되자 병부낭중 김경을 파견하여 동해로부터 남해에 이르기까지 그 연해에 성보城堡와 농장

---

245 『고려사』 권7, 세가7, 문종1, 문종 8년 8월 경신.
246 동계 주진군의 현황은 행군의 인원수가 적혀 있지 않고 기록이 미비하기 때문에 그 추정치가 근사치에 미치지 못한다고 생각된다. 때문에 〈표 5-12〉의 주진군은 기간 상비군을 중심으로 계산했다(李基白, 앞의 논문, 1968, 250~253쪽).
247 『고려사』 권7, 세가7, 문종1, 문종 4년 1월 기축 ; 『고려사』 권8, 세가8, 문종2, 문종 22년 7월 정유 ; 『고려사』 권9, 세가9, 문종3, 문종 27년 6월 병신 ; 『고려사』 권11, 세가11, 숙종1, 숙종 원년 6월 갑술 ; 『고려사』 권11, 세가11, 숙종1, 숙종 2년 7월 임신.

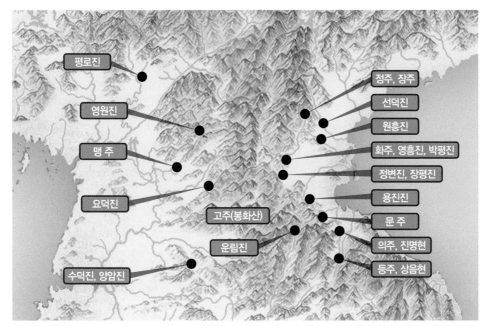

동계 지역

을 만들어 해적 침공의 요충을 장악케 하였다.”는 기록을[248] 통해서도 알 수 있다. 이 뿐만 아니라 문주성은 해적 소탕에 일조하기도 하였다.[249]

화주·고주의 성곽은 광종대에 축조되었는데, 이것들은 삭방도 지역의 다른 성곽보다 규모 면에서 컸다. 특히 화주는 995년(성종 14)에 화주안변도호부로 고쳤다가, 1018년(현종 9)에 낮추어서 화주방어사로 만들어 본영으로 삼았을 정도로[250] 삭방도 지역의 중심이었다. 또한 요덕진성은 삭방도에서 운중로로 가는 길목에[251] 자리 잡고 있었다.

고려 장성이 축조된 이후 정종대에는 정주·선덕진·원흥진에 관문을 설치하였고,[252] 장주·정주·원흥진에는 보자堡子인 수戍가 설치되었다. 이러한 성곽들의 축조에는 오

---

248 『고려사』 권82, 지36, 병2, 성보.
249 『고려사』 권11, 세가11, 숙종1, 숙종 원년 6월 갑술.
250 『고려사』 권58, 지12, 지리3, 동계, 화주.
251 『고려사』 권100, 열전13, 두경승.
252 『고려사』 권58, 지12, 지리3, 동계.

랜 시간이 걸린 것은 아니었고[253] 방어력의 효율성을 중요시 한 것으로 이해된다. 이런 점은 1108년(예종 3) 윤관의 여진 정벌에서 그 효율성을 잘 보여주었다. 이때의 정벌군 17만이 주둔한 곳이 장춘역으로[254] 장주 소속이었다. 장주는 〈표 5-12〉에서도 볼 수 있듯이 6개의 수城가 설치되었고, 정벌군이 북방 지역으로 나아가는데 이용된 관문이 5개의 수가 설치된 정주였다.

함주·복주·길주·북청주부 등은 1356년(공민왕 5) 쌍성총관부를 탈환했을 때 같이 수복되었던 것으로 확인되고, 일찍이 예종대의 윤관이 개척한 9성에도 포함되었던 지역들이다. 이들 지역은 여진에게 반환된 지역이었다. 그런데 원 간섭기에 쌍성총관부의 관할 지역으로 편성된 것으로 추정된다. 두만강 너머 북방 지역으로 나아가는 중요 교통로였던 것 같다.[255]

따라서 화주를 중심으로 한 쌍성총관부는 고려의 동북 지역을 장악할 수 있었던 거점 역할을 했을 뿐만 아니라 이후 고려의 중앙 정부에 저항하는 세력들의 도피처로서도 이용되었다. 고려의 입장에서는 영토의 상실과 외세의 지리적 압박이라는 이중의 고통을 수용할 수밖에 없었지만, 한편으로는 공민왕 5년 고려장성 너머의 영토를 확보할 수 있었던 배경으로도 작용했다.

쌍성총관부에 이어서 몽골의 직할령이 되었던 지역이 동녕부였다.[256] 1269년(원종 10) 10월에 서북면의 최탄과 한신 등이 반란을 일으켜 곧바로 몽골로 투항함으로써[257] 이루어졌다. 『고려사절요』에서는 다음과 같이 설명하고 있다.

---

253 『고려사』 권6, 세가6, 정종 10년 11월 을해.
254 『고려사절요』 권7, 예종 2년 12월 을유.
255 鄭枖根, 『高麗·朝鮮初의 驛路網과 驛制 硏究』, 서울대학교 박사학위논문, 2008, 208쪽.
256 동녕부에 대한 연구 성과는 다음과 같다. 方東仁, 「東寧府置廢小考」『關東史學』 2, 1984 ; 朴焞, 「高麗末 東寧府征伐에 대하여」『中央史論』 4, 중앙대학교 사학연구회, 1985 ; 金九鎭, 「元代 遼東 地方의 高麗軍民」『李元淳敎授華甲紀念史學論叢』, 교학사, 1986 ; 金九鎭, 「麗·元의 領土紛爭과 그 歸屬問題-元代에 있어서 高麗本土와 東寧府·雙城摠管府?耽羅摠管府의 分離政策을 중심으로」 『國史館論叢』 7, 국사편찬위원회, 1989 ; 方東仁, 「麗·元關係의 再檢討-雙城摠管府와 東寧府를 중심으로」『國史館論叢』 17, 1990 ; 이정신, 「원간섭기 동녕부의 존재형태」『韓國中世社會의 諸 問題-金潤坤敎授定年紀念論叢』, 韓國中世史學會, 2001 ; 이정신, 『고려시대의 정치변동과 대외 정책』, 경인문화사, 2004 ; 池內宏, 「高麗恭愍王朝의 東寧府征伐에 就이て의 考」『東洋學報』 8-2, 東洋學術協會, 1918.
257 『고려사』 권26, 세가26, 원종 10년 10월 을해 ; 『고려사』 권26, 세가26, 원종 10년 10월 경자.

서북면병마사기관 최탄·한신, 삼화현인 전교위 이연령, 정원도호낭장 계문비, 연주인 현효철 등이 임연을 벤다고 말하고, 용강龍岡·함종咸從·삼화三和 사람들을 불러 모아 함종현령 최원을 죽이고 밤에 가도의 영에 들어가서 분사어사 심원준, 감창 박수혁, 경별초 등을 죽이고 반란을 일으켰다. (안경공) 왕창이 이군백을 북계안무사로, 현문혁을 방호장군으로 삼아 군사 150명을 거느려 보냈다.……뒤이어 녹주가 돌아오니 최탄이 사람을 시켜 녹주에게 말하기를, '전왕께서 두 번이나 상국上國에 조회하고 동방을 편안히 하여 백성이 그 혜택을 받았는데, 임연은 진주鎭州의 한 군사인데 무슨 공덕이 있기에 국병國柄을 자기 마음대로 희롱하여 우리 왕을 폐하는가. 조정에 충신이 없으므로 우리들이 분격하여 원흉을 베고 다시 우리 왕을 추대하고자 한다. 선평장께서 두 번이나 지방의 진무사로 와서 우리 백성의 생명을 살려 주었고, 상서가 이제 또다시 안무사로 와서 선인의 풍도가 있으니, 우리들이 차마 덕을 배반할 수 없습니다.'라고 하였다. 녹주가 말하기를, '그대들이 우리 아버지를 잊지 않아 자식에게까지 미치니 얼마나 감사한 일인가. 만일 참으로 잊지 않거든 분도分道와 전리電吏를 놓아 달라'고 하였다. 탄이 이를 따랐다."[258]

다시 또 "최탄이 서경유수 최연·판관 유찬·사록 조영불·용주수령 유희량·영주수령 목덕창·철주수령 김정화·선주수령 김의·자주수령 김윤을 죽였다. 그 나머지 여러 성의 관원과 이속도 모두 적에게 죽었다. 성주수령 최군은 그 부하에게 죽었다.……의주부사 김효신은 들에 사냥하러 나갔는데 정주호장 윤은보가 변이 일어난 것을 듣고 달려가 고하기를, '서경 사람들이 여러 성의 수령을 죽이고 몽골로 달아나려 한다.'라고 하므로, 김효신이 낭장 강용규를 시켜 정탐하게 하였다. 강용규가 영주靈州 경계에 이르렀다가 달려 돌아와서 말하기를, '최탄과 한신의 짓이다.'라고 하였다. 조금 뒤에 최탄의 무리가 30여 명을 거느리고 대부성에 이르렀다. 그 때 몽골 사신 탈타아가 이 성에 와 있었는데 그 사유를 물으니 최탄이 속여 말하기를, '고려가 장차 백성을 모두 섬으로 데리고 들어가려고 북계 여러 성의 사람들을 다 죽이려 하므로 우리들이 여러 성의 수령을 죽이고 들어가 상국에 고하려 했습니다.'라고 하였다.[259]

258 『고려사절요』권18, 원종 10년 10월.
259 『고려사절요』권18, 원종 10년 10월.

이 기록들은 북계 지역에서의 저항을 보여주고 있다. 서북면병마사기관 최탄·한신을 비롯하여 삼화현인 전교위 이연령·정원도호랑장 계문비·연주인 현효철 등이 '무진정변戊辰政變'으로[260] 집권한 임연의 처단을 내세우며 저항을 했다. 이들은 재지세력의 일원으로 추정된다. 특히 연주인 현효철은 일찍이 명종대에 조위총이 반란을 일으켰을 때, 조위총 세력에 끝까지 가담하지 않고 저항해서 무인정권에 수용되었던 현덕수의 일족으로 파악된다.[261] 이런 점은 방호장군으로 파견된 현문혁의 경우도 마찬가지였다. 이처럼 연주인이 임연 정권에 대한 저항에 가담하였던 것은 대몽전쟁기를 통한 지방사회의 황폐화 및 몽골과의 긴장관계에 따른 새로운 전쟁의 조짐에 맞선 지방사회의 반발에서 비롯된 것으로 여겨진다.

따라서 북계에서 최탄 등의 저항은 임연 정권에 상당한 타격을 가하는 것이었고, 원종과 몽골에게는 무인정권을 압박할 수 있는 좋은 기회가 되었다. 이들은 용강·함종·삼화현의 사람들을 모아 함종현령 최원을 죽이고 밤에 가도의 군영에 들어가 분사어사 심원준·감창 박수혁과 경별초를 죽였다. 이들이 처단한 지방관과 경별초는 무인정권의 지방 통치에 중요한 역할을 담당했던 자들이다. 이로 볼 때 이들의 저항은 무인정권의 지방 통치에 대한 조직적인 저항의 형태를 띠고 있었다. 그리고 이들은 다시 서경유수 및 용주·영주·철주·선주·자주 등 5개 주의 관리들을 죽이고 의주부사 김효거 등 22명을 붙잡아 몽골에 투항했다.[262]

이들이 투항하자 몽골은 이들 지역에 동녕부를 설치하여[263] 무인정권을 압박하고 고려 국왕을 견제하는 방편으로 이용했다.[264] 동녕부는 쌍성총관부와 더불어 고려의 내정이 문란한 틈을 타서 역을 회피하려는 자와 범죄를 저지르고 도망가는 자의 도피처로 이용되기도 했다.[265] 최탄 등의 투항은 지배층의 수탈로부터 벗어나고자 했던 민

---

260 임연에 의해 김준이 제거 당한 시기가 1268년(원종 9) 곧 '무진년'이란 점에서 이 정변을 '무진정변'이라고도 한다.
261 『고려사』 권99, 열전12, 현덕수.
262 『고려사』 권26, 세가26, 원종 10년 10월.
263 『고려사』 권26, 세가26, 원종 11년 2월 정축.
264 주채혁, 「몽골—고려사 연구의 재검토」 『國史館論叢』 8, 국사편찬위원회, 1989, 45쪽.
265 『고려사』 권26, 세가26, 원종 11년 윤11월.

의 그것과 구별된다. 하지만 최탄 등이 어지러운 고려사회에서 새로운 세력으로 부상했다는 점은 무인정권 붕괴와 저항 세력들의 동향에 영향을 끼쳤다.

몽골에서는 이 지역을 곧바로 동녕부로 삼았던 것이 아니고, 처음에는 몽골의 행중서성行中書省에서[266] 관리했다. 이 때 몽골에 편입된 지역이 서경 54개 성과 서해도 6개 성이었다.[267] 이런 점은 앞서 동계의 조휘와 탁청 등이 항복했을 때 곧바로 쌍성총관부를 설치한 것과는 차이가 있었다.

원종 11년에 "정축일에 최탄이 몽고 군사 3천 명을 청하여 서경으로 와서 진수했다. 황제는 최탄과 이연령에게 금패를 현효철과 한신에게는 은패를 차등 있게 주었고 조서를 내리어 직접 몽골에 속하게 하되 서경을 동녕부라 개칭하고 자비령慈悲嶺을 고려와의 국경으로 삼았다."라고 했듯이,[268] 이때 정식으로 몽골의 직할령이 되면서 동녕부로 명명되었다.

쌍성총관부에 이어서 동녕부 설치는 원종 및 무인정권에게 상당히 위기적인 상황으로 비춰졌다. 이런 점은 동녕부가 설치되는 시점에 삼별초를 해체한 원종의 행보와 일정한 상관 관계가 있다. 원종은 몽골세력을 끌어들여 무인정권을 붕괴시켰듯이[269] 그들의 기반이 되었던 삼별초를 전격적으로 해체했다.[270] 무인정권의 붕괴와 더불어 전격적으로 삼별초를 혁파한 이유는 무엇이었을까? 아직까지도 강화도를 완전히 제압하지 못한 상황에서 이들의 해체는 실로 모험적인 사건이었다. 무리함을 무릅쓰고라도 이들을 전격적으로 해체했던 것은 무인정권의 기반을 해체하지 않고서는 고려를 완전히 복속시킬 수 없다는 몽골의 의도와 무인정권의 토대를 흔들지 않고서는 정국 운영을 주도할 수 없다는 원종의 판단에서 비롯되었다. 이러한 상황 하에서 대몽전쟁의 첨병이었고 무인정권의 무력기반이었던 삼별초는 반기를 들지 않을 수 없었고, 급기야 그들은 고려 정부와 몽골에 정면으로 대항하게 되었던 것이다.[271]

---

266 행중서성은 행성이라고도 했는데, 본래 중앙의 정무 기구인 중서성의 재상이 지방에 파견되어 임시로 사무를 처리한 것에서 기원했다. 최고 관직인 승상은 종1품이다.
267 『고려사』 권26, 세가26, 원종 10년 12월 신묘.
268 『고려사』 권26, 세가26, 원종 11년 2월 정축.
269 『고려사』 권26, 세가26, 원종 11년 5월 계축.
270 『고려사』 권26, 세가26, 원종 11년 5월 무진.

원나라 직할령이 된 또 다른 지역이 제주도였다. 제주도는 원래 탐라耽羅로 불렸고, 1273년(원종 14) 삼별초의 항쟁을 평정한 후 다루가치[達魯花赤]를 설치하면서부터[272] 원나라 직할령이 되었다. 탐라총관부는 쌍성총관부·동녕부와 같이 반란 세력의 투항으로 성립된 것이 아니라 삼별초 항쟁의 진압 이후 원나라에 의해 강제적으로 장악된 경우에 해당한다. 그렇다면 삼별초의 항쟁 근거지였던 진도가 아닌 탐라에 직할령을 설정한 이유가 무엇이었을까?

1259년(고종 45) 대몽강화가 성립되면서 몽골의 다음 정복 목표가 남송과 일본이었음은 잘 알려진 사실이다. 이들 지역을 공략하기 위해서는 해양으로 접근할 수 있는 곳이 필요했을 뿐만 아니라 이에 필요한 물자의 동원이 중요했을 것이다. 따라서 "탐라는 고려의 여국與國이다. 원은 고려를 복속 시킨 후 남송과 일본의 요충으로서 탐라를 주목하였다."라는[273] 자료에서 볼 수 있듯이, 탐라는 삼별초 항쟁의 근거지가 되기 이전부터 원나라의 관심을 받았던 지역이었다.

1266년(원종 7) 11월에 탐라의 성주星主가 고려 조정을 거쳐 원나라에 입조했고,[274] 이후 원나라 세조는 남송과 일본을 정벌하기 위한 전초기지로서 탐라와 흑산도를 시찰하기 위해 사신을 파견하기도[275] 하였다. 이는 탐라가 남송과 일본 정벌의 요충지로서의 타당성을 알아보는 동시에 탐라를 그들의 전략적 기지로 이용하고자 했던 의도

---

271 삼별초 항쟁의 원인에 대해서는 대개 외세에 의존한 왕권의 확립으로 인한 고려의 종속화와 출륙 환도에 대한 두려움으로 파악하고 있다(金庠基, 「三別抄와 그의 亂에 대하여」『震檀學報』 9·10·13, 1938~1941 ; 『東方文化交流史論攷』 재수록, 1948 ; 姜晉哲, 「蒙古의 侵入에 대한 抗爭」 『한국사 7』, 국사편찬위원회, 1973 ; 金潤坤, 「三別抄의 對蒙抗戰과 地方 郡縣民」『東洋文化』 20·21, 1981 ; 李佑成, 「三別抄의 遷都抗蒙運動과 對日通牒－"珍島政府"의 한 資料－」『韓國의 歷史像』, 1982).

272 『고려사』 권27, 세가27, 원종 14년 윤6월 병진, "元置達魯花赤于耽羅", 『고려사』에서는 탐라에 설치된 것이 다루가치라 했으나 『원사』를 보면 초토사였음을 알 수 있고(『원사』 권208, 열전95, 외이1, 탐라전), 이는 반란자를 토벌하고 투항자를 진무하는 일을 맡은 임시 관부에 지나지 않고 이후 탐라가 원나라에 완전히 복속된 다음에 총관부로 변화되었다고 한다(金九鎭, 앞의 논문, 1989, 88쪽).

273 『원사』 권208, 열전95, 외이1, 탐라전.

274 『고려사』 권26, 세가26, 원종 7년 11월 병진·갑자.

275 『원사』 권208, 열전95, 외이1, 고려전 ;『원사』 권6, 본기6, 세조3, 세조 지원 6년 7월 계유 ;『원고려기사』 탐라전 ;『고려사』 권26, 세가26, 원종 9년 10월 경인.

에서 비롯되었다.[276]

몽고가 명위장군도통령 탈타아脫朵兒, 무덕장군통령 왕국창王國昌, 무략장군부통령 유걸劉傑 등 14명을 보내 조서를 가져왔는데 그 내용에 이르기를, '당신이 최동수를 보내 군대 10,000명을 갖추었고 선박 1,000척을 만들게 하였다고 보고한 일에 대하여 이제 특히 탈타아 등을 파견하여 군대를 사열하며 함선들을 검열하도록 하는 바이니 건조하는 배들은 여기서 보내는 관원들이 지시하는 대로 만들어라. 탐라와 같은 곳에 이미 선박 건조의 일을 맡겼다면 반드시 또 더 첨가하여 부담을 지울 필요는 없으나 만일 아직도 선박 건조의 과업을 주지 않았다면 즉시 따로 100척을 만들게 하라. 군대들과 선박들은 항상 정돈하여 비치하고 남송이나 일본이나 간에 나의 명령을 거역하면 그들을 징벌할 것이니 그때마다 적당히 처리하도록 할 것이다. 이와 아울러 먼저 관원을 보내 흑산도와 일본 간의 길을 시찰하게 하는 바이니 당신도 관원을 보내 그들을 호송하며 길 안내를 하도록 하라'고 하였다.[277]

위의 기록을 통해서도 이미 몽골에 의해 탐라를 이용할 방도가 강구되었음을 알 수 있다. 또한 진도에서 패배한 삼별초가 그 다음 근거지로 탐라를 선택했던 이유도 일본 원정을 위한 군비가 어느 정도 갖춰진 배경이 작용했을 것으로 생각된다.

한편, 여몽연합군은 1273년(원종 14) 5월에 전라도의 병선 160척과 육해군 10,000여 명의 병력으로 탐라의 삼별초를 진압하고, 항복한 자 1,300여 명을 여러 배에 실어 육지로 데리고 나온 반면 원래 탐라에 살던 자는 예전대로 안심하고 살게 했다.[278] 탐라의 주민을 그대로 머물러 둔 이유는 이후 일본 정벌에 필요한 배를 건조하기 위한 조치이기도[279] 했다. 그런데 원나라는 진도의 삼별초를 진압한 이후 그 지

276 金九鎭, 앞의 논문, 1989, 84~88쪽 ; 南都泳, 『濟州道牧場史』, 한국마사회 마사연합회, 2001, 137~138쪽.
277 『고려사』 권26, 세가26, 원종 9년 10월 경인.
278 『고려사』 권27, 세가27, 원종 14년 5월 경술.
279 『고려사』 권27, 세가27, 원종 15년 2월 갑자. 이 기사 내용으로 큰 배 300척을 전라도와 탐라에서 건조하라는 것과 탐라의 주민이 10,223명이었음을 알 수 있다.

역을 직할령으로 하지 않았던 반면, 탐라는 삼별초를 진압한 이후 곧바로 직할령으로 삼았다. 뿐만 아니라 『원사』의 외이外夷 열전에 고려와 탐라를 각각 다른 조목으로 설정하여[280] 탐라를 고려와 분리했다.

즉 "지원至元 10년 정월 경략사 흔도忻都·사추史樞와 홍다구洪茶丘 등에게 명령하여 병선 대소 108척을 거느리고 탐라의 적당을 토벌하여 6월에 이를 평정하고, 그 땅에다 탐라국초토사를 설립하고, 진변군鎭邊軍 1,700명을 주둔시켰다. 그 공부貢賦로서 모시포毛施布 100필을 해마다 바치게 하였다. 초토사는 뒤에 군민다루가치총관부軍民都達魯花赤總管府로 고쳤다가 뒤에 다시 군민안무사軍民安撫司로 고쳤다."라는[281] 자료에서 탐라국이라[282] 하여 고려와 별개로 취급하였음을 살펴볼 수 있다. 고려 정부 또한 탐라총관부에 대해 적극적인 회복 의지를 보여주지는 않았다.[283] 이는 탐라총관부가 직할령이 된 배경과 쌍성총관부·동녕부의 직할령 설정 배경이 달랐던 것에서 나타난 현상이 아니었을까 한다.

결국 탐라총관부의 설치는 삼별초 항쟁에 대한 진압을 계기로 강제적인 직할령의 설정이었다. 이는 대몽항쟁의 실패에 따른 영토의 상실이었을 뿐만 아니라 무인정권의 붕괴와 더불어 왕권의 회복을 원나라에 의지한 결과였다. 이를 회복하기 위한 고려의 노력과 탈환은 고려의 강역을 새롭게 구축할 수 있는 기회로 작용했다.

---

280 『원사』 권208, 열전95, 외이1, 고려전 ;『원사』 권208, 열전95, 외이1, 탐라전.

281 『원사』 권208, 열전95, 외이1, 탐라전.

282 金九鎭은 탐라를 '탐라국'이라고 했던 것은 원나라가 탐라를 고려로부터 의도적으로 분리시키려는 정책에서 비롯되었다고 했다(앞의 논문, 1989, 88쪽).

283 『고려사』에 의하면 고려 정부가 탐라총관부에 대한 환수 시도는 충렬왕 20년 5월밖에 나타나지 않는다(『고려사』 권31, 세가31, 충렬왕 20년 5월 갑인).

2. 영토수복 활동

1) 동녕부의 수복

원나라 직할령으로써 가장 먼저 수복된 지역은 동녕부였다. 쌍성총관부보다 설치는 늦었지만 3개의 직할령 중에서 가장 먼저 수복된 것은 그만큼 고려 정부의 노력도 중요하게 작용했을 것이다. 동녕부 수복 과정을 『고려사』 기록을 중심으로 정리하면 〈표 5-13〉과 같다.

〈표 5-13〉 동녕부 수복 과정

①	원종 10년 10월	· 임연을 벤다는 명분으로 최탄·한신 반란 · 최탄의 무리가 반역한 실상을 원나라에 보고
②	원종 10년 12월	· 원나라 황제의 조서로 최탄 무리와 서경 54성 및 서해 6성 군민들이 투항했음을 확인하고, 최탄에게 칙명을 내려 원나라 행중서성에서 관리 · 동선역의 역리들이 최탄에게 투항
③	원종 11년 정월	· 원나라 도당에 최탄의 모함을 항변
④	원종 11년 2월	· 원나라의 조서를 통해 서경을 동녕부로 개칭 · 자비령을 고려와의 국경으로 삼음 · 원종이 원나라 황제에게 글을 보내 서경 반환 요청
⑤	원종 11년 5월	· 삼별초 해산
⑥	원종 11년 6월	· 삼별초 항쟁
⑦	원종 11년 8월	· 동녕부 반환 요청
⑧	원종 13년 6월	· 원나라에서 파견한 군대 식량과 사료를 동녕부에서 공급하도록 요청
⑨	원종 15년 2월	· 동녕부로 도망간 자들을 동정군으로 보충 요구
⑩	충렬왕 즉위년 8월	· 소경 조유를 동녕부에 파견 · 고려에서 도망간 사람들을 조사하여 찾아오게 함
⑪	충렬왕 즉위년 10월	· 서경 대흥부 녹사 양수 등이 왕을 따라 갈 것을 요청하여 수행하는 것을 최탄이 도중에서 기다리고 있다가 양수를 떼어 빼앗아감 · 왕이 서경에 이르렀을 때 서경은 동녕부에 속해 있었기 때문에 왕은 은과 모시를 내어 식량과 사료를 바꾸다가 따라오는 신하들에게 줌
⑫	충렬왕 2년 8월	· 동녕부 천호 한신이 와서 자기 편 사람들을 심사함
⑬	충렬왕 4년 2월	· 동녕부에 관리를 파견하여 우리나라 사람들을 심사하여 데려오게 함
⑭	충렬왕 4년 4월	· 은과 포로 동녕부에서 쌀을 사들임 · 서북면의 여러 고을들이 모두 동녕부에 속했는데 오직 의주·정주·인주 세 고을은 붙지 않고 관리들과 백성들이 서로 이끌고 나와 왕을 맞았으며 공급과 접대가 다른 고을보다 융숭함
⑮	충렬왕 4년 7월	· 동녕부 반환 요구

⑯	충렬왕 4년 9월	· 낭장 조감과 녹사 이구를 동녕부에 파견하여 우리나라 사람들을 찾아오기 위하여 조사하고 소집하게 함
⑰	충렬왕 4년 10월	· 소윤 조유와 별장 이봉을 동녕부에 보내 곡주 수안군 은율현의 사람들과 물건들을 조사하여 데려오게 함
⑱	충렬왕 5년 2월	· 소윤 조유를 동녕부에 보내 기미년 이래로 서해도 백성으로서 동녕부에 망명하여 간 자들을 조사하여 데려오게 함
⑲	충렬왕 6년 정월	· 친종장군 박연, 중랑장 이인을 동녕부에 보내 부장(夫匠)을 조사하여 데려오게 함
⑳	충렬왕 6년 4월	· 중랑장 지선을 동녕부에 보내 선대 임금들의 능묘를 발굴한 데 대하여 물음
㉑	충렬왕 6년 9월	· 원나라에서 야속달 최인저를 보내 수달단(水韃靼)으로서 개원로(開元路)·북경로(北京路)·요양로(遼陽路)에 있는 자들을 동녕부에 이송하여 두게 했는데, 이것은 장차 일본 정벌에 동원하려는 것이었음
㉒	충렬왕 6년 11월	· 동녕부에서 관할하는 여러 성 및 동경로 연해의 주현들에는 초공(梢工) 수수(水手)가 많이 있으니 거기에서 3,000명을 징발하여 보내 부족한 인원을 보충게 하여 주기 바란다는 글을 원나라 중서성에 보냄
㉓	충렬왕 7년 정월	· 개원로동녕부 왕만호(王萬戶), 야선(也先) 대왕이 모두 사신을 보내 왔는데 일본 정벌 사업 때문에 온 것이었음
㉔	충렬왕 8년 9월	· 친종장군 정인경을 요심(遼瀋)에 보내고, 중랑장 정복균을 동녕부에 보내 우리나라 사람들을 조사하여 데려오게 함
㉕	충렬왕 10년 4월	· 왕의 일행이 중화현에 들렀는데 원나라의 착응사 낭가대와 동녕부 다루가치 등이 와서 매와 말을 바침 · 동녕부에 들러 낭가대와 다루가치 등에게 은과 모시를 차등 있게 내림
㉖	충렬왕 10년 5월	· 동녕총관 홍중희가 와서 말을 바침
㉗	충렬왕 11년 정월	· 동녕부 천호 최탄 등이 와서 왕을 위하여 연회를 베품
㉘	충렬왕 11년 11월	· 원나라에서 "동녕부가 우리나라의 수안 곡주를 빼앗으려고 다투었다."는 이유로 단사관 소독해를 보내 시찰하게 하였고 또 동정을 위한 선박 건조도 독려함
㉙	충렬왕 13년 3월	· 원나라에서 형부시랑 육십을 보내 동녕부의 사건을 조사 해명케 함
㉚	충렬왕 13년 8월	· 동녕부 역어중랑장 구천수가 쌍성의 첩자 홀도대(忽都歹)와 덕산(德山) 등을 붙잡아 옴
㉛	충렬왕 16년 3월	· 황제의 명령으로 동녕부를 폐지하고 서북의 여러 성을 우리나라에 돌려줌 · 왕이 총관이었던 한신과 계문비를 대장군으로, 현원열을 태복윤으로, 나공언과 이한을 장군으로 각각 임명함
㉜	충렬왕 16년 6월	· 대장군 한신으로 하여금 서경 군사들을 인솔하고 동계로 가서 합단을 방어하게 함

※ 출처 : 『고려사』 권26~30의 내용을 참고함.

동녕부는 1269년(원종 10) 10월에 최탄 등이 몽골에 투항함으로써 성립되었다(〈표 5-13〉-①). 동녕부에 예속된 북계 지역은 서경 54개 성, 서해도 6개 성 등 도합 60여개였고(〈표 5-13〉-②), 그 상세한 지역은 자세하게 알려져 있지 않지만 북계 대부분의 지역을 대상으로 했을 것으로 추정된다. 이를 토대로 원나라는 고려와의 국경을 자비령을 경계로 삼았다(〈표 5-13〉-④).

그런데 북계 전 지역이 동녕부에 예속된 것은 아니었음도 드러나는데(〈표 5-13〉-

⑭), 이는 "왕이 의주에 머물렀다. 당시에 서북면의 여러 고을들이 모두 동녕부에 속했는데, 오직 의주·정주·인주 세 고을은 붙지 않고 관리들과 백성들이 서로 이끌고 와서 왕을 맞았으며 공급과 접대가 다른 고을보다 융숭하였다."라고[284] 한 자료에서도 알 수 있다. 북계의 대부분 지역을 동녕부에 예속시켰지만, 의주·정주·인주를 제외했다는 것은 쉽게 납득하기 어렵다. 이들 지역이 고려 정부의 지배를 받았다고 해서 동녕부의 영향권에서 자유롭지는 못했을 것이다.

아래지도에서도 알 수 있듯이, 서경을 중심으로 한 동녕부는 수도 개경에서 의주를 넘어 원나라 지역의 심양로瀋陽路로 나아가는 주요 교통로였다. 이는 곧 고려 정부가 이 지역에 대한 수복을 적극적으로 펼쳐나간 이유이기도 했다.

동녕부가 원나라 직할령으로 넘어갔을 때 고려는 곧바로 반환을 요구했다. 동녕부

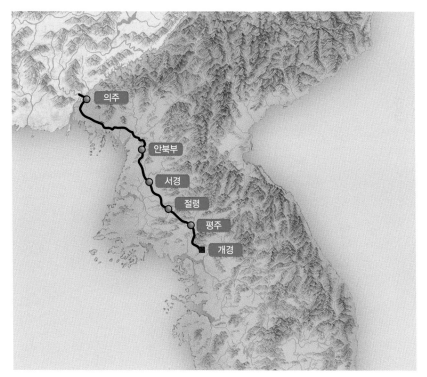

북계 교통로

---

284 『고려사』 권28, 세가28, 충렬왕 4년 4월 기묘.

로의 승격이후 원종 11년 2월과 8월에 각각 반환을 요청했지만 수용되지 않았다(〈표 5-13〉-④·⑦). 이런 점은 고려에서 강도정부가 아직 유지되었고, 원나라의 다음 목표가 일본을 정벌하려는 것이었기 때문이었다. 즉 원나라에서 고려에 파견된 군대의 식량과 말의 사료를 공급하거나(〈표 5-13〉-⑧), 동녕부로 도망간 자들을 동정군으로 보충할 것(〈표 5-13〉-⑨) 등을 요구했던 것에서도 살펴볼 수 있다.

또한 고려에서는 동녕부 소속 특정 지역을 수복하려는 경우도 있었는데, 이는 "별장 이봉李逢을 원나라에 파견하여 수안·곡주를 돌려달라고 요청하였다."라는[285] 자료에서 확인된다. 수안과 곡주는 원래 황주목 소속이었는데,[286] 이들 지역은 아래지도에서도 알 수 있듯이 개경에서 평주平州→협계俠溪를 기점으로 동녕부와 쌍성총관부 지역으로 나아갈 수 있었던 교통의 요지였다. 이의 반환은 원나라와의 긴밀한 협조 내지는 비록 원나라의 직할령이 되었으나 양계 지역에 대한 영향력을 유지하려는 고려의 의도가 내포되었다.

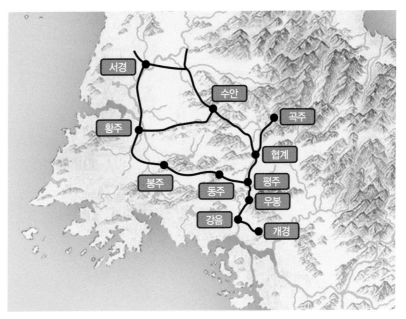

개경 이북 교통로

---

285 『고려사』 권28, 세가28, 충렬왕 4년 8월 정사.
286 『고려사』 권58, 지12, 지리3, 황주목, 곡주.

고려 정부가 동녕부 수복을 도모한 이유는 무엇보다 본토로부터의 인구의 대량 유출을 막으려는 의도였다. 무인정권의 몰락과 대몽강화 이후에도 고려왕조는 전반적으로 사회가 불안정했다. 특히 민의 처지에 가장 위협적인 사항은 몽골의 정복에 따른 복속 사업과 물품 및 군량 요구였다. 그것은 피폐한 민에게 더욱 가중되는 부담이었다.

이러한 실정은 민으로 하여금 대몽전쟁기부터 계속되어 온 저항을 확대시키게 했다. 원간섭 초기에는 주로 기존 대몽항쟁의 지속과 정부에 대한 저항 또는 변칙적인 투항 등의 형태로 전개되었다. 특히 반고려 정부적인 형태의 결정적인 사건은 1258년(고종 45) 조휘와 1269년(원종 10) 최탄 등의 투항이었다.

이 시기의 투몽에 대해서는 "또 황제에게 고하기를, '……그런데 지금 어리석은 백성들 중에 역을 도피하는 자, 죄를 범하고 도망한 자, 공사노비들로서 천민 신분을 모면하려는 자들이 서로 모여, 귀국의 주둔군과 서경에 가서 의탁하고 있으면서 제멋대로 횡행하고 있다. 심지어는 일반 민들을 유인해 가는 일들이 날로 심해지고 있다.……'라고 하였다."는[287] 자료를 통해서 보면 역에서 도피하려는 자, 죄를 범하고 도망한 자, 그리고 공사노비들로서 천민 신분을 모면하려는 자 등이 투항했음을 알 수 있다. 무인집권기 민의 저항 원인이 사회경제적·신분제적 모순에 있었음을 고려해 볼 때, 저항을 통하여 그 뜻을 이루지 못할 경우 외적에 투항하는 형태로 이루어졌음을 이해할 수 있다. 이들의 투항 지역은 대체로 몽골의 주둔군과 쌍성총관부 및 동녕부를 그 대상으로 했다.

동녕부 지역으로의 투항에 따른 대책으로 고려 정부는 추쇄책推刷策을(〈표 5-13〉-⑩·⑬·⑯·⑰·⑱·⑲·㉔) 마련하기도 했다. 이런 점을 원나라에서도 굳이 반대하지 않았다. 하지만 추쇄책만으로 내부의 반발을 막을 수는 없었다. 대몽강화 이후 원나라의 다음 목표는 일본 정벌이었다. 이를 위해 동녕부는 개원로·북경로·요양로 등의 군사를 이송하는 기지로 이용되거나(〈표 5-13〉-㉑), 초공·수수 등과 같이 정벌에 필요한 인원을 보충했고(〈표 5-13〉-⑨·㉒), 일본 정벌을 독려하는 임무(〈표 5-13〉-㉓

---

287 『고려사』 권26, 세가26, 원종 11년 윤11월.

·㉘) 등을 수행하기도 했다.

이와 같이 동녕부는 고려 정부의 지배로부터 이탈하려는 세력의 투항 혹은 원나라의 일본 정벌을 위한 지원 근거지 역할을 했다. 하지만 고려 정부와 동녕부와의 관계는 크게 나쁘지는 않았던 것으로 파악된다. 동녕부 지역이 원나라의 직할령이 됨으로써 서경에 이르렀던 원종 자신이 은과 모시를 내어 식량을 바꿔다가 신하들에게 주는(〈표 5-13〉-⑪) 등 영토의 분리 정책을 실감할 수 있었고, 부족한 쌀을 동녕부에서 구입하기도(〈표 5-13〉-⑭) 하였다.

하지만 원나라 지배가 강화되던 1284년(충렬왕 10) 이후가 되면서는 왕의 일행을 위해 원나라의 착응사 낭가대와 동녕부 다루가치 등이 와서 매와 말을 바치자 왕 또한 낭가대와 다루가치에게 은과 모시를 하사했고(〈표 5-13〉-㉕), 총관 홍중희가 말을 바치거나 천호 최탄 등이 왕을 위하여 연회를 여는(〈표 5-13〉-㉖·㉗) 등 호의적인 모습을 보여주기도 했다. 또한 동녕부가 황주의 수안과 곡주를 빼앗으려던 사건을 원나라 조정에서 직접 조사하여 해명하기도(〈표 5-13〉-㉘·㉙) 했다.

그런데 원나라 직할령 동녕부가 1290년(충렬왕 16) 3월에 "황제의 명령으로 동녕부를 폐지하고 서북의 여러 성들을 우리나라에 다시 돌려주었다. 왕이 그 총관이었던 한신, 계문비를 대장군으로, 현원열을 태복윤으로, 나공언·이한을 장군으로 각각 임명했다."라고[288] 하여 고려 영토로 다시 수복되었다. 동녕부에 대한 반환 요구는 계속 있었지만(〈표 5-13〉-④·⑦·⑮), 충렬왕 16년에 반환된 배경에 대해서는 자세한 자료를 찾아보기 어렵다. 하지만 동녕부 반환에 중대한 변화를 가져오게 한 것이 1287년(충렬왕 13) 원나라에서 일어난 내안乃顔의 반란이었을 것으로 추정된다.[289]

---

288 『고려사』 권30, 세가30, 충렬왕 16년 3월.
289 동녕부의 반환 배경에 대해 방동인은 "합단적의 봉기가 바로 그 요인이었던 것으로 파악된다. 따라서 원은 고려에 대하여 그 중간지대에 놓이는 서북 제성을 돌려줌으로써 합단적과의 제휴를 사전에 봉쇄하고자 했을 것이고, 또 고려는 동녕부에서의 반고려적 주동자들을 안무함으로써 이들과 합단적과의 결합을 사전에 봉쇄한 것으로 추측된다."고(方東仁, 「東寧府 置廢小考」『關東史學』 2, 1984 ; 『韓國의 國境劃定硏究』, 一潮閣, 1997, 재수록, 110쪽) 했다. 주채혁은 "1290년대에 이르면 전중국을 장악하여 당시까지 최대의 호구를 파악할 정도로 몽골정권의 지배기반이 튼튼히 구축된 때이기도 하지만, 한편으로는 1289년에 카이투가 카라코롬에서 반란을 일으키고 1290~1291년 사이에 요양행성 지역에서 쿠빌라이 대칸에 대항하는 카단(哈丹, Qadan)이 반

고려에서 내안의 반란이 일어난 것을 파악한 것은 충렬왕 13년 5월이었으며 즉시 토벌군을 파견하겠다는 의사를 표시하였고, 원나라 조정에서도 이를 허락했다.[290] 하지만 같은 해 8월에 반란을 진압했기 때문에 군사를 보낼 필요가 없다는 전갈을[291] 받았다. 이후 원나라 지역에서의 내안의 잔당들에 의한 반란은 계속되었다.[292]

고려 정부에서는 원나라에서 반란이 일어난 초기에는 적극적인 군사 동원을 시도했지만, 점차 본토를 수비하는 쪽으로 전략을 바꿨고[293] 원나라에서도 고려의 군사 동원을 자제시키는[294] 편이었다. 원나라에서는 고려의 군사 동원보다는 군량 등을 조달하려고[295] 했을 뿐만 아니라, 오히려 병기를 검열하여[296] 고려를 견제하려는 의도를 보여주기도 했다.

다른 한편 동녕부 반환의 중요한 계기로 작용했던 사건이 내안의 잔당이었던 합단哈丹의 고려 침략 계획이었다.[297] 이를 고려에서 파악한 것이 충렬왕 16년 정월이었고, 같은 해 2월에는 고려 군사를 동계 지역으로 파견했으며[298] 원나라에서도 쌍성을 수비하기 위해 사람을 보내기도[299] 했다. 합단적哈丹賊의 침략 소식을 접한 충렬왕이 같은 해 3월에 원나라로부터 귀국하였고, 이를 계기로 몽골 황제의 명령으로 동녕부의 반환이 이루어졌다.[300] 충렬왕은 같은 해 7월에 부지밀직사사 정인경을 서북면도지휘사로 임명하여 서경을 유수留守하였다.[301] 이로써 동녕부는 1269년(원종 10)부터 시작

란을 크게 일으켜 고려를 위협하여 다시 강화로 천도를 하기도 했던 때였으므로 서북면의 기지를 차라리 고려에 반환하는 것이 전략상 유리했다고 파악했을 수도 있다."고(주채혁, 앞의 논문, 1989, 36쪽) 했다. 이들 논문에서는 동녕부의 반환을 원나라에서의 반란과 같은 내부 변화에서 그 배경을 찾았지만, 그 과정에 대한 자세한 내용을 밝히지 않았다.

290 『고려사』 권30, 세가30, 충렬왕 13년 5월 임인 ; 『고려사』 권30, 세가30, 충렬왕 13년 6월 임술.
291 『고려사』 권30, 세가30, 충렬왕 13년 8월 정묘.
292 『고려사』 권30, 세가30, 충렬왕 13년 11월 을미.
293 『고려사』 권30, 세가30, 충렬왕 14년 정월 신유.
294 『고려사』 권30, 세가30, 충렬왕 14년 3월 임인.
295 『고려사』 권30, 세가30, 충렬왕 14년 4월 경오 ; 『고려사』 권30, 세가30, 충렬왕 15년 2월 병인.
296 『고려사』 권30, 세가30, 충렬왕 14년 7월 정해 ; 『고려사』 권30, 세가30, 충렬왕 15년 윤10월 기축.
297 『고려사』 권30, 세가30, 충렬왕 16년 정월 갑자.
298 『고려사』 권30, 세가30, 충렬왕 16년 2월 을해.
299 『고려사』 권30, 세가30, 충렬왕 16년 3월 임자.
300 『고려사』 권30, 세가30, 충렬왕 16년 3월 정묘.

된 원나라 직할령을 마감하고 21년만에 고려 영토로 반환된 셈이었다.

결국 동녕부의 반환은 원나라 내부의 반란을 계기로 이루어졌음을 알 수 있다. 그렇다면 원나라에서 동녕부를 고려에 반환한 근본적인 이유는 무엇이었을까? 그것은 1219년(고종 6) 거란유종契丹遺種을 고려와 몽골의 연합으로 강동성江東城에서 격퇴했듯이,[302] 합단의 반란세력이 고려를 정복 혹은 연합했을 때에는 원제국 자체에 커다란 문제를 야기할 수 있다는 판단이 작용했을 것이다. 동녕부 반환의 의의는 무엇보다 이후 탐라총관부의 반환과 쌍성총관부의 탈환에 영향을 끼쳤다는 점이다.

2) 탐라총관부의 수복

동녕부 다음으로 원나라 직할령에서 수복된 지역이 탐라총관부였다. 원나라 대외 정복을 위한 전초기지로써 중요한 역할을 했던 것이 탐라총관부였다. 대외 정복 사업이 끝나게 되면서 그 위상에도 영향을 주었다. 탐라총관부는 반란세력에 의한 자진 투항이 아니라 남송과 일본 정벌을 위한 원나라의 필요에 따라 강제적으로 직할령이 되었다. 그러므로 수복 과정 또한 원나라의 대외정복의 추이 및 내부 사정과 밀접한 관련을 맺고 있었다.

〈표 5-14〉에서 보면, 탐라가 원나라 직할령으로 된 것이 삼별초 항쟁을 진압한 직후인 1273년(원종 14) 윤6월 다루가치가 설치되면서였고, 고려 영토로 수복된 것이 1294년(충렬왕 20) 5월이었다. 수복되는 과정에서는 동녕부의 수복 운동과 같은 적극적인 노력이 잘 드러나지 않는다. 이는 직할령의 설정이 원나라의 남송과 일본 정벌이라는 목적에서 비롯되었고,[303] 고려 또한 원나라의 의도에 따라 적극적으로 협조해야 할 이유가 있었기 때문이다. 원나라는 고려를 정벌한 이후 일본의 항복을 받아내기 위해 수 차례 사신을 왕래시켰다. 그 과정에서 심지어 고려와 일본의 내통을 의심

---

301 『고려사』 권30, 세가30, 충렬왕 16년 7월 경신.
302 『고려사절요』 권15, 고종 5년 12월, 고종 6년 정월.
303 주채혁은 탐라를 원나라 해상 작전 기지로서의 의의를 강조했다(周采赫, 앞의 논문, 1989, 47~48쪽).

하기도 했다.[304]

〈표 5-14〉 탐라총관부 수복 과정

①	원종 14년 윤6월	· 원나라에서 탐라에 다루가치를 설치함
②	원종 15년 2월	· 큰 배 300척을 전라도와 탐라 두 곳에서 만들도록 함
③	충렬왕 원년 4월	· 원나라에서 도적질한 죄수 100여 명을 탐라로 귀양 보냄
④	충렬왕 2년 윤3월	· 원나라에서 임유간(林惟幹) 및 회회(回回) 사람 아실미리(阿室迷里)를 파견하여 탐라의 구슬을 채취하게 함
⑤	충렬왕 2년 4월	· 탐라 성주가 (원나라에) 내조하였으므로 그에게 4품(品) 하(下)에 해당하는 관직에 임명함
⑥	충렬왕 2년 6월	· 임유간이 탐라에서 구슬을 채취하려다가 얻지 못하고 백성들이 가지고 있던 100여 개의 구슬을 탈취하여 원나라로 돌아감
⑦	충렬왕 2년 7월	· 원나라에서 왕연생(王延生)을 보내 탐라에 있는 사람들을 심사하여 데려가도록 함
⑧	충렬왕 2년 8월	· 원나라에서 탑랄적(塔剌赤)을 탐라 다루가치로 임명하고 말 160필을 가지고 와서 목축함
⑨	충렬왕 3년 3월	· 친종장군 김자정을 탐라로 파견하여 방수군을 압송함
⑩	충렬왕 3년 5월	· 원나라에서 죄인 33명을 탐라에 귀양 보냄
⑪	충렬왕 3년 8월	· 원나라에서 죄인 40명을 탐라에 귀양 보냄
⑫	충렬왕 3년 10월	· 탐라 다루가치 탑랄적이 원나라로 감
⑬	충렬왕 4년 2월	· 탐라 다루가치 탑랄적이 원나라에서 돌아옴
⑭	충렬왕 4년 7월	· 원나라에서 탐라로 보내는 죄수를 더 이상 받을 수 없다고 함
⑮	충렬왕 4년 8월	· 원나라에서 탐라로 보내는 죄수에 대한 감시가 어렵다고 호소함
⑯	충렬왕 4년 9월	· 원나라 조정에서 유배한 죄수들에 대한 조치 명령
⑰	충렬왕 6년 8월	· 원경이 원나라로부터 중서성의 명령을 가지고 돌아왔는바 그것은 탐라 다루가치로 하여금 자기 스스로 철장(鐵匠)을 시켜 전함을 만들게 하라는 것이었음 · 우리나라 군대로써 탐라를 지키고 있는 자들을 동정(東征) 군대에 보충하도록 함
⑱	충렬왕 6년 11월	· 우리나라의 군대로서 탐라를 지키고 있는 자 1,000명은 이전에 일본 정벌 때의 우리나라의 군액 5,300명 가운데서 나온 것임
⑲	충렬왕 8년 정월	· 원나라에서 도라대(闍剌䚟) 몽고불화(蒙古不花)를 파견하여 탐라 방수군의 군량과 사료로 1년에 얼마나 지출하는가에 대하여 물음
⑳	충렬왕 8년 2월	· 원나라에서 몽·한군(蒙·漢軍) 1,400명을 파견하여 탐라의 수자리를 지키게 함
㉑	충렬왕 8년 9월	· 홍자한을 탐라방호부사로 임명함
㉒	충렬왕 8년 12월	· 통역 정지연이 원나라에서 돌아왔는데 황제의 명령으로 탐라 진수군은 고려에서 관원을 보내 관할하라고 전달함
㉓	충렬왕 9년 정월	· 원나라에서 백라개(伯剌介)를 파견하여 탐라도에서 나는 향장목(香樟木)을 요구함
㉔	충렬왕 9년 9월	· 호군 박수 최원로를 파견하여 탐라를 지키게 함 · 탐라 다루가치 탑랄적이 원나라로부터 돌아옴
㉕	충렬왕 13년 11월	· 원나라에서 탑날아(塔剌兒)를 보내 탐라 다루가치로 임명함

304 『고려사』 권130, 열전43, 반역4, 조이 ; 『고려사』 권26, 세가26, 원종 8년 정월 ; 『고려사』 권26, 세가26, 원종 8년 8월 병진 ; 『고려사』 권26, 세가26, 원종 8년 8월 정축.

㉖	충렬왕 15년 8월	· 탐라안무사 홀도탑아(忽都塔兒)가 원나라로 갔다가 돌아왔는데 중서성에서 공문을 보내 청색 자기로 만든 항아리(甕) 동이(盆) 병(甁)을 요구함
㉗	충렬왕 18년 3월	· 원나라에서 우승 아살(阿撒)이 와서 탐라 다루가치의 죄를 심리함
㉘	충렬왕 19년 6월	· 원나라에서 만호 윤세주(尹世柱)를 보내 탐라에 본적을 둔 사람을 조사하여 데려가도록 함
㉙	충렬왕 19년 9월	· 원나라에서 탐라 다루가치를 교지(交趾)로 귀양 보내고 우승 아살(阿撒)로 하여금 그를 대신하게 함
㉚	충렬왕 19년 12월	· 송분을 탐라도지휘사(耽羅都指揮使)로 임명함
㉛	충렬왕 20년 5월	· 탐라 사람 곡겁대(曲怯大), 몽고대(蒙古大), 탑사발도(塔思拔都) 등이 원나라로 가서 말 400필을 바침 · 탐라를 고려에 돌려 줄 것을 요구하여 원나라 황제의 허락을 받음
㉜	충렬왕 20년 7월	· 대장군 오인영을 전라도 지휘사로 임명하고 탐라로 보냄
㉝	충렬왕 20년 11월	· 왕이 탐라 왕자 문창유(文昌裕), 성주 고인단(高仁旦)에게 붉은 띠, 아홀(牙笏), 모자, 일산, 신을 각각 한 벌씩 주었는데, 이는 탐라가 이제 우리나라에 귀속되었기 때문에 이러한 물품들을 준 것임 · 탐라에서 원나라에 말을 바치는 일은 오히려 고치지 않고 계속됨 · 탐라 다루가치에게 직금의(織金衣) 두 벌을 줌
㉞	충렬왕 21년 3월	· 원나라에서 백첩목아(伯帖木兒)를 보내 탐라에서 말을 선택하여 감
㉟	충렬왕 22년 2월	· 원나라에서 탐라의 목축 사업을 위하여 단사관 목을적(木兀赤)을 파견함
㊱	충렬왕 22년 5월	· 장군 이연송을 원나라에 파견하여 탐라의 피화(皮貨)를 헌납함 · 대장군 남정을 원나라에 파견하여 탐라의 말을 헌납함
㊲	충렬왕 27년 3월	· 원나라에서 탐라에 군민만호부(軍民萬戶府)를 설치함
㊳	충렬왕 27년 5월	· 탐라총관부를 폐지하고 우리나라에 속하는 만호부를 설치하자고 요청하는 표문을 보내 원나라 황제의 허락을 받음

※ 출처 : 『고려사』 권27~32의 내용을 참고함.

1272년(원종 13)에 고려 왕조의 부마 요청을 원나라가 수용하자 세자 왕심의 말하는 바에 의하면,

"우리 부자가 대를 이어 조근朝覲하고 특별한 은혜를 받았으므로 우리나라 백성들이 목숨을 부지할 수 있게 되었습니다. 그러므로 감격하여 받드는 지성은 이루 다 말할 수 없습니다. 또 내가 매년 입조할 때마다 은덕을 입었으니 나의 충성이 더욱 간절하며 보답할 도리만 궁리하고 있습니다. 생각건대 저 일본은 아직도 황제의 감화를 입지 않았으므로 조서와 사신을 보내 양곡을 계속 보내게 하고 병기·전함·군량을 잘 갖추게 하는 일이 방금 필요한 일로 된 것입니다. 만일 이 일을 나에게 맡겨 준다면 나는 온갖 힘을 다하여 정벌 사업을 조금이라도 돕겠습니다."라고 하였다.[305]

고려시대 제주에 있던 3대 사찰 중 하나인 법화사지에서 출토된 수막새와 막새기와

라고 했듯이, 고려왕조가 적극적으로 일본 정벌을 돕겠다고 했다. 이는 곧 탐라총관부의 수복 과정이 원나라의 남송과 일본 정벌의 추이와 연관되었음을 알 수 있다.

우선 탐라에 대한 직할령 설정 과정을 살펴보면 원나라의 의도를 알 수 있다. 〈표 5-14〉-①에 의하면 삼별초 항쟁을 진압한 이후 원종 14년 윤6월에 원나라가 탐라에 다루가치를 설치하는 것으로 되어 있다. 하지만 『원사』에는 원종 14년 6월에 탐라국 초토사를 세워 진변군 1,700명을 주둔시켰으며, 이후 초토사는 군민도다루가치총관부軍民都達魯花赤總管府로, 다시 군민안무사軍民安撫司로 바뀐 것으로 되어 있다.[306] 그런데 탐라의 초토사·안무사와 같은 용어는 고려로 반환될 때까지 『고려사』에는 발견되지 않는다. 다만 '탐라총관부'라는 용어가 1301년(충렬왕 27) 5월에 원나라와의 교섭 과정에서[307] 보일 뿐이다.

이런 점을 통해 원나라의 직할령은 '사司 혹은 부府'라는 관부를 설치하고, 그 관리로 다루가치를 배치하여 원나라 조정의 지배를 받게 하는 절차를 밟았음을 알 수 있다. 따라서 탐라에 다루가치를 설치하였다는 것은(〈표 5-14〉-①) 이미 그에 합당한 관부가 설치되었음을 의미하는 것이다. 또한 탐라의 지배세력을 포섭했는데, 탐라 성주에게 4품 하의 관직을 내린 것에서(〈표 5-14〉-⑤) 알 수 있다.

원나라의 탐라에 대한 직할령 설정은 무엇보다 남송과 일본의 정벌과 관계가 깊다.

305 『고려사』 권27, 세가27, 원종 13년 3월 기해.
306 『원사』 권208, 열전95, 외이1, 탐라.
307 『고려사』 권32, 세가32, 충렬왕 27년 5월 기축. 탐라총관부에 대해서는 金泰能, 『濟州道史論攷』, 世起文化社·1982 ; 高昌錫, 「麗·元과 耽羅와의 關係」 『濟州大學論文集』 17, 1984를 참고할 수 있다.

원나라의 일본 정벌은 1274년(충렬왕 즉위) 11월과 1281년(충렬왕 7) 5월 2차례에 걸쳐서 이루어졌다. 하지만 탐라를 통한 일본 정벌 준비는 1차 때 큰 배를 만들게 한 것과(〈표 5-14〉-②) 2차 때의 전함 건조 및 군대 보충이 있었다(〈표 5-14〉-⑰ ·⑱). 그러나 다른 직할령과 구별되는 뚜렷한 내용이 잘 드러나지 않았다. 이는 탐라가 직할령이긴 했지만, 일본 정벌 기지보다는 다른 용도로 주로 쓰였음을 의미한다.

탐라에 대한 원나라의 용도 중에는 죄수들의 귀양지도 포함된다(〈표 5-14〉-③ · ⑩ ·⑪). 그 수효가 33명·40명·100여 명 등으로 많은 수효는 아니었으나 감시의 어려움을 호소했다(〈표 5-14〉-⑭ ·⑮ ·⑯). 죄수들을 탐라로 보낸 이유가 무엇이었는지는 관련 자료가 미비하여 잘 알 수 없지만, 일본 정벌과 관련된 자들이 아니었을까 한다. 또한 탐라는 원나라의 정복지로 특산물에 대한 수탈도 이루어졌는데, 탐라 구슬(〈표 5-14〉-④ ·⑥), 향장목(〈표 5-14〉-㉓), 청색 자기로 만든 항아리·동이·병(〈표 5-14〉-㉖) 등이 있었고 그 외의 대상은 잘 드러나지 않았다.

탐라의 용도로 가장 많이 거론되었던 것이 말 사육이었다. 탐라가 원나라 직할령이 된 이후 〈표 5-14〉-⑧에서 보면 1276년(충렬왕 2) 8월에 탑날적塔剌赤이 다루가치로 부임하면서 말 160필을 가져와서 목축을 했음을 알 수 있다. 충렬왕 2년은 1차 일본 원정이 실패로 끝난 직후였다. 일본 원정의 실패로 탐라에 대한 용도가 새롭게 바뀌었고, 신임 다루가치의 파견으로 보완하려고 했다.

이때 사육된 말이 어떻게 원나라에 진상되었는지에 대한 자세한 자료가 나타나지 않지만, 다루가치가 원나라로 불려갔다가 다시 돌아오는 경우가(〈표 5-14〉-⑫ ·⑬ · ㉔) 있었다. 아마도 다루가치가 원나라로 갈 때 진상품 속에 말이 포함되었을 것이며, 그 수효는 〈표 5-14〉-㉛에서 말 400필이 진상되는 사례를 통해서 추정할 수 있다.[308] 따라서 탐라의 말 사육은 원나라 조정의 적극적인 의도 하에서 이루어졌을 것이다. 탐라가 고려에 환수된 이후에도 말을 바치는 것은 그치지 않았다(〈표 5-14〉-㉝). 원나라 조정에서 직접 사신을 파견하여 말을 선택하여 가기도 했고(〈표 5-14〉-㉞), 더구나 탐라의 목축 사업을 위해 단사관을 파견할(〈표 5-14〉-㉟) 정도였다. 이런

---

308 원나라에서 보내온 정확한 마필 수는 알 수 없지만, "원조 때 2, 3만필의 말을 탐라에 목양하였다."라는(『고려사』 권44, 세가44, 공민왕 23년 4월 무신) 자료를 통해 이를 추정할 수 있다.

점은 탐라에 대한 말 수취가 중요한 목적으로 작용했을 것이고,[309] 한편으로는 원나라에 의한 탐라의 지배가 어느 정도였을지 보여주는 것이기도 했다.

탐라가 원나라의 직할령이 되었지만, 고려 정부의 도움을 받는 경우도 있었다. 일본 정벌의 실패를 전후해서 일본의 역습에 대비하기 위해 방수군을 설치했고(〈표 5-14〉-⑰·⑱), 2차 정벌을 실패한 이후에는 방수군을 더욱 강화하기도(〈표 5-14〉-⑲·⑳) 했다. 그런데 〈표 5-14〉-㉑·㉔를 보면 홍자한을 탐라 방호부사로 임영하거나 호군 박수·최원로를 파견하여 탐라를 지키게 하였는데, 이는 〈표 5-14〉-㉒에서 보듯이 탐라 진수군을 고려 관원이 관할하라는 원나라 황제의 명령에 의해서였다. 고려의 관원을 파견하여 방수군을 관할하라는 것은 그만큼 탐라에 대한 원나라의 군사적 지배력을 완화시키는 조처였고, 이런 점은 탐라의 용도가 군사적인 것보다는 자신들이 필요로 하는 물품을 조달하는 것으로의 전환을 의미하는 것이다. 또한 〈표 5-14〉-㉒·㉙에서 보면 탐라의 다루가치가 원나라 조정으로부터 죄를 취조 받거나 혹은 귀양을 당하는 사건이 벌어지기도 했다.

일본의 역습을 대비하기 위한 방수군의 파견과 이를 고려 정부에서 관할하게 됨으로써 원나라의 지배력이 급격히 완화되었다. 이를 계기로 1293년(충렬왕 19) 12월에 송분을 탐라도지휘사로 임명하여(〈표 5-14〉-㉚) 실제적인 지배를 고려 정부에서 하게 되었다. 마침내 1294년(충렬왕 20) 5월에 고려 정부에서 탐라를 돌려 줄 것을 요구한(〈표 5-14〉-㉛) 결과 원나라 황제로부터 허락을 받았다.

약 21년만에 원나라로부터 탐라를 돌려받았지만 말의 공납은 그대로 존속되었다. 심지어 〈표 5-14〉-㊲에서 보면 충렬왕 27년 3월에 탐라군민만호부를[310] 재설치하는 상황이 벌어졌다. 하지만 같은 해 5월에 탐라총관부를 폐지하고 만호부를 설치하자는 고려 정부의 요구를 원나라 황제가 허락했다(〈표 5-14〉-㊳). 결국 총관부에서 만호부라는 고려 정부의 지배를 받는 관부로 전환됨으로써 정식으로 고려로 수복된 것으로 이해할 수 있다.

---

309 탐라의 목축에 대해서는 南都泳, 앞의 책, 2001, 129~150쪽을 참고할 수 있다.
310 탐라군민만호부는 탐라총관부의 잘못된 표현으로 생각되는데, 이는 〈표 5-14〉-㊳의 충렬왕 27년 5월의 논의 과정에서 확인되는 것이다.

3) 쌍성총관부의 탈환

쌍성총관부는 1356년(공민왕 5)에 고려의 적극적인 정벌에 의해서 탈환되었다. 고려 정부의 쌍성총관부에 대한 반환 요구는 앞서 동녕부의 그것보다 소극적이었다.

〈표 5-15〉에서 보듯이, 쌍성총관부는 고종 45년에 설치된 이후 원종대까지는 그곳과 관련된 자료가 거의 찾아지지 않는다. 다만 "동계 안집사安集使가 보고하기를, '양주襄州의 백성 장세張世와 김세金世 등이 수령 및 아전·선비들을 죽이려고 음모하다가 발각되어 처단되었습니다. 그런데 나머지 도당들인 천서天瑞 등이 가만히 고화주古和州의 조휘에게 투항해 가서 그에게서 군사 400여 명을 청하여 가지고 양주에 들어와 인민들을 데리고 바다 섬으로 옮겨가 산다고 거짓말로 속여 지주知州 및 관리·인민들 1,000여 명을 배 3척에 나누어 강제로 싣고 가 버렸습니다."라고[311] 했듯이, 반란 세력의 도피처로 인식되기도 했다. 그런데 이 자료에서 보면 쌍성총관부가 고화주古和州로 인식되고 있었는데, 이는 화주가 쌍성총관부의 치소였음을 알려준다.

쌍성총관부가 본격적으로 거론되기 시작한 것은 충렬왕 이후였다. 그 이유는 앞서 동녕부와 마찬가지로 유민 추쇄책에 따른 것이었다(〈표 5-15〉-②·③·④). 그 시기가 충렬왕 6·10·12년이라는 점은 제1·2차 일본 정벌 이후로서 고려에 대한 배려 차원이었을 것으로 생각된다. 또한 〈표 5-15〉-⑤에서 보면, 동녕부의 관리가 쌍성의 첩자를 체포한 사실이 있었다. 동녕부와 쌍성총관부는 원나라 직할령이었는데, 첩자의 존재는 상호 감시 혹은 직할령으로써의 경쟁 관계가 형성되었음을 알 수 있게 한다. 특히 그 시기가 1287년(충렬왕 13)이었다는 것은 내안과 같은 원나라 내부의 반란 세력과의 연대에 대한 감시 목적이었을 것으로도 판단된다.

쌍성총관부가 주목되었던 것은 무엇보다 합단의 침략이었다. 합단의 침략에 대해 같은 직할령이었던 동녕부의 경우에는 〈표 5-14〉에서도 보았듯이 적극적인 대비책이 거론되고 있지 않았다. 쌍성총관부의 경우에는 다루가치가 고려 조정에 내조하기도(〈표 5-15〉-⑧) 했다. 쌍성총관부가 원나라 직할령이었지만 방어를 위한 군사력이

---

311 『고려사』 권27, 세가27, 원종 12년 3월 기사.

①	고종 45년 11월	· 조휘와 탁청이 화주 이북 땅을 들어 몽골에 투항 · 몽골에서는 화주에 쌍성총관부 설치
②	충렬왕 6년 7월	· 원나라 중서성에서 고려의 쌍성 민호 추쇄 요구를 수용
③	충렬왕 10년 정월	· 쌍성에 도망하여 들어간 자들을 조사 적발
④	충렬왕 12년 7월	· 쌍성의 유민을 추쇄하라는 황제의 명령을 받음
⑤	충렬왕 13년 8월	· 동녕부 역어중랑장 구천수가 쌍성의 첩자 홀도대(忽都歹)와 덕산(德山) 등을 붙잡 아 옴 · 낭장 정지연을 원나라에 보내 쌍성의 첩자를 체포한 데 대하여 보고
⑥	충렬왕 14년 2월	· 원나라가 합단적의 침략에 대해 고려군의 파견을 요청했는데, 충렬왕은 직접 쌍성 에 주둔하여 방어하기를 청함
⑦	충렬왕 14년 4월	· 충렬왕이 북쪽을 정벌할 군사들을 데리고 쌍성에 옮겨가 지키겠다고 요청하였고 황제도 이미 허락하였음을 확인
⑧	충렬왕 14년 6월	· 쌍성 다루가치가 내조함
⑨	충렬왕 14년 8월	· 만군(蠻軍)들이 쌍성에서 왔는데 남녀노소 모두 아무것도 가진 것이 없고, 몸에는 거적[苫]을 두르고 있어서 홍자번이 옷 200벌을 줌
⑩	충렬왕 16년 2월	· 중군 만호 정수기를 금기산동에 주둔시키고, 좌군 만호 박지량을 이천에 주둔시키 고, 한희유를 쌍성에 주둔시키고, 우군 만호 김흔을 환가에 주둔시키고, 나유를 통 천에 주둔시킴으로써 단적(丹賊)의 침범에 대비함
⑪	충렬왕 16년 3월	· 도리첩목아(闍梨帖木兒)가 사람을 보내 쌍성을 수비함
⑫	충렬왕 16년 11월	· 합단이 쌍성을 침입함
⑬	충렬왕 21년 4월	· 원나라 요양성에서 쌀 3,000석으로 쌍성을 진휼함
⑭	충렬왕 22년 7월	· 원나라에서 첩목아(帖木兒)를 보내 쌍성의 인물을 추쇄함
⑮	충혜왕 원년 4월	· 5도 인민들로 쌍성·여진·요양(遼陽)·심양(瀋陽) 등으로 유리된 자들에 대한 추 쇄를 요구함
⑯	충목왕 3년 정월	· 쌍성 인구를 단속함
⑰	공민왕 4년 12월	· 환조(桓祖, 이자춘)가 쌍성 등의 천호(千戶)로 와서 왕을 만남
⑱	공민왕 5년 3월	· 환조(이자춘)가 내조함 · 기철이 쌍성의 불온한 자들과 반역을 도모한다는 소문
⑲	공민왕 5년 5월	· 정동행중서성이문소(征東行中書省理問所)를 철폐함 · 평리 인당과 동지밀직사사 강중경을 서북면병마사로, 사윤 신순, 유홍, 전대호군 최영, 전부정 최부개를 부사로 임명하여 압록강 건너의 여덟 참(站)을 공격하게 했으며, 밀직부사 유인우를 동북면병마사로, 전대호군 공천보와 전종부령 김원봉 을 그 부사로 임명하여 쌍성 등지를 수복하게 함
⑳	공민왕 5년 6월	· 쌍성 사람 조도적(趙都赤)이 내조함
㉑	공민왕 5년 7월	· 동북면병마사 유인우가 쌍성을 함락함 · 화(和)·등(登)·장(長)·정(定)·예(預)·고(高)·문(文)·의(宜) 등의 주(州)와 선 덕(宣德)·원흥(元興)·영인(寧仁)·요덕(耀德)·정변(靜邊) 등의 진(鎭)을 수복함

※ 출처 : 『고려사』 권24~39의 내용을 참고함.

정비되지 않았음을 알 수 있는데, 이는 〈표 5-15〉-⑨의 만군蠻軍의 사례에서도 잘 드러나고 있다. 합단에 대한 방어는 주로 고려 정부에서 더 적극적이었다(〈표 5-15〉-⑥·⑦). 이는 "장군 오인영吳仁永을 원나라에 파견했다. 당시 북방의 역적이 반란을 일으켰으므로 우리나라에서는 마땅히 병력을 파견하여 토벌을 도와야 할 것이었으나 왕이 곤란하다고 생각했으므로 오인영을 원나라에 보내 고하기를, '지금 동쪽 변방이 아직 평안하지 못하니 청컨대 내가 직접 북쪽을 정벌할 군사들을 인솔하고 쌍성으로 이동하여 주둔하고 있으면서 지키겠습니다.'고 청하였다."[312] "장군 오인영이 원나라에서 돌아와서 말하기를 '내안의 잔당들이 다시 반란을 일으켰으므로 군대를 징발하여 황제가 친히 정벌하게 되었는데 우리나라의 군대는 동번을 지키라는 명령이 있다.'라고 하였다."[313] 등의 자료에서 살펴볼 수 있다.

합단적의 침략에 대한 정보를 고려 정부에서 접한 것은 충렬왕 16년 정월이었다.[314] 그런데 합단적의 침략을 계기로 동녕부가 1290년(충렬왕 16) 3월에 고려로 환수되었던[315] 것에 비해 쌍성총관부는 고려 정부와 원나라에 의해서 적극적으로 대처하려 했다(〈표 5-15〉-⑩·⑪). 같은 직할령이었지만 동녕부는 환수되고 쌍성총관부는 그대로 존치된 것은 비단 합단적의 침략이 계기였지만, 고려 정부의 환수 노력이 쌍성총관부보다는 동녕부에 더 적극적이었던 것에서도 기인했다.

또한 합단적의 침략 경로가 고려의 서북면이 아니라 동북면이었던 것도 원나라와 고려 정부의 주된 대응 지역이 서북면에 있었음을 간파한 결과였다. 충렬왕 16년 10월에 합단적의 기병이 원나라 개원로의 남경南京과 해양海陽 지경에 이르자[316] 고려 정부는 강화도로 피신할 준비를 했다.[317] 합단적의 고려 침략은 그해 11월 쌍성 지역에 대한 공략을(〈표 5-15〉-⑫) 시작으로 충렬왕 17년 6월에 그 잔당들이 궤멸할[318] 때까

---

312 『고려사』 권30, 세가30, 충렬왕 14년 정월 신유.
313 『고려사』 권30, 세가30, 충렬왕 14년 3월 임인.
314 『고려사』 권30, 세가30, 충렬왕 16년 정월 갑자.
315 『고려사』 권30, 세가30, 충렬왕 16년 3월 정묘.
316 『고려사』 권30, 세가30, 충렬왕 16년 10월 병신.
317 『고려사』 권30, 세가30, 충렬왕 16년 11월 갑진 ; 『고려사』 권30, 세가30, 충렬왕 16년 11월 무신 ; 『고려사』 권30, 세가30, 충렬왕 16년 11월 경술.
318 『고려사』 권30, 세가30, 충렬왕 17년 6월 신미.

지 지속되었다.

합단적 침략으로 쌍성 지역이 많은 피해를 입었을 것으로 추정되지만, 원나라는 고려로 환수하지 않았을 뿐만 아니라 고려 정부의 환수 노력도 찾아볼 수 없었다. 이는 충렬왕 16년에 동녕부를 환수 받은 것에 일차적으로 만족한 결과였던 것으로 이해된다. 반면 원나라는 쌍성에 대한 진휼과(〈표 5-15〉-⑬) 인물을 추쇄하여(〈표 5-15〉-⑭·⑯) 이를 단속하려는 조치를 취했다. 또한 고려 정부에서는 쌍성 지역으로 흘러들어가는 유민에 대한 추쇄를 요구하기도 했다(〈표 5-15〉-⑮).[319]

쌍성 지역에 대한 본격적인 환수 노력은 공민왕대에 두드러졌다. 1355년(공민왕 4) 12월에 이자춘이 쌍성의 천호로써 알현하자(〈표 5-15〉-⑰), 공민왕은 "그대의 할아버지와 아버지들은 몸은 비록 외지에 있었으나 마음은 왕실에 있었으므로 나의 할아버지와 아버지가 그들을 크게 가상하게 여겼다. 지금 그대도 할아버지와 아버지에 욕되게 행동하지 않으니 내가 앞으로 그대를 옥처럼 다듬어서 성공시켜 주겠다."라고[320] 회유하였다. 쌍성 지역의 천호였던 이자춘을 회유한 것은 그 지역을 탈환하기 위한 준비였다. 이를 계기로 〈표 5-15〉-⑱에서 살펴볼 수 있듯이 공민왕 5년 3월에 이자춘의 내조와 더불어 기철 등과 같은 부원세력을 쌍성의 불온한 자들과 반역을 도모했다는 혐의로 제거하였다.[321]

부원세력의 척결은 고려와 원나라의 긴장 관계를 고조시켰을 뿐만 아니라 쌍성 지역에 대한 적극적인 탈환을 시도할 수 있는 토대를 마련한 셈이었다. 이를 위해 공민왕 5년 5월에 "정동행중서성이문소를 철폐하였다."[322] "평리 인당과 동지밀직사사 강중경을 서북면병마사로, 사윤 신순, 유홍, 전대호군 최영, 전부정 최부개를 부사로 임명하여 압록강 건너의 8개의 참을 공격케 했으며 밀직부사 유인우를 동북면 병마사로, 전대호군 공천보와 전종부령 김원봉을 그 부사로 임명하여 쌍성 등지를 수복케

---

319 方東仁은 합단적의 침략 이후에는 쌍성 지역에 대한 원나라의 지배가 이완되었고, 고려 정부의 환수 노력도 나타나기 시작했다고 보았다(方東仁, 「雙城摠管府 置廢考」『韓國의 國境劃定研究』, 1997, 182~189쪽).
320 『고려사』 권38, 세가38, 공민왕 4년 12월.
321 『고려사』 권39, 세가39, 공민왕 5년 3월 ; 『고려사』 권39, 세가39, 공민왕 5년 5월.
322 『고려사』 권39, 세가39, 공민왕 5년 5월.

정릉(함흥) 이성계의 아버지 이자춘의 릉(조선고적도보).

했다."[323] "명령을 내리어 각 군대의 만호·진무·천호·백호의 패牌들을 회수하라 했다."[324] "강안전과 모든 절에 진병도량鎭兵道場을 차리고 5일간 계속했다."[325] 등 원나라의 지배로부터 벗어나려는 강경책을 시도했다(〈표 5-15〉-⑲).

쌍성 지역을 탈환하기에 앞서 고려 장수 인당이 군사를 거느리고 압록강을 건너 파파부婆婆府 등 3개의 참을 공격하여 격파했다.[326] 이는 앞서 압록강 건너 8개의 참을 공격케 한데서 비롯되었을 것으로 고려와 원나라의 연결 통로를 차단하기 위함이었다. 이러한 고려 정부의 군사 행동은 쌍성 지역 토착세력들의 동태에도 영향을 주었다. 급기야 조도적趙都赤이 내조함에(〈표 5-15〉-⑳) 따라 금패金牌를 주고 고려쌍성지면관군천호高麗雙城地面管軍千戶의 벼슬을 주었다.[327] 조도적이 고려 정부에 협력하였던 것은 조휘의 손자 조돈趙暾의 역할이 컸다.

---

323 『고려사』 권39, 세가39, 공민왕 5년 5월.
324 『고려사』 권39, 세가39, 공민왕 5년 5월 임인.
325 『고려사』 권39, 세가39, 공민왕 5년 5월 계묘.
326 『고려사』 권39, 세가39, 공민왕 5년 6월 계축.
327 『고려사』 권39, 세가39, 공민왕 5년 6월 기미. 조도적은 쌍성총관부의 총관이었던 조휘의 후예는 아니었던 것으로 보이고, 조휘의 손자 조돈과 긴밀한 관계에 있었다(『고려사』 권111, 열전24, 조돈).

조돈은 쌍성총관부의 총관이었던 조휘의 손자였다. 조휘의 총관 직책은 그 아들 조양기趙良琪로 이어졌지만,[328] 조양기의 아들 조돈으로 이어지지 못하고 조카 조소생趙小生으로 이어졌다.[329] 조돈은 충숙왕 때 고려로부터 감문위낭장監門衛郞將과 좌우위호군左右衛護軍에 임명되었다가 충숙왕이 죽자 다시 조휘의 근거였던 용진현으로 돌아갔던 인물이다.[330] 조돈이 아닌 조소생이 총관이 되었던 배경에 대해서는 잘 알 수 없다. 하지만 조돈이 공민왕 5년 쌍성 지역에 대한 탈환 과정에서 고려 정부와 협력 관계를 형성한 데는 쌍성총관부 내에서 소외되었기 때문이기도 했지만 원래 고려 정부와 밀접한 관계에 있었기 때문으로 파악된다.

고려 정부의 적극적인 군사 행동과 쌍성 지역 인물들의 귀부는[331] 원나라 연호 사용을 중지하기에[332] 이르렀다. 이에 대해 원나라에서는 80만 병력을 동원하여 고려를 토벌하겠다고 위협했다.[333] 하지만 원나라의 군사 행동은 이루어지지 않았고, 드디어 1356년(공민왕 5) 7월에 동북면병마사 유인우가 이끈 병력에 의해 쌍성 지역을 탈환했다.[334] 이 과정에서 큰 전투는 벌어지지 않았고, 다만 총관 조소생과 천호 탁도경卓都卿 등은 끝까지 저항하다가 이판령伊板嶺 북쪽의 입석立石 땅으로 도망쳤다.[335] 결국 1258년(고종 45)에 쌍성총관부가 설립된 이래 1356년(공민왕 5)까지 약 99년만에 고려 영토로 복귀했다(〈표 5-15〉-㉑).

이 때 고려 영토로 탈환된 지역은 화주·등주·장주·정주·예주·고주·문주·의주· 선덕진·원흥진·영인진·요덕진·정변진 등이었는데,[336] 『고려사』 지리지에는 함주·길주·복주·북청주부·삼살 등 4개 지역이[337] 더 수록되었다. 그런데 고종 45년 최탄과

---

328 『고려사』 권130, 열전43, 반역4, 조휘.
329 『고려사』 권111, 열전24, 조돈.
330 『고려사』 권111, 열전24, 조돈.
331 쌍성 지역의 대표적인 세력으로는 조휘 등의 조씨 계열과 이성계의 이씨 계열 등이 있었다(金九鎭, 앞의 논문, 1989, 81~82쪽).
332 『고려사』 권39, 세가39, 공민왕 5년 6월 을해.
333 『고려사』 권39, 세가39, 공민왕 5년 6월.
334 『고려사』 권39, 세가39, 공민왕 5년 7월.
335 『고려사절요』 권26, 공민왕 5년 7월.
336 『고려사』 권39, 세가39, 공민왕 5년 7월.
337 『고려사』 권58, 지12, 지리3, 동계.

원

공민왕이 확장시킨 영토

북계

서해도　　교주도

고려

동계

양광도

경상도

전라도

고려시대의 영토

탁청이 화주 이북의 땅을 몽골에 붙였다고[338] 하였는데, 공민왕 5년 7월에 탈환된 지역에는 등주·고주·문주·의주와 같이 화주 이남의 지역도 포함되었다. 이런 점은 쌍성총관부의 영역 혹은 지배 범위와 연결되는 것으로 원간섭기에서의 영역 변화과정에서 찾아봐야[339] 할 것이다.

고려의 쌍성총관부 지역에 대한 탈환은 원나라의 지배로부터 완전하게 벗어났을 뿐만 아니라 새로운 강역 설정의 중요한 계기가 되었다. 이는 예종대 윤관의 9성 구축 당시로 돌아갈 수 있는 기회가 되었다.

---

338 『고려사절요』 권17, 고종 45년 10월.
339 方東仁, 앞의 논문, 1997, 182~189쪽과 이정신, 「쌍성총관부의 설립과 그 성격」 『韓國史學報』 18, 2004, 279~288쪽은 쌍성총관부의 지배 범위에 대해 분석했다.

조선시대의 강역

제1절

건국과 초기강역

1. 태조의 등극과 북방 영토의 개척

1) 원-명의 교체와 동북지역의 정세

1368년(공민왕 17) 명나라 태조 주원장朱元璋이 남경에 건국을 하면서 원나라를 중심으로 고려와 만주, 중원으로 연결되는 동북아시아의 지배체제는 일대 소용돌이에 휩싸인다. 명나라가 원나라를 중원에서 축출했지만 여전히 원나라는 몽골과 만주, 중앙아시아에 걸친 광대한 지역을 장악하고 있었으며, 전투력에서도 명나라가 정면으로 상대하기에 벅찬 상대였다. 원나라 내부의 권력 계승 쟁탈이 없었다면 농민군을 주축으로 한 주원장이 명을 건국하기는 어려웠을 것이다. 건국 이후 명이 몽골 정벌에서 승리한 경우도 여러번 있었지만, 1449년 토목土木의 변에서 50만 대군이 궤멸되고 명나라 황제인 영종英宗이 원나라의 포로가 되었던 사례를 본다면 원명교체기의 동북아시아 정세는 불안정한 힘의 공백기라고 볼 수 있다.

이런 시대적 배경에서 명은 원의 세력이 강했던 몽골과 중앙아시아로의 진출을 노리면서, 요동과 만주를 세력 아래에 두려고 했다. 1370년 요동위遼東衛를 설치하고, 1371년 해군을 통해 요동반도에 병력을 이동시켜 요양에 정요도위지휘사사定遼都衛指揮使司를 설치하여 육상과 해상에서 동시에 요동을 장악할 기반을 다졌다. 이후

1375년 정요도위지휘사사를 요동도지휘사사遼東都指揮使司[요동도사遼東都司]로 개편하면서 본격적으로 만주를 경영하고자 했다. 주원장은 만주의 복속을 위해 훗날 영락제가 되는 주체朱棣를 연왕燕王에 봉하고 여러 아들을 요동의 번왕藩王으로 봉했다. 요동도사는 한인과 여진, 고려인 등 30만여 명의 인구와 12만여 명의 군대를 관할하였으며, 군량은 강남과 산동에서 선박으로 운반하거나 둔전을 경영하여 장기적인 주둔을 도모했다.

그런데 주원장의 재위 기간에는 원나라 세력의 구축에만 전념하여 상대적으로 만주에 사는 여진에 대한 정책은 느슨한 실정이었다. 예컨대 1387년 금산金山 전투에서 원을 대파한 이후 본격적인 여진에 대해 회유를 시도하였지만, 흑룡강의 중하류에 있던 여진에 대한 지배는 실패했다. 당시 여진은 하나의 정치체제로 묶어진 사회라기보다는 지역별로 3개의 집단으로 분화되어 있었다. 첫째 송화강 하류 서쪽의 완안씨完顏氏의 해서여진海西女眞, 둘째 혼춘琿春과 두만강 유역의 건주여진建州女眞, 셋째 흑룡강 지역의 야인여진野人女眞이었다. 따라서 명나라가 만주의 여진을 귀부시키려는 정책도 분화되어 나타날 수밖에 없었으며 지엽적인 사건에 의해 전체 정세가 좌우되는 일도 발생했다.[1]

1392년 주원장의 재위 말기에 만주 지역의 정세가 안정되지 않은 상황에서 이성계는 조선을 건국한다. 이성계는 한반도 동북지방 출신으로 선조대부터 오랜 시간 동안 그 지역에 거주했다. 이성계의 선계를 보면, 목조穆祖인 이안사李安社가 1255년 원나라에서 내려준 금패金牌를 받고 남경 등지의 오천호소五千戶所의 수천호首千戶를 삼아 다루가치[達魯花赤]를 겸했다. 이때 목조가 거처한 알동斡東은 경흥부 동쪽 30리인 남경南京 동남쪽 90여 리에 있었다. 알동의 서북쪽 120여 리에 두문성豆門城이 있고, 또 그 서쪽 120여 리에 알동사오리斡東沙吾里가 있었다. 목조의 아들인 익조는 여진인 중에 남으로 오는 사람을 함주咸州의 귀주歸州·초고대草古臺·왕거산王巨山·운천雲天·송두松豆·도련포都連浦·아적랑이阿赤郎耳 등에 살게 했다. 함주의 토지가 평탄하고 넓고 비옥한 곳이었기 때문이다. 익조의 아들인 도조는 안변安邊 이북의 땅을

---

1 노기식, 「원·명 교체기의 요동과 여진」『아시아문화』 19, 한림대학교 아시아문화연구소, 2006, 15~21쪽.

다 차지하였으나 함주로 옮겨 거처했는데, 남방으로 온 백성과 가까이 하고, 또 목축에 편리하기 때문이었다.[2]

이런 사실을 통해 이성계의 선계는 여진과 매우 밀접한 관계를 가졌으며 그들과 혼인관계도 있었을 것임을 짐작할 수 있다.[3] 예컨대 1370년(공민왕 19) 정월 이성계는 기병 5,000명과 보병 10,000명을 거느리고 동북면에서 황초령黃草嶺을 넘어 600리를 행진하여 설한령雪寒嶺에 이르고, 또 700리를 행진하여 압록강을 건넜다. 이성계의 무공에 의해 지역민들이 진압된 면도 있었지만 귀순한 사람도 상당수였다.[4]

이 동북면 지역은 고려시대 이래로 우리 민족과 밀접한 관계를 가지고 있었다. 그 대표적인 곳이 공험진公嶮鎭이다. 『고려사』에는 의하면 1107년(예종 2) 평장사 윤관

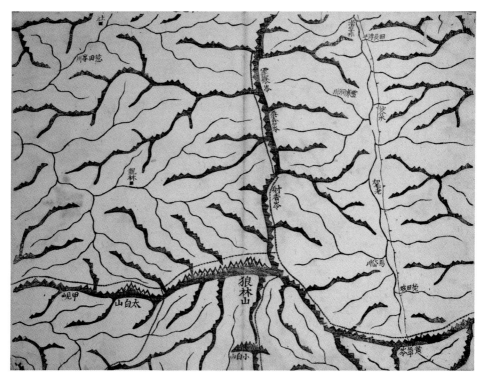

황초령(『대동여지도』, 규장각한국학연구원)

2 『태조실록』 권1, 총서.
3 강성문, 『한민족의 군사적 전통』, 봉명, 2000, 28~30쪽.
4 『태조실록』 1권, 총서.

을 원수로 하고 지추밀원사 오연총을 부원수로 하여 여진을 쫓아낸 후 9성을 설치하고 공험진 선춘령에 비를 세워 경계로 삼았다.[5] 선춘령의 위치에 대해서는 두만강 북쪽설과 남쪽설이 있는데, 그 진위를 떠나서 이 지역이 고려의 군사 작전지역이었다는 것에서 이성계 일족의 세거와 밀접한 연관이 있을 수 있음을 알 수 있다.

한편, 이성계 일족이 여진과 관계한 것은 고려 공민왕 조정에 출사한 이후 동북면에서 영토를 확장할 때 큰 도움을 주었다. 여진족이 한반도의 왕조와 관계를 맺기 시작한 것은 공민왕이 원나라가 고려의 동북면에 설치하였던 쌍성총관부雙城摠管府를 회복한 이후이다. 고려의 동북면은 쌍성총관부가 설치된 이후 고려의 유민과 여진족이 혼재하던 지역이었다. 공민왕이 쌍성총관부를 공격할 때 원으로부터 받은 이 지역의 세습작위를 지니고 있던 이자춘李子春과 이성계 부자가 여진족을 이용하면서 적극적으로 활동했다. 이들은 동북의 여진 중에서 자신들과 경쟁 상대였던 삼선三善과 삼개三介를 물리치고 승리하였고,[6] 1383년(우왕 9)에 고려를 침략한 호발도胡拔都를 제거하여 이 지역의 맹주로 자리잡을 수 있었다.[7]

이후 이성계는 여진족의 귀순을 적극적으로 종용하여 고려말 동북면의 안정을 가져왔고 조선 건국 이후 비교적 안정적으로 동북의 여진족을 관리할 수 있었다.[8] 특히 이성계의 오른팔이라고 할 수 있는 개국공신 이두란李豆蘭이 원래 여진의 추장 고론두란첩목아古論豆蘭帖木兒였다가 이성계에게 감화되어 귀순한 자라는 것이 대표적인 사례일 것이다.[9] 그러므로 여진과 이성계 일족의 관계는 조선의 건국과 밀접한 관련을 가지고 있는 셈이며, 그 지리적 배경은 동북면이었다.[10]

동북면의 국경지역인 함경도[함길도]는 조선왕조 개창자인 이성계의 선조가 활동을 하며 기틀을 잡은 곳으로 '조기지지肇基之地', '풍패지향豊沛之鄕'이라 하여 개국 초부

---

5 『고려사』 권58, 지12, 지리3, 동계.
6 『고려사』, 권40, 세가40, 공민왕 13년 2월 을미 ; 『고려사』, 권43, 세가43, 공민왕 20년 2월 갑술.
7 『고려사』, 권116, 열전29, 이두란.
8 정다함, 「조선초기 野人과 대마도에 대한 藩籬·藩屏 인식의 형성과 경차관의 파견」 『동방학지』 141, 2008, 238~239쪽.
9 『태종실록』 권3, 태종 2년 4월 신유.
10 『연경재전집 외집』, 권39, 전기류 건주정토록.

이지란 초상(경기도박물관)

터 그 중요성이 강조되었다. 게다가 이성계 가문과 함경도의 지역민, 특히 여진족과의 관계는 긴장보다는 우호적인 경우가 많았다. 이는 이성계 가문의 누대에 걸친 노력과 이성계의 개인적인 위용으로, 많은 여진족이 회유내지는 포섭되었던 것이다. 그 결과 이성계의 즉위 이후 여진족의 대소추장들은 관직을 수여 받았으며 두만강 이남에 거주하던 자들은 모두 편호編戶로 편입되었다.[11]

또한 태조는 개국초기인 1393년(태조 2) 이지란을 동북면도안무사東北面都按撫使로 임명하여 지역 여진의 회유와 영토 개척을 맡겼다. 이지란은 훗날 갑주甲州와 공주孔州에 성을 쌓아 두만강 유역의 국경 방어거점을 정하고 지역 여진족을 귀순시키는데 큰 역할을 했다. 여진족에게 조선인과 결혼하고, 조선의 풍속을 익히게 하면서 군역 및 조세를 부담하게 하여 조선백성이 되게 한 것이다. 태조는 이지란의 이런 활동이 성공적이었다고 보고 1397년(태조 6)에는 정도전을 동북면도선무순찰리사東北面都宣撫巡察理使로 삼아 지역의 행정기구를 설치한다. 정도전은 안변 이북과 북청北靑 이남을 영흥도永興道로, 단천端川 이북과 경흥 이남을 길주도吉州道로 하여 주부군현을 설치하고 지역행정체계를 정비했다.[12]

위에서 언급한 실록의 내용은 이성계를 추앙하기 위해 영웅적으로 미화한 부분도 있었겠지만, 전반적으로 여진족이 조선에 복속한 것은 이성계 개인의 지도력과 선대 집안이 대대로 여진과 관계를 맺어왔던 결과이다. 이는 태종이 여진족에게 군사적인 강압 정책을 사용하여 그들의 반란과 공격이 잦았고, 이 때문에 조선의 관군과 백성들이 피해를 입었던 것과 비교할 수 있다.

북방 유목민족인 여진족은 정착해서 농사를 짓던 조선보다 호전적이었다. 여진족은 조선이 건국한 이후 1627년(인조 5) 정묘호란이 발생하기 이전까지 모두 130회

---

11 『태조실록』 권8, 태조 4년, 12월 계묘.
12 『태조실록』 권13, 태조 7년 2월 경진 ; 강성문, 앞의 책, 2000, 30쪽.

이상에 걸쳐 조선의 북방 국경을 침략했다. 그에 대해 조선은 15회에 걸쳐 정벌전을 전개했다. 세조 때에 이르러서도 여진은 연중 시기를 가리지 않고 조선을 침략했다. 실제로 조선의 북방은 압록강과 두만강이라는 천혜의 요새가 있다고는 하지만 겨울의 결빙기와 봄철의 갈수기에는 쉽게 넘어 올 수 있는 지류들이 많았다.[13]

더욱이 여진족은 부족단위로 움직이는 우수한 기동력을 가지고 있었다. 이들은 유목과 수렵에 종사하였으므로 평소에도 조직적으로 움직이는 전술체제를 몸에 익힌 준 군사집단이었다. 이런 여진족에 대해 조선정부도 군사력을 동원하는 강경책 외에 부득이하게 회유와 동화의 이중책을 시행할 수 밖에 없었다. 대표적인 회유책으로는 1405년(태조 5)부터 파견하였던 경차관敬差官이 있다. 경차관은 여진족 외에 대마도에도 파견되었는데, 국왕의 명령을 받아 여진족의 대표에게 선물을 보내거나 효유하는 임무를 수행하여 조선 초기 대외적인 갈등을 해소하는 역할을 했다. 이들은 분쟁이 발생한 지역의 조사에서 해당 부족을 찾아가 질책하는 일까지 했다. 그렇지만 경차관의 주요 임무는 '경봉왕지敬奉王旨', 즉 국왕을 대신하여 명령을 전달하는 메신저였다. 그에 따라 경차관을 영접하는 여진 측의 의례도 조선에서 종용한 의례에 따라 이루어졌으므로 경차관의 파견은 곧 그 지역 여론을 환기시키고 양측의 긴장관계를 해소시키는 결과를 가져올 수 있었다. 실제로 조선은 여진족이 경차관을 맞이하는 의례 절차를 관철시켜 경차관이 국왕을 상징하여 북쪽에 서고 추장이 그 남쪽에서 꿇어 앉거나 머리를 조아리는 신하의 예를 행한 후 문서를 받도록 했다. 여진의 입장에서 주신의 관계는 용납하기 어려웠으나 군사력과 경제라는 두 개의 조건을 만족시키기 위해 조선을 중심으로 하는 위계질서를 받아들일 수 밖에 없었다.[14]

이와 동시에 조선은 여러 방면으로 여진에 대한 회유책을 강구했는데, 여진족의 구성에 따라 약간의 차이를 보였다. 여진족은 크게 토착여진과 올적합兀狄哈, 올량합兀良哈의 3개 종족으로 구분되었다. 토착여진은 고려시대부터 두만강 아래로 남하해서 정착한 조선의 인민이 된 종족이다. 조선의 문화를 수용하여 고려시대부터 간접적인 지배를 받았으며 명나라가 철령위鐵嶺衛를 설치할 때 조선으로 복속되었다. 이들은

---

13 이상협, 『조선전기 北方徙民연구』, 경인문화사, 2001, 22쪽.
14 정다함, 앞의 논문, 2008, 224~233쪽.

군역과 조세의 의무를 부담했고 조선인과 혼인을 하여 두만강 인근의 동북면이 조선 영토가 되는데 큰 역할을 했다. 6진 개척 이후에는 지역의 농경지를 개간하여 정착하였고 조선의 보호를 받으면서 거주했다.[15] 따라서 토착여진은 변방을 약탈하던 대상이 아니었다. 반면 올적합과 올량합은 북방의 정세 변화에 따라 조선에 우호적이거나 적대적으로 대응했다.

올적합은 흑룡강과 송화강 일대에 거주하던 종족으로 유목과 어로를 위주로 생활했다. 조선과 직접적인 관계를 맺은 종족은 송화강에 거주하던 자들이었다. 이들이 우호적일 때는 조선에 사신을 보내기도 했지만, 적대적일 때는 조선의 인명과 재산을 약탈했다. 올량합은 압록강과 두만강 유역에 정착하여 농경을 위주로 생활했다. 이들 중 대표적인 집단이 명의 비호아래 이만주李滿住를 주축으로 파저강婆猪江 일대에 거주하던 건주본위建州本衛와 두만강의 회령 일대에 동맹가첩목아童猛哥帖木兒가 세운 알타리斡朶里가 있었다. 이만주는 올량합의 추장이었던 아합출阿哈出[이사성李思誠]의 손자이다. 아합출은 1403년 명나라에 입조했으며 건주위군민지휘사사建州衛軍民指揮使司의 지휘사가 되었다. 이만주도 건주위 지휘사였다. 그런데 알타리는 명나라의 관심도에서 조금 차이가 있다. 명나라에서는 동맹가첩목아가 황후의 친족이기 때문에 명에 귀속되어야 한다고 할 정도로 조선에 귀부하지 않도록 노력하던 여진 종족이었다.[16]

실제로 1406년 동맹가첩목이 명에 입조했을 때 황제는 동맹가첩목에게 건주위 도지휘사都指揮使를 제수하고, 인신印信과 삽화금대鈒花金帶를 하사했다.[17] 동맹가첩목이 조선의 북방에 거주하게 된 것도 명나라의 선택이었다. 명나라에서는 그들이 공험진 이남 경성 인근에 살도록 했다.[18] 물론 조선에서는 동맹가첩목아의 알타리를 복속한 이후 만호부를 두어 동북면 일대의 여진을 관할했다. 그런데 명나라가 원을 몽골로 몰아낸 후 만주로 영향력을 확대하면서 이만주를 앞세워 여진족의 복속을 강요했

---

15 이상협, 앞의 책, 2001, 19~21쪽.
16 『태종실록』 권10, 태종 5년 9월 기유.
17 『태종실록』 권11, 태종 6년 3월 병신.
18 『태종실록』 권9, 태종 5년 5월 경술.

다. 명나라가 본격적으로 요동에 거주하던 여진족을 회유하기 시작한 것은 명나라 성조成祖 때부터이다.[19]

성조의 여진 회유는 흑룡강 부근의 여진을 회유하여 몽골을 견제하고, 두만강 부근의 여진을 이용하여 조선을 견제하자는 대외정책의 결과였다. 명은 위소衛所를 설치하여 여진에 대한 영향력을 높이고자 했으며, 두만강 인근에 건주위와 올자위兀者衛를 설치하여 인근의 여진 부족들을 통솔하도록 했다. 위소가 설치된 지역의 여진 추장들은 위소관직에 임명되었는데, 실직이 아니라 관직만을 수여하는 행위에 불과했다.[20] 그렇지만 여진은 명나라에 입조하면서 조공무역을 적극적으로 활용하여 경제적 이익을 취하고자 했다. 예컨대 광령廣寧과 개원開原의 마시馬市는 말 이외에 미견포米絹布도 취급하여 여진의 유통경제 활성화에 이바지하기도 했다.[21]

명이 적극적으로 여진의 회유를 할 수 있었던 것은 당시 조선에서 왕자의 난이 발생하여 국내 정세가 혼돈에 빠졌기 때문이다. 이후 태종의 회유에도 불구하고 알타리는 명에 입조하여 건주좌위建州左衛의 장에 임명되었으며, 조선은 그 보복으로 여진에 대한 희사품의 중지와 경원성 인근에 설치한 시장을 철폐하는 조치를 취했다. 여진족은 세종대에 대부분 조선에 귀속되는데, 이들은 명나라에도 입조하는 양면책을 사용하였다.[22] 이들은 무역을 하지 않으면 안되는 유목사회였으며, 명과의 교역보다 조선과 하는 것이 지리적으로 큰 이점이기 때문이었다. 나아가 명나라도 점차 조선의 동북 지역에 거주하는 여진족을 조선에 복속된 존재로 인정하게 되는 이중적 정치지배 체제가 형성되었다.[23] 따라서 조선 건국초부터 정치적으로 불안정했던 동북 지역은 조선의 정국이 안정되던 세종대에 이르러서도 갈등과 불만이 수면아래에 잠재적으로 가라앉은 소강상태였다.

---

19 명과 몽골, 여진족의 관계는 박원호, 「永樂年間 명과 조선간의 여진문제」『아세아연구』 85, 고려대학교 아세아문제연구소, 1991 참조.

20 한성주, 「조선초기 朝·明 二重受職女眞人의 兩屬問題」『조선시대사학보』 40, 조선시대사학회, 2007, 8~9쪽.

21 노기식, 앞의 논문, 2006, 23~24쪽.

22 정다함, 앞의 논문, 2008, 239~240쪽.

23 『세조실록』 권21, 세조 6년 8월 병진.

2) 태종대 동북 지역의 긴장과 국경방어의 조정

조선이 건국하던 시기는 원과 명의 교체기로 동북아시아 전체가 불안정한 상태였으므로 북방강역을 독자적으로 확정하기에는 정치, 외교, 군사적으로 힘들었다. 예컨대 몽골 초원으로 후퇴한 원의 세력이 중원에 진출하여 권력을 차지하기 위해서는 반드시 요동과 만주를 지배해야 했다. 반대로 명나라에서도 몽골을 방어하기 위해 만주의 협력이 필요했다. 그러던 중 1368년 8월 명나라 군대가 원의 수도를 점령하면서 원나라는 와해되었다. 1387년 명은 요동의 나하추를 회유하여 투항케 만들어 만주의 몽골 지지세력을 소멸시켰다. 이후 명나라는 적극적으로 만주를 자신들의 통제 아래에 두려 했다.[24]

이런 국제적 상황에서 압록강과 두만강 인근은 건국 초기의 조선이 경영하기에는 역부족인 지역이었다. 그러나 태종과 세종대로 이어지는 시기를 지나면서 조선왕조가 국내외적으로 점차 안정되면서 이 지역을 패권을 장악하기위해 군사적인 조치가 적극적으로 진행되었다. 조선이 안정된 정치체제를 유지하기 위해서는 국경의 안정과 외적의 침입을 미리 방지할 수 있는 국경 방어처의 확보가 필수적이었다.

국경의 방어와 지역민에 대한 통제는 태조부터 시작되었다. 태조 초기인 1395년 압록강변인 서북면의 김법화金法華와 정대鄭大 등 7명이 국법을 어기고 국경을 넘어간 일로 공개적으로 참수되었다.[25] 이런 국경 통제책은 태종대에도 지속되었다. 예컨대 1406년(태조 6) 의주의 주부개朱夫介 등 4인이 몰래 말을 가지고 국경을 건너 팔려던 일이 있었다. 이때 성주成州의 승려 해선海禪은 동북면을 거쳐 강을 건너 넘어갔다. 이때 말은 관에서 몰수하고, 해선은 그 본적지에 선군船軍으로 충정充定하는 처분을 내렸다.[26]

태종대에도 국경에 대한 감시와 긴장이 지속된 것은 태종의 대여진 정책과 깊은 연관이 있었다. 태종은 왕권의 강화와 국내정치 구도의 안정을 최우선으로 정한 군주였

---

24 노기식, 앞의 논문, 2006, 10~14쪽.
25 『태종실록』 권7, 태종 4년 2월 을축.
26 『태종실록』 권11, 태종 6년 2월 을축.

다. 그가 보위에 오르는 과정에서 보위를 물려주는 시점까지의 정치적 상황을 보면 대부분이 강경책 일변도임을 알 수 있다. 2차에 걸친 왕자의 난에서 가차 없이 형제들을 척살한 것, 처가인 원경왕후 민씨 집안의 형제들을 모두 죽인 것, 세종의 처가인 심씨를 멸문 시킨 것은 태종의 정치가 포용과 회유, 융화라는 유연성을 찾아볼 수 없는 정책이었음을 보여준다. 이런 배경에서 태종의 대외정치도 태조대와는 달리 왕권의 강화를 위한 연장선에서 강경책으로 전환했다고 생각할 수 있다.

태종의 대여진 강경책은 1406년(태종 6) 올적합 추장 김문내金文乃가 경원을 침입한 것을 시작으로, 1410년에는 절정에 이른다. 1406년 연초에 김문내가 경원의 소다로蘇多老를 침략했다. 그 원인은 명과 조선, 여진 간의 정치, 경제적 이유 때문이었다. 원래 여진인들이 경원 인근에서 소금·철과 소·말 등을 무역하였는데, 명나라에서 건주위를 세우고 여진인을 초유招諭하자, 경원에서 절교하고 무역을 금했다. 이에 여진인들이 격분하여 경원을 공격한 것이다. 당시 병마사 박영朴齡이 인솔한 군대는 김문내의 아들을 죽였으나, 여진은 목마牧馬 14필을 약탈하고 관군 4명을 죽였다.[27]

김문내는 1410년 2월에도 경원부에 재차 침입하여 병마사 한흥보韓興寶와 15명을 죽였다. 이에 대해 조선 정부는 동북면찰리사東北面察理使 조연趙涓으로 하여금 군사 1,150명을 인솔하여 반격작전을 전개하여 여진족 추장 4명과 160여명의 군병을 포살했다. 찰리사 조연은 두문豆門 인근에서 모련위지휘毛憐衛指揮 파아손把兒遜·아고거阿古車·착화着和·천호千戶 하을주下乙主 등과 부족인 수백명을 죽이고 가옥을 불사르고 돌아왔다.[28] 흥미로운 점은 조선군이 김문내를 잡으려고 하는 한편으로 그를 위해 할 경우 명으로부터 외교적 갈등이 야기될 것을 우려했다는 점이다. 따라서 그를 제거하기 전에 자문咨文을 보낸 연후에 시행하자는 의논을 하게 된다. 물론 태종은 김문내 등이 명나라 조정에서 관작을 받은 것을 우리가 알지 못하는 것이고, 변경의 도둑을 치는 것이니 굳이 통유할 필요가 없다고 했다.[29]

그런데 여진족은 조선군의 반격에 위축되기는커녕 오히려 그 보복으로 오도리吾都

---

27 『태종실록』 권11, 태종 6년 2월 기묘.
28 『태종실록』 권19, 태종 10년 3월 을해.
29 『태종실록』 권19, 태종 10년 3월 임오.

里와 연합하여 1410년 4월에 재차 경원부를 기습했다. 그리고 우디캐도 여진 연합군을 인솔하여 경원부 아오지阿吾知를 급습하여 병마사 곽승우郭承祐 휘하의 73명을 죽이고 군마 120여 필을 노획하는 대승을 거두었다. 아오지의 패전으로 조선 정부에서는 훗날 경흥인 공주성의 철폐를 거론하기까지 했다. 당시 공주성은 여진족의 공격을 막기에는 역부족이었다. 성벽은 2m가 채 되지 않았으며 인구도 400여 호에 불과하여 독자적인 방어가 불가능한 상황이었다. 이런 군사적 열세를 감안하여 경원부를 경성으로 이진하고 덕릉德陵과 안릉安陵까지 함주咸州로 천장했다. 결국 경원부가 폐지되어 두만강 국경선은 경성을 중심으로 하는 선으로 후퇴하는 결과를 가져왔다. 경성의 방어처로는 전면의 용성龍城[수성輸城]을 선택하여 그곳에 목책과 석성을 설치했다. 경원부는 7년 뒤인 1417년 재차 설치되었으므로 조선의 동북면 국경이었던 두만강 인근은 7년간 조선의 통제에서 벗어나게 된다.[30]

한편, 15세기초 명나라는 정난靖難의 역役을 거치면서 연왕燕王인 성조 영락제永樂帝가 조카인 혜제惠帝를 퇴위시키고 제위에 오르는 정변을 거쳤다. 영락제는 북방의 변왕으로 지역을 경영하던 경험에 비추어 몽골의 위협에 여진을 적극적으로 활용했다. 여진과 관련하여 올량합 3위는 요동 북쪽에 위치하여 몽골의 위협을 대처하는 곳으로 인식되었으며, 그들을 변방 수호의 첨병으로 이용하기 위해 3위의 대표를 왕으로 봉하기도 했다. 동시에 명나라는 이들과의 관계를 통해 조선과 여진간의 밀착을 단절하기 위한 견제 수단으로도 여겼다.[31] 무엇보다 영락제는 몽골을 제압하기 위해 방만한 방어체계를 축소하여 오르도스 지역을 포기했다. 몽골이 요동에 침략할 수 있는 루트를 제공하는 것이기도 하지만 명과 몽골 사이에 완충지대를 조성하여 군사적 충돌을 완화시키는 전략적 선택이라고 볼 수 있다.[32]

영락제는 압록강과 두만강 유역을 비롯하여 송화강과 흑룡강으로 진출하여 여진을 몽골과 단절시키고 자신들의 세력 하에 두려고 했다. 5차의 몽골 정벌을 위해서도 후

---

30 강성문, 앞의 책, 2000, 29~31쪽.
31 남의현, 「15세기 명의 여진지역 진출시도와 여진의 성장」『강원사학』21, 강원대학교 사학회, 2006, 131~137쪽.
32 남의현, 「明代 前期 遼東과 몽골·女眞의 動向」『명청사연구』25, 명청사학회, 2006, 24쪽.

방인 여진 지역의 안정과 지원이 필요했으며, 위소의 설치로 두만강과 압록강을 변경 방어선으로 연장시켜 조선과 여진을 분리시키고 배후세력을 확보하는 정치, 군사적 이득을 보고자 했다. 특히 즉위초인 1403년 조선에 칙유를 내려 두만강 유역 올량합 등의 여진에 대한 관할권을 포기하도록 강요했다. 이에 조선은 여진인들을 관직과 물품으로 회유하여 그들이 명과의 관계를 거절하게 만들었다. 조선의 입장에서도 우호적인 여진이 변경지역에서 사라지면, 몽골이나 적대적인 여진의 침입을 받게 되므로 여진에 대한 회유를 지속할 수밖에 없었다.[33]

여진의 입장에서 명나라의 회유책이 조선과는 비교할 수 없을 정도로 강경했으므로 귀부할 수 밖에 없는 사정이었지만, 그들의 거주지가 명나라와는 달리 조선에 밀접하게 연결되었으므로 경제적, 지리적 이점을 유지하기 위해서는 조선과의 관계를 무시할 수 없었다. 예컨대, 두만강 유역의 맹가첩목아는 명나라의 강요와 질타로 북경에 내조하고 건주위 지휘사의 관직을 받았으나, 회령에 거주하면서 조선과의 경제적 관계는 지속했다. 물론 1405년 건주위에 속해 있던 모련위毛憐衛가 조선을 침입하여 약탈하는 사건이 발생하였고, 이에 1410년(태종 10) 조선군의 모련위 토벌로 지휘부가 타격을 입고 수 백명이 죽는 심각한 타격을 입기도 했다.[34] 명, 조선, 여진의 정치적 이해

경원과 경성 지역(『대동총도』, 규장각한국학연구원)

33 남의현, 앞의 논문, 『강원사학』 21, 2006, 137~139쪽.
34 남의현, 위의 논문, 140~141쪽.

관계가 지속되는 동안에는 갈등과 화해가 수시로 반복되었다. 태종대 여진과의 긴장 관계는 세종 초기에도 지속되었다. 1421년(세종 3) 경원부의 안전을 위해 부를 후방의 부거富居로 이전하였다. 그럼에도 여진의 공격은 지속되었다. 1424년(세종 6)까지 매년 100~300여명 단위의 여진족이 침입하여 인명과 재물을 약탈하였다. 이때 조선과 여진의 관계를 획기적으로 전환시키게 된 것이 세종의 북방정책이었다. 세종은 동북지역 조종의 발상지와 영토를 더 이상 방관할 수 없으며 한치의 땅도 방어해야한다고 주장하였다. 세종의 의지는 조선왕조의 북방 경영에서 숙원사업이기도 하였던 압록강변과 두만강변을 국경으로 삼는 4군과 6진개척을 통해 안정적으로 이루어지게 된다.

2. 국경의 확장과 4군 6진의 설치

1) 세종대 북방 정책과 영역의 확장

세종은 태종이 완성한 강력한 왕권을 이어 받아 국내적으로 안정된 정치구도 아래에서 통치를 이어갈 수 있었다. 대외적으로도 명과 사대관계를 굳건히 했고 일본과는 삼포의 개항과 세견의 파견을 통해 교린관계를 이어갔다. 반면 북방의 여진족과는 정벌과 회유라는 강온책을 구사하며 4군 6진을 설치하여 국경 지역의 안정을 기도했다.

세종 초기 국경 방어처의 방비는 일정하지 않았다. 주변지형을 이용하여 성곽을 건설한 경우도 있었지만, 목책을 둘러 방비하는 경우도 있었다. 1426년(세종 8) 경원부의 방어상태를 보면, 경성군鏡城郡 부거참富居站에 목책을 설치하고, 경원부에는 임시 치소를 세워서 안변 이북의 군인을 교대로 고랑기高郞岐와 용성龍城의 목책에 주둔시켰다.

당시 안변에서 경원까지는 15~16일이 걸리는 거리로서 군병이 왕래하는 동안에 사람도 피로하고 말도 지치는 거리로 방어상의 허점이 있는 구간이었다. 그래서 내금위의 갑사와 별패들로 고랑기의 목책을 방어하게 하고, 경원 절제사가 그 고을의 군

여지도서의 경원부(규장각한국학연구원)

사를 거느리고 경원의 새로 세운 목책을 진수鎭守하는 전술을 사용했다. 그러나 여진
인의 침략 경로가 일정하지 않고, 농사철이 되어 사람과 말이 사방의 농지에 흩어져
있을 때 갑자기 침입해 오면 고랑기에 주둔한 군대로서는 미처 방어하지 못할 것이
분명했다.[35]

이에 따라 경원부의 치소를 성이 크고 병참 기능이 있는 용성으로 옮기고 경성의

---

35 『세종실록』 권31, 세종 8년 1월 기미.

오을촌吾乙村과 주을온朱乙溫 등지를 경원에 소속시키며, 경성군의 치소를 주촌참朱村站에 옮기고 길주의 운가위雲加委·광암廣巖·입석立石·명간明間·명원明原 등의 지방을 경성에 소속시키고, 북청 이북과 경성 이남의 군인 100명을 교대로 용성에 주둔하고, 또 장항獐項·요광원要光院 등지에 파절把截을 두는 방책을 구상했다.

그런데 이 방책은 국경선이 후퇴하여 영토가 줄어드는 것이 단점이었다. 결국 경성의 어유魚游와 간천澗川에서 북쪽을 경원에 떼어 붙이고, 길주의 운가위·광암·입석·명간·명원 등지를 경성에 붙이며, 경원과 경성의 절제사가 방어의 임무를 맡은 곳은 그대로 두고, 고랑기의 농민은 모두 용성 등지에 들어가서 거주하게 했다. 고랑기에서 방어에 출동하는 군인 200명 내에서 150명은 경원성에 주둔하여 방어에 종사하게 했다. 길주에서 남쪽으로 있는 각 지방 관청의 익속군翼屬軍이 2,984명이며, 별패가 468명으로 모두 3,452명인데, 경원과 용성 두 곳에 나누어 배치해서 매 월에 150명씩 그 거리의 원근을 보아서 1년에 한 번씩 방어에 출동하게 하며, 만일 익속군이 부족할 때에는 곧 각 포浦에 소속된 선군船軍으로서 불필요한 것을 폐지하여 이에 충당하게 했다. 또 경원성은 돌로 견고하게 축조하는 방안이 채택되었다.[36]

그런데 경원성은 이때 완성되지 않은 것으로 보인다. 세종은 6년 이후인 1432년(세종 14)에 영의정 황희에게 경원성 축조가 미루어지는 이유를 조사하도록 하였다. 경원성을 옮겨 축조하는 것이 지체된 것은 국경 영토가 변경되었기 때문이었다. "토지에 정해진 영토는 조종에게서 받은 것이니 비록 한 자 한 치라도 줄일 수 없는 것이다. 마땅히 굳게 지키고 옮기지 말아야 한다."라는 의견과 "도읍을 옮기고 읍을 옮기는 것도 마땅히 백성의 사정에 순응해야 하는 것이다. 지금 이 경원은 땅이 본래 메말라서 경작하여 농사하기에는 적합하지 않으며, 또 온 고을 백성들이 다만 일면만 경작하고 나머지 3면은 야인을 두려워하여 개간하지 않고 있다. 이 때문에 생계가 날로 어려워져서 백성들의 소망은 다 옛날의 경원과 용성의 땅에 있다. 백성의 가난하고 고통스러움이 이러하니 옮기지 않을 수 없다."는 논의가 상충되고 있었다. 이에 세종은 경원성을 용성에 옮겨서 큰 진을 만들고, 유능한 장수가 굳게 지키게 하며 백성들

---

36 『세종실록』 권31, 세종8년 1월 기미.

을 분산 배치하여 농사를 짓게 하고, 지금의 경원성의 터에는 석성을 쌓아서 비장이 군사 200~300명을 거느리고 성을 지켜서 적변賊變을 방어하게 하며, 또 여진인이 출몰하는 길에는 연대烟臺를 쌓아서 망보게 한다면, 이 두 가지 논의에 대하여 거의 양쪽을 다 겸할 수 있다고 생각했다. 세종은 황희를 국경 지역에 보내어 정황을 파악하여 가부를 정한 뒤에 결단을 내리고자 했다. 황희는 호조 판서 안순安純과 같이 가서 자세히 조사했다.[37]

세종은 이듬해인 1433년에도 국경지역의 정비와 야인 방어를 위한 대책을 논의하였다. 당시 세종이 야인에 대한 대책으로 평안도도안무사 최윤덕崔閏德에게 내린 전지를 보면 다음과 같다.

적인들이 왕래往來하는 길 연변에 있는 한량없이 많은 잡목들을 벤다는 것은, 다만 베기가 어려울 뿐 아니라 흙을 다듬는 일도 또한 어려울 것이다. 그러나 논의하는 자들이 말하기를, '적인이 나오는 요로를 15리, 혹은 20리쯤 나무를 벌채하여 길을 통하게 하고, 그 벌채한 나무를 풀잎이 마르기를 기다려서 불태우면 나무가 타서 길이 열게 되어, 우리 군사가 적을 추격할 수 있을 것이고, 적도 의심하여 감히 가까이 오지 못할 것입니다'고 한다. 나도 또한 생각하건대 옛사람은 만리장성을 쌓아서 호적胡賊을 막는 일도 오히려 어렵게 여기지 않았는데, 더군다나, 이제 저들이 나오는 요해처에 수목이 비록 많다고 한들 어찌 벌채하기가 어렵겠는가. 만약 풀이 마르기를 기다려서 풀과 함께 불태운다면, 길을 닦아가기가 무엇이 어렵겠는가. 그것에 사용되는 민력도 장성을 쌓는 것에 비길 만한 것은 못될 것이니 충분히 의논하여 다시 보고하라. 연변의 전지가 적은 곳의 주민들을 깊은 골짜기의 전지가 많은 곳으로 옮기자는 문제에 대하여는, 내가

최윤덕 묘(한국학중앙연구원)

37 『세종실록』 권55, 세종 14년 3월 을축.

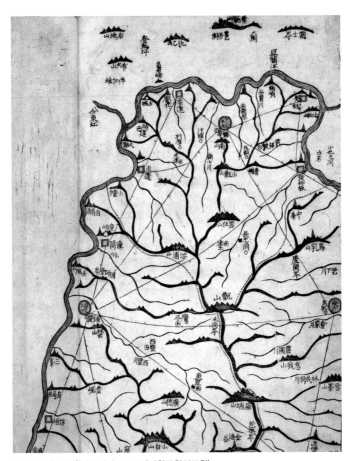

함경도 경원 지역(『대동여지도』, 규장각한국학연구원)

생각하건대 경작할 전지가 적은 자와, 전적으로 강 건너편의 전지만에 의존하는 자와, 초피貂皮나 인삼으로 장사하고 있는 자들은 옮기게 하는 것이 좋겠지만, 그중에 전토를 널리 점령하여 생업에 안정하고 있는 자들도 함께 다 강제로 이사를 시키는 것은 도리에 온당하지 않다. 전지 경작 면적의 많고 적음을 구분하여 보고하도록 하라.[38]

세종이 야인 방어의 하나로 생각한 것이 그들의 침입경로를 미리 파악하여 요해처의 수목을 모두 제거하는 것과 전지의 위치에 따라 농민들의 거주지를 조정하는 안이

---

38 『세종실록』 권62, 세종 15년 10월 을해.

었다. 먼저 요해처의 수목을 제거하는 것은 성을 쌓는 것과 달리 노동력의 손실이 크지 않으며 용이한 일이므로 우선적으로 해야 한다는 주장이다. 외부의 적이 침입하는 경로를 미리 파악하여 그 인근의 엄폐 요소를 제거하는 당연한 일이라고 할 수 있다. 그리고 세종은 전토의 분포에 따라 백성들을 분산시키려는 대책에는 반대하고 있다. 국경지역에 다수의 병력을 배치하기 어려운 상황에서 분산된 백성을 보호하기에는 역부족인 점을 감안한 결정이라고 볼 수 있다.

4군 6진이 완성되는 1433년 말에 이르러 세종은 관료들과 재차 국경에 대한 논의를 하였으며 이때는 영토를 확대하는 방안을 논의하였다. 당시 세종은 영토 확장에 확신을 가지고 추진하였는데, 세종의 주장은 다음과 같다.

(전략) 내가 조종의 왕업을 계승하여 영성한 왕운을 안존하는 것으로서 항상 마음먹고 있다. 전일에 파저婆猪의 전역戰役 때에는 대신과 장수와 재상들이 다 불가하다고 말하였다. 이 말들은 바로 만세에 변함이 없는 정론이었다. 그런데, 내가 드디어 정벌을 명령하여 성공하였다. 그러나 그것은 특히 행운일 뿐이고 숭상할 만한 것은 못된다. 지금 동맹가첩목아 부자가 함께 사망하고, 범찰凡察이 그의 무리를 거느리고 우리의 경내에 와서 살고자 한다. 여러 대신들에게 의논하였더니 모두가 경솔하게 허락할 수 없다고 말하였는데, 그 언론이 지당하다. 그러나 매양 생각하니, 알목하斡木河는 본래 우리나라의 영토 안에 있던 땅이다. 혹시 범찰 등이 딴 곳으로 옮겨 가고, 또 강적이 있어서 알목하에 와서 살게 되면, 다만 우리나라의 변경을 잃어버릴 뿐 아니라, 하나의 강적이 생기게 되는 것이다. 그러므로, 나는 그곳의 허술한 기회를 타서 영북진寧北鎭을 알목하에 옮기고, 경원부를 소다로에 옮겨서 옛 영토를 회복하여서 조종의 뜻을 잇고자 하는데 어떤가. 또 태조께서는 경원을 공주에 두었고, 태종께서는 경원을 소다로에 두었는데, 그 뒤에 한흥부韓興富가 전사하고, 곽승우가 화살에 맞아 패하였건만, 태종이 오히려 차마 버리지 못하여 부거참에 목책을 설치하고 군사를 주둔시켜 지키게 하셨다. 이것은 조종이 알목하로써 우리의 땅을 삼으려는 마음인 것이다. 일찍이 이것을 마음 속에서 잊은 일이 없다. 내가 옮겨서 배치하려고 하는 것은 큰 일을 좋아하거나 공을 세우기를 즐겨 하기 때문은 아니다. 만약 조종이 번리藩籬를 설치하였다면 자손 된 자

가 좋아서 이것을 보충하여야 한다는 것뿐이다. 비로소 두 진을 설치하여 옛 지경을 개척하는 것은 조종이 이미 이루어 놓은 법이다. 그것이 어찌 나의 공이 될 수 있겠는가. 내 생각으로는, 동맹가첩목아의 부자가 일시에 사망한 것은 마치 하늘이 멸망시킨 것 같다. 이제 그 시기가 이와 같으니 그것을 잃어버릴 수가 있겠는가. 더군다나, 두만강이 우리의 국경을 빙 둘러 싸서 흐르니, 하늘이 만든 험고로서 옛 사람이 큰 강으로 못을 삼는다고 한 뜻과 매우 합치한다. 나의 결의는 이미 섰으니, 경 등은 충분히 의논하여 보고하도록 하라.[39]

위의 내용에서 세종의 국경 의식이 왕조국가의 계승과 조종의 유업을 잇는다는 정통성에 입각하고 있음을 볼 수 있다. 당시 경원부 외곽의 알목하에 거주하던 동맹가첩목아 부자가 함께 사망하자 범찰의 무리가 경내에 와서 살고자 했다. 이때 대신들은 신중한 결정을 위해 범찰의 이주를 유보하기를 청했다. 그러나 세종은 알목하가 본래 조선의 영토라면서 혹시 범찰을 거주하게 하지 않은 상황에서 누군가가 알목하에 와서 살면 변경을 잃어버릴 뿐 아니라, 또 다른 적이 생길 수 있다는 우려와 함께 알목하는 태조부터 태종대에 이르기까지 영토로 삼으려했던 곳임을 강조하였다.

이에 따라 세종은 영북진을 알목하에 옮기고, 경원부를 소다로에 옮겨서 태조대부터 이어온 조종의 뜻을 잇는 계기로 삼자고 하고 있다. 특히 알목하를 점거하면 두만강이 국경을 빙 둘러 흐르는 형세가 되어 영토를 늘리면서도 자연지형을 활용할 수 있기 때문에 새로운 요새나 방어거점을 만들지 않아도 되는 이점들이 있었다. 그런데 알목하에 새로운 진을 설치하는 것도 용이한 일은 아니었다. 두 진을 둔다면 하나의 진 안에 인구가 천호千戶 이상은 되어야만 가능했다. 그 진에 거처할 인호人戶의 확보가 어려웠다. 그 해결책으로 함흥 이북의 백성들을 이거시키고자 했으며, 하삼도의 향리·역졸·공천·사천을 물론하고 자진하여 응모하는 자가 있으면, 신역을 면제해 주어 들어가 살게 하며, 혹은 토관직을 제수하여 군대에 충당하는 방안을 강구했다.[40]

함흥 이북의 백성을 국경의 새로운 진으로 이거시키는 것은 쉬운 일이 아니었다.

---

39 『세종실록』 권62, 세종 15년 11월 무술.
40 『세종실록』 권62, 세종 15년 11월 무술 ; 『세종실록』 권62, 세종 15년 12월 경오.

특히 함흥부咸興府에서는 수백명이 당
시 함길도 감사인 조말생趙末生에게 소
다로와 알목하로 옮겨 가는 것을 고
통으로 여긴다는 진정서를 제출하였
다. 조말생은 그 해결책으로 단천 이북
의 각 고을 사람들을 그들의 자원自願
에 좇아 소다로와 알목하에 이주시키
고, 그 대신 북청 이남의 각 고을 사람
들을 단천·길주·경성·경원 등의 고을
에 옮기는 안을 조정에 올렸다. 이에 조
정에서는 고향을 그리워하는 것은 인간
의 지대한 심정이며, 부모를 멀리 하고

세종대왕 동상(서울 광화문)

형제를 떠나서 멀리 천리나 되는 곳에 옮겨 가서 사상질병死喪疾病의 경우에도 서로
소식을 듣지 못하게 된다면, 백성들의 심정에 깊이 한탄하는 바가 될 것이라며, 남쪽
의 백성을 옮기는 것은 어려운 일로 보았다. 그 대신 북쪽의 백성들을 이거시키는 것
으로 결정하고자 했다.[41]

2) 4군 6진의 설치와 지역 방어책

4군 6진의 4군은 압록강 상류인 여연閭延·자성慈城·무창武昌·우예虞芮이며, 6진은
두만강 하류 남안에 설치한 종성鐘城·온성穩城·회령會寧·경원慶源·경흥慶興·부령富
寧을 말하는 것이다.

세종이 6진을 설치한 이유는 알목하[회령 지역]가 조종조 대대로 이어오던 곳으로
기존에 조선으로부터 관직을 받고 부족을 지휘하던 동맹가첩목아가 올적합의 침입으
로 사망하자 또 다른 적이 점거할 것을 걱정하여 진을 설치하려는 것이었다. 세종은

<hr>

41 『세종실록』 권62, 세종 15년 12월 경오.

6진 개척에 앞서 향화인向化人에게만 관직을 주던 것을 두만강과 압록강 연변에 거주하는 여진인에게도 확대해서 수여했다. 연변에 거처하던 여진은 조선만이 아니라 이미 명나라에서 관직을 받았던 사람들이기도 했다. 따라서 세종의 관직 수여는 여진이 조선에 포섭되고 그들의 거주 지역이 자연스럽게 조선의 영토에 귀속되는 결과를 가져왔다.[42]

여진인은 조선과 명나라에 모두 속하는 위치에 있었다.[43] 명나라는 여진인이 거처하던 요동에 여진위소女眞衛所를 설치하여 이들을 통제하려고 했다. 여진위소는 명나라의 관원이 상주하며 지역을 관할하는 것이 아니라 해당 지역의 여진 족장들이 위소의 책임자로 임명되는 형식이었다. 따라서 여진위소는 외형상으로는 명의 지배체제에 종속된 것처럼 보이지만, 실질적으로는 독자적인 사회체제를 유지했다고 볼 수 있다. 여진이 명나라에 대해 독립적인 사회체제를 유지했다는 것은 조선에게도 동일하게 적용할 수 있다. 조선이 수여한 관직도 이와 동일한 양상으로 본다면, 세종대부터 진

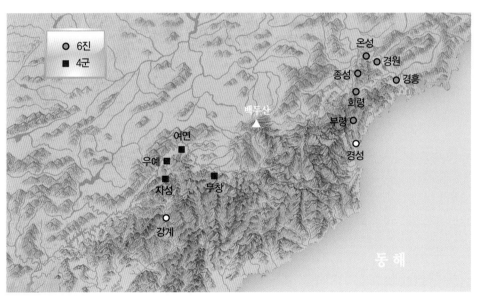

4군 6진도

42 한성주, 앞의 논문, 2007, 11~16쪽.
43 한성주, 「조선 세조대 모련위 정벌과 여진인의 종군에 대하여」 『강원사학』 22·23합집, 강원대학교 사학회, 2008, 97~98쪽.

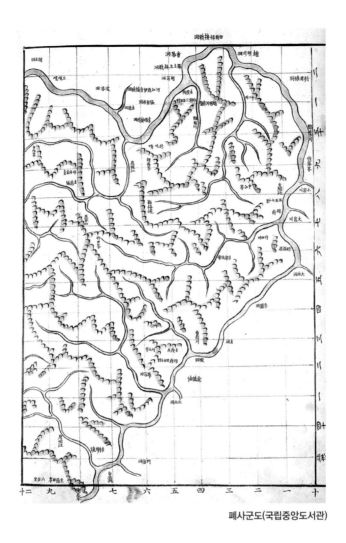

폐사군도(국립중앙도서관)

행된 적극적인 여진의 회유책과 군진의 개척은 조선의 선택임과 동시에 여진의 수용이라고 하겠다. 여진의 입장에서 명나라보다는 조선이 지리적으로 근접하였기 때문에 경제적인 이익을 위해서 밀접한 관계를 유지할 필요가 있었다. 그리고 명나라 영종이 몽골 오이라트 침략에 실패하고 오히려 포로가 되는 토목의 변이 발생하여 요동에 대한 명의 지배가 약화되는 실정이었다. 결국 명은 여진위소에 대한 통제도 상실했다.[44]

44 한성주, 앞의 논문, 2007, 17쪽 ; 남의현, 「명대 올량합·여진의 요동도사의 위기」『만주연구』 3, 만주학회, 2005 참조.

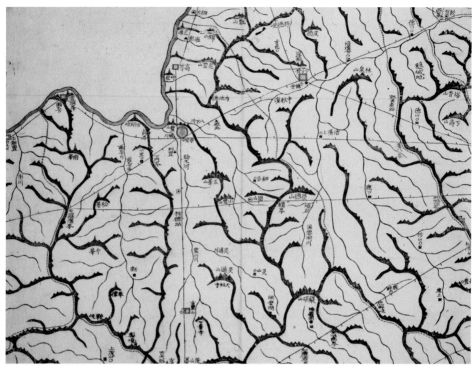

회령부(『대동여지도』, 규장각한국학연구원)

특히 4군6진의 설치 이후에도 여진에 대한 수직은 지속되었으며 일시적인 몽골 군사력 성장과 명나라의 쇠퇴라는 북방지역의 정세 변화에 따라 보다 적극적인 여진 회유책이 이어졌다. 예컨대 세조는 여진인을 왕성으로 불러 직접 만나고자 하였는데, 세조는 북방에 위급한 걱정거리가 없게 하려는 의도가 목적이라는 의도를 가지고 있었다. 나아가 세조는 여진을 신민으로 여기고 조선국 안으로 포섭하려고 했는데, 세조의 의도를 보면 다음과 같다.

> 야인과 왜인들은 모두 우리의 번리이고 신민이니, 작은 폐단 때문에 그들의 내부來附하는 마음을 거절하여 물리칠 수 없으며, 즉위한 이후에 남만북적南蠻北狄으로서 내부하는 자가 심히 많은데, 모두 나의 백성이 되기를 원하니 이것은 하늘이 끌어들이는 것이지 나의 슬기와 힘이 아니다.[45]

    사실 세조가 여진을 적극적으로 포용한 것은 명나라의 이이제이以夷制夷 정책을 무산시키려는 의도가 있었다고 볼 수도 있다. 세조는 명의 영락제처럼 무력으로 보위에 오른 인물이며, 조선의 역대 국왕 중에서 전법과 전술에 능숙한 인물이라는 것을 감안한다면, 여진을 포용하는 세조의 혜안이 충분히 이해될 수 있다.

세조는 명나라의 계책에 대해 다음과 같이 말하고 있다.

> 중국이 우리나라에 비록 이를 신칙하였다고 해도 이처럼 야인이 입조하면 궤유饋遺가 심히 후하였으니 이는 중국의 깊은 꾀이다. 옛 사람이 이르기를 이이제이는 중국의 형편이라고 하였으니 이것은 곧 오늘날 중국의 모책이나 우리나라에서 진실로 그들을 후대해야 마땅하다. 어찌 중국의 술책에 빠짐이 옳겠는가?[46]

세조는 계유정난을 통해 보위에 오른 국왕으로 정치적 정통성에 상대적으로 취약한 상태였다. 그로 인해 단종을 사사하거나 사육신을 죽이는 정변들이 뒤를 이었다. 그러므로 왕권의 정통성을 대외에 과시하기 위해 명나라와 대등한 입장이라는 외교적 강경책이 민심을 위무하는 수단이었다. 조선왕조 전시기에 걸쳐 세조만이 황제국이 할 수 있는 천제天祭를 지냈던 것이 이것을 반증한다. 따라서 세조가 여진에 대해 펼친 정책들은 북방의 안정을 위한 정책이기도 하지만 국내정치를 안정화시키기 위해 관심을 돌리기 위한 이중적인 통치책의 하나라고 보겠다.

반면, 명나라에서는 조선이 적극적으로 여진을 수용하는 것에 반대했다. 조선이 여진에게 관직을 주거나 교통하는 것은 장차 명나라에 대항하려는 것이라며 의혹을 제기했다.[47] 그럼에도 세조는 모련위 정벌에 100여명 이상의 여진인을 종군시켜 대외적으로 조선과 여진의 관계를 과시하기도 했다. 여진인이 조선군에 종군하는 것은 태조대 개국공신인 이지란李之蘭과 이화상李和尙 등의 사례에서도 알 수 있듯이 새로운 일은 아니었다. 그러나 1460년 세조의 모련위 정벌과 같이 대규모의 여진인이 참여한

---

45 『세조실록』 권8, 세조 3년 7월 경인.
46 『세조실록』 권3, 세조 2년 2월 정사.
47 『세조실록』 권17, 세조 5년 7월 경술.

것은 대외적으로 조선과 여진의 관계를 재고하게 하는 사건임에는 분명하였다.[48]

　4군 6진은 설치만큼 그 유지도 용이한 일이 아니었다. 무엇보다 큰 문제는 지역의 교통로 확보와 경제활동이었다. 4군 6진에 대한 교통로가 확보되어야 인력과 물자가 원활히 조달되며, 경제활동이 보장되어야 향리가 조성되기 때문이었다. 예컨대 갑산과 여연의 거리는 9일이 넘는 거리이고, 갑산과 삼수가 갈리는 곳으로부터 무로에 이르기까지는 2일이 넘는 노정이며, 무로로부터 여연 지경에 이르기까지도 2일이 넘는 노정일 정도로 교통로라기보다는 기존의 산길을 사용하는 실정이었다. 따라서 백성들이 왕래의 폐단에 괴로워할 뿐만 아니라, 이동이 자유롭지 않은 상황에서 경지의 확보도 용이하지 않았다. 그리고 연변의 거주민은 농경지가 부족한 실정에서 월경越耕을 생활의 근거로 삼고 있었다. 그런데 군진의 개척시 여진인을 토벌한 이후 월경시 신변의 위험을 받을 공산이 많았으므로 월경의 여부를 결정해야 하는 기로에 있었다.[49]

　물론 조선 정부에서도 군진 개척 이후 여진인 회유정책과 함께 적정을 파악하기 위한 정탐활동을 펴고 있었다. 예컨대 통사 중에 주밀한 사람을 선발해서 호복을 입혀 적정을 파악하게 하는 반간反間[간첩]과 함께 이만주·심타납노沈吒納奴·임합라林哈剌 등의 주요 여진 대표의 수하들에게 뇌물을 주어 여론을 돌리게 하는 계책을 준비하였다. 반간을 활용하는 것은 김종서와 이징옥같은 무장들이 적극적으로 찬성하였다.

　당시 재상들과 장수들은 장수로서의 조건에 반간을 활용하는 것이 필요하다면서 다음과 같이 말했다.

　　　뛰어난 장수라고 일컫는 사람은 다른 것이 없고 간첩을 잘 사용하여 적의 실정을 알고 있으며, 호령을 엄하게 하여 나의 꾀를 비밀히 하는 것이니, 먼저 아는 사람은 승리하고, 알지 못하는 사람은 패배 하는 것이 고금의 떳떳한 일입니다. 병법에도 말하기를, '서로 지킨 지 몇 해 동안을 하되, 하루의 승리를 다투면서도 작록爵祿과 백금白金을 아껴서 적의 실정을 알지 못하는 사람은 남의 장수가 될 수 없으며, 임금의 보좌가 아

48 한성주, 앞의 논문, 2008, 100쪽.
49 『세종실록』 권64, 세종16년 6월 병오.

니며, 승리의 주장主將이 아니라.'고 하였으니, 바로 이것을 말한 것입니다.[50]

실제로 어느 정도의 반간이 여진 진영에 파견되었는지는 알 수 없으나 4군 6진을 관할하는 장수들이 반간을 활용했음은 충분히 짐작할 수 있는 내용이다. 그럼에도 여전히 4군 6진의 유지는 쉬운 일이 아니었다. 경제적인 문제도 심각했지만, 지역민의 동원도 쉬운 일이 아니었다. 새로 개척한 지역의 석성石城 보수와 경원과 영북寧北 같은 요해처에 목책을 설치하는 일은 모두 해당 지역의 군인과 백성들이 담당하였으므로 타 지역에 비해 이중의 군역을 담당하고 있었다.[51]

평안도 연변의 4군 지역의 경우 각 고을에 거주하는 호수戶數를 계산하여 요해처에 석보를 쌓았다. 농사철에는 석보에 들어가서 적정을 살피거나 피란처로 삼기도 했다. 그런데 연변의 고을마다 모두 석보를 쌓는 것은 10년 안에 불가능하였다. 석보 이외에도 연대의 설치도 문제였다. 연대는 연변의 평탄한 들이나 넓은 벌판이 아닌 험준한 고지대에 위치해야 했기 때문이다. 연대는 압록강 연변의 산세가 굽어 있고 삼림이 우거져서 적정을 살필 수 없었다. 대신 높은 산봉우리와 험준한 고개에 목책을 세우고 높은 누각을 지어 그 위에서 망을 보게 하는 것으로 충분했다. 그런데 지역민들로 하여금 낮에는 높은 산봉우리에 올라가서 망보게 하고, 만

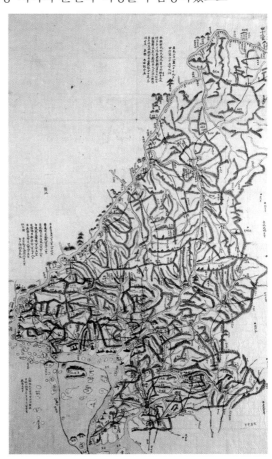

평안도 지역 압록강변의 군진(서울역사박물관)

50 『세종실록』 권74, 세종 18년 7월 신해.
51 『세종실록』 권65, 세종 16년 7월 기묘.

약 적변賊變이 있으면 석보에 들어가며, 밤에는 목책 위에서 순경巡更을 돌게 하는 일들을 모두 지역의 군민이 담당하는 것이 고충이었다.[52]

그러므로 군진의 개척이 국토를 확충하고 국경을 정비하는 국가차원의 원대한 계획이었다고 단정 지을 수는 있겠지만 개척지의 주둔군과 지역민은 달갑지 않은 선택이었다고 볼 수 있다. 물론 4군 6진에 대한 개척은 조선왕조의 숙원이었다고도 볼 수 있다. 예컨대 세종 때 북방으로의 사민은 태조부터 시작되었던 동북 지역 개척과 밀접한 관련을 가지고 있다. 결국 세종 말년에 이르는 기간 동안 압록강 상류에는 4군을 두었고 두만강 하류에 6진을 설치하여 조선의 북방 영토의 최전방 군사기지로서 기능을 담당하게 한 것이며, 세종은 이 지역의 지속적인 안정과 영토화를 구축하기 위해 삼남지방민의 사민정책을 취하였던 것이다.

그런데 세종은 4진을 설치한 이후에도 '공효功效가 있겠는가? 백성의 재력이 장차 다할 것인가? 백성의 원망이 날로 더욱 더할 것인가? 4진의 민심이 장차 안정될 것인가? 야인의 변이 장차 종식 될 것인가?' 하는 의문을 가지고 있었다. 세종은 그런 의구심을 풀기위해 김종서에게 지역을 탐방하고 와서 보고하도록 했다. 김종서가 그 지역을 순시하고 보고하기를 다음과 같이 했다.

> 선조의 땅을 버리고 지키지 않고, 창업한 땅을 잃어버리고 회복하지 않으면, 선조가 이룩하여 놓은 일을 계승하는 자손이 있다고 하겠으며, 선조의 뜻과 업을 계승하여 그 공훈을 잇는다고 하겠습니까. 뒤로 물러나서 용성으로 경계를 삼는 것은 불의가 하나이고 불리가 둘입니다. 선조의 강토를 줄이는 것이 그 불의의 하나이고, 산천의 험함이 없는 것이 그 불리의 하나이며, 수어守禦의 편리함이 없는 것이 그 불리의 둘째입니다. 두만강으로 경계를 삼는 것은 대의가 하나이고 대리가 둘이 있으니, 흥왕興王의 땅을 회복함이 그 대의의 하나이고, 장강의 험함을 의지함이 그 대리의 하나이며, 수어의 편리함이 그 대리의 둘째입니다. 그렇다면 용성으로 경계를 삼고자 하는 것은 생각지 못한 까닭입니다. 하늘이 유도有道를 도와서 원흉이 자멸하고 오랑캐들이 스스로 도망하

---

52 『세종실록』 권74, 세종 18년 7월 임인.

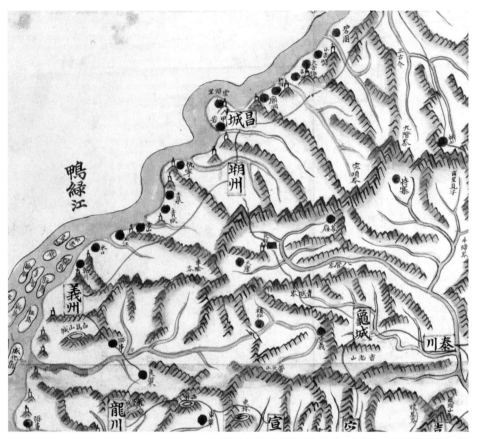

조선후기 여지도의 압록강변 연대(『대동여지도』, 규장각한국학연구원)

였으니, 우리 전하께서 기회를 타서 포치를 적당히 하여, 한 사람의 군사도 수고하지 아니하고 한 사람의 백성도 상하지 아니하고 옛 강토를 쉽게 회복하고 문득 네 고을을 설치하셨으니, 선조의 뜻과 업을 잘 계승하여 그 공훈을 더욱 빛냈다고 이를 만합니다. (중략) 우리나라는 북쪽으로 말갈과 연접하여 여러 번 침릉을 당하였으되, 전조로부터 오늘에 이르기까지 그 화가 아직 그치지 않사오니, 성곽의 수축과 군사 훈련이 마땅히 다른 곳보다 백 배나 되어야 할 것입니다. 비록 금년에 성 하나를 쌓고 명년에 또 성 하나를 쌓되, 쌓지 않는 해가 없다 하더라도 어찌 의에 해롭겠습니까. 지난번에 부거로 써 경계를 삼았을 때에도 오히려 수척數尺의 성도 없었으니, 변방 고을이 이러하거늘, 하물며 용성 이남의 고을이겠습니까. 지금 생각하면 변방의 모책이 심히 잘못되어 중국 사람의 웃음거리가 된 것이 당연합니다. 우리 전하께서 진념軫念해서 모신議臣이 헌 의獻議하여 여러 백성들이 자식 같이 모여 와서 이미 회령성을 쌓았고, 또 경원성을 쌓 았으되, 역사役事가 때를 넘기지 않고 일을 마치게 되었습니다. 더구나, 갑산과 경흥은 스스로 능히 수축하여 모두 견고한 성이 있으니, 북방의 걱정이 10분의 7, 8분은 없어 졌습니다."[53]

김종서는 4군의 개척이 태조의 위업을 계승하는 일이며, 강토를 보존하는 방법이 라고 하면서 두만강과 압록강을 국경으로 하는 조선의 영토관을 분명히 나타내고 있 다. 그리고 4군의 개척은 주변 지형을 이용한 것으로 천혜의 요새지역임을 강조했다. 또한 기존의 국경 방어거점보다 용이한 지역에 위치하고 있어서 북방 여진족의 침입 을 더 이상 걱정하지 않아도 된다고 주장한다.

이외에도 김종서는 다음과 같은 내용을 설명했다.

(전략)신이 오랫동안 북방에 있어 야인들의 사정을 익히 보니, 비록 부자와 형제간이 라도 필요하면 서로 싸우고 해쳐서 원수와 다름이 없어, 비록 하루에 천금을 쓰더라 도 그 마음을 맺기가 어려우며, 혹은 이로써 맺었다 하더라도, 이가 다해지면 또 그 독

김종서 집터(서울 중구) 옛 고마동으로 김종서가 살던 곳이다. 농업 박물관 앞에 있다.

기를 마음대로 부리오니, 밖으로는 회유의 은혜 를 보이고 안으로는 비어備禦의 일을 닦는 것만 같지 못합니다. 그러면 우리의 힘은 저절로 강해 지고 저들의 힘은 저절로 줄게 될 것이니, 강해 진 힘으로써 위축된 틈을 타면, 우리는 득지得志 할 수 있을 것입니다. 신이 성곽을 쌓고, 갑옷과 군기를 수선하고, 군사를 훈련하며, 군량을 저축 하려고 애쓰는 것은 실로 이 까닭입니다. 만약에 성곽이 완고하고, 갑옷과 병기가 단단하고 날카

---

53 『세종실록』 권78, 세종 19년 8월 계해.

로우며, 군사가 훈련되면, 4진의 인민들이 스스로 지키고 스스로 싸울 수 있을 것이오니, 어찌 다른 군사의 도움을 기다리겠습니까? 적변이 영원히 지식止息되고 적심賊心이 영원히 복종하기를 미리 헤아리기는 어렵습니다. 신이 생각하옵건대, 새로 백성들을 옮긴 처음에는 거의 수척의 목책으로도 오히려 굳게 지킬 수 있었거늘, 하물며 지금은 석성이 이미 축조되었으니, 어찌 스스로 지키기를 걱정하겠습니까. 백성은 저축하여 둔 것이 없고, 관에는 비축하여 놓은 것이 없었으며, 잇달은 기근으로도 역시 굶주림을 면하였거늘, 하물며 이제는 해마다 풍년이 들어 백성은 남은 곡식이 있고, 관에는 여축餘蓄이 있으니, 어찌 식량이 다되었다고 걱정하겠습니까? 관에서는 한 자 한 치의 구하는 일도 없고, 백성은 실오라기만큼도 내는 것이 없는데, 무슨 까닭으로 재물이 다했다고 하겠습니까? 백성들의 마음이 이미 안정되어, 죄를 범하고 도망하는 자가 날로 줄어드니, 무슨 까닭으로 모두 도망하겠습니까? 종성만 다 쌓게 되면 민력은 자연히 쉬게 될 것이오니, 어찌 힘이 다되었다고 걱정하겠습니까? 용성 같으면 형편이 그리 급하지 않으니 하필 빨리 하려 합니까? 재력이 여유 있는 때를 기다려서 차차 하여도 늦지 않습니다. 신은 또 듣자옵건대, 선인이 나라를 다스리기를 백년 동안 해야 선정에 감화되어 백성이 덕화될 수 있다 하오니, 이는 비록 선인이라도 백년이 못되고서는 다스려진다고 이를 수 없다는 말입니다. 하물며 새 읍을 설치한 지가 10년도 못된 것이겠습니까. 어찌 한 가지 일을 성공하고 한 가지 일을 실패하였다고 하여, 거연遽然히 걱정하고 좋아하겠습니까?"[54]

김종서는 4군의 개척과 북방경영에 대한 반대와 민심의 동요가 시간이 지나면 자연히 안정되고 없어지는 일시적인 현상임을 강조했다. 특히 이미 지역이 안정적인 상태에 접어들었으니 야인에 대한 걱정은 기우라고 보고 있다. 또한 두만강 영역의 개척과 방어거점의 확보로 인해 지역민의 경제가 성장할 것이며 외침이 사라질 것임을 장담하였다. 그 배경으로 4군을 개척할 당시 지역의 거친 환경으로 가축이 다 죽고 전염병이 창궐하여 백성들이 거의 다 죽었다는 말들이 단지 와언이었음을 설명했다. 김종서

54 『세종실록』 권78, 세종 19년 8월 계해.

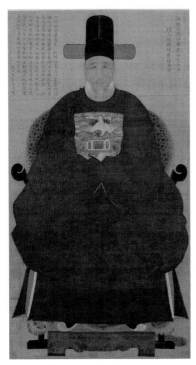

남구만 초상(국립중앙박물관)

가 세종에게 보고한 내용은 그가 직접 해당 지역을 순찰하고 조사한 것이다. 따라서 세종은 김종서의 보고를 신뢰하고 더욱더 북방 영역에 대한 정책을 적극적으로 진행할 수 있었다.[55]

세종의 군진 개척에 대해서는 조선후기 조야에서도 높은 평가를 했다. 예컨대 북방의 관리를 지낸 남구만南九萬은 그의 저서 『약천집』에서 4군 6진의 기원은 태조대부터 기획되었던 왕조의 숙원이라고 보았다. 그는 태조대부터 왕조의 영토를 압록강과 두만강으로 정하고자 하였고 태종대에 부령 이북을 버리게 되었는데, 김종서가 세종의 특별한 인정을 받고 6진을 개척했다고 주장했다. 그리고 후대에 해당 지역의 방어와 경제 활동이 열악하여 여진에게 땅을 내주게 되었다면서 북방 영토를 압록강과 두만강으로 해야 변경의 근심이 제거될 것이며, 버려진 군진이 농경을 하기에 충분한 지역이라고 보았다.[56]

위와 같은 해석을 종합해 본다면 조선초기 북방 변경에 대한 인식이 기본적으로 동일하게 지속되었다고 볼 수 있다. 태조에 의해 조선이 개국하면서 북방의 국경은 압록강과 두만강으로 하였으며, 당연히 4군 6진의 개척은 북방 변경의 경영을 위해 필요한 조치였다는 점이다. 결국 조선초기 국왕들과 관료들의 강역의식과 북방 영역 경영이 후대에까지 그대로 전달되었다는 것을 알 수 있으며, 조선초기의 강역 개척은 수차례의 패전과 군진의 존폐가 있었지만 결국 성공적이었다고 보아야 하는 것이다.

---

55 『세종실록』 권78, 세종 19년 8월 계해.
56 『약천집』 권4, 「소차」.

3. 쓰시마 복속과 영토의식

1) 동아시아 연해의 왜구 활동과 쓰시마 정벌의 배경

15세기 동북아시아의 황해, 발해, 한반도 연안은 왜구의 침범과 약탈로 황폐화되었다. 왜구는 정규군이라기보다는 일본 지역사회에 천재지변이나 정치적 혼란이 야기될 때 발생하던 일시적인 무력집단이다. 그렇지만 그들은 정규군과 유사한 지휘체계와 화력을 가지고 있던 유사 군사조직이었다. 더욱이 고대부터 중세기까지 장기적인 전투경험은 왜구 특유의 전술과 전략을 구사할 정도였다. 고려 말 국토의 1/3 이상이 왜구의 피해를 입거나 지방 행정체계가 마비되던 현상은 상대적으로 왜구의 군사력이 강했음을 증명해주는 것이다. 이런 현상은 명나라가 대외적으로 고심하던 것이 북로남왜北虜南倭의 남왜였던 것과 명나라 초기 왜구가 화북華北 연안을 자주 침범한 것에서도 잘 나타난다.[57]

당시의 왜구는 왜인倭人이 독자적으로 움직이는 것과 명나라 해적이 주도하여 왜구들을 동원하는 두 가지 형태가 있었다. 이는 국지적이거나 한시적으로 나타나고 유지되던 조직이라기보다는 해양문화에서 나타나는 한 현상이라고도 볼 수 있는 존재였다. 명 말기 신종 때에도 광동을 비롯한 복건성 일대가 해적에 의해 장악되던 것에서도 알 수 있다. 사실 왜구 문제는 18세기까지 동아시아 연안 국가가 공통으로 다루고 있던 국제적 문제였다. 중국을 중심으로 하는 동아시아의 해상무역 루트상에서 왜구와 같은 해적은 늘 존재한 공적이었다. 조선에서 명과 청, 일본에서 조선, 일본에서 유구국, 유구국에서 명과 청으로 이어지는 교통로에서 해상 루트는 늘 왜구와 같은 해적의 주요 공격 지점이었다. 더욱이 조선과 유구는 명, 청과 책봉관계로 매년 조공을 해야 하는 외교적 이유로 해상루트의 안전이 중요했다. 따라서 15세기초 왜구의 조선 침략은 동아시아 해적사의 한 부분을 차지하는 당시 국제적 문제의 한 현상이라고도 볼 수 있겠다.[58]

---

57 『명 태조실록』, 홍무 24년(1391) 8월 계유.
58 동아시아 왜구와 해적에 대한 연구는 마츠우라 아키라(松浦章), 『東アジア海域の海賊と琉球』, 榕

명나라가 16세기인 1554년에도 왜구에 의해 절강성이 공격받아 약탈[59]되던 것을 감안한다면, 태조 이성계를 위시한 조선 초기 국왕들의 왜구 토벌은 성공적이었다. 물론 태조 이성계가 보위에 오르기 전 고려 사회에 두각을 나타내게 된 것도 왜구 토벌이 대표적이었다. 남해안에 상륙한 왜구가 지리산까지 육박했을 때 태조가 밤낮으로 싸워 물리쳤다. 당시 태조는 편전片箭을 사용하여 두각을 나타냈고 선봉에서 적을 공격하여 섬멸시키는 전과를 올리기도 했다.[60]

이때의 왜구들은 대체로 쓰시마에서 온 것으로 짐작되는데, 태조가 보위에 오른 후

황산대첩비각(전북 남원)
이성계가 지리산에 출몰한 왜구를 물리친 업적을 기념한 비이다.

쓰시마를 공격하게 하거나 쓰시마의 정치세력과 관련을 맺었던 것에서 짐작할 수 있다. 태조는 일본내 정부에도 쓰시마의 왜구를 정벌할 것을 수차례 타진하여 왜구의 주요 본거지인 쓰시마와 이키시마[一岐島]를 소탕하도록 요청했다. 당시 구주절도사九州節度使 미나모토 료순[源了俊]은 왜구에게 피로되었던 조선인 남녀 570여명을 돌려보내며, 왜구들의 80% 이상이 줄었다고 하여 태조의 노력이 성공을 거두었다고 볼 수 있었다. 그런데 미나모토 료순의 보고에 왜구는 본래 "바다 가운데의 도둑이라 배로 집을 삼기 때문에, 바람이 부는 대로 따라 정착하여 일정한 곳이 없습니다."라고 했

樹書林, 2008의 성과가 주목된다.

59 『명 세종실록』, 가정 33년(1554) 4월 ; 『명 세종실록』 가정 33년(1554) 5월 ; 『명 세종실록』 가정 33년(1554) 10월.

60 『태조실록』 권1, 총서.

듯이 정규군도 아닌 준 군사집단이면서 게릴라식으로 움직이는 왜구를 사실상 섬멸하는 것은 어려웠다.[61] 그런데 당시 왜구는 바람부는대로 움직이는 집단이 아니라 해류와 해품의 이동을 감지해서 활동하는 해양세력이었다.[62]

쓰시마 정벌은 세종대의 일로 인지하는 것이 일반적인데, 실제로는 태조대에도 정벌이 이루어졌다. 고려 말부터 지속되던 왜구의 활동이 왕조가 바뀌었다고 쉽게 변할 수는 없었다. 특히 명나라가 북원과의 전쟁으로 15세기 초까지도 연안의 방비를 제대로 할 수 없었던 것도 왜구활동의 배경이라고 볼 수 있을 것이다. 예컨대 1415년(태종 15) 7월 4일 왜구들이 여순旅順 항구를 급습하여 낭낭전娘娘殿에 있는 보물을 약탈하며 명나라인 2만여 명을 살상하고 150여명을 포로로 잡고 산동반도로 진출하여 전함을 모두 불사르고 돌아간 일이 있었다.[63]

1396년(태조 5) 태조는 문하우정승 김사형金士衡으로 오도병마도통처치사五道兵馬都統處置使, 예문춘추관 태학사 남재南在를 도병마사, 중추원부사 신극공辛克恭을 병마사, 전 도관찰사 이무李茂를 도체찰사로 임명하고 병선을 모아서 일기도와 쓰시마를 공격하게 했다. 출정에 앞서 태조는 다음과 같이 쓰시마 정벌의 취지를 대내외에 알렸다.

> 예로부터 임금 된 자는 항상 중외中外를 어루만져 편안하게 하는 데에 힘써왔다. 불행히도 쥐나 개 같은 좀도둑이 생겼을 때에는 오로지 방백方伯에게 책임을 지워서 몰아 쫓고 잡게 하였으며, 그 세력이 성해져서 방백方伯이 제어하지 못할 때에야 대신에게 명령하여 출정하게 하는 것이니, 소호召虎가 회이淮夷를 정벌한 것과 윤길보尹吉甫가 험윤玁狁을 친 것과 같은 것이 이것이다. 내가 즉위한 이래로 대체로 용병用兵의 도리를 한결같이 옛일을 따라서 일찍이 경솔한 거조가 없었던 것은 이들 백성들이 동요될까 염려하였던 것인데, 이제 하찮은 섬 오랑캐가 감히 날뛰어 우리 변방을 침노한 지가 3~4차에 이르러서, 이미 장수들을 보내어 나가서 방비하게 하고 있으나, 크게 군사

---

61 『태조실록』 권8, 태조 4년 7월 신축.
62 사토카즈오, 『水軍の日本史』 下, 原書房, 2012. 128~131쪽.
63 『태종실록』 권30, 태종 15년 7월 무오.

를 일으켜서 수륙으로 함께 공격하여 일거에 섬멸하지 않고는 변경이 편안할 때가 없을 것이다.[64]

태조의 말에서 수사적인 군왕의 덕을 강조하는 부분을 빼면, 왜구의 침노가 격심하고 빈번해져서 변방의 방위가 불안하기 때문에 정벌을 하게 되었음을 알 수 있다. 왜구의 근거지를 섬멸시키지 않고서는 변방의 소란을 근원적으로 제거할 수 없었음을 나타내는 것이다. 이런 태조의 정벌에 따라 왜구들의 활동이 격감되었으며 자진해서 투항하는 자들이 많았다. 이 때 태조의 정벌 소식을 들은 왜구들이 60척의 배를 끌고 영해寧海의 축산도丑山島에 이르러 항복하였다. 이들은 "우리들이 항복하고자 하오니, 만일 귀국에서 변방 한 곳을 허급許給하고 또 식량을 주면, 우리들이 감히 딴 생각을 갖지 않을 것이며 또 다른 도적들도 금하겠습니다."라고 하여 조선인으로 귀화하고자 했다.[65]

특히, 항복한 왜구의 두목인 구육疚六이 3인을 인솔하고 와서 장검과 환도를 바치고 조반朝班에 나아와서 숙배肅拜할 때 태조가 귀순의 이유를 묻자, "전하께서 항복하는 자를 어루만져 안정시켜 주시고 지난날의 악한 것을 생각지 않으신다기에 토지를 청해서 백성이 되려고 하옵니다."라고 하여 조선에 정착할 결심으로 왔으며, 항복하면 별다른 문책 없이 백성으로 편입되었음을 알 수 있다.[66] 그리고 태조는 항복한 구육에게 선략장군 용양순위사 행사직겸관군민만호宣略將軍龍驤巡衛司行司直兼海道管軍民萬戶, 비구시지非疚時知는 돈용교위 용양순위사 좌령행사정겸관군백호敦勇校尉龍驤巡衛司左領行司正兼管軍百戶를 삼고, 구육에게 은대銀帶 1개, 사모紗帽 1개, 목화木靴 1개를 내려 주었다.[67]

그런데 이때 항복한 왜구들이 6개월도 채 못되어 병선을 약탈해가는 상황이 있었다. 태조가 연해변의 주군에 명하여 전함을 수리하게 하고 쓰시마와 왜구의 소굴인

---

64 『태조실록』 권10, 태조 5년 12월 정해.
65 『태조실록』 권10, 태조 5년 12월 계사.
66 『태조실록』 권10, 태조 5년 12월 을사.
67 『태조실록』 권10, 태조 5년 12월 병오.

섬들을 공격하려고 했는데, 축산도에서 항복하여 울주에 거처하게 했던 이들 중 상만호라는 자가 밀양에서 호궤를 받고는 군선을 약탈해 달아난 사건이었다. 이때 조선 정부에서는 공식적으로 쓰시마에 사신을 보내 그들의 처벌을 요구했다.[68] 그렇지만 그 이유여하를 떠나서 왜구의 귀화와 정착이 당시까지는 쉽지 않았음을 보여주는 일이다.

흥미로운 점은 조선과 쓰시마의 관계가 태조대부터 이루어지고 있었다는 점이다. 위의 사례들을 통해 태조의 등극부터 쓰시마의 왜구들을 정벌하고 회유하고 귀화시키려 했음을 볼 수 있다. 국가보다는 지역관계에 의해 움직이던 전근대의 사회에서 쓰시마는 일본보다 한반도의 정치적 변화에 더 밀접하였음을 보여주는 것이다. 물론 당시 조선에서도 쓰시마가 일본의 영역에 속한다는 것을 인지하고는 있었다. 그러나 조선의 입장에서 봉속封屬을 위주로 하는 중화적 사고관이 지배하던 동북아시아에서 일본은 국가라기보다는 그런 사고관을 거부하는 체제 외의 존재라고 보았다고 해야 할 것이다. 오히려 문명과 반문명의 구도하에서 야만이라는 존재로 보고 상대하지 않았다고 보는 것이 좋을 듯하다.

태조대의 왜구문제는 정종대에도 지속되어 쓰시마에 지속적으로 사신을 보내 해결하려고 했으며, 쓰시마에서도 사신으로 화답했다. 1399년(정종 1) 쓰시마 도총관都摠管 소오 사다모치[宗貞茂]가 사자를 보내어 방물과 말 9필을 바쳤다. 소오 사다모치는 조선에 다음과 같은 글을 올렸다.

배신陪臣 형부시랑刑部侍郎 소오 사다모치는 정승政丞 각하閣下에게 삼가 글을 올립니다. 오래도록 덕화德化를 앙모하였으나 첨배瞻拜할 길이 없었습니다. 50년 전에 우리 할아비가 일찍이 이 땅의 장관長官이 되었는데, 말하기를, '감히 귀국의 큰 은혜를 저버릴 뜻이 없다.'고 하였습니다. 그 뒤에 관차官差와 혹리酷吏로서 탐욕스런 마음을 방자히 하여 좌우에서 죄를 얻은 자가 어찌 부월斧鉞의 베임을 면하였겠습니까? 이러한 무리들이 지난해에 하나도 남김없이 죽었으니, 하늘이 패망하게 한 것입니다. 이제 불

68 『태조실록』 권11, 태조 6년 5월 정사.

초不肖로써 할아비의 직책을 맡기었으므로, 이에 저의 역량을 헤아리지 못하고 외람되이 정성을 바칩니다. 대개 관서關西의 강한 신하들이 조정의 명령을 거역하고, 함부로 날뛰는 군사를 써서 침략함이 극심하였습니다. 바다와 육지에 관법이 미치지 못하여, 변방 백성들이 해마다 마음대로 적선賊船을 놓아 귀국 연해沿海의 남녀를 노략질하고, 불사와 인가를 불태웠습니다. 이것은 국조國朝에서 시킨 것이 아닙니다. 지금은 국토가 통일되어 바다와 육지가 평온하고 조용하여, 조정의 명령으로 엄하게 금하고, 인민들이 법을 두려워합니다. 금후로는 귀국 사람의 배가 거리낌 없이 내왕하고, 연해의 사찰과 인가가 전처럼 아무 탈 없이 경영하게 되는 것이, 배신의 마음으로 원하는 바입니다. 하늘의 해가 밝으니 감히 식언食言하지는 못합니다. 삼가 단충丹衷을 다하고, 우러러 불쌍히 여기심을 바랍니다.[69]

위의 소오 사다모치가 보낸 글을 보면, 쓰시마를 지배하는 관리가 조선에 귀속한 신료라고 칭하는 것을 알 수 있으며, 왜구의 활동이 관주도의 조직적인 움직임이 아니라 해적과 같은 존재라고 했다. 더욱이 소오 사다모치의 소원은 조선과의 관계 개선과 자유로운 교역에 있음을 감지할 수 있다. 물론 그의 심중을 알 수 는 없겠지만, 쓰시마의 경제적 생존을 위해 왜구와 같은 해적질에 의존하려면 영국에서 드레이크를 이용하여 스페인 선단을 공격하는 정도의 무력을 소유하지 않으면 안되는 것이다. 따라서 단발적인 왜구의 침략으로는 쓰시마 지역사회를 유지하는 것은 어려운 일이다. 이런 생황에서 쓰시마에서 조선과의 관계 개선에 나서는 것은 자연스러운 일이라고 보아야 할 것이다. 다만 이러한 움직임이 태종대에 급속하게 냉각되었던 것은 정치적인 문제였다.

태종대 왜구에 대한 대책과 쓰시마에 대한 관계가 태조대에 비해 처음부터 급격하게 변화되지는 않았다. 1414년(태종 14)에 쓰시마의 소오 사다모치가 1410년 조선에 투항하였던 왜인들의 소환을 요구하였다. 당시 조선정부에서는 전라도 태인과 장성 등지에 분산시켜 거주하던 왜인들은 쓰시마의 요구에 따라 모두 돌려보냈다.[70] 쓰시마

69 『정종실록』 권2, 정종 1년 7월 기사.
70 『태종실록』 권27, 태종 14년 3월 정유.

의 요구에 조선정부가 별다른 이의없이 응하는 모습이었다.

그런데 태종이 쓰시마의 요구에 맞추어 왜인들을 송환시킨지 반년이 되지 않은 8월, 울산에서 소오 사다모치의 사인使人 34명과, 소이전小二殿의 사인 31명과, 일기주의 사인 20명과, 일향주日向州의 사인 20명 등의 105명이 인명을 해치며 난동을 부리는 일이 발생했다. 왜인들은 조선측에 요구한 범종을 늦게 준다며 조선인을 칼로 찌르는 등의 난동을 부렸다. 이때 조선정부에서는 왜인들의 처리에 대해 다음과 같은 황희의 논의가 있었다.

> 평도전平道全을 보내어 대의大義로써 책망하기를, '국가에서 너희를 대우하기를 심히 후하게 하는데, 너희들이 도리어 덕에 감화하지 않고 작은 일을 가지고 원망을 품고 우리 백성을 해치고자 하였으니, 교린의 도리가 이와 같은 것이냐? 너희들이 만약 대종大鍾을 구한다면 국가에 고하는 것이 좋다. 어찌하여 패만悖慢하고 무례하기가 이처럼 심한가?' 하고, 다른 종鍾을 드디어 내려주고 위협하여 돌여보내도록 하소서. 또 지온池溫을 보내어 소오 사다모치에게 유시하기를, '금후로는 일본 국왕과 쓰시마·대내전大內殿·소이전·구주절도사 등 10처 왜사十處倭使 이외에 각처의 왜인은 내보내지 말도록 하라.'고 하소서.[71]

위의 내용도 사실상의 미봉책이지 근본적인 해결책은 아니었다. 왜인들의 요구를 언제까지 들어주고, 어느 선에서 해결할 지를 결정해야하는 순간이 다가온 셈이다. 정치적인 해결이 한계에 부딪쳐서 결국 군사적인 무력만이 정국의 안정화를 가져온다는 공식이 성립되는 시기였다. 그래도 태종은 마지막에도 외교적인 수순을 버리지 않았다. 태종은 황희 등의 의견이 좋다고 하면서 승낙했다. 그런데 평도전이 울산에 이르니, 왜선이 이미 출발한 상황이었다. 이런 상황에서 황희는 "왜인들이 귀순하고 속이는 짓을 반복하므로 그 마음을 헤아리기 어려우니, 오늘날 귀순한다고 하여 후일의 제어하기를 조금도 늦출 수가 없습니다. 이제 국가에서 승평昇平한 날이 오래여서,

---

71 『태종실록』 권28, 태종 14년 8월 정미.

병선의 여러 가지 일들이 혹은 능이陵夷한 점이 있으니, 청컨대, 조관朝官을 보내어 점고하소서."라고 했다. 결국 정벌을 위한 해군의 정비를 주장한 내용이다.

그런데 쓰시마 정벌은 단시일에 준비할 일이 아니었다. 동원할 전함의 마련, 군사의 조련, 특히 무엇보다도 대양을 항해한 경험이 없는 상태에서 쓰시마 해협의 강한 쿠로시오 해류를 건너는 것이 가장 큰 문제였다. 따라서 세종대에 이르기까지 준비에 몰두했다고 보아야 할 것이다. 세종에게 보위를 물려주는 1418년까지 태종은 왜적의 방어에도 주의를 기울였다. 태종은 쉽사리 군사를 동원하려하지 않았다. 고려말부터 부친을 도와 조선을 건국한 무장의 한 명이며 누구보다 군사軍事에 대해 밝았던 태종으로서 대외원정을 속단할 인물이 아니었다. 당시 병조 판서 김한로 등이 일본 정부에서 쓰시마 소오 사마모치를 토벌한다고 하는데, 종정무가 패해서 남해안으로 도망쳐서 백성에게 피해를 준다는 염려를 상주하고 수군을 재정비할 것을 명령하도록 했다. 반면 태종은 섣부른 결정에 변방이 동요한다면서 쓰시마 정벌의 상황을 당분간 주시하도록 지시했다.[72]

오히려 태종은 1418년 쓰시마 수호守護 소오 사다모치가 죽으니, 행사직行司直 이예李藝를 보내어 치제致祭하고, 이어서 쌀·콩, 종이를 부의하였다. 태종은 소오 사다모치가 쓰시마에 있을 동안에 위엄이 여러 도에 행하여지고 우리 국가를 향하여 충성하고 여러 도적을 금제禁制하여 자주 변경을 침입하지 못하게 하였기 때문에 그의 죽음에 특별히 후사한 것이었다.[73] 군사적인 접근 이전에 외교적으로 상대와의 관계를 유지하는 전술이라고 해석해야 할 것이다. 그래야 세종대 상왕으로 태종이 직접 쓰시마를 정벌한 배경을 설명할 수 있을 것이다. 따라서 태종이 쓰시마 정벌을 단행한 것은 다양한 측면에서 연구할 필요가 있을 것이다.

태종과 조선 정부의 쓰시마 정벌은 단순한 영토의 확장이나 영토를 확보하려는 침략정책에 의해서 진행되었다고 보면 곤란하다. 국경과 국제법이 존재하지 않던 시기에 중中과 외外로 구분되는 중화적 사고관에서 왜구의 소굴인 쓰시마는 군이 정령政令을 베풀 대상이 아니었다. 더욱이 모험적인 군사 활동에 의한 것도 아니며, 조선 국

---

72 『태종실록』 권34, 태종 17년 12월 경자.
73 『태종실록』 권35, 태종 18년 4월 갑진.

내의 통제할 수 없는 군사집단을 대외적으로 보내려는 전략적인 이유도 없었다. 당시 조선에게 쓰시마는 왜구의 소굴이며, 왜구는 국내를 침략하는 대외적인 위협세력임과 동시에 대외적으로 외교적인 문제를 야기할 수 있는 존재였지 영토로 삽입할 대상은 아니었다. 쓰시마가 농사를 경영할 전지가 부족한 것은 물론 항구의 낙후, 주변 해류의 풍파 등의 천연적인 불리함을 가지고 있었던 것을 보면 알 수 있다.

물론 무엇보다 왜구는 고대부터 조선 초기까지 한반도 정치권력의 근심이며 반드시 제거해야만 할 대상으로 부각되었다. 특히, 쓰시마와 이키시마를 기반으로 하는 왜구들이 발해와 산동지역을 노략하려는 시도는 조선정부가 쓰시마를 정벌하는 직접적인 계기를 만들었다. 명나라의 입장에서 왜구가 한반도 서해안을 거쳐 발해와 산동반도로 공격해오는 모습은 조선이 왜구와 결탁했다는 의구심을 가지게 했다. 대양 항해가 가능한 범선과 대형선이 없었던 왜구에게 해안선을 따라 항해하면서 인력을 징발하고 보급품을 확보하는 것은 당연한 수순이었다. 그리고 왜구들은 자신들에 의해 피폐해진 한반도의 연안보다 물산이 풍부한 발해만과 산동반도로 가려는 의도를 가질 수 밖에 없었기 때문에 명에 대한 노략은 지속되었다고 볼 수 있다. 따라서 명나라에서는 왜구가 한반도를 거쳐 자국 영토 내에 침략해 오는 것을 조선정부가 암묵적으로 동의하거나, 심지어 결탁했다고 의심할 결과를 가져올 수 있었다.

이런 대내외적인 정치, 외교적 배경에서 태종과 조선 정부가 쓰시마 정벌을 단행했다고 보아야 할 것이다. 쓰시마 정벌에 앞서 발생한 일도 왜구에서 시작되었다. 1418년 12월에 수강궁에서 태종과 세종이 명나라에 사신을 보내는 잔치를 베풀던 날 왜구가 명나라를 공격할 것이라는 소식이 보고되었다. 이때 태종은 "지금 듣건대 도왜島倭의 배 3백여 척이 명나라를 침략하려한다니, 우리와 흔단釁端을 맺는 일이 없겠는가. 염려하지 않을 수 없다."고 했다.[74] 즉 태종은 왜구로 인해 조선과 명나라의 우호가 훼손될 수 있다는 염려를 보이고 있다.

이후 왜구를 방비하기 위해 무략武略이 있는 사람을 선발하여 연해지방 수령에 충원하도록 하였다.[75] 왜구의 침구가 일어날 것이라는 우려가 커지는 가운데 1419년 조

---

74 『세종실록』 권2, 세종 즉위년 12월 병술.
75 『세종실록』 권2, 세종 즉위년 12월 을미.

선정부는 쓰시마 왜구에게서 탈출한 명나라인 김득관金得觀 등이 진양晉陽에 도착하여 왜구들이 전선을 만들고 있으며 3월경에는 명나라 연해 지방에 난리를 일으킬 것이라는 정보를 결정적인 제보를 보고받았다. 이에 따라 태종은 김득관을 명나라에 보내어 소식을 알리도록 했다.[76] 명나라 정부에서도 조선정부의 소식을 접하고 포왜도지휘捕倭都指揮 곡상谷祥, 장저張翥와 연해위소緣海衛所에 경보를 알려서 왜구의 방비에 임하도록 했다.[77]

2) 왜구의 침구(侵寇)와 쓰시마의 복속화

1419년(세종 1) 왜구는 조선정부의 예상대로 한반도의 서해안을 거쳐 명나라로 공격을 시작했다. 왜구의 주목적지가 명나라이지만 해상 루트가 조선의 남해안과 서해안을 거쳐 가야 하며 항해 도중 식품과 음료수의 보급을 조선 연안에서 할 수 밖에 없으므로 약탈행위가 나타나지 않을 수 없었다. 또한 왜구의 조직상 약탈이 손쉽게 이루어지고 지역의 방어가 견고하지 못하면 그 예봉을 어디로 돌릴지 알 수 없으므로 미리 방어망을 구축해야 했다. 실제로 1419년 왜구가 서해안을 급습한 것은 명나라를 약탈하러 가는 와중이었다. 당시 왜구는 절강浙江을 목표로 항해하다가 양식이 떨어져서 충청도 비인庇仁을 공격했고, 북상하여 요동 금주위를 공격했다.[78]

왜구는 명나라를 공격 목표로 해서 대한해협을 건너 남해안을 통과하고 서해안을 따라 올라왔다. 1419년 5월 왜구의 선단이 충청도 결성結城에 도착했다. 조선에서는 전라도 해안에서 충청도 연안까지 대비 하고 있었다. 조선군의 대비에도 불구하고 왜구의 예봉은 조선수군을 완파했다. 5월 5일 새벽 왜구는 충청도 비인현 도두음곶에서 병선을 포위하고 전소시키는 기세를 올렸다.[79] 이에 태종은 지휘 장수들을 보강하고 중앙군을 파견하는 한편 왜구의 동향을 파악하기 위한 방안으로 귀화왜인 평도전

---

76 『세종실록』 권3, 세종 1년 1월 경신 ; 『세종실록』 권3, 세종 1년 1월 기사.
77 『명 태종실록』 권209, 영락 17년 2월 신묘.
78 『세종실록』 권4, 세종 1년 5월 갑인.
79 『세종실록』 권4, 세종 1년 5월 무신 ; 『세종실록』 권4, 세종 1년 5월 기유 ; 『세종실록』 권4, 세종 1년 5월 신해.

을 충청도 조전병마사로 삼아 출전하
게 하는 등 방어체제를 강화했다.[80]

당시 왜구가 충청도 비인을 급습하
여 조선수군을 제압한 배경에는 그들
의 전술적 기동성과 기습에 있겠지만,
근본적인 요인은 방어군에 있었다. 수
군의 지휘관인 충청 좌도만호左道都萬
戶 김성길金成吉이 술에 취해 지휘를
소홀히 했기 때문에 발생한 일이었다.
왜구는 지휘부가 없는 틈을 이용하여

남포현 관아(충남 보령)

병선 7척을 탈취해 전소시키고 다수의 군사를 죽이는 일에 성공하였다. 왜구는 해상
에서의 승기를 늦추지 않고 그대로 상륙하여 비인 현감 송호생의 육군을 물리쳐 현성
縣城으로 퇴각시켰다. 그리고 성이 거의 함락 지경에 이를 때 지서천군사知舒川郡事 김
윤金闇과 남포진藍浦鎭 병마사 오익생吳益生의 지원군이 도착하여 왜구를 물리칠 수
있었다. 이때도 조선군은 왜구 2명을 죽이고 1명을 생포하는 전과였다. 반면 조선군
은 300여명이 넘는 전사자가 나왔을 정도로 심각한 피해를 입었다.[81]

조선 정부에서는 사건의 중요성과 심각성을 파악하기 위해 첨총제僉摠制 이중지李
中至를 충청도조전병마도절제사를 삼아 보내는 한편, 상호군 조치趙菑를 체복사體覆使
로 삼아 파견하였다.[82] 결국 이들이 현장에서 조사한 결과 왜구에 대한 전라도 감사의
보고가 있었음에도 충청도의 조기 대응이 늦었으며 지휘부가 부재한 상황에서 당한
일이었다고 보고하였다. 이에 세종은 좌도만호 김성길을 참형에 처하고,[83] 전사자들의
집을 복호해주거나 상장품喪葬品을 유가족에게 내려 주도록 하였다.[84]

왜구들이 충청도 비인을 급습한 것은 명나라를 최종 목적지로 하고 조선의 서해안

80 『세종실록』 권4, 세종 1년 5월 신해.
81 『세종실록』 권4, 세종 1년 5월 계유.
82 『세종실록』 권4, 세종 1년 5월 신해.
83 『세종실록』 권4, 세종 1년 5월 갑인.
84 『세종실록』 권4, 세종 1년 5월 계해.

을 따라 북상하면서 원정길에 필요한 군수품을 확보하기 위한 전술이었다. 이후 왜구는 명나라를 향해 서해안을 계속 북상하면서 5월 11일 황해도 해주 지역에서 2차 공격을 감행하였다. 이때 왜구는 자신들의 공격을 대비하고 있던 조선 수군의 병선을 포위하고 양식을 요구할 정도로 그 기세가 등등하였다. 이에 조선 측에서는 쌀 45섬과 술 10병을 주었으나, 오히려 왜구는 양식을 보낸 사람마저 붙잡는 고자세를 취했다. 조선정부에서는 전면전을 예상하고 지휘부를 정비했다. 먼저 중앙군인 대호군 김효성金孝誠을 경기도·황해도조전병마사에, 전 예빈소윤禮賓少尹 장우량張友良을 황해도경차관으로 임명했다. 김효성은 군기감의 화통방사군인 별군別軍과 약장藥匠 20인을 인솔하여 출발했다.[85]

조선정부의 공격적인 움직임은 백령도에서 승리를 거두는 결과를 가져왔다. 조선정부는 황해도 연변에 머물고 있는 왜구를 토벌하기 위해 윤득홍尹得洪과 평도전의 전선을 백령도로 출동시켰다. 윤득홍은 수군출신으로 무안務安의 해변 고을에서 생장하여 배를 부리기에 익숙했다. 또한 경기수군첨절제사京畿水軍僉節制使로 있다가 왜구를 공격하다 놓친 실책이 있었다. 따라서 윤득홍의 입장에서는 전력을 다해 왜구를 토벌해야하는 입장이었다.[86] 평도전은 쓰시마 출신으로 왜구의 습성을 잘 알고 있었으므로 적합한 인물들을 전장에 배치한 것이었다.

5월 18일 윤득홍의 병선 2척과 평도전의 2척이 왜구를 협공하였다. 이때 왜구 수괴의 전선을 나포하는데 성공하였다.[87] 윤득홍과 평도전은 22명을 죽이고 26명을 포로로 잡았다. 다른 왜선은 도주하였으며, 조선군은 선군 2명이 전사했다. 조정에서는 전사자들의 집에 상장품과 복호를 해주었으며, 표목標木을 세우게 하였다.[88] 포로로 잡은 왜구 26명은 차후에 부릴 3명을 제외하고는 모두 개성유수부에서 주살시켰다.[89] 그리고 윤득홍은 이 전공으로 우군첨총제右軍僉摠制가 되었고, 이후 동지총제同知摠制, 전라도처치사全羅道處置使, 중추원사, 동지중추원사를 역임했으며 전국의 병선과 조운

85 『세종실록』 권4, 세종 1년 5월 무오.
86 『세종실록』 권119, 세종 30년 1월 임인.
87 『세종실록』 권4, 세종 1년 5월 계유.
88 『세종실록』 권4, 세종 1년 5월 정묘.
89 『세종실록』 권4, 세종 1년 5월 신미.

을 관장했다.[90] 다만 평도전은 그 공을 인정받았지만, 쓰시마 왜구와의 관련을 의심받아 오히려 평양에 분치되었다. 물론 조선정부는 그와 가족에게 융숭한 대우를 하였지만,[91] 결국 함경도 양덕에서 생을 마감했다.[92]

한편 당시 외교와 군사를 관장하던 상왕인 태종은 본격적으로 왜구의 소굴을 공격하기로 결정하였다. 태종은 왜구를 공격하고 있던 5월 중순, 좌의정 박은朴블, 우의정 이원李原, 병조판서 조말생, 이명덕李明德에게 왜구의 주력이 쓰시마를 벗어난 사이 본거지를 섬멸하고 왜구가 귀환할 때 요격하자는 논의를 하였다.[93] 이때 본격적으로 쓰시마 복속과 정벌론이 등장했다. 조말생을 제외하고는 유정현 등의 관료들은 쓰시마 정벌이 어려우며 왜적이 요동을 약탈하고 귀환할 때 공격하자는 의견이었다. 반면 태종은 다음의 글과 같이 왜구에 대한 보복과 후환을 막자는 강경한 의견으로 쓰시마 정벌을 강행했다.

금일의 양상兩上이 유정현·박은·이원·허조許稠들을 불러, "허술한 틈을 타서 쓰시마를 치는 것이 좋을까 어떨까."를 의논하니, 모두 아뢰기를, "허술한 틈을 타는 것은 불가하고, 마땅히 적이 돌아오는 것을 기다려서 치는 것이 좋습니다."하였는데, 유독 조말생만이, "허술한 틈을 타서 쳐야 합니다."라고 하였다. 상왕이 말하기를, "금일의 의논이 전일에 계책한 것과 다르니, 만일 물리치지 못하고 항상 침노만 받는다면, 한나라가 흉노에게 욕을 당한 것과 무엇이 다르겠는가. 그러므로 허술한 틈을 타서 쳐부수는 것만 같지 못하였다. 그래서 그들의 처자식을 잡아 오고, 우리 군사는 거제도에 물러 있다가 적이 돌아옴을 기다려서 요격하여, 그 배를 빼앗아 불사르고, 장사하러 온 자와 배에 머물러 있는 자는 모두 구류拘留하고, 만일 명을 어기는 자가 있으면, 베어버리고, 구주에서 온 왜인만은 구류하여 함부로 행동하는 일이 없게 하라. 또 우리가 약한 것을 보이는 것은 불가하니, 후일의 환이 어찌 다함이 있으랴."하고, 곧 장천군 이

---

90 『세종실록』 권119, 세종 30년 1월 임인.
91 『세종실록』 권4, 세종 1년 6월 병자.
92 『세종실록』 권63, 세종 16년 3월 무인.
93 『세종실록』 권4, 세종 1년 5월 병진 ; 『세종실록』 권4, 세종 1년 5월 정사.

종무를 삼군도체찰사三軍都體察使로 명하여, 중군을 거느리게 하고, 우박禹博·이숙묘李叔畝·황상黃象을 중군절제사로, 유습柳濕을 좌군도절제사로, 박초朴礎와 박실朴實을 좌군절제사로, 이지실李之實을 우군도절제사로, 김을화金乙和·이순몽李順蒙을 우군절제사로 삼아, 경상·전라·충청의 3도 병선 2백 척과 하번갑사下番甲士, 별패別牌, 시위패侍衛牌 및 수성군 영속守城軍營屬과 재인才人, 화척禾尺·한량인민閑良人民·향리鄕吏·일수日守·양반 중에서 배 타는 데 능숙한 군정軍丁들을 거느려, 왜구의 돌아오는 길목을 맞이하고, 6월 초8일에 각도의 병선들을 견내량見乃梁에 모여서 기다리기로 약속하였다.[94]

태종은 이종무를 쓰시마 정벌군 사령관으로 임명하고 출정군 지휘부를 구성했다. 출정군은 중군, 좌·우군의 3군으로 나누어 삼군도체찰사 이종무가 중군도절제사를 겸하게 하고 우박·이숙묘·황상을 중군절제사로 임명했다. 좌군은 유습이 좌군원수인 도절제사를 맡고 박초·박실이 좌군절제사가 되었다. 우군은 이지실이 우군원수인 도절제사를 맡고 김을화·이순몽이 우군절제사가 되었다. 태종은 전쟁이라는 긴박한 상

이종무 장군묘(경기 용인)

94 『세종실록』 권4, 세종 1년 5월 무오.

황 속에서도 쓰시마 정벌은 온건책을 동시에 진행하였다.

당시 쓰시마 정벌론이 오가던 5월의 한양에는 쓰시마 종준宗峻이 보낸 사절들이 본도에 돌아갈 것을 조선정부에 보고하는 와중이었다. 이때 태종은 정벌한다는 내색조차 않고 그들에게 상국으로서 질책했다.

> "우리 나라가 소이 사다모치와 화친한 지 오래되었으며, 무엇이나 원하는 대로 해주지 않은 것이 없었다. 그런데 이제 와서는 도적을 시켜 우리의 변방을 침범하고 병선까지 불사르며, 살인한 것도 매우 많으니, 무슨 까닭이냐."하니, 왜인들이 대답하기를, "쓰시마의 인심이 모두 같지 않으므로 이와 같은 자도 있습니다. 소이 사다모치의 생시에는 전하께 성의가 극히 후하였으며, 이제 그 아들이 자리를 이어서부터는 성의가 정무보다도 지나쳐서 말하기를, '조선은 형제와 같아서, 이 뜻을 오래도록 지키려고 한다.' 하더니, 이제 적인이 많이 침노한다 하니, 부끄러운 일입니다."라고 하였다. (중략) 상왕이 곧 명하기를, "위의 왜인 8인을 함길도로 보내어 나누어 두게 하라."하였다.[95]

태종이 쓰시마인을 힐책하고는 결국 그들의 귀환을 막고 함경도로 보낸 것은 쓰시마 정벌의 기밀을 유지하려는 것으로 보인다. 그런데 쓰시마인의 대답 중에 쓰시마 도주가 조선을 형제와 같이 여긴다는 것은 교린交隣이라는 조선의 외교의례상 허락할 수 없는 내용이다. 다시 말해 쓰시마는 도주부터 왜구에 이르기까지 조선을 형제국 이상으로 생각하지 않는다는 의미라고 볼 수 있으며, 그러므로 자주 침범했다고 판단할 수 있는 부분이다. 이외에 태종은 큐슈에서 온 정우正祐 등의 사절들을 조말생과 허조에게 대접하게 하면서 쓰시마 정벌의 의사를 알려주게 했다.[96] 또한 쓰시마 정벌을 목전에 두고서는 삼군도통사에게 구주절도사가 쓰시마 정벌의 본의를 알지 못하고 반드시 의혹을 가질 것이니, 정벌군이 떠난 뒤에 큐슈 사신의 배를 돌려보내게 하고, 큐슈는 간여하지 않는다는 뜻을 알리라고 했다.[97]

---

95 『세종실록』 권4, 세종 1년 5월 갑자
96 『세종실록』 권4, 세종 1년 5월 정묘.
97 『세종실록』 권4, 세종 1년 6월 기묘.

태종은 쓰시마와 일본 본토와는 큰 관련이 없다는 것을 상기시킴으로써 쓰시마를 국제적인 무주지無主地의 일종으로 다루고 있는 것이다. 태종의 외교적인 유화책은 쓰시마에도 전해졌다. 태종은 쓰시마 도주에게 화친을 이루자는 글을 보내 쓰시마 정벌의 기미를 모르게 했다. 물론 정벌 대신에 화친으로 쓰시마와의 관계를 정리하려고 했다고 볼 수 있겠으나, 이미 각 도의 군사들을 동원한 상황에서 다음과 같이 태종이 쓰시마에 보낸 화친의 글은 외교적인 언사라고 밖에는 판단하기 어렵다.

〈쓰시마 수호에게 보내어 화친할 것을 말한 글〉

도체찰사에게 명하여, 먼저 사람을 보내어 글을 쓰시마 수호守護에게 주었으니, 그 글에 이르기를. "의를 사모하고 정성을 다한 자는 자손에게까지 마땅히 후하게 하려니와, 은혜를 배반하고 들어와 도적질한 자는 처와 자식까지도 아울러 죽일 것이니, 이것은 천리天理의 당연한 바요, 왕자王者의 대법大法이다. 쓰시마는 우리나라와 더불어 물 하나를 서로 바라보며 우리의 품안에 있는 것이다. 그런데 고려조가 쇠란하였을 때에 그 틈을 타서 경인년으로부터 우리의 변경을 침략하였고, 군민을 죽였으며, 가옥들을 불사르고 재산을 빼앗아 탕진하였다. 연해 지방에서는 사상자가 깔려 있는 지가 여러 해이다. 우리 태조 강헌 대왕이 용비龍飛하시고 운運을 맞아서 너희들을 도와 편하게 하여 서로 믿고 지내게 하였으나, 오히려 또한 고치지도 않고, 병자년에는 동래東萊에 들어와서 도적질하고, 병선을 빼앗고, 군사를 살육하였으며, 우리의 성덕신공聖德神功하신 상왕이 즉위하신 후 병술년에는 조운선을 전라도에서 빼앗아 갔고, 무자년에는 병선을 충청도에서 불사르고 그 만호까지 죽였으며, 재차 제주도에 들어와서는 살상을 많이 했다. 그러나 우리 전하께서는 거치른 것과 때 묻은 것을 포용하시는 도량이시므로, 너희들과 교계較計하고자 하지도 않으시고 너희들이 올 때에는 예를 두터이 하여 대접하였으며, 갈 때에도 물건을 갖추어서 후히 하였다. 굶주림을 보고 도와주기도 하였고, 장사할 시장을 터주기도 하여, 너희들이 하자는 대로 해 주지 않은 것이 없다. 우리가 너희들에게 무엇을 저버린 일이 있었던가. 지금 또 배 32척을 거느리고 와서 우리의 틈을 살피며, 비인포에 잠입하여 배를 불사르고 군사를 죽인 것이 거의 3백이 넘는다. 황해를 거쳐서 평안도에 이르러 장차 명나라 지경을 침범하려 하니, 은혜를 잊고

의를 배반하며, 천도를 어지럽게 함이 심한 것이다. 변방을 지키는 장사가 비록 잡으려고 쫓아 갔으나, 만호萬戶 중[승僧] 소오금小吾金을 도두음곶이에서 죽였고, 만호 중 요이饒伊를 백령도에서 죽였으며, 구라仇羅 등 60여 인을 다시 궐하에 끌고 오니, 우리 전하가 혁연히 성내면서 용서함이 없이 신을 명하여, 가서 그 죄를 묻게 하시니, 수죄하는 말에 이르기를, '쓰시마 수호의 선부先父는 조선 왕실을 마음껏 섬겨서 정성을 모으고 순종함을 본받았으니, 내 이를 심히 아름답게 여겼다. 그런데 이제는 다 그만이로다. 내가 그 사람을 생각하여도 얻지 못하니, 그 자식 사랑하기를 그 아비와 같이 여기고 있다. 그렇기에 그들을 토죄할 적에도 수호의 친속들과 전일에 이미 순순히 항복하여 온 자와 지금 우리의 풍화風化를 사모하여 투항한 자들만은 죽이지 말고, 다만 입구入寇한 자의 처자식과 여당만을 잡아 오라고 한 것이다. 아아, 우리의 성덕 신공하신 상왕 전하의 지인대의至仁大義는 멀리 고금에 뛰어나 천지를 움직이고 귀신을 감동케 하였으니, 수호는 우리 전하의 뜻을 받들어서 적당賊黨으로서 섬에 있는 자들은 모조리 쓸어서 보내되, 한 놈도 남기지 말고, 선부의 정성을 다하여 바치던 뜻을 이어 길이 길이 화호함을 두텁게 하는 것이 어찌 너의 섬의 복이 아니겠는가. 만일 그렇지 못하면 뒷날에 뉘우쳐도 미치지 못할 것이니, 오직 수호는 삼가 도중島中의 사람으로서 대의를 알 만한 자들과 잘 생각하여라.'라고 하였노라."[98]

위의 출정문에서 태종은 쓰시마가 조선에 역사적으로 복속되었던 곳이며 대대로 충성을 다하던 신민으로 간주하고 있다. 특히 고려조에도 복속되던 곳이었으나 여말선초의 혼란 상황에서 도적질을 하는 곳으로 전락되었다고 하였다. 그럼에도 쓰시마에서 원하는 조건에 따라 교역도 하고 상급도 주었는데, 오히려 배반하는 길에 들어섰으므로 정벌을 하겠다는 의미이다. 따라서 쓰시마 정벌은 기존의 순응하는 복속민으로 다시 만들겠다는 태종의 의지를 나타내는 것이다.

이러한 외교적 전술에 이어 쓰시마 출정식은 5월 18일 한강 두모포豆毛浦 백사정白沙汀에서 열렸다. 세종은 태종과 함께 거둥하여 이종무 등 지휘부를 전송했다. 태종이

---

98 『세종실록』권4, 1년, 5월 계유.

친히 여러 장수와 군관에게 술을 주고 장수에게 활과 화살을 내려 주었다.[99] 6월 19일 이종무의 정벌군은 거제도 남쪽에 있는 주원방포周原防浦에서 출발하여 쓰시마로 향했다.[100] 정벌군의 지휘부는 이종무를 중심으로 중군도총제中軍都摠制 유습, 우군총제右軍摠制 우박, 우군동지통제右軍同知摠制 김을화로 재편되었다.[101]

6월 20일에는 쓰시마 정벌을 위한 국내 지휘부가 구성되었다. 영의정 유정현을 삼도도통사로, 참찬 최윤덕을 삼군도절제사로 삼고 사인舍人 오선경과 군자정軍資正 곽존중을 도통사종사관都統使從事官으로, 사직司直 정간丁艮과 김윤수金允壽를 도절제사진무都節制使鎭撫로 삼았다.[102] 태종은 유정현에게 선지와 부월을 주었는데 선지의 내용은 다음과 같다.

> 대개 들으니 '군무를 띠고 적진에 나갈 제, 임금이 꿇어앉아 수레바퀴를 밀어 주며, 왕의 적을 근심하는 마음을 대신하기를 신하가 손으로 머리를 호위하는 것과 같이 한다.' 하였고, 옛적에 주周 선왕宣王은 6월에 군사를 일으켰으며, 하우씨夏禹氏는 삼묘三苗의 역役이 있었으니, 군후群后와 방숙方叔은 침벌侵伐하는 것을 이롭게 쓰지 않을 수 없었다. 이 조그마한 왜인이 가만히 해도에 있으면서 벌처럼 덤비고, 개미처럼 우글거리며, 화심禍心을 속에 품고 상국을 능멸히 여기도다. 이에 지난 경인년부터 포악한 일을 마음대로 행하며, 우리나라를 침략하여 우리 사민들을 죽였으니, 고아과처들의 원망으로 화기가 상하고, 지사志士와 백성들은 마음이 썩고 이가 갈렸던 세월이 이미 오래 되었다. 우리 태조께서 개국하신 이래로 겉으로는 신臣인 체하고 정성껏 화친하기를 구하는지라, 나도 또한 모르는 중에 끌려서 놈들이 올 때에는 예를 갖추어서 위로하기도 하였고, 갈 때에는 물건 있는 대로 주어 두터이 대접하였다. 대개 그들이 필요하다고 청하는 것은 일일이 그 뜻대로 응하지 아니한 것이 없었음은 오로지 우리 임금의 죽이지 않으려 하는 어진 마음에 감복하여 줄 것을 바랐던 것이다. 이제 도리어 은혜를

---

99 『세종실록』 권4, 1년, 5월 임술.
100 『세종실록』 권4, 1년, 6월 임진.
101 『세종실록』 권4, 1년, 5월 임술.
102 『세종실록』 권4, 1년, 5월 갑자.

402 한국군사사 - 강역

잊고 덕을 배반하여, 가만히 변방에 들어와서 배를 불사르고 군사를 죽여 없애니, 토죄討罪의 형벌을 어찌 아니할 수가 있겠는가. 오직 경은 일찍부터 충의로운 천성을 받았으며, 본디 어질고 위엄스러운 풍모가 훌륭하고, 유자儒者의 지절志節을 쌓았으며, 대장의 방략方略까지도 겸하였음이 중외中外에 여러 번 알리어져 있을 뿐 아니라, 성예聲譽와 공적이 울연히 성하니, 내가 심히 가상히 여겨서 경에게 절월節鉞을 주어, 바다의 도적들을 섬멸하게 하는 것이니, 오직 5도의 수륙 대소 군민관軍民官과 도체찰사 이하를 경이 다 통솔하되, 상과 벌로써 명을 받드는 자와 받지 아니하는 자에 쓰라. 아, 고인이 말하기를, '은혜를 저버리거나 기강을 어지럽게 하는 자는 귀신도 이를 벨 것이며, 순한 것을 어기거나 흉한 일을 끝까지 하는 자는 하늘도 그 넋을 빼앗는다.' 하였으니, 경은 그 잔악하고 포악한 것을 제거하고 쫓아내어, 임금을 높이고 백성들을 보호하여 장인의 길함[丈人之吉]을 이르게 하라.

　이때에도 태종은 복종하지 않는 신하를 굴복시킨다는 정벌의 입장에서 쓰시마를 공격하고 있음을 밝히고 있다. 고대 중국의 천자가 제후들을 굴복시키고 복속시켰듯이 조선도 쓰시마를 동일하게 다루는 모습이다. 근대적인 국제법과 외교가 적용되지 않던 시절에 국경과 영토를 명확하게 구분하는 것은 시대적 차이를 무시하는 처사일 것이다. 오히려 당대의 영토관에 맞추어 국토관과 변경에 대한 인식을 해석해야 한다. 그렇다면 태종의 쓰시마 정벌은 외국과의 전쟁이 아니라 공동운명체인 동북아시아의 유교적 의례 체제 안에서 발생한 국제적인 문제가 아니라 내부적인 문제였다고 확대 해석할 수 있겠다.

　태종은 쓰시마 정벌군을 보내는 한편 혹시 발생할지도 모를 국내의 간첩에 의한 기밀 누설과 내란을 방지하기 위해 요해처를 만들고 행인들을 점검하며 문빙文憑(증명)이 없는 자는 바로 체포했다.[103] 또한 대규모의 원정군이 빠져나간 국내의 해안방비를 강화하기위해 남아 있는 병선을 요새지에 나누어 보내어 방어하도록 명령했다.[104] 이외에 국내 거주 왜인들을 지방에 안치하여 자유롭게 통행할 수 없도록 구금

---

103 『세종실록』 권4, 세종 1년 5월 무진.
104 『세종실록』 권4, 세종 1년 5월 신유 ;『세종실록』 권4, 세종 1년 5월 기미 ;『세종실록』 권4, 세

했다.[105]

쓰시마 정벌군이 모두 거제도에 집결한 것은 6월 12일이었고 쓰시마로 출발한 것은 6월 17일이었다. 정벌군이 예상보다 출발이 늦어진 것은 군대 동원이 쉽지 않은 것이 원인이었다. 농업을 국가의 기간산업으로 하던 조선에서 농번기에 군사들을 동원하는 것이 용이하지 않았다. 조선정부에서는 원정군의 출발을 재촉하였다. 7월은 태풍의 계절이어서 혹 정벌군이 귀환하지 못하고 현지에서 곤란을 겪을 수 있었으며, 명나라로 간 왜구들이 귀환하기 전에 정벌을 끝내야 하는 두 가지의 어려움이 있었기 때문이다.

이런 시간적인 어려움을 안고서 쓰시마 원정군이 출정하였다. 이종무가 지휘한 원정 함대는 총 227척으로 경기도 10척, 충청도 32척, 전라도 50척, 경상도 126척이었다. 군병수는 17,285명으로 관군과 그 종속 669명, 갑사·별패·시위·영진속營鎭屬과 잡색군雜色軍, 원기선군元騎船軍 등이 16,616명이었다. 이때 출발한 원정군은 바로 쓰시마로 가지 못하고 재차 거제도로 돌아왔다. 역풍이 불어 항해가 불가능했기 때문이다.[106] 결국 쓰시마 정벌 함대는 거제도 남쪽 주원방포에서 6월 19일 오전 9시 이후 재출진했다.[107] 이것이 쓰시마 정벌의 본격적인 시작이었다.

1만 명이 넘는 조선의 정예군과 1백여 척이 넘는 전선을 동원한다는 것이 쓰시마를 한번 혼내주고 돌아온다는 형태의 일회성 전투에 동원할 규모라고 볼 수 있을지는 사가마다 해석이 다를 것이다. 그러나 북방의 몽골, 여진의 위협을 안고 있는 상황에서 쓰시마로 대규모의 정벌군을 보냈다는 것은 정령政令이 미치지 않던 복속지를 정식으로 편입하려 했던 태종의 의지라고도 볼 수 있을 것이다. 이종무의 함대가 계절적 어려움과 풍토병, 현지의 저항 등으로 회군하기는 했으나 재차 원정하려고 준지하였던 것을 감안한다면 충분히 가정할 수 있는 시나리오일 것이다.

쓰시마 정벌군은 6월 20일 쓰시마 두지포豆知浦에 정박했다. 왜인들은 처음에 명

종 1년 6월 을해.

105 『세종실록』 권4, 세종 1년 5월 기미 ; 『세종실록』 권4, 세종 1년 8월 기해.

106 『세종실록』 권4, 세종 1년 6월 경인.

107 『세종실록』 권4, 세종 1년 6월 임진.

쓰시마

나라로 갔던 왜구들이 돌아온 것으로 알고 술과 고기로 환영하는 듯 하다가 조선군이 온 것을 보고는 모두 넋을 잃고 도망했다. 다만 왜인 50여 명이 막으며 싸우다가, 흩어져 양식과 재산을 버리고, 험하고 막힌 곳에 숨어서 대적하지 않았다. 이에 귀화한 왜인 지문池文을 보내어 편지로 항복하도록 했으나 대답하지 않았다. 조선군은 길을 나누어 수색하여, 크고 작은 적선 129척을 빼앗아, 그중에 사용할 만한 것으로 20척을 고르고, 나머지는 모두 불살라 버렸다. 또한 가옥 1,939호를 전소시키고 114명을 참하였으며, 밭에 있는 곡식을 베어버렸다.[108] 조선군은 청야작전을 펼쳐 왜인들이 스스로 항복할 것을 기다리는 전술을 사용한 것이다.

이와 함께 조선군은 쓰시마의 요충지인 훈내곶을 장악하였다. 쓰시마는 아소만을 기준으로 북쪽지역을 상현上縣이라하고 남쪽지역을 하현下縣이라 하는데 훈내곶은 양쪽 지역을 육로로 연결하는 교통의 요지이다. 따라서 이곳을 장악하면 쓰시마의 중심을 끊어 상현에서 하현으로 이동하는 왜인의 육상통로를 차단할 수 있다. 조선군은 수차례의 성공을 거두었으나 니이아소만[仁位淺茅灣]의 안쪽에 위치한 니로군에서 패

---

108 『세종실록』 권4, 세종 1년 6월 계사.

배하여 장기전의 양상을 보이기도 했다. 쓰시마 도주인 도도웅와는 조선군이 장기주 둔할 것을 두려워하여 군사를 물려줄 것과 수호하기를 요청했다.[109]

결국 7월의 태풍도 염려되고 장기전에 대비할 군수품이 부족한 실정에서 7월 3일 조선군은 귀환을 결정했다. 조선 정벌군은 처음 출발지였던 거제도로 돌아왔다.[110] 조선함대는 단 한 척의 배도 유실한 것이 없이 무사히 귀환하였다.[111] 반면 조선군의 전사자는 180명이었다.[112] 그리고 병사한 선군도 21명이었다. 또한 죽음의 공포와 고통스런 환경을 견디지 못하고 탈영하여 몰래 귀환한 군사들도 많았다.[113]

사실 이종무의 정벌군이 쓰시마 도주의 공식적인 항복을 받지 않고 귀환한 것은 요동으로 갔던 왜구가 귀환할 때가 되었기 때문이다.[114] 태종은 거제도의 이종무 함대를 이용하여 이들을 요격하려는 생각에 귀환시킨 것이다. 실제로 태종은 급히 2차 정벌군의 출정을 결정했다.[115] 그런데 이때 조정 대신들의 의견은 전쟁보다는 온건책을 사용하자는 주장도 강했다. 우의정 이원은 1차 정벌로 군사들이 피폐하며, 선박도 파손되었으며 일기가 불순하여 승리를 예상하기 어렵다는 이유였다. 따라서 시기를 보고 기다리다 공격하는 것이 옳다는 내용이었다.

이런 논의가 분분한 와중에 요동에서 왜구가 패전했다는 소식이 전해졌다. 명나라 군이 왜구를 격멸할 수 있었던 것은 조선 측에서 미리 제공한 정보에 의하여 명나라가 사전에 군사적 대비태세를 갖춘 결과였다. 왜구가 목표로 한 요동의 금주위金州衛에서는 명나라 도독 유강劉江이 왜구들을 복병으로 유인하고 수륙으로 협공하여 700여명을 참살하고 110여명을 사로잡았으며, 전선 10척을 빼앗는 전공을 올렸다.[116] 이런 명나라의 승전 소식에 태종은 쓰시마 정벌을 중단시키고 쓰시마로 후퇴하는 잔당들을 격멸할 것을 지시했다.[117] 당시 명나라를 침노하다 격퇴된 왜구들은 2천여 명에

---

109 『세종실록』 권4, 세종 1년 6월 임인.
110 『세종실록』 권4, 세종 1년 7월 병오.
111 『세종실록』 권4, 세종 1년 7월 기유.
112 『세종실록』 권4, 세종 1년 7월 계축.
113 『세종실록』 권5, 세종 1년 10월 임오.
114 『세종실록』 권4, 세종 1년 6월 무술.
115 『세종실록』 권4, 세종 1년 7월 기유.
116 『세종실록』 권4, 세종 1년 7월 을묘.

서 2/3를 잃고 불과 3백~4백명만 돌아오는 상황이었다.[118]

태종은 재차 쓰시마 정벌군을 동원하지는 않았지만, 쓰시마 도주에게 항복을 하던지, 아니면 일본 본주로 돌아가던지 선택하라는 강경한 내용의 글을 귀화한 왜인 등현藤賢 등 5인에게 주어 쓰시마에 보냈다.[119] 그리고 쓰시마의 반응에 따라 재차 정벌군을 준비할 것을 지시했다.[120]

쓰시마의 소오 사다모리와[宗都都熊瓦]는 2개월간의 장고 끝에 9월 20일 도이단도노都伊端都老를 보내어 예조 판서에게 신서信書를 내어 항복하고, 인신印信을 내리기를 청원했으며, 토물을 헌납했다.[121] 그러나 조선 정부는 좀 더 분명한 항복을 원해 고위층이 직접 항복할 것을 바랐으며,[122] 쓰시마 도주는 재차 항복 의사를 밝히면서 이종무 정벌군에서 포로가 되었던 전 사정 강인발 등 4명을 보내왔다.[123] 나아가 쓰시마 도주는 쓰시마가 척박하여 살기 어려우니 도민들을 거제도 가라산에 이주하여 농사 짓게 하고 쓰시마는 조선의 주군으로 편입시키고 인신을 주면 신하의 도리를 지키며 시키는 대로 따르겠다고 약속했다.[124]

쓰시마의 속주 편입 요청에 조선정부는 쓰시마를 조선의 속주로 인정하고 경상도의 관할에 두며 경상관찰사를 통해 서계를 올릴 것, 요청한 인신을 하사하되 쓰시마로부터 오는 사절은 반드시 도주의 서계를 지참할 것 등으로 결말을 지었다. 당시 태종이 내린 결정을 보면 다음과 같다.

> 예조 판서 허조에게 명하여 도도웅와의 서한에 답서하게 하니, 그 글에 이르기를, "사람이 와서 편지를 받아 보고 귀하가 진심으로 뉘우치고 깨달아서, 신하가 되기를 원하는 뜻을 자세히 알았으며, 돌려보낸 인구人口와 바친 예물은 이미 자세히 위에 아뢰어

---

117 『세종실록』 권4, 세종 1년 7월 무오.
118 『세종실록』 권4, 세종 1년 7월 신미.
119 『세종실록』 권4, 세종 1년 7월 경신.
120 『세종실록』 권4, 세종 1년 7월 신유.
121 『세종실록』 권5, 세종 1년 9월 임술.
122 『세종실록』 권5, 세종 1년 10월 임오.
123 『세종실록』 권6, 세종 1년 11월 경신.
124 『세종실록』 권7, 세종 2년 윤1월 기묘.

모두 윤허하심을 받았으니, 실로 온 섬의 복이라고 생각합니다. 귀하가 요청한 바 여러 고을에 나누어 배치한 사람들에게는 이미 의복과 식량을 넉넉히 주어서, 각기 그 생업에 안심하고 종사하게 하였는데, 섬 안에는 먹을 것이 부족하니, 돌아간다면 반드시 굶주릴 것입니다. 또한 쓰시마는 경상도에 매어 있으니, 모든 보고나 또는 문의할 일이 있으면, 반드시 본도의 관찰사에게 보고를 하여, 그를 통하여 보고하게 하고, 직접 본조에 올리지 말도록 할 것이요, 겸하여 청한 인장의 전자篆字와 하사하는 물품을 돌아가는 사절에게 부쳐 보냅니다. 근래에 귀하의 관할 지역에 있는 대관代官과 만호萬戶가 각기 제 마음대로 사람을 보내어 글을 바치고 성의를 표시하니, 그 정성은 비록 지극하나, 체통에 어그러지는 일이니, 지금부터는 반드시 귀하가 친히 서명한 문서를 받아 가지고 와야만 비로소 예의로 접견함을 허락하겠노라."하였다. 그 인장의 글자는 "종씨 도도웅와宗氏都都熊瓦."라고 하였다.[125]

현재 학계에서는 쓰시마 정벌로 인해 왜구의 근절과 함께 조선과 쓰시마의 통교체제가 확립되었음을 중시하고 있다. 사실 여말선초에 극성했던 왜구의 기세가 소멸되고 대규모로 선단을 이루는 모습은 더 이상 보기 어려웠다. 이런 상황에서 조선정부는 세종대에 왜인과 공식적인 무역을 허락하고 부산포, 내이포, 염포의 삼포를 개항하기에 이른다. 그러나 보다 중요한 것은 위의 기사에서 보듯이 쓰시마가 공식적으로 조선에 귀속되었으며 경상도에서 관할했다는 점이다. 물론 쓰시마 도주가 조선과 일본의 사이에서 쓰시마에 유리하게 수시로 외교적 수사를 사용하여 상대를 이용했다고도 볼 수 있다. 실제로 쓰시마가 경상도에 복속되었다고는 하지만 조선 측에서 쓰시마를 관리하고 통제할 관리나 군인을 파견한 경우는 보이지 않는다. 따라서 조선정부의 정령政令이 미치지 않는 변경 밖이라고 해석이 가능하다.

문제는 조선정부의 기본적인 영토와 변경에 대한 인식일 것이다. 조선은 육지 이외의 섬에는 민인이 거주하지 못하게 하는 공도空島 정책을 견지했다. 조선후기 울릉도에 왜인들이 삼림을 작벌斫伐하러 오던 것도 공도空島 정책의 결과라고 볼 수 있다.

---

125 『세종실록』 권7, 세종 2년 윤1월 임진.

따라서 쓰시마에 관인을 파견하지 않고 통치하려고 한 것은 공도 정책의 연장선이라고 해석이 가능하다고 본다. 조선시대 다수의 지도에 쓰시마가 경상도에 소속되어있는 것은 당시까지 조선인에게 쓰시마는 변경이라는 인식이 작용했다고 하겠다. 마지막으로 쓰시마 정벌시기 다수의 장병을 주둔시켜 조선국의 변방 기지로 만들지 않은 것은 영토의 포기라기보다는 조선왕조가 문치를 위주로 하는 유교국가이며, 적어도 명분상으로는 왕도정치를 추구했기 때문이라고 볼 수 있다. 나아가 외교적으로 해결되는 사안임에도 많은 재원을 낭비하는 변경의 주둔지를 유지할 이유는 없던 것이다.

제2절

간도

1. 간도의 명칭과 범위

1) 간도의 명칭

어떠한 연유로 '간도'間島로 명칭이 정착되었는지는 명확하지 않다. 그 유래를 금터, 간토墾土, 간토艮土, 알동斡東 등에서 찾기도 하지만 정설은 없다.[126] 금터는 신神의 옛말인 금과 장소를 의미하는 터가 합쳐진 말이다. 간토墾土는 한국인이 개척한 땅이라는 의미를 가지며, 간토艮土의 간艮은 24방위 중 동북방향을 나타내는 것으로 한국 영토 중 동북쪽에 있는 땅이란 의미를 지닌다. 그리고 알동斡東의 알은 간으로도 발음되는데, 태조실록 총서에 태조 이성계의 선대인 목조 이안사가 알동에 정착하였다는 기록이 있다.

『태조실록』 총서는 "알동은 남경 동남쪽 90여 리에 있으니, 지금의 경흥부 동쪽 30리에 떨어져 있다."고 기록하고 있다.[127] 그리고 간도가 섬이 아님에도 섬 도島자가 사용된 것에 대해서도 두만강의 두 물줄기 사이에 삼각주가 형성되고 한국인이 이를

---

126 노계현, 『間島 領有權 紛爭史』, 한국연구원, 2006, 1~5쪽 ; 이성덕, 「간도 귀속과 관련한 몇 가지 국제법적 문제에 대한 관견」『중앙법학』제10집 제2호, 2008.8, 368쪽.
127 『태조실록』권1, 총서 3번째기사.

개간하면서 두 물줄기 사이에 있는 섬이라고 불렀다는 설이 있을 뿐 명확한 유래를 찾기는 어렵다.[128] 한편 중국측에서는 이 지역을 간도라 하지 않고 연길延吉이라 부른다.[129]

2) 간도의 범위

간도 명칭의 유래와 마찬가지로 간도의 정확한 범위가 어디까지인지에 대해서도 확정된 바가 없다. 넓게는 압록강 건너편과 두만강 건너편을 모두 간도로 보아 압록강 건너편을 서간도 그리고 두만강 건너편을 동간도로 부른다. 좁게는 백두산 동북쪽의 두만강 건너편의 일정 지역을 간도로 본다. 또한 백두산과 송화강 상류지역을 동간도 서부로 그리고 두만강 건너편의 인접지역을 동간도 동부 또는 북간도로 나누기도 한다. 조선과 청간의 경계획정 당시 그리고 현재에도 간도와 관련해서 주된 다툼의 대상이 되는 지역은 대체로 좁은 범위에서의 간도인 동간도를 의미한다.[130]

간도 표지석

---

128 노계현, 앞의 책, 2006, 1~2쪽.
129 노계현, 앞의 책, 2006.
130 간도의 범위와 관련해서 고 이한기 교수는 "간도는 만주의 동남부에 위치하여 서로는 백두산을 기점으로 서북으로 노령산맥과 노야령(老爺)산맥을 거쳐, 태평령, 석두령, 황구령에 연하는 이동의 혼춘지방을 포함하고, 남으로는 두만강을 한계로 삼는 약 18만2천 방리의 지역으로 지형상으로 분류하면 대체로 ①무산간도 ②회령간도 ③종성간도 ④은성간도 ⑤남강지방 ⑥서강지방 ⑦북강지방 ⑧백초구지방으로 나누어 볼 수 있겠다."라고 하였다. 한편, 노계현 교수는 간도의 범위에 대해 "가장 넓은 범위로는 백두산에서 송화강과 흑룡강으로 둘러싸인 남만주 일대가 될 수 있다. 그러나 조선시대에 청과 국경분쟁의 대상이 되었을 때 조선측 주장은, 조선인이 개간하고 또한 조선인이 압도적으로 많이 살던, 즉 지금의 흑산산맥·노야령산맥 이남과 두만강 사이의 지역이었다. 일본이 청과 국경문제를 두고 논쟁하던 지역도 또한 이곳이었다. 이 지역내에는 현재 연길·호룡·왕청·혼춘·안도현 및 돈화현 일부가 포함되어 있다. 이 지역의 간도는 약 41,000여 km²의 면적을 갖고 있다."고 하였다. 각각 이한기, 『韓國의 領土』, 서울대학교 출판부, 1969,

2. 백두산정계비 이전의 상황

1) 조선-후금 전쟁(정묘호란)과 조선-청 전쟁(병자호란)

간도 지역은 역사적으로 고구려와 발해의 세력 하에 있었다. 하지만 고려와 조선초에 이르러서는 누구의 세력권에 있는지 명확하지 않았으며 여진족과 조선인들이 모두 왕래하였다. 간도에 대한 영유권이 구체적으로 문제화된 것은 17세기에 와서이다. 여진족인 누루하치가 1616년 여러 부족들을 통합하여 흥경興京을 수도로 하는 후금後金을 수립하였다. 백두산 북방의 간도 지역을 정벌한 후금은 더욱 강성해져서 명의 변방을 공격하고 중원정복을 최종 목적으로 하였다. 그러한 일환으로 후금의 2대 왕인 태종은 명과 군신관계에 있는 조선을 제압하여 후환을 없애기 위해서 1627년(인조 5년) 조선-후금 전쟁을 일으켰다. 조선은 제대로 저항도 못하고 후금의 침략에 굴복하여 강도회맹江都會盟을 맺었다. 이 맹약에는 두 나라가 형제관계를 맺고 "각기 서약을 준수하고 각기 영토를 보전한다.各遵誓約各全封疆"는 내용을 포함하고 있었다. 하지만 동 서약에서 "영토를 보전한다."(봉강)란 말을 사용하면서도 각자 영토의 범위에 대해서는 언급이 없었다.[131]

남한산성 행궁 외형전(경기 광주)
병자호란이 일어나자 인조가 47일간 머물던 곳이다.

명에 대한 예를 지키려는 조선이 북벌의 기회를 노리자 국호를 대청으로 바꾼 태종은 1636년(인조 14년) 12월 9일(양 1637년 1월 4일) 10만 대군을 이끌고 압록강을 건넘으로써 조선-청 전쟁을 일으켰다. 조선 인조는 이번에도 제대로 저항도 못하고 남한산성으로 피신하기에 바빴다. 조선 조정에서는 주전파와

309쪽 ; 노계현,「間島 領有權에 관한 歷史的 硏究」『연세경제연구』제9권 제1호, 2002.3, 2쪽.
131 노계현, 앞의 책, 2006, 31쪽.

주화파간의 다툼이 있었으나 결국 주화파인 최명길의 의견에 따라 1637년 1월 30일 (양 2월 24일) 인조는 성문을 열고 세자와 함께 삼전도에서 청 태종에게 군신의 의를 맺음으로써 항복하고 말았다.

2) 봉금지대(封禁地帶)

청의 3대 왕인 세조는 중원을 장악한 후 1644년 수도를 북경으로 옮겼다. 그는 여진족의 북경으로의 이주장려책을 시행하고 또한 청의 주력부대인 팔기군을 강화하기 위해서 여진족 장병을 모집하였다. 그 결과 이주와 팔기군 입대로 인해 많은 장정들이 북경으로 옮겨가고 입대를 기피한 장정들은 몽고나 조선으로 피난하여 압록강과 두만강 건너편은 인적이 드문 공광지대空曠地帶로 변하게 되었다. 청은 처음에는 공광지대에 한족을 이주시켜 이 지역을 개간하려는 정책을 폈다. 그러나 만주 지역에 한족의 이주가 늘어나면서 이곳에서 만주인들의 우월적 지위가 흔들리게 되자 청은 1668년(강희 7년) 한족의 이주를 금하였다.[132] 청은 만주지역을 관할하는 성경장군盛京將軍과 중동부지역을 관할하는 길림장군吉林將軍을 통해 매년 제한된 인원만을 일정기간 동안 봉금지대에 들여보내 약초 등을 채취하도록 하였는데, 이는 이 지역의 특산물을 만주족이 독점하면서 이들의 상무정신尙武精神을 유지시키기 위한 것이었다.[133]

1746년 청 고종이 이곳에 대한 이민 금지령까지 내림으로써 봉금제는 더욱 강화되었다. 청이 간도 지역에 대해 봉금제를 실시한 이유는 무엇보다 청의 시조인 누루하치의 조상이 일어난 발원지라고 믿었기 때문에 신성지역으로 보존하고 이 지역의 특산물을 독점하기 위해서였다. 한편 조선도 이 지역에 대한 봉금정책을 철저히 이행하였다. 이러한 봉금정책 시행으로 인해 압록강과 두만강 북측에 넓은 봉금지대 내지 공광지대가 성립하게 된 것이다.

---

132 강석화, 『조선후기 함경도와 북방영토의식』, 경세원, 2000, 41쪽.
133 강석화, 앞의 책, 2000, 42쪽.

3. 백두산정계비 건립

1) 범월 문제

조선과 청은 봉금지대에 일반인들이 출입하는 것을 엄격히 금하였다. 몰래 범월犯越하는 사람을 체포하여 자국민인 경우에는 직접 처벌하고 상대방 국민인 경우에는 상대국 관청에 알려서 잡아가도록 하였다. 다음의 몇 가지 사례는 당시 봉금지대를 얼마나 엄격히 관리하였는지를 잘 보여준다. 1680년(숙종 6년) 8월에 조선의 은성과 유원진 지방 사람들이 땔감을 구하기 위해서 봉금지대에 들어갔다가 청에 의해 잡힌 일이 있었다. 그러자 청은 사신을 보내 조선에 잘못을 추궁하였다. 이에 조선은 범월한 자들을 모두 사형시키고 유원진 첨사 한시호는 귀양을 보내고 은성부사 이혜주는 파직시키고 함경첨사 이당규와 함경 병사 류비연은 5계급 강등시켰다.[134]

1685년(숙종 11년) 11월에는 한득완 등 25인이 범월하는 사건이 일어났다. 이 사건을 조사하기 위해서 청의 사신이 오자 범월을 사주한 후주 첨사 조치원이 지레 겁을 먹고 자결하였다. 청 사신이 휴대한 강희제의 칙서에는 "착종보등일병찰의이문着終保等一併察議以聞"이란 어구가 있었는데 이 어구를 두고서 조선 조정에서는 조선 왕도 이번 사건에 대해 책임을 져야한다는 등 해석상 논란이 있었다. 숙종은 영의정, 좌의정, 우의정을 비롯한 대신들을 이끌고 청 사신의 관소로 가서 사건을 예방하지 못한 자신의 잘못을 탓하였다.

조청 합동조사결과 한득완 등 주범자 6인에게는 사형과 함께 호적에서 삭제하고 그 외 19인에 대해서는 사형, 삼수 군수는 파직시킨 후 3천리 멀리 유배시키고, 함경 감사와 병사는 파면, 평안감사는 보직변경 시키고 함흥판관·강계부사·희천군수는 5계급 강등시킴으로써 사건을 종결시켰다.[135] 그러나 이렇게 엄중하게 처벌했음에도 불구하고 범월의 문제는 계속해서 발생하였다. 주된 이유는 봉금지대에 산삼·약초·산

---

134 『비변사등록』, 숙종 6년 6월 4일.
135 『비변사등록』 39책, 숙종 11년 11월 13일 ; 『비변사등록』 39책, 숙종 11년 11월 22일 ; 『비변사등록』 39책, 숙종 11년 11월 23일 ; 『비변사등록』 39책, 숙종 11년 12월 1일.

나물이 풍부하고 사슴 등 사냥감이 풍부하였기 때문에 빈궁한 조선인들이 생계 유지를 위해 범월하였기 때문이다.

17세기 말 청은 범월 문제를 해결하기 위해서라도 국경선을 보다 명확히 하고자 하였다. 1677년 청 강희제는 내무대신 등에게 선조들의 발상지인 백두산(장백산)에 대한 상세한 조사를 명하였다. 그러나 청의 내무대신 일행들이 백두산을 조사해서 올린 보고서는 매우 추상적이고 정확성이 떨어지는 내용이어서 이를 토대로 경계를 획정하기는 어려웠다.[136] 강희제는 1684년 다시 관리에게 명하여 백두산에 대한 상세한 조사와 지도 작성을 하도록 하였다. 하지만 백두산을 조사하던 중 조선인 범월자들로부터 습격을 받아 청국인 1인이 살해되는 등의 큰 피해를 입는 사건이 발생하였다. 이 사건으로 인해 백두산 답사는 중단되었으며 청은 조선에 사건의 조사와 책임을 추궁해 왔다.[137] 이처럼 청은 여러 차례 직접 또는 범월자의 조사와 책임 추궁을 명목으로 백두산 일대를 상세히 답사하고자 하였지만 뜻대로 되지 않았다.

2) 백두산정계비 건립과 토문의 의미

청은 백두산을 신성지역으로 보존하고 범월문제를 해결하기 위해서 조선과의 경계를 명확히 할 필요성을 느꼈다. 그래서 강희제는 1710년 "압록강의 서북은 청에 속하고 동남은 조선에 속하므로 강으로써 경계를 하라. 토문강은 장백산 동변에서 유출하여 동남을 향해 흘러 바다로 들어가는데 토문강의 서남은 조선에 속하고 강의 동북은 청에 속하니 또한 강으로써 경계를 하라."는 명령을 내렸다.[138] 그리고 1711년 강희제는 다음 해 봄에 칙사를 보내 의주에서 거슬러 올라가 백두산을 조사하라는 지시를 내렸다.

이 지시에 따라 청 예부는 조선 왕에게 "지난 해 8월에 태학사 온달 등이 아뢰어

---

136 그들이 청 정부에 올린 보고서는 팔기통지 제285권에 수록되어 있다. 일부 내용에 대해서는 노계현, 『間島 領有權 紛爭史』, 한국연구원, 2006, 49~50쪽 참조.
137 노계현, 앞의 책, 2006, 50~51쪽.
138 재청일본공사 임권조가 간도문제에 관해 일본정부 외무대신 임동에게 보낸 보고서, 기밀 150호의 별지 갑호(노계현, 앞의 책, 2006, 53쪽에서 재인용).

백두산 천지

성지聖旨를 받들어서 금년에 목극등 등이 봉성에서 장백에 이르러 우리의 변경을 답사하려 하였으나, 길이 멀고 물이 큼으로 인하여 곧장 그 곳에 이름을 얻지 못하였다. 명년 봄 얼음이 풀리는 때를 기다려 따로 사관司官을 차견差遣하여 목극등과 함께 의주에서 작은 배를 만들어 흐름을 거슬러 올라가되, 만약 능히 전진하지 못한다면 곧장 육로로 토문강으로 가서 우리의 지방을 답사키로 한다.…"는 공문을 보냈다.[139] 청의 칙사 목극등 일행이 백두산에 오르기 위해 의주에 오자 의주 부윤이 패문牌文[140]을 상부에 보냈고[141] 이에 도제조 이이명도 "사관의 행차는 정계 때문이라고 말하고 있습니다. 백두산은 갑산으로부터 거리가 6, 7일 정程이며 인적이 통하지 않기 때문에 우리나라의 진鎭, 보堡의 파수가 모두 산의 남쪽 5, 6일 정에 있습니다. 대명일통지大明一統志에는 백두산을 여진에 속한다고 하였는데, 그가 혹시 우리나라에서 파수하는 곳을 경계로 한다면 일이 매우 난처합니다. 우리나라에서 이미 토문강과 압록강 두

---

139 『숙종실록』 권51, 숙종 38년 2월 정축.
140 『칙사의』 路文.
141 『숙종실록』 권51, 숙종 38년 2월 기묘.

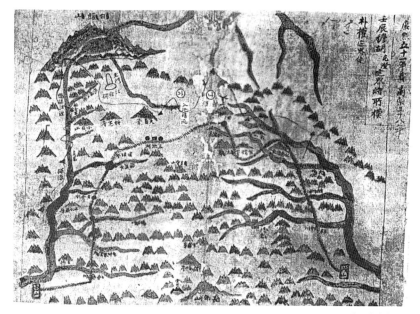

백두산정계비도
정계비 건립당시 청측에서 제작한 것으로 알려진 지도. ㉮는 목극등이 물줄기가
땅 속으로 들어가는 지점으로 지목한 곳, ㉯는 다시 땅위로 물이 솟아오르는 지점으로 지목한 곳이다.

강을 경계로 한다면 물의 남쪽은 모두 마땅히 우리 땅이 되어야 하니, 마땅히 접반사
로 하여금 이로써 변명하여 다투어야 합니다."하고 조정에 공문을 보냈다.[142]

　이 공문을 보면 이이명은 청 칙사 목극등이 백두산 남쪽에 설치해 둔 진과 보를 기
준으로 국경선을 설정하려고 할 가능성이 있음을 우려하고 있었다. 또한 패문의 내용
중 토문강은 문맥상 두만강을 의미함을 알 수 있다. 이에 조선은 참판 박권朴權을 접
반사接伴使[143]로 임명하여 함경 관찰사 이선부와 함께 청 대표를 맞이하여 국경획정을
하도록 하였다. 접반사 박권은 길을 떠나기에 앞서 숙종과 대신들과 함께 국경획정문
제를 상의하였다. 박권이 백두산 남쪽에 조선인들이 살지 않으므로 청이 자신의 영토
라고 주장한다면 변명할 여지가 별로 없다고 하자, 판중추부사 이유가 이미 두 강을

---

142 『숙종실록』 권51, 숙종 38년 3월 신묘.
143 사신을 접대한다는 의미의 접반사라는 용어는 당시 청과 조선의 관계가 평등한 관계가 아님을 단
　적으로 보여주는 것이지만, 그 역할은 단순히 사신을 접대하는 것이 아니라 조선을 대표해서 경
　계를 협상하는 것이었다.

경계로 삼았으면 중간의 육지도 또한 강물이 발원하는 것으로 경계를 삼아야 한다고 하였다. 이에 숙종은 강역은 지극히 중요하므로 전력을 다해 처리하되 중요한 일은 반드시 즉시 문의하라고 하였다.[144]

청 칙사 목극등은 1712년(숙종 38) 5월 5일(양 6월 8일) 후주에 도착해서 조선 접반사 박권과 만났다. 양 대표 일행은 배편으로 혜산으로 갔다가 다시 육로로 90여 리를 올라갔다. 목극등은 접반사 박권과 관찰사 이선부가 나이가 들었고 등산길이 험하다는 이유를 대며 산행을 멈추고 먼저 무산에 가서 기다리라고 하였다. 이에 박권과 이선부는 형식상 접반사이지만 실제로는 국경조사의 중대한 책무를 지고 있으므로 동행을 하지 않으면 국가의 중대사를 소홀하게 되기 때문에, 목극등도 산행을 중단하고 지도를 그리는 자를 시켜 그려오도록 하든지 또는 박권과 이선부 둘 중 한 사람만이라도 함께 등산할 것을 요청하였다.[145]

그러나 목극등은 자신은 황제의 명을 받들므로 죽는 한이 있더라도 등산을 해야 한다면서도 조선대표의 동행은 단호히 거절하였다.[146] 결국 목극등 일행은 박권과 이선부를 남겨둔 채 박권이 데리고 온 군관과 통역관 10인, 일꾼 47인, 말 41필과 함께 백두산 지리에 밝은 현지인 김애순을 비롯한 조선인 3인을 길잡이로 이용하여 산행을 감행하였다. 목극등 일행은 5월 11일(양 6월 14일)에 백두산 정상에 올랐다.

백두산 정상을 청의 영토로 할 계획을 가진 목극등은 정상에서 남쪽으로 내려오면서 동과 서로 흐르는 물줄기를 찾았다. 얼마 내려오지 않아서 동과 서로 각각 흐르는 물줄기를 찾은 목극등은 통역관 김경문에게 "이제 내가 와서 오로지 변계를 살피니 이 언덕의 물이 하나는 동으로, 하나는 서로 흘러 두 강이 되니 이것으로 이름을 분수령이라 정할 것이며, 비를 여기에 세워 경계를 정할 것이다."라고 하였다.[147] 그러나 다음 날 목극등은 토문이라고 여긴 물줄기가 얼마간 흐르다가 땅속으로 흐르는 것을 보고서 길 안내자 김애순을 앞세워 조선 군관 김응헌과 조태상에게 물 흐름을 조사하

---

144 『숙종실록』 권51, 숙종 38년 3월 병오.
145 『동문휘고』, 숙종 38년 5월 7일.
146 노계현, 앞의 책, 2006, 55~56쪽.
147 『숙종실록』 권51, 숙종 38년 5월 을사.

大清

烏喇總管穆克登奉

旨查邊至此審視西爲鴨綠東

爲土門故於分水嶺上勒

石爲記

康熙五十一年五月十五日

筆帖式蘇爾昌通官二哥

朝鮮軍官李義復趙台相

差使官許樑朴道常

通官金應憲金慶門

비문의 주요 내용은 한청 양국의 변경을
답사 조사하니 "서쪽은 압록강이 되고 동쪽은
토문강이 된다. 그러므로 분수령 위에 석비를
세워 이를 기록한다."라고 한 것이다.

백두산정계비 사진과 내용(윤병석, 『간도역사의 연구』, 국학자료원, 2003, 사진 3쪽)

도록 하였다. 이들은 60여 리를 내려가며 물줄기를 살폈다. 이때 김애순이 동행하는 조선 관리에게 "이 물은 사실은 동으로 흐르다가 북으로 꺾이어 흑룡강으로 들어가는 것이고, 진정한 두만강원은 이 산에서 100여리 되는 곳에 소위 상암이란 곳이 있는데 거기서 비로소 발원한다."고 몰래 말하였다.[148] 김응헌과 조태상은 이 말을 듣고서 60여리까지의 물줄기를 확인하고서는 목극등에게 과연 물줄기가 동으로 흐른다고 보고하였다. 목극등은 12일(양 6월 15일) 아침 비석을 다듬는 동안에 물줄기에 대한 재조사를 시켰지만 다른 내용이 없어 처음 정한 자리에 정계비를 세웠다.

목극등은 정계비에 "대청국 오라총관 목극등은 황제의 명을 받아 변경을 조사하여 여기에 이르러 자세히 살펴보니, 서쪽으로는 압록이고 동쪽으로는 토문이다. 하여 강이 나누어지는 고개 위 돌에 새겨 기록한다."[149]는 내용의 본문과 함께 동행한 조선 관리와 통역관의 이름을 새겼다. 접반사 박권은 이러한 상황을 조선 정부에 다음과 같이 보고하였다.[150]

---

148 中井喜太郎 編, 『間島問題沿革』, 間島拔萃文書, 267쪽.
149 大淸烏喇總管穆克登奉旨邊至此審視西爲鴨綠東爲土問故於分水嶺上勒石爲記.
150 『숙종실록』 권51, 숙종 38년 5월 을사.

총관[목극등]이 백산 산마루에 올라 살펴보았더니, 압록강의 근원이 과연 산허리의 남변에서 나오기 때문에 이미 경계로 삼았으며, 토문강의 근원은 백두산 동변 가장 낮은 곳에 한 갈래 물줄기가 동쪽으로 흘렀습니다. 총관이 이것을 가리켜 두만강의 근원이라 하고 말하기를, '이 물이 하나는 동쪽으로 하나는 서쪽으로 흘러서 나뉘어 두 강이 되었으니 분수령으로 일컫는 것이 좋겠다.' 하고, 고개 위에 비를 세우고자 하며 말하기를, '정계를 정하고 비석을 세움이 황상의 뜻이다. 도신道臣과 빈신儐臣도 또한 마땅히 비석 끝에다 이름을 새겨야 한다.'고 하기에, 신 등은 '이미 함께 가서 보고 조사하지 못하고 비석 끝에다 이름을 새김은 일이 성실하지 못하다.'는 말로 대답하였습니다.

위 보고에서 목극등이 토문강이라고 말한 것을 박권이 두만강으로 말하고 있는 점과 박권의 주장에 의해 자신을 포함하여 산행에 직접 참가하지 않은 조선인들의 이름이 비문에서 제외되었음을 알 수 있다.

목극등과 동행한 조선 관리로부터 진행에 대한 상세한 중간보고를 접한 접반사 박권은 이후 목극등을 만나서 물줄기를 잘못 이해했을 수 있음을 지적하였다. 하지만 목극등은 오해한 부분은 없으며 또 이미 황제에게도 보고했기 때문에 이 문제를 더 이상 거론하지 말라고 하였다.[151]

목극등과 박권은 5월 23일(양 6월 26일) 무산에서 다시 만났다. 이 자리에서 목극등은 물이 흐르다가 지하로 들어가 경계가 불분명한 부분들이 많은데 나무를 일렬로 세워 목책木柵 경계를 표시하면 어떠하냐고 박권에게 물었다. 이에 박권은 나무가 없는 곳도 있으니 나무가 있는 곳에서는 목책을 하고 없는 곳에서는 형편에 따라서 돌이나 흙을 쌓아서 경계를 표시하자고 하였으며 목극등도 이에 동의하였다. 박권은 경계 공사는 중대사인 만큼 청 관리가 와서 감독해야한다고 했지만 목극등은 이미 조사해서 경계를 정했으니 그러할 필요가 없다고 하였다.[152] 그래서 경계공사는 청의 감독 없이 조선이 단독으로 진행하였다. 정계비에서부터 아래로 내려가며 공사를 진행하던 중 강의 물줄기가 끊기고 하다가 정계비에서와 같이 동쪽이 아닌 북쪽으로 흐르는 것

---

151 『숙종실록』 권51, 숙종 38년 6월 을묘.
152 『숙종실록』 권51, 숙종 38년 6월 을묘.

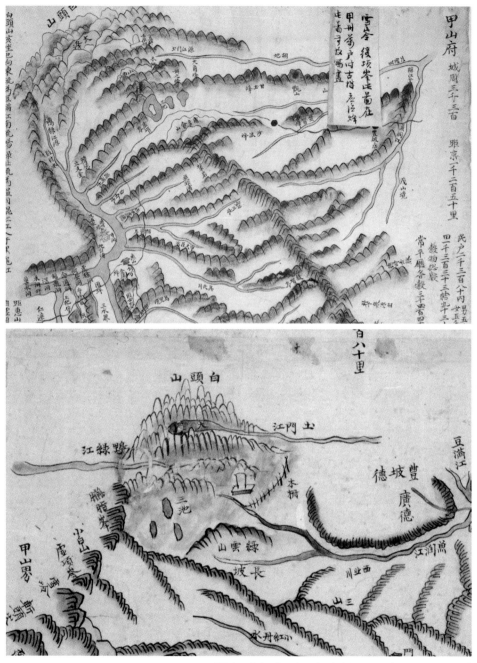

해동지도 갑산부와 무산부 지도에 나타난 토문강(규장각한국학연구원)

1750년대에 제작된 것으로 추정되는 『해동지도』를 보면 토문강에 대한 조선후기 인식의 혼선을 엿볼 수 있다. 갑산부 지도에는 토문강과 두만강을 같은 강으로 인식하는 반면, 무산부 지도는 토문강과 두만강을 별개의 강으로 인식하고 있다.

을 보고서 공사 담당관리가 조선 정부에 어떻게 할지를 문의하였다. 이처럼 조선 정부도 박권과 여러 관리들의 보고를 통해서 정계비를 기준으로 한 동으로의 물줄기가 두만강의 원류가 아님을 알고 있었다. 오히려 숙종과 대신들 사이의 논의를 보면 정계비의 잘못된 부분에 대해 청에 알릴 경우 목극등이 안전하지 못할 것임을 우려하였다.[153]

위와 같이 기록들을 볼 때, 조선과 청 모두 압록강과 두만강을 국경으로 정한다는데 대해 이견이 없었던 것으로 보인다.[154] 즉 청이 말하는 토문강을 조선은 두만강으로 인식하였다. 다만 문제는 정계비에 나타나 있는 토문강의 물줄기가 흐르다가 복류하여 다시 동으로 흐르는 것이 아니라 북으로 흘러들어가고, 북으로 흐르는 강의 이름이 송화강의 한 지류이기도 한 실제 토문강이라는 점이다. 이러한 강줄기의 착오로 인한 문제는 후일 양국간 간도 영유권 분쟁의 중심에 서게 된다. 당시 조선은 이를 알고 있었지만 정계 당시 청측 대표인 목극등이 문제를 제기하지 않았고 그 내용이 조선에 불리할 것이 없으므로 백두산과 압록강·두만강 이남을 확보하고자 하는 당초의 목적은 달성되었다고 보았다.[155]

3) 백두산 정계비의 법적 성격

백두산 정계비에 새겨진 비문의 해석과는 별도로 정계비의 법적 성격을 어떻게 파악할 것인가 하는 문제가 있다. 이것은 주로 정계비를 국제법상의 소약으로 볼 수 있는가 하는 문제로 귀결된다. 정계비를 조약이라고 한다면 당사국은 그 내용에 대해 상대국에게 국제법상의 권리와 의무를 주장할 수 있게 된다.

1969년 조약법에 관한 비엔나협약 제2조 1항은 "이 협약의 목적상, (a) "조약"이라 함은 단일의 문서에 또는 2 또는 그 이상의 관련문서에 구현되고 있는가에 관계없

---

153 『숙종실록』 권51, 숙종 38년 12월 병진.
154 강석화, 「조선 후기의 북방영토의식」 『한국사연구』 129, 한국사연구회, 2005, 99쪽 ; 이성덕, 「간도 귀속에 관한 몇 가지 국제법적 문제에 대한 관견」 『중앙법학』 제10집 2호, 2008, 376쪽 ; 이왕무, 「해제」 『譯註 勘界使謄錄』(이왕무·정욱재·양승률·서동일 역), 동북아역사재단, 2008, 26~27쪽.
155 강석화, 앞의 책, 2000, 73쪽.

이 또한 그 특정의 명칭에 관계없이, 서면형식으로 국가간에 체결되며 또한 국제법에 의하여 규율되는 국제적 합의를 의미한다."라고 규정하고 있다. 동 조항에 따른 조약의 성립 요소는 문서 형식에 의한 국가간 합의로 요약할 수 있다. 오늘날 거의 모든 조약들은 내용을 명확히 하기 위해서 서면 형식으로 체결하고 있다. 그러나 동 협약 조항에서 "이 협약의 목적상"이라고 한 바와 같이 이는 어디까지나 조약법에 관한 비엔나협약에 관한 것으로 모든 조약이 반드시 서면 형식을 취해야 하는 것은 아니다. 국내법상 구두로 한 계약이 유효

백두산 정계비 복원 모습(모형)

한 효력을 가지듯이 국가간 구두 합의도 조약이 될 수 있다.[156] 또한 서면 형식에는 반드시 종이만을 의미하는 것이 아니라 돌판이나 동판 등에 새기는 것도 포함되며 전신이나 인터넷을 통한 의사교환도 됨은 물론이다.[157] 따라서 조약으로 성립하기 위해서 중요한 것은 형식보다는 그 내용에 대해 국제법상의 효력을 부여하고자 하는 국가간 합의가 있었는가 하는 점이다.

백두산 정계비는 청 강희제의 백두산 정계 요청에 조선이 응하여 청 총관 목극등과 조선 접반사 박권이 만나 경계를 정한 것이다. 물론 정계 과정에서 박권은 연로하다는 이유로 목극등에 의해 산행이 배제되었으며 그 결과 목극등에 의해 일방적으로 경계선이 획정되었다. 정계비 내용을 보더라도 비석 상단에 대청人青이라고 적었을 뿐 조선이란 이름은 없다. 비록 실사에 참여하지 않았다는 이유로 박권의 요청에 의해 빠진 것이긴 하지만 조선을 대표한 박권의 이름은 정계비에 들어있지 않다. 따라서

---

156 예컨대 덴마크와 핀란드 간에 다리 건설을 두고서 발생한 분쟁이 국제사법재판소에 회부되기까지 했지만 양국 수상이 1992년 전화 통화를 하면서 해결에 합의하였다. 전화 이후 양국은 공동의 기록을 남기지 않았지만 이 합의에 국제법적 구속력을 부여하는 데는 문제가 되지 않았다. Anthony Aust, *Modern Treaty Law and Practice*, Cambridge University Press, 2000, p.7.
157 Anthony Aust, 앞의 책, 2000, p.16.

조선이란 이름과 조선측 대표의 이름이 없고 청 대표의 일방적 행위로 세워졌다는 점만을 본다면 백두산 정계비는 현대 국제법상의 조약으로 보기 어렵다.

그러나 이를 현대 국제법상의 조약 개념이 아니라 당시 조·청간의 전통적인 질서 속에서 파악할 경우 결과는 달라질 수 있다. 조선과 중국의 전통적인 외교행위는 사대라는 틀 속에서 조공관계를 통해 이루어졌다. 이러한 사대질서 내의 조공관계는 명을 계승한 청에 대해서도 유지되었다. 조선과 청의 외교는 사신을 통한 문서 교환 또는 의사 전달에 의해 이루어졌다. 예컨대 조선 국왕이 중국 황제에게 사신을 보내어 자신의 의사를 전달하면 중국 황제는 조선 사신에게 의사를 전달하거나 직접 칙사를 파견하여 자신의 의사를 전달하였다. 이렇게 직접 사신에게 또는 외교문서를 통한 의사전달에 대해 이의가 있으면 의견일치를 볼 때까지 이의를 제기하였고 그렇지 않으면 특별한 절차 없이 그대로 시행되었다.[158]

따라서 조선과 중국의 전통적인 외교관계에서는 오늘날 일반적으로 이용되는 문서형식의 국가간 합의 같은 것은 없었지만, 내용에 대해 양국이 합의한 것이 추후 확정되고 그 내용에 대해 법적 구속력을 발휘한다는 점에서는 국제법상의 조약과 다를 바가 없다. 백두산 정계비 건립과 관련해서 사전에 청이 조선에 정계에 대한 사항을 통보하고 조선측 대표가 청 대표를 맞이하였으며 정계비를 세운 후에도 조선측에서 그 내용에 대해 효력을 부인하지 않았다. 따라서 이렇게 본다면 정계비의 내용에 대해 청과 조선이 오늘날 조약과 같은 법적 구속력을 부여한 것으로 보아야 한다.

한국의 국제법 학자들은 백두산 정계비의 법적 성격을 두고서 견해가 대립하고 있다. 예컨대 한국 국제법의 초석을 다진 고 이한기 교수는 우선 백두산 정계비가 조청 양국의 합의에 의해 건립되고 이후 봉금지대였던 간도지방이 개방되고 나서부터 충돌이 심각해져서 1885년(고종 22) 을유감계담판이 개시되기까지 정계비상의 합의내용이 효력을 유지했음을 지적하였다. 이러한 이유로 그는 "1712년의「백두산 정계비문」은 조약체결능력 있는 당사자인 한·청에 조약체결권한이 있는 국가 관리에 의하여 분쟁지역의 지리조사까지 완료한 후에 하자 없이 합의한 내용을 양국이 상호인정

---

158 이성덕, 앞의 논문, 2008, 384쪽.

하는 절차에 따라 확정시킨 완전한 의미의 국제조약이며 그 효력은 수세기에 걸쳐 유효하게 유지되어 왔다고 할 수 있다."고 주장하였다.[159]

이 밖에도 조약이 반드시 문서 형식을 취할 필요가 없는 점과 비문이 만주어가 아닌 한문으로 되어 있다는 점을 들며 "1712년 건립된 한·청간의 정계비가 국제조약으로서의 성격을 가지게 된다는데 대해서는 의문의 여지가 없다."고 하는 주장이 있다.[160] 그런가 하면 정계비의 내용과 당시 중국과의 외교관행을 볼 때 "1712년의 백두산 비는 국경을 정한 정계비임에는 틀림없다."고 하면서,[161] 백두산 정계비가 국경조약이라고 명시적으로 주장하지는 않지만 실질적으로는 조약으로서의 효력을 인정하는 견해도 있다.[162] 반면, 당시 조선과 청과의 불평등한 관계에서는 근대적 의미의 조약 체결을 상상할 수 없기 때문에 "목극등이 세운 정계비는 조선과 청국간에 체결된 국경조약이라기 보다는 청이 보낸 자문에 국경을 심사하고 그에 대한 내용을 황제의 명에 따라 청이 확인한 비석으로 이해"해야 한다는 주장, 즉 청이 일방적으로 실사하여 세운 비석에 불과하다는 주장도 있다.[163]

4. 봉금지대 해제와 조선인의 이주

백두산 정계비가 건립된 이후에도 봉금지대는 150년 이상 계속 유지되었다. 그렇지만 봉금지대에 대한 범월자들과 책임있는 지방관들에 대한 처벌은 점차 완화되어 19세기에 들어서는 거의 유명무실하게 되었다.[164] 특히 1860년대 이후에는 단순한 범월이 아니라 간도지역으로 이주하여 정착하는 사례가 급증하였다. 조선 관리들의 폭정도 있었지만 당시 반복된 자연재해로 인한 흉년이 상대적으로 비옥한 간도지역으

159 이한기, 앞의 책, 1969, 343쪽.
160 김찬규, 「간도의 영유권」『한국북방학회논집』 창간호, 1995, 68~70쪽.
161 노계현, 앞의 책, 2006, 17쪽.
162 노계현, 앞의 책, 2006, 13~17쪽 참조.
163 이성덕, 앞의 논문, 2008, 385~386쪽.
164 강석화, 「백두산 정계비와 간도」『한국사연구』 96, 한국사연구회, 1996, 131쪽.

간도 한인(이주민)

로의 이주를 촉발한 것이다. 심지어 지방관리가 조선인들의 집단이주를 장려하는 경우까지 생겨났다.

예컨대 1869년(고종 6년) 회령부사 홍남주洪南周는 주민들의 궁핍을 해결하기 위해 주민들로 하여금 개간청원서를 내도록 하고 이를 자신이 받아들이는 방식으로 두만강 넘어 지역을 개간하게 하였다.[165] 이렇게 조선인들의 이주가 점차 증가하자 길림지역을 관할하던 청의 장군 명안과 관리 오대징은 도문강圖們江 건너 간도지역의 봉금을 해제하여 개간할 것을 청 정부에 건의하였고 그 결과 1881년 9월 청은 봉금을 일방적으로 해제하였다. 같은 해 청은 개간을 위한 조사를 실시하였는데 그 과정에서 이미 조선인 상당수가 개간을 하고 있으며 심지어 함경도 관찰사로부터 지권地券을 발급받고 토지대장에 등록까지 하고 있음을 발견하였다.

청 정부는 1882년 2월 명안과 오대징에게 청 경내에 있는 조선인을 조선으로 돌려보내거나 그렇지 않고 계속 거주하며 경작하는 자에게는 조세를 납부케 하고 청의 국적을 취득케 하여 청의 법과 의식을 따르도록 하였다. 그리고 조선 왕에게 공문을 보내 앞으로 불법월경을 하지 못하게 하라는 명령을 내렸다. 공문을 받은 조선은 조선인을 청국에 귀속시킬 수는 없다고 보고 일단 조선인의 귀환에 동의하였다. 이에 청은 1883년 돈화현 고시를 통하여 이주한 조선인들을 조선의 경성과 회령으로 돌려보내겠다고 선언하였다.[166]

돈화현 고시에 대해 조선인 이주자들은 강하게 반발하며 조선 정부에 고시의 부당함과 함께 국경을 정확히 해줄 것을 호소하였다. 조선 정부는 돈화현 고시가 있기 전 이미 1882년(고종 19) 10월 이 문제의 해결을 위해 어윤중을 서북경략사西北經略使로

---

165 강석화, 앞의 책, 2000, 281쪽.
166 노계현, 앞의 책, 2006, 94~95쪽.

임명하였었다.[167] 어윤중은 1883년(고종 20) 5월 백두산 정계비와 하천의 흐름에 대한 상세한 조사를 시켰다. 이 조사를 토대로 같은 해 7월 경성부사 이정래로 하여금 청 돈화현에 정계비와 여기서 발원하는 토문강으로써 양국의 국경을 삼고 양측이 함께 조사해서 국경을 명확히 하자는 취지의 조회문을 보내도록 하였다.

이 조회문에는 조선인이 개간하는 토지는 토문강 이남이며, 과거 목극등이 세운 정계비의 토문은 두만강이 아닌 송화강의 지류인 토문강을 의미하며, 토문강은 청이 도문강이라고도 하는 두만강과는 전혀 다른 강이라는 내용이 들어있었다.[168] 어윤중은 서울로 돌아와 고종에게 토문강 동남쪽의 간도지역이 조선 영토임을 보고하고 간도지역의 봉금을 해제하여 조선인의 이민을 장려할 것을 건의하였다. 이에 조선 정부는 정식으로 간도지역의 봉금을 해제하였다.[169]

5. 국경 회담

1) 1885년 을유감계회담

조선은 어윤중의 보고를 토대로 감계, 즉 국경 획정을 위한 회담을 청에 정식으로 제의하고 청이 이에 응함으로써 1885년(고종 22) 최초의 국경회담이 열리게 되었다. 청에서는 감계 대표로 독리상무위원督理商務委員 진영, 승판처承辦處 덕옥 그리고 변황사邊荒事 가원계를 파견하였다. 조선에서는 이중하李重夏를 토문강 감계사로 임명한 후 회담에서 조선을 대표하도록 하였다. 양국 대표는 1885년 9월 29일(양 11월 5일)부터 11월 30일(양 1886

어윤중

---

167 『고종실록』 권19, 고종 19년 10월 을축.
168 조회문의 자세한 내용은 노계현, 앞의 책, 2006, 99~101쪽 참조.
169 노계현, 앞의 책, 2006, 102쪽.

년 1월 4일)까지 두 달간 회령과 무산을 오가며 회담을 가졌다.[170]

감계회담은 처음부터 양측의 입장이 크게 다른 가운데 시작되었다. 조선측 대표는 백두산 정계비의 토문은 두만강과는 전혀 다른 송화강의 지류인 토문강을 의미한다고 주장하면서 백두산 정계비와 함께 나무나 돌, 흙을 쌓아 경계를 표시해 놓은 것을 함께 답사하자고 제의하였다. 이에 중국측 대표는 백두산 정계비의 토문이 두만강의 중국식 발음인 도문강을 의미한다는 주장과 함께 두만강의 강줄기를 따라 조사할 것을 주장하였다. 결국 양측은 세 팀으로 나누어 두 팀은 두만강의 지류인 홍단수紅丹水와 서두수西豆水를 향해 갔고 이중하와 중국측 대표인 진영과 가원계는 백두산으로 향하였다.[171] 이중하 일행은 이미 눈으로 덮인 백두산을 오르는 매우 힘든 여정 가운데 마침내 백두산 정계비를 찾아서 비문의 내용을 확인하고 세 장을 탁본해서 한 장은 청의 진영에 건네고 두 장은 이중하가 가졌다.[172] 이중하는 정계비 아래에서 흐르는 강이 두만강으로 연결되지 않으며 북쪽의 토문강으로 연결된다고 주장하였지만 중국측은 끝내 받아들이지 않았다. 양측의 주장은 평행선을 긋기만 하여 회담은 합의를 보지 못하고 끝나고 말았다.

2) 1887년 정해감계회담

한양에 주재하면서 을유감계회담 소식을 접한 위안스카이袁世凱는 1886년(고종 23) 조선이 토문강과 두만강을 동일한 강이 아니라고 하면서 영토를 확장하려 한다고 주장하며 감계회담의 재개를 요청하였다. 이에 조선은 다시 이중하를 회담의 대표로 내세움으로써 제2차 국경회담이 열리게 되었다. 1887년(고종 24) 정해년의 감계회담은 4월 5일(양 4월 27일)부터 윤4월을 포함해서 5월 19일(양 7월 9일)까지 약 2달 반에 걸쳐 회령, 장파를 거쳐 다시 회령에서 진행되었다. 청은 목극등이 세운 비는 국

---

170 『감계사등록 상』, 을유 9월 19일 ; 『감계사등록 상』, 을유 9월 20일. 국역으로는 다음 문헌을 참조. 『譯註 勘界使謄錄』(이왕무·정욱재·양승률·서동일 역), 동북아역사재단, 2008.
171 『감계사등록』「백두산일기」.
172 위와 같음.

경과는 무관한 것으로 변방을 조사한 비에 불과하며 비와 인접해서 나무, 흙, 돌 등으로 쌓아놓은 것은 청관리가 백두산을 시찰하러 다닐 때의 왕래를 보여주는 표식일 뿐이라고 하면서 두만강 상류의 홍단수紅湍水로 경계를 삼으면 좋을 것이라고 주장하였다.

이에 이중하는 백두산의 비가 국경의 표식으로 인정되어 온지 이미 오래며 이 사실은 추호의 변동이 없는 것이므로 조선의 영역에 있는 홍단수를 토문강의 본류라고 하여 정계하는 것은 타당하지 않다고 주장하였다. 그러면서 이중하는 "도문강이 곧 홍토수紅土水이므로 다시 홍토수의 발원지점에 비를 세워 목극등이 세운 정계비를 보충하고 그곳을 국경으로 본다면 이의가 없다."는 조건을 제시하였다.[173] 이중하의 이러한 주장은 을유감계회담과 조선 정부의 그 동안의 입장에서 크게 후퇴한 것이었다.

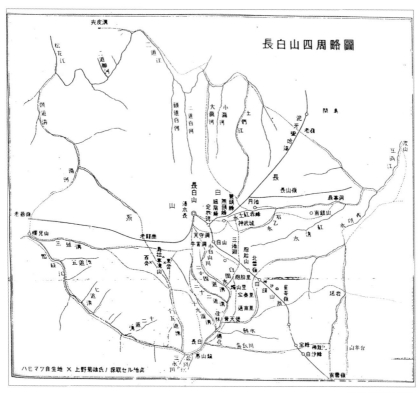

백두산 주변 지도

---

173 이한기, 앞의 책, 1969, 328쪽.

당시 청에 의존적인 조선의 상황과 이를 이용한 청측 대표의 강압적인 태도를 무시할 수 없는 가운데 나온 현실적인 고육지책이었다.[174] 홍토수는 두만강의 지류 중 백두산에 가장 가까운 강줄기였다.

그런데 청 대표 3인은 이중하가 홍토수를 경계로 하는 것 외에는 방법이 없다고 하자 노기를 띠고 강압적으로 위협하였다. 이에 이중하는 "내 머리는 자를 수 있을 지언정 국경은 줄일 수 없다."고 하며 양보하지 않았다.[175] 그러자 청 대표는 홍토수와 홍단수 사이에 있는 석을수石乙水를 경계로 하자는 타협안을 제시하여 협상을 마무리 짓고자 하였다. 그러나 이중하는 비록 홍토수와 석을수 간의 거리가 몇 리에 불과하지만 국가의 영토는 한척이라도 매우 중요하므로 홍토수를 경계로 할 수 밖에 없음을 끝까지 주장하였다.[176] 두만강의 상류를 이루는 지류들은 홍토수, 석을수, 홍단수, 서두수 순으로 백두산 정계비에 가깝게 위치하므로 이중하의 홍토수 주장은 두만강을 경계로 하면서 최대한 영역을 많이 확보하는 방안이었다.

결국 이번에도 회담은 결렬되고 말았는데 양측 대표는 공동으로 그린 지도 1통씩만을 가지고 돌아갔다. 한편, 고종은 이중하가 토문강 국경이 아닌 두만강 홍토수를 국경으로 주장한 것을 알고서 1888년(고종 25) 4월 28일(양 6월 7일) 외무장관 조병직에게 명하여 조선 주재 청국 공사 위안스카이에게 정해년의 국경회담이 무효임과 다시 회담을 가질 것을 통고하도록 명하였다. 이에 위안스카이는 청국 중앙정부와 교섭하라는 회답을 하였다. 이후 양국의 국내 정치상황으로 인해 회담 재개가 어려워지자 국경문제는 미해결 상태로 남게 되었다.[177]

---

174 이렇게 기존 입장에서 후퇴해서 홍토수 안을 들고 나온 것을 두고 이중하가 협상을 무산시키려 했다는 해석도 있다. 즉, 이중하는 당시 이미 결정된 청 중앙정부의 명을 이행해야 하는 청 대표 입장에서는 홍토수 안도 받아들일 수 없다고 판단했다는 것이다. 노계현, 앞의 책, 2006, 144~146쪽.

175 『이아당집』「先考妣行狀」.
    이왕무, 앞의 논문, 2008, 46쪽 ; 이한기, 앞의 책, 1969, 328쪽 ; 노계현, 앞의 책, 2006, 149쪽.

176 이한기, 앞의 책, 1969, 328쪽.

177 노계현, 앞의 책, 2006, 152~153쪽.

제3절

녹둔도

1. 녹둔도의 개척과 연륙화

1) 녹둔도의 개척

지금까지 알려진 바에 의하면 녹둔도鹿屯島는 세종실록지리지에서 사차흠도沙次欠島라는 이름으로 처음 등장한다. 동 문헌은 두만강의 유로를 설명하면서, "……공주孔州를 거쳐 동쪽으로 23리를 흘러 사차흠도에 이르고, 이곳에서 분류分流하여 5리를 더 가서 바다에 이른다."고 기술하고 있다.[178] 녹둔도의 위치에 대해서는 기록이나 지도마다 일정하지는 않지만, 두만강 하구에서 거슬러 올라가 30리 이내에 있는 섬으로 파악되고 있다.[179]

1481년(조선 성종 12년) 편찬된 『동국여지승람』에는 녹둔도가 경흥에서 남쪽으로 56리에 있으며, 둘레가 1,246척, 높이가 6척으로 두만강 입구에 있으며, 조산포造山浦에서 20리 거리에 있다고 서술하고 있다. 그런데 녹둔도는 강의 수류 변경으로 인

---

178 『세종실록지리지』 권 125. 함길도조. 녹둔도는 사차흠도, 사차, 사혈, 사혈마도), 사혈마 등 유사한 이름으로 불리다가 세조 때부터 녹둔도 또는 녹도로 정착되었다(유영박, 「녹둔도의 귀속문제」 『학술원논문집』 15(인문사회과학편), 1976, 123쪽).

179 유영박, 「對靑關係에서 본 鹿屯島의 歸屬問題」 『영토문제연구』, 고려대 민족문화연구원, 1985, 24쪽.

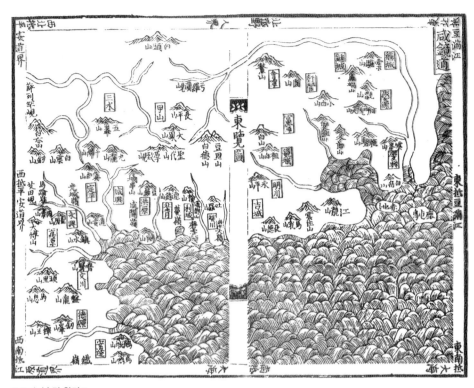

동국여지승람 함경도

해 조선후기에 지금의 러시아쪽으로 연륙連陸됨으로써 섬으로서의 지위를 상실하고 말았다.[180]

1455년(세조 원년) 8월의 조선왕조실록에 의하면 세조가 녹둔도 농민들이 들에 있을 때 오랑캐들이 배를 타고 잠입하여 약탈할 것이 우려되므로 방비를 엄히 하라는 명령이 나온다.[181] 이를 볼 때 녹둔도에 조선 농민들이 들어와 농사를 지은 것은 적어도 세조 이전부터 시작되었음을 짐작할 수 있다.[182] 농경은 적어도 15세기 말 성종 시

---

180 이렇게 녹둔도를 두만강 하류의 섬으로 보는 기록들과는 달리 정상기의 『동국지도』, 김정호의 『청구도』, 『대동여지도』와 같이 대개의 고지도들은 녹둔도를 강보다는 바다의 섬으로 표시하고 있다. 그러나 녹둔도가 연륙되어진 점을 고려해서 현재의 두만강 하류와 바다 쪽 지형을 살필 때 이러한 지도들이 부정확한 것을 알 수 있다. 녹둔도의 정확한 위치에 관한 글로는 다음을 참조. 유영박, 앞의 논문, 1976 ; 양태진, 「韓露國境線上의 鹿屯島」 『韓國學報』 19, 일지사, 1980 ; 이옥희, 「두만강 하구 鹿屯島의 위치 批正에 관한 연구」 『대한지리학회지』 제39권 제3호, 대한지리학회, 2004.

181 『세조실록』 권2, 세조 1년 8월 계축.

기까지는 농민들이 봄에 섬으로 들어가 농사를 짓고 가을에 추수하여 나오는 방식이었으며, 이때 군인들도 함께 들어가 농민들을 야인으로부터 보호하였다.[183] 1587년(선조 20년) 야인들이 침입하여 농작물을 약탈하고 농민들을 납치해가는 녹둔도사건이 발생하였다. 이 때 납치 당한 농민의 수가 100여 명이었고 군인 10명이 전사하였으며 말과 소 15마리를 빼앗긴 것으로 보아 당시 녹둔도의 농경 규모가 상당했음을 짐작할 수 있다.[184]

이순신 초상

조선 전기의 녹둔도에 대한 국가의 관리 실태는 18세기 중엽 영조 때 만들어진 여지도서輿地圖書에 잘 정리되어 있다.[185] 본래 녹둔도는 경흥부의 조산보造山堡 만호 관할 지역으로, 섬 내에 토성을 쌓고 병선을 배치하여 여름이면 조산보의 수군을 나누어 이곳을 지키게 하였다. 특히 선조 때에는 녹둔도에 둔전이 설치되면서 국가의 관리가 강화되었다. 즉 선조 16년(1583년)에 당시 감사였던 정언신鄭彦信이 군량 비축을 위하여 경흥 부사 원호元豪에게 개간을 지시함으로써 녹둔도에 둔전이 설치되었다. 선조 19년(1586년)에는 선전관宣傳官 김경눌金景訥을 둔전관으로 파견하여 목책을 설치하는 등 방어를 강화하였으며, 이듬해인 선조 20년(1587년)에는 당시

---

182 유영박 교수는 세종시대, 특히 6진 개척 이후 어느 정도 수준의 농경이 시작되었을 것으로 보았다(유영박, 앞의 논문, 123·128쪽).
183 1486년(성종 17년) 기록에 의하면 농민과 그들을 지키는 군인들은 봄에 들어와서 농사를 지어 가을에 나갔는데 배를 타고 왕래하기가 힘들므로 녹둔도에 계속 머물게 해달라는 청원하지만 야인으로부터 방비하기가 어렵기 때문에 그리할 수 없다고 한다.
184 양태진, 「北京條約과 鹿屯島領屬問題에 관한 考察」 『韓國史硏究』, 한국사연구회, 1996, 139 ; 유영박, 앞의 논문, 1976, 129쪽.
185 『여지도서』 경흥부 고적 녹둔도보.

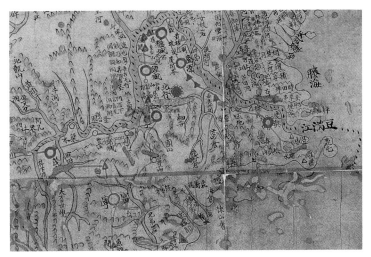
서북계도 녹둔도 부근(규장각한국학연구원)

조산 만호였던 이순신에게 둔전의 일을 아울러 맡도록 하였다. 둔전 설치를 계기로 녹둔도에 대한 방어태세와 관리가 강화되고 있음을 알 수 있다. 그러나 같은 해 9월, 이른바 녹둔도사건이라 불리는 여진족의 대규모 내습사건이 발생하게 된다. 마니응개亇尼應介·사송아沙送阿 등의 지휘 아래 두만강 하구의 추도楸島에 집결한 여진족이 한창 추수 중이던 녹둔도를 공격해 온 것이다. 이 과정에서 조산 만호 이순신과 경흥 부사 이경록李景祿이 필사의 항전을 벌여 다행히 목책이 함락당하는 것은 면하였으나 큰 피해를 입게 된다.[186] 이 사건을 계기로 몇 차례 여진족에 대한 대규모 토벌 작전을 벌이기도 하였으나, 결국 녹둔도의 둔전이 폐지되고 녹둔도에 대한 적극적인 방어도 중단된 것으로 보인다.

비록 명종·선조대의 잦은 여진족 내습으로 녹둔도에 대한 국가 차원의 개간과 적극적 방어가 중단되었지만, 조선 후기에 제작된 고지도들을 보면 조선 후기에도 녹둔도가 자국 영토라는 영유의식은 지속된 것으로 보인다. 특히 18세기 말 정조대에 만들어진 것으로 여겨지는 서북계도西北界圖에는 조선과 청 사이의 국경을 점선으로 구

---

186 여진족의 공격으로 守護將 吳亨, 監打官 林景藩 등을 포함하여 11명이 전사하였고 농민 106명과 말 15필을 여진족이 탈취해 갔다고 한다. 이순신과 이경록은 이 사건의 책임을 지고 백의종군하게 된다(『선조실록』 권21, 선조 20년 10월 신미 ; 『선조실록』 권21, 선조 20년 12월 경진).

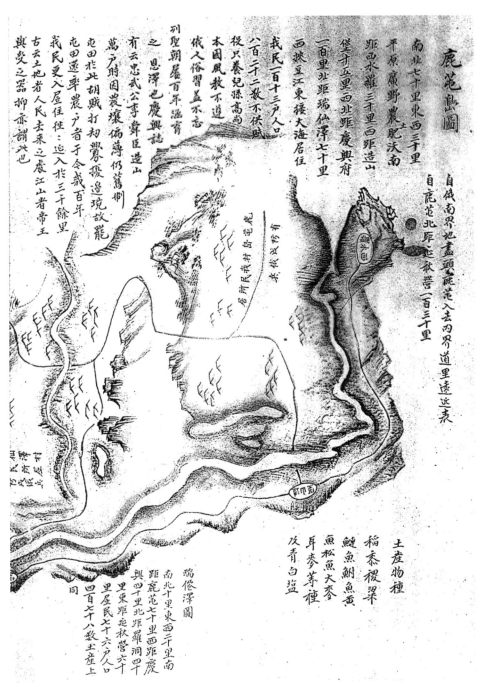

鹿芚島圖

自俄南界地盡頭距鹿入去內界道里遠近表

自鹿芚北距延秋營一百三十里

南北七十里東西三十里
平原野農土肥沃南
距西水羅三十里西距造山
一百里北距瑞仙澤距慶興府
壁寸五里西北距慶興
西狄豆江東接大海居住
我民一百十三戶人口
八百二十二數不供賦
役只養兒孫高尚
本國風敎不遠
依人俗習益水忘
列聖朝屢百年滋育
之恩澤也慶興誌
有云忠武公李舜臣造山
萬戶時因襲擾邊琨故龍
屯田於此胡賊打却擊撥
我民更入屋住住之迄入於三千餘里
古云土地者人民去来之農江山者帝王
屯田遠輋農戶者于令歲百年
與受之器柳亦謝此也

瑞僊澤圖
南北十里東西二十里南
距鹿芚七十里西距慶
與四十里北距延秋營六十
里東距延羅洞四十
里屋民七十六戶人口
四百七十八數土産上
同

土産物種
稻黍稷粱
鯉魚鮒魚黃
魚松魚大麥
耳麥莘種
及靑白塩

녹둔도 부근

분하면서 녹둔도를 조선의 영역 안에 넣음으로써 녹둔도가 조선의 영토임을 분명히 한 것을 볼 수 있다.

선조 때 둔전의 폐지로 국가차원의 개간과 관리는 폐지되었지만, 지역 주민들에 의한 개간은 군사의 호위를 받지 못함에도 불구하고 지속적으로 이루어졌다. 그 결과 19세기 말에는 많은 한인들이 이 지역에 거주하게 되었다. 김광훈金光薰과 신선욱申先郁이 1885년에서 1905년에 걸쳐 두만강 어귀와 연해주 일대를 직접 답사하고 그린 아국여지도俄國輿地圖에 수록된 녹둔도도鹿屯島圖에는 녹둔도가 육지로 연결된 이후인 19세기 말 녹둔도의 상황과 당시 정부의 녹둔도에 대한 인식이 잘 반영돼 있다.

이 지도에 의하면, 당시 녹둔도 지역은 남북 70리, 동서 30리의 비옥한 평원지대로 113호 822명의 조선 주민이 거주하고 있는 것으로 기록하고 있다. 육지로 연결되기 이전의 녹둔도가 강 사이의 섬이었지만 결코 작지 않았음을 알 수 있다. 지도에서는 특히 현지 주민들이 러시아에 세금을 내지 않으며, 우리나라의 풍습과 교화를 준수하고 러시아의 습속을 따르지 않는 점을 지적하여 현지 주민들의 자국에 대한 귀속의식이 강하다는 점을 강조하고 있다. 또한 이순신李舜臣이 조산보 만호로 있을 때 둔전을 설치했던 사실을 적시함으로써 녹둔도에 대한 역사적 연고의식을 내비치고 있다.

2) 녹둔도의 연륙화

녹둔도 사건 이후 1883년(고종 20) 청과의 국경획정 문제가 발생하기까지 녹둔도에 대한 기록은 찾아보기 어렵다. 이는 녹둔도에 대한 조선의 관리가 평온하게 유지되어왔으며 동시에 지리적으로도 가장 먼 곳에 있어 관심이 적었기 때문으로 보인다. 녹둔도에 모래가 점차 쌓여 두만강의 조선 반대편으로 연륙화된 것은 19세기 중반 이후로 여겨진다. 그런데 성질상 연륙화가 점차적으로 진행되기도 하지만, 이에 대한 기록이 많지 않아 그 정확한 시기를 판단하기는 매우 어렵다. 1883년(고종 20) 11월 청과의 국경문제 해결을 위해 서북경략사로 임명된 어윤중은 녹둔도를 보고 돌아와 고종에게 "녹둔도는 본래 우리나라 땅으로서 신臣이 조산에 도착하여 지형을 살펴보니, 섬 동쪽에 모래가 쌓여 저쪽 땅과 붙어있고 섬에 살고 있는 사람들은 모두 우리나라 사람들이고 다른 사람들은 하나도 없었습니다."라고 보고하였다.[187] 따라서 늦어도 1883년에는 연륙화가 완성되었음은 확실하다.[188]

하지만 1861년(철종 12년)에 완성한 김정호의 대동여지도는 녹둔도를 두만강 사이가 아니라 강하구 앞 바다상의 섬으로 표시하는 것과 같이 부정확한 점도 있지만 녹둔도를 명백히 섬으로 나타내고 있다. 따라서 녹둔도가 확실히 1860년 이전에 연륙화되었다고 보는 견해도 있지만,[189] 이 지도가 오류라는 것을 증명하지 않는 한 설득력이 약하다. 녹둔도의 연륙화 시기가 중요한 이유는 1860년 베이징 조약과 1861년 싱카이호[興凱湖] 조약을 통해 두만강 하구쪽 대안이 러시아 영토로 넘어가기 때문이다. 따라서 만약 녹둔도의 연륙화가 1860년 이전에 완료되었다면 조선의 영토인 녹둔도를 청이 조선의 동의 없이 러시아로 넘긴 것이 되므로 조선·청·러시아의 3자간 문제가 되지만 그 이후에 완료되었다면 조선과 러시아간의 문제가 된다.

2. 녹둔도의 영유권 변화

1) 러시아의 남하와 북경조약

1883년(고종 20) 어윤중의 보고에 의하면 녹둔도가 비록 연륙화되긴 하였지만 조선인들이 살고 있으므로 여전히 조선땅이라는 인식을 하고 있었다. 하지만 이는 19세기 중반 이후 급변하는 주변 정세를 제대로 파악하지 못한데서 기인한 결과이다. 러시아는 줄기차게 동남진 정책을 추진하여 1689년 청과 네르친스키 조약을 체결하여 일단 흥안령 이북과 흑룡강 변까지 진출하였다. 러시아는 19세기 중엽 다시 적극적으로 남하 정책을 추진하여 1854년 4월 청을 압박해서 아이훈愛琿 조약을 체결하였다. 동 조약을 통해 러시아는 흑룡강 좌안을 획득하고 우수리강에서 태평양 해안에 이르

---

187 유영박, 앞의 논문, 1976, 132쪽.
188 이후 1899년 작성된『경흥부읍지』.
189 유영박, 앞의 논문, 1976, 138쪽 ; 유영박, 앞의 논문, 1985, 15쪽.

는 지역을 양국 공동관리지역으로 설정하였다.[190] 영불 연합군에게 패한 청으로 하여금 러시아는 1858년 6월 톈진 조약을 체결토록 하여 "미획정 지역의 현지조사" 조항을 제9조에 삽입하여 추후 작성될 지도를 근거로 국경을 획정하기로 하였다.

그리고 1860년 11월 러시아는 청과 베이징 조약을 체결하여 양국 공동관리지역으로 남아있던 연해주 지역을 러시아 영토로 편입시켰다. 이로 인해 러시아는 두만강 하류를 두고서 조선과 국경선이 접하게 되었다.[191] 베이징 조약은 국경선 획정의 원칙만 정하였을 뿐 자세한 경계선은 확정하지 못하고 양국 대표가 차후 실사를 해서 확정하기로 하였다. 이를 위해 다음 해인 1861년 6월 양국은 싱카이호[興凱湖] 협약을 체결하여 우수리강 합류점부터 두만강 하구까지 8개의 경계비를 공동으로 설치하기로 합의하였다. 이 중 마지막 지점의 경계비를 두만강 입구로부터 20리 지점에 'T'자의 경계로 세우도록 하였는데, 이것이 조선의 영토에 직접적인 영향을 미치게 된다.[192] 협약을 이행하기 위해서 러시아와 청은 공동으로 3개월에 걸쳐 경계비를 세웠다.

이때 두만강 대안에 경계비를 설치하는 것을 조선의 봉수인 김대흥 봉수장이 목격하고 이를 경흥부사 이석영에게, 이석영은 이를 북병사北兵使 윤수봉에게, 윤수봉은 중앙정부에 보고함으로써 비로소 조선 정부는 두만강을 두고 러시아와 국경을 접한 사실을 알게 되었다.[193]

2) 조선의 소극적 대응

이처럼 청과 러시아는 1860년 베이징 조약과 그 이행을 위한 1861년 싱카이호 협약을 통해 두만강 하류 대안을 러시아령으로 귀속시켰다. 조선 정부는 두만강 유역

---

190 청은 아이훈 조약을 비준하지 않았다(정인섭, 「統一後 한러 국경의 획정」『서울국제법연구』 제14권 1호, 2007, 58쪽 각주 3)).
191 정인섭, 앞의 논문, 2007, 58쪽 ; 양태진, 앞의 논문, 1996 참조.
192 양태진, 앞의 논문, 1980, 168쪽.
193 정인섭, 앞의 논문, 2007, 59쪽 ; 경흥부사 이석영의 상세한 보고서를 비롯한 보다 자세한 내용은 박태근, 「1860年 北京條約과 韓·露國境의 成立」『領土問題研究』, 고려대학교 민족문화연구소, 1983, 60~70쪽을 참조.

을 파수하는 봉수인으로부터 경계비 설정 보고를 받았지만 이에 대해 어떠한 대응조치를 취했다는 기록을 찾아볼 수가 없다.[194] 이것은 녹둔도가 연륙화 되었는데 아무런 대응도 하지 않았다고 볼 수도 있지만[195] 한편으로는 당시에는 연륙화가 되지 않았기 때문에 청러간 국경조약이 녹둔도의 영유권에 영향을 미치지 않는다고 판단했기 때문으로 볼 수도 있다.

조선은 1882년(고종 19) 러시아가 먼저 청을 통해 통상과 함께 국경을 논의할 것을 제의해 왔지만 단번에 거절하였다.[196] 당시 조선 정부가 녹둔도의 연륙화를 모른 채 거절하였는지는 확실치 않다. 그러나 조선 정부는 1883년(고종 20) 서북경략사 어윤중이 이미 녹둔도가 러시아쪽으로 연륙화되었다는 보고를 했을 때도 여전히 조선 영토라고 조정 내에서 의사표명만 할 뿐 아무런 대외조치를 취하지 않았다.[197] 그리고 조선은 러시아와 1884년(고종 21년) 수호조약을 체결하면서도 그 과정에서 녹둔도에 대해 아무런 논의나 문제제기도 하지 않았다.

다만 1886년(고종 23) 청의 오대징吳大徵이 러시아인의 국경선 침범문제를 다루기 위해 러시아측과 회담을 갖기로 했을 때 고종이 그에게 녹둔도가 본래 우리 영토였는데 잘못하여 러시아 영토로 되었으니 반환해 주도록 요청하였을 뿐이다. 그러나 오대징은 조선의 이러한 소극적 요청을 무시하고 회담에 임하였다. 한편, 김광훈金光薰과 신선욱申先郁은 1885년에서 1905년에 걸쳐 두만강 어귀와 연해주 일대를 직접 답사하고 그린 〈아국여지도俄國輿地圖〉에 녹둔도에 대한 자세한 사정을 기록하면서 러시아에 대한 대응책이 필요함을 주장하였다.

조선 초기 이래로 녹둔도에 대한 영유권을 확실히 행사해왔음에도 불구하고 조선 정부의 국제정세에 대한 이해부족과 이후 소극적인 대응으로 인해 녹둔도는 러시아의 영토로 편입되고 말았다. 러시아는 1860년 이후 지금까지 이를 실효적으로 지배해오고 있다. 또한 북한과 러시아(구소련)가 1985년 체결한 국경협정 제1조에서 두만

---

194 유영박, 앞의 논문, 1976, 139쪽.
195 유영박, 앞의 논문, 1985.
196 유영박, 앞의 논문, 1985, 16~17쪽.
197 유영박, 앞의 논문, 1976, 139쪽.

강의 주된 수로의 중간선을 양국간 국경으로 규정하고 있는데, 이로 인해 과거 섬이었던 녹둔도도 자연스럽게 러시아령에 속하게 되었다.[198] 따라서 북경조약 체결 이후 150년이 지난 오늘날 그리고 장차 남북한이 통일된 이후에도 녹둔도를 한국의 영토로 주장하기에는 법적 및 사실적 어려움이 놓여 있다.

---

198 정인섭, 앞의 논문, 2007, 63쪽.

제7장

대한제국의 영토

제1절

대한제국의 영토 정책

1. 북방영토 정책

1) 대한제국 성립 초기의 북방정책

대한제국이 성립한 19세기 말 한반도 정세는 열강들의 세력다툼으로 인해 급변하고 있었다. 1894년 농민전쟁을 구실로 촉발된 청일전쟁에서 일본군이 승리하여 1895년 4월 청일간 시모노세키조약이 체결되었다. 일본은 같은 해 8월 민왕후를 시해하는 을미사변을 일으키고 조선 정부를 장악하고자 하였다. 이에 고종은 적극적 남하정책을 견지한 러시아에 의존하기 위해 1896년 2월 비밀리에 러시아 공사관으로 옮겼으며 1897년 2월에 다시 환궁하였다. 그렇기 때문에 1897년 10월 성립한 대한제국은 정책결정에 있어 러시아의 영향을 많이 받았다.

조선의 북방정책도 이러한 정세 가운데서 이해할 수 있다. 대한제국의 영토정책을 이전과 비교할 때 중요한 차이점은 비록 러시아의 영향을 받아 완전하지는 않았지만 개항 이후 전통적인 화이질서에서 많이 벗어나 만국공법(국제법)에 기초해서 중국에 대한 자주적 정책을 견지하려고 했다는 점이다. 이는 국호를 '대한제국'으로 한데서도 알 수 있다. 조선은 불과 10년 전인 1885년과 1887년 두 차례 청과 간도를 두고 감계회담을 가졌지만 청의 강압적 자세로 인해 결렬된 경험을 가지고 있었다. 당시 조선측 협상대표인 이중하는 청의 압력으로 인해 토문강은 송화강 지류라는 종래 주장을 포기하였지만 홍토수의 지류인 석을수를 두만강의 수원으로 삼자고 주장하여 양측은 두만강의 수원을 어느 지류로 할 것인지를 두고 끝내 의견을 좁히지 못했었다. 하지만 청일전쟁에서 청의 패배를 목도하고 국가주권평등을 기초로 하는 만국공법 질서에 눈을 뜬 대한제국은 간도에 대해서도 보다 적극적이고 능동적인 정책을 시행하였다.[1]

예컨대 대한제국은 1897년 가을 함경북도 관찰사 조존우로 하여금 백두산 일대를 답사하고 보고하도록 지시하였다. 이에 조존우는 답사 후 보고서에서 당시 국제법 교과서였던 공법회통公法會通[2]을 인용하며 토문강이 경계라고 주장면서 청과의 교섭을 건의하였다.[3]

이어 1899년에는 한청통상조약의 협상소식을 들은 함경북도 종성의 유학幼學 오삼갑과 여형섭이 감계문제를 해결해 줄 것을 상소하자 내부대신 이건하가 함경북도 관찰사 이종관으로 하여금 간도 상황을 재조사하여 보고하도록 지시하였다. 이에 이종관은 간도에 조사원을 파견한 후 작성한 보고서에서 토문강이 송화강으로 흘러 들어가 합쳐지고 다시 흑룡강과 함께 바다로 흘러가므로 토문강-송화강-흑룡강으로 이어지는 선이 우리의 영토이며, 정부와 청, 러시아가 공동조사하여 국제법에 따라 국경선을 획정할 것을 건의하였다.[4] 이종관의 강역 주장은 다소 비현실적이긴 하였으나 전통적 화이관에서 벗어난 당시의 확장된 영토의식을 반영한 것이었다.

하지만 이러한 북방영토 의식이 그대로 대한제국의 외교정책에 반영된 것은 아니었다. 대한제국의 내부內部와 지방관들이 간도에 대한 영유의식이 강했던 반면 실질적 외교를 담당하는 외부外部는 여전히 토문강이 곧 두만강이라는 인식하에 간도 영

---

1 하원호, 「개화기 조선의 간도인식과 정책의 변화」『동북아역사논총』14, 동북아역사재단, 2006, 21쪽.
2 19세기 독일 법학자 블룬츨리(J.C. Bluntschli)의 국제법 교과서를 선교사 윌리엄 마틴이 한역한 책으로 국내에 유입되어 지식인들에게 널리 읽혀져다.
3 조존우의 보고서는 『北輿要選』에 실려 있는데, 원문과 국역본은 『영토문제연구』 창간호, 고려대 민족문화연구소, 1983, 221~300쪽을 참조(이하 국역본은 『북여요선』으로 표시).
4 『북여요선』, 250~255쪽.

유권 주장은 근거가 빈약하다고 보았기 때문이다. 그래서 대한제국은 간도문제를 한 청통상조약 협상시 논의하고자 했었지만 이 문제는 육로통상조약 협상시 논의하자는 청의 제안을 순순히 받아들였다.[5]

2) 중국 의화단 사건 이후 북방정책

중국의 산둥지방과 허베이 지방을 중심으로 1899년 11월부터 1901년 9월까지 "청조를 돕고 외국을 멸한다"는 부청멸양扶淸滅洋의 구호를 외치며 외국인과 기독교 인을 무참히 살해하는 의화단 사건이 발생하였다. 하지만 이 사건은 미국, 영국, 일본, 독일, 프랑스 등 8개국 연합군에 의해 진압되고 그 결과 신축조약(베이징의정서)이 체 결되면서 오히려 열강의 중국 침탈은 더욱 거세지게 되었다.

러시아군은 의화단 사건을 틈타 1900년 연해주에서 만주로 진격하여 닝안[寧安], 훈춘琿春, 지린吉林, 선양瀋陽 등 만주 전역을 장악하였다. 만주지역에는 청의 군대가 패하여 달아나고 러시아 군대가 주둔하였다. 한편 의화단 사건을 피해 수천 명의 피 난민들이 만주, 평안도와 함경도 지방으로 몰려왔다.

청의 지방 권력이 점차 회복된 것은 1902년 4월 러시아와 청 사이에 만주환부조약 滿洲還付條約을 체결한 전후이다. 청은 이즈음 조선인들에 대해 변발과 귀화를 강요하 였다. 간도 거주 조선인들은 이러한 청의 강압과 청 유민들로부터의 약탈 등 많은 피 해를 겪게 되자 정부에 관리와 군대 파견을 지속적으로 요청하였다.[6]

이러한 가운데 대한제국 정부는 1901년 2월 국경지대의 치안을 유지하고 조선인 을 보호하려고 함경북도 회령에 변계경무서邊界警務署를 설치하고 무산과 종성에 분 서를 설치하여 간도 조선인들의 행정과 사업, 위생 업무를 관장하도록 하였다. 변계 경무서는 그 설치가 간도 거주 조선인들에게도 고시되어 이들의 각종 민원사항을 처

---

5 은정태,「대한제국기 '간도문제'의 추이와 '식민화'」『역사문제연구』 17, 역사비평사, 2007, 101쪽.
6 예컨대 1901년 이규철 등은 정부에 관리 파견을 요청하였으며 압록강 인근에 거주하는 김교명 등 90여명은 서간도에 관리를 파견해 줄 것을 요청하였다(『황성신문』, 1901년 1월 13일 ; 『황성신 문』, 1901년 9월 14일).

리하였다.[7] 하지만 변계경무서는 간도에 설치된 것이 아니며 군대도 아니란 점에서 간도 조선인들의 관리와 보호에 한계가 있었다.

그래서 1902년 5월 보다 적극적으로 간도 거주 조선인들을 보호하려고 정부는 이범윤을 간도시찰사로 파견하고 다음 해에는 그를 간도관리사로 승격시켰다. 부임 후 이범윤은 간도를 시찰하고 토지와 호구를 조사하였다. 이범윤은 다음 해 5월까지 호적부 52권을 편제해서 내부로 올렸는데, 이에 따르면 27,400여 가구에 인구가 10만여 명에 이르렀다.[8] 간도관리사 파견에 대해 청은 주권침해라며 강하게 반발하며 이범윤의 소환을 요구하자 대한제국도 강력히 항의하면서 양국의 대치상황은 계속되었다. 그러다 1904년 2월에는 무력충돌 상황으로까지 치닫게 되었다. 그러자 양국간 갈등상태의 해결을 위해 청이 감계 회담을 제안하였고 대한제국 내에서도 내부와 외부대신 모두 회담에 응할 것을 주장하였다.[9] 하지만, 감계회담은 러일전쟁의 발발로 연기되었고 이후 일본의 개입으로 인해 끝내 회담은 열리지 못하였다.

여기서 주목할 점은 불과 몇 년 사이에 정부의 간도에 대한 인식이 변하여 대 간도 정책이 적극적으로 강화되었다는 사실이다. 1902년 이범윤을 간도시찰사로 파견하여 토지와 호구를 조사하고 조선인을 보호하도록 했지만, 이때까지만 하더라도 정부에서는 간도 거주 조선인의 보호라는 측면이 강하였다. 특히 외부는 청국 공사에게 이범윤의 파견에 대해 청국인이 한국에 있는 바와 같이 이범윤을 손님으로 예우해 주기기를 바랐다. 하지만 1903년에 와서는 보다 적극적으로 영유권 정책을 추진하였다. 1903년 3월 대한제국은 변경문제와 육로통상장정을 체결할 것을 청에 제안하였고, 8월에는 간도시찰사 이범윤을 간도관리사로 임명하기로 결정하였다.

간도에 대한 확고한 영유권 의식은 청이 간도관리사 임명을 주권침해라며 강하게 반발한 데 대한 내부의 재반박에서 확인할 수 있다. 이범윤을 소환하라는 청 공사의 주장에 대해 내부는 "토문 이남과 두만강 사이에 이르는 땅은 우리나라의 경계 내로,

---

7 하원호, 앞의 논문, 2006, 24쪽.

8 은정태, 앞의 논문, 2007, 111쪽 ; 규장각 소장의 『邊界戶籍案』과 『邊界戶籍成冊』 참조.

9 이규수, 「일본의 간도영유권에 대한 인식과 통감부 임시간도파출소」 『담론201』 제9권 1호, 2006, 70쪽.

청 백성은 1천여 호에 불과하나 우리 백성은 2만여 호에 달하고, 시찰 이범윤을 관리로 임명한 것은 위민정책의 일환이다."라며 반박하였다.[10]

대한제국의 간도 영유권에 대한 적극적 인식 전환에는 다음 몇 가지 사항들이 고려된 결과라 할 수 있다.

첫째, 청이 청일전쟁에서 패배하고 러시아가 만주 지역을 점령하는 상황에서 조선과 러시아는 적극적 협력관계를 모색하였다. 이 점은 1901년 5월경 러시아가 대한제국에 간도의 공동통치를 위한 조약체결을 제안했다는 사실에서도 짐작할 수 있다. 비록 실현되지는 않았지만 이 제안에는 대한제국과 러시아가 간도 및 그 부근 3마일 이내의 지역에 한 주를 설치하여 양국이 공동으로 관리한다는 내용이 들어 있었다.[11] 즉, 이범윤의 파견은 간도 조선인 보호뿐만 아니라 러시아와의 협력관계를 통해 청과 일본에 대응하기 위한 전략으로도 이해할 수 있다.[12]

둘째, 간도의 가치에 대한 인식전환이 있었다. 과거 간도 조선인에 대한 정부의 주된 관념은 국경을 넘어 불법 개간한 월간인越墾人이란 것이었다. 따라서 정부도 소극적으로 이들을 쇄환하거나 아니면 적극적으로 보호하는 것이 기본 정책이었다. 그러나 이 시기 국내 여론은 부정적 의미의 월간을 경제활동의 확대를 위해 들어간 이민移民으로 보기 시작했다. 1901년 황성신문은 논설에서 "개명한 나라는 인물이 번성하여 남의 빈 땅을 얻어 식민植民[13]이라고 백성을 옮겨 살게 하는 일도 많이 있으니 이는 다 토지를 넓히고 내 백성을 보호하는 좋은 정책良策이다."고 하여 이러한 여론을 반영하였다.[14] 또 다른 기사에서도 "만주의 땅은 넓은 들과 옥토가 많고 기후가 온화하여 곡식이나 목축에 이롭다. 또 장백산 이북은 고산준령이 많아 삼림이나 피혁의 산물이 풍부하고 금동이나 석탄광은 곳곳에 흩어져 있어서 참으로 지상의 숨겨진 보고였다."[15]고 하여 간도의 경제적 가치를 높게 평가하였다. 따라서 이범윤의 간도 파

---

10 『황성신문』, 1903년 9월 24일 별보 ; 은정태, 앞의 논문, 2007, 114쪽.
11 국회도서관, 『間島領有權關係拔萃文書』, 1975, 296쪽 ; 은정태, 앞의 논문, 2007, 103~104쪽.
12 이성환, 앞의 논문, 2007, 68쪽.
13 오늘날 이민과 같은 의미로 해석된다.
14 『황성신문』, 1901년 5월 25일 ; 은정태, 앞의 논문, 2007, 109쪽.
15 『황성신문』, 1903년 5월 8일 ; 은정태, 앞의 논문, 2007, 109쪽.

견은 단순히 고토회복이 아니라 간도의 경제적 가치를 고려한 것으로 볼 수 있다.

그러나 정부가 간도의 경제적 가치를 파악하고 이범윤을 파견했다고 해서 이를 곧 정부가 이민화 정책 혹은 식민화 정책을 취했다고 하는 주장은 사실이 명확하지 않을 뿐만 아니라 신중할 필요가 있다. 왜냐하면 본래 우리의 영토라는 의식하에 더 많은 조선인을 이주하기 위한 정책으로 이해한다면 문제가 없으나, 이민 또는 식민화를 통해 간도의 영유권도 달성할 수 있다고 보는 제국주의적 견해는 근원적으로 간도를 대한제국의 영토가 아니라는 것을 전제로 하는 것이기 때문이다.

한편 1904년 1월 21일 러일간 전운이 감돌자 대한제국은 전쟁에 휘말리지 않고자 국외 중립선언을 하였고, 곧 이어 2월 10일 일본이 러시아에 대해 정식 선전포고를 하였다. 이러한 가운데 청과의 간도 협의는 잠정적으로 중단될 수밖에 없었다. 하지만 러일전쟁에서 승리한 일본은 조선에 대한 지배권을 강화하여 1905년 11월 강압적으로 '을사조약'을 체결하였다. '을사조약'을 통해 대한제국의 외교권이 박탈당함으로써 대한제국의 북방정책은 실현될 수 없게 되었다.

2. 독도 정책[16]

조선과 대한제국의 독도 정책은 곧 울릉도 정책과 연결되어 있다. 태종 이후 오랜 동안 조선은 울릉도에 대한 공도정책을 실시해 왔지만 이것이 영유권 포기를 의미하는 것은 절대 아니었다. 19세기에 들어오면서 울릉도에 대한 일본인의 침입이 잇따르자 조선 정부는 오히려 적극적으로 울릉도 이주를 권장하는 정책을 실시하였다. 그래서 1880년대 이후 강원도, 경상도, 전라도 등지로부터 개척민들이 울릉도로 꾸준히 유입되었다.

그러던 중 청일전쟁에서 승리한 후 일본인들이 공공연히 울릉도의 삼림을 벌채하자 이미 울릉도 삼림채벌권을 획득했던 러시아 공사가 항의서한을 대한제국에 보내

---

16 독도 영유권 일반에 관한 자세한 논의는 '제9장 끝나지 않은 영토문제 제2절 독도' 부분에서 자세히 다루고 여기서는 대한제국의 정책적 관점에서 간단히 논하기로 한다.

독도 전경

옴으로써 울릉도 삼림벌채가 외교문제로 비화되었다.[17] 이에 대한제국은 1899년 5월 배이주를 울릉 도감으로 임명하여 일본인의 침입 실태를 조사보고토록 하였다. 그리고 같은 해 9월 대한제국 내부는 외부를 통해 울릉도에 침입한 일본인들의 쇄환을 일본 공사에게 요구토록 하였다.

이런 중에 울릉 도감으로부터 일본의 벌채가 심각하며 이를 저지하려는 자신이 위협받고 있다는 보고가 올라왔다. 이에 대한제국은 일본과 합동조사를 하기로 하고 1900년 5월 우용정 일행을 울릉도로 파견하였다. 우용정은 울릉도의 지리적 상황, 인구와 개간 면적, 일본인 체류 현황 등에 대한 상세한 보고를 하였다. 보고를 접한 대한제국 내부는 울릉도에 대한 지배를 강화하고자 울릉도를 군으로 승격시키는 행정구역 개편을 단행하였다. 이것이 1900년 10월 24일 각의를 통과한 '울릉도를 울도로 개칭하고 도감을 군수로 개정한 건'으로 그 다음 날 칙령 제41호로 관보에 게재되

---

17 신용하, 『독도의 민족영토사 연구』, 지식산업사, 1996, p.185.

었다.

칙령 제41호 제2조에 "군청 위치는 태하동으로 정하고 구역은 울릉전도와 죽도竹島 석도石島를 관할한다."라고 하여 관할구역에 독도(석도)를 포함시키고 있다. 당시까지만 하더라도 독도 자체가 국제적으로 문제화되지 않았으며 울릉도에서도 상당히 떨어져 있었기 때문에 대한제국이 독도에 대해 특별한 정책을 펴지는 않았다. 다만, 위 칙령에 드러났듯이 독도에 대한 영유의식은 확실히 갖고 있었다.

정부가 독도문제를 심각하게 인식한 것은 1905년 일본이 시마네현 고시를 통해 일본 영토로 편입한 사실을 이듬해 울릉군수 심흥택이 일본인에게 듣고서 올린 보고서를 통해서이다. 이 소식을 접한 의정부 참정대신 박제순은 독도가 일본 영토라는 주장은 전혀 근거가 없으며 독도가 한국 영토임을 거듭 강조하면서 독도의 사정과 일본인들이 어떠한 행동을 하는지 조사해서 보고할 것을 명하였다.[18] 그러나 이미 1905년 '을사조약'을 통해 외교권을 박탈당한 상태였으므로 대한제국이 대외적으로 실효성 있는 정책을 펼 수가 없었다.

---

18 『各觀察道案 제1책』, 광무 10년 4월 29일, 지령 제3호 ; 신용하, 앞의 책, 1996, 227쪽.

제2절

일본과 러시아의 대한제국 분할론

1. 고종의 중립화론과 제국주의세력의 동북아시아 각축

19세기 후반 동북아시아는 세계적인 조류에 맞추어 전통적인 가치관과 세계관이 강제적으로 충돌하는 시기였다. 동북아시아 국가들은 서구 유럽국들의 세계적인 식민지 제국체제의 성립에 직접 영향을 받으면서 정치와 군사만이 아니라 인구와 상품의 이동에까지 다방면에서 막대한 변화를 강요받고 있었다. 일본은 일찍이 서방국가 체계의 논리를 받아서 국제법을 채용하고 전통적인 화이관華夷觀을 거부하고 재편하려 했다. 반면 청국은 조선을 조공관계에 유지시키면서 일본과 서구제국에 대항하고자 했다. 따라서 당시의 동북아시아는 이중적이고 복합적인 새로운 국제질서 개편의 시기를 직면하고 있었다.[19]

이런 상황에서 조선의 개항은 일본의 강압적인 외교정책에 의해 이루어졌다. 일본은 메이지유신을 단행한 이후 서구열강과 불리하게 맺은 외교협약들을 개선시키는 한편, 청국과 조공관계에 있던 류큐[琉球]국과 방기하고 있던 사할린[華太島]의 복속, 타이완의 식민지화를 감행하면서 아시아의 제국주의 국가로 변모하고 있었다. 일본의 제국주의화는 청국을 중심으로 한 동북아시아의 국제 질서였던 조공 관계를 재편

---

19 長谷川直子,「朝鮮中立化論と日淸戰爭」『東アジア近現代通史』, 岩波書店, 2010, 172~173쪽.

하여 일본의 한반도 진출을 용이하게 만드는 것이었다. 일본은 강화도조약에서부터 강제병합에 이르기까지 지속적으로 청국의 책봉 관계를 부정하고 조선의 자주독립을 주장했다. 이것은 조선과 청국간의 종속관계를 부정해야만 한반도를 일본의 군사요충지와 상품시장으로 용이하게 활용할 수 있었기 때문이다.

물론 청국을 상대로 한 일본의 외교정책과 군사적 행동은 독자적인 발상에서 이루어진 것은 아니다. 러시아의 남하정책을 둘러싼 영국과 러시아의 충돌이 지중해에서 동북아시아로 옮겨오면서 양국의 알력이 발생하는 간극에 일본의 대외정책이 결정되었다고 보아야 할 것이다. 영국이 일본을 대러시아 견제를 위한 동맹국으로 인정한 외교정책의 연장선에서 한반도를 둘러싼 동북아시아의 국제 정세가 재편되기 시작하였던 것이다.

이와 같은 제국주의 국가 간의 세계질서 재편의 경쟁선상에서 한반도 분할론 내지는 대한제국 분할론이 등장하였다. 사실 대한제국의 분할론은 청일전쟁 직전의 조선 중립화론과 조선 분할점령에서부터 그 실상을 보아야 할 것이다. 조선의 중립화론에 대한 연구는 한국은 물론 일본에서도 일찍부터 거론되어 오늘날에도 많은 결과를 학계에 내놓고 있다.[20] 이들 연구의 주요 내용은 시대에 따라 다소간의 차이를 보이고 있다. 일본과 러시아의 알력, 영국과 러시아의 알력, 일본과 청·러시아와 영국의 관계에 따른 결과로 보는 시각이다. 사실 어느 제국주의 세력에 의해 주도되었는가를 밝히려는 입장에서 나온 당연한 결과라고 본다.

한반도를 대상으로 한 중립화내지 분할론은 19세기말 이래 국제환경의 변화와 세

---

20 서중석, 「近代極東國際關係와 韓國永世中立國論에 대한 연구」『경희대학교논문집』 4, 1965 ; 강만길, 「유길준의 한반도 중립화론」『분단시대의 역사인식』 창작과비평사, 1978 ; 석화정, 「러시아의 한반도 중립화정책-위떼의 對만주정책과 관련하여」『중소연구』, 83, 1999 ; 이완범, 「한반도 분할의 국제정치학: 19세기말-20세기 초 열강간의 논의를 중심으로」『국제정치논총』, Vol.42, No.4, 2002 ; 김종헌, 「1900년 이후 러.일간의 한반도 중립화 및 분할논의: 서울주차 러시아공사 빠블로프의 역할을 중심으로」『한국동북아논총』 53, 2009 ; 長谷川直子, 「壬午軍亂後の日本の朝鮮中立化構想」『朝鮮史研究會論文集』 32, 1994 ; 大澤博明, 「明治外交と朝鮮永世中立化構想の展開 -1882-84年」『熊本法學』 83, 1995 ; 大澤博明, 「朝鮮永世中立化構想と近代日本外交」『靑丘學術論集』 12, 1998 ; 岡本隆司, 「朝鮮中立化構想の展開-日淸戰爭以前の淸韓關係に着眼して」『洛北史學』 8, 2006.

력균형의 재편 때마다 거론되었다. 그런데 조선중립화론이나 한반도 분할론에서 공통적으로 나타나는 점은 실상 당사자인 조선의 입장이나 의견은 전혀 고려되지 않은 채 거론되었다는 사실이다. 제국주의 세력의 국제적 갈등과 타협에 따라 조선은 선택하지 않을 수 없는 입장이었다는 점이다. 조선이 열강들의 식민지 정책 소용돌이 속에서 자주권을 확보하고 영토를 보존하려고 자구책으로 도모한 중립화안은 도외시 당한 경향까지 있었다.

물론 러시아가 주도한 삼국간섭 이후 고종과 친위세력들이 강대국들을 이용하려는 다국적인 외교를 펼치려고 한 것도 이야기되고 있다. 그러나 문제는 늘 그 한계도 동시에 나타났다는 점이다. 러시아와 일본의 갈등이 군사적으로나 외교적으로나 일정부분 봉합되는 시기에 이르면 조선의 주장은 더 이상 효용되지 않았다는 것이 그 반증이다.

예컨대, 청일전쟁 직전 영국, 러시아, 청, 일본의 입장과 러시아의 용암포 사건을 사례로 들 수 있다. 1894년 6월, 일본은 자국민 보호를 구실로 조선에 1만 명이상의 대병력을 파견하였다. 그런데 일본은 1개월 이상을 각국의 동정을 주시하는데 보냈다. 대표적인 대상은 영국과 러시아였다. 당시 러시아는 청의 조정요청을 받았으나 자국 극동 군사력의 한계와 영국과의 분쟁을 회피하려고 청국의 요청을 지연하기만 했다. 반면 러시아의 남진을 막으려고 친청정책親淸政策을 견지하였던 영국은 청국 대신 일본을 새로운 파트너로 선택하면서 방관자로 돌아서는 상황이었다.[21] 당연히 조선의 철병 주장은 이들의 알력에 묻혔고 조선은 다른 나라 군대의 전쟁터가 되었다.

1903년 러시아의 용암포 점령 사건과 영국의 거문도 점령도 제국주의 국가들의 이익 추구 노선이 만들어낸 사건이었다. 의화단 사건 이후 만주를 전면적 통제 아래 두려는 러시아와 그 남진을 저지하려는 영국의 결정이 두 사건으로 귀결되었다고 볼 수 있다. 청국이 프랑스와의 안남전쟁, 러시아와의 이리분쟁, 의화단 사건 등으로 국력을 소진하여 더 이상 동북아시아의 패자로서의 지위를 유지하지 못하는 상황에서 영국과 러시아 세력의 활보는 당연한 결과이며, 그에 맞추어 영국의 동맹국인 일본이 기

---

21 신승권, 「러·일의 한반도 분할 획책」『한국사 41』, 1999, 81~86쪽.

세를 떨친 것도 국제적 관계에서 나타난 결과이다. 물론 두 제국주의 국가의 알력이 세바스토폴을 중심으로 한 크리미아 전쟁, 아프가니스탄과 파키스탄의 분쟁에 이어 동북아시아로 이어져서 나타났다고 볼 수 있다. 다만 그 시점에서 조선을 중심으로 두고 생각한다면, 팽이의 축처럼 조선이 힘들게 그 균형의 중심에 있었다고 보아야 할 것이다.

거문도 영국 해병 묘지(전남 여수)

이러한 국제적인 정세 변화에 대응하여 고종을 중심으로 한 조선정부에서 정치적으로 추진한 자구책이 조선의 중립국화였다. 조선의 중립화 논의는 1880년대 초부터 다양하게 거론되었지만 고종만큼 적극적이지 않았다. 아버지인 대원군의 권력쟁탈, 부인인 민왕후 가문의 정쟁, 개혁파와 보수파의 정변을 겪었던 고종만큼 정치적으로 국내정세의 안정을 바란 인물이 없을 것이다. 더욱이 고종은 조선을 속국화하려는 청국, 국제법을 이용해 침략해 오는 일본, 상품시장의 개척을 원하는 서구 열강의 진출을 한꺼번에 해결해야하는 군주였다. 국내외적인 모순이라는 칼날의 양날 위에 올려졌던 인물이 고종인 셈이다.

그런 입장의 고종이 일시 형성된 세력 균형을 이용한 국내정세의 안정을 기도한 것이 중립화 안이다. 유럽의 벨기에, 스위스와는 역사적, 정치적으로 전혀 다른 국가가 조선이지만, 19세기 후반 조선의 정치외교적 상황은 중립을 유지하지 않으면 동아시아 국제사회에서 낙오할 실정이었다. 이에 고종은 서구국가와의 관계를 확대해가며, 칭제건원稱帝建元과 제천의식을 통해 제국으로 성장하려는 노력을 하였다. 고종이 처음부터 중립화안을 찬성한 것은 아니었다. 그런데 1890년대부터 알렌 미국 공사를 통해 미국이 한국의 중립화를 지지할 것을 확신하게 되면서[22] 중립화안에 적극성을 띠기 시작했다.

알렌(H.N.Allen) 별장(인천)
2층 서양식 건물로 우각현에 위치해 있었다.

한편, 삼국간섭 이후 러시아와 일본 사이에 한반도 분할론이 제기되었다. 러시아는 크리미아반도, 인도북부에서 연이어 영국에게 굴복을 당하여 이를 만회하려고 만주와 몽골, 한반도로의 진출을 적극적으로 개진하게 되었다. 더욱이 니콜라이 2세는 황태자 시절 시베리아와 동북아시아를 여행한 경험을 가지고 있었기 때문에 다분히 이 지역에 대한 관심이 남달랐다고 볼 수 있다. 19세기말 러시아 동아시아정책의 근간을 이루던 비테를 해임하고 황제가 전면에 나서 정책을 주도한 것도 그 한 결과라고 보겠다.

그렇지만 무엇보다도 중요한 점은 조선이었다. 1894년 조선 정부가 동학 농민군 진압에 나서면서 청국과 일본의 세력은 한반도에서 격돌했다. 조선의 파병 요청을 받은 청국은 당시 프랑스와의 안남 분쟁, 러시아와의 이리 분쟁, 신강의 무슬림 봉기 등으로 국력이 분기分岐되었기 때문에 제한된 병력만을 파견할 수밖에 없었다.[23]

반면 일본은 국가 총동원령을 내리고 천황을 중점으로 한 대본영이 전면에서 지휘하여 청국을 상대하였다. 청일전쟁에서 일본군이 승리하여 1895년 4월 청일 사이에 시모노세키 조약이 체결되었다. 이 조약의 주요 내용을 보면 ① 청국은 조선국이 완전한 자주독립국임을 인정한다, ② 청국은 랴오둥 반도와 타이완 및 펑후도[澎湖島] 등을 일본에 할양한다, ③ 청국은 일본에 배상금 2억 냥을 지불한다, ④ 청국의 사스[沙市]·충징[重慶]·쑤저우[蘇州]·항저우[杭州]의 개항과 양쯔강 및 그 부속 하천의 자유통항 [용인과 일본인의 거주·영업·무역의 자유를 승인할 것 등이다. 조선의 독

---

22 엄찬호, 「한말 고종의 중립화정책 연구」 『강원사학』 22·23, 2008, 179~183쪽.
23 러시아와 청국의 중앙아시아 국경분쟁과 조정에 대해서는 野田仁, 『露淸帝國とカザフ=ハン國』, 동경대학교출판부, 2011을 참고하였다.

립을 인정하라는 것은 청국이 아닌 일본이 침략할 여지를 줄 수 있는 국제관계로 변형시키려는 것으로, 일본이 조선을 개항시키면서 병합 이전까지 지속했던 주장이다. 동북아시아의 전통적인 책봉관계에서 조선을 탈피시켜 일본처럼 서구의 국제법에 익숙한 제국주의 국가가 쉽게 차지하려는 수단이라고 해석할 수 있다.

그러나 곧 이은 삼국간섭으로 랴오둥 반도의 할양이 취소되고 일본의 대륙진출이 좌절되었다. 삼국간섭은 청일전쟁에 승리한 일본이 자초한 부분이 있었다. 그 배경은 러시아와 프랑스의 제국주의적 탐욕 때문이라고 해석할 수 있다. 일본이 러시아가 노리고 있던 만주의 일부인 랴오둥 반도를, 프랑스 식민지인 베트남과 마주한 펑후도를 요구한 것은 삼국이 연합하여 일본을 압박하기에 충분하였다. 이러한 러시아의 진출로 한반도에서 수세에 몰린 일본은 1895년 10월 민왕후를 시해하는 을미사변을 일으키고 조선 정부를 장악하고자 하였다. 이에 고종은 적극적 남하정책을 펼치던 러시아를 끌어들여 일본을 견제할 목적으로 1896년 2월 비밀리에 러시아 공사관으로 이어移御하는 아관파천을 단행하였다가 이듬해 2월에 다시 환궁하였다.

당시 고종의 러시아 공사관 이어는 러시아측의 강압에 의한 것이 아니라 고종의 의사가 있어야 가능한 것이었다. 곧 이러한 사실은 영국과 일본 세력을 견제하는 러시아의 대한제국 이간책을 파악하고 대응하려는 고종의 차선책이었다고 볼 수 있다. 러시아가 2차의 아관파천을 단행하고자 할 때 고종이 일본공사에게 미리 그 사실을 알린 것이나 러청밀약을 한국 영토 분할로 경계한 것에서도 고종의 대러시아 경계심을 살필 수 있다.[24]

대한제국기 대외정책은 이러한 국제정세 가운데서 이해할 수 있다. 대한제국이 비록 러시아의 영향을 받아 완전하지는 않았지만 강화도조약으로 인한 개항 이후 동북아시아의 전통적인 화이질서에서 거의 벗어나 만국공법[국제법]에 기초해서 자주적 정책을 견지했다는 점이다. 그리고 무엇보다 고종이 청국, 일본에 이은 한반도 진출자인 러시아에 새로운 기대를 하고 있었다. 또한 청국과 일본의 각축에서 조선을 지키려는 고종의 선택은 러시아로 귀결될 수밖에 없었다.

---

24 현광호, 「대한제국의 대러시아정책-대한제국 수립과 의화단 사건시기를 중심으로」『동방학지』 136, 2006.

사실 대원군의 섭정을 무너뜨리고 등장한 고종의 친정이 처음부터 안정적일 수는 없었다. 명성황후 민씨 일족의 전횡, 대원군 세력의 정계재기 기도에 맞서 고종이 할 수 있는 새로운 정치파트너와의 연합을 통한 왕권의 강화라고 보인다. 고종이 러시아에 최초의 밀사를 보낸 것은 갑신정변 이전인 1884년 5월 남우수리 지방 국경의 코미사르Komissar인 마슈린에게 양국의 조약체결을 서두르자며 러시아대표의 인천파견을 요청하는 것이었다. 당시 고종의 밀사는 현재 조선과 청국의 관계가 우호적이지 않다면서 러시아에 대한 기대를 표시하였다.[25]

반면, 러시아의 기본적인 대한 정책은 일본 세력의 확대를 억제하고 만주의 확보를 위한 견제책에서 중립화론이나 분할론이었다. 특히 시베리아 철도의 전면 개통과 만주의 장악 여부에 따라 러시아의 한반도 정책은 한시적이며, 미봉책 내지는 현상유지 수준이라고도 볼 수 있었다. 러시아는 1860년 베이징조약 이후 연해주를 차지하면서 만주와 몽골로의 진출, 사할린과 두만강 연안의 개발, 뤼순과 랴오둥 반도의 점령 등을 이어가면서 수시로 조선, 일본, 청국과의 관계를 재조정하였다. 물론 이런 러시아의 움직임은 유럽의 식민제국 사이의 세력 관계에서 초래된 것이기도 하였다.[26]

사실 1860년 러시아는 두만강 연안 연해주에 연육連陸된 녹둔도에 진출하여 조선과 국경을 마주한 후 1884년에 이르도록 조선에 대해 별다른 관심을 기울이지 않았다. 러시아는 연해주 지역의 식량과 노동력 다수를 조선에 의존하면서도 정치, 외교, 군사적인 접근은 두드러지지 않았다. 그러다가 조선이 1876년 개항을 하자 러시아도 조선에 본격적인 관심을 가지게 되었다.[27]

그리고 시베리아 철도가 완공되기 이전 연해주와 북만주 일대에 배치된 러시아 군대는 영국은 물론 일본조차 독자적으로 상대하기에는 벅찬 수준이었다. 블라디보스토크 군항의 개발, 마산포 조차, 용암포 개발, 뤼순항 요새의 건설에 이어 1900년 의화

25 和田春樹, 『日露戰爭 起源と開戰 上』, 岩波書店, 2009, 58~59쪽.
26 柳澤 明, 「ロシアの東漸と東アジア─一九世紀後半における露淸關係の轉換」『岩波講座 東アジア 近現代通史-東アジア世界の近代19世紀 1』, 岩波書店, 2010, 87~100쪽.
27 A. 말로제모프, 『러시아의 동아시아 정책』(석화정 역), 지식산업사, 2002, 37~39쪽 ; 左近幸村, 「ロシア極東と滿洲における國境の形成-ヒトとモノの移動の觀點から」『近代東北アジアの誕生』 北海島大學校, 2008, 363~366쪽.

단 사건을 기회로 만주를 점령한 러시아의 일련의 군사적 활동은 대영, 대일방어차원에서 전략적 중요 거점을 선점하려는 의도였다.

러시아가 한반도에 만한동시진출론滿韓同時進出論이라는 정책을 견지한 것에 맞추어 일본이 만한불가분일체론滿韓不可分一體論으로 대응한 것은 양국의 제국주의적 이익 추구를 위한 침략적인 외교정책의 결과였다.[28] 다만 러시아와 일본의 한반도 분할론은 국제적 정세와 한반도내의 정치상황에 따라 변화된 것이 특징이다. 예컨대, 러시아 이전에도 청일간의 갈등이 발생했을 때인 1894년 영국이 서울을 중심으로 한·청·일간의 한반도 남북 분할을 제시했지만 한반도를 독점하려는 일본이 이를 거절한 적이 있었다.

1894년 7월 22일, 청일전쟁 발발 직전에 영국외상 킴벌리Kimberley는 "극동의 평화를 위하여 조선을 중립화하든지 청과 일본이 분할 점령하자"고 제의하였다. 당시 조선을 놓고 첨예하게 대립해 있던 일본과 청을 중재한다는 취지에서 나온 이 안은 구체적인 경계를 표시하지는 않았으나 한반도를 청일이 남북으로 분할 점령한다는 내용이었다. 그리고 삼국간섭과 을미사변 이후 위축된 일본이 1896년 5월 26일 러시아 니콜라이 2세의 황제 대관식戴冠式에 맞추어 야마가타 아리토모[山縣有朋] 원수를 전권대사로 한 외교사절을 파견하였을 때에도 동일한 제안을 하였다.[29]

5월 24일 야마가타가 러시아의 외상 로바노프Lobanov에게 위도 39도선 근처인 대동강에서 원산만 분할안을 먼저 제안했고 러시아는 이 안에 대해 별 반응을 보이지 않았다. 그러자 야마가타는 38선 근처의 서울을 경계로 한 분할안을 다시 제안했다. 일본은 러시아에게 먼저 한반도의 3분의 1을 내어준다고 했다가 러시아가 소극적으로 대응하자 한반도의 반을 양보하는 제안을 했던 것이다. 결국 로바노프와 야마가타는 1896년 6월 9일, 모스크바의정서를 체결했다. 그 주요내용은 상대가 동의하지 않는 한 자국의 군대를 파견할 수 없으며, 필요하다면 양국군 사이에 중립지대 설치를 합의한다는 정도로 별다른 결정사항이 없는 미봉책 수준이었다.[30]

28 최덕규, 『제정러시아의 한반도 정책, 1891~1907』 경인문화사, 2008, 80쪽.
29 和田春樹, 『日露戰爭 起源と開戰 上』, 岩波書店, 2009, 232~237쪽.
30 A. 말로제모프, 앞의 책(석화정 역), 2002, 135쪽.

당시 러시아 주재 일본 공사 니시 도쿠지로[西德二郎]는 러시아가 한반도분할안에 반대하는 이유를 다음과 같이 해석하였다.

> 러시아는 일본과 혹은 단독이든 한국을 보호국으로 만들었다가 영국이나 다른 세력과 예측할 수 없는 분규를 초래할 의사가 없다. 지금으로써는 일본과 한국을 남북으로 분할할 의사가 없다. 그러나 상황이 변하여 한국의 독립이 어렵거나 일본이 강성해져서 자신들과 항쟁하는 것이 불리하다고 할 때는 한반도분할안을 취할 것이다.……러시아 로서는 한국에서 원하는 것이 현상유지이다. 러시아는 한국을 정복하거나 보호국화 할 계획이 없다.[31]

일본 외교관 니시는 러시아 쌍트 페테르부르크를 졸업한 러시아통으로 당시의 상황을 정확하게 분석하고 있다. 시베리아 철도가 완공되기 이전의 러시아가 취할 수밖에 없는 정책을 간파하고 있었던 것이다. 그리고 아관파천 이후 조선에서 우위를 차지하고 있던 러시아로서는 압록강과 마산포의 이권을 차지하려는 상황에서 일본의 제안을 받아들일 이유가 없었다. 러시아가 일본의 제안을 거절할 무렵인 6월 5일, 민영환을 대표로 하는 조선의 대표들도 러시아 외상인 로바노프와 교섭을 하고 있었다. 러시아는 조선이 요구한 차관제공과 군사교관 파견에 대해 회피적인 태도를 보이며 소극적이었다.

당시 러시아 재무대신 위떼는 내무대신 시피야긴에게 보낸 편지에서 일본의 위협과 대처를 위해 한반도 중립화 정책을 조언하기도 하였다. 그는 청국과의 문제로 유럽 국가들과 분규를 원치 않으며 일본의 한반도 점령을 우려했다. 그리고 그런 사태를 방지하게 위해 한국의 중립화를 원한다고 하였다.[32] 따라서 당시 러시아와 일본의 한반도 중립화 혹은 분할론에 관한 정책은 국책이라기보다는 해당 국가의 고위 관료들 사이의 의견조정 과정에서 제안된 것이 아닌가 한다.

---

31 신승권, 앞의 논문, 1999, 103쪽.
32 석화정, 「러시아의 한반도 중립화정책-위떼의 對만주정책과 관련하여」『중소연구』, 83, 1999, 165~166쪽.

이후 1900년 의화단사건으로 러시아가 만주를 차지하자 일본의 러시아 공사인 고무라 쥬타로[小村壽太郞]는 러시아가 만주를, 일본이 한반도를 차지하는 만한교환론滿韓交換論을 제안하였다. 이때 러시아는 한반도의 39도선을 기준으로 분할하자고 제안하였다. 일본은 러시아의 제안을 거절하였다. 1901년 1월, 동경주재 러시아 공사 이즈볼스키는 새로 러시아 외무대신에 임명된 람스도르프의 지시로 가토 다카아키[加藤高明] 외상에게 열강의 공동보증 아래 대한제국의 중립화안을 제안했다. 이에 일본은 한반도만이 아니라 만주의 중립화안을 포함시키고자 하여 회담은 중단되었다. 반면 러시아는 만주 점령을 현실화하려고 청국에 압력을 가하는 상황이었기 때문에 만한문제의 양보를 생각할 수 없는 상황이었다.

1901년 2월, 러시아는 청국과 단독으로 만주지배를 관철시키려는 협약을 맺으려 했으나 영국과 일본이 공동으로 반대하였다. 일본은 러시아가 만주를 점령한 상황에서 대한제국의 중립화 혹은 분할론을 러시아의 책략으로 판단했다. 당시 주일한국공사인 조병식趙秉式이 아오키 슈조[靑木周藏] 외무대신에게 대한제국의 중립화안을 주장한 시기가 러시아의 만주점령과 일치하였기 때문에 일본은 한국이 러시아에게 조종당한다고 생각하기도 했다. 그리고 아오키를 비롯한 외무성에서 처음부터 한반도 분할론보다 만한교환론을 지지한 것도 한국의 중립화론이나 분할론이 더 이상 논의될 여지가 없는 배경이었다. 특히, 일본 외무성에서는 독일과 미국과의 교섭을 통해 대한제국을 일본의 세력권 아래에 두며 일본과 러시아가 충돌할 때 중립을 지킨다는 보장을 받아둔 상황이었다.[33]

더욱이 1901년 11월, 친러성향의 이홍장이 죽자 러시아로서는 협상 파트너를 새로 찾기도 어려웠다. 1902년 1월, 일본이 영일동맹으로 국제적으로 우세한 분위기를 조성한 후에는 러시아가 제기하는 한반도 중립화안은 일본의 거부로 교착상태에 빠졌다. 일본은 영일동맹의 성립을 언론에 공표하는 그날 러시아에 구두 각서로 전달하여 러시아의 공분을 자아냈다. 러시아는 영일동맹과 미국의 개입으로 만주에서의 철군을 약속하는 등 수세에 몰리게 되었다.[34] 결국 한반도 중립화안이나 분할론은 더 이

---

33 현광호, 앞의 논문, 2006, 143쪽 ; 석화정, 앞의 논문, 1999, 165~169쪽.
34 A. 말로제모프, 앞의 책(석화정 역), 2002, 247~249쪽.

상 거론되기 어려웠으며 양국은 전쟁이라는 새로운 파국으로 나아가게 되었다.

2. 고종의 중립화론 좌절과 열강의 각축

대한제국을 둘러싼 제국주의 열강에 의한 한반도 분할론은 역사적으로 그 유래가 조선시대까지 올라간다. 곧 임진왜란 때 명나라와 일본 간의 대동강을 기준으로 한 분할론이 그것이다. 일본은 명나라와 조선군의 협공으로 수세에 몰리자 고니시 유키 나가小西行長가 중심이 되어 평양을 경계로 평양 이북은 명에 귀속시키고 평양 이남 은 일본에 귀속시키는 조선 분할을 제의하였다. 그러나 조선 정부의 항의와 명의 조 선에 대한 해명으로 일본의 분할론은 거부되었다.

이후에도 일본은 전황이 불리해지자 한양에서 철군하면서 재차 명에게 조선의 경 기도, 충청도, 경상도, 전라도의 할양을 강화 조건으로 하는 4도 할지론割地論을 제안 하였다. 따라서 제국주의 열강의 한반도 분할론은 시대적 상황에 따라 나온 임기응변 일수도 있지만 전략적 차원에서 나온 군사정책의 일환이라고 보는 것이 더 중요하다. 실제로 38도선이나 39도선이나 모두 지리적인 환경을 고려해서 만든 경계이며, 역사 적으로는 신라의 북방 경계선이기도 하였다. 또한 공교롭게도 일본의 한반도분할론은 1896년 재차 제기되기도 하였다.[35]

러시아도 만주 진출 이후 본격적인 한반도 분할론을 제기하기도 했다. 대표적으로 니콜라이 2세의 대동방정책에 힘입어 알렉산드르 미하일로비치 대공이 1899년 3월 6일 짜르에게 올린 건의서는 러시아와 일본 사이의 한반도 세력 분할 계획이었다. 알 렉산드르의 정책건의서는 1898년 7월 블라디보스토크에서 용암포의 삼림채굴 사업 의 타당성, 금광채굴 등 한국에 대한 이권사업을 조사하려고 파견한 원정대의 보고서 를 바탕으로 한 것이다. 정책건의서는 한반도를 영토적인 분할이 아닌 세력권으로 나 누는 제안이었다. 황해도와 해주, 영흥만을 잇는 경계선에서 그 이남을 일본이 차지

---

35 노주석, 『제정러시아 외교문서로 읽는 대한제국 秘史』 이담, 2009, 26쪽.

하고 그 이북은 러시아에서 관할하는 것이 건의서의 골자였다.

그리고 러일 양국은 군사적, 행정적인 세력의 진출이 아닌 상업적인 이권 추구를 위해 서울과 제물포는 중립지대로 하며 한국 황제의 통치를 간접적으로 지원한다는 내용이었다. 러시아는 만주를 세력에 두려는 계획이 영국과 청에 의해 저지당하는 것에 대해 일본을 파트너로 삼아 대항하려는 것과 한반도를 세력 아래 두려는 일본과의 전쟁을 방지하려는 배경에서 그런 정책을 입안한 것이다. 당시 러시아는 일본의 군비 증강이 장래에 양국간의 전쟁으로 확대될 것이며, 일본이 한국을 포기하지 않을 것과 이런 러일간의 상황을 영국, 미국 등의 열강이 부추길 것임을 감지하고 있었기 때문이다.[36] 당시 러시아와 일본 신문에 실린 삽화를 다음의 그림에서 보면 열강의 각축을 한 눈에 살필 수 있다.

그런데 러시아의 한반도분할론은 러시아 내부에서도 반대가 있었다. 1896년 야마가타가 니콜라이 황제의 대관식에 참여하면서 러시아 외상인 로바노프와의 회담에서 한반도를 분할하자고 제안할 때 러시아는 야마가타의 의견을 거절하였다. 일본으로서는 자국의 독립을 목적으로 하는 일본 연해를 방어로 하는 주권선主權線의 수호와 조선을 경계선으로 하는 이익선利益線의 확보를 위해 이익선의 축소를 제안한 것이다.

반면 러시아는 1899년 마산포에서 해군기지를 건설하려고 했듯이 블라디보스토크와 뤼순을 잇는 항로를 개척하려고 했다. 마치 흑해 함대가 오스만 제국의 영향 하에

20세기초 한반도를 둘러싼 열강의 한반도 각축

---

36 최덕규, 앞의 책, 2008, 112~125쪽.

있던 보스포로스 해협을 통과하기 어려운 것과 같은 상황을 한반도 해협에서는 연출하고 싶지 않았던 것이다.[37] 랴오둥 반도에 위치한 뤼순이 대한해협을 거쳐 블라디보스토크와 연계되지 않으면 해군기지로서의 기능은 크게 위축될 수밖에 없었다. 따라서 이런 러시아의 입장에서 일본이 한반도의 남반부를 차지하는 한반도분할론은 받아들일 수 없는 제안이었다. 러시아가 마산포를 확보하여 대한해협을 경계로 블라디보스토크와 뤼순을 잇는 해역권을 장악하는 것은 만주와 나아가 대한제국도 복속시킨다는 의미로 해석되었으므로 영국은 일본과 동맹을 맺어 이를 저지할 입장이었다.[38]

이후 중국의 산둥지방과 화북 지방을 중심으로 1899년 11월부터 1901년 9월까지 "청조를 돕고 외국을 멸한다"는 부청멸양扶淸滅洋의 구호를 외치며 외국인과 기독교인을 살해하는 의화단 사건이 일어났다. 이 사건은 서태후가 뒤에서 은밀히 부추긴 배경과 당시 제국주의 세력의 침탈에 대항하려는 청국인의 감정도 혼입되어 화북과 만주로 격렬하게 번져나갔다. 미국, 영국, 일본 등 8개국 연합군이 이 사건을 진압하는 사이 러시아군은 1900년 만주를 점령했다.

그런데 수천 명의 청국인들이 이 사건을 피해 만주와 평안도와 함경도 지방으로 몰려왔다. 당시 일본은 러시아가 이들을 추격하여 한반도 북부를 점령하지 않을까 하는 우려와 그 대책으로 영국과의 관계를 동맹수준으로 이끌어 1차 영일동맹을 결성하였다. 당시 단둥과 선양에서는 러시아군과 의화단 간에 많은 접전으로 사상자가 생겨 조선으로 피난하거나, 월경하는 상황이었다.[39]

일본은 러시아가 만주를 점령한 상태에서 1903년 용암포마저 침략하자 러시아에게 새로운 제안을 하였다. 일본은 만주는 러시아가, 한반도는 일본이 분할 점유하자는 제안을 하지만 러시아는 강경한 태도를 바꾸지 않고 거부했다. 나아가 러시아는 1902년 니콜라이 2세가 독일의 빌헬름 2세와 영국에 대항하기 위한 공동전선을 맺었고, 발트해 함대의 이동시 안전을 지원받는 내용도 포함하였다. 영일동맹에 의지하

---

37 최덕규, 앞의 책, 2008, 127~128쪽.
38 헨리 위그햄, 『영국인 기자의 눈으로 본 근대 만주와 대한제국』(이영옥 역), 살림, 2009, 173~175, 284~286.
39 일본외교사료관, 『日露戰役二關スル軍事諜報社報告』.

던 일본을 향한 러시아의 대응이기도 하였다. 이에 따라 발트해 함대가 블라디보스토크로 이동하여 일본보다 열세였던 러시아의 태평양 함대를 증강시키고자 한 것이다. 물론 이러한 러시아의 전략적 움직임을 일본도 감지하고 있었다. 일본은 러시아 오데사 영사관과 투르크의 영사관을 통해 수시로 러시아 흑해함대와 군대의 이동상황을 보고받고 있었기 때문이다.[40]

러일 간의 긴장상태가 고조되면서 영국과 미국은 러시아의 남하를 저지하여 자국 식민지와 경영의 안전을 꾀하려고 일본 입장을 지지했다. 일본은 결국 서구와의 동맹 내지 암묵적 협조를 이끌어냈다. 러시아의 남진위협과 태평양 진출은 영국과 미국의 대외진출에 장애이자 위협일 수밖에 없었다. 특히 미국이 주장했던 만주의 국제적 개발과 영국에 의한 청국의 정치적 안정을 위해서라도 러시아의 진출을 막고자 노력하는 일본의 외교전술에 삼국이 협조할 수밖에 없었다.

러일전쟁 직전인 1903년 9월, 주일본 러시아 공사인 로젠은 러시아 측 최후 통첩안으로 일본 측에 한반도분할안을 제기하였다. 한반도 이북의 39도선인 대동강에서 원산만에 이르는 선을 경계로 분할하자는 내용이었다. 그러나 일본은 이에 불응하고

---

40 일본외교사료관, 『露國軍隊動靜關係雜件』.

민영환

1904년 2월 랴오둥 반도 뤼순항에 정박 중이던 러시아함대를 공격 하면서 러일전쟁을 도발하였다.

일본이 한반도분할론이라는 외교적 수단보다 막대한 전비와 인명의 손실이 예상되는 전쟁을 선택한 것은 무엇보다 러시아군의 만주 철병, 시베리아 철도의 완공 임박, 영국과 제국주의 세력의 지원이라는 정세 변화에 기인한 것이었다. 1903년 6월 23일 천황이 주재한 어전회의에서 이토 히로부미, 야마가타 아리토모, 카쓰라 수상, 고무라 외상 등의 국가 원로와 고관들이 참여한 가운데 전날 참모총장 오야마大山巖가 제출한 '조선문제 해결에 관한 의견서'를 기초로 러시아와의 개전문제를 다루었다. 오야마의 의견서에는 대한제국이 일본의 안전을 보장하는 지역이며 만주를 점령한 러시아는 장차 한반도까지 영유할 것이므로 현재가 러시아와 전쟁을 할 호기점이라고 하였다.[41]

러시아가 수시로 일본에 제시한 한반도분할론은 러시아 군대의 본격적인 진출이 가능해지는 시베리아 철도의 완공을 목전에 두고 벌인 지연책이라는 인상을 일본이 강하게 받은 결과라고 볼 수 있다. 실제로 러시아 함대의 증강과 군항의 개발에 맞추어 이를 보강 내지 활용하려면 철도를 이용한 군사와 물자의 이동이 동시에 이루어져야 했다. 발트함대가 어려운 상황 속에서도 뤼순항과 만주의 러시아군을 지원하려고 파견된 것이 철도 완공 이전의 러시아 정부의 고육책이었던 셈이다.

이런 일본과 러시아, 영국과 미국 등의 이해관계가 얽힌 긴박한 국면 속에서 고종은 한반도분할론과 러일간의 세력경쟁을 타개하려고 다방면으로 노력을 기울였다. 먼저 고종은 대외적으로는 1897년 측근인 민영환을 러시아와 영국, 독일, 이태리, 프랑

스의 특명 전권공사로 임명하였고, 1901년에는 이범진을 러시아 공사에 부임시켰다. 이들은 유럽 제국의 정보를 수시로 보고하였으며, 실제로 헤이그특사의 파견 같은 경우 러시아가 이범진을 통해 전달할 정도로 그 정보의 신뢰성과 활용이 높았다.

특히, 고종은 한반도분할론에 대해 유럽의 약소국들이 전쟁 속에서도 영토를 보장받았던 영세중립화론을 그 대안으로 선택하였다. 대한제국은 이른바 전시국외중립화 정책을 취하고자 했다. 고종은 1903년 8월, 일본과 러시아 주재 한국공사들에게 만약 러시아와 일본이 전시상태에 돌입하면 양국에 대한제국의 중립화를 선언하도록 훈령하였다. 고종은 러일전쟁이 발발하면 대한제국이 전쟁터가 될 것이라며 분쟁국 사이에서 영토를 보존하려면 중립화 이외에 방법이 없다고 인식하였다.

또한 프랑스어에 능통한 현상건玄尙健을 프랑스에는 파견하여 러일 관계가 악화되면 프랑스의 보호를 요청한다는 밀지를 내리기도 하였다. 일본에도 주일공사인 고영희高永喜에게 대한제국의 중립을 일본 외상인 고무라에게 보장받으라고 훈령하였다.[42] 나아가 고종은 평양 진위대鎭衛隊 장졸들을 부대에 재배치하면서, 러일전쟁이 발발하면 대한제국은 국외중립을 선언하겠다고 대외적으로 천명하였다.[43] 러일전쟁 발발 직전인 1903년 11월에는 평양의 이궁離宮인 태극전이 완공되어 고종의 어진이 배치되었다.[44] 이것은 의화단 잔당의 침입을 방지하기 위한 평양 진위대의 재배치와 더불어 고종이 대내외적으로 황제권과 대한제국의 위의를 보여주기 위한 행위였다.

1904년 3월에는 러시아와 일본 간에 첨예한 긴장 지역이었던 평안북도 용천군 용암포를 통상 항구로 만들겠다고 일본 특명전권공사特命全權公使 하야시 곤노스께[林權助]에게 조회照會하였다.[45] 용암포는 러시아의 벌목회사가 압록강변의 목재를 집하하는 장소로 사용하던 곳으로 압록강 하구에 위치하고 있었다. 이곳은 랴오둥 반도 뤼

---

42 엄찬호, 「한말 고종의 중립화정책 연구」『강원사학』 22·23, 2008, 187~188쪽. 고영희는 1903년 11월 외부의 전보훈령에 의한 휴가를 빌미로 귀국하여 고종의 처벌을 받기도 했다. 고영희가 고종의 지시를 따르기는 했지만 그의 친일적인 평소의 언동을 고려할 때 책임을 회피하고자 했던 정치적인 행동이었다고 판단된다.(『고종실록』 권43, 광무 7년, 11월 3일).
43 『고종실록』 권43, 光武 7년 11월 22일 ; 『고종실록』 권43, 光武 7년 11월 23일.
44 『고종실록』 권43, 光武 7년 11월 10일.
45 『고종실록』 권44, 光武 8년 3월 23일.

평양의 태극문과 태극전

순항에 요새를 구축하고 있던 러시아 군대와의 연결은 물론 한반도내로 군대를 쉽게 진입시킬 수 있는 거점이었다. 당연히 일본에게는 요주의 대상이었다. 대한제국은 외국세력을 끌어들여 이곳의 긴장을 이완시키려고 통상항구로 개방하는 정책을 편 것이다.

이와 같은 고종의 지시와 대외적인 움직임은 러일간의 긴장관계는 물론 서구열강의 동북아시아 정책과 군사전략에 대한 목표와 예상을 파악한 상황이었기 때문에 가능하였다. 고종은 적어도 한반도 안에서의 전쟁과 파국을 사전에 방지하고자 국제공법과 관례에 따라 대외정책을 추진하였던 것이다. 국제적으로도 국제법을 잘 활용하고 강대국의 이해관계를 조정할 경우 속국이 독립하는 경우가 실제로 발생하고 있었다. 고종은 1904년 1월 파나마의 독립을 보고받았다. 당시 미국 주재 특명전권공사特命全權公使 조민희趙民熙가 새로운 미국주재 파나마국 공사의 각서를 받은 것을 보고하였다. 파나마국은 본래 남미 컬럼비아의 속지였는데, 프랑스와 미국의 파나마 운하 운영을 위한 계획에 따라 독립을 쟁취할 수 있었다.[46] 유럽의 중립국이 아니더라도 독립을 유지하는 것이 가능하다고 생각할 수 있는 사례였다.

다만 대한제국은 인접국이 문제였다. 제국주의 세력이 자국의 이해관계에 우선 순위를 두고 대한제국의 안위를 결정하였기 때문이다. 러시아는 아관파천을 계기로 대

---

46 『고종실록』 권44, 光武 8년 1월 13일.

한제국을 후원하고 일본의 독주를 가로막는 후원자의 모습을 보이기도 했지만, 의화단 사건 이후 압록강과 평안도 지역을 방어하고자 진위대 증설과 군비를 증강하려는 고종의 정책을 반대하는 이중적인 모습을 보였다. 고종에게는 명백한 내정간섭으로 비치는 일이었다. 러시아로서는 대한제국의 군대가 일본에 의해 조종되어 자신들의 적으로 돌변할 것을 우려한 간섭이었다. 그리고 고종에게 러시아군을 파견하여 북방의 안정을 도모할 것을 제안하여 대한제국의 자주적 국방책을 훼손시킬 수 있는 의구심을 자아내기도 했다.

동북아시아의 새로운 제국주의 맹주로 등장한 일본은 대한제국의 보존을 위해 움직일 나라가 아니었다. 일본은 류쿠와 타이완을 복속한 이후 줄기차게 대륙진출을 감행하였고, 그 첫 단계로 한반도는 전략거점을 위해 반드시 달성해야할 목표였다. 그러므로 일본은 대한제국의 요청을 거부하였으며, 중립화 논의 자체를 필요 없다고 반응하였다. 러시아와의 전쟁을 앞둔 상황에서 한국이 중립화되면 일본은 전략적 요충지인 한반도를 이용할 수 없고 러시아의 군사 요충지인 뤼순과 만주로의 진격이 어려웠기 때문이다.

대한제국의 중립화안을 제시받았던 일본 외상 고무라의 경우, 개인적인 고뇌의 회복을 위해서라도 중립화론은 물론 대한제국의 안위는 안중에도 없었다. 고무라는 청일전쟁 이후 주한 일본 공사로 재임하면서 삼국간섭에 따른 협정을 웨베르와 맺으며 당한 설욕을 풀기위해서라도 대러강경책을 채택할 수밖에 없었다.[47] 이에 따라 영국과 미국의 협조를 얻어내어 한국을 보호국화하고 러시아에 대항할 국제적 공조를 만드는 것에 일조하였으므로 대한제국의 중립화론을 수용할 의사가 있을 수 없었다. 그런 고무라의 개인적 이력이나 외교활동의 분석 없이 이루어지던 것이 당시 대한제국 외교가 봉착한 근본적인 문제였다.

이밖에도 고종의 노력만으로는 한계가 있었다. 러시아와 일본이 정면으로 충돌할 곳인 평안도 지역의 경우 관리들의 동요가 나타났다. 예컨대 평안북도 관찰사로 임명되었던 이도재李道宰가 올린 상소에 당시 지역의 혼란도 행정 통치의 한계가 드러나

---

47 석화정, 앞의 논문, 1999, 174~175쪽.

고 있다.

……지금 두 이웃 나라 사이에는 알력이 생겨 당장 전쟁을 할 듯이 서로 노려보고 있습니다. 비유하면 마치 담장을 사이에 두고 두 마리의 호랑이가 싸우는 것 같으니 그 포효하는 기세와 격투하는 근심은 반드시 우리에게까지 미칠 것입니다. 그러면 서쪽 방면이 그 충돌에 맞닥뜨려 맨 먼저 짓밟히리라는 것은 지혜롭지 못한 사람이라도 알 수 있습니다. 이런 때에 국가의 안녕을 보장할 책임은 변방 관리에게 지워져 있습니다. 예로부터 국가의 안녕을 보장한 사람들은 반드시 먼저 인화人和를 이룩하였습니다. 인화를 이룩하려면 우선 반드시 백성들이 편안하게 살며 생업을 즐기도록 함으로써 윗사람을 부모처럼 여기고 어른을 위해 목숨을 바치려는 마음을 굳게 해야 합니다. 그래야 나라의 안녕을 보장할 수 있습니다.

지금 서쪽 방면의 상황을 보면 재물이 고갈되고 백성들은 곤궁한 처지에 놓여 있는데, 곤궁에 빠져 귀의할 곳이 없는 자들은 서교西敎에 투신하지 않으면 동학東學에 들어갑니다. 뿐만 아니라 흰 옷을 입은 무리들의 요사스러운 주문을 집집마다 외우고 녹림綠林의 포악한 도적들이 고을마다 횡행하는 것이 갈수록 늘어나고 있습니다. 그 무리들이 이토록 불어난다면 이 외환外患의 기세를 타고 내란을 일으키지 않으리라는 것을 어떻게 알겠습니까? 더구나 압록강 일대의 자성慈城, 후창厚昌 여러 고을에서는 청나라 비적匪賊들이 날뛰기 때문에 백성들이 모두 고장을 떠나려 하고 초산楚山, 벽동碧潼 등지는 러시아인들이 벌목을 구실로 연안에서 깊숙이 들어와 안쪽 지대를 불법으로 차지하였습니다. 여러 도의 형편을 총괄해 보건대 하나도 해낼 만한 것이 없습니다.

이런 때에 변방 연안 수령守令으로서 공정하고 청렴하며 강직하고 밝은 인재를 얻는다면 혹 만회하고 유지할 계책을 실행할 수도 있겠지만 이 역시 불가능한 것은 어째서입니까? 신이 지난해 처음으로 부임하였을 때 관하의 수령들 가운데는 근무 평가에서 하등下等을 맞은 자로서 어떤 이는 포계襃啓를 도모하여 그냥 눌러 있기도 하고, 어떤 이는 안쪽 지대로 옮겨 앉아 죄를 면하기도 하였습니다. 진실로 이와 같다면 관찰사의 전최殿最는 역시 쓸모없는 것이 되고, 선한 이를 장려하고 악한 자를 징계할 방법은 없어지고 말 것입니다. 그 폐단은 틀림없이 탐오貪汚하는 데 거리낌이 없고 할박割剝을 자행하는 데까지 이르러서, 백성들이 연명할 수 없을 뿐만 아니라 법마저도 시행되지 못하게 될 것이니, 신이 비록 억지로 다시 부임하려 한들 무슨 낯으로 백성들을 대하겠습니까? 이것 역시 못할 일입니다.

어느 모로 보나 시세와 형편상 해낼 수 없는 것이 한두 가지가 아닙니다. 폐하의 간택簡擇을 거듭 욕되게 하면서 해낼 수 없는 재주를 가진 신에게 해낼 수 없는 일을 억지로 맡기시니, 신은 실로 황공하오나 절대로 외람되게 부임할 수는 없습니다. 그래서 감히 이처럼 거듭 간절한 심정을 아뢰니, 엎드려 바라건대 황상皇上께서는 곡진히 살피시고 앞서 올린 청을 허락하시어 공무公務와 국사國事를 복되게 하소서.……[48]

평안도와 청국이 접한 압록강 연안의 용암포에는 러시아인의 벌목사업이 진행되고 있었으며, 의화단의 난 이후 청국 마적들이 수시로 침범하고 있었고, 지역 관원들은 이런 상황에서 외세와 결탁하거나 부정을 일삼는 상황이었다. 이런 상황은 관찰사 이도재의 노력에도 개선되지 않아 위와 같은 사직 상소를 올리고 있는 것이다. 러일전쟁이 눈앞에 있는 상황에서 해당지역의 통제가 이완되고 중앙의 정령政令이 소통되지 않는다는 것은 외침을 막는 것은 물론 중립화를 실현할 대책을 마련하기도 불가능함을 보여주는 사례이다.

고종이 대한제국 중립선언을 대외적으로 선포하는 것도 용이하지 않았다. 1904년 청국의 치부[芝罘]에서 외부대신 이지용李址鎔의 명의로 세계 각국에 대한제국의 중립이 선포되었다. 국내에서는 일본의 방해로 보안유지가 어려워 선택한 것이 청국에서 거행한 치부선언이었다. 고종은 치부선언에서 엄정중립을 천명하였다. 그러나 러시아와 일본은 물론 영국조차 중립을 인정하지 않았다.[49] 결국 일본의 계획대로 한반도는 러시아군을 상대로 한 군사거점과 병참기지로 이용되었으며, 한일의정서를 조인하여 대한제국의 자주권을 유명무실화시켰다.

---

48 『고종실록』 권44, 光武 8년 1월 24일.
49 엄찬호, 앞의 논문, 2008, 189쪽.

제3절

일본 통감부의 외교권 박탈과 영토침략

1. 강압적 '을사조약' 체결

1) 조약 체결 경위

일본의 대한제국에 대한 외교권 박탈은 1905년 11월 18일 강압적으로 체결된 '을사조약'을 통해서였다. 이 조약을 한국에서는 '을사조약', '을사보호조약', '을사늑약', '을사5조약', '한일협상조약' 등으로 부르는 한편, 일본에서는 '한국외교위탁조약', '(제2차) 일한협약', '일한보호협약' 등으로 부른다.[50] 이렇게 명칭이 다양한 것은 사실 조약문에 조약 제목이 없기 때문이다. 을사조약의 원본에는 조약 제목이 빈칸으로 되어 있다. 이렇게 제목이 없는 것을 두고서 당시 양국이 조약에 대한 합의가 이루어지지 않은 것을 반증하는 것으로 보기도 한다.[51]

이토 히로부미는 조선 침탈에 대한 야욕을 품고서 특사 자격으로 1905년 11월 9일 서울에 도착하였다. 그는 도착 다음날 고종황제를 알현하고 일왕의 친서를 전달하였다. 친서에는 동아시아의 평화를 위해 대한제국 황제는 일본 특사의 지휘를 받으라는 위협적 내용이 있었는데, 고종은 이를 거절하였다. 이토는 11월 15일 고종에게 독

---

50 노영돈, 「을사조약의 법적 효력에 관한 연구」『한국정치외교사논총』 28-1, 2006, 57쪽.
51 이상찬, 「을사조약과 병합조약은 성립하지 않았다」『역사비평』 통권 제33호, 1995.11, 230쪽.

대를 요청하고 '을사조약'의 체결을 강요하였지만, 고종은 다시 거절하였다. 그러자 이토는 11월 16일 대한제국 대신들을 자신이 묵고 있던 호텔로 불러 모아 조약체결을 위해 회유하였지만 모든 대신들은 반대하였다. 일본은 11월 17일 오전 11시경 주한 일본공사관으로 대신들을 불러 모아 조약체결을 강요하였지만 모든 대신들이 다시 반대하였다. 그러자 일본은 같은 날 오후 2시경 덕수궁으로 자리를 옮겼는데 이곳에는 이미 일본군들이 배치되어 무력시위를 하고 있었다. 오후 3시경 일본이 대한제국 각료회의를 소집하여 논의할 것을 강요하자 고종은 소집된 각료회의에서 조약 체결 반대입장을 확인하고 회의장을 떠났다.

이토는 오후 8시경 일본군을 회의장 안에까지 들여와 시위케 하고 고종이 이미 찬성했다는 거짓말을 유포하고 참석한 8명 중 5명이 찬성하면 조약체결을 가결한 것으로 한다고 일방적으로 정하였다. 그러면서 각료들에게 한 사람씩 찬성 여부를 대답케 하였는데, 참정대신 한규설이 강한 반대의사를 표시한 후 이 상황을 고종에게 보고하려고 회의장을 나가자 일본군이 그를 궁내 밀실에 감금하였다. 오후 11시경 한규설이 나간 지 3시간이 지나도록 소식이 없자 남은 각료들은 계속되는 강압적 분위기 속에서 생명의 위협을 느끼게 되었다. 결국 학부대신 이완용을 필두로, 내부대신 이지용, 군부대신 이근택, 농상공부대신 권중현이 찬성 의사를 표시하였으며, 일본은 외부대신 박제순도 찬성의사를 표한 것으로 간주하였다. 이렇게 하여 조약체결이 가결된 것으로 선포하고 외부外部에 있던 외부대신의 직인을 탈취하여 준비된 조약안에 날인하였다. 이렇게 체결된 것이 18일 새벽 1시 내지 2시 경이었으니 대신들은 무려 14시간이 넘게 회의장에 감금되어 있었던 셈이다.[52]

덕수궁 중명전
을사조약이 체결된 곳이다.

---

52 노영돈, 앞의 논문, 2006, 73~74쪽.

2) '을사조약'의 무효

'을사조약'은 원천적으로 무효이기 때문에 처음부터 효력이 발생하지 않는다. 그 근거는 크게 두 가지 점에서 찾을 수 있다. 하나는 국가대표에 대한 강박에 의한 체결이기 때문에 무효라는 것이다. 1969년 조약법에 관한 비엔나협약은 국가 자체에 대한 강박, 국가대표에 대한 강박, 국제강행 규범 위반 등을 조약의 무효사유로 규정하고 있다. 국가 자체에 대한 강박과는 달리 특히 국가대표에 대한 강박은 1905년 당시의 국제법에서도 명백히 조약의 무효사유였다는 점은 일반적으로 인정되고 있다. '을사조약'은 고종에 대한 위협, 일본군이 포위하여 무력 시위하는 가운데 대한제국의 대신들을 14시간 넘게 사실상 감금한 상태에서 체결되었다. 그러므로 당시 국가대표에 대한 강박이 있었음은 명확하다.

다른 하나는 조약의 형식적 성립요건을 결하였다는 점이다. '을사조약'은 무엇보다 양국 비준권자인 고종의 비준을 결하고 있다. 오늘날 조약의 성립에 있어서 비준을 반드시 요하는 것은 아닌데, 조약을 체결하는 자의 서명만으로 성립하는 것을 약식조약이라 한다.[53] 하지만 조약을 체결하는 자가 고의 혹은 실수로 비준권자의 의도와 다르게 체결했을 때 비준권은 이를 바로 잡는 역할을 했기 때문에, 교통과 통신이 발달하지 못했던 과거에는 비준을 원칙적으로 필요한 것으로 하였다. 또한 오늘날에도 중요한 조약에는 비준을 요하는 것이 일반적이다. 따라서 '을사조약' 체결 당시뿐만 아니라 오늘날의 조약법에 비추어보더라도 한 국가의 외교권을 다른 나라에 이양하는 조약은 반드시 비준권자의 비준이 있어야 성립함을 알 수 있다. 요컨대 '을사조약'은 양국이 비준을 하고 이를 교환함

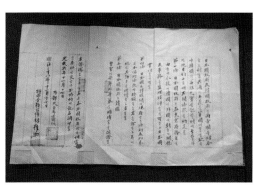

'을사조(늑)약' 전문

---

53 1969년 조약법에 관한 비엔나협약 제12조.

으로써 온전한 조약으로 성립하는 것이다. 하지만 조약의 최종 체결권자인 고종은 결코 비준하지 않았다. 그 결과 대한제국뿐만 아니라 일본에도 고종의 비준서는 존재하지 않으며 당연히 비준서의 교환도 없었다. 그러므로 엄밀한 의미에서 '을사조약'은 조약으로 완성된 것이 아니기 때문에 이를 '조약'으로 부르거나 조약으로 '체결'되었다고 하는 것이 정확한 표현이 아니다.[54]

'을사조약'이 강박에 의한 것이며 고종이 이를 결코 비준하지 않았음은 1905년 11월 22일 그가 일본의 만행을 미국 등에 알리려고 황실고문인 헐버트에게 전달한 친서에서 확인할 수 있다. 고종의 친서에는 "짐은 총칼의 위력과 강요 아래 최근 한일간에 체결된 소위 보호조약이 무효임을 선언한다. 짐은 이에 동의한 적이 없고 금후에도 절대 아니 할 것이다. 이 뜻을 미국 정부에 전달하기 바란다."라는 내용을 담고 있다.

'을사조약'이 국제법상 무효라고 한다면 그 이후의 사건들, 예컨대 1910년 병합늑약도 무효가 될 것이다. 이는 한국이 1965년 6월 22일 한일 국교정상화시 체결한 한일기본관계조약 제2조에서 "1910년 8월 22일 및 그 이전에 대한제국과 대일본제국 간에 체결된 모든 조약 및 협정이 이미 무효임을 확인한다."라고 하는 것 중 "이미 무효"를 1910년 이전의 조약들이 성립조차 하지 않은 무효라고 해석하는 것과 같다. 다만, 1905년 '을사조약'이 무효라고 주장한다고 해서 그 이후 오늘날까지 새롭게 형성된 법적 관계까지 모두 부인하고 과거의 상태로 회복시켜야 함을 뜻하지는 않는다. 이는 불가능할 뿐만 아니라 법의 이념의 하나인 법적 안정성을 심각하게 해칠 것이기 때문이다. 오히려 오늘날 '을사조약'이 무효라는 의미는 일본의 불법적 침략으로 뒤틀린 동북아시아의 역사와 질서를 바로잡는 중요한 계기가 될 것이라는데 있다.

---

54 노영돈, 앞의 논문, 2006, 64쪽.

2. 일본의 침략정책 내용

1) 통감부의 간도 인식과 간도파출소 설치

'을사조약'을 통해 한국의 외교권을 장악한 일본 통감부는 간도의 경제적·군사적 가치를 충분히 인식하고 있었다. 이같은 인식은 일본 육군의 『1906년 육군작전계획』에서 "간도는 북함北咸으로부터 지린에 이르는 요충에 위치하고, 물자가 풍부하다는 것은 이미 말한 바와 같다. 따라서 만약 적이 우리보다 앞서 이 지역을 점령한다면 그들은 급양給養의 편리를 얻을 것이고, 우리는 멀리 북함 무인의 땅에서 물자를 후방으로 보낼 수밖에 없다.……우리가 간도를 점령하지 않는 이상, 회령의 평지는 적에게 맡길 수밖에 없다."라고 한데서 잘 드러난다.[55] 간도는 광활한 영토에 삼림·광물자원이 풍부하며 청과 러시아와의 접경지대임과 동시에 '을사조약'에 반감을 품은 조선인들의 항일운동의 근거지가 되고 있었다.

통감부는 1907년 간도파출소 설치를 통해 간도문제에 직접 개입하였다. 대한제국 참정대신 박제순이 1906년 11월 통감 이토에게 공문을 보내 간도의 조선인 보호를

통감부 터(서울 중구)
현 서울 애니메이션센터 자리이다.

요청[56]한 데서 알 수 있듯이 간도파출소를 설치한 표면상 목적은 조선인 보호였다. 하지만 간도파출소는 조선인 보호뿐만 아니라 간도의 산업조사와 청과의 국경에 관한 조사도 수행하였다.

그런데 1908년 12월 청과의 간도협약 협상 시작 전의 간도 영유권에 대한 통감부의 인식은 명확하지 않았던 것으로 보인다. 먼저 통감 이토는 1906년 11월 조선의 시정개선에 관한 협의회에서 대한제국

---

55 森山茂德, 『戰史叢書-大本營陸軍部(1)-』, 1993, 183쪽(이규수, 앞의 논문, 2006, 73쪽에서 재인용).
56 『朝鮮統治史料 14』(韓國史料研究所編), 1970, 508쪽 ; 이규수, 앞의 논문, 2006, 76쪽.

정부에 간도한인 보호요청에 관한 공문을 보내줄 것을 요구하면서 동시에 간도 영유권에 관한 사항을 언급하였다. 즉, 이토는 대한제국 내부대신이 제출한 간도 관련 자료를 검토했다고 하면서 "내 의견으로는 한국 측에 충분한 확증이 없기 때문에 지금 경계론을 주장하는 것은 유리하지 않다. 간도에 거주하는 한인들이 중국 관헌으로부터 학대를 당하고 있으니 중국의 영토로 보고 이들 한인을 보호할 방책을 취할 수밖에 없다. 그 관계는 일본 영사가 상하이에 거주하는 한인을 보호하는 것과 같다."라고 언급하였다.[57] 따라서 1906년 당시 이토는 간도가 청의 영토라고 인식했으며 간도파출소 설치는 표면상 조선인의 보호를 위해 필요한 조치로 인식한 것이었다. 하지만 청의 영토라고 확고히 인식했다면 자국의 영토에만 설치할 수 있는 파출소가 아닌 영사를 설치하는 것이 타당하므로 이토의 언행과 파출소 설치에는 모순이 있다.

이미 1906년 2월 일본 육군참모본부의 의뢰로 간도의 영유권과 지리적 배경을 연구한 나이토 고난內藤湖南이 작성한 보고서에서는 간도 영유권이 대한제국에 있다고 보았다.[58] 그리고 간도파출소가 자체 수행한 조사보고서에서도 토문이 두만강의 지류라는 청의 주장은 근거가 없다고 하였다.[59] 그런데 협상이 진행 중이던 1909년 1월 베이징주재 일본공사인 하야시가 지금에 와서 새롭게 경계선 획정을 주장하여 관철시키기는 어렵다는 의견서를 간도파출소에 보내왔다. 하야시는 1900년부터 1906년까지 한국주재 공사로 있으면서 러일전쟁 직전 대한제국과 청간의 간도 영유권을 둔 교섭을 중지시키는 등 간도문제에 깊이 관여한 바 있었다.[60] 하야시의 의견서에 대해 간도파출소는 청의 주장은 결점이 많으며 대한제국의 주장이 논리적으로 우수하다며 반박하였다.[61]

그러나 간도파출소의 견해는 간도협약 체결에 반영되지 않았다. 결국 1909년 9월 청과 일본간에 체결된 간도협약은 일본이 간도에 대한 청의 영유권을 인정하면서 남

57 『日韓外交資料集成 第5券(上)』(金正明編), 巖南堂書店, 1967, 396쪽(이성환, 앞의 논문, 2007, 72쪽에서 재인용).
58 內藤湖南全集編纂委員會, 『內藤湖南全集』, 1970, 697쪽 ; 이규수, 앞의 논문, 2006, 74쪽.
59 『朝鮮統治史料 14』(韓國史料硏究所編), 1970, 60·93쪽 ; 이규수, 앞의 논문, 2006, 83쪽.
60 이규수, 앞의 논문, 2006, 84쪽.
61 『朝鮮統治史料 14』(韓國史料硏究所編), 1970, 65쪽 ; 이규수, 앞의 논문, 2006, 85쪽.

만주 철도 부설권과 탄광개발권 등 경제적 실리를 보장해 주었다. 이는 협상 개시 전부터 일본은 간도 영유권의 귀속여부보다는 경제적 이권획득에 관심이 있었음을 보여주는 것이다. 이미 1908년 9월 일본외무성은 간도영유권을 청에 양보함으로써 만주에서 경제적 이권을 얻기로 결정한 바 있었다.[62]

요컨대, 통감부의 대 간도 정책은 간도가 대한제국의 영토인지 여부와 영유권 확보보다는 오히려 이를 외교적 협상카드로 이용하여 일본의 경제적 실리를 얻고 대륙 진출을 위한 교두보를 마련하기 위한 것이었다.

2) 일본의 독도 정책

일본은 독도를 군사적 관점에서 중요하게 다루었다. 일본은 1905년 5월 27일 동해에서 러시아 함대와의 전투에서 승리하였다. 이를 통해 울릉도와 독도의 전략적 가치를 높게 평가한 일본 해군은 러시아 함대를 감시하고자 같은 해 7월과 8월에 걸쳐 공사를 하여 독도의 동도에 망루를 설치하였다. 하지만 이때 설치된 망루는 일본의 승리로 강화조약이 체결된 후 필요 없게 되자 10월 24일 철거되었다. 한편 일본 해군은 망루 설치와 함께 신속한 통신보고를 위해 울릉도와 독도, 일본 출운국出雲國 송강 사이의 해저전선 부설을 11월 9일 완료하였다.[63] 이처럼 일본은 군사전략적 관점에서 독도을 중요하게 여기고 이용하였다.

물론 일본 정부는 일본인의 어업 보호를 위해서도 독도를 중요하게 생각하였다. 예컨대 아관파천 이후 러시아는 조선에 대한 영향력을 강화하여, 1899년 3월에는 울산의 장생포, 강원도 통천만의 장전, 그리고 함경도 마양도의 마전포에 포경기지를 12년 동안 임차하는 약정을 대한제국과 체결하였다. 이로써 러시아는 동해에서의 포경을 장악할 수 있게 되었다. 그러자 일본 정부는 노르웨이의 포경법을 도입하고 대규모 원양어업회사를 설립하여 러시아의 포경에 맞섰다.[64] 또한 시마네현 고시도 시마네

---

62 「滿洲に關 する對淸諸問題解決方針決定の件」 『日本外交年表·竝主要文書 上』(日本外務省編), 1955, 309쪽.
63 신용하, 앞의 책, 1996, 222쪽.

현 지방의 어부가 독도에서의 어업 독점권을 얻고자 일본 중앙정부에 접촉한 것이 발단이 되었다. 그런데도 시마네현 고시를 통한 독도 침탈이 일본 외무성과 함께 해군성 주도로 이루어졌다는 점에서 일본이 독도의 군사전략적 가치를 높게 평가했음을 짐작할 수 있다.

3. 일본의 침략정책에 대한 대한제국의 대응

외교권을 박탈당한 대한제국은 간도와 독도 문제에 있어 실효성 있는 조치를 취할수가 없었다. 오히려 통감부에 간도거주 조선인의 보호를 요청해야만 했다. 더구나대한제국 정부 내에서는 견해들이 나뉘어 청일간 간도협상시 정부의 입장을 제대로전달하지도 못하였다. 이러한 입장은 일본 시마네현 고시로 촉발된 일본과의 관계에서도 크게 다르지 않았다.

일본이 울릉도와 독도에 망루를 설치하고 울릉도-독도-일본 출운국 사이를 잇는해저전선을 '을사조약'이 체결되기 전에 이미 부설하였는데, 이는 대한제국에 대한엄연한 주권침해였다. 그러나 대한제국은 당시의 국내적 상황으로 인해 이에 대한 상황조차 제대로 파악하지 못하는 등 적절한 대응을 하지 못하였다. 1906년 심흥택 보고서를 통해 일본의 독도 침탈 사실을 확인한 후 내부대신 이지용이 독도가 일본 영토라고 하는 것은 전혀 맞지 않다고 강하게 부정하고, 의정부 참정대신 박제순도 이는 전혀 근거가 없는 것이며 일본의 행동을 잘 파악하여 보고하라고 지시하였다.[65] 하지만, 정부의 대응은 여기서 그칠 수밖에 없었으며 통감부를 벗어나 일본 본국 정부에 대해 적극적으로 대항할 수가 없었다.

---

64 배성준, 「한말 울릉도·독도 영토문제의 대두와 울도군 설치」 『북방사논총』 7, 2005, 62~63쪽.
65 신용하, 앞의 책, 1996, 226~227쪽.

제8장

대한민국의 건국과 한반도 분할

제1절

대한민국 임시정부의 영토관

1. 상하이 임시정부의 수립 경위

1919년 당시 대일 무력투쟁은 국내뿐만 아니라 상하이, 만주와 연해주 등지에서 격화되고 있었다. 국내에서는 1919년 1월 고종이 갑작스럽게 승하하고 2월에는 독립선언이 낭독되었으며, 3월에는 독립운동이 전국적으로 확산되었다. 이런 가운데 3월 2일 노령露領에서 대한국민의회가, 4월 11일 상하이에 대한민국 임시정부가, 4월 23일 서울에서 세칭 '한성정부'가 조직되었다.[1] 대표적인 세 임시정부는 출범 직후부터 통합논의를 거쳐 3·1운동의 본거지인 서울에서 조직되고 13도 대표의 의사가 반영된 '한성정부'를 봉대하기로 하면서, 정부 위치를 당분간 상하이에 두며 정부명칭을 대한민국임시정부로 하는데 합의함으로써, 통합 임시정부가 출범하게 되었다.[2]

통합 임시정부는 상하이 임시정부의 임시헌장 10개조를 기초로 하고 행정 각부를 '한성정부'의 것을 모형으로 하여 전문과 8장 57개조의 헌법을 마련하였다. 정부형태는 국무원, 입법부인 의정원, 그리고 사법부로 3권 분리하여 근대적 민주공화국의 형

---

1 그 밖에도 조선민국임시정부, 신한민국정부, 대한민간정부 등이 있었지만 이들은 지면상 혹은 개인의 기록상으로만 나타나는 것으로 활동도 알려져 있지 않다(『한국사 48 -임시정부의 수립과 독립전쟁-』, 국사편찬위원회, 2001, 107~120쪽.

2 이현희, 「대한민국 임시정부의 정통성문제 검토」 『정신문화연구』 1983년 여름호, 정신문화연구원, 1983, 155쪽.

태를 취하였으며, 의정원 회의를 통해 대통령을 선출하고 국무총리와 내각을 비롯한 국무원은 대통령이 임명하도록 하였다.

2. 임시정부 헌법 중 영토 조항

임시정부 헌법은 상하이 임시정부가 1919년 4월 11일 반포한 대한민국임시헌장을 근간으로 5차례 개정을 하였다. 즉, 1919년 9월 11일 상하이와 노령, '한성정부'가 통합하여 마련한 대한민국임시헌법, 1925년 4월 7일 대한민국임시헌법, 1927년 4월 11일 대한민국임시약헌, 그리고 1940년 10월 9일 대한민국임시약헌, 1944년 4월 22일 대한민국임시헌장이 반포되었다.

이들 헌법 중 영토조항을 둔 헌법은 제1차 개정헌법인 1919년 9월 헌법과 1944년 4월 헌법뿐이다. 이 중 1919년 헌법은 제3조에서 "대한민국의 강토疆土는 구한제국舊韓帝國의 판도版圖로 정함"이라고 규정하였다. 그리고 1944년 헌법은 전문에서 "우리 민족은 우수한 전통을 가지고 스스로 개척한 강토에서 유구한 역사를 통하여 국가생활을 하면서 인류의 문명과 진보에 위대한 공헌을 하여왔다."고 밝히면서, 제2조에서 "대한민국의 강토疆土는 대한의 고유한 판도로 함"이라고 규정하였다. 이는 이들 영토조항들이 대한제국의 영토를 그대로 승계함을 밝히는 것이다. 즉, 대한제국의 영토가 그대로 유지되며 일본의 외교정책이나 제국주의적 영토정책에 의해 어떠한 영향을 받지 않음을 의미한다. 그러므로 임시정부 헌법의 영토조항은 여전히 간도에 대한 영유권 주장 근거를 훼손하지 않고 있으며 독도에 대한 영유권도 한국이 가지고 있다고 할 수 있다.

그 밖에 임시정부의 다른 헌법들에서는 직접적 영토조항은 두고 있지 않지만 본문 곳곳에서 "국토회복",[3] "조국광복"[4] 등의 용어를 사용함으로써 대한제국 당시의 영토회복에 대한 의지를 표명하고 있다.

---

3 1919년 4월 헌법 제10조.
4 1927년 4월 헌법 제4조 ; 1940년 헌법 제3조.

제2절

한반도의 분할

1. 연합국의 분할점령과 38도선

1945년 8월 15일 일본이 연합국에게 무조건 항복함으로써 조선이 일본의 식민지로부터 해방되었지만 이것이 곧 완전한 독립을 뜻하지는 않았다. 왜냐하면 한반도에는 해방 이후 사회를 이끌 수 있는 정부가 구성되지 않았기 때문이다. 대한제국의 실체는 사라진지 오래였으므로 대한제국으로의 복귀는 불가능했으며 상해 임시정부는 실질적인 역량이 부족하였다. 무엇보다 전쟁 후의 상황을 계획한 연합국, 특히 미국은 한반도에서의 즉각적인 단일정부 수립을 예정하지 않았다. 미국의 대 한반도 계획은 선점령 후독립이었다.

그런데 미국의 한반도 점령계획은 약간의 수정을 거치게 된다. 1944년 7월 미국무부는 연합국의 점령과 군정실시, 미·소·영·중 4대국에 의한 신탁통치, 완전한 독립의 3단계 이행방안을 구상했었다.[5] 이는 한반도 단일 단위를 연합국이 공동으로 통치하는 방식이었다. 하지만 이것은 전혀 새로운 것이 아니라 이미 조선을 '적당한 시기'에 독립시킨다고 한 1943년 11월 27일 미·영·중 3국 정상의 카이로 선언에서 나타났었다. 당시 강대국들의 논의는 신탁통치 기간을 5년, 10년, 20년 등 어느 정도의

---

5 이완범, 「미국의 한국 점령안 조기 준비 : 분할점령의 기원, 1944년~1945년 7월 10일」 『국제정치논총』 제36집 1호, 1996, 235쪽.

기간으로 할 것인지의 문제였다. 하지만 전쟁 종료가 임박해 질 무렵인 1945년 7월 4일 미 육군의 전략정책단은 전후 미·소·영·중 4대국이 한반도를 각각 분할점령하는 것을 대안으로 계획하였다.[6] 하지만, 당시 영국과 중국은 자국 내 문제로 인해 한반도에 관심을 가질만한 여유가 없었으므로 결국 점령에 대한 검토는 미국과 소련이 양분하는 것으로 수정될 수밖에 없었다.[7] 이것은 1944년 말 동북아에서 소련의 참전을 유도하려고 미국이 북한의 북부 동해안 항구를 소련이 점령하는 것에 합의했다는 사실에서도 알 수 있다.[8] 결국 미국이 의도한 바대로 해방 후 남북한에 미국과 소련이 진주하게 되었다.

한반도 분할과 관련해서 실질적인 남북한 분단을 뜻하는 38도선이 언제 어떻게 계획되고 획정되었는가 하는 문제가 있다. 38도선은 1945년 8월 11일 새벽 미국 워싱턴에서 결정되었다. 즉, 이 때 미 육군의 참모집단인 전략정책단이 38도선을 한반도의 분할선으로 확정한 후, 합동참모부, 국무부, 전쟁부, 해군부를 거쳐 트루만 대통령의 승인을 받아 일반명령 제1호로 최종 확정하고, 동시에 영국, 소련 및 중국에 전달했다. 연합국들은 모두 이 안을 수용했으며 8월 15일 태평양지역 연합군 최고사령관인 맥아더 장군에게 송부되었다.[9] 동 일반명령 제1호는 한반도의 북위 38도선 이북은 소련군이 그리고 이남은 미군이 일본군의 항복을 접수한다는 내용이었다.[10] 이렇게 획정된 38도선은 남북분단을 고착시키고 한국전쟁 이후 휴전협정에서도 기준이 됨으로써 한반도 분단의 상징이 되었다.

38도선이 획정된 배경에 대해 두 가지 상반된 견해가 있다. 하나는 군사적 편의설로, 38도선은 당시 급박하게 변하는 상황 가운데 군사적 편의를 위해 30분 만에 급조되었다는 주장이다. 다른 하나는 정치적 의도설로, 38도선의 획정은 그 이전부터 미국의 한반도 분할점령을 위해 계획되었다는 것이다.[11] 최근 새롭게 드러난 사료들은

---

6 이완범, 앞의 논문, 1996, 240~242쪽.
7 이완범, 앞의 논문, 1996, 246쪽.
8 이규태, 「왜? 38선은 그어졌는가」 『내일을 여는 역사』 제1호, 2000, 25쪽.
9 박동삼, 「1940년대 남북관계: 미·소의 분할점령과 남북관계」 『한국정치외교사논총』 제19권, 1998, 47~48쪽.
10 이규태, 앞의 논문, 2000, 27쪽.

38선(강원도 고성 DMZ박물관)

후자의 견해를 지지하고 있다. 예컨대 1949년 6월 17일 미 육군 전사실戰史室 소속 해리슨 대령과 당시 육군 작전국장이었던 헐 중장과의 전화 대화에 의하면 38도선은 포츠담 회담이 진행 중이었던 1945년 7월 25일경 헐 중장이 획정한 것이었다.[12]

미국이 38도선을 획정한 목적은 단순히 한반도를 분할점령하려는 것이 아니라 소련이 남하해서 한반도 전체를 점령하는 것을 차단하기 위한 것이었다.[13] 38도선을 통해 미국은 적어도 한반도 남부 지역을 자국의 세력권으로 두고자 하였다. 한편, 소련이 38도선 안을 받아들인 것은 전후 미국의 경제 원조와 일본 점령 참여를 기대하는 등 미국과의 협력 관계를 바랐기 때문이었다.

2. 한국전쟁과 휴전선

1) 휴전협정의 체결경위

북위 38도선을 기준으로 남에는 미군이 들어서고 북에는 소련군이 들어서 각각 군정을 실시하다가, 1948년 8월 대한민국 정부수립과 동 년 9월 조선민주주의 인민공화국 정권이 수립됨으로써 남북한이 정치적 분단으로 이어지게 되었다. 이어 북한은

---

11 이완범, 「미국의 38선 획정 과정과 그 정치적 의도 -1945년 8월 10일~15일」 『한국정치학회보』 제29집 1호, 1995, 151쪽.
12 이규태, 앞의 논문, 2000, 28쪽.
13 이완범, 앞의 논문, 1995, 192쪽 ; 이규태, 앞의 논문, 2000, 28쪽.

1950년 6월 25일 소련제 전차를 앞세워 38도선을 침범함으로써 3년여에 걸친 한국 전쟁이 발발하게 되었다. 한국전쟁 동안 남한을 위해 유엔군이 최초로 파견되고 북한을 위해서 중공군과 소련군이 가담함으로써 전쟁은 확대되었으며 민간인 포함 약 150만 명의 사망자 발생하였다.

휴전을 처음 논의한 것은 전쟁 발발 3개월 후인 1950년 8월이었다. 당시 소련의 유엔 대표 말리크가 남북한 대표들을 유엔에 초청해서 한국 문제를 해결하자고 제안 하였지만 미국의 반대로 실제 논의는 이루어지지 않았다.[14] 미국이 휴전을 적극 검토 한 것은 유엔군이 전쟁을 종식시키고자 벌인 총공세가 중공군의 반격으로 패퇴한 직후인 1950년 11월 말 이후였다. 그 후 미국은 38도선 부근에서 휴전하는 것을 정책 방향으로 결정하여 1951년 2월 26일 트루만 대통령의 승인을 받았다.[15] 한편 북진을 주장한 맥아더 장군은 1951년 4월 10일 해임되고 후임으로 제한적 전쟁론자인 리지 웨이Matthew B. Ridgway 장군이 임명되었다.

1951년 5월 중순 이후에는 미국의 존슨Edwin C. Johnson 상원의원이, 그리고 유엔에서 캐나다의 피어슨Lester Pearson과 유엔 사무총장인 트리그브 리Trygve Lie, 미국의 애치슨Dean Acheson이 휴전을 제안하였다. 1951년 4-5월 중공군의 대공세가 실패로 끝나자 소련도 1951년 6월 유엔 총회 연설을 통해 38도선에서 휴전할 것을 제의하였다. 동 제의를 유엔군 사령관인 리지웨이 장군이 받아들인 후 다시 북한의 김일성과 중공군사령관에게 정전회담을 제의하였으며, 이것이 북한과 중공군에 의해 받아들여졌다.[16]

휴전회담은 1951년 7월 8일 개성에서 양측 연락장교단 사이에서 예비회담이 열린 이틀 후인 7월 10일 본회담이 열렸다. 회담에서 처음 봉착한 문제는 군사분계선의 책정문제였다. 한국군과 유엔군이 이미 38도선을 넘어 있었기 때문에 유엔군 측은 휴전협정 발효 순간의 쌍방 군대의 접촉선을 분계선으로 획정해야 한다고 주장한 반면,

---

14 김득주, 「휴전협정 체결경위와 주요쟁점 평가」 『군사논단』 제16호, 1998, 12쪽.

15 U.S. Department of State, *Foreign Relations of the United States, 1950 Vol. VII, Korea,* Wahsington, D.C., U.S. Governing Printing Office, 1976, p.1588 ; 김득주, 앞의 논문, 1998.

16 김강녕, 「정전협정 체결과정과 그 이후 한반도 평화」 『군사논단』 제11호, 1997, 79쪽.

군사분계선 설치

공산군 측은 38도선의 원상회복을 주장
하였다. 그러자 공산군 측이 회담중단을
선언함으로써 회담이 중단되고 전투는
다시 격렬해졌다.

그런 가운데 유엔군 측이 현재의 접촉
선을 중심으로 폭 4km의 비무장지대 설
정을 제의하자 북한은 처음 거절하였다
가 결국 1951년 11월 27일 현재의 접촉
선을 중심으로 폭 2km의 비무장지대를
설정하기로 합의하였다. 동 합의 이후 본
협정이 체결되기까지 양측은 보다 많은
지역을 확보하려고 총공세를 펼쳤으나
큰 변동은 일어나지 않았다.[17]

휴전회담은 본회담이 개최된 이후 2년 1개월 동안 총 575회의 회담이 열렸으며 결
국 1953년 7월 27일 오전 10시 유엔군 대표인 해리슨W.K. Harrison 중장과 북한측
대표 남일이 전문 5조 36항의 협정서에 서명하였고, 클라크 유엔군 총사령관과 김일
성 조선인민군 최고사령관, 펑더화이[彭德懷] 중국인민지원군 총사령관은 각각 전방
사령부에서 협정서에 서명하였다.[18] 이로써 3년 1개월에 걸쳐 막대한 희생자를 낸 전
쟁은 멈추게 되었다.

2) 휴전협정의 현재적 의의

국제법상 휴전협정은 합의에 의해 교전행위의 중단, 즉 전투행위를 잠시 멈추는 것
을 말하며 전쟁의 종식은 평화협정을 통해서 한다.[19] 그러므로 엄격한 법적 의미에서

---

17 김득주, 앞의 논문, 1998, 14쪽.
18 김득주, 앞의 논문, 1998, 17쪽.
19 한국은 1953년 휴전협정의 당사자가 아닌데, 이 문제에 대한 자세한 논의는 다음을 참조, 이상면,

한반도는 여전히 전시상태에 있다고 할 수 있다. 그러나 한반도 상황을 이렇게 단정적으로 말하기는 어려운 점이 있다. 첫째, 제2차 세계대전 이후 독일의 예에서 보듯이 전쟁상태를 종료시키기 위해 반드시 평화협정이 체결되어야 하는 것은 아니라는 점이다. 둘째, 휴전협정 체결 후 이미 60년이 다 되어 간다는 점이다. 그 동안 북한 무장간첩의 침입이 여러 번 있었고, 또 1990년대 이후 최근까지 연평도 해전, 천안함 피격, 연평도 피폭격 등 여러 차례 무력충돌이 있었다. 그러나 이런 사건들을 전쟁의 개시로 해석하기에는 무리가 있기 때문에, 현재 상황을 이미 평시상태로 전환하였다고 해석하는 것이 설득력이 있다.[20]

하지만, 현 상황을 평시상태로 볼 경우에 또 다른 중요한 문제, 즉 서해상의 북방한계선NLL 문제가 발생한다. 한국은 어선, 상선과 군함을 포함한 북한의 모든 선박이 NLL을 넘어서는 것을 금지하고 있다. 그런데 한국의 이러한 통제는 유엔해양법협약에서 근거를 찾기 힘들며, 오히려 전시의 군사경계선으로 보는 것이 정당화에 유리하다. 한편, NLL은 한국의 국가 안보와 직결되기 때문에 현재의 남북한 대치상황에서는 절대로 포기하거나 양보할 수 없는 선이다. 따라서 이런 의미에서 휴전협정은 현재에도 유효한 의미를 지닌다.

3. 남북한 국제연합 동시가입과 영토문제

1) 국제연합 동시가입의 경위

남한과 북한은 1991년 9월 17일 국제연합(이하 '유엔')총회가 만장일치로 가입결

「한국전쟁과 휴전의 당사자 문제」『국제법학회논총』 제52권 2호, 2007.
20 이 문제에 대해서는 특히 다음을 참조, 이근관, 「한반도 종전선언과 평화체제 수립의 국제법적 함의」『서울대학교 법학』 제49권 제2호, 2008 ; 제성호, 「평화체제 논의의 내용 과정 - '제도적' 평화보다 '실질적' 평화가 핵심이다」『통일한국』 통권 제263호, 2005 ; 제성호,『한반도 평화체제의 모색: 법규범적 접근을 중심으로』, 지평서원, 2000.

남북한 동시 유엔 가입

의를 채택함으로써 북한은 160번째, 남한은 161번째로 유엔 회원국이 되었다. 유엔 헌장에 의하면 회원국 지위는 "이 헌장에 규정된 의무를 수락하고, 이러한 의무를 이행할 능력과 의사가 있다고 기구가 판단하는 그 밖의 평화애호국"에 개방된다. 따라서 유엔에 동시 가입함으로써 남북한 모두 국제사회로부터 공히 평화를 사랑하는 '국가'로 인정받은 것이다. 남북한 유엔 동시 가입을 통해 해방 이후 끊임없이 논란이 되었던 유일한 합법정부 내지 국가의 정통성 문제가 적어도 국제적 차원에서는 소멸되었다고 할 수 있다.

현재, 유엔 회원국은 192개국에 이르며, 전 세계 거의 대부분의 국가들이 가입하였다. 하지만 남북한의 유엔가입은 순탄치만은 않았다. 한국은 정부 수립 이후 14차례나 가입을 시도하였고, 북한도 정권 수립 이후 5차례 가입을 시도하였다. 그 동안 한국은 1948년 12월 12일 유엔총회결의를 근거로 한국만이 한반도의 유일한 합법정부임을 내세워 남한의 유엔 단독가입을 주장했었다.[21] 이에 대해 북한도 1949년 유엔가

---

21 그런데 엄격히 말하면 유엔 총회결의 195(III)의 관련 조항인 제2항은 남한이 한반도 유일합법정부임을 명시적으로 밝히고 있지는 않다. 동 조항의 관련 부분은 다음과 같다. "Declares that there has been established a lawful government (the Government of the Republic of Korea) having effective control and jurisdiction over that part of Korea where the Temporary Commission was able to observe and consult and in which the great majority

입을 신청하며 북한만의 단독가입을 주장했었다.

한국은 1973년 6·23 선언 이후 남북한 유엔 동시 가입으로 정책을 변경하였다. 하지만 북한은 고려연방공화국이라는 단일 국호로 유엔에 가입할 것을 주장하였다.[22] 그러던 중 남북기본합의서 체결과 같은 남북 간 화해분위기가 조성되었던 1991년 5월 28일 북한측이 갑자기 남북한 유엔 동시가입 신청의사를 밝혔다. 이에 남북한 양측은 원만한 유엔가입을 위해 수차례 협의를 진행하여 유엔 동시가입에 이르렀다.[23]

2) 헌법 제3조 영토조항과의 배치 문제

국가만이 가입할 수 있는 유엔에 남북한이 동시 가입함으로써 국제사회에서 남북한 모두 국가로서 승인을 받았다. 그런데 한국 헌법 제3조는 "대한민국의 영토는 한반도와 그 부속도서로 한다."고 규정하고 있으며, 동 조에서 '한반도'는 남한뿐만 아니라 북한도 포함하는 것이 명확하다. 따라서 헌법에 의하면 한반도의 유일한 합법정부는 대한민국이며 북한은 반란단체에 불과하기 때문에 남북한의 유엔 동시 가입이 헌법 제3조에 반하지 않느냐 하는 문제를 제기할 수 있다.

국가 승인은 승인하는 국가의 일방적, 주권적 행위로 명시적 또는 묵시적으로 행할 수 있다. 그리고 승인의 효과는 원칙적으로 승인국과 피승인국 상호간의 양자적 관계이며 국가의 국내법에 따라 승인의 효과도 달라진다. 예컨대 영국이 타이완을 국가로 승인하지 않으면 타이완의 국가성과 관련된 권리, 예컨대 외교적 보호권을 영국 법원에서 주장할 수가 없다. 그런데 남북한이 유엔에 동시 가입한 것 자체가 상대국에 대한 국가 승인 문제를 발생시키지는 않는다.[24] 또한 1991년 남북한 사이에 체결한 남

---

of the people of all Korea reside:"(밑줄 강조) 요컨대 본 조항은 실효적으로 통제하고 관할권을 행사하는 한반도의 부분에 있어서 합법적으로 성립한 정부임을 유엔총회가 선언한 것이다. 따라서 본 조항에는 '한반도 전체'의 '유일한' 합법정부라는 언급이 없다.

22 이영준, 「남북한의 유엔동시가입과 한반도의 법적 관계」『국제법학회논총』제36권 2호, 1991, 142~143쪽.

23 이영준, 앞의 논문, 1991, 143쪽.

24 Malcolm N. Shaw, *International Law sixth edition*, Cambridge University Press, 2008, p.464.

북기본합의서도 남북관계를 "나라와 나라 사이의 관계가 아닌 통일을 지향하는 과정에서 잠정적으로 형성되는 특수관계"라고 하였으며, 조약의 형식을 취하고 있는 동 합의서에 대해 헌법재판소도 국가 간의 조약이 아니라 "일종의 공동성명 또는 신사협정에 준하는" 것으로 보았다.[25]

다만, 남북한이 상대방에 대해 유엔과 같이 국가만이 가입할 수 있는 국제기구의 가입에 적극적으로 찬성을 표시하는 경우는 묵시적 승인으로 볼 수 있다.[26] 그리고 오직 국가만이 분쟁 당사자가 될 수 있는 국제사법재판소에 남북한이 상대방에 대해 제소하는 것도 상대방을 국가로서 묵시적으로 승인한 것이 된다.[27]

---

25 헌법재판소 1997.1.16 선고, 89헌마240 결정.

26 남북한이 유엔 동시가입을 협의한 것을 두고 상대방에 대한 묵시적 승인행위로 볼 수도 있지만, 양 당사자의 의도를 국제적 차원과 상호간의 차원을 달리 해석할 필요가 있다. 즉, 국제적 차원에서는 유엔가입으로 인해 국가로서 승인받지만 양자간에는 그러한 승인의사가 없었다고 보는 것이다.

27 국제사법재판소 규정 제34조 1항 "국가만이(only States) 재판소에 제기되는 사건의 당사자가 될 수 있다."

제 9 장

끝나지 않은 영토문제

제1절

압록강 두만강 관련 국경조약

1. 간도

1) 간도협약의 주요 내용과 법적 의의

16세기 중엽 청과 조선에 의해 간도지방이 봉금지대로 설정된 이후 조선인들은 땔감이나 사냥, 산삼, 산나물 채취를 위해 일시적으로 몰래 들어가곤 하였다. 하지만 19세기 들어오면서 조선인의 범월이 보다 빈번해지고 통제는 잘 이루어지지 않음으로써 봉금지대는 사실상 유명무실해졌다. 특히 1860년대 이후에는 단순한 범월이 아니라 이주 목적으로 간도지방으로 들어가는 조선인의 수가 급증하였다.[1] 그러자 대한제국은 간도의 실상파악과 조선인 보호를 위해 1902년 이범윤을 간도시찰사로 파견하였다가 이듬해 그를 간도관리사로 임명하였다. 부임 후 이범윤이 조사한 바에 의하면 간도 거주 조선인의 주택은 27,400여 채, 인구는 10만여 명에 이르렀다.[2]

조선은 청과의 국경문제의 해결을 위해 1885년 을유감계회담과 1887년 정해감계회담을 가졌었다. 하지만 두 차례 감계회담은 모두 청의 고압적 회담자세로 인해 결

---

1 자세한 내용은 '제6장 조선시대의 강역 제2절 간도' 부분을 참조.
2 은정태, 「대한제국기 '간도문제'의 추이와 '식민화'」『역사문제연구』17, 2007, 111쪽 ; 규장각 소장의 『邊界戶籍案』과 『邊界戶籍成冊』 참조.

렬되었다. 조선 측 대표로 나섰던 이중하는 토문강이 송화강의 지류라는 기존의 입장을 바꾸어 토문강을 두만강의 네 지류 가운데 백두산에 가장 가깝고 북쪽에 있는 홍토수라는 수정안을 제시했다. 그 후 1894년 청일전쟁, 1904년 러일전쟁이 이어지는 국내외 상황은 회담의 재개를 어렵게 만들었으며, 외교권이 박탈된 1905년 '을사조약'으로 인해 청과의 자주적 국경협의는 기대할 수 없게 되었다. 이런 상황에서 일본이 청의 간도 영유권을 인정하는 대신 철도의 이용과 탄광채굴권을 얻는 협약을 1909년 9월 4일 체결하였다. 이날 일본과 청이 체결한 협약은 2개로 이루어져 있다. 하나는 간도의 영유권과 조선인 문제를 다룬 '간도에 관한 협약'이고 다른 하나는 경제적 문제를 다룬 '만주에 관한 협약'이다.

간도에 관한 협약은 전문에서 "대일본국정부와 대청국정부는 선린의 호의에 비추어 투먼강[圖們江]이 청한 양국의 국경임을 서로 확인하고,……"라고 선언한 후, 제1조에서 "청일 양국정부는 투먼강을 청한 양국의 국경으로 하며, 강원지방江源地方에서는 정계비를 기점으로 하여 석을수石乙水로써 양국의 경계로 할 것을 성명한다."라고 규정하였다. 동 협약을 통해 백두산정계비의 해석을 둘러싼 조선과 청과의 오랜 분쟁이 해결되었다. 동 협약은 조선이 주장해 온 두만강 대신 투먼강이란 이름을 유일한 명칭으로 사용했으며, 토문강이 송화강의 지류이거나 두만강의 상류 중 홍토수라는 과거 조선의 주장 대신 석을수를 경계로 하였다. 석을수는 홍토수에 비해 백두산을 기준으로 조선측에 더 가까운 지류이다. 따라서 이러한 협약 내용은 일본이 조선측의 입장을 반영하지 않고 청의 입장만을 그대로 수용한 결과라 할 수 있다.

비록 청과 일본의 대표가 정식으로 서명한 협약이긴 하지만 간도협약은 다음의 점에서 그 유효성에 중대한 의문이 제기되고 있다. 첫째, 대한제국의 외교권을 박탈한 1905년 '을사조약'이 국제법을 위반하여 무효이므로 그 선상에서 이어진 간도협약도 무효라는 것이다. 이러한 주장은 같은 이유로 1910년 병합도 무효라고 본다. 둘째, 조선의 외교권만을 가진 일본이 조선의 국경을 획정하는 조약을 체결하는 것은 보호국으로서의 권한을 넘어섰다는 것이다. 간도협약의 주체가 청과 함께 조선 또는 조선을 대표하는 일본이 아니라 단순히 일본이라는 점에서 조약의 유효성을 인정하기 어렵다는 것이다.[3] 이에 대해 중국의 영유권을 인정하는 간도협약 제 1조만이 무효이며 조선인의 보호를 규정한 다른 조항들은 무효가 아니라는 주장도 있다.[4] 여하튼 간도협약이 가지고 있는 위와 같은 법적 문제점에도 불구하고 이를 통해 획정된 국경선이 1910년 한국이 일본에 강제 병합되고 해방된 이후에도 계속 유지되었다는 사실은 무시하기 어렵다.

2) 조중변계조약의 주요 내용과 법적 의의

1962년 10월 12일 북한과 중국은 비밀리에 국경조약을 체결하였다.[5] 동 조약은 백두산 천지를 기준으로 동과 서의 경계를 획정하였는데 천지를 거의 반분하였다. 천지의 서쪽으로는 지정한 고지에서 이어져 압록강을 경계로 삼고, 압록강 하구는 "조선의 소다사도 최남단에서 신도 북단을 거쳐 중국 대동구 이남의 돌출부 최남단까지 이어주는 직선으로서 압록강과 황해의 분계선"으로 삼았다.[6] 그리고 천지의 동쪽으로는 지정한 일련의 고지들을 지나 "두만강 상류의 지류인 홍토수紅土水와 북면의 지류가 합쳐지는 곳(1283고지 이북)에 이르며 이로부터 국경선은 홍토수의 물흐름 중심선을 따라 내려와 홍토수와 약류하弱流河가 합쳐지는 곳"에 이르고, 이곳에서 다시 "중·조 국경 동쪽 끝점에 이르기까지 두만강을 경계"로 하였다.[7] 또한 양국은 압록강과 두만강을 경계로 하면서 "양국 간의 경계하천은 양국이 공유하며, 양국이 공동 관리하고 공동으로 사용하며, 여기에는 항행, 어업과 강물 사용 등을 포함한다."[8]고 함으로써, 경계하천의 양국 공유를 규정하고 있다.

3 간도협약의 무효론 주장에 대해서는 다음을 참조. 노영돈, 「청일 간도협약의 무효와 한국의 간도영유권」『간도학보』 창간호, 2005 ; 노영돈, 「소위 청일간도협약의 효력과 한국의 간도영유권」『국제법학회논총』 40-2, 1995 ; 김명기, 「청일간도협약의 무효」『고시계』, 1985년 9월호.
4 황명준, 「간도영유권 문제의 국제법적 분석」, 서울대학교 석사학위 논문, 2004.
5 동 조약은 전문과 본문 5개조로 구성된 간단한 조약으로 북한대표로 김일성이 그리고 중국대표로 주은래가 서명하였다. 본 조약의 구체적 이행을 위해 1964년 3월 20일 조중국경에 관한 의정서가 체결되었는데, 주로 경계표시를 어느 위치에 어떻게 할 것인지를 규정하였다. 동 조약과 의정서는 이종석, 『북한-중국관계 1945-2000』, 중심, 2000에 부록으로 실려 있다.
6 동 조약 제1조 3항.
7 동 조약 제1조 4항 및 5항.
8 동 조약 제3조 1항.

국경조약을 통해 설정된 위와 같은 경계가 지금까지 북한과 중국간의 국경을 이루고 있다. 이는 북한이 간도지방을 전적으로 중국의 영토로 인정했다는 점에서 비판의 대상이 되고 있다. 하지만, 1909년 간도협약과 비교할 때 북중간의 국경조약은 천지를 양분하였고 또한 석을수가 아닌 홍토수를 기준으로 했다는 점에서 북한에 유리한 조약이었다는 평가도 가능하다.[9] 무엇보다 한국전쟁 이후 정치경제적으로 중국에 절대적으로 의존하던 북한의 입장에서 간도협약 이후 중국의 영토로 인식되어 온 간도지방에 대한 영유권을 주장하기가 현실적으로 불가능했을 것이란 점도 고려할 수 있다.

3) 통일 후 간도의 영유권 문제

전임 국가가 수립한 국경체제는 통일의 형식이 어떠하든 관계없이 국가승계시 영향을 받지 않는다는 것이 국제법의 확립된 원칙이다.[10] 따라서 일반 국제법에 의하면 특별한 사정이 없는 한 한반도의 통일 후에도 1962년 북중간에 체결된 국경조약에 의해 설정된 국경선이 그대로 유지될 것이다. 여기서 특별한 사정이란 통일정부가 중국과의 협상을 통해 국경선을 새로이 획정하는 것인데, 역사적 사실이나 간도협약의 무효성 등을 근거로 통일국가가 간도 영유권을 주장할 수 있지만 중국이 그러한 협상 제안을 받아들일 가능성은 희박할 것이다. 왜냐하면 중국은 지금도 한국의 간도 문제 논의에 반대하고 있기 때문이다.[11]

그러나 북중간의 1962년 국경조약으로 형성된 현 국경체제가 통일 후에도 그대로 유지된다는 견해에 대해 다음과 같은 비판이 제기되기도 한다. 첫째, 오늘날 모든 조약은 유엔 사무국에 등록해서 공표하도록 되어있는데 북중간의 국경조약은 비밀리에 체결된 것으로 무효라는 것이다. 그러나 이는 유엔헌장 제102조 1항에서 모든 유엔 회원국들이 체결한 조약은 가능한 빨리 유엔 사무국에 등록하고 사무국에 의해 공표

---

9 이현조, 「조중국경조약체제에 관한 국제법적 고찰」 『국제법학회논총』 52-3, 2007, 181쪽 이하 참조.
10 1978년 조약에 대한 국가승계에 관한 비엔나협약 제2조 1항 (b) 및 1969년 조약법에 관한 비엔나협약 제62조 2항.
11 『조선일보』 2004년 9월 11일, "中 "間島영유권 거론말라" 우다웨이 외교부부부장 8월 訪韓때 우리정부에 요구."

된다고 한 규정을 해석한 것이지만, 동 조항은 조약의 무효에 대해 규정하고 있지 않다는 점에서 문제가 있다. 즉, 동 조항 제2항은 제1항에 따라서 등록되지 않은 모든 조약은 "모든 유엔 기관에서 원용할 수 없다."고만 규정하고 있을 뿐이다. 요컨대 비밀조약이라고 해서 당연히 무효가 되는 것은 아니다. 더구나 1962년 국경조약은 중국 정부가 진위여부를 확인해주지 않고 있지만, 2000년대에 중국에서 자료가 공개되어 오늘날에는 누구나 그 내용을 알 수 있게 되었다. 둘째, 한반도의 유일한 합법정부는 대한민국이므로 헌법상 불법단체인 북한이 중국과 체결한 조약이 무효이며 통일정부가 이에 구속되지 않는다는 것이다. 그러나 이러한 주장은 한국의 국내법에 비추어 볼 때 그러한 것일 뿐, 국가만이 회원국이 될 수 있는 유엔에 남북한이 동시에 가입하였고 특히 중국과 러시아 등이 북한과 국교를 맺고 있다는 사실에 비추어 볼 때는 유지되기 어렵다는 문제가 있다.

2. 녹둔도

1) 조선인의 녹둔도 개척과 상실[12]

녹둔도는 두만강 하구에서 가까이 위치한 강 사이에 있는 조그만 섬으로 조선 전기부터 조선인들이 봄에 들어가 농경을 하고 가을에 추수를 마치고 나오던 곳이었다. 1587년(선조 20년) 야인들이 침입하여 농작물을 약탈하고 농민들을 납치한 녹둔도 사건이 발생했었는데, 이때 납치당한 농민의 수가 100여명, 약탈당한 말과 소가 15마리였다는 기록으로 보아 당시 농경규모가 상당했음을 짐작할 수 있다.[13] 1583년(선조 16년) 당시 감사였던 정언신이 군량비축을 위한 개간을 지시함으로써 녹둔도에 둔전이 설치되었으며, 1589년(선조 19년)에는 김경눌을 둔전관으로 파견하여 방어를 강화하도록 하였으며, 다음 해에는 조산 만호였던 이순신에게 둔전의 일을 맡겼었다.

---

12 이에 관한 자세한 내용은 「제6장 조선시대의 강역 제3절 녹둔도」 부분을 참조.
13 양태진, 「북경조약과 녹둔도영속문제에 관한 고찰」『한국사연구』 96, 한국사연구회, 1996, 139쪽.

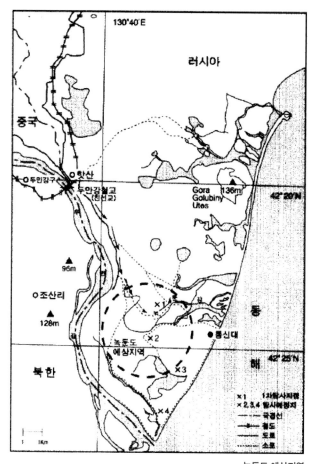

녹둔도 예상지역

(이기석, 이옥희, 최한성, 안재섭, 「두만강하구 녹둔도의 자연과 토지이용특색:
현장답사를 중심으로」 『지리교육논집』 제44권, 2000, 21쪽).

그러나 녹둔도 사건을 계기로 몇 차례 여진족 토벌작전을 수행했으나 결국엔 녹둔도의 둔전이 폐지됨으로써 적극적인 방어도 중단된 것으로 보인다.

정부의 보호와 관리가 없는 가운데 지역 주민들의 개간은 계속되어, 19세기 말에는 800명이 넘는 조선인들이 거주하였다. 예컨대 김광훈과 신선욱이 1855년에서 1905년에 걸쳐 현지를 직접 답사하고 그린 아국여지도에 수록된 녹둔도도에 의하면 113호, 822명의 우리 주민이 거주하고 있는 것으로 기록되어 있다. 그리고 1897년의 러시아 기록에 의하면 869명(남자 431명, 여자 429명)이 거주하였으며, 1906~7년의 러

시아 기록에 의하면 133호 839명이 거주하였다.[14]

조선인 마을을 형성한 녹둔도는 1929년 만주의 군벌 장쭤린張作林의 동중東中철도 점령으로 인해 발생한 중국과 소련간의 무력 충돌 때 접경지대의 다른 마을들과 함께 폐쇄되었다. 이 후 북한과 접경지역이라는 이유로 이곳은 현재까지 개발되지 않고 있다. 오늘날 녹둔도는 사구와 습지로 이루어져 있고, 끝없는 갈대숲을 형성하고 있는데, 여름 장마철이면 거의 전 지역이 물에 잠기기도 하지만 겨울철에는 과거 당시의 취락 흔적들을 찾아볼 수 있다.[15]

러시아는 중국과 1860년 베이징조약과 1861년 싱카이興凱湖조약을 체결하여 두만강을 기준으로 국경을 삼았으며, 동 조약을 통해 조선은 처음으로 러시아와 국경을 접하게 되었다. 그러나 녹둔도의 러시아 쪽으로의 연륙화는 서서히 진행되어 적어도 1883년 서북경략사 어윤중의 보고 이전에 완성되었다. 하지만 당시 조선은 연륙화가 진행되는 과정에서 어윤중의 보고 이후, 그리고 1884년 조러통상조약 체결 시에도 녹둔도에 대한 아무런 이의제기를 하지 않았다. 이렇게 굳어진 두만강 하류 쪽의 러시아와의 경계는 지금까지 유지되고 있다.

2) 북한의 국경조약

북한은 1985년 두만강 및 영해 경계를 획정하는 국경선 협정을 러시아(구 소련)와 체결하였다. 동 협정은 북한과 러시아(구 소련) 그리고 중국 국경의 접점에서 "두만강의 주수로의 중간을 따라 하구까지" 그리고 그곳에서부터 동해상의 북한과 러시아(구 소련)의 영해 외측 경계선과 상호 교차하는 지점까지를 양국의 경계로 하였다.[16] 그리고 양 당사국은 두만강 수로에 자연적인 변화가 발생하더라도 달리 합의하지 않는 한 동 협정에서 정한 국경선의 위치를 변경하지 않기로 합의하였다.[17] 북한과 러시아

---

14 이옥희, 「두만강 하구 녹둔도의 위치 비정에 관한 연구」 『대한지리학회지』 39-3, 2004, 352쪽 참조.
15 이옥희, 앞의 논문, 2004, 352~353쪽.
16 1985년 소비에트사회주의공화국연방과 조선민주주의인민공화국 사이의 국경선에 관한 협정 제1조.
17 동 협정 제2조.

(구 소련)는 4개 조항에 불과한 동 조약을 구체화하기 위한 후속조치로 1985년 국경선에 관한 명세서를 체결하여 구체적 좌표를 설정하였으며, 1986년엔 경제수역과 대륙붕 경계획정에 관한 협정을 체결하였고, 1990년엔 국경체제에 관한 협정을 체결하여 국경표지와 방향표지의 유지, 보수 및 복구, 국경통과 규칙, 국경수역의 이용, 그리고 국경위원에 관한 상세한 규정을 마련하였다. 또한 1998년에는 북한과 중국, 러시아가 삼국의 두만강 국경수역 분계선을 확정하기 위한 협정을 체결하였다. 이러한 일련의 협정들을 통해 현재의 북한과 중국, 러시아와의 국경선 체제가 확립되었다고 할 수 있다.

녹둔도의 영유권 문제도 간도 문제와 함께 통일한국이 다루어야 할 문제임에는 틀림없을 것이다. 하지만, 1860년 베이징조약 이후 150년 동안 러시아가 지배해왔으며, 이를 북한과 러시아간의 국경조약이 확인해 주었다는 점, 러시아의 이러한 점유에 대해 과거 조선과 대한제국, 지금의 한국 정부가 이의를 제기하거나 실효적인 조치를 취하지 못한 점, 국경선에 관한 국제법 원칙이 국가승계 시 피승계국 당시 성립된 국경선의 유지를 지지한다는 점 등은 녹둔도의 회복을 바라는 우리 입장에서 극복해야 할 난제들이다.

제2절

독도

1. 독도의 가치와 영유권 논란의 개요

1) 독도의 다양한 가치

독도는 가장 가까운 섬을 기준으로 할 때 울릉도와는 47해리, 일본 오끼 섬과는 85해리, 그리고 본토를 기준으로 보면 경북 울진에서 117해리, 일본 시마네현에서 108해리의 거리에 있다. 그러므로 본토 기준으로는 일본에서 조금 더 가깝지만 최단거리 섬을 기준으로 할 때는 한국이 훨씬 더 가깝다.[18] 독도는 화산의 분출로 형성된 바위 섬으로 크게 동도와 서도, 그리고 약 90개의 작은 암초들로 구성되어 있는데, 동도는 해발 98.6km, 면적이 약 7.3km², 서도는 해발 168.5km, 면적이 약 8.9km²에 불과하다.[19] 이렇듯 독도는 한국과 일본의 본토에서 100해리 이상 떨어진 동해안의 외딴 섬으로 크기도 작고 바위로만 이루어져 있기 때문에, 이 섬의 다양한 가치들을 무시하기 쉽다. 하지만 독도는 여러 가지 측면에서 매우 중요한 가치들을 지니고 있다.

---

18 독도는 1982년 11월 16일에 천연기념물 제336호로 지정되었으며, 1997년 12월 13일 "독도 등 도서지역 생태계보전에 관한 특별법"에 의해 특정도서로 지정되었으며, 1999년 12월 10일 문화재청 고시 제1999-25호로 독도천연보호구역으로 지정되었다.

19 임덕순, 「독도의 기능, 공간 가치와 소속 −정치지리·지정학적 시각−」『독도·울릉도 연구』, 동북아역사재단, 2010, 236~237쪽.

독도 한국령(좌), 독도 태극기(우)

과거에는 어선들이 풍랑을 피해 잠시 쉬어가는 역할을 하였지만 오늘날에는 독도 자체보다는 그 주변 해역에서 더 많은 가치들을 찾을 수 있다. 먼저, 독도의 경제적 가치를 들 수 있다. 독도는 한류와 난류가 만나는 곳에 위치하여 주변 수역에 풍부한 어장이 형성되어 있으며, 과학기술의 발달과 함께 지하광물자원의 개발 가능성이 높은 곳이다. 따라서 독도는 풍부한 해양자원 확보를 위해 매우 중요하다. 둘째, 독도는 지정학적 위치로 인해 군사전략적으로 매우 중요하다. 동해상에 홀로 위치한 독도가 일본 등 다른 국가의 영유가 된다면 한국은 그 만큼 군사적으로 위협을 받을 수 있다.

반면, 독도를 확고히 영유할 경우 동해상의 군사적 거점을 확보하고 해상 군사전략과 한반도 방위전략의 유연성을 높일 수 있다. 독도를 전략적으로 이용한 예로 1905년 러일전쟁 당시 일본을 들 수 있는데, 당시 일본은 러시아 함대를 격퇴시키는데 독도를 효과적으로 이용하였다. 셋째, 위와 같은 해양자원 확보와 군사적 이용 등을 위한 해양관할권 확대에 있어 독도는 중요한 위치에 있다. 독도가 유엔해양법협약상 암초라면 12해리 영해를 설정하는데 그치지만, 섬의 지위를 인정받는다면 12해리 영해뿐만 아니라 200해리 배타적 경제수역과 대륙붕을 설정할 수도 있다.[20]

2) 독도 영유권 논란의 개요

독도는 역사상 및 국제법상 한국의 영토이다. 하지만 일본은 2010년 초등학교 사회 교과서에 독도를 자국 영토로 표기한 바와 같이 여전히 독도에 대한 영유권을 주장하고 있다. 일본의 영유권 주장이 있을 때마다 한국 정부는 강하게 항의하고 국민들은 일본의 야욕을 비난하지만, 독도 지질조사와 같이 한국의 독도에 대한 실효적 지배 강화 조치들이 있을 때마다 일본 정부도 한국 정부에 항의하고 있다. 독도와 관련된 새로운 고문헌이나 고지도가 발견될 때마다 한일 양측은 그 사료의 객관성이나 정확성에 대한 이성적 고려 없이 자국에 유리하게 해석·주장하기에 바쁘다.

그런데 그 주장들을 들여다보면 한일간에 상당한 온도차가 있음을 알 수 있는데, 한국이 일본보다 훨씬 더 뜨겁고 강한 것을 볼 수 있다. 이는 역사적으로나 국제법상으로 한국의 영토임이 명확하다는 확신 때문이기도 하지만, 한국이 독도를 과거 일본의 조선 침략과 식민지와 연결된 역사의 중요한 부분으로 인식하는 면도 없지 않다. 하지만 일본에 대해 지나치게 감정적으로 대응할 경우 자칫 전적으로 실효적 지배를 하고 있는 현 상황이 분쟁화되어 국제사회가 개입하게 되는 등의 원치 않는 상황을 맞이할 수도 있다. 이것은 현 상황에서 잃을 것이 하나도 없는 일본이 궁극적으로 바라는 것일 수 있으며 따라서 자칫 일본의 전략에 말려드는 결과가 될 수도 있다. 1998년 한일 신어업협정에서 독도가 한일 양국의 중간수역에 들어있다는 사실도 독도에 대한 접근의 신중을 필요로 한다. 비록 이 협정이 어업에 관한 것이긴 하지만 중간수역의 의미는 한일간 경계획정이 이루어지지 않아 잠정적으로 선택한 조치임을 뜻하기 때문이다.

현재 우리의 확고한 인식과는 상반되게 일본도 꾸준히 독도가 자국의 영토임을 주

---

20 독도가 도서인지 암초인지에 대해 견해의 대립이 있다. 유엔해양법협약 제121조 제3항에 의하면 "인간이 거주할 수 없거나 독자적인 경제활동을 유지할 수 없는" 암석은 배타적 경제수역이나 대륙붕을 가질 수 없다. 동 조항에도 불구하고 일본은 더블침대 크기만 한 암초에 불과한 오키노도리시마를 근거로 200해리 배타적 경제수역을 선언하여 태평양의 광활한 수역을 자국의 관할권이라고 주장하고 있으며, 나아가 200해리 이원으로 대륙붕을 확장하기 위해 유엔 대륙붕한계위원회에 관련 정보를 제출하였다.

장하고 있다. 따라서 감정적 대응을 자제하고 일본이 반박할 수 없는 확실한 자료를 지속적으로 발굴해 내고 일본 측 주장의 모순점들을 정치한 논리로 지적해 나가는 것이 중요하다. 한국은 독도가 역사적으로 오래 전부터 한국의 영토라는 고유영토설을 일관되게 주장하고 있다. 일본은 고유영토설 이외에 시마네현 고시를 통해 무주지였던 섬을 선점했다는 주장을 하였다가, 주장이 논리적 모순이라는 비판에 직면하여 최근에는 무주지 선점론을 폐기하고 동 고시를 통해 고유영토를 확인했다는 주장을 하고 있다.

2. 한국병합 이전의 독도

1) 독도 명칭 문제

독도 명칭에 대한 정확한 이해가 중요한 이유는 적어도 19세기 말 이전 한국의 모든 문헌들에서 '독도'란 말을 사용하지 않았기 때문이다. 즉, 현재까지 발견된 한국 문헌 중 '독도'란 명칭이 처음 나타난 것은 1906년 울릉군수 심흥택의 보고서의 '본군 속도 독도'라는 기술이며, 일본 문헌 중에서는 1904년 일본군함 니이타카호[新高號]가 독도를 탐방한 후 작성한 일지에서 조선인들이 리앙쿠르라는 바위섬을 독도獨島로 표기한다는 기록이 있다.[21] 19세기 말 이전의 한국 문헌들은 '독도'를 '우산도', '삼봉도', '가지도', '석도' 등으로 기록했다. 일본은 특히 한국 문헌들에서 보이는 '우산도'는 독도가 아니라 울릉도라는 것이 한국의 독도 영유권을 부정하는 주요 논거 중 하나이다. 따라서 독도가 과거 '우산도'라는 주장을 입증하는 것이 독도에 대한 한국 영유권 주장의 핵심 중 하나가 된다.

한편, 일본에서는 오늘날 독도를 '죽도'竹島(일본명 다케시마)로, 울릉도를 '송도'松

---

21 김영수, 「근대 독도와 울릉도 명칭문제를 둘러싼 논쟁과 그 의미」 『독도와 한일관계』, 동북아역사재단, 2009, 162쪽.

島(일본명 마츠시마)로 부르고 있지만, 이것은 1905년 시마네현 고시를 통해서 확정된 이후부터이다. 그 이전, 특히 19세기 일본에서는 죽도와 송도가 상당히 불명확하게 사용되었다. 당시 일본 문헌들에는 대체로 울릉도를 죽도로, 독도를 송도로 불렀지만 반드시 그렇지는 않고, 많은 경우 울릉도를 죽도로 부르기도 하였다. 일본 중앙정부와 지방정부, 중앙정부의 기관 간 사용례에도 차이가 있었다. 이는 그 만큼 일본이 독도에 대한 인식이 부족했음을 반증하는 것이기도 하다.

일본의 일부 학자들은 "죽도=송도"라고 주장하기도 한다. 한편 독일인 지볼트 Philipp Franz von Siebold는 일본에 장기간 체류하며 1840년 작성한 일본지도에서 울릉도와 독도를 각각 송도(마츠시마)와 죽도(다케시마)로 표기하였다. 이것이 점차 서양에서 일반적으로 받아들여지게 되었고 일본도 이를 받아들이게 되었다는 것이 유력한 주장이다.[22] 일본에서의 이러한 독도 명칭 문제는 아래에서 살펴볼 일본 태정관 지령의 '죽도 외 1도'의 해석과 관련해서 매우 중요한 의미를 가진다.

2) 조선시대 독도를 기록한 주요 문헌

『삼국사기』에 의하면 신라 지증왕 13년(512년) "여름 6월에 우산국 귀복하다. 우산국은 명주溟州의 정동正東에 있는 바다 가운데의 섬으로 혹은 울릉도라고도 이름하는데"라고 하여 우산국을 신라에 복속한 기록이 있다.[23] 하지만 독도를 나타내는 문헌은 조선시대에 와서 등장하는데 세종실록 권 153 "지리지" 강원도 울진현조에서 "우산于山과 무릉武陵, 두 섬이 현[울진현]의 정동쪽 바다 가운데 있다. 두 섬의 거리가 멀지 않아 날씨가 맑으면 가히 바라볼 수 있다."라고 기록하고 있다.[24] 1952년 한국이 평화선을 선포한 이후 한일 외교부간 독도에 대해 주고받은 구상서에서 한국은 이 기록을 독도가 조선 영토였다는 확실한 증거라고 주장하였다.[25] 무릉은 당시 울릉도의

---

22 현대송, 「독도 문제의 쟁점, 그 기원과 현황」『한국과 일본의 역사인식』(현대송 편), 나남, 2008, 43쪽 ; 김영수, 앞의 논문, 2009, 183~188쪽.

23 『삼국사기』 권4, 신라본기4, 지증마립간 ; 신용하, 『독도의 민족영토사 연구』, 지식산업사, 1996, 57쪽.

24 원문은 다음과 같다. "于山武陵二島 在縣正東海中 二島相去不遠 風月淸明 則可望見."

다른 이름이 분명하며 따라서 우산이 곧 독도라는 것이 주된 근거이다.

두 섬의 거리가 너무 가깝거나 너무 멀지 않아 날씨가 청명하면 볼 수 있는 거리이며 그러한 섬으로 독도 외에 다른 섬이 없으므로 우산은 독도가 확실하다고 보는 것이다. 실제 오늘날에도 날씨가 맑은 날이면 울릉도의 높은 지대에서 독도를 육안으로 볼 수 있다. 또 다른 근거로 위 문헌이 조선 정부의 공식 지리지로서 조선의 영토를 표기했다는 점이다. 따라서 멀리 보이는 우산이 조선의 섬이 아니라면 지리지에 표시하지 않았을 것이라고 본다. 이에 대해 일본은 위 문장 뒤에 "신라시대에는 우산국이라고 칭하였다. 일운하여 울릉도라고도 한다." 라는 구절이 있는 것을 들어 우산과 무릉은 같은 것으로 모두 울릉도를 지칭한다고 주장하였다.[26]

본래 우산과 울릉이 두 섬인지 한 개의 섬인지에 대한 논란은 17세기 중엽부터 있어 왔지만 서로 다른 섬으로 보는 시각이 정착되었다. 신경준은 『강계고』(1756년, 영조 32년)와 『동국문헌비고』(1770년, 영조 46년)에서 1656년 간행된 유형원의 『여지지』를 인용하면서 우산과 울릉이 본래 한 섬이라는 일설이 있으나 자세히 살펴보면 두 섬이며, 우산은 일본이 말하는 송도(마츠시마, 오늘날의 죽도 즉, 다케시마)라고 하였다.[27]

조선시대에 조선의 강역을 표시한 대부분의 지도들은 울릉도 옆에 독도를 표시하고 있다. 그러한 지도들로 16세기 초 『신증동국여지승람』의 첫머리에 수록된 팔도총도八道總圖, 18세기 영조 당시 정상기의 동국지도東國地圖, 18세기 말 정조 때의 여지도與地圖라고도 하는 〈아국총도我國總圖〉, 19세기 초에 그려진 〈조선전도朝鮮全圖〉 등 수없이 많으며 오늘날에도 새로운 지도들이 꾸준히 발굴되고 있다. 이들 중 많은 지도들은 독도를 울릉도 오른쪽 또는 아래에 위치시키고 있는데 이는 바다 위에서 육안으로 위치를 가늠해야 했던 당시의 낮은 수준의 과학기술에서 기인하는 것으로 이해해야 할 것이다. 이들 지도들이 독도가 한국의 영토임을 입증하는 자료임은 분명하지만 주의할 점이 있다. 무엇보다 실제 영유권을 다투는 국제재판에서는 지도의 제작경위나 제작목적, 정확성, 객관성 등을 엄밀하게 평가하기 때문에 어떤 지도 자체가 한

---

25 외무부, 『독도관계 자료집 (I) -왕복외교문서(1952~76)-』(이하 『왕복외교문서』).
26 1954년 2월 10일자 일본측 구상서, 『왕복외교문서』, 44~45쪽.
27 현대송, 앞의 논문, 2008, 46~47쪽.

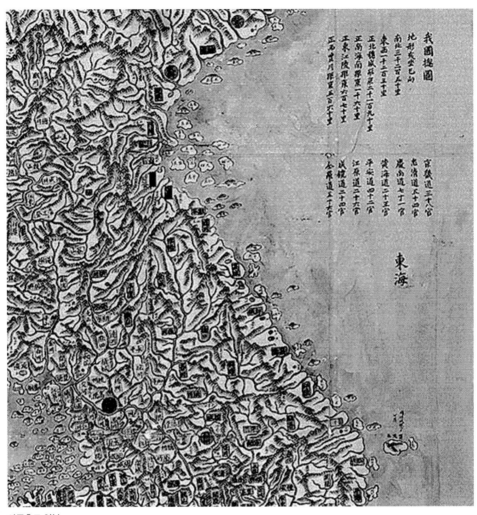

我國摠圖
地形裵圣巳卯
南能三十二百△十里
東西二千五百余里
正北靖城至鐘京九百里
正南海南至京二十二百九十里
正東江陵至京六百七十里
正西豐川至京六百五十里

京畿道三十六官
忠淸道五十四官
慶尙道七十二官
黃海道二十五官
平安道四十二官
江原道二十六官
咸鏡道二十四官
全羅道五十七官

東海

아국총도 일부
독도를 울릉도에 인접하면서도 오른쪽에 표시하고 울릉도와 독도가 육지에 가깝게 그려져 있다.

국의 영유권을 주장하는 결정적 증거로 인용되기가 어렵다는 점이다.

3) 19세기말 일본 태정관 지령

도쿠가와 막부를 몰아내고 새로이 등장한 일본 메이지 정부는 1869년 조선과의 국교 수립과 정한征韓의 가능성을 타진하려고 일본 외무성 고위관료들을 부산에 파견하였다. 이들이 조선을 내탐한 결과를 보고한 것이 "조선국교제시말내탐서朝鮮國交際始末內探書"인데, 여기에 독도가 조선의 영토임을 확인하는 다음과 같은 기록이 있다.[28]

> 죽도[울릉도]와 송도[독도]가 조선부속朝鮮附屬으로 되어 있는 경위[29]이 건은 송도는 죽도의 인접한 섬으로 송도의 건에 관해서는 이제까지 게재된 문서도 없다. 죽도의 건에 부付해서는 원록元祿 이후는 잠시 조선에서 거류를 위해 보내진 바 있다.

위 문서가 일본 외무성과 태정관의 명령에 의한 조사사항으로 단순한 보고서가 아니라는 점은 사료 내용의 객관성을 뒷받침한다. 위 내용은 울릉도와 함께 독도가 조선에 부속된 도서임을 확인하고 독도를 울릉도의 인접한 섬으로 기술함으로써 독도가 울릉도의 속도라는 한국측 입장을 증거한다.[30] 또한 1905년 당시 독도가 무주지였기 때문에 시마네현 고시를 통해 선점했다는 일본측 주장이 그릇됨을 논증한다.

독도의 영유권을 밝힐 또 다른 중요 사실로 일본 시마네현이 1876년 울릉도와 독도를 자신의 현에 포함시킬 것인지 여부에 대해 일본 내무성에 질의한 것에 대한 답변 내용이 있다. 일본 내무성은 시마네현이 제출한 문서와 당시까지 조선과 교섭한 관련 문서들을 검토한 후, 울릉도와 독도가 일본과는 관계없다는 결론을 내렸으나 중대한 사안이라 단독으로 결정할 수 없다고 생각하여 1877년 3월 17일 태정관에 의견을 구하는 품의서稟議書를 제출하였다. 품의서에 첨부된 서류에는 "기죽도(울릉도)는 일명 죽도라고 칭한다.……다음에 일도一島가 있는데 송도라고 부른다."라는 기록이 있어 "일도"가 독도임을 명확히 하고 있다.[31] 일본 태정관에서는 내무성의 품의서를 검토한 후 3월 20일 조사국장이 "품의한 취지의 죽도 외 일도一島에 대해 본방(일본)은 관계가 없다는 것을 명심할 것"[32]이라는 지령안을 작성하였다. 태정관은 지령안에 일본 우대신右大臣을 비롯해 이를 승인한 관리의 인장을 찍어 3월 29일 내무성에

---

28 「사항 6」 『日本外交文書 제3권』(일본 외무성조사부 편), 137쪽.
29 "一竹島松島朝鮮附屬二相成候始末."
30 신용하, 앞의 책, 1996, 157~164쪽 참조.
31 원문 전체 내용은 신용하, 앞의 책, 1996, 167쪽 참조.
32 "伺之趣竹島外一島之義本邦係無之義ト 可相心得事."

보내 지령의 절차를 완료하였으며, 내무성은 태정관 지령을 4월 9일자로 시마네현에 전달하여 현지에서도 이 문제를 종결지었다.[33]

일본은 "죽도 외 일도"에서 "일도"가 독도를 지칭한다는 말이 없으며 또한 단지 일본과 관계없음을 말했 뿐 한국의 영유권을 인정한 것은 아니라고 주장한다. 그러나 이러한 주장은 설득력을 갖지 못한다. 왜냐하면 "일도"가 당시 일본측이 말한 송도, 즉 오늘날 독도를 의미함은 품의서를 제출하는 과정을 볼 때 명확하기 때문이다. 특히 1877년 태정관지령을 이행하려고 1881년 일본 내무성이 외무성과 주고 받은 공문을 보면 이 점은 더욱 명확히 드러난다. 내무성은 1877년 태정관지령의 이행조치로 조선과 어떤 약정이라도 체결해야 하는 지를 외무성에 문의하고, 외무성은 그에 대해 답변을 하는 내용이다. 이때 내무성과 외무성은 모두 "죽도 외 일도"라는 표현 대신 "죽도"와 더불어 직접 "송도"를 언급하였다.

또한 내무성은 외무성에 문의하면서 별지로 1877년 태정관문서인 "일본해 내 다케시마 외 일도의 지적地積 편찬방향"에 대한 문의를 첨부하였는데, 이 제목 뒤에는 "외 일도는 송도임"이라는 말이 붙어 있었다. 이는 당시 일본 정부가 독도가 일본과 관계가 없다는 것뿐만 아니라 독도가 조선 땅임을 충분히 인식했음을 나타내는 것이다. 이처럼 태정관 지령의 죽도 "외 일도"가 송도(오늘날 독도)가 분명하기 때문에, "송도=죽도"론을 펴면서 일본 정부가 독도를 일본 영토에서 배제하거나 조선의 영토로 인정한 적 없다고 하는 일본 내 일부 학자들의 주장은 설득력이 없다.[34]

4) 대한제국 칙령 제41호

울릉도에 일본 어선들이 자주 출몰하고 일본인들에 의한 벌목과 목재 밀반출이 성

---

33 신용하, 앞의 책, 1996, 168~171쪽.

34 內務權大書記官西村捨三發外務書記官あて照會 (明治14年 11月 29日) ; 日本海內竹島外一島地籍 編纂方伺(外一島ハ松島ナリ). 이와 관련한 최근 일본 내 논의는 다음 논문들을 참조 塚本 孝, 「「竹島領有權紛爭」が問う日本の姿勢」『中央公論』2004. 10, 112~119쪽 ; 竹内 猛, 「「竹島外一島」の解釋をめぐる問題について」『鄕土石見』第87号, 2011, 41~55쪽 ; 杉原 隆, 「淺井村士族 大屋兼助他一名の「松島開拓願」について」『鄕土石見』第83号, 2010, 17~25쪽.

행하자 조선 정부는 1881년 부호군副護軍 이규원을 울릉도 검찰사로 임명하고 다음해 울릉도로 파견하였다. 이규원의 조사 보고에 따라 울릉도 개척방침을 확정짓고 1883년부터는 사람들을 이주시키기 시작하였다. 하지만 중앙에서 울릉도 지방관을 파견한 것은 1900년(광무 4년)에 와서인데, 그 동안에는 3년에 한 번씩 수토관搜討官을 파견하여 울릉도를 순찰하는 수토제도搜討制度를 약 200년간 운영해오다가 1895년 이를 폐지하고 도민 중에서 도감을 임명하는 도감제島監制를 설치하였다.

1900년 내부시찰관內部視察官 우용정禹用鼎이 현지를 시찰하고 돌아와서 일본인들을 철수시키고 도민과 산림을 보호하기 위해 군郡을 설치해달라는 내용의 청원서를 의정부에 제출하였다. 이에 의정부는 곧 칙령안을 마련하여 칙령 제41호 '울릉도를 울도鬱島로 개칭하고 도감을 군수로 개정한 건'을 의결하여 10월 25일 황제의 재가를 받아 10월 27일자 관보에 게재하여 반포하였다. 칙령 제1조는 울릉도에 중앙에서 군수를 파견하도록 하는 것을 규정하였는데, 이전의 도감이 울릉도민 중에서 임명하여 자치적 성격을 지녔기 때문에 칙령 제41호를 통해 비로소 울릉도가 지방관제에 명확히 편입되었다고 할 수 있다.[35]

독도와 관련해서 중요한 것은 제2조인데, 제2조는 울도군의 관할 구역으로 울릉전도, 죽도竹島와 함께 석도石島를 규정하고 있다.[36] 울릉전도는 울릉도 본섬과 관음도를 비롯한 주변의 작은 부속섬들과 암초를 그리고 죽도는 울릉도 근처에 있는 죽도를 가리킨다는데 이의가 없다. 그런데 석도가 독도를 의미한다는 한국의 주장에 대해 일본은 석도도 또한 죽도와 같이 울릉도 인근의 바위섬들 중 하나라고 주장한다.

하지만 일본의 주장은 여러 가지 점에서 억측에 불과하다. 먼저, 울릉도와 그 주변 및 독도의 지리적 상황을 보면 울릉도 본섬과 죽도, 석도(독도)가 명확히 구분되는데, 석도가 독도가 아니라면 대안으로 관음도로 보아야 할 텐데 관음도를 구분해서 석도로 부를 이유가 없다. 둘째, 일본측 주장과는 달리 석도란 명칭의 의미와 당시 상황을

---

35 실제로 도감은 비록 판임관 대우라고 하지만 정부로부터 월급도 받지 않았고 단 한사람의 수하도 없었기 때문에 다분히 명목상에 불과한 것이었다. 김호동, 『독도·울릉도의 역사』, 경인문화사, 2007, 161쪽.
36 "第二條. 郡廳 位置ᄂᆞᆫ 台霞洞으로 定ᄒᆞ고 區域은 鬱陵全島와 竹島 石島를 管轄ᄒᆞᆯ事."

고려하면 석도가 오늘날 독도를 지칭하는 것은 명확하다. 먼저 석도의 석石을 훈독하면 돌이 되는데 전라도, 경상도 등의 지방에서는 돌을 '독'으로 불러 왔다. 한국지명총람을 보더라도 독골石谷, 독산동石山洞, 독다리石橋里와 같이 실제 한자 석을 독으로 표기한 예는 무수히 많다.

1882년 당시 검찰사 이규원이 울릉도로 이주한 내륙인 중 약 140명을 확인한 결과 전라남도 연해민이 115명이나 되었는데, 이들이 독도를 돌섬과 독섬과 혼용해서 불렀고 이를 한자로 표기한 것이 석도이다.[37] 셋째, 1906년 4월 울릉군수 심흥택은 울릉도를 방문한 일본인을 통해 독도가 일본 영토로 편입된 사실을 듣고서 이 사실을 강원도 감찰사에 보고한 사실이 있다. 동 보고서는 "본군 소속 독도獨島"가 일본 영역으로 편입된 사정에 대해 조사하고 조치를 취해줄 것을 요청하였다. 여기서 독도라고 하면서 한자로 독獨을 사용한 것은 독섬, 독도를 차음한 것이다.[38]

이처럼 칙령 제41호의 '석도'가 독도가 아니라는 일본측 주장은 다분히 문헌의 형식적 해석에 치우쳐 실질적 내용을 놓친 것이라 할 수 있다. 또한 1907년 일본 해군의 수로부편 "조선 수로지" 제2개정판에도 "다케시마[Liancourt rocks], 한인韓人은 이를 독도라고 쓰고 우리나라 어부는 랑코 섬이라고 말함……"이란 기록이 있다.[39] 위와 같은 점들을 고려할 때 일본이 석도가 독도가 아니라는 주장은 받아들이기 어렵다.

5) 1905년 일본 시마네현 고시

일본은 1905년 시마네현 어민 나카이 요자부로[中井養三郎]가 1904년 9월 29일 제출한 독도를 일본영토에 편입하고 자기에게 대부해 달라는 "리앙꼬섬 영토편입 대하원貸下願"을 승인하는 형식을 취하면서 1905년 1월 28일 내각회의에서 독도를 일본 영토로 편입한다는 각의결정을 하였다. 동 결정은 내무성을 거쳐 시마네현에 통고

---

37 송병기, 『울릉도와 독도』, 단국대학교 출판부, 2007, 293쪽 ; 신용하, 앞의 책, 1996, 195쪽.

38 울릉도 주민들 중 독도가 홀로 있는 섬이란 한자 의미 그대로 사용했다는 설도 있다. 이한기, 『한국의 영토』, 서울대학교출판부, 1969, 251쪽.

39 호리 카즈오, 「1905년 일본의 다케시마(竹島) 영토편입」 『한국과 일본의 역사인식』(현대송 편), 나남, 2008, 109쪽.

되었으며, 시마네현은 1905년 2월 22일 현고시 제40호를 통해 리앙꼬르섬을 '죽도竹島'로 고쳐 오키의 관할로 한다는 고시를 하였다.[40]

일본 정부의 내각 결정과 시마네현 고시는 비록 나카이 요자부로의 대하원을 승인하는 형식을 취하긴 하였지만, 실제로는 독도와 조선 전체를 침탈하려는 전략적 차원에서 이루어진 것이다. 나카이는 1903년 독도 인근에서의 어업의 독점권을 한국으로부터 확보하려고 동경의 관료들과 접촉하였다. 그러던 중 일본 정부는 1904년 러일전쟁 과정에서 러시아 블라디보스토크 함대에 대항하기 위한 전략적 기지로서의 독도 가치를 인식하고 독도에 망루를 설치하면서 동시에 완전히 침탈하기 위한 계획을 세우고 있었다. 그리하여 일본 해군성은 나카이로 하여금 독도를 일본영토에 편입하고 자기에게 대부해 달라는 대하원을 1904년 9월 29일 정부 내무성, 농상무성 및 외무성에 제출하였다.

시마네현 고시를 통해 무주지인 독도를 선점했다는 일본측 주장은 한편으로는 독도가 일본의 고유영토라는 주장과 배치되는 것이다. 또한 일본은 한국과 주고받은 1954년 2월 10일자 외교 각서에서 시마네현 고시를 통해 국제법상 영토 취득에 필요한 '국가의사의 공적 발표'가 이루어 진 것으로 국제법상 합법적으로 영토를 취득하였다고 주장하였다. 이에 대해 한국 정부는 시마네현 고시가 비밀리에 진행된 것을 지적하며 '공적 발표'가 이루어지지 않았다고 반박하였다. 이에 대해 일본은 다시 국제법상 영토취득을 반드시 공표할 필요는 없다고 재반박하였다.[41] 무엇보다 무주지를 편입했다는 시마네현 고시와는 달리 당시 사정들은 독도가 무주지가 아니었음을 일본 정부도 인지하고 있었음을 보여준다. 내무성과 농상무성은 무주지를 관할하는 주무관청이지만 외무성은 관련이 없는데도 나카이는 외무성에도 대하원을 제출했다. 이는 그가 독도가 조선의 영토임을 이미 알고 있었기 때문에 조선과의 외교문제 비화를 염려했기 때문이다. 몇 가지 사료들이 이 점을 잘 보여준다.

시마네현 교육회가 1923년 발간한 "시마네현지[島根縣誌]는 다케시마 항에서 "……이때 나카이는 이 섬을 조선영토라고 생각하여 농상무성을 통해 조선 정부에

---

40 신용하, 앞의 책, 1996, 216쪽.
41 관련 내용은 다음을 참조. 김병렬, 『독도논쟁 독도가 우리 땅인 이유!』, 다다미디어, 2005, 153쪽.

대하貸下 청원을 하려고 상경했다."라는 기록이 있다. 일본 정부는 이 사료가 편저자의 오해라고 했지만 이와 같은 기록은 더 있다. 1906년 3월 25일 오쿠하라 후쿠이치[奧原福市]가 "죽도급울릉도竹島及鬱陵島" 중 '나카이 씨 이야기'라고 하여 나카이로부터 듣고 쓴 기록에 "나카이 요자부로 씨는 랑코 섬을 조선의 영토라고 믿고 조선 정부에 대하 청원할 결심을 하고서는 1904년 어로기가 끝나자마자 곧바로 상경해서 오키 출신 농상무상 수산국원 후지타 칸타로[藤田勘太] 씨에게 마키[牧] 수산국장을 만나게 해달라고 부탁한 적이 있다."는 기록이 있다.[42] 무엇보다 이 점은 나카이가 1910년 직접 작성하여 시마네현에 제출한 이력서와 그 부속문서인 '사업경영개요'에서 잘 드러난다. 시마네현 고시 후 5년이 지나 작성한 것이기 때문에 리앙꼬르섬을 죽도로 표기하고 있는데 그는 죽도경영에서 "본도[죽도, 즉 독도]가 울릉도에 부속하여 한국의 소령이라고 하는 생각을 갖고, 장차 통감부에 가서 할 바가 있지 않을까 하여 상경해서 여러 가지 획책 중에, 당시의 수산국장 목박진牧朴眞 씨의 주의로 말미암아 반드시 한국령에 속하는 것이 아닐까 하는 의문이 생겨서 ……"라고 하여 독도가 한국령일 수도 있다고 생각하였다. 그런데 위 글 아래에서는 해군 수로국장의 말을 듣고서 비로소 독도가 전적으로 무주지인 것으로 확신하였다는 말이 나온다.[43] 일본 내무성도 한국영토라는 의심이 있는 독도에 대해 자국의 영토로 할 경우 한국과 주변국들의 반대가 심할 것을 우려해 대하원을 각하시키려고 하였다.

위의 사실들은 일본이 전적으로 한국영토로 확신하지는 않더라도 적어도 상당한 의심을 갖고 있는 상황이었는데, 한국과 아무런 사전 협의나 사후 통고도 없이 일방적으로 그것도 지방의 현 고시를 통해 이루어 진 것으로 그 정당성을 인정받기 어려움을 보여준다. 더구나 시마네현 고시 제40호는 1905년 2월 22일 발간되었지만 시마네현령이나 시마네훈령 어디에도 수록되지 않았으며 고시의 원본에는 '회람'이라는 도장이 찍혀 있다. 이는 고시가 관계자들에게만 회람되는 등 비밀리에 진행되었음을 나타내는 것이다.[44] 일본이 시마네현 고시를 통해 독도를 자국 영토로 편입했다는

---

42 호리 카즈오, 앞의 논문, 2008, 119쪽.
43 전문은 신용하, 앞의 책, 1996, 212쪽 참조.
44 김호동, 앞의 책, 2007, 197쪽.

사실은 그로부터 1년이 지난 1906년 3월 28일 시마네현 오키의 지방관리들이 독도를 시찰한 후 울릉도에 들러 울릉도 군수 심흥택에게 말하면서 조선에 알려졌다.

일본은 시마네현 고시에 대해 한국이 아무런 반박을 하지 않은 것을 들어 일본의 독도 편입을 묵인한 것이라고 주장한다. 그러나 무엇보다 독도의 일본영토 편입절차가 위와 같이 비밀리에 진행되었으며 그것도 중앙정부가 아닌 조그만 지방 현 고시를 통해 이루어졌기 때문에 한국이 적절히 대응할 수가 없었다. 대한제국이 이 사실을 파악한 것은 심흥택 보고서가 강원도 관찰사 서리 이명래를 통해 중앙정부에 올라왔을 때이다. 동 보고를 접한 내부대신 이지용은 독도를 일본속지라고 하는 것은 전혀 이치에 맞지 않고 아연실색할 일이라고 경악해 하였다.[45] 또한 의정부 참정대신 박제순은 지령 3호를 통해 독도가 일본 영토라는 일본인의 설은 '전혀 근거가 없는 것全屬無根全屬無根'이며 독도의 상황과 일본인들이 어떤 행동을 하는지를 다시 조사해서 보고할 것을 명하였다.[46] 『황성신문』이나 『대한매일신보』 등에서도 일본의 독도 편입을 비난하는 기사들이 실렸다.

위와 같이 일본의 독도편입 사실을 파악한 후 대한제국 정부가 보인 반응은 명확하다. 그런데 아직까지 일본정부에 대해 대외적으로 공식적으로 항의했다는 기록은 찾을 수가 없다. 그러나 이는 외교권을 박탈당한 당시 조선의 사정을 고려할 때 충분히 이해가능한 일이다. 러일전쟁에서 승리한 일본은 1905년 9월 5일 포츠머스조약을 체결하였고 이어 같은 해 11월 무력으로 궁궐을 포위한 후 강압적으로 '을사조약'을 체결하였다. 을사조약에 따라 한국의 외교권은 박탈당하여 1906년 1월 17일 외무기관이 폐지되었고 2월 1일 통감부가 설치되어 내정을 전반적으로 통제하였다. 따라서 조선 정부가 비록 일본의 독도침탈 사실을 알았다고 하지만 대외적으로 항의할 수 있는 공적 기관은 없는 상황이었다.

---

45 『대한매일신보』, 1906년 5월 1일.
46 「(보고서호외에 대한) 지령 제3호」, 광무 10년 4월 29일, 『各觀察道案 제1책』. 원문은 신용하, 앞의 책, 1996, 227쪽 참조.

3. 해방 이후의 독도

1) 연합국 최고사령관 지령(SCAPIN) 제677호와 샌프란시스코 평화조약

(1) SCAPIN 제677호

연합국은 일본의 1945년 8월 15일 무조건 항복과 9월 2일 항복문서 조인 후 일본을 통치하려고 동경에 연합국 최고사령부General Headquarters Supreme Commander for the Allied Powers를 설치하였다. 연합국 최고사령부는 일본 정부에 명령하고 일본 정부가 명령을 집행하는 간접통치 방식의 점령정책을 실시하였다.

1945년 7월 26일 미국·영국·소련 간의 포츠담 선언은 "카이로 선언의 모든 조항은 이행될 것이며, 일본의 주권은 혼슈, 홋카이도, 큐슈, 시코쿠와 우리가 결정하는 작은 섬들로 한정된다."고 규정하였다.[47] 포츠담 선언이 언급한 카이로 선언[48]에는 일본이 중국으로부터 약탈한 일체의 지역 외에 "일본은 폭력과 탐욕에 의하여 약탈한 모든 다른 지역으로부터도 축출될 것이다."라는 내용을 담고 있었다. 두 선언 자체는 국제법적 구속력이 없지만, 포츠담 선언을 따른다는 내용을 항복시 일본이 수락하였고 항복문서에도 포함됨으로써 두 선언의 내용이 일본에 대해서는 법적 구속력을 갖게 되었다. 그러므로 포츠담 선언에서 4개의 본섬 외에 "우리가 결정하는 작은 섬들로 한정된다."고 하였기 때문에, 연합국 최고사령부의 일본의 영토에 대한 결정은 중요한 의미를 지닌다.

연합국 최고사령부를 실질적으로 통제했던 미국은 1945년 9월 22일 '항복 후 미국의 초기 대일본 방침'이란 훈령을 전달하였다. 동 훈령에는 포츠담 선언의 "우리가 결정하는 작은 섬들로 한정된다."라는 말 대신 "미국이 이미 참가하였고 또 장래에 참가하는 기타 협정에 의하여 결정되는 주변의 섬들로 한정된다."는 말로 바뀌었을 뿐, 구체적으로 섬들을 새롭게 특정하지는 않았다. 그런데 연합국 최고사령부는 1946년 1월 29일 '일본으로부터 특정 외곽 지역의 정부 및 행정상의 분리에 관

---

47 카이로 선언 제8항.
48 1943년 11월 20일 미국, 영국 및 중국 정상 간의 선언.

한 각서Memorandum for Governmental and Administrative Separation of Certain Outlying Areas from Japan를 SCAPIN(Supreme Command for the Allied Powers Instruction) 제677호로 발표하였다. 동 지령 제1조는 일본 정부가 일본 외의 지역에 대해 정부 혹은 행정상 권한을 행사하거나 행사하려는 시도를 중단할 것을 명령하였으며, 독도와 관련해서 중요한 제3조는 "본 지령의 목적을 위하여, 일본은 일본의 4개 본도와 …… 약 1천개의 더 작은 인접 섬들을 포함하는 것으로 정의되며, …… 울릉도·리앙꾸르암석·제주도 …… 은 제외한다."고 규정하였다. 즉, 연합국 최고사령부는 SCAPIN 제677호를 통해 리앙꾸르암석, 곧 독도를 일본의 영토 범위에서 명시적으로 제외하였다. 이는 1946년 1월의 시점에서 연합국 최고사령부가 독도를 한국의 영토로 인식했음을 보여주는 것이다. 본 지령 제5조는 지령에서 규정한 일본의 영토 범위가 "다른 특정한 지령이 없는 한 또한 본 연합국 최고사령부에서 발하는 모든 지령·각서·명령에 적용된다."고 하였는데, 위 내용을 수정하는 다른 지령을 발한 적이 없기 때문에 SCAPIN 제677호는 계속 유효한 것으로 보아야 한다.[49] 오히려 연합국 최고사령부는 1946년 6월 22일 SCAPIN 제1033호를 통해 일본인의 어업 및 포경업의 허가구역을 설정하고 독도의 12해리 이내에 일본인의 선박과 승무원이 접근하지 못하도록 하였다.

SCAPIN은 형식적으로는 연합국 최고사령부 지령이지만, 연합국 극동위원회Far Eastern Commission 구성국들과의 합의, 특히 미국 정부 내의 국무부, 국방부 및 해군부 간의 긴밀한 협력을 통해 이루어진 것이었다.[50] 따라서 독도를 일본 영토로부터 제외한 SCAPIN 제677호는 당시 연합국 최고사령부뿐만 아니라 극동위원회 구성국들, 특히 미국의 의사가 반영된 것으로 보아야 한다.

하지만 SCAPIN 제677호의 효력에 대해 위와 다른 견해도 있음을 유의할 필요가 있다. 이 견해는 첫째, SCAPIN 제677호 제6조에서 "이 지령의 여하한 부분도 포츠담선언 제8조에서 언급된 소도들의 최종적인 결정에 관한 연합국 측의 결정을 의미하

---

49 신용하, 앞의 책, 1996, 261쪽.
50 이석우, 「연합국최고사령부, 샌프란시스코평화조약 그리고 한일 외교관계의 구축」 『해방이후 한일 관계의 재편』, 경인문화사, 2010, 10쪽.

는 것으로 해석되어서는 안 된다."라고 규정하고 있으며, 둘째, 연합국 최고사령부가 일본 영토를 처분할 권한이 없으며, 일반적으로 패전국의 영토처리는 평화조약에 의해 최종적으로 결정된다는 점을 주된 논거로 든다.[51]

(2) 샌프란시스코 평화조약과 독도

1951년 9월 8일 연합국과 일본 사이에 샌프란시스코에서 체결된 평화조약은 제2조 제1항에서 "일본은 한국의 독립을 승인하고, 제주도, 거문도, 울릉도 등을 포함한 한국에 대한 모든 권리, 권원 그리고 청구권을 포기한다."고 규정하였을 뿐 독도를 명시적으로 언급하고 있지는 않다. 따라서 1951년 평화조약 자체는 독도의 영유권에 대해 중립적이라 할 수 있다. 또한 이미 국제관습법화된 1969년 조약법에 관한 비엔나협약 제34조에 의하면 "조약은 제3국에 대하여 그 동의 없이는 의무 또는 권리를 창설하지 못"하므로, 1951년 평화조약은 이 조약의 당사국이 아닌 한국에게는 원칙적으로 적용되지 않는다. 그런데도 여전히 1951년 평화조약이 독도 영유권을 주장함에 있어 중요한 사안으로 논의되는 것은 다음과 같은 몇 가지 이유 때문이다.

첫째, 만일의 경우 독도 문제가 국제법원에서 다루어진다면 국제법원은 비록 한국이 당사국은 아닐 지라도 1951년 평화조약을 하나의 객관적 증거자료로써 검토할 수 있기 때문이다. 예컨대 1998년 에리트리아와 예멘 간에 홍해에 있는 도서의 영유권을 다투었던 중재사건에서 두 국가는 1923년 터키와의 평화조약인 이른바 '로잔조약'의 당사국은 아니었지만, 중재법원은 로잔 조약이 모든 국가에 대항할 수 있는 효과를 가진다고 판정한 바가 있다.[52]

둘째, 1951년 평화조약의 초안 작성과정에서 독도가 한국 또는 일본의 영토로 번갈아 규정되었지만 결국에는 삭제되었다는 점이다. 평화조약의 초안은 미국의 주도로 작성되었는데, 미국이 일방적으로 작성한 후 교섭을 통해 영국, 호주 등 기타 연합국들의 의견을 일부 반영하는 방식을 취하였다. 미국 국무부에서 평화조약의 초안은

---

51 최태현·김석현, 『독도 영유권과 SCAPIN 문서의 효력관계』, 한국해양수산개발원, 2006.
52 조약의 제3자적 효력과 에리트리아와 예멘 간 중재사건에 대한 분석은 다음을 참조. 이석우, 「독도 분쟁과 샌프란시스코 평화조약의 해석에 관한 소고」 『서울국제법연구』 9-1, 2002, 127~136쪽.

1947년 3월 이후 본격적으로 작성되었는데, 1947년 3월부터 1949년 11월까지 작성된 5개의 조약안에서는 모두 독도를 한국 영토로 규정하였다. 예컨대 1947년 3월 19일자 조약안은 "일본은 제주도, 거문도, 울릉도 및 리앙꾸르 암석[독도]을 포함하여 한국과 모든 한국 연안의 작은 섬들에 대한 모든 권리와 권원을 포기한다."라고 규정하였다.[53] 하지만, 이에 대해 미국의 정치고문 시볼트는 독도에 대한 일본의 영유권을 주장하였고 이것이 반영되어 1949년 12월 8일자 조약안에서는 독도가 일본의 영토로 명시적으로 규정되었다.

그러나 동년 동월 19일자 조약안에서는 독도가 다시 한국의 영토로 규정되었다가 또다시 29일자 조약안과 1950년 1월 3일자 조약안에서는 일본 영토로 규정되었다. 그러다가 결국 1950년 8월과 9월의 조약안에서는 아예 독도에 관한 표기 자체가 빠져버렸으며 이것이 1951년 평화조약에까지 이어졌다.[54]

이처럼 1951년 평화조약의 체결과정에서 독도는 첨예한 문제였다. 하지만 최초 조약안에서 독도가 한국 영토임을 인정한 점과 1951년 평화조약에 독도에 관한 사항이 없다는 점은 적어도 평화조약이 독도에 대한 한국의 영유권을 전적으로 부정하지는 않았음을 나타낸다.

2) '평화선' 선포 이후 한일간 독도 논쟁

위에서 살펴본 바와 같이 1951년 평화조약은 한국의 희망에도 불구하고 독도에 대한 아무런 언급을 하지 않았다. 그런데 한국 정부는 평화조약이 발효하는 1952년 4월 28일보다 앞선 1월 18일 "인접 해양의 주권에 대한 대통령 선언"을 발표하였는데 이는 한반도 주변에 최장 200해리에 근접하는 수역과 해저 대륙붕에 관해 대한민국이 주권을 가진다는 내용이었다. 동 선언을 통해 획정된 독도 외측의 한계선을 '평화선'으로 부르는데 이를 일본에선 '이승만 라인'으로 부른다.[55] 평화선의 주된 목적은

---

53 박영길, 「샌프란시스코평화조약 체결과정에서 일본의 법적 지위 분석」 『해방이후 한일관계의 재편』, 경인문화사, 2010, 103~104쪽.
54 박영길, 앞의 논문, 2010, 104쪽.

한반도 주변 수역에서 일본 어선의 남획을 방지하기 위한 것이었다.[56] 하지만, 평화선의 한국 수역 내에 독도가 포함되자 일본 외무성은 같은 해 1월 28일 독도의 한국 영토를 인정할 수 없다는 항의서를 한국 정부에 보내왔다. 그 후 일본 외무성은 1953년 7월 13일 일본의 독도 영유에 대한 이론적 근거를 상세히 작성한 구상서를 한국 외무부에 보내오고 한국 외무부는 이를 이론적으로 반박하는 구상서를 일본에 보냈다.

독도 영유권을 두고서 한일 외무부간 왕래한 본 논쟁은 1953년부터 약 10년 동안 계속되었는데, 일본의 주장에 대해 한국이 반박하는 형식이었다. 1962년 7월 13일 일본이 네 번째 구상서를 보내오자 한국 외무부는 일본이 같은 주장만을 되풀이 한다고 판단하여 더 이상 응대하지 않음으로써 왕복외교문서 방식의 논쟁은 중단되었다. 양국의 주된 주장은 이 글에서 앞서 살펴본 내용이 주를 이루었다.

하지만, 약 50년이 지난 오늘날에도 일본은 교과서에서 한국이 일본 영토를 침탈했다고 기술하는 등 역사적 사실을 왜곡하고 일본 외무성도 공공연히 독도 영유권을 주장하는 바와 같이 독도에 대한 야욕을 포기치 않고 있다. 특히 일본은 2011년 일본 동북부 지방의 지진·해일과 원전의 방사능 유출로 비상 상황인 가운데서도 순시선을 통해 독도 인근 해역의 순찰을 지속하고 있다. 이는 일본의 독도 무력침탈과 같은 상황이 언제든지 발생할 수 있으며, 유사시 독도 수호를 위해서는 평소 일본보다 우월한 군사력을 갖추고서 철저한 경비태세를 유지해야 함을 시사한다.

---

55 현대송, 앞의 논문, 2008, 33~34쪽.
56 정인섭, 「1952년 평화선 선언과 해양법의 발전」『서울국제법연구』 13-2, 2006, 1쪽.

제3절

서해 북방한계선

1. 북방한계선의 설정 배경

한반도 서해상의 북방한계선(NLL)은 1953년 8월 30일 유엔군과 한국군, 한국 어민의 북한 월경을 방지함과 동시에 북한군의 남하를 차단하려고 유엔군 사령부가 일방적으로 설정한 것이다.[57] 유엔군 사령부가 일방적으로 북방한계선을 설정한 데에는 1953년 7월 27일 체결된 정전협정[58]에서 육상에서의 군사 분계선은 설정하였지만 해상에서의 군사 분계선은 설정하지 않았기 때문이다. 정전협정은 서해와 관련해서 "황해도와 경기도의 도계선 북쪽과 서쪽에 있는 모든 도서 중에서 백령도, 대청도, 소청도, 연평도 및 우도의 도서군을 유엔군 총사령관의 군사통제하에 둔다."라는 규정과[59] "본 정전협정은 적대 중의 일체 해상군사역량에 적용되며, 이러한 해상군사역량은 비무장지대와 상대방의 군사통제 하에 있는 한국 지역에 인접한 해면을 존중하며 한국에 대하여 어떠한 종류의 봉쇄도 하지 못한다."라는 규정만 두고 있었다.[60]

유엔군과 공산군 측은 1952년 1월 말부터 해상 분계선에 관한 실무협상을 벌였다.

---

[57] 제성호, 「북방한계선(NLL)의 법적 유효성과 한국의 대응방향」 『중앙법학』 7-2, 2005, 110쪽.
[58] 정전협정은 유엔군 사령관과 북한군 사령관 및 중국 지원군 사령관 사이에 체결된 것으로 한국은 정전협정의 당사자가 아니다.
[59] 정전협정 제2조 제13항 ㄴ목.
[60] 정전협정 제2조 제15항.

서해 북방한계선(NLL)과 북한 주장 해상분계선

NLL(북방한계선 1953. 8. 30. 정전 후)

황해도

옹진

백령도
대청도
등산곶   연평도
소청도   우도

강화도

● 인천

서해

북한 주장 해상분계선
(1999. 9. 2 주장)

북측이 남측 배의 통행을
허용하겠다고 밝힌 수로
(폭 3.7km 수로)

경기도

당진

서해 북방한계선과 북한 주장 해상분계선

협상 당시에는 이미 서해 도서를 비롯한 육지의 관할 문제가 타결되었으므로 해상 분계를 위해 별도의 선을 긋는 것이 아니라 육지로부터 어느 거리까지를 양측의 관할수역으로 할 것인지가 중요한 쟁점이었다. 유엔군 측은 연안수역을 저조선으로부터 3해리 이내의 수역으로 하자는 제안을 했지만, 공산군 측은 3해리로 할 경우 교전 쌍방 간의 거리가 가까워 전투가 재개될 수 있으므로 12해리로 하자고 주장하였다. 그러나 실제로 북한이 우려한 것은 해상봉쇄와 해상기동 공간의 축소였다. 이에 대해 유엔군 측은 다시 해상봉쇄 금지는 정전협정 초안에 들어 있으며 연안에서 3해리로 하는 것은 당시의 국제해양법에도 부합하는 것이라고 주장하였다. 계속된 협상에도 불구하고 합의가 이루어지지 않자 공산군 측이 해상분계선 문제를 정전협정 초안에서 삭제할 것을 주장하였고 결국 정전협정에서도 빠지게 되었다.[61] 하지만 정전협정이 체결된

---

61 제성호, 앞의 논문, 2005, 109쪽 ; 임규정·서주석, 「북방한계선의 역사적 고찰과 현실적 과제」 『현대이념연구』14, 1999.12, 51쪽.

후에도 해상에서의 무력 충돌의 가능성은 높았고 특히 이승만 대통령은 북진통일의 입장을 포기하지 않고 있었기 때문에, 유엔군 측은 한국군의 대북 접근을 차단하려고 군사 활동의 북방한계를 설정할 필요성을 인식하였다. 이러한 목적에서 유엔군 총사령관 클락Mark W. Clark 장군이 일방적으로 북방한계선을 선포하였다.

2. 북방한계선에 대한 북한의 허황된 입장과 남북기본합의서

1) 북방한계선에 대한 북한의 허황된 입장

1953년 유엔군 측에 의해 일방적으로 설정된 북방한계선에 대해 북한은 약 20년 동안 아무런 이의를 제기하지 않았다.[62] 북한은 1970년대 초까지 북방한계선 부근에서 남한 어선을 피랍하거나 해군함정을 피격하는 등 간헐적으로 사건을 일으키긴 했지만 북방한계선 자체를 문제 삼지는 않았다. 오히려 북한은 1959년도 『조선중앙연감』(조선중앙통신사 간행)에서 북방한계선을 명시함으로써 북한이 사실상 북방한계선을 해상 군사분계선으로 간주했음을 추정케 하였다. 북한이 북방한계선을 정식으로 문제 제기한 것은 1973년 11월에 열린 제346차 군사정전위원회 본회의에서였다. 당시 북한은 휴전협정상 황해도와 경기도 도계 서쪽과 북쪽 수역은 자신들의 연해이며 서해상의 5개 도서만 유엔군 측 관할 구역이므로, 북쪽 수역을 통과해서 서해 5도로 출입하는 선박은 사전에 허가를 받아야 한다고 주장하였다.[63] 이후 북한은 여러 차례 의도적으로 북방한계선을 침범하고 자신의 관할 수역임을 주장해 왔다.

북한은 북한 군함이 북방한계선을 침범함으로써 촉발된 1999년 6월 연평해전에서 패한 후 같은 해 7월 21일과 9월 1일 판문점에서 열린 유엔사-북한군간 장성급 회담

---

62 제성호, 앞의 논문, 2005, 122쪽 ; 엄영보, 「잊혀진 해전」『월간 해군』, 2008년 1-2월호, 23쪽 ; 이재민, 「북방한계선(NLL)과 관련된 국제법적 문제의 재검토 」『서울국제법연구』15-1, 2008, 44쪽.
63 임규정·서주석, 앞의 논문, 1999, 54쪽.

에서 북방한계선을 인정할 수 없다고 하며 새로운 군사분계선을 제시하였다. 이에 한국과 미국이 거부의사를 밝히자 북한은 9월 2일 조선인민군 총참모부 명의로 '조선 서해해상 군사분계선을 선포함에 대하여'라는 특별보도를 발표하였다. 동 발표문은 정전협정상 도계선 (가)로부터 서해 5도를 제외한 남북한 및 중국과의 등거리선으로 서해 해상분계선을 설정하여 이 선 이북을 북한군 측 해상 군사통제수역화 한다는 내용을 포함하였다.[64] 북한은 이에 대한 후속조치로 2000년 3월 23일 북한 해군사령부가 서해 '5개 섬 통항질서를 공포함에 대하여'를 발표하였다. 이 발표에서 북한은 서해 5도를 3개 구역으로 나누고 미군 함정과 민간 선박, 항공기들은 지정 항로로만 운항해야 한다고 주장하였다.[65]

위와 같이 북방한계선을 인정하지 않는 북한은 이 선을 넘어와 우리 해군에 선제공격을 가함으로써 연평도 부근과 대청도 부근에서 세 차례 교전을 일으켰다. 그리고 북한은 2010년 3월에는 우리 해군 천안함을 어뢰공격을 통해 피격하였으며, 11월에는 휴전 후 처음으로 연평도를 직접 폭격하였다.

한국 정부는 세 차례 교전을 지명과 발생순서에 따라 해전 명칭을 부여해 온 관례에 따라 각각 제1차 및 제2차 연평해전과 대청해전으로 명명하였다. 제1차 연평해전은 1999년 6월 15일 북방한계선 이남인 연평도 부근에서 북한 경비정이 소총 선제 사격에 이어 남한 해군함정이 대응사격을 가하는 교전이 발생했다. 이 교전으로 인해 북측 해군은 어뢰정 1척이 격침되고 경비정 5척이 대파되는 타격을 받으며 최소 10

---

64 1999년 9월 2일 조선인민군 총참모부 명의의 위 발표문은 다음과 같다. "1. 조선 서해 해상군사분계선은 정전협정에 따라 주어진 선인 황해도와 경기도의 도경계선 가-나선의 가점과 우리 측 강령반도 끝단인 등산곶, 미군 측 관할하의 섬인 굴업도 사이의 등거리점 북위 37도 18분 30초, 동경 125도 3분 00초, 우리 측 섬인 응도와 미군 측 관할하의 섬들인 서격렬비도, 소협도 사이의 등거리점 북위 37도 1분 12초, 동경 124도 32분 30초를 지나 우리나라와 중국과의 해상경계선까지 연결한 선으로 하며, 이 선의 북쪽 해상수역을 조선인민군 해상군사통제수역으로 한다. 2. 조선 서해해상 우리의 영해안에 제멋대로 설정한 미군 측의 강도적인 북방한계선은 무효임을 선포한다. 3. 조선 서해해상 군사분계선에 대한 자위권은 여러 가지 수단과 방법에 의하여 행사될 것이다." (통일부 정보분석국, 『주간 북한동향』, 제450호, 1999.8.28~9.3, 1~5쪽 ;『중앙일보』 1999년 9월 3일 ; 제성호, 앞의 논문, 2005, 135쪽 참조).
65 2000년 3월 23일자 연합뉴스; 통일부 정보분석국, 『주간 북한동향』, 제479호, 2000.3.18~3.24, 18쪽 ; 제성호, 앞의 논문, 2005, 135쪽.

명이 사망한 것으로 추정되었다. 반면, 우리 해군은 해군 고속정 4척과 초계함 1척의 기관실이 일부 파손되고 7명이 경미한 부상을 당하는 수준에 그쳤다.[66]

제2차 연평해전은 2002년 6월 북한 경비정의 선제공격으로 발생했는데, 그 결과 우리 해군의 고속정 1척이 포격을 받아 예인 중 침몰하면서 전사 4명, 부상 22명, 실종 1명의 피해를 당했다. 반면 북한의 피해는 경비정 1척이 화염에 휩싸인 채 북한으로 돌아간 정도에 그쳤다. 제2차 연평해전이 발생하자 적대적인 대남정책 및 전략을 수정하지 않는 북한을 향한 정부의 햇볕정책에 대한 비판이 제기되었다.[67]

제2차 연평해전 발생 후 7년이 지난 2009년 11월 10일 대청도 인근 해상에서 북한 서해함대 8전대 소속 상해급 경비정이 북방한계선을 2km 이상 침범해 왔다. 이에 우리 해군은 참수리 325정이 경고통신을 보내고 계속 침범해 오자 경고사격을 했다. 하지만 북한 경비정은 참수리 325정을 향해 50여 발의 함포탄 공격을 가해 선체에 15발 가량을 맞추었다. 이에 우리 해군은 참수리 325정을 포함해 고속정 4척과 후방에 있던 1200톤급 초계함 2척이 일제히 공격을 가했다. 북한 경비정은 피격을 당해 연기를 뿜으며 북으로 퇴각했다. 대청해전으로 인해 우리 측 인명피해는 없었으며 북한은 최소 1명이 사망하고 3명이 부상당한 것으로 파악되었다.[68]

대청해전 발생 후 6개월이 채 지나지 않은 2010년 3월 26일 밤 북한은 백령도 이남으로 잠수정을 침투시켜 어뢰를 발사하여 우리 측 천안함을 침몰시켰다. 이로 인해 천안함은 두 동강이 난 채 침몰하였으며 병사 46명이 사망하고 인양과정에서 한주호 준위가 사망하는 큰 피해를 입었다. 또한 2010년 11월 23일 북한군은 연평도를 직접 겨냥해 수백발의 해안포를 발사하였다. 이로 인해 군인 2명과 민간인 2명이 사망하였으며, 수십 채의 민가와 군 시설이 파괴되었다. 휴전 이후 육지를 향해 공격한 것, 특히 민간인을 상대로 공격하고 민간인 피해가 발생한 것은 이번이 처음이었다. 이는 1953년 휴전협정과 1992년 남북기본합의서뿐만 아니라 1949년 제네바협약을 명백

---

66 김강녕, 「서해교전과 우리의 안보적 대응」『통일전략』 2-1, 2002, 11쪽. 제1차 연평해전에 관한 분석에 대해서는 다음 논문을 참조. 김태준, 「연평해전의 정의와 성격에 관한 연구」『해양전략』 104, 1999.9, 1~42쪽.
67 김강녕, 앞의 글, 2002, 11쪽.
68 『조선일보』, 2009년 11월 11일.

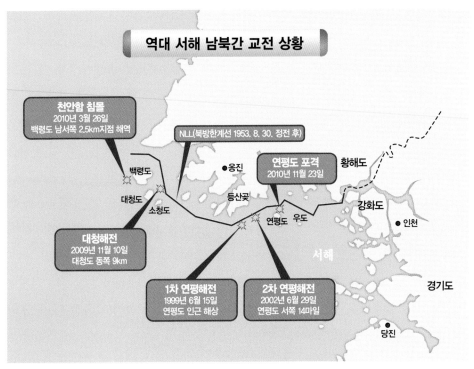

역대 서해 남북간 교전 상황

천안함 침몰
2010년 3월 26일
백령도 남서쪽 2.5km지점 해역

NLL(북방한계선 1953. 8. 30. 정전 후)

연평도 포격
2010년 11월 23일

황해도

백령도

옹진

대청도

소청도

등산곶

강화도

연평도 우도

인천

대청해전
2009년 11월 10일
대청도 동쪽 9km

서해

경기도

1차 연평해전
1999년 6월 15일
연평도 인근 해상

2차 연평해전
2002년 6월 29일
연평도 서쪽 14마일

당진

역대 서해 남북간 교전

히 위반한 것이다. 당시 한국은 통상적인 포격 훈련을 실시 중이었는데, 곧바로 북한에 대해 대응사격을 가함으로써 5~7명의 북한군 병사가 사망한 것으로 전해졌다.

이처럼 냉전이 붕괴된 1990년대 이후에도 북방한계선을 인정하지 않고 있는 북한은 북방한계선의 단순 침범뿐만 아니라 무력 공격도 자행해 오고 있다. 최근 북한은 연평도 포격사건에서와 같이 더욱 과감한 공격을 가하고 있다. 이는 서해에서의 해군력 강화와 철저한 경계태세가 국가 안보와 직결됨을 여실히 보여준다고 할 수 있다. 현재 서해에는 남북한 화력면에서 비대칭 전력을 보이고 있는데 한국군은 연평도 포격 사건을 계기로 전차 등 무기들을 증강하고, 군의 조직을 개편하고 있다.

2) 남북기본합의서

1992년 2월 19일 평양에서 개최된 제6차 남북 고위급회담에서 채택된 남북기본합의서[69]는 북방한계선을 잠정적으로 인정하고 해상경계선 문제를 남북한이 계속해서 협의해 나갈 것을 규정하고 있다. 즉, 남북기본합의서 제11조는 "남북의 불가침 경계선과 구역은 군사정전에 관한 협정에 규정된 군사분계선과 지금까지 쌍방이 관할하여 온 구역으로 한다."고 규정하고, 남북기본합의서의 불가침 부속합의서 제10조는 "남북의 해상불가침 경계선은 앞으로 계속 협의한다. 해상불가침 구역은 해상불가침 경계선이 확정될 때까지 쌍방이 지금까지 관할하여 온 구역으로 한다."고 규정하고 있다.

1953년 이후 북방한계선 이남을 한국이 관할해 온 것은 부인할 수 없는 사실이므로 두 조항은 북방한계선이 남북한 간의 불가침 경계선임을 의미한다.[70] 다만 이것은 잠정적 성격을 지니므로 해상불가침의 경계선에 대해 양자가 앞으로 계속 협의해 나가야 하는 것이다. 이는 "남과 북은 현 정전상태를 남북 사이의 공고한 평화상태로 전환시키기 위하여 공동으로 노력하며 이러한 평화상태가 이룩될 때까지 현 군사정전협정을 준수한다."고 규정하고 있는 남북기본합의서 제5조와 함께 서해상에서의 평화상태 유지를 위한 남북한의 의무를 선언한 것이다.[71]

따라서 위와 같은 이유로 1999년과 2002년, 그리고 2010년 북한의 북방한계선 침범은 남북기본합의서를 명백히 위반한 것이다.

3. 군사경계선으로서의 법적 성질

북방한계선을 남북한 사이의 군사경계선으로 간주하는 것이 국내 학자들의 통설적 견해이다. 다만 북방한계선을 군사경계선으로 인정하더라도 그 구체적 근거에 있어서

---

69 정식 명칭은 남북 사이의 화해와 불가침 및 교류·협력에 관한 합의서이다. 남북기본합의서는 서문과 제1장 남북화해, 제2장 남북불가침, 제3장 남북교류·협력, 제4장 수정 및 발효 등 총 4장 25개 조로 구성되어 있다.
70 임규정·서주석, 앞의 논문, 1999, 57쪽.
71 정전협정과 종전선언의 법적 의의, 평화상태로의 전환의 의미 등에 대한 자세한 분석은 다음을 참조. 이근관, 앞의 논문, 2008.

는 차이가 있다.

첫째, 응고설에 의하면, 북방한계선은 지난 반세기에 걸쳐 사실상 북한 측의 묵인 아래 성립된 관행을 통해 휴전협정의 안정적 관리를 위한 실효적 해상경계선으로 응고되었다고 본다.[72] 북방한계선이 유엔사령부와 북한, 또는 남북한간에 묵시적 합의가 형성되어 특별 관습법적 효력을 갖는다는 묵시적 합의설도 이와 유사한 견해이다.[73] 둘째, 실효적 지배설에 의하면, 영토의 점유와 주권의 존재여부를 판단함에 있어 중요한 기준이 되는 실효성 원칙the principle of effectiveness이 분단 이후 한국이 실효적으로 지배해 온 북방한계선 이남의 수역에 적용될 수 있다고 본다.[74] 셋째, 필수적 사후조치설에 의하면, 북방한계선은 비록 휴전협정에서 합의된 선은 아니지만 동 협정의 이행과정에서 무력충돌방지와 정전체제의 안정적 관리를 위해서 필수적 조치로 설정·시행되었다는 견해이다.[75]

마지막으로 사실상 해상경계선설에 의하면, 북방한계선은 휴전협정에도 없는 것으로 국제법상 법적 구속력을 가지는 완전한 의미의 해상경계선은 아니지만, 1991년 체결한 남북기본합의서에 의해 구속력을 갖게 된 남북한간 사실상의 해상경계선이라는 것이다.[76]

위와 같이 근거들은 조금씩 차이가 있지만 북방한계선을 오늘날 남북한 사이의 해상 군사경계선으로 보는 데에는 이견이 없다.

---

72 김명기, 「서해 5도서의 법적 지위」 『국제법학회논총』 제23권 1·2합병호, 1978, 335~336쪽 ; 제성호, 앞의 논문, 2005, 116쪽 ; 이용중, 「서해북방한계선(NLL)에 대한 남북한 주장의 국제법적 비교 분석」 『법학논고』 32, 경북대학교, 2010, 552쪽.

73 이재민, 앞의 논문, 2008, 55쪽.

74 김명기, 앞의 논문, 1978, 333~334쪽 ; 제성호, 앞의 논문, 2005, 117쪽.

75 제성호, 앞의 논문, 2005, 117쪽 ; 이재민, 앞의 논문, 2008, 55쪽.

76 제성호, 앞의 논문, 2005, 118쪽.

4. 북방한계선에 대한 현실적 과제

1) 해군력 강화

2010년 4월 발생한 천안함 피격사건에서 극명히 드러났듯 서해상은 육지보다 훨씬 더 군사적 긴장관계가 심하고 언제든지 전쟁 상황으로 악화될 수 있는 곳이다. 이는 북방한계선 자체가 가진 역사성에서도 기인하지만, 육지가 비무장지대라는 완충지대를 두고서 왕래를 엄격히 통제하고 있는 반면, 서해상은 그러한 완충지대가 없고 또한 가시적인 경계선도 없기 때문이기도 하다. 또한 백령도를 비롯한 서해 5도가 위도상 북측 육지보다 위에 있거나 비슷한 선상에 있으며, 북측 해안에서 인천과 서울의 거리는 매우 가깝기 때문이다.

이러한 지리적 상황은 해군력의 강화가 필수적임을 반증한다. 해군력의 강화를 위해서는 북한의 발전하는 무기에 대응하는 해양 전투장비의 현대화와 함께 대북 정보의 수집·분석 및 처리에 있어서 신속하고 효율적인 시스템을 구축하는 것이 필요하다. 또한 서해상의 북방한계선을 수호하는 것이 한국의 안보에 직결된 사항임을 인식하는 투철한 안보의식도 반드시 갖추어야 한다.

2) 평화체제 구축

북방한계선의 문제는 휴전협정의 평화협정 체제로의 전환 문제와도 관련이 있다. 엄격한 의미에서의 휴전협정은 전쟁이 잠시 중단된 상태를 의미할 뿐 완전한 종결을 의미하지 않기 때문에, 여전히 전쟁상태에 있다고 할 수 있다. 이러한 평화체제로의 전환을 위해 여러 주장들이 제기된다. 하나는 완전한 평화상태로 전환하려면 먼저 평화협정을 체결해야 한다는 주장이다. 북한은 이미 1990년대에 평화협정의 체결을 주장한 바 있다. 그러나 북한의 주장은 휴전협정의 당사자들끼리 평화협정을 체결하자는 것으로 휴전협정의 당사자가 아닌 한국을 배제하려는 의도를 가지고 있다.

또한 북한은 평화협정 체결을 통해 북핵 또는 한반도 비핵화문제를 회피하려는 의

도도 가지고 있다. 그러므로 북한의 주장을 그대로 받아들이기는 어렵다. 요컨대 평화협정을 체결한다면 남북한이 주요 당사자가 되는 협정이 되어야 할 것이다.

다른 하나는 이미 휴전협정이 체결된 지 50년이 지난 상황에서 새로운 협정 체결이 아니라 실질적인 평화체제 구축이 중요하다는 주장이다. 이 견해는 다양한 형태의 교류와 협력을 통해 남북간 군사적 긴장을 완화하고 상호 신뢰를 구축한 이후에 평화협정을 체결해도 된다고 본다.[77] 나아가 평화상태로의 전환을 위해 전통적 개념의 평화협정을 고수할 것이 아니라 남북한에 미국·중국·일본·러시아가 참가하는 것과 같은 2+4 방식의 협약 채택을 통한 평화보장 등 유연한 시각을 견지할 필요가 있다는 견해도 있다.[78]

한반도 평화체제가 어떠한 방식으로 성립하든지 간에 그 중심에는 서해상 북방한계선 문제가 자리 잡고 있다. 평화체제가 구축되어야 북방한계선을 둘러싼 긴장관계도 완화될 수 있을 것이다. 하지만, 먼저 북방한계선 주변 수역에서 남북한 상호 신뢰를 바탕으로 한 평화수역이 형성된다면 한반도 전체의 평화체제 구축도 보다 용이할 것이다. 따라서 북방한계선 문제는 군사 안보적 문제로서 철저한 방어태세가 필요하면서도 한편으로는 평화수역으로의 전환을 위해 가장 많은 지혜가 요구되는 문제이다.

---

77 제성호, 「평화체제 논의의 내용 과정 – ‘제도적’ 평화보다 ‘실질적’ 평화가 핵심이다」 『통일한국』 통권 제263호, 2005.11, 15쪽.
78 이근관, 앞의 논문, 2008, 182~190쪽.

제4절

배타적 경제수역 및 대륙붕

1. 유엔해양법협약과 해양의 관할

1) 유엔해양법협약 발효의 의의

1982년 체결되어 1994년 발효한 유엔해양법협약[79]은 1958년 해양에 관한 4개 제 네바협약[80]을 대체했을 뿐만 아니라 배타적 경제수역, 심해저와 같은 새로운 제도를 도입하고 분쟁해결 방안도 마련함으로써 오늘날 해양관할에 관한 가장 포괄적이고 규범력이 강한 중요한 국제문서이다. 동 협약의 가장 중요한 특징 중 하나는 연안국의 해양에 대한 관할권의 확대에 있다. 이러한 관할권 확대는 양적·질적인 면에서 동시에 찾을 수 있다. 즉 영해의 범위가 그 동안 3해리 또는 6해리로 논란이 있었지만 유엔해양법협약은 12해리까지로 확대하였다. 이것은 국가의 주권이 미치는 범위가 12해리 영해 및 영해의 상공까지 확대되었음을 의미한다. 또한 배타적 경제수역이란 새로운 제도를 도입함으로써 영해기선으로부터 200해리까지의 수역에 대해 연안국

---

[79] 1982년 12월 10일 체결, 1994년 11월 16일 발효. 2010년 2월 16일 현재 당사국은 160개국에 이른다. 한국은 1996년 1월 29일 비준, 중국은 1996년 6월 7일 비준, 일본은 1996년 6월 20일 비준, 북한은 1982년 협약 체결당시 서명하였지만 아직까지 비준은 하지 않고 있다.

[80] 영해 및 접속수역에 관한 협약, 대륙붕에 관한 협약, 공해에 관한 협약, 공해에서의 어업 및 생물 자원의 보존에 관한 협약.

에게 포괄적이고 배타적인 경제적 권한을 부여하였다.

이러한 연안국의 해양에 대한 관할권 확대는 그 만큼 공해의 축소와 함께 다른 국가들의 자유로운 해양 이용의 축소를 뜻한다. 무엇보다 과학기술의 발달로 말미암아 과거에는 상상도 할 수 없었던 연안에서 멀리 떨어진 바다 또는 수심이 깊은 바다에서 해저자원의 탐사와 개발이 가능해짐에 따라 해양은 국가의 중요한 보고寶庫로 떠올랐다. 한편, 연안국의 해양관할 범위의 확대와 해양의 가치에 대한 재인식은 그 만큼 국가간 해양에 대한 분쟁 가능성 또한 높아졌음을 뜻한다. 실제로 그 동안 국제사법재판소에 부탁된 사건들의 상당 부분이 영유권과 해양경계획정 문제를 다룬 사건들이었다. 연안국의 해양 관할권의 확대와 해양의 가치에 대한 재인식은 동시에 수호해야할 국방 범위의 확대와 함께 군사력 강화의 필요성도 불러왔다. 기존에는 3해리에서 최대 12해리까지의 영해만 수호하는 것으로 충분했을 수 있지만 이제는 200해리 배타적 경제수역 또는 그 이원의 대륙붕까지 보호해야 하기 때문이다. 전통적으로 일본은 미국과 함께 세계 최강의 해군력을 보유하고 있으며 중국도 최근 해군력을 크게 강화하고 있다. 이것은 두 국가간 첨예하게 대립하고 있는 조어도釣魚台(중국명은 댜오위다오, 일본명은 센카쿠열도)와 동 섬 주변에서 발견된 대량의 가스전 개발을 둘러싼 영유권 분쟁과도 관련이 있다. 특히 한국은 3면이 바다로 둘러싸인 반도 국가이며 독도와 이어도를 두고 각각 일본 및 중국과 다툼이 있으며 아직까지 두 국가와의 해양경계가 획정되지 않고 있으며, 북한과도 해양에서 팽팽한 긴장관계를 유지하고 있다. 그러므로 한국의 경우 국가의 안보와 경제적 이익을 위해 해양에 대한 군사력 강화를 통해 해양관할권을 확보하는 것이 매우 중요하다.

2) 유엔해양법협약에 따른 해양의 분할

유엔해양법협약에 의하면 해양은 크게 영해, 접속수역, 배타적 경제수역, 대륙붕 및 공해로 구분된다. 이것은 영해 기선으로부터 거리를 기준으로 한 것으로 연안국가는 인접국과 중첩수역이 없는 한 영해는 12해리, 접속수역은 24해리, 배타적 경제수역은 200해리까지 설정할 수 있다. 각각의 수역에 대한 연안국의 권한에 대해 아래에서 간단히 살펴보기로 한다.

연안국이 개별 수역을 결정함에 있어 기준이 되는 선인 영해 기선은 통상기선과 직선기선의 두 가지 방법으로 설정할 수 있다. 통상기선은 특별한 사정이 없는 한 일반적으로 사용되어야 하는데, 연안국이 공인한 대축척해도에 표시된 해안의 저조선을 말한다.[81] 직선기선은 해안선의 굴곡이 심하거나 해안 주변에 섬들이 흩어져 있는 지역, 삼각주나 그 밖의 자연조건으로 인해 해안선의 변화가 쉬운 곳에서 적절한 지점들을 연결한 선을 말한다.[82] 통상기선과는 달리 직선기선은 해안선에서 바다 쪽으로 많이 나가서 획정되므로 연안국의 해양 관할권 확대에 유리하다. 그래서 유엔해양법협약은 과도한 직선기선을 막기 위해 일정한 제한을 두고 있다. 예컨대, 직선기선은 해안의 일반적 방향으로부터 현저히 벗어나서 설정할 수는 없으며, 간조노출지[83]까지 또는 간조노출지로부터 설정할 수도 없다.[84] 연안국은 자국의 지형을 고려하여 자유롭게 통상기선 또는 직선기선을 사용하여 기선을 설정할 수 있다. 미국과 같이 통상기선만을 사용하는 국가도 있고, 중국과 같이 직선기선만을 사용하는 국가도 있지만, 대부분의 국가들은 통상기선과 직선기선을 혼용하고 있다.

일단 기선이 획정되면 기선의 육지측 수역은 내수(內水, internal waters)가 된다. 특히 직선기선이 설정되면 상당한 넓이의 바다가 내수가 된다. 한국의 경우 부산항을 포함해서 남해와 서해에 산재해 있는 섬들의 주변 수역이 모두 내수이다. 내수는 바다이지만 국제법적으로는 육지영토의 일부로 간주된다는 점에서 영해와 큰 차이가 있다. 다만, 연안국은 육지 영토에 비해 다음의 점에서 내수에 대한 주권행사의 제한을 받는다. 즉, 종전에는 내수가 아니었지만 직선기선 설정으로 인해 내수에 포함된 경우 영해에서와 같은 무해통항이 인정되며,[85] 연안국은 외국 선박의 내수로의 입항(入港)과 항구 내에서 외국 선박에 대한 재판관할권 행사에 대해 일정한 제한을 받

---

81 유엔해양법협약 제5조.
82 유엔해양법협약 제7조 제1항 및 제2항.
83 간조노출지란 썰물일 때에는 물로 둘러싸여 물위에 노출되지만 밀물일 때에는 물에 잠기는 자연적으로 형성된 육지지역을 말한다. 유엔해양법협약 제13조.
84 유엔해양법협약 제7조 제3항 내지 제6항 참조.
85 유엔해양법협약 제8조 제2항.

는다.[86]

연안국이 기선으로부터 12해리 범위 내에서 설정한 영해는 육지영토와 같은 주권이 미치며, 이러한 주권은 영해의 상공·해저 및 하층토에까지 미친다.[87] 따라서 연안국은 육지영토에서와 같이 영해에 대한 관할권을 행사하기 위해 법령을 제정하고 집행할 수 있는 권한을 가진다. 그러나 육지영토와는 달리 영해에 대해서는 연안국의 권한에 일정한 제약이 따른다. 가장 중요한 제약으로 모든 국가 선박의 무해통항권 보장을 들 수 있다. 무해통항無害通航에서 통항이란 내수나 항구에 들어가지 않고 영해를 횡단하는 것 또는 내수나 항구를 향하여 또는 그곳으로부터 기항하는 것을 말한다. 통항은 계속적이고 신속하게 이루어져야 한다.[88] 따라서 조난상태에 있는 인명이나 선박 등을 구조하는 것과 같이 예외적인 상황을 제외하고는 영해에서 정선하거나 정박하는 행위 또는 수역을 배회하는 행위는 무해통항이 되지 않는다. 그리고 무해한 통항이란 연안국의 평화, 공공질서 또는 안전을 해치지 않는 통항을 말하는데, 유엔해양법협약은 외국 선박에 의한 영해에서의 무력의 사용이나 위협과 같이 유해한 통항의 예들을 열거하고 있다.[89] 잠수함을 비롯한 기타 외국의 잠수항행기기가 영해에서 무해통항을 하려면 해면 위로 선박의 국기를 게양하고 항행해야 한다.[90] 하지만 유엔해양법협약은 외국의 군함에 대해서도 무해통항권이 인정되는지에 대해 침묵하고 있다. 그래서 연안국들은 외국 군함의 무해통항 허용여부를 국내 법령에 명시하기도 한다.

한국의 영해 및 접속수역법은 영해 폭을 대한해협의 3해리를 제외하고는 모두 12해리로 하고 있다. 그리고 외국 선박의 다음의 행위에 대해서는 한국의 "평화·공공질서 또는 안전보장을 해치는 것"으로 본다.[91]

---

86 김영구,『韓國과 바다의 國際法』, 21세기북스, 2004, 94~102쪽.
87 유엔해양법협약 제2조.
88 유엔해양법협약 제18조.
89 유엔해양법협약 제19조 제2항.
90 유엔해양법협약 제20조.
91 영해및접속수역법 제5조 제2항.

1. 대한민국의 주권·영토보전 또는 독립에 대한 여하한 힘의 위협이나 행사 기타 국제연합헌장에 구현된 국제법원칙을 위반한 방법으로 행하는 여하한 힘의 위협이나 행사

2. 무기를 사용하여 행하는 훈련 또는 연습

3. 항공기의 이함·착함 또는 탑재

4. 군사기기의 발진·착함 또는 탑재

5. 잠수항행

6. 대한민국의 안전보장에 유해한 정보를 수집

7. 대한민국의 안전보장에 유해한 선전·선동

8. 대한민국의 관세·재정·출입국관리 또는 보건·위생법규에 위반되는 물품이나 통화의 양·적하 또는 사람의 승·하선

9. 대통령령이 정하는 기준을 초과하는 오염물질의 배출

10. 어로

11. 조사 또는 측량

12. 대한민국 통신체제의 방해 또는 설비 및 시설물의 훼손

13. 통항과 직접 관련 없는 행위로서 대통령령이 정하는 것

위의 유해有害행위 중 제2호~제5호, 제11호, 제13호는 한국의 관계 당국의 허가·승인 또는 동의를 받으면 통항할 수 있다.

영해에서의 무해통항과 구별되는 것으로 국제해협에서의 통과통항通過通航이 있다. 국제해협이란 국제항행에 이용되는 해협으로 한 쪽의 공해나 배타적 경제수역의 일부에서 다른 쪽의 공해나 배타적 경제수역의 일부로 통과하는 수역을 말한다.[92] 이러한 수역은 하나 또는 둘 이상의 연안국의 영해를 포함할 수도 있다. 그렇지만 영해가 국제해협이 되는 경우 무해통항이 아닌 통과통항이 인정된다는 점에서 차이가 있다. 한국의 경우 대한해협과 제주해협이 유엔해양법협약상 국제해협에 해당한다. 하지만,

---

92 유엔해양법협약 제37조 및 제38조 제2항.

대한해협의 경우 영해폭이 3해리이므로 그 바깥에서 자유통항이 인정되며, 제주해협의 경우 제주도 남쪽으로는 유사편의 항로가 인정되면 무해통항이 적용된다. 통과통항이란 선박이나 항공기가 국제해협을 계속적이고 신속하게 통과하는 것을 말한다. 무해통항과 비교해서 통과통항은 잠수함의 잠수항행이 허용되고 선박뿐만 아니라 비행기의 상공비행도 포함되며 군함의 항행도 가능하다. 요컨대 같은 영해라도 국제해협이 되는 영해의 경우 외국 선박의 통항의 자유가 보다 큰 반면 연안국의 관할권 범위는 축소된다.

접속수역은 연안국 영토나 영해에서의 관세·재정·출입국관리 또는 위생에 관한 법령의 위반 방지 또는 처벌을 위해 필요한 경우 설정하는 수역이다. 이것은 영해의 외측 한계로부터 12해리, 따라서 영해 기선으로부터 24해리 내에서만 설정할 수 있다.[93] 접속수역 제도는 출입국관리법을 위반하고 해양으로 도주하는 것과 같이 일정한 경우에는 영해에서 인정되는 관할권을 12해리 밖으로 일정부분 확대할 필요가 있기 때문에 도입되었다.

배타적 경제수역은 영해기선으로부터 200해리 이내에서 연안국이 설정하는 수역으로 1982년 유엔해양법협약에서 처음 도입된 제도이다. 이것은 오늘날 연안국의 해양관할권 행사에 있어서 가장 중요한 제도라 할 수 있다. 연안국은 배타적 경제수역에 대해 아주 포괄적인 권리와 의무를 가진다. 연안국은 배타적 경제수역에서의 (1) 해저의 상부수역, 해저 및 그 하층토의 생물이나 무생물 등 천연자원의 탐사, 개발, 보존 및 관리를 목적으로 하는 주권적 권리sovereign rights와 해수·해류 및 해풍을 이용한 에너지 생산과 같은 경제적 개발과 탐사를 위한 그 밖의 활동에 관한 주권적 권리, (2) 인공섬, 시설 및 구조물의 설치와 이용, 해양과학조사, 해양환경의 보호와 보존, 기타 협약에 규정된 권리들에 관한 관할권, 해저와 하층토에 대해 유엔해양법협약상 대륙붕에 인정되는 관할권을 가진다.[94]

이와 같이 200해리 이내에서는 어족자원뿐만 아니라 해저 하층토에 매장된 석유, 천연가스를 비롯한 광물자원도 포함하므로 최대의 배타적 경제수역 확보와 유지는

---

93 유엔해양법협약 제33조.
94 유엔해양법협약 제56조.

연안국의 국익보호와 신장에 있어서 매우 중요하다. 그래서 서로 마주보고 있거나 인접한 연안을 가진 국가간 배타적 경제수역이 서로 중첩되는 경우 경계획정을 위한 합의 도출이 쉽지 않다.[95]

유엔해양법협약상의 대륙붕은 자연지형과 영해기선으로부터의 거리가 혼합된 개념이며 이 점에서 단순히 200해리까지의 거리로 하는 배타적 경제수역과 구별된다. 즉, 연안국가의 대륙붕은 "영해 밖으로 영토의 자연적 연장에 따라 대륙변계의 바깥 끝까지" 또는 "대륙변계의 바깥 끝이 200해리에 미치지 않는 경우에는, 영해기선으로부터 200해리까지의 해저지역의 해저와 하층토"로 이루어진다.[96]

인접국의 대륙붕과 중첩되지 않는 한 적어도 200해리까지는 연안국의 대륙붕이 보장되지만, 연안국은 200해리를 넘어 최대 350해리까지 대륙붕 한계를 확장할 수 있다. 그러나 이렇게 하려면 관련 정보를 유엔 대륙붕한계위원회에 제출하여 권고를 받아야만 한다.[97] 연안국은 대륙붕을 탐사하고 천연자원을 개발할 수 있는 주권적 권리를 가진다.[98] 대향국 또는 인접국간 대륙붕의 경계획정은 서로 공평한 해결에 이르기 위해 노력해야 하지만 합의에 이르지 못할 경우 배타적 경제수역에서와 같은 절차를 따른다.[99]

---

95 유엔해양법협약은 이 경우 국가들은 공평한 해결에 이르기 위해 노력하고 상당한 기간 내에 합의에 이르지 못할 경우 강제적 분쟁해결절차를 따르도록 규정하고 있다. 강제적 절차 중 부탁 가능한 재판소로 국제해양법재판소, 국제사법재판소, 중재재판소, 특별중재재판소 등이 있는데, 당사국들이 특별히 선언하지 않는 한 중재재판소에 의한 사건해결을 수락한 것으로 본다. 유엔해양법협약 제74조 제2항 및 제287조 참조.
96 유엔해양법협약 제76조 제1항.
97 유엔해양법협약 제76조 제8항.
98 유엔해양법협약 제77조.
99 유엔해양법협약 제83조.

2. 한·중·일의 배타적 경제수역 문제

1) 한·중·일의 배타적 경제수역법

(1) 한국의 배타적 경제수역법

한국은 1995년 12월 유엔해양법협약을 비준하고 1996년 1월 비준서를 유엔에 기탁하였다. 그리고 협약의 원활한 이행을 위해 한국은 1996년 8월 배타적 경제수역법을 제정하였다. 동 법은 영해기선으로부터 200해리까지의 선 중에서 영해를 제외한 것까지 한국의 배타적 경제수역으로 정하면서 대향국이나 인접국과의 배타적 경제수역 경계는 관계국과의 합의에 의해 결정하도록 규정하고 있다. 한국의 연안과 중국 및 일본의 연안까지의 거리가 400해리가 되지 않기 때문에 200해리 배타적경제수역이 서로 중첩된다. 배타적 경제수역법 제5조 2항은 이러한 경우 대한민국과 관계국간에 별도의 합의가 없는 경우 대한민국과 관계국의 외측 수역에서는 이를 행사하지 아니한다."라고 규정하여, 중간선까지만 관할권을 행사하도록 규정하고 있다.[100]

한국의 직선기선은 포항 영일만의 달만갑을 기점 1로, 남해안을 거쳐 서해안 소령도를 기점 23으로 해서 기점들을 연결한 선이다.[101] 직선기선 설정에 따라 남해와 서해의 거의 대부분의 섬들은 직선기선의 육지 측에 속하여 내수가 된다. 그래서 제주해협의 경우 본토를 기준으로 한 영해와 제주도를 기준으로 한 영해로만 구성되며 중간에 배타적 경제수역이 없다. 그리고 대한해협의 경우 한국과 일본의 영해기선간 거리가 24해리에 미치지 못하지만 양국은 3해리 영해를 설정함으로써 중간에 영해가 아닌 수역을 두고 있다.[102]

---

100 배타적 경제수역법(1996년 8월 8일 제정) 제2조.
101 영해및접속수역법 시행령.
102 영해및접속수역법 시행령 제3조 및 별표 2.

(2) 중국의 배타적 경제수역법

중국은 1998년 배타적 경제수역 및 대륙붕에 관한 법률을 제정하였지만,[103] 배타적 경제수역 획정을 위한 기준선이 되는 영해기선은 1992년 영해 및 접속수역에 관한 법률에 근거한다. 1992년 법률의 특징 중 하나는 영해기준을 통상기선이 아닌 직선기선만으로 설정하도록 하고 있다는 점이다. 즉, 동 법 제3조는 "영해기준선은 직선기선 방법에 의해 확정되며 각 접속점을 직선으로 연결하여 조성한다."라고 함으로써, 저조선을 중심으로 한 통상기선의 설정을 원천적으로 차단하고 있다. 유엔해양법협약은 해안선의 굴곡이 심한 경우 등에 "직선기선의 방법이 사용될 수 있다."라고 하고 있으므로 직선기선은 통상기선에 대한 예외적 상황에서 적용되는 것으로 보아야 할 것이지만, 중국은 이 규정을 따르지 않고 있는 셈이다. 실제로 중국은 이 법률을 근거로 1996년 본토와 서사군도에 대한 영해기선을 선언하였다.[104] 본토를 위해 49개 기점을, 그리고 서사군도를 위해 28개 기점을 정하여 직선기선을 설정하였는데 총 길이가 1,734.1마일에 이른다.[105] 중국의 직선기선은 설정된 여러 기선들이 유엔해양법협약상의 조건들을 충족시키지 못한다는 점에서 문제가 있다. 예컨대 직선기선을 설정하기 위해서는 해안선의 굴곡이 심하거나 여러 섬들이 있는 등으로 인해 통상기선 설정이 어려운 경우이어야 하는데 해안선이 완만하고 섬들이 없는 경우에도 직선기선을 설정한 곳이 많으며, 영해를 가질 수 없는 저조고지에 대해 무리하게 기선을 설정하기도 하였다.[106] 특히 한국 서해안의 맞은편에 해당하는 기점 2부터 12까지의 직선기선은 해안선이 비교적 단순하고 연안에 도서도 산재하지 않는데도 직선기선을 그었기 때문에 한중 해양경계획정시 문제가 되고 있다.[107]

---

103 1998년 2월 6일 제정.
104 1996년 5월 15일 중화인민공화국정부의 영해기선 선언.
105 Limits in the Seas, No.117 : Straight Baseline Claim: China, 1996, p.4.
106 유엔해양법협약 제7조 제3항 "직선기선은 해안의 일반적 방향으로부터 현저히 벗어나게 설정할 수 없으며, 직선기선 안에 있는 해역은 내수제도에 의하여 규율될 수 있을 만큼 육지와 충분히 밀접하게 관련되어야 한다." 제4항 "직선기선은 간조노출지까지 또는 간조노출지로부터 설정할 수 없다……."
107 이창위·정진석,『해양경계 관련 섬에 대한 중국과 일본의 주장 및 타당성 분석』, 한국해양수산개

1998년 배타적 경제수역 및 대륙붕에 관한 법률은 주변국과의 경계획정에 대해서 배타적 경제수역이나 대륙붕이 중첩된다고 주장되는 경우 "국제법 기초 위에서 공평 원칙에 따라 합의를 하여 경계선을 획정"하도록 규정하고 있다.[108] 이처럼 중국이 대 륙붕에 대해서는 자연적 연장개념을 강조하면서도 배타적 경제수역과 대륙붕의 경계 획정에서는 모두 공평원칙 즉, 형평의 원칙을 명시하고 있는데, 일본이 중간선을 명 시하고 있는 것과 구별된다.

(3) 일본의 배타적 경제수역법

일본은 1996년 배타적 경제수역 및 대륙붕에 관한 법률을 제정하여 두 수역에 대 한 유엔해양법협약상 연안국에게 인정되는 주권적 권리 및 기타 관할권을 규정하고 있다. 일본은 1996년 "영해 및 접속수역에 관한 법률"을 제정하였는데, 배타적 경제 수역의 기준이 되는 영해 기선과 관련해서 "저조선, 직선기선 및 만구 또는 하구에 이어지는 직선으로 한다."라고 하고, 직선기선은 "유엔해양법협약 제7조에 규정된 바 에 따라 정령으로 정한다."라고 규정하였다.[109] 그러나 동 법의 시행령을 통해 일본은 연안의 대부분에 직선기선을 설정함으로써 오히려 통상기선인 저조선이 예외적인 것 으로 되었다.[110]

한·중·일 3국은 모두 해양을 마주하는 국가로 기선간의 거리가 400해리에 미치지 못하여 서로의 배타적 경제수역이 중첩하고 있다. 하지만 독도와 조어도와 같은 도서 의 영유권 다툼이 개입되면서 배타적 경제수역의 경계획정을 위한 협상은 진척되지 못하고 있다. 이런 가운데 3국은 보다 시급하고 현실적인 어업협정을 위한 협상을 개 시하였으며 그 결과 체결된 어업협정들에는 중간수역 또는 잠정수역과 같은 공동관 리수역을 두고 있다.

발원, 2008, 94쪽.
108 법률 제2조.
109 법률 제2조.
110 일본 영해 및 접속수역에 관한 법률 시행령 (최종개정 2001년 12월 28일) 제2조 참조.

2) 한·중·일 간의 어업협정과 공동관리수역

(1) 한일 신어업협정과 중간수역

1965년 체결된 한일간의 어업협정은 체결 후 5년이 지나면 어느 일방체약국이 일방적으로 협약 종료를 통고할 수 있고 통고 후 1년이 지나면 협약은 종료되도록 규정하고 있었다.[111] 신어업협정을 위한 협상은 1996년 8월 이후 배타적 경제수역의 경계획정을 위한 실무회담으로 시작되었다. 일본은 배타적 경제수역 경계 협상이 독도 영유권 문제 등으로 인해 장기화될 조짐을 보이자 1965년 어업협정의 개정을 위한 어업협의를 별도로 개최할 것을 강하게 주장하였다. 이렇게 해서 배타적 경제수역 경계 협정과는 별도의 어업협정을 위한 협상이 개시되었다.[112] 신어업협정은 1998년 11월 28일 체결되어 1999년 1월 22일 발효하였다. 동 협정의 가장 큰 특징은 동해에 '중간수역'을 두고 제주도 남쪽에 공동관리수역을 두고 있다는 점이다.[113] 제주도 남쪽에 공동관리수역을 둔 것은 한일간 대륙붕공동개발구역과 중일간 체결된 잠정합의수역과 일부 중첩되고 있기 때문에 복잡한 경계획정문제를 피하기 위한 것이었다.

신어업협정을 둘러싼 가장 큰 논란은 동해에 설정한 중간수역에 독도가 들어감으로 인해 어업협정이 독도 영유권에 어떠한 영향을 미치는가 하는 점이다.[114] 협정을 비판적으로 보는 입장은 중간수역에 일본 어선의 입어도 허용되어 한국의 관할권 행사에 제한을 받게 되고 결국 양국의 배타적 경제수역이 중첩되는 수역에 대해 공해적 公海的 성격을 인정한 것으로 독도의 영유권 확보에 부정적 영향을 미친다고 본다.[115] 반면 한국의 독도 영유권에 영향을 미치지 않는다고 보는 입장은 한국 정부의 기본입

---

111 1965년 한일 어업협정 제10조 제2항. 1965년 6월 22일 서명, 1965년 12월 18일 발효.
112 김영구, 앞의 책, 2004, 427쪽.
113 1998년 한일 어업협정 제9조. 협정상 동해의 특정 수역에 대해 한국은 '중간수역'을, 일본은 '잠 정수역' 내지 '공동관리수역'이란 말을 사용하고 있지만, 어업협정에는 동해뿐만 아니라 남해의 수역에 대해서도 좌표로만 제시할 뿐 수역의 명칭은 없으므로, 편의상 부르는 것에 불과함을 유의할 필요가 있다.
114 중간수역의 체결 경위와 법적 성격에 대한 자세한 논의는 특히 다음을 참조. 이상면, 「新 韓日漁業協定上 中間水域問題」 『대한국제법학회논총』 43-2, 1998, 148쪽 이하.
115 이상면, 앞의 논문, 1998, 151쪽 이하 ; 김영구, 앞의 책, 2004, 433쪽 이하 참조.

장이기도 한데, 특히 신어업협정의 적용범위를 양국의 배타적 경제수역으로 제한하고 있는 점(협정 제1조)과 "협정의 어떠한 규정도 어업에 관한 사항 외의 국제법상 문제에 관한 각 체약국의 입장을 해하는 것으로 간주되어서는 아니 된다."(협정 제15조)는 점을 든다.[116]

신어업협정에 비판적 입장을 견지하는 측에서는 재협상을 주장하고 그 반대편에서는 재협상 주장 자체가 논란만 불러 일으켜 독도 영유권 유지에 아무런 도움이 되지 않는다고 주장한다. 다만, 위 협정 제15조의 "어업에 관한 사항 외의 국제법상 문제"라는 표현은 다소 이례적임을 유의할 필요가 있다. 왜냐하면, 통상의 어업협정은 "이 협약의 어떠한 규정도 해양법상의 제반 사항에 대해 각 체약 당사자의 입장을 저해하는 것으로 해석되어서는 아니된다."와 같이 "해양법"이라고 하거나, 또는 국제법이라고 하기 때문이다. 한중어업협정과 중일어업협정은 모두 "해양법"이라고 표현하고 있다.[117] 한일어업협정은 "어업에 관한 사항 외의 국제법상 문제"가 무엇인지 하는 의구심을 갖게 한 문제가 있다.

(2) 한중 어업협정과 공동관리수역

한중간에 마주보고 있는 서해(또는 황해) 또는 동중국해는 반폐쇄해로서 100만km²에 이르는 동해의 절반에도 미치지 못하는 40만km²에 불과한 비교적 적은 면적의 수역이다.[118] 하지만 중국 어선의 한국 영해 및 배타적 경제수역에서의 불법조업 증가와 중국에서 기인하는 해양오염 그리고 서해 북방에서의 북한과의 대치 등으로 인해 서해는 경제·환경뿐만 아니라 안보적 관점에서도 매우 중요한 수역이다.

서해에 대한 한중간 관할권 논의가 시작된 것은 1992년 9월 24일 정식으로 외교관계를 수립한 이후이다. 한국과 중국은 1993년 10월 한중 외무장관회담에서 한중어업협정의 체결을 위한 협의를 개시할 것을 합의하고 12월부터 서울과 베이징에서 교

---

116 외교통상부, "독도에 대한 기본 입장"(2006년 6월 27일 홈페이지 게시, http://www.mofat.go.kr/help/search/index.jsp).
117 한중어업협정 제14조 및 중일어업협정 제12조.
118 김영구, 앞의 책, 2004, 453쪽.

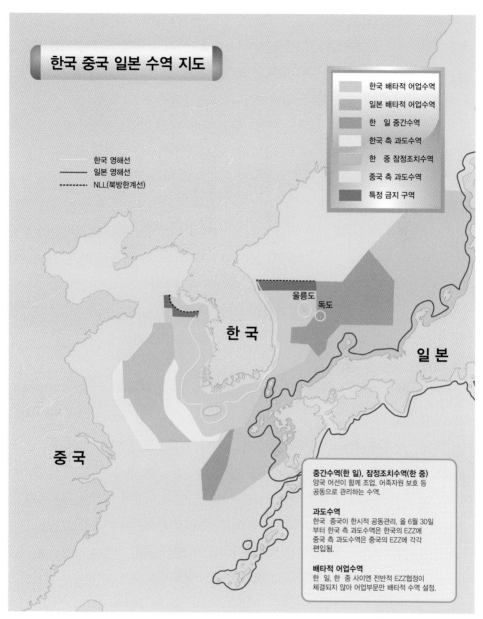

한국·중국·일본 수역 지도

차로 회의가 열렸다. 1996년 제7차 회담에서는 배타적 경제수역 문제와 어업문제를 분리 논의하기로 합의하였다.[119] 결국 배타적 경제수역의 경계획정 문제는 협상의 진척을 보지 못한 채 중단되었으며, 양국은 2000년 8월 어업협정만을 체결하였다.[120] 한중 어업협정도 한일 어업협정과 같이 배타적 경제수역에 대한 경계획정이 이루어지지 않음으로 인해 중간에 공동관리수역을 두고 있다. 한일 어업수역과의 차이점은 북위 32도 11분에서 북위 37도에 이르는 '잠정조치수역'이라는 수역을 설정하여 한중 어업공동위원회가 공동으로 보존·관리조치를 하도록 한 후,[121] 잠정조치수역의 양측에 한국 측과 중국 측의 과도수역을 설정했다는 점이다. 과도수역은 협정 발효 후 4년간 잠정조치수역에서와 같이 취급하되 그 이후에는 각자의 배타적 경제수역에 속하도록 하는 수역을 말한다.[122] 따라서 2001년 6월 30일 협약이 발효한 후 이미 4년이 지났으므로 과도수역은 이제 연안국의 배타적 경제수역이 되어 구분의 실익이 없게 되었다. 한중 어업협정은 한일 어업협정과 같이 협정이 배타적 경제수역의 경계를 비롯한 해양법상의 제반 사안에 관한 당사국의 입장을 저해하지 않는다는 규정을 두고 있다.[123]

한중 어업협정은 영해 12해리를 제외한 모든 수역에서 종래의 자유로운 어업행위를 보장할 것을 주장해 온 중국 측 주장을 저지하고 어느 정도의 배타적 경제수역을 확보했다는 점에서 긍정적 평가를 받는다. 그러나 협정은 잠정조치수역의 북단인 북위 37도 이북의 일부 수역에 대해서 "별도의 합의가 없는 한 현행 어업활동을 유지하며 어업에 관한 자국의 법령을 타방체약당사자의 국민과 어선에 대하여 적용하지 아니한다."라고 규정하였다.[124] 따라서 현재 북위 37도 이북에서의 해양경계가 없고 중국 어선에 대해 기존의 어업활동을 보장해야 하므로 한국 측의 적절한 관할권 행사에 어려움이 있다. 이는 특히 북위 37도 이북에 위치한 백령도 주변 수역에서 남북한간

119 김영구, 앞의 책, 2004, 454쪽.
120 한중 어업협정, 2000년 8월 3일 체결, 2001년 6월 30일 발효.
121 한중 어업협정 제7조.
122 한중 어업협정 제8조.
123 한중 어업협정 제14조.
124 한중 어업협정 제9조.

군사적 긴장관계가 높게 유지되는 상황에서 중국 어선의 무질서한 조업행위를 효과적으로 규제할 방안이 없다는 점에서 더욱 그러하다.

(3) 중일 어업협정과 공동관리수역

중국과 일본은 조어도에 대한 영유권과 가스전 개발을 두고 첨예하게 다투고 있다. 그래서 양국간에도 배타적 경제수역에 대한 경계획정을 하지 못한 채, 어업에 관한 협정을 1997년 우선 체결하였다. 두 국가간 어업협정에서는 한일 및 한중 어업협정의 모델이 되기도 한 잠정조치수역을 설정하고 있는데,[125] 이는 배타적 경제수역과 대륙붕의 경계획정 미해결로 인한 잠정적 방안이다. 중일 어업협정은 동 협정이 향후 양국간 조어도를 비롯한 영유권 다툼과 해양경계획정에 영향을 미치지 않도록 하려고 협정의 어떠한 규정도 해양법에 관한 여러 문제에 대해 체약국 각자의 입장을 해치지 않는다는 조항을 두었다.[126]

3. 이어도 문제

1) 이어도의 위치와 개발 과정

이어도는 제주도민에게는 전설에 나오는 환상의 섬, 피안의 섬으로 잘 알려져 있으며 파랑도라고도 불리었다. 이어도는 한국 최남단 섬인 마라도에서 서남쪽으로 149km, 중국의 서산다오[余山島]로부터 동쪽으로 287km 그리고 일본의 도리시마[鳥島]로부터 서쪽으로 276km의 거리에 있다. 그러나 이어도는 섬이 아니라 수중암초인데 가장 얕은 곳은 해수면 아래 약4.6m이며 수심 40m 정도에서는 남북으로 약 600m, 동서로 약 750m 펼쳐져 있다. 이어도는 1900년 영국 상선 소코트라 Socotra호가 처음 발견하여 국제적으로는 소코트라 암초Socotra Rock라고 불리어

---

125 중일 어업협정 제7조.
126 중일 어업협정 제12조.

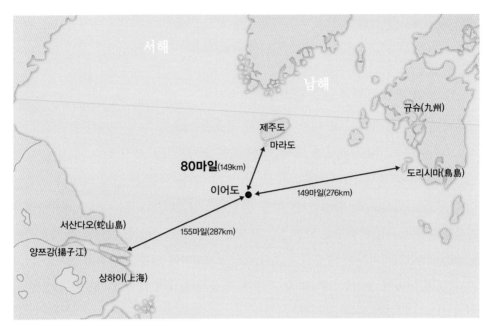

서해

남해

규슈(九州)

제주도

마라도

80마일(149km)

도리시마(鳥島)

이어도

149마일(276km)

서산다오(蛇山島)

155마일(287km)

양쯔강(揚子江)

상하이(上海)

이어도의 위치

지고 있다.[127]

　이어도는 1938년 일본이 해저전선 중계시설과 등대시설을 설치하려고 콘크리트 인공구조물을 설치할 계획이었지만 태평양 전쟁의 발발로 무산되었다. 한국에서는 1951년 국토규명사업을 벌이던 한국산악회와 해군이 공동으로 이어도 탐사에 나서 높은 파도 속에서 실체를 드러낸 이어도를 처음 확인하였다.[128] 그 후 1984년 제주대학교-KBS 파랑도 학술탐사팀이 이어도의 소재를 확인하였으며, 1986년에는 국립해양조사원(당시 수로국) 조사선이 암초의 수심을 측량하였다. 1987년엔 해운항만청이 선박의 안전 항행을 위해 등대와 같은 구실을 하는 등부표를 이어도에 설치했는데 이것이 이어도에 처음으로 설치한 구조물이었다.[129]

　현재 이어도에는 한국의 해양종합과학기지가 설치되어 운영중에 있다. 해양종합과

---

127 이어도 해양종합과학기지 홈페이지(http://ieodo.nori.go.kr/) 정보.
128 이 때 탐사팀은 이어도 정봉을 육안으로 확인하고 '이어도'라고 새긴 동판 표지를 수면 아래 암초에 가라앉히고 돌아왔다.
129 이상 이어도 해양종합과학기지 홈페이지 정보 참조.

학기지는 1995년 8월부터 2003년 6월에 걸쳐 완공한 첨단 장비를 갖춘 과학기지로 국립해양조사원에 의해 운영되고 있다. 한국을 통과하는 태풍의 약 40%가 이어도를 지나는데 이어도를 지난 태풍은 약 10시간 뒤 남해안에 도달한다. 따라서 이어도 과학기지에서 측정된 태풍의 세기와 강우량에 대한 정보는 육지에서 태풍에 대비하는 데 사용된다. 이어도 과학기지는 평상시에도 파고와 해류의 세기, 방향, 수심별 수온 등을 실시간으로 수집하여 무궁화위성을 통해 해양연구소로 즉시 전송된다.[130] 이어도 해양종합과학기지는 국토해양부 산하 해양조사원, 환경부, 기상청 등의 과학적 이용 외에 해양경찰청의 해난 수색과 구난을 위한 시설로도 이용되고 있다.

2) 이어도의 국제법적 지위

유엔해양법협약에 의하면 섬은 바닷물로 둘러싸여 밀물일 때에도 수면 위에 있는 자연적으로 형성된 육지지역을 말한다. 특히 섬에 인간이 거주할 수 없거나 독자적인 경제활동을 유지할 수 없는 암석은 배타적 경제수역이나 대륙붕을 가질 수 없다.[131] 그런데 이어도는 수중 암초에 불과하기 때문에 섬이나 암석이 아니므로 이를 근거로 국제법상 어떠한 관할수역이 새롭게 생성되는 것은 아니다.

이어도를 일 년에 몇 차례 파고가 높을 때 수면 위로 나타나기도 한다고 하여 간조 노출지로 보기도 하지만[132] 이것은 옳지 못하다. 왜냐하면 유엔해양법협약상 간조노출 지란 썰물일 때 물로 둘러싸여 물위로 노출되었다가 밀물일 때에는 물에 잠기는 자연 적으로 형성된 육지지역을 말하기 때문이다.[133] 즉, 밀물과 썰물에 의한 것이 아니라 높은 파도로 인해 잠시 물위로 보이는 것은 간조노출지가 아니다.

---

130 이윤철·김명진, 「이어도 관할권에 대한 국제법적 고찰」 『2007년도 한국마린엔지니어링학회 전 기학술대회 논문집』, 2007, 167쪽.
131 유엔해양법협약 제121조 제1항 및 제3항.
132 "대한민국 영토 이어도" 홈페이지 이어도 현황 참조: http://www.ieodo.or.kr/info.htm.
133 유엔해양법협약 제13조 제1항. 간조노출지는 그 전부나 일부가 본토나 섬으로부터 영해 폭 이내 에 위치하는 경우 그 간조노출지의 저조선을 영해기선으로 사용할 수 있다. 그러므로 이러한 조 건을 충족하는 경우 간조노출지는 해양관할권 확대를 위해 중요한 의의를 가진다.

이어도는 그 자체가 유엔해양법협약상 어떤 권원을 발생시키지는 않지만 그 위에 해양과학기지가 설치되어 있다는 점에서 중요성을 가진다. 해양과학기지는 유엔해양법협약상 "인공섬, 시설 또는 구조물"(이하 '구조물')에 해당하는데,[134] 연안국은 유엔해양법협약 규정에 따라 자국의 배타적 경제수역 내에서 이러한 구조물을 설치할 수 있다. 그리고 동 협약에 따라 이러한 구조물에 대해 관세·재정·위생·안전 및 출입국 관리 법령에 관한 관할권을 포함해서 배타적 관할권을 가진다. 또한 연안국은 필요한 경우 항행의 안전과 구조물의 안전을 보장하기 위해서 구조물 주위에 적절한 조치를 취할 수 있는 안전수역을 설치할 수도 있다.[135] 그러므로 이어도 자체는 수중 암초에 불과하지만 이곳이 한국의 배타적 경제수역이기 때문에 한국은 유엔해양법협약에 따라 구조물을 설치하고 사용하는 등의 관할권을 행사하고 있는 것이다.

3) 이어도를 둘러싼 한중 간의 이견

(1) 중국의 항의와 쟁점 사항

중국 정부는 지난 2000년과 2002년 두 번에 걸쳐 한국의 이어도 해양과학기지 건설에 대해 이의를 제기하였지만, 이는 사실을 확인하는 수준이었다. 하지만 2006년 9월 14일 중국 외교부는 대변인 기자회견에서 "소암초(이어도의 중국 명칭)는 중국 동해 북부의 물 밑에 있는 암초이다. 소암초는 두 나라의 경제수역 중첩구역에 있으므로 한국이 경제수역 중첩구역에서 진행하는 일방적인 활동에 반대한다."라고 하였다. 중국은 유엔해양법협약과 자국의 관련 법률에 따라서 중국의 관할수역에 대해서는 중국 해양경찰이 해상 순항 정찰을 할 수 있으며 인접 국가와 다툼이 있는 수역에 대해서는 상공 정찰을 할 수 있다고 보고 있다. 그런데 중국 국가해양국이 발간한 『2005년 해양행정집법공보』에 의하면 잠재적 분쟁수역에 대해서는 부정기적인 해상 순항 정찰을 할 수 있다고 보고 있다.[136] 지난 2006년 12월 한중 해양경계획정 협의

---

134 유엔해양법협약 제60조.
135 유엔해양법협약 제60조 제2항 및 제4항.
136 김영구, 『이어도 문제의 해양법적 해결방법』, 동북아역사재단, 2008, 37쪽.

를 위한 제11차 정례회의에서도 중국의 제기로 이어도 해양과학기지에 대해 양국간 논의가 있었다. 동 회의에서 양국은 배타적 경제수역의 경계를 다투었지만 이어도는 수중암초에 불과하므로 영토분쟁은 없다는 데에는 인식을 같이하였다.[137]

따라서 이어도를 둘러싼 한중간 다툼은 이어도를 누가 먼저 발견하여 무주지 선점을 하였는지 또는 시효를 취득하였는지 등을 다투는 한일간의 독도문제와는 사정이 다르다. 즉, 이어도 자체로서는 어떠한 국제법적 권리가 발생하는 것이 아니다. 그러므로 한중간의 이어도 문제는 결국 이것이 누구의 배타적 경제수역 또는 대륙붕에 속하는가 하는 해양경계의 문제로 귀결된다.

(2) 한국과 중국의 주장 근거

아직까지 한중간의 해양경계획정은 이루어지지 않고 있다. 해양경계와 관련해서 배타적 경제수역은 200해리를 기준으로 하며 대륙붕은 자연지형과 거리 개념이 혼합된 개념으로 두 제도는 상이하다. 그렇지만 배타적 경제수역은 상부수역뿐만 아니라 해저와 하층토를 포함하기 때문에 오늘날 일반적인 경향은 이웃 국가와의 거리가 200해리에 미치지 못하는 경우에는 양자를 묶어서 단일경계선으로 획정한다.

유엔해양법협약은 대향국 또는 인접국간의 배타적 경제수역과 대륙붕의 경계획정에 대해 공평한 해결을 위한 합의를 것을 규정하고 있으며,[138] 중국은 공평원칙에 따른 합의를 규정하고 있다.[139] 한국은 배타적 경제수역에 대해 관계국과의 합의에 의해 결정하도록 하고 있는 반면[140] 대륙붕에 관해서는 규정을 두고 있지 않다.

그러므로 결국 200해리 거리개념이 적용되는 배타적 경제수역의 경계획정은 공평 또는 형평한 해결이 무엇인가가 쟁점이 될 수밖에 없다. 국제사법재판소의 최근 판례는 공평한 경계획정 방식으로 먼저 양국 기선으로부터 잠정적인 등거리선을 그은 후 해당 수역과 관련한 '특별한 사정'을 고려하여 등거리선을 약간 조정하는 방식을 취

---

137 김영구, 앞의 책, 2008, 39쪽.
138 1982년 유엔해양법협약 제74조 및 제83조 제1항.
139 1998년 배타적 경제수역 및 대륙붕에 관한 법률 제2조.
140 배타적 경제수역법(1996년 8월 8일 제정) 제2조.

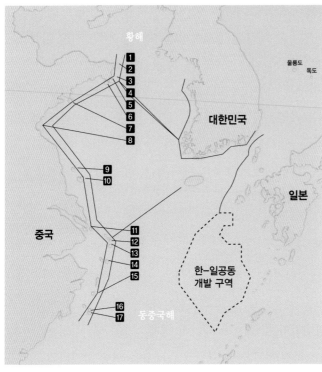

한국과 중국의 직선기선

하고 있다. 다만 특별한 사정이 무엇인지는 확정적이지 않은데 2001년 카타르/바레인간 해양경계획정 사건에서는 역사적 권원이나 섬 그리고 간출지의 존재 같은 것은 특별한 사정으로 고려할 것이 아니라고 보았다.[141] 그리고 2002년 카메룬/나이지리아 해양경계획정 사건에서도 카메룬이 해안지형의 굴입과 해안선의 길이 등을 근거로 등거리선의 조정을 주장했으나 재판부는 수용하지 않았다.[142] 따라서 이때에는 고려요소가 무엇인지도 중요하지만 등거리선이 연안국의 기선으로부터 측정된다는 점에서 기선이 유엔해양법협약에 부합하게 적절히 그어졌는가가 매우 중요하다.

이런 점에서 한중간 해양경계획정에 있어 중국의 직선기선은 과도하게 그어져 중

141 ICJ, Maritime Delimitation and Territorial Questions between Qatar and Bahrain (Qatar v. Bahrain), 1995.
142 ICJ, Request for Interpretation of the Judgment of 11 June 1998 in the Case concerning the Land and Maritime Boundary between Cameroon and Nigeria (Cameroon v. Nigeria), 1998.

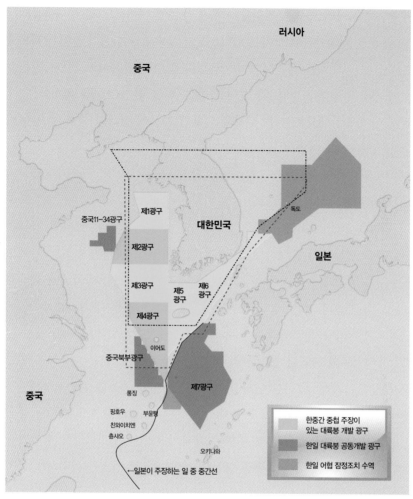

이어도와 한중일 대륙붕

국 해안으로부터 바다 쪽으로 지나치게 나와 있어 문제가 된다. 한국의 경우 남해와 서해안에 산재해 있는 도서들의 외측을 연결하여 직선기선을 설정한 것이 유엔해양법협약에 부합하는지에 대한 논란은 있다. 하지만 이러한 논란은 이어도가 직선기선이 아닌 통상기선만으로 설정한 제주도의 남쪽 연안을 기선으로 한 배타적 경제수역에 포함된다는 점에서 이어도와는 관련이 없다.

수중암초인 이어도가 바다의 해저 및 하층토를 의미하는 대륙붕에 포함되는지에 대해 의문을 가질 수 있다. 그러나 이어도와 그 주변이 작은 산과 같이 뻗어 있고 이는 전체적으로 하나의 대륙붕 지형을 이루기 때문에 이어도도 넓은 대륙붕의 해저지형 중 한 부분을 형성한다고 보아야 한다. 즉, 상부수역의 수심이 얕은 것과는 관계가 없다. 대륙붕에 대해 연안국은 유엔해양법협약에 따라 탐사하고 천연자원을 개발할 수 있으며 배타적 경제수역에서와 같이 인공섬·시설 및 구조물을 설치할 수 있다.[143] 이와 같이 이어도가 대륙붕의 한 부분을 이루기 때문에 한국과 중국 중 누구의 대륙붕에 속하는지를 두고 다툼이 있는 것이다.[143]

한국은 아래 대륙붕 제7광구와 관련해서 살펴보듯이 1969년 북해대륙붕 사건에서 국제사법재판소가 대륙붕의 육지영토 자연적 연장론을 지지한 직후 제주도 이남에 대해 이 원칙을 근거로 한국의 대륙붕임을 주장하였다. 중국은 배타적 경제수역 및 대륙붕에 관한 법률에서 규정한 바와 같이 경계획정은 '공평원칙에 따라 합의하여' 획정하는 것을 원칙으로 삼아왔다. 그러나 이어도가 포함된 동중국해에 대해서 중국은 육지영토의 자연적 연장론을 견지해왔다. 왜냐하면 해저 지형이 중국 연안에서부터 완만하게 뻗어가다가 일본의 오키나와 가까이에 있는 오키나와 해구에서 깊이 들어가므로 육지영토의 자연적 연장론에 의할 때 중국은 훨씬 넓은 대륙붕을 확보할 수 있기 때문이다. 그래서 1974년 한일간 제7광구에 대한 공동협정을 체결하자 중국은 이를 중국 주권에 대한 침해로 보고 절대로 승인할 수 없다고 항의하였다. 중국 외무부도 성명을 내어 "대륙붕은 본래 연안국 육지의 자연적 연장이라는 해양법상의 기본원칙에 따라서, 동중국해에서 관련 당사국 간의 대륙붕 경계를 획정하는 문제는 중국과 관련 당사국 간의 협상을 통해 결정되어야 한다."라고 주장하였다.[144] 그런데, 한국은 일본에 대해서는 육지영토의 자연적 연장론을 적용하여 한국의 대륙붕이 오키나와 해구까지 미친다고 주장한 반면, 중국에 대해서는 등거리선 원칙을 적용할 것을 주장하는 이중적 입장을 취하고 있다. 그래서 중국은 한국의 입장이 일관성 없다는 비판을 하기도 한다.[145] 하지만 중국도 한국과 같이 서해에 대해서는 육지영토의 자연

---

143 유엔해양법협약 제77조 및 제80조 참조.
144 박춘호, 『동아시아와 해양법』, 국제해양법학회, 2000, 54쪽.
145 Keun-Gwan Lee, 「Toward an Equitable Resolution of Maritime Delimitation Disputes in East Asia: A Critical Perspective」『國際法外交雜誌』 103-1, 2004, 59쪽.

적 연장론을 주장하지 않고 있기 때문에 그러한 주장은 설득력이 크지 않다. 무엇보다 1982년 유엔해양법협약에서 경계획정에 있어 형평한 해결을 규정한 이후 육지영토의 자연적 연장론이 지지받지 못하고 있는 점을 고려할 때 오히려 중국 측 주장을 받아들이기가 어렵다.

등거리선 원칙에 따른 경계획정을 할 때 이어도는 한국의 대륙붕에 든다. 또한 중국이 주장하듯이 한국도 육지영토의 자연적 연장론을 주장하면 양측의 주장이 팽팽히 맞서 결국 등거리선을 중심으로 하는 형평한 해결을 모색할 수밖에 없을 것이다. 따라서 후자의 방법에 의할 지라도 이어도는 한국의 대륙붕에 속하게 된다. 이처럼 국제해양법에 의할 때 이어도에 대한 한국의 관할권은 확고하므로 중국의 정치적 및 군사적 항의에 의연히 대처할 필요가 있다.

4. 대륙붕 제7광구 문제

1) 제7광구 개발의 배경

대륙붕에 관한 한국의 권리 선언은 이승만 대통령의 1952년 1월 18일 "인접해양의 주권에 관한 대통령 선언"에서 기원을 찾을 수 있다. 동 선언에서 한국 정부는 "국가의 영토인 한반도 및 도서의 연안에 인접한 해붕의 상하에 기지旣知되고 또는 장래에 발견될 모든 자원광물 및 수산물을 국가에 가장 이롭게 보호, 보존 및 이용하기 위하여 그 심도 여하를 불문하고 인접 해붕에 대한 국가의 주권을 보존하며 또 행사한다."라고 하여 한반도와 도서 연안의 해붕의 상하에 있는 생물 및 무생물 자원에 대한 주권을 선포하였다.[146] 동 선언은 1945년 9월 28일 미국의 트루만 대통령이 "보존수역에 관한 선언"과 "대륙붕의 지하 및 해저의 천연자원에 관한 비합중국 선언"을

---

146 동 선언을 통해 획정된 선을 평화선 또는 평화주권선이라 하며, 일본에서는 이를 이승만 라인이라 부른다. 신창훈, 「대한민국의 대륙붕선언의 기원과 1974년 한일대륙붕공동개발협정의 의의」 『서울국제법연구』 13-2, 2006, 59쪽.

한 이후 다수 국가들이 어업보존수역과 대륙붕 선언을 하는 관행을 따른 것이었다.

제7광구를 비롯한 대륙붕 개발이 본격화된 것은 1970년 해저광물자원개발법을 제정하면서부터이다. 동 법률을 제정하게 된 직접적 동기는 대륙붕에 대해 육지영토의 자연적 연장론을 지지한 1969년 국제사법재판소 판결[147]과 1969년 유엔 극동경제위원회ECAFE 보고서였다. 유엔 극동경제위원회는 1966년 동아시아의 광물자원을 탐사하려고 "아시아 연안지역 광물자원 공동탐사조정위원회"를 설치하여 황해와 동중국해의 지질학적 탐사작업을 후원하였다. 동 위원회는 1969년 보고서를 작성하여[148] "이 지역 중에 석유와 가스 매장이 가장 유망시 되는 구역은 대만 동북부의 20만km²의 해저이다. 이 지역의 침전물의 두께는 거의 2km를 초과하고 있고 대만에서는 5km의 신세기 침전물을 포함하여 9km에 이른다. 대만과 일본간의 대륙붕은 세계에서 가장 비옥한 석유 매장지대일 개연성이 크다. 석유 및 가스에 대한 두 번째 유망 구역은 세 개의 광대한 해분海盆이 있는 [서해]해저이다. 이들 해분은 상호 연결되어 있으며, 그 중간 해분은 한국 근처에 있고 나머지 두 개의 해분은 중국 근처에 있다. 이들 해분은 약 1.5km 두께의 침전물을 내포하고 있으며, 이 침전물은 대륙붕의 일반 침전물 보다 많은 유기물질을 포함하고 있다. 하층토의 수평선을 나타내는 지층은 유기물질이 풍성한 하층토간의 석유 매장층으로서의 역할을 하는 사층砂層일 가능성이 크다."라고 함으로써 한중일의 대륙붕에 대한 관심을 증폭시켰다.[149]

이러한 국제사법재판소 판결과 유엔 극동경제위원회 보고서에 한국 정부는 민첩하게 대응하였는데, 한반도와 그 부속도서의 해안에 인접한 해역이나 대한민국이 행사할 수 있는 모든 권리가 미치는 대륙붕에 부존하는 천연자원 중 석유 및 천연가스 등을 합리적으로 개발함으로써 산업발전에 기여할 목적으로[150] 1970년 1월 1일 해저광물자원개발법을 제정하였다. 이 법률은 "해저광구의 경계는 직선으로 정하고 해저의 경계선 직하를 한계"로 하며 "해저광구의 위치 및 형태는 경도와 위도를 기준으로 하

---

147 North Sea Continental Shelf Cases, *ICJ* Reports 1969.
148 ECAFE (Ecnomic Commission of Asia and Far East), *Technical Bulletin*, Vol. 2, pp.3~43.
149 김동조, 「한·일 대륙붕협정 체결의 의의와 전망」『국민회의보』, 1974.3, 113~114쪽에서 재인용. 중국과 일본 간 조어도를 둘러싼 영유권 분쟁이 격화된 것도 이 시기이다.
150 해저광물자원개발법 제1조.

여 대통령령으로 정한다."라고 규정하였으며,[151] 이를 근거로 같은 해 5월 시행령을 공포하면서 30만km²에 달하는 7개의 해저개발광구를 설정하였다. 이후 한국 정부는 서방의 석유개발회사들과 개발양허계약을 체결하였다.[152] 7개의 광구 중 제1, 2, 3, 4광구의 외연은 중국 본토 연안과의 중간선을 고려한 것이며 제6광구의 외연도 일본과의 중간선을 고려한 것이었다. 하지만, 제7광구의 외연은 육지영토의 자연적 연장론을 기초로 동중국해 대륙붕이 일본 오키나와 해구로 단절된 부분까지 하나의 계속된 대륙붕으로 보아 제주도 남단 마라도에서 280해리에 이르는 광구를 확장한 것이다.[153]

2) 일본과의 제7광구 공동개발협정 체결

대륙붕 개발을 위한 한국 정부의 신속한 법률 제정과 7개의 광구 설정은 일본을 적잖게 당황케 만들었으며 한일 대륙붕협정 협상과정에서 일본보다 우위에서 협상을 주도할 수 있게 하였다.[154] 한일 양국은 1972년 9월 제6차 한일정기각료회의에서 대륙붕의 공동개발에 원칙적인 합의를 보고 서울과 도쿄에서 번갈아가며 실무접촉을 거친 결과 1973년 7월 제9차 실무회담에서 공동개발협정의 초안이 만들어졌다. 양국은 1974년 1월 30일 "한일간의 양국에 인접한 대륙붕 남부구역 공동개발에 관한 협정"(이하 '공동개발협정')과 "한일간의 양국에 인접한 대륙붕 북부구역 경계 획정에 관한 협정" 등 2개의 대륙붕협정과 일련의 합의서를 체결하였다.[155] 대륙붕 북부구역 경계획정에 관한 협정은 우리나라 남해와 대마도를 비롯한 일본과의 대륙붕 경계를 중간선 원칙에 따라 획정한 것이다.

---

151 해저광물자원개발법 제3조.
152 신창훈, 앞의 논문, 2006, 62쪽.
153 김영구, 앞의 책, 2004, 558~556쪽.
154 신창훈, 앞의 논문, 2006, 63쪽.
155 그 밖의 일련의 합의서로 두 협약 각각의 "부속합의서", "굴착의무에 관한 교환각서", "해상충돌 예방에 관한 교환각서", "해수오염 방지 및 제거에 관한 교환각서"를 체결하였다. 한국은 1974년 12월 17일 비준하였지만 일본은 중국의 강력한 항의와 일본 국내 반대세력으로 인해 1977년 6월 9일 비로소 의회의 승인을 얻었으며, 협정은 1978년 6월 22일 비준서를 교환함으로써 발효하였다.

대륙붕 남부구역 공동개발협정은 한국과 일본의 주장이 중첩되는 일정 구역을 양국이 공동 개발한다는 내용을 담고 있다.[156] 협정에서 획정된 공동개발구역은 한국의 해저개발 제4, 5, 6, 7광구가 포함되는 약 86,000km²에 이른다. 하지만 실질적으로 제4광구와 제6광구의 극히 일부와 제5광구의 일부, 그리고 제7광구가 모두 포함되었기 때문에 통상 한일 공동개발구역을 제7광구로 인식하고 있다. 협정상 공동개발구역은 주권적 권리의 문제를 결정하는 것으로 보지 않으며, 대륙붕 경계획정에 관한 당사국의 입장을 침해하는 것으로도 보지 않는다.[157] 그러므로 추후 경계획정 협의 시에는 현 공동개발구역이 고려되지 않을 수도 있다.

3) 협정 체결 후 제7광구 개발 경위

공동개발협정은 협정 제3조와 부록 문서에 따라 공동개발구역을 9개의 소구역으로 나누어 개발하였다.[158] 공동개발협정은 "조광권자는 당사국간 체결될 별도의 약정에 따라 탐사권 기간 중 수개의 유정을 굴착하여야 한다."라고 하여 개발을 의무화했으며[159] "조광권자는 탐사권 또는 채취권 설정일로부터 6개월 내에 작업을 착수하여야 하며 계속하여 6개월 이상 작업을 중지하여서는 아니 된다."라고 하여 작업 계속의무를 부여하고 있다.[160]

하지만 이에 따라 조광권자가 시추 활동을 하였지만 아직까지 상업적 가치 있는 유정油井을 발견하지는 못하였다. 그러면서 그 동안 많은 조광권자들이 철수하였고, 철수한 광구에 새로운 조광 계약자로 대체한 예는 소수에 불과하다.[161] 1987년 8월에는 공동개발협정의 부록을 개정하여 9개의 소구역을 6개로 개정하고 시추의무도 완화하였다. 그러나 1988년 이후 공동개발구역에서의 탐사활동은 극히 저조한 상태이며 그

---

156 김영구, 앞의 책, 2004, 562쪽.
157 공동개발협정 제28조.
158 공동개발협정 제3조 및 부록 문서.
159 공동개발협정 제11조.
160 공동개발협정 제12조.
161 김영구, 앞의 책, 2004, 564~565쪽.

나마 1993년 이후에는 거의 중단된 상태로 있다.[162]

4) 현재 상황과 향후 과제

한일간 대륙붕 공동개발구역협정을 통한 공동개발구역 설정은 대륙붕에 대해 육지영토의 자연적 연장론을 지지한 국제사법재판소 결정과 이곳에 대량의 유전자원 매장 가능성을 언급한 유엔 극동경제위원회의 보고서에 신속히 대응해서 얻은 한국 외교의 성과로 평가받고 있다. 하지만 실제 조광권자들이 시추에 나섰으나 아무런 성과를 거두지 못하고 현재는 명목상으로만 공동개발구역으로 유지되고 있다. 문제는 공동개발협정 제31조 제2항에서 "본 협정은 50년의 기간 동안 유효"하다고 규정하고 있다는 점이다. 50년의 기점이 체결 후인지 발효 후인지 문언상 명확하진 않지만 제31조 제1항에서 "본 협정은 동 비준서가 교환되는 날부터 효력을 발생한다."라고 규정하고 있으며 제2항에서 50년간 '유효'하다고 규정하고 있기 때문에 이는 협정이 발효한 1978년 6월 22일부터 50년간으로 해석된다. 따라서 2028년 6월 21일이 경과하면 협정은 효력을 상실하게 되며 공동개발구역도 소멸하게 된다. 한국과 일본 중 어느 일방에 의해 만료 3년 전에 서면통고를 함으로써 최초 50년 기간의 종료 시에 혹은 그 후 언제든지 본 협정을 종료시킬 수 있다.[163] 본래 공동개발협정 체결이 한국의 법률 제정을 통한 일방적인 대륙붕 구역 설정에서 비롯된 점과 그 동안 일본이 공동개발에 소극적 태도를 보이고 있는 점을 고려할 때 추후 일본이 공동개발구역의 연장에 동의할 가능성은 극히 희박하다. 따라서 50년의 기간이 도래하여 공동개발구역이 사라질 때 어떻게 대처할 것인지가 중요한 과제이다.

공동개발구역의 소멸은 여러 가지 차원에서 과제를 안겨준다. 먼저 대륙붕의 경계획정에 대해 육지영토의 자연적 연장론이 지지를 받던 협정 체결 당시와는 달리 1982년 유엔해양법협약에서 형평한 해결을 강조한 바와 같이 오늘날에는 등거리선 원칙을 중심으로 경계를 획정한 후 특별한 사정을 감안해서 일부 조정을 하는 방법이

---

162 김영구, 앞의 책, 2004, 565쪽.
163 공동개발구역협정 제31조 제3항.

일반적으로 행해지고 있다. 따라서 현 상황에서 경계획정이 이루어질 경우 한국은 공동개발구역의 상당부분을 일본에 양보할 수밖에 없다. 또한 오늘날 국제판례가 양국 연안 사이가 400해리 이내인 경우 지질학적 고려없이 거리만을 고려하는 경향을 보이고 있는 것도 한국으로서는 부담이다.

다음으로 이러한 경계획정은 남중국해에서의 각국의 군사안보 강화와도 관련이 있다. 대륙붕 상부수역에 대해 군사적 관할권이 당연히 주어지는 것은 아니지만, 대륙붕 시추시설과 같이 자국의 시설물 보호를 구실로 해양경비정 또는 군함을 배치하여 해양안보를 강화할 수 있으며 주변국들은 군사적 위협을 느낄 수 있다. 마지막으로 공동개발구역은 현재 중국과 일본간의 관할권이 중첩되는 구역이기도 하며 한국과 중국과도 일부 중첩이 있기 때문에, 추후 경계획정 또는 새로운 공동개발구역 설정을 위한 협상 시에는 중국도 강력히 참여를 원할 것이므로 사안은 더욱 복잡하고 어려워질 수밖에 없다.

따라서 이러한 제반 사항들을 고려한 종합적 대책수립이 필요하다.

참고문헌
찾아보기

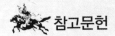 참고문헌

1. 사료

「광개토왕릉비(廣開土王陵碑)」(『譯註 韓國古
　　代金石文 1』, 1992)
『거란국지(契丹國志)』
『고려도경(高麗圖經)』
『고려사절요(高麗史節要)』
『고려사(高麗史)』
『관자(管子)』
『구당서(舊唐書)』
『구오대사(舊五代史)』
『국어(國語)』
『남제서(南齊書)』
『동문선(東文選)』
『무경총요(武經總要)』
『사기(史記)』
『삼국지(三國志)』
『세종실록지리지(世宗實錄地理志)』
『속일본기(續日本紀)』
『송사(宋史)』
『송서(宋書)』
『신당서(新唐書)』
『신증동국여지승람(新增東國輿地勝覽)』
『아방강역고(我邦彊域考)』 卷1, 朝鮮考(丁若
　　鏞)
『양서(梁書)』
『양직공도(梁職貢圖)』
『염철론(鹽鐵論)』

『요동행부지(遼東行部志)』
『요사(遼史)』
『원사(元史)』
『위서(魏書)』
『일본서기(日本書紀)』
『자치통감(資治通鑑)』
『전국책(戰國策)』
『좌전(左傳)』
『중원고구려비(中原高句麗碑)』
『진서(晉書)』
『책부원구(册府元龜)』
『태평어람(太平御覽)』
『택리지(擇里志)』(李重煥)
『후한서(後漢書)』

2. 단행본 (박사학위논문 포함)

(1) 국내

과학백과사전출판사,『고고학자료집 6』, 1983.
국립중앙도서관,『국립중앙도서관 소장 독도관
　　련자료 해제집: 고문헌편』, 국립중앙도
　　서관, 2009.
국방군사연구소,『한민족전쟁통사 1 - 고대
　　편-』, 1994.
국사편찬위원회,『국역 中國正史朝鮮傳 - 明史
　　朝鮮列傳(洪武 21년 4월)-』, 1986
권오엽,『원록각서: 독도의 원초기록』, 제이앤,
　　2009.
김남규,『高麗兩界地方史硏究』, 새문社, 1989
김영구,『이어도 문제의 해양법적 해결방법』,
　　동북아역사재단, 2008.
김상기,『高麗時代史』, 서울대출판부, 1985.

김병렬,『독도논쟁 독도가 우리 땅인 이유!』, 다다미디어, 2005.

김병렬, 노영구, 이상근,『독도 연구 60년 평가와 향후 연구 방향』, 한국해양수산개발원, 2009.

김세익,『력사과학』1, 3호, 1967.

김영구,『韓國과 바다의 國際法』, 21세기북스, 2004.

김영수,『大韓民國臨時政府憲法論』, 삼영사, 1980.

김철준,『韓國古代國家發達史』, 춘추문고, 1975.

김태능,『濟州道史論攷』, 世起文化社, 1982.

김태식,『미완의 문명 7백년 가야사』, 푸른역사, 2003.

김태식 외,『고대 사국의 경계선』, 서경문화사, 2008.

김현숙,『고구려 지방통치체제 연구』경북대학교 박사학위논문, 1996.

김호동,『독도·울릉도의 역사』, 경인문화사, 2007.

김홍철,『국경론』, 민음사, 1997.

나이토우 세이추우,『일본은 독도(죽도)를 이렇게 말한다』, 한국학술정보, 2011.

남도영,『濟州道牧場史』, 한국마사회 마사연합회, 2001.

노계현,『間島 領有權 紛爭史』, 한국연구원, 2006.

노태돈,『고구려사연구』, 사계절, 1999.

노태돈,『단군과 고조선사』, 사계절, 2000.

리지린 강인숙,『고구려역사』, 사회과학출판사, 1971.

리지린,『고조선사 연구』사회과학출판사, 1963

(학우서방, 1989 재발간).

박대재,『고대한국 초기국가의 왕과 전쟁』, 경인문화사, 2006.

박시형,『광개토왕릉비』, 1966.

박시형,『발해사』, 김일성종합대학출판사, 1979

박진욱,『조선고고학전서』, 과학백과사전종합출판사, 1977.

박진욱,『비파형단검문화에 관한 연구』, 과학백과사전출판사, 1987.

박춘호,『동아시아와 해양법』, 국제해양법학회, 2000.

방동인,『고려의 동북지방 경역(영동문화)』, 1980.

방동인,『韓國의 國境劃定研究』, 一潮閣, 1997.

백산학회 편,『간도 영유권문제 논고』, 백산자료원, 2000.

백산학회,『間島領土의 관한 연구』, 백산자료원, 2006.

변태섭,『高麗政治制度史研究』, 一潮閣, 1971.

복기대,『요서지역의 청동기시대 문화연구』, 백산자료원, 2002.

사회과학출판사,『비파형단검문화에 대한 연구』, 1969.

山本草二,『新版 國際法』(박배근 역), 국제해양법학회, 1999.

서연달 編,『中國歷代官制辭典』, 1991.

서울대박물관·서울특별시,『夢村土城 東南地區發掘調査報告』, 1988.

서울대박물관,『夢村土城 西南地區發掘調査報告』, 1989.

서울대학교박물관,『특별전 고구려-한강유역의 고구려요새-』, 2000.

송기호,『渤海政治史研究』, 一潮閣, 1995.

송병기,『울릉도와 독도』, 단국대학교 출판부, 2007.

송호정,『고조선 국가형성 과정 연구』, 서울대 박사학위 논문, 1999.

송호정,『한국 고대사 속의 고조선사』, 푸른 역사, 2003.

송호정,『단군, 만들어진 신화』, 산처럼, 2004

시노다 지사쿠,『간도는 조선땅이다』, 지선당, 2005.

신용하,『독도의 민족영토사 연구』, 지식산업사, 1996.

신채호,『朝鮮上古史』, 1931(『丹齋申采浩全集 上』, 1971).

신형식,『백제사』, 이화여대출판사, 1990.

여호규,『1~4세기 고구려 政治體制 연구』, 서울대학교 박사학위논문, 1997.

오강원,『비파형동검문화와 요령 지역의 청동기문화』, 청계, 2007.

육군군사연구소,『고려-몽골전쟁사』, 2007.

육군본부전사감실,『6.25사변 육군전사』6, 1957.

육낙현 편,『백두산정계비와 간도영유권』, 백산자료원, 2000.

윤내현,『고조선 연구』, 一志社, 1994.

윤병석,『간도역사의 연구』, 국학자료원, 2003.

이기백 등,『崔承老上書文研究』, 一潮閣, 1993.

이기백,『高麗兵制史研究』, 一潮閣, 1968.

이병도,『韓國史』中世篇, 震檀學會, 1961.

이병도,『한국사-고대편-』, 진단학회, 1967.

이병도,『韓國古代史研究』, 博英社, 1976.

이용범,『中世東北亞細亞史研究』, 亞細亞文化社, 1976.

이정신,『고려시대의 정치변동과 대외정책』, 경

인문화사, 2004.

이종석,『북한-중국관계 1945-2000』, 중심, 2000.

이창위·정진석,『해양경계 관련 섬에 대한 중국과 일본의 주장 및 타당성 분석』, 한국해양수산개발원, 2008.

이현혜,『三韓社會形成過程研究』, 일조각, 1984.

이화자,『한중국경사 연구』, 혜안, 2011.

임기환,『고구려 집권체제 성립과정의 연구』경희대학교 박사학위논문, 1995.

장국종,『渤海史研究 (1)』, 朝鮮社會科學院出版社, 1997.

정병준,『독도 1947: 전후 독도문제와 한·미·일 관계』, 돌베개, 2010.

정요근,『高麗·朝鮮初의 驛路網과 驛制 研究』, 서울대학교 박사학위논문, 2008.

정인보,『朝鮮史研究 (下)』, 서울신문사, 1947.

정재윤,『熊津時代 百濟 政治史의 展開와 그 特性』, 서강대학교 박사학위논문, 1999.

제성호,『한반도 평화체제의 모색: 법규범적 접근을 중심으로』, 지평서원, 2000.

제성호,『신 한일 어업협정과 독도 영유권 :독도 영유권 훼손과 국제법적 대안의 모색』, 우리영토, 2007.

지배선,『中世東北亞史研究』, 일조각, 1986.

최덕규,『제정러시아의 한반도 정책, 1891~1907』, 경인문화사, 2008.

최영준,『嶺南大路』, 고려대학교 민족문화연구소, 1990.

최장근,『동아시아 영토분쟁의 패러다임- 독도·간도의 영토문제를 본질을 찾아서』, 제이앤씨, 2011.

하현강, 『韓國中世史研究』, 一潮閣, 1988.

한국정신문화연구원, 『韓國上古史의 諸問題』, 1987.

한양대학교 박물관·하남시, 『二聖山城 第8次 發掘調査 現場說明會 發表文』, 2000.

현대송 편, 『한국과 일본의 역사인식: 독도·야스쿠니·위안부·교과서 문제의 근원과 쟁점』, 나남, 2008.

황기덕, 『조선의 청동기시대』, 사회과학출판사, 10~11.

『고조선력사개관』, 사회과학출판사, 평양, 1999

『단군릉에 관한 학술보고논문집』, 1993.

丹齋申采浩先生紀念事業會 編, 『丹齋 申采浩全集(改訂版) 上』, 1977.

『북한의 〈단군 및 고조선〉논문자료-제2차 학술토론회 발표-』, 1994.

(2) 국외

金毓黻, 『東北通史』, 臺北, 1971.

金毓黻, 『渤海國志長編』(『渤海國志』 宋遼金元四史資料叢刊 1) 제14권 地理考, 文海出版社, 1977.

도희성, 『中國政治制度史』 제2책 秦漢, 1962.

佟冬, 『中國東北史』, 吉林文史出版社, 1987.

董万崙, 『東北史綱要』, 黑龍江人民出版社, 1987.

文物編輯委員會 編, 『中國長城遺蹟調查報告集』, 文物出版社, 1981.

嚴耕望 撰, 『唐代交通圖考 제5권』, 中央研究院歷史語言研究所, 河東河北區, 1986.

野田仁, 『露清帝國とカザフ=ハン國』, 동경대학교출판부, 2011.

王健群, 『好太王碑研究』, 吉林人民出版社, 1984.

王綿厚·李健才, 『東北古代交通』, 瀋陽出版社, 1990.

王承禮, 『渤海簡史』, 黑龍江人民出版社, 1984.

遼寧省長城學會, 『遼寧長城』, 瀋陽, 1996.

魏國忠·朱國忱·郝慶云, 『渤海國史』, 中國社會科學出版社, 2006.

李建才, 『東北史地考略』, 吉林文史出版社, 1986.

李殿福·孫玉良, 『渤海國』, 文物出版社, 1987.

井上秀雄, 『古代朝鮮』, 1972.

정영진 외, 『연변문화유물략편』, 연변인민출판사, 1988.

中國社會科學院 歷史研究所 編著, 『新中國の考古學』(關野雄 監譯), 平凡社, 1988.

中國歷史大辭典編纂委員會, 『中國歷史大辭典』 先秦史卷, 上海史書出版社, 1996.

池內宏, 『日本 上代史の 一研究』, 中央公論美術出版, 1947.

馮永謙·何溥瀅 編著, 『遼寧古長城』, 遼寧人民出版社, 1986.

『中國歷史地圖集釋文彙編』(東北卷), 中央民族學院出版社, 1988.

I. Brownlie, *Principles of Public International Law* Seventh edition, Oxford University Press, 2008.

J. B. Schechtman, *European population transfers, 1939~1945*, Oxford University Press, 1946.

J. Castellino and S. Allen, *Title to Territory in International Law: a Temporal Analysis*, Ashgate, 2003.

J. Crawford, *The Creation of States in International Law* second edition, Oxford University Press, 2006.

J. Gottmann, *The Significance of Territory*,

The University Press of Virginia, 1973.

R. Jennings and A. Watts, *Oppenheim's International Law: Peace* ninth edition, Longman, 1992.

R. Y. Jennings, *The Acquisition of Territory in International Law*, Manchester University Press, 1963.

S. P. Sharma, *Territorial Acquisition, Disputes and International Law*, Martinus Nijhoff Publishers, 1997.

Seokwoo Lee and Hee-Eun Lee ed., *Dokdo: Historical Appraisal and International Justice*, Martinus Nijhoff Publishers, 2011.

3. 논문

(1) 국내

강만길, 「유길준의 한반도 중립화론」『분단시대의 역사인식』창작과비평사, 1978.

강봉룡, 「新羅下代 浿江鎮의 設置와 運營-州郡縣體制의 확대와 관련하여-」『韓國古代史研究』11, 한국고대사연구회, 1997.

강석화, 「백두산 정계비와 간도」『한국사연구』, 한국사연구회, 1996.

강석화, 「조선후기의 북방영토의식」『韓國史研究』129, 한국사연구회, 2005.

강석화, 「19세기 북방 강역에 대한 인식」『역사와 경계』65, 2007.

강성문, 「高麗初期의 北界開拓에 대한 研究」『白山學報』27, 백산학회, 1983.

강인욱, 「두만강유역 청동기시대 문화의 변천과정에 대하여」『韓國考古學報』62, 2007.

강종훈, 「백제 대륙진출설의 제문제」『韓國古代史論叢』제4집, 1992.

강종훈, 「4세기 백제의 遼西 지역 진출과 그 배경」『한국고대사연구』30, 2003.

강효백, 「한중해양 경계획정 문제: 이어도를 중심으로」『한국동북아논총』, 50, 2009.

고창석, 「麗·元과 耽羅와의 關係」『濟州大學論文集』17, 1984.

고창석, 「탐라국의 시련기」『탐라국시대 집필의 방향성 논의』, 제주사정립사업추진협의회, 2001.

공석구, 「광개토왕릉비의 동부여에 대한 고찰」『韓國史研究』70, 한국사연구회, 1990.

곽진오, 「日本 外務省 팜플렛에 나타난 竹島(다케시마) 영유권 주장 10포인트에 대한 연구」『한국정치외교사논총』3211, 2010.

구의동보고서 간행위원회, 『한강유역의 고구려요새:구의동유적발굴조사종합보고서』, 소화, 1997.

권오엽, 「『竹島考(죽도고)』의 安龍福」『일본문화연구』33, 2010.

권오영, 『삼한사회의 「國」에 관한 연구』, 서울대 박사학위 논문, 1996.

권오영, 「백제국에서 백제로의 전환」『역사와 현실』40, 한국역사연구회, 2001.

권오영, 「백제의 對中交涉의 진전과 문화변동」『강좌 한국고대사 제4권』, 가락국사적개발연구원, 2003.

권정, 「『죽도도해유래기발서공(竹島渡海由來

記拔書控)』의 상납(上納)」『일어일문학연구』72, 2010.

권정, 「독도에 관한 일본 고문서 연구」『일본문화연구』38, 2011.

권태원, 「고조선의 문화강역 문제」『백제연구』20, 1989.

금경숙, 「고구려의 那에 관한 연구」『江原史學』5, 강원대학교 사학회, 1989.

김광수, 「高麗前期 對女眞交涉과 北方開拓問題」『東洋學』7, 단국대학교 동양학연구소, 1977.

김광식, 「高麗 肅宗代의 王權과 寺院勢力-鑄錢政策의 背景을 中心으로」『白山學報』36, 1989.

김구진, 「公嶮鎭과 先春嶺碑」『白山學報』21, 1976.

김구진, 「尹瓘 9城의 範圍와 朝鮮 6鎭의 開拓-女眞 勢力 關係를 中心으로-」『史叢』21·22합, 고대사학회, 1977.

김구진, 「元代 遼東地方의 高麗軍民」『李元淳教授華甲紀念史學論叢』, 교학사, 1986

김구진, 「麗元의 領土紛爭과 그 歸屬問題-元代에 있어서 高麗本土와 東寧府·雙城總管府·耽羅總管府의 分離政策을 중심으로」『國史館論叢』7, 국사편찬위원회, 1989.

김기흥, 「부조예군에 대한 고찰」『韓國史論』12, 서울대학교 국사학과, 1985.

김동우, 「渤海의 地方統治體制 운영과 그 변화」『韓國史學報』24, 고려사학회, 2006.

김수태, 「百済 蓋鹵王代의 対高句麗戰」『百済史上의 戰争』, 書京文化社, 2000.

김영관, 「고구려의 청주지역 진출시기」『先史와 古代』25, 2006.

김정배, 「高句麗와 新羅의 영역문제-順興地域의 考古學자료와 관련하여-」『韓國史研究』61·62합집, 한국사연구회, 1988.

김종원, 「渤海의 首領에 대하여-地方統治制度와 關聯하여」『全海宗博士華甲紀念史學論叢』, 1979.

김현숙, 「고구려 한강유역 領有와 지배방식」『6세기의 한반도』, 제18회 백제연구학술회의, 2001.

김강녕, 「정전협정 체결과정과 그 이후 한반도 평화」『군사논단』제11호, 1997.

김강녕, 「서해교전과 우리의 안보적 대응」『통일전략』2-1, 2002.

김근식, 「서해 북방한계선(NLL)과 한반도 평화에의 접근: "서해평화협력특별지대" 구상을 중심으로」『동북아연구』18, 2010.

김동조, 「한·일 대륙붕협정 체결의 의의와 전망」『국민회의보』, 1974.

김득주, 「휴전협정 체결경위와 주요쟁점 평가」『군사논단』제16호, 1998.

김명기, 「서해 5도서의 법적 지위」『국제법학회논총』제23권 1·2합병호, 1978.

김명기·유하영, 「대한민국임시정부의 정통성에 관한 연구」『국제법학회논총』제38권 1호, 대한국제법학회, 1993.

김명용, 「독도의 실효적 지배강화를 위한 관련 법제의 정비방안」『공법학연구』11-2, 2010.

김명철, 「고려시기 성의 위치와 년대에 대한 고증」『조선고고연구』, 과학백과사전출판사, 1992.

김병렬, 「독도영유권과 관련된 일본학자들의 몇 가지 주장에 대한 비판」『국제법학회논총』50-3, 2005.

김병렬, 「공험진과 선춘령 비정의 중요성」『안보문화와 미래』2, 한국미래문제연구원, 2009.

김상기, 「百濟의 遼西經略에 對하여」『白山學報』3, 1967(『東方史論叢』, 1974).

김수태, 「백제 성왕대의 변경-한강유역을 중심으로-」『백제연구』44, 2006.

김수희, 「나카이요 사부로(中井養三郎)와 독도어업」『인문연구』58, 2010.

김순자, 「고려와 동아시아」『한국역사입문 ②』중세편, 풀빛, 1995.

김순자, 「10~11세기 高麗와 遼의 영토 정책」『북방사논총』11, 고구려연구재단, 2006.

김승대, 「우리 헌법과 한반도 영토, 국경문제」『법학연구(부산대)』, 50-2, 2009.

김영구, 「독도영유권에 관한 법적 논리의 完璧性을 위한 제언」『저스티스』124, 2011.

김영수, 「근대 독도·울릉도 명칭을 둘러싼 한국과 일본의 시각」『역사와 현실』73, 2009.

김영심, 「웅진·사비시기의 百濟의 領域」『古代東亞細亞와 百濟』발표문, 충남대학교 백제연구소, 2002.

김영우, 「세죽리 유적 발굴 중간 보고 (2)」『고고민속』64-4, 1964.

김인현, 「한국과 일본의 독도교육문제」『일본어교육』56, 2011.

김정배, 「고조선 연구의 현황과 과제」『단군학연구』9, 단군학회, 2003.

김정배, 「豆莫婁國 研究」『國史館論叢』29, 국사편찬위원회, 1992.

김종복, 「新羅 聖德王代의 浿江지역 진출 배경」『成大史林』12·13합집, 成大史學會, 1997.

김찬규, 「간도의 영유권」『한국북방학회논집』창간호, 1995.

김채형, 「영토취득과 실효적 지배기준에 대한 연구」『국제법학회논총』제54권 제2호, 2009.

김철준, 「한국고대국가발달사」『한국문화사대계 Ⅰ』, 1964.

김철준, 「백제사회와 그 문화」『武寧王陵』, 1973.

김태준, 「연평해전의 정의와 성격에 관한 연구」『해양전략』104, 1999.

김현숙, 「고구려의 말갈 지배에 대한 고찰」『한국고대사연구』1992.

김현숙, 「동부여에 대한 지배방식」『고구려의 영역지배 방식 연구』, 모시는 사람들, 2005.

김호동, 「조선 초기 울릉도, 독도에 대한 "공도정책" 재검토」『민족문화논총』32, 2005.

김호동, 「한일 양국에서 누가 먼저 "독도"를 인지하였는가-일본 외무성의 죽도(竹島) 홍보 팸플릿의 포인트 1, 2 비판」『민족문화논총』44, 2010.

김화경, 「안용복 진술의 진위와 독도 강탈 과정의 위증」『민족문화논총』44, 2010.

김화경, 「동해 해전과 독도의 전략적 가치-러일전쟁과 일본의 독도 강탈을 중심으로 한 고찰」『대구사학』103, 2011.

나만수, 「高麗前期 對女眞政策과 尹瓘의 北征」 『軍史』 7, 국방부 군사편찬연구소, 1983.

나인균, 「대한민국임시정부의 국제법적 성격」 『여산한창규박사회갑기념-현대공법의 제문제-』, 삼영사, 1993.

노계현, 「間島 領有權에 관한 歷史的 研究」 『연세경제연구』 제9권 제1호, 2002.

노영돈, 「소위 청일간도협약의 효력과 한국의 간도영유권」 『국제법학회논총』 40-2, 1995.

노영돈, 「청일 간도협약의 무효와 한국의 간도영유권」 『간도학보』 창간호, 2005.

노영돈, 「을사조약의 법적 효력에 관한 연구」 『한국정치외교사논총』 28-1, 2006.

노중국, 「고구려 · 백제 · 신라 사이의 역관계 변화에 대한 일고찰」 『동방학지』 28, 연세대학교 국학연구원, 1981.

노중국, 「5~6세기 고구려와 백제의 관계」 『北方史論叢』, 2006.

노태돈, 「삼국시대의 '部'에 관한 연구」 『한국사론』 2, 서울대학교 국사학과, 1975.

노태돈, 「三國의 成立과 發展」 『한국사 2』, 국사편찬위원회, 1977.

노태돈, 「渤海 建國의 背景」 『大丘史學』 19, 대구사학회, 1981.

노태돈, 「고구려 초기 취수혼에 관한 일고찰」 『김철준박사화갑기념 사학논총』, 지식산업사, 1983.

노태돈, 「5~6世紀 東아시아의 國際秩序와 高句麗의 對外關係」 『東方學志』 44, 1984.

노태돈, 「5世紀 金石文에 보이는 高句麗人의 天下觀」 『韓國史論』 19, 서울대학교 국사학과, 1988.

노태돈, 「高句麗 · 渤海人과 內陸아시아 주민과의 교섭에 관한 일고찰」 『大東文化研究』 23, 1989.

노태돈, 「한국인의 기원과 국가의 형성」 『한국사특강』, 서울대학교 출판부, 1990.

노태돈, 「朱蒙의 出自傳承과 桂婁部의 起源」 『韓國古代史論叢』 5, 한국고대사회연구소, 1993.

노태돈, 「삼국시대인의 천하관」 『강좌 한국고대사 8』, 2002.

노태돈, 「고조선 중심지의 변천에 대한 연구」 『단군과 고조선사』, 사계절, 2000.

노태돈, 「단군과 고조선사의 이해」 『단군과 고조선사』, 사계절, 2000.

노태돈, 「고구려의 한강지역 병탄과 그 지배 양태」 『향토서울』 66, 2005.

노혁진, 「공열토기문화특색의 전파망」 『이기백선생고희기념 한구사학논총(상)』, 1994.

도유호, 「왕검성의 위치」 『문화유산』 1962-5, 1962.

리순진, 「부조예군무덤 발굴보고」 『고고학자료집 4』, 1974.

리지린, 「옥저에 대한 고찰」 『고조선사연구』, 1963.

임상선, 「渤海의 遷都에 대한 考察」 『淸溪史學』 5, 청계사학회, 1988.

민덕식, 「新羅王京의 都市設計와 運營에 關한 考察」 『白山學報』 33, 1987.

민덕식, 「百濟 漢城期의 漢江 以北 交通路에 관한 試考 (上)-百濟 初期 都城 研究를 위한 일환으로-」 『先史와 古代』 2, 1992.

박 돈, 「高麗末 東寧府征伐에 대하여」 『中央史論』 4, 중앙대학교 사학연구회, 1985.

박경철, 「고구려 군사전략 고찰을 위한 일시론」 『사학연구』 40, 1989.

박경철, 「中原文化圈의 歷史的 展開:그 地政學的·戰略的 位相 變化를 中心으로」 『先史와 古代』 15호, 2000.

박경철, 「麗·濟戰爭史의 再檢討」 『高句麗研究』 24, 高句麗硏究會, 2006.

박동삼, 「1940년대 남북관계: 미·소의 분할점령과 남북관계」 『한국정치외교사논총』 제19권, 1998.

박방용, 「新羅都城의 交通路」 『慶州史學』 16, 경주사학회, 1997.

박배근, 「대한민국 임시정부의 국제법적 지위와 대한민국의 국가적 동일성(상)」 『법학연구』 제13권 4호, 연세대학교 법학연구원, 2003.

박배근, 「대한민국임시정부의 국제법적 지위와 대한민국의 국가적 동일성(하)」 『법학연구』 제14권 1호, 연세대학교 법학연구원, 2004.

박배근, 「국제법상 국가의 동일성과 계속성」 『저스티스』 통권 제90호, 한국법학원, 2006.

박배근, 「국제법상의 금반언에 관한 고찰-국제사법재판의 판례를 소재로」 『국제법학회논총』 제52권 2호, 2007.

박선령, 「중화민국(中華民國) 시기(時期)의 "간도(間島)" 인식(認識)-당시 출판된 신문 잡지의 "간도" 기사를 중심으로」 『중국사연구』 69, 2010.

박선미, 「기원전 3~2세기 古朝鮮 文化와 明刀錢 유적」, 서울시립대학교 석사학위 논문, 1999.

박선미, 「근대사학 이후 고조선사 연구의 현황과 쟁점」 『한국사학보』 23, 고려사학회, 2006.

박성봉, 「廣開土大王期 高句麗 南進의 性格」 『고구려 남진 경영사의 연구』, 백산자료원, 1995.

박시형, 「발해사 연구를 위하여」 『력사과학』 1962년 제1호, 과학백과사전출판사, 평양, 1962.

박용운, 「貴族社會의 對外關係」 『高麗時代史』 上, 一志社, 1985.

박진욱, 「함경남도 일대의 고대유적조사보고」 『고고학자료집 4』, 1974.

박철웅, 「독도에 대한 일본 영토교육의 다차원적 접근 방식」 『독도연구저널』 13, 2011.

박태근, 「1860年 北京條約과 韓·露國境의 成立」 『領土問題研究』, 고려대학교 민족문화연구소, 1983.

박한남, 「거란 및 금과의 통교」 『한국사 15』, 1995.

박현모, 「세종의 변경관과 북방영토경영 연구」 『정치사상연구』 13-1, 2007.

박현서, 「北方民族과의 抗爭」 『한국사 4』, 1974.

방동인, 「泪江鎭의 管轄範圍에 關하여」 『靑坡盧道陽博士古稀紀念論文集』, 1979.

방동인, 「고려 전기 북방 정책의 추이」 『영토문제연구』 2, 1985.

방동인, 「麗·元關係의 再檢討-雙城摠管府와 東寧府를 중심으로」 『국사관논총』 17, 1990.

방선주, 「百濟軍의 華北進出과 그 背景」 『白山

學報』11, 백산학회, 1971.

배성준, 「한말 울릉도·독도 영토문제의 대두와 울도군 설치」『북방사논총』7, 2005.

배종도, 「新羅下代의 地方制度 개편에 대한 고찰」『學林』11, 연세대 사학연구회, 1989.

변태섭, 「高麗兩界의 支配組織」『高麗政治制度史研究』, 一潮閣, 1971.

사회과학출판사, 「기원전 천년기전반기의 고조선문화」『고고민속론문집』1, 1969.

서성호, 「숙종대 정국의 추이와 정치세력」『역사와 현실』9, 1993.

서성호, 「고려 태조대 대(對)거란 정책의 추이와 성격」『역사와 현실』34, 한국역사연구회, 1999.

서영수, 「고조선의 위치와 강역」『한국사 시민강좌 2』, 일조각, 1988.

서영수, 「고조선의 대외관계와 경역의 변동」『동양학』29, 1999.

서영수, 「요동군의 설치와 전개」『요동군과 현도군 연구』, 동북아역사재단 총서 36, 2008.

서영일, 「고구려 낭비성고」『사학지』28, 1995

서영일, 「新羅五通考」『白山學報』52, 백산학회, 1999.

서영일, 「中原高句麗碑에 나타난 高句麗城과 關防體系-于伐城과 古牟婁城을 中心으로-」『中原高句麗碑 新照明』, 高句麗研究會, 2000.

서영일, 「高句麗의 百濟 攻擊과 南進路」『경기도의 고구려 문화유산』, 2007.

서중석, 「近代極東國際關係와 韓國永世中立國論에 대한 연구」,『경희대학교논문집』4, 1965.

성정룡, 「陶瓷器로 본 百濟와 南朝交涉」『古代東亞細亞 文物交流의 軸-中國 南朝, 百濟, 그리고 倭』, 忠南大學校 百濟研究所, 2002.

손영종, 「발해의 서변에 대하여(1)」『력사과학』1980-2, 과학백과사전출판사, 평양, 1980.

손영종, 「발해의 서변에 대하여(2)」『력사과학』, 1980-3 과학백과사전출판사, 평양, 1980.

송기호, 「東아시아 國際關係 속의 渤海와 新羅」『韓國史市民講座 제5집』, 一潮閣, 1989.

송옥빈, 「渤海都城故址研究」『考古』2009-6.

송호정, 「부여의 기원」『한국사 4』, 국사편찬위원회, 1997.

송호정, 「고조선 중심지 성격과 그 과제」『한국고대사연구논총』10, 한국고대사회연구소, 2000.

신각수, 「결정적 시점의 이론」『국제법학회논총』제32권 제2호, 1987.

신안식, 「高麗前期의 北方政策과 城郭體制」『歷史教育』89, 역사교육연구회, 2004.

신안식, 「高麗前期의 兩界制와 '邊境'」『한국중세사연구』18, 한국중세사학회, 2005

신안식, 「고려시대 兩界의 성곽과 그 특징」『軍史』66, 2008.

신창훈, 「대한민국의 대륙붕선언의 기원과 1974년 한일대륙붕공동개발협정의 의의」『서울국제법연구』13-2, 2006.

신형식, 「新羅의 發展과 漢江」『韓國史研究』77, 한국사연구회, 1992.

심광주·김주홍·정나리, 「한강 이북지역 고구

려성의 분포와 특징」『漣川 瓠盧古壘』,
1999.

안영준,「함경남도에서 새로 알려진 고대유물」
『고고학자료집 6』, 1983.

양기석,「熊津時代의 百濟支配層研究」『史學
志』14, 1980.

양기석,「웅진천도와 중흥」『한국사 6』, 국사편
찬위원회, 1995.

양기석,「475년 위례성 함락 직후 고구려와 백
제의 국경선」『한국 고대 사국의 국경
선』, 서경문화사, 2008.

양태진,「韓露國境線上의 鹿屯島」『韓國學報』
19, 일지사, 1980.

양태진,「북경조약과 녹둔도 영속문제에 관한
고찰」『한국사연구』96, 한국사연구
회, 1996.

엄영보,「잊혀진 해전」『월간 해군』, 2008년
1-2월호.

여호규,「고구려 초기 나부통치체제의 성립과
운영」『한국사론』27, 서울대학교 국
사학과, 1992.

여호규,「백제의 요서진출설 재검토」『진단학
보』91, 진단학회, 2000.

오강원,「고조선 위치비정에 관한 연구사적 검토
(1)」『백산학보』48, 백산학회, 1996.

오강원,「고조선 위치비정에 관한 연구사적 검토
(2)」『백산학보』49, 백산학회, 1997.

오영찬,「고조선 중심지 문제」『한국 고대사 연
구의 새동향』, 서경문화사, 2007.

유미림,「장한상의 울릉도 수토와 수토제의 추
이에 관한 고찰」『한국정치외교사논
총』31-1, 2009.

유미림,「한국문헌의 '울릉·우산'기술에 관한

고찰」『동양정치사상사』8-1, 2009.

유영박,「對靑關係에서 본 鹿屯島의 歸屬問題」
『영토문제연구』, 고려대 민족문화연구
원, 1985.

유원재,「'百濟略有遼西' 기사의 분석」『백제연
구』20, 1989.

유원재,「百濟의 遼西 영유설」『한국사 6-백
제-』, 국사편찬위원회, 1995.

유원재,「百濟 加林城 研究」『百濟論叢』5,
1996.

유재춘,「15세기 前後 朝鮮의 北邊 兩江地帶 인
식과 영토 문제」『東 아시아의 領土와
民族問題』, 경인문화사, 2008.

윤무병,「高麗北界地理考(上)」『歷史學報』4,
역사학회, 1953.

윤무병,「高麗北界地理考(下)」『歷史學報』5,
역사학회, 1953.

윤일영,「先春嶺과 公嶮鎭의 위치-世宗地理志
를 중심으로」『안보문화와 미래』2,
2009.

윤훈표,「朝鮮前期 北方開拓과 領土意識」『韓
國史研究』129, 2005.

은정태,「대한제국기 '간도문제'의 추이와 '식
민화'」『역사문제연구』17, 2007.

이규수,「일본의 간도영유권에 대한 인식과 통
감부 임시간도파출소」『담론201』제
9-1, 2006.

이근관,「한반도 종전선언과 평화체제 수립의
국제법적 함의」『서울대학교 법학』
49-2, 2008.

이기동,「新羅下代의 浿江鎭」『韓國學報』4, 일
지사, 1976.

이기동,「新羅下代의 浿江鎭—高麗王朝의 成

立과 關聯하여」『韓國學報』6, 一志社, 1976.

이기동, 「新羅下代의 王位繼承과 政治過程」 『歷史學報』85, 역사학회, 1980.

이기백, 「고구려 왕비족고」『진단학보』20, 진단학회, 1959.

이기백, 「高麗의 北進政策과 鎭城」『東洋學』7, 1977.

이도학, 「고구려의 광개토왕의 남정과 국원성」 『손보기박사 정년기념 한국사학논총』, 지식산업사, 1988.

이도학, 「고구려의 낙동강유역 진출과 신라· 가야 경영」『국학연구』2, 1988.

이도학, 「광개토왕릉비문에 보이는 전쟁기사의 분석」『광개토호태왕비연구100년(하)』제2회 고구려연구회발표문, 1996.

이미지, 「고려 성종대 地界劃定의 성립과 그 외교적 의미」『한국중세사연구』24, 2008.

이병도, 「옥저와 동예」『한국고대사연구』, 박영사, 1975.

이병도, 「古朝鮮問題의 研究」『韓國古代史研究』, 博英社, 1976.

이병도, 「광개토왕의 웅략」『한국고대사연구』, 1976.

이병도, 「扶餘考」『韓國古代史研究』, 博英社, 1976.

이병도, 「玄菟郡考」『韓國古代史研究』, 博英社, 1976.

이상면, 「新 韓日漁業協定上 中間水域問題」 『대한국제법학회논총』43-2, 1998.

이상면, 「한국전쟁과 휴전의 당사자 문제」『국제법학회논총』52-2, 2007.

이상찬, 「을사조약과 병합조약은 성립하지 않았다」『역사비평』33, 1995.

이석우, 「독도분쟁과 샌프란시스코 평화조약의 해석에 관한 소고」『서울국제법연구』9-1, 2002.

이석우, 「연합국최고사령부, 샌프란시스코평화조약 그리고 한일 외교관계의 구축」『해방이후 한일관계의 재편』, 경인문화사, 2010.

이석우, 「한국의 영토분쟁의 해결에 있어 역사비평적 접근의 시도 「『서울국제법연구』17-1, 2010.

이성구, 「春秋戰國時代의 國家와 社會」『講座中國史』 I, 1989.

이성덕, 「간도 귀속과 관련한 몇 가지 국제법적 문제에 대한 관견」『중앙법학』10-2, 2008.

이성환, 「통감부 시기 대한제국의 간도문제 인식」『역사와 경계』65, 2007.

이영준, 「남북한의 유엔동시가입과 한반도의 법적 관계」『국제법학회논총』36-2, 1991.

이옥희, 「두만강 하구 鹿屯島의 위치 批正에 관한 연구」『대한지리학회지』39-3, 대한지리학회, 2004.

이완범, 「미국의 한국 점령안 조기 준비: 분할점령의 기원, 1944년~1945년 7월 10일」『국제정치논총』36-1, 1996.

이왕무, 「광해군대 火器都監에 대한 연구-화기도감의궤를 중심으로」『民族文化』21, 1998.

이왕무, 「1764년 河命祥의 解由文書를 통한 機張縣의 關防 연구」『藏書閣』4, 2000.

이왕무, 「임진왜란기 조총의 전래와 제조-「철포기」를 중심으로」『학예지』10, 2003

이왕무, 「조선후기 국경수비체계의 편성과 운영」『군사사연구총서』3, 국방부 군사편찬연구소, 2003.

이왕무, 「조선후기 해유문서를 통한 관방연구」『군사사연구총서』3, 군사편찬연구소, 2003.

이왕무, 「아국여지도에 나타난 조선의 러시아 영역인식과 국경상황」『북방사논총』5, 2005.

이왕무, 「조선후기 국왕의 행행시 궁궐의 숙위와 유도군 연구」『군사』62, 2007.

이왕무, 「19세기말 조선의 疆域인식 변화-李重夏의『勘界使謄錄』을 중심으로-」『역사와 실학』37, 2008.

이왕무, 「해제」『譯註 勘界使謄錄』(이왕무·정욱재·양승률·서동일 역), 동북아역사재단, 2008.

이왕무, 양승률, 서동일, 정욱재 역, 『역주 감계사등록』1·2, 2008.

이왕무, 『本營圖形』을 통한 조선후기 장용영의 모습」『藏書閣』21, 2009.

이용범, 「麗丹貿易考」『東國史學』3, 東國史學會, 1955.

이용범, 「高句麗의 成長과 鐵」『白山學報』1, 백산학회, 1966.

이용범, 「渤海王國의 形成과 高句麗遺族 上」『東國大學校 論文集』10, 1972.

이용범, 「渤海王國의 形成과 高句麗遺族 下」『東國大學校 論文集』11, 1973.

이용범, 「10~12세기의 國際情勢」『한국사 4(고려)-고려 귀족사회의 성립-』국사편찬위원회, 1974.

이용중, 「대한민국임시정부의 지위와 대일항전에 대한 국제법적 고찰」『국제법학회논총』제54권 1호, 대한국제법학회, 2009.

이용중, 「서해북방한계선(NLL)에 대한 남북한 주장의 국제법적 비교 분석」『법학논고』32, 경북대학교, 2010.

이우성, 「南北國時代와 崔致遠」『創作과 批評』38, 창작과 비평사, 1975.

이윤철·김명진, 「이어도 관할권에 대한 국제법적 고찰」『2007년도 한국마린엔지니어링학회 전기학술대회 논문집』, 2007

이재민, 「북방한계선(NLL)과 관련된 국제법적 문제의 재검토」『서울국제법연구』15-1, 2008.

이재범, 「麗遼戰爭과 高麗의 防禦體系」『韓國軍事史研究』3, 국방군사연구소, 1999.

이정신, 「원간섭기 동녕부의 존재형태」『韓國中世社會의 諸問題-金潤坤教授定年紀念論叢』, 한국중세사학회, 2001.

이정신, 「쌍성총관부의 설립과 그 성격」『韓國史學報』18, 한국사학사학회, 2004.

이창위, 「루마니아와 우크라이나 사이의 흑해 해양경계사건」『법학논고』33, 2010.

이청규, 「청동기를 통해 본 고조선과 주변사회」『고조선의 역사를 찾아서』, 학연문화사, 2007.

이태진, 「金致陽 亂의 性格―高麗初 西京勢力의 政治的 推移와 관련하여―」『韓國史研究』17, 한국사연구회, 1977.

이현조, 「조중국경조약체제에 관한 국제법적 고찰」『국제법학회논총』52-3, 2007.

이현혜, 「삼한사회의 농업생산과 철제농기구」 『歷史學報』 126, 역사학회, 1990.

이현혜, 「동예와 옥저」 『한국사 4』, 국사편찬위원회, 1997.

이현혜, 「沃沮의 기원과 문화 성격에 대한 고찰」 『한국상고사학보』 70, 2010.

이혜옥, 「高麗初期 西京勢力에 대한 一考察」 『韓國學報』 26, 1982.

이호영, 「삼국통일의 과정」 『한국사 9-통일신라-』, 국사편찬위원회, 1998.

이홍직, 「梁 職工圖 論考-특히 百濟國 使臣 圖經을 중심으로-」 『고려대60주년기념논문집』 인문과학편, 1965.

임규정·서주석, 「북방한계선의 역사적 고찰과 현실적 과제」 『현대이념연구』 14, 1999.

임기환, 「고구려 초기의 지방통치체제」 『경희사학』 14, 1987.

임기환, 「중원고구려비를 통해 본 고구려와 신라의 관계」 『中原高句麗碑 新照明』, 高句麗研究會, 2000.

임기환, 「5~6세기 고구려의 남진과 영역 범위」 『경기도의 고구려 문화유산』, 2007.

임덕순, 「독도의 기능, 공간 가치와 소속-정치지리·지정학적 시각-」 『독도·울릉도 연구』, 동북아역사재단, 2010.

임상선, 「발해의 사회·경제구조」 『한국사 8』, 국사편찬위원회, 1997.

임상선, 「新羅時代의 서울지역 經營」 『鄕土서울』 61, 서울특별시사편찬위원회, 2001.

임상선, 「발해 '東京' 지역의 고구려 문화 요소」 『고구려연구』 25, 고구려연구회, 2006.

임상선, 「발해의 왕도 顯州와 中京 치소 西古城의 관계」 『고구려발해연구』 37, 고구려발해학회, 2010.

임창순, 「中原高句麗古碑 小考」 『史學志』 13, 1979.

赤羽目匡由, 「新羅東北境에서의 新羅와 渤海의 交涉에 대하여」 『高句麗渤海研究』 31, 고구려발해학회, 2008.

정영진, 「沃沮, 北沃沮疆域考」 『韓國上古史學報』 7, 1991.

정영진, 「延邊地區先史時代四種文化類型」 『民族文化의 諸問題』, 于江權兌遠教授停年紀念論叢, 1994.

정영진, 「渤海의 강역과 五京의 위치」 『韓國史論 34-한국사의 전개과정과 영토-』, 국사편찬위원회, 2002.

정영호, 「고구려의 금강유역 진출에 대한 소고」 『산운사학』 3, 1985.

정운용, 「5世紀 高句麗 勢力圈의 南限」 『史叢』 35, 1989.

정운용, 「6世紀 新羅의 加耶 倂合과 그 意味」 『史叢』 52, 2000.

정인섭, 「1952년 평화선 선언과 해양법의 발전」 『서울국제법연구』 13-2, 2006.

정인섭, 「統一後 한러 국경의 획정」 『서울국제법연구』 제14권 1호, 2007.

정진석, 「흑해 해양경계 획정사건(루마니아 v. 우크라이나) 판결의 의의」 『서울국제법연구』 17-1, 2010.

정태욱, 「서해 북방한계선(NLL) 재론: 연평도 포격사건을 계기로」 『민주법학』 45, 2011.

제성호, 「북방한계선(NLL)의 법적 유효성과 한국의 대응방향」 『중앙법학』 7-2, 2005.

제성호, 「평화체제 논의의 내용 과정-'제도적'

평화보다 '실질적' 평화가 핵심이다」
『통일한국』 통권 263, 2005.

조법종, 「고조선의 영역과 그 변천」 『한국사론
34』, 국사편찬위원회, 2002.

조유전, 「무문토기문화의 전개」 『한국사론
13』, 국사편찬위원회, 1983.

조이옥, 「8~9世紀 新羅의 北方經營과 築城事
業」 『新羅文化』 34, 동국대학교 신라
문화연구소, 2009.

조인성, 「남북국시대론-1960년대 초 북한의
고대사 인식을 중심으로-」 『한국고대
사연구』 47, 한국고대사학회, 2007.

조진선, 「多鈕粗紋鏡의 型式變遷과 地域的 發
展 過程」 『韓國上古史學報』 62, 2008.

조진선, 「요서지역 청동기문화의 발전과 성격」
『요하문명의 확산과 기원전 1천년기의
동북아 청동기문화』 동북아역사재단,
2010.

주채혁, 「몽골·고려사 연구의 재검토」 『國史館
論叢』 8, 1989.

채웅석, 「高麗前期 貨幣流通의 基盤」 『韓國文
化』 9, 서울대 한국문화연구소, 1988.

채태형, 「료동반도는 발해국의 령토」 『력사과
학』, 1992-1, 과학백과사전출판사, 평
양, 1992.

천관우, 「灤河 하류의 朝鮮-중국 東方州郡의 置
廢와 관련하여-」 『史叢』 21·22합집,
1977.

천관우, 「馬韓諸國의 位置試論」 『東洋學』 9,
1979.

최규성, 「거란 및 여진과의 전쟁」 『한국사 15』,
1995.

최병헌, 「高麗時代의 五行的 歷史觀」 『韓國學

報』 13, 1978.

최장근, 「「북방영토」와 독도문제의 성격비교」
『일본문화학보』 40, 2009.

최장근, 「근대한국의 독도관할과 통감부의 인
식-「석도=독도」 검증의 일환으로」
『일어일문학연구』 72, 2010.

최장근, 「일본국내의 '죽도' 영유권을 둘러싼
갈등 구조」 『일본문화학보』 45, 2010.

최장근, 「「田村淸三郞」의 죽도영유권 조작에
관한 연구」 『일어일문학』 51, 2011.

최장근, 「가와카미겐조(川上健三)의 독도에 관
한 역사적권원 조작에 관한 연구」 『일
본문화연구』 39, 2011.

최장근, 「일본정부의 대일평화조약 시기의 '죽
도' 영유권 인식」 『일본문화학보』 48,
2011.

최재석, 「任那의 위치·강역과 인접 5國과의 關
係」 『亞細亞硏究』 89, 1993.

최종택, 「京畿北部地域의 高句麗 關防體系」
『高句麗 山城과 防禦體系』 第5回 高句
麗 國際學術大會, 1999.

최종택, 「한강유역 고구려 보루의 구조와 성
격」 『특별전 고구려─한강유역의 고구
려 요새』, 기념강연회 발표요지, 서울
대학교 박물관, 2000.

최종택, 「남한지역 출토 고구려 토기의 몇 가지
문제」 『백산학보』 69, 백산학회, 2004

최창국, 「선춘현과 공험진: 고지도 및 『세종실
록』 『지리지』를 바탕으로」 『안보문화
와 미래』 창간호, 2008.

최창국, 「공험진(公嶮鎭)과 통태진(通泰鎭)-
고려와 여진의 후기전투를 중심으로」
『안보문화와 미래』 2, 2009.

최혜경, 「서양 고지도를 통해 본 울릉도와 독도」『한국고지도연구』 2-1, 2010.

최홍배, 「"은주시청합기"(隱州視聽合記)의 선행연구에 대한 검토」『세계지역연구논총』 28-1, 2010.

추명엽, 「고려전기 '번(蕃)'인식과 '동·서번'의 형성」『역사와 현실』 43, 2002.

河上 洋, 「발해의 地方統治體制-하나의 試論으로서」『東洋史研究』 42-2, 1983(『발해사의 이해』(임상선 편역), 도서출판 신서원, 1990).

하원호, 「개화기 조선의 간도인식과 정책의 변화」『동북아역사논총』 14, 동북아역사재단, 2006.

한규철, 「渤海國의 住民構成問題」『발해사 국제학술회의-발해의 민족형성과 연구사』(고려대학교 민족문화연구소 주최, 발표요지) 1993.

한규철, 「渤海國의 서쪽 경계에 관한 연구」『역사와 경계』 47, 부산경남사학회, 2003.

한정훈, 「신라통일기 육상교통망과 五通」『釜大史學』 27, 부산대학교 사학회, 2003.

허숙연, 「영역분쟁의 해결기준의 변용-ICJ에 있어서의 effectivités의 용법에 대하여」『서울국제법연구』 11-1, 2004.

현대송, 「독도 문제의 쟁점, 그 기원과 현황」『한국과 일본의 역사인식』(현대송 편), 나남, 2008.

현대송, 「스캐핀(SCAPIN)이란 무엇인가?」『독도연구저널』 12, 2010.

호리 카즈오, 「1905년 일본의 나케시마(竹島) 영토편입」『한국과 일본의 역사인식』(현대송 편), 나남, 2008.

호사카 유지, 「독도를 둘러싼 국제사법재판소 및 교환공문 문제고찰」『한일군사문화연구』 11, 2011.

(2) 국외

岡本隆司, 「朝鮮中立化構想の展開-日淸戰爭以前の淸韓關係に着眼して」, 『洛北史學』 8, 2006 .

古畑徹, 「日渤交涉開始期の東アジア政勢-渤海對日通交開始要因の再檢討-」『朝鮮史研究會論文集』 23, 1986.

古畑徹, 「後期新羅·渤海の統合意識と境域觀」『朝鮮史研究會論文集』 36, 1998.

匡愉, 「戰國至兩漢的北沃沮文化」『黑龍江文物叢刊』 1982-1, 1982.

靳楓毅, 「論中國東北地區含曲刃靑銅短劍的文化遺存」『考古學報』 82-4, 1982.

靳楓毅, 「夏家店上層文化及其族屬問題」『考古學報』 87-2, 1987.

今西春秋, 「高句麗の城; 溝漊と忽」『朝鮮學報』 59, 조선학회, 일본, 1971.

大澤博明, 「明治外交と朝鮮永世中立化構想の展開-1882-84年」『熊本法學』 83, 1995.

大澤博明, 「朝鮮永世中立化構想と近代日本外交」『靑丘學術論集』 12, 1998.

鈴木靖民, 「渤海の首領に關する豫備的考察」『朝鮮歷史論集』 上, 1979.

鈴木靖民, 『古代對外關係史の研究』, 吉川弘文館, 1985.

鈴木靖民, 「발해의 首領制-발해의 사회와 지방지배」『歷史學研究』 547, 1985.

木村誠, 「統一新羅の郡縣制と浿江地方經營」

『朝鮮歷史論集』上卷(旗田巍先生古稀
　　記念會 編), 龍溪書舍, 1979.

武田幸男,「牟頭婁一族と高句麗王權」『朝鮮學
　　報』99·100, 조선학회, 일본, 1971.

白鳥庫吉,「弱水考」『史學雜誌』7-11, 1896.

三上次男,「半拉城出土の 二佛幷座像とその歷
　　史的意義-高句麗と渤海を結ぶもの」
　　『朝鮮學報』49, 조선학회, 일본, 1968.

孫正甲,「夫餘源流辦析」『學習與探索』6기,
　　1984.

孫進己,「渤海疆域考」『北方論叢』, 1982-4.

孫進己,「渤海國的疆域與都城」『東北民族硏究
　　(1)』, 中州古籍出版社, 1984.

孫進己,「古代東北民族的分布」『東北地方史硏
　　究』2, 1985.

烏恩,「關于我國北方的靑銅短劍」『考古』
　　78-5, 1978.

烏恩岳斯圖,「十二台營子文化」『北方草原』考古
　　學文化硏究, 科學出判社, 2007.

王綿厚,「東北古代夫餘部的興衰及王城變遷」
　　『遼海文物學刊』2기, 1990.

王成生,「遼河流域及隣近地區短鋌曲刃短劍硏
　　究」『會刊』, 1981.

王增新,「遼寧撫順市蓮花堡遺址發掘簡報」『考
　　古』64-6, 1964.

魏國忠,「豆莫婁國考」『學習與探索』3기, 1982

魏國忠,「渤海疆域變遷考略」『求是學刊』1984
　　-6.

魏國忠,「渤海王國据有遼東考」『龍江史苑』,
　　1985-1.

栗原朋信,「文獻にあらわれたる秦漢璽印の硏
　　究」『秦漢史の硏究』, 1960.

栗原朋信,「漢帝國と周邊諸民族」『上代日本對

外關係の硏究』, 1978.

李强,「沃沮東沃沮考略」『北方文物』, 1981-1,
　　1986.

李健才,「夫餘的疆域和王城」『社會科學戰線』4
　　期, 1982.

李鎔賢 ,「統-新羅の傳達體系と‘北海通’」『朝
　　鮮學報』171, 조선학회, 일본, 1999.

林澐,「中國東北系銅劍初論」『考古學報』
　　80-2, 1980.

林澐,「論團結文化」『北方文物』85-1, 1985.

長谷川直子,「壬午軍亂後の日本の朝鮮中立化
　　構想」『朝鮮史硏究會論文集』32, 1994.

長谷川直子,「朝鮮中立化論と日淸戰爭」『東ア
　　シア近現代通史』, 岩波書店, 2010.

張博泉,「魏書豆莫婁傳中的幾個問題」『黑龍江
　　文物叢刊』2기, 1982.

張柏忠,「哲里木盟發現的鮮卑有存」『文物』
　　1981-2期, 1981.

赤羽目匡由,「新羅末高麗初における東北境外
　　の黑水·鐵勒·達姑の諸族」『朝鮮學
　　報』197, 2005.

田村晃一,「新夫餘考」『靑山考古』3, 1987

井上秀雄,「新羅王畿の構成」『新羅史基礎硏
　　究』, 東出版, 1974.

潮見浩,「古朝鮮の鐵器」『東アジアの初期鐵器
　　文化』, 吉川弘文館, 1982.

曹汛,「靉河尖古城和漢安平瓦當」『考古』80-
　　6, 1980.

朱永剛,「夏家店上層文化的初步硏究」『考古學
　　文化論集』1, 1987.

池內宏,「高麗恭愍王朝の東寧府征伐に就いて
　　の考」『東洋學報』8-2, 東洋學術協會,
　　1918.

池內宏,「高麗成宗朝に於ける女眞及び契丹との關係」『滿鮮地理歷史研究報告』5, 東京帝國大文學部, 1918.

池內宏,「夫餘考」『滿洲地理歷史研究報告』13, 1932.

池內宏,「眞興王の戊子巡境碑と新羅の東北境」『滿鮮史研究』上世第2册, 吉川弘文館, 1960.

陳顯昌,「論渤海國的彊域」『學習與探索』1985-2.

최태길,「발해국에서 사용한 "百姓"이란 단어에 대하여」『발해사연구』3(연변대학 발해사연구실 편), 연변대학출판사, 1992.

秋月望,「중조감계교섭의 발단과 전개」,『조선학보』132, 1989.

秋月望,「조청경계문제에서의 조선의 영역관-감계회담 이후에서 러일전쟁기까지」,『조선사연구회논문집』40, 2002.

佟柱臣,「考古學上漢代及漢代以前的東北彊域」『考古學報』56-1, 1959.

何光岳,「鮮卑族的來源與遷徙」『黑龍江文物叢刊』4期, 1984.

和田春樹,『日露戰爭 起源と開戰』上·下, 岩波書店, 2009.

晓辰,「也谈渤海五京制的起始年代」『北方文物』2003-3.

G. Fitzmaurice, "The law and procedure of the I.C.J., 1951-1954: points of substantive law, Part II", 32 British Yearbook of International Law, 1955.

Keun-Gwan Lee,「Toward an Equitable Resolution of Maritime Delimitation Disputes in East Asia: A Critical Perspective」『國際法外交雜誌』103-1, 2004.

M. N. Shaw, "Territory in International Law" 13 Netherlands Yearbook of International Law, 1982.

S. Torres Bernárdez, "Territorial Sovereign ty" 4 Encyclopedia of Public International Law, 1987.

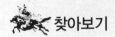
찾아보기

민족사적 생활영토론 9

ㅂ

ㅅ

『한국군사사』 권별 집필진

구분	집필진		구분	집필진	
고대 I	이 태 진	국사편찬위원장	조선 후기 II	송 양 섭	충남대 교수
	송 호 정	한국교원대 교수		남 상 호	경기대 교수
	임 기 환	서울교대 교수		이 민 웅	해군사관학교 교수
	서 영 교	중원대 박물관장		이 왕 무	한국학중앙연구원 연구원
	김 태 식	홍익대 교수	근현대 I	이 헌 주	국사편찬위원회 편사연구사
	이 문 기	경북대 교수		조 재 곤	동국대 연구교수
고대 II	임 기 환	서울교대 교수	근현대 II	윤 대 원	서울대 규장각 HK교수
	서 영 교	중원대 박물관장	강역	박 영 길	한국해양수산개발원 책임연구원
	이 문 기	경북대 교수		송 호 정	한국교원대 교수
	임 상 선	동북아역사재단 연구위원		임 상 선	동북아역사재단 연구위원
	강 성 봉	한국미래문제연구원 연구원		신 안 식	숙명여대 연구교수
고려 I	최 종 석	동덕여대 교수		이 왕 무	한국학중앙연구원 연구원
	김 인 호	광운대 교수		김 병 렬	국방대 교수
	임 용 한	충북대 연구교수	군사 사상	임 기 환	서울교대 교수
고려 II	김 인 호	광운대 교수		정 해 은	한국학중앙연구원 선임연구원
	홍 영 의	숙명여대 연구교수		윤 대 원	서울대 규장각 HK교수
조선 전기 I	윤 훈 표	연세대 연구교수	군사 통신·무기	조 병 로	경기대 교수
	김 순 남	고려대 초빙교수		남 상 호	경기대 교수
	이 민 웅	해군사관학교 교수		박 재 광	전쟁기념관 학예연구관
	임 용 한	충북대 연구교수	성곽	서 영 일	단국대 교수
조선 전기 II	윤 훈 표	연세대 연구교수		여 호 규	한국외국어대 교수
	임 용 한	충북대 연구교수		박 성 현	연세대 국학연구원
	김 순 남	고려대 초빙교수		최 종 석	동덕여대 교수
	김 일 환	순천향대 연구교수		유 재 춘	강원대 교수
조선 후기 I	노 영 구	국방대 교수	연표		한국미래문제연구원
	이 민 웅	해군사관학교 교수	개설	이 태 진	국사편찬위원장
	이 근 호	국민대 강사		이 현 수	육군사관학교 명예교수
	이 왕 무	한국학중앙연구원 연구원		이 영 화	한국학중앙연구원 연구원

『한국군사사』 간행위원

1. 주간
준장 오상택 (현 육군 군사연구소장)
준장 이필헌 (62대 육군 군사연구소장)
준장 정대현 (61대 육군 군사연구소장)
준장 신석현 (60대 육군 군사연구소장)
준장 이웅희 (59대 육군 군사연구소장)

2. 사업관리
대령 하보철 (현 한국전쟁연구과장)
대령 신기철 (전 한국전쟁연구과장)
대령 김규빈 (전 군사관리과장)
대령 이동욱 (전 군사관리과장)
대령 임방순 (전 군사관리과장)
대령 유인운 (전 군사관리과장)
대령 김상원 (전 세계전쟁연구과장)
중령 김재종 (전 군사기획장교)
소령 조상현 (전 세계현대전사연구장교)
연구원 조진열 (현 한국고대전사연구사)
연구원 박재용 (현 역사편찬사)
연구원 이재훈 (전 한국고대전사연구사)
연구원 김자현 (전 한국고대전사연구사)

3. 연구용역기관
사단법인 한국미래문제연구 (원장 안주섭)
편찬위원장 이태진 (국사편찬위원장)
교열 감수위원 채웅석 (가톨릭대 교수)
책임연구원 임용한 (충북대 연구교수)
연구원 오정섭, 이창섭, 심철기, 강성봉

4. 평가위원

김태준 (국방대 교수)

김　홍 (3사관학교 교수)

민현구 (고려대 교수)

백기인 (국방부 군사편찬연구소 선임연구원)

서인한 (국방부 군사편찬연구소 부장)

석영준 (육군대학 교수)

안병우 (한신대 교수)

오수창 (서울대 교수)

이기동 (동국대 교수)

임재찬 (위덕대 교수)

한명기 (명지대 교수)

허남성 (국방대 교수)

5. 자문위원

강석화 (경인교대 교수)

권영국 (숭실대 교수)

김우철 (한중대 교수)

노중국 (계명대 교수)

박경철 (강남대 교수)

배우성 (서울시립대 교수)

배항섭 (성균관대 교수)

서태원 (목원대 교수)

오종록 (성신여대 교수)

이민원 (동아역사연구소 소장)

이진한 (고려대 교수)

장득진 (국사편찬위원회 편사연구관)

한희숙 (숙명여대 교수)

집 필 자

- 박영길(한국해양수산개발원 책임연구원) 제1·6장 제2·3절,
  제7장 제1·3절, 제8·9장
- 송호정(한국교원대 교수) 제2·3장
- 임상선(동북아역사재단 연구위원) 제4장
- 신안식(숙명여대 연구교수) 제5장
- 김병렬(국방대 교수) 제9장 제1절 3항 3)
- 이왕무(한국학중앙연구원 연구원) 제6장 제1절, 제7장 제2절

한국군사사 11 **강역**

초판 인쇄 2012년 10월 15일
초판 발행 2012년 10월 31일

발 행 처 육군본부(군사연구소)
주   소 충청남도 계룡시 신도안면 부남리 계룡대로 663 사서함 501-22호
전   화 042) 550 - 3630~4
홈페이지 http://www.army.mil.kr

출   판 경인문화사
등록번호 제10-18호(1973년 11월 8일)
주   소 서울시 마포구 마포대로4다길 8 경인빌딩(마포동 324-3)
대표전화 02-718-4831~2 팩스 02-703-9711
홈페이지 http://www.kyunginp.co.kr
이 메 일 kyunginp@chol.com

ISBN 978-89-499-0874-8 94910 세트
     978-89-499-0886-1 94910
육군발간등록번호 36-1580001-008412-01
값 54,000원